KB020171

한국사, 드라마가 되다

한국사, 드라마가 되다

1판 5쇄 발행 2018년 11월 12일

지은이 | 호머 헐버트

옮긴이 | 마도경, 문희경

펴낸이 | 박찬영

기획편집 | 박시내, 김혜경, 한미정

교정 | 송인환

마케팅 | 이진규, 장민영

발행처 | 리베르

주소 | 서울시 성동구 왕십리로 58 서울숲포휴 11층

등록번호 | 제2003-43호

전화 | 02-790-0587, 0588

팩스 | 02-790-0589

홈페이지 | www.리베르.com

커뮤니티 | blog.naver.com/liber_book(블로그)

www.facebook.com/liberschool(카페)

e-mail | skyblue7410@hanmail.net

ISBN | 978 - 89-91759-78-7 (04900)

978 - 89-91759-77-0 (전2권)

리베르(LIBER)는 디오니소스 신에 해당하며 책과 전원의 신을 의미합니다.
또한 liberty(자유), library(도서관)의 어원으로서 자유와 지성을 상징합니다.

한국사, 드라마가 되다

1

호머 헐버트 지음 | 마도경 · 문희경 옮김

리베르

헐버트 박사의 『한국사, 드라마가 되다』 출간을 축하하며

먼저, 헐버트 박사의 『한국사(The History of Korea)』 번역본 출간에 축하를 보낸다. 『한국사』는 1886년 조선 땅 제물포(인천)에 첫 발을 내디딘 이래 20여 년 동안 한국의 역사와 문화를 파헤쳐온 헐버트 박사의 한국사 연구의 대미를 장식하는 불세출의 역작이다.

헐버트 박사는 당시의 한국, 즉 조선을 제대로 알기 위해 내한 초기부터 열심히 공부하여 우리말과 글을 우리 한국인들처럼 구사했을 뿐 아니라, 한글의 우수성과 독창성에 매료되어 그 스스로 한글학자가 되었다. 그리고 한글 연구에 대한 많은 논문을 국내외에 발표하기도 했다. 또한 그는 한글이 당시 조선에서 제대로 쓰이지 않는 데 대해 매우 안타까워했으며, 모든 백성들이 쓰기 편한 한글을 배워 문맹으로부터 해방되기를 바랐다.

헐버트 박사의 한글 연구는 당연히 그의 한국 역사에 대한 관심으로 이어졌다. 많은 책과 한국인 친구들을 통해 그는 한국 역사를 하나하나 배워나갔다. 그리고 그는 한국의 역사와 문화의 진수를 알게 되면서,

한민족은 분명 그 당시 미국인들이 생각했던 미개한 민족이 아닌 미래를 창조할 수 있는 뛰어난 민족임을 알게 되었다.

그는 한·중·일 세 나라 국민 가운데 창의적이고 규범을 지키는 한국인이 앵글로색슨족의 특징에 가장 가깝다고까지 평가했다. 그러면서도 당시 지배층이 자신들의 안위만을 추구하는 당파성에는 일침을 가했다. 이와 더불어 한국인은 바람직한 목표만 정해지면 뛰어난 결과를 만들어낼 것이라는 애정 어린 예언도 빠뜨리지 않았다. 이제 그 예언이 현실화되어가는 과정에 있다. 물론 그의 인종적인 편견을 배제할 수는 없겠지만, 인종 간의 환경과 그에 따른 성취를 어느 정도는 객관적으로 받아들일 수는 있을 것이다.

헐버트 박사는 한국을 세계에 알리기 위해 한국사 연구에 박차를 가하면서 수많은 글들을 발표했다. 1901년부터 4년에 걸쳐 그 자신이 창간하고 주필로 있던 영문 월간지 〈한국평론(The Korea Review)〉에 그가 직접 탐구한 한국 역사에 대해 연속으로 기고했고, 이를 바탕으로 1905년 드디어 대작 『한국사』가 탄생하게 되었다.

『한국사』야말로 헐버트 박사의 한국 사랑의 결과물이자, 한국사 연구의 결정체이다. 또한 단군시대부터 조선시대, 그리고 구한말까지 다룬 역사적으로 매우 귀중한 책이다. 더구나 각 장을 떼어놓고 보면, 각각의 장이 한 편의 드라마라 할 수 있을 정도로 그 묘사가 너무나 생생해 사건이 바로 눈앞에서 펼쳐지는 듯하다. 특히 임진왜란과 병자호란,

을미사변, 청일전쟁 등은 소설보다 더 흥미진진하고 역동적이다.

　이런 점과 더불어 당시에는 현존하는 임금의 왕조를 책에 담는 것은 금기된 사항이었으나 고종 황제의 윤허를 얻어 조선왕조를 책에 실었는데, 이는 우리 역사학계의 획기적 사건이라 아니할 수 없다. 하지만 우리 학계는 이 책의 역사적 의미와 중요성에 대해서 아직 침묵을 지키고 있다. 아니, 모르거나 무시하고 있다는 것이 올바른 표현일 것이다. 그 이유에는 『한국사』가 영문으로 되어 있고 1,000쪽이 넘는 대작이라서 한글로 번역이 이루어지지 않았다는 것에 1차적 원인이 있을 것이다.

　이에 대해 헐버트 박사 기념사업회는 매우 안타까워하면서 묻혀 있는 보석 『한국사』의 번역본이 빨리 나오기를 고대하던 중에 이번에 마침 리베르출판사에서 번역본이 나왔다. 철저한 검증과 읽기 쉬운 편집의 노고를 넘어 무엇보다 이 책이 우리말로 반듯하게 번역된 데 대해 리베르출판사에 큰 감사와 축하의 말씀을 전한다.

　또한 이 번역본을 통해 헐버트 박사의 『한국사』가 한국 사학자들에 의해 올바르게 평가되어 새롭게 태어나기를 기대한다.

　교육자, 언론인, 역사학자, 선교사, 그리고 독립운동가로서 헐버트 박사의 한국에 대한 공헌은 이루 말할 수가 없다. 그동안 독립운동가와 선교사로서의 헐버트 박사에 대한 평가는 이루어지고 있었으나, 그의 다른 면모에 대한 평가는 없었다. 그러다가 금년 봄 헐버트 박사 서거

60주기를 기념하여 그가 1896년 최초로 오선지에 채보한 아리랑의 음반이 나왔다. 그리고 이번에 그의 역작 『한국사』가 『한국사, 드라마가 되다』라는 제목으로 출간된 것이다. 역동적인 헐버트의 『한국사』는 제목 그대로 드라마라 아니할 수 없다. 『한국사, 드라마가 되다』의 출간이 늦은 감은 있지만, 지금에라도 제 모습을 갖추고 독자 앞에 선을 보이게 된 것은 참으로 다행스럽고 기쁜 일이다. 앞으로 역사 분야 외에도 한글 연구를 포함한 헐버트 박사가 이룬 다양한 업적이 제대로 평가되기를 기대한다.

　마지막으로 이 책이 나오기까지 수고를 아끼지 않은 리베르출판사의 박찬영 대표와 이 책을 번역한 마도경, 문희경 선생님에게 진심으로 감사를 드린다. 두 분 선생님은 모두 역사를 전공한 전문가로서 원문의 오기까지 점검할 수 있었던 점은 대단히 고무적이다. 헐버트 박사의 역사학자로서의 의미가 올바르게 평가되기를 기대하면서…….

2009년 11월
김동진
(헐버트 박사 기념사업회 회장, 전 외환은행 부행장)

한국사,
한 편 의 드라마로 다가오다

　역사의 객관적 서술이 가능한가를 둘러싼 논쟁은 아마 '역사 자체' 만큼 역사가 길다고 할 수 있을 것이다. 어쩌면 역사가 자신이 그 역사의 일부로 살아왔고 현재도 살고 있는 한, 객관적 서술 자체가 불가능한 작업일지도 모른다. 긴 한국사에서 역사의 방향을 바꾼 숱한 사건들의 의미를 제3자의 시각으로 서술한 헐버트의 『한국사, 드라마가 되다』(1, 2권)를 우리가 주목하고 이 책의 발간에 특별한 의미를 부여하는 이유도 여기에 있다.

　이 책은 한국의 격동기인 구한말에 고종 황제의 고문으로 우리나라에 장기 체류한 미국인 선교사 호머 B. 헐버트의 『The History of Korea』(1, 2권)를 우리말로 옮긴 것이다. 저자가 머리말에서 밝혔듯이, 고조선부터 시작하여 격동의 근대 조선에 이르는 5천여 년의 한국사를 방대한 1차 사료史料와 구한말 문인들의 도움, 그리고 자신이 직접 듣고 본 증거를 토대로 이 방대한 통사通史를 완성했다.

　1권에는 단군조선에서부터 조선 선조 때 일어난 임진왜란 초기까지의 역사가, 2권에는 임진왜란 중기부터 청나라와의 두 차례의 전쟁(정

묘호란과 병자호란), 영·정조의 정치·문화적 개혁기, 그리고 1904년의 러일전쟁까지의 역사가 왕조순, 사건순으로 상세하게 서술되어 있다.

저자 헐버트는 구한말의 격동기에 운명적인 인연으로 이 땅에 들어와 한성의 관리·문인들과 같은 공기를 호흡하면서 근대 한국의 수난사를 안타까운 마음으로 현장에서 지켜본 '한국인 같은' 이방인이었다.

그러나 그는 본질적으로는 '증거의 탑' 위에서만 논리적 추론을 완성하는 서양식 이성주의의 산물이기도 하다. 따라서 이 책의 내용에 본질적으로 '서구 이방인'의 관점과 우선순위가 반영되었다는 사실은 부인할 수 없다. 그럼에도 불구하고 이 책은 우리 눈에 보이지 않았던 역사적 사건들의 뒷면과 새로운 시각, 그리고 통찰력을 보여주기에 충분하다. 역사 사료로서도 독특하고 중요한 의미를 차지할 것이라고 믿는다.

실제로 이 책에는 고조선시대의 강역 설정, 임진왜란을 승리로 이끈 의병과 이순신 장군의 진면목, 병자호란 막바지에 삼전도의 굴욕을 앞두고 조선 왕실과 청 진지 사이에 긴박하게 오고간 서신들, 명성황후 시해 사건을 다룬 '히로시마 법정의 판결문' 전문 등 우리가 흔히 접하지 못했던 중요하고 흥미로운, 그러면서도 권위 있는 자료들이 상당수 포함되어 있다.

저자는 한국 문화의 찬란함과 독특한 개성, 그러나 결코 평탄하지 않았던 역사를 있는 그대로 서술하는 과정에서 불가피하게 부딪치는 역사의 '여백'을 서양식 합리주의자가 증거를 바탕으로 상상할 수 있는 한도 안에서만 추론하여 채워넣었다.

또 우리가 잊고 있거나 피상적으로만 알고 있는 사건들을 사료를 바탕으로 소설처럼 서술하여 독자들에게 읽는 재미를 더해주고 있다. 나 자신도 병자호란 막바지에 인조가 남한산성 옹성을 끝내고 청 태종 앞에서 무릎을 꿇는 이른바 '항복 의식'을 묘사한 부분에서는 한 슬픈 역사 드라마의 대단원을 보는 것 같아 숨이 멎는 듯했다. 또한 명성황후 시해 사건과 러일전쟁의 최대 격전지였던 제물포 해전을 묘사한 대목에서는 한 편의 전쟁 영화나 드라마를 보는 것 같았다.

헐버트는 한민족이 문화적, 인종적 동질성을 잃지 않은 채 이토록 긴 역사를 이루어온 것에 일관되게 경의를 표하고 있으나, 고비 때마다 분열하고 반목하는 권력 엘리트들의 미숙함과 관리들의 이기적인 태도에는 분노에 가까운 안타까움을 표시하고 있다.

결론 부분에서 그는 "세 차례 대규모 침략을 비롯하여 무수한 외침을 당했으나, 어떤 외세도 혈통의 혼합이나 언어의 개조 면에서 중요한 흔적을 이 나라에 남기지 못했다. 외세는 전보다 조선 민족을 더욱 단결시키고 국가의 동질성을 높이는 데 기여했을 뿐이다"라고 언급하면서도, "몇 가지 눈부신 예외가 있기는 하나 관리들에게는 이타적 봉사의 이념이 현저히 부족했다"는 따끔한 지적을 아끼지 않는다. 끊임없이 부정을 일삼는 지금의 지도자들이 새겨야 할 대목이다. 위정자가 반성하지 않을 때, 잘못된 역사는 반복되게 마련이다.

헐버트는 때로는 서사시를 읊는 시인처럼, 때로는 근대화의 풍랑에 허우적대는 조선 조정의 무능을 안타까워하는 자상한 후견인처럼, 때로는 서로 이겼다고 주장하는 비긴 게임에 대해 수준 높은 관전평을 내놓는 노련한 해설자처럼 우리의 긴 역사를 막힘없이 서술해내고 있다. 하지만 그는 어느 한순간도 제2의 조국인 한국에 대한 사랑을 숨기지 않고 있다.

저자의 설명이 당대의 모습을 빠짐없이 완벽하게 재현한 것은 아닐지는 몰라도, 우리가 지난 5천 년 동안 무엇을 잃었는지, 그리고 다른 시각으로 본 우리의 자화상은 무엇인지를 아는 데는 충분한 의미가 있을 것이다. 적어도 세상이 다 우리가 생각하는 대로 생각하지는 않는다는 점을 헐버트는 보여주고 있는 것이다.

이 책 『한국사, 드라마가 되다』가 일제 강점기를 거치며 굴절된 역사학계에 그나마 신선한 자극이 될 수 있는 최초의 현대적 한국사의 정본이라 여겨지지만, 그래도 아직 여백이 있으면 채우고, 잘못된 부분이 있으면 바로잡아야 할 것이다. 물론 그 일은 우리에게 남겨진 몫이다.

옮긴이 마도경

차례

4부… 몽골 치하에서 고려 멸망까지

5부… 조선 전기

6부… 임진왜란

『한국사, 드라마가 되다』는 대체로 순수 한국 사료를 바탕으로 쓰였다. 고대사와 중세사는 주로 『동사강목東史綱目』을 따랐다. 이 책은 한국 고대사를 네 개의 큰 줄기로 다룬 『동사강목』에서 발췌하여 정리한 책이다. 그리고 이 책의 내용은 기존 한국 고대사 관련 문헌을 집대성한 『동국통감東國通鑑』을 참조하여 검증했다. 역사, 지리, 전기에 관한 문헌을 다수 참조했지만 기본적으로는 『동사강목』과 『동국통감』을 바탕으로 서술했다. 중국의 사료도 여러 권 참조했는데, 특히 1세기 무렵 한반도를 차지했던 토착 세력에 관해 자세히 서술한 『문헌통고文獻通考』를 주로 참조했다.

고대사에 비해 오히려 조선왕조 500년 동안의 사료를 구하는 일이 훨씬 더 어려웠다. 한국에는 왕조가 끝나기 전에는 당대의 왕조사를 펴내지 못한다는 불문율이 있기 때문이다. 새 왕조가 들어선 다음에 국가 기록보관소에 보관된 공식 자료를 편찬했다. 이렇게 『국조보감國朝寶鑑』이라는 책으로 편찬하긴 했지만 이것을 정식 역사서로 인정하기는 어렵다. 새로 들어선 왕조를 찬양하지 않는 자료가 빠졌을 뿐 아니라 19세기가 초엽까지 꾸준히 이어서 기록되지 않았기 때문이다.

따라서 개인이 소장한 왕조사 필사본을 찾아야 했으며, 여러 가지 사료를 수집하고 비교하여 근대 한국사의 중요한 특징을 최대한 정확하게 서술해야 했다. 이 과정에서 나는 어느 한국인 학자의 도움을 받았다. 그는 과거 25년간 조선왕조의 역사를 연구하며 개인이 소장한 필사본 여러 권을 손에 넣을 수 있었다. 그 학자의 간곡한 부탁 때문에 이 책에 그의 이름은 밝히지 않겠다. 또한 나는 특별히 허락을 받아 서울에서 가장 규모가 크고 자료를 많이 갖춘 사설 도서관에 출입할 수 있었다. 한국과 일본의 관계로 인해 야기된 중요한 문제에 관해서는 일본 사료도 참조했다.

그러면 이 책의 바탕이 된 한국 문헌이 믿을 만한 자료인지 살펴보자. 1세기 무렵 한반도에는 중국의 한자가 도입됐고, 이 한자의 도입과 더불어 역사를 기록해서 영구히 사료로 남길 수 있는 길이 열렸다. 기원전 57년부터 일식이 일어난 날짜를 빠짐없이 기록하여 소중히 보관해둔 문헌에서 이 사실을 확인할 수 있다.

한편 한국에는 서고와 기록이 소실될 만한 엄청난 재난이 없었다는 점 또한 중요하다. 신라의 문헌에도 큰 재난이 일어났다는 기록은 남아 있지 않다. 신라가 고려에 병합되고 고려가 조선으로 넘어가는 과정에서 무력이 사용되지 않았기 때문에 사료도 안전하게 보존될 수 있었다. 물론 한국에도 세 차례 큰 침략 전쟁이 있었다. 몽골, 만주, 일본이 한반도를 침략해 일으킨 전쟁이었다. 세 나라 모두 한반도로 쳐들어와 노략질을 했는 데도 사료만은 그대로 남아 있었다는 믿을 만한 근거가 있다. 이는 세 가지 논리로 증명할 수 있다.

첫째, 역사는 방대한 양의 문헌으로 편찬되어 사람들 사이에 널리 퍼지기 때문에 한 나라의 백성을 모두 죽이지 않는 한 역사 자체는 크게 훼손되지 않는 법이다. 둘째, 한국을 침략한 무리가 비록 학자는 아닐지라도 학문을 숭상한 자들이라 역사 문헌을 훼손할 리가 없었다. 왕조가 다른 왕조에 축출되는 경우와는 사정이 달랐다. 셋째, 조선왕조가 들어서기 전에는 사찰이 중요한 문서보관소 역할을 했기 때문에 몽골 세력도 이 신성한 사찰은 함부로 건드리지는 못했을 것이다. 따라서 기원전 57년부터 전해 내려오는 한국 역사 문헌을 비교적 정확한 사료로 볼 수 있다. 다만 그 이전의 역사는 주로 전설에 가까워서 역사로 인정하기 힘들다.

　이 책은 순수 한국 사료를 바탕으로 한국사를 영어로 서술한 최초의 책이다. 비록 부적절한 표현이 있을지라도 한국에 대한 일반적인 지식을 쌓는 데 소중한 자료가 되리라 믿는다.

1905년 한국의 서울에서

호머 B. 헐버트

한국에 대한 소고

호머 B. 헐버트

지리학은 역사라는 그림을 그리는 도화지다. 지형에 관한 지식은 일반인에게만큼 역사학자에게도 중요하다. 따라서 한국의 지리에 관해 설명할 필요가 있다.

한반도는 면적이 약 20만 7천 평방킬로미터이고 북위 33도와 43도, 동경 124도 30분과 130도 30분 사이에 놓여 있다. 북쪽 끝에서 남쪽 끝까지 거리가 약 1,500킬로미터이고, 동쪽 끝에서 서쪽 끝까지 평균 거리가 약 400킬로미터다. 북서쪽으로는 압록강을 사이에 두고 만주와 접해 있고, 북동쪽으로는 두만강을 사이에 두고 러시아 동남부의 연해주와 접해 있다.

압록강과 두만강 상류에는 백두산이 우뚝 솟아 있다. 백두산의 중국이름은 오래도록 하얗다는 뜻의 장백산이다. 백두산에서 소용돌이치는 물길이 구불구불 흘러서 남쪽으로 반도를 가로지르다가 황해로 흘러들어가고 그 자리에 무수히 많은 섬들이 늘어서 있다. 한편 한반도의 등줄기에 해당하는 산맥의 분수령이 동쪽으로 치우쳐 있어 동해로 흘러 들어가는 강은 길지도 않고 배가 드나들 만큼 강어귀가 넓지도 않은 데 반해, 서쪽 지역과 멀리 남쪽 지역에는 작은 배가 드나들 수 있을 정도로 강폭이 넓고 길이도 수백 킬로미터에 달하는 큰 강이 흐르고 있다.

동해안에는 좋은 항구가 거의 없다시피 하지만, 서해안에는 수많은 강어

귀와 크고 작은 만들이 어지럽게 널려 있으며 헤아릴 수 없을 정도로 많은 항구가 분포해 있다. 따라서 경작지와 인구는 한반도 분수령을 중심으로 서쪽 지역에 훨씬 높은 비율로 분포한다.

한반도는 지리적으로 중국을 바라보고 일본을 등지는 형세다. 이런 지리적 특징이 역사의 전개에도 드러난다. 역사적으로 한국은 정치, 사회, 종교 면에서 일본보다는 중국을 항상 지향했다.

한국의 기후는 같은 위도에 위치한 미국 북동부와 비슷한데, 7월 장마철에는 내륙의 거의 모든 도로가 지나다닐 수 없을 정도로 물에 잠긴다는 점만 다르다. 여름철을 둘로 나누는 장마는 한국의 역사에 지대한 영향을 미쳤다. 장마철이 되면 군사작전도 중단해야 했고, 병사들은 장마가 오기 전에 미리 자기 진영으로 철수했다.

내륙 지방에는 나무가 빼곡한 편이지만 삼림지가 광활하게 펼쳐져 있지는 않다. 소나무가 주종을 이루고 낙엽송과 상록수가 다양하게 분포한다.

쌀은 한반도 대부분 지역에서 생산되는 주요 농산물이다. 쌀이 나지 않는 북부 산악 지역에서는 감자와 기장을 주식으로 한다. 콩을 다량 재배하여 주로 가축 사료로 쓰고 그밖에 다른 곡물도 생산된다. 대나무는 남부지역에서만 드문드문 자란다. 인삼도 한국의 주요 농산물이다.

한반도에는 사슴, 호랑이, 표범, 멧돼지, 곰, 늑대, 여우를 비롯하여 털 달린 짐승이 다수 서식하며, 그중에서 검은담비와 해달이 가장 값어치가 있는 동물이다. 한반도 전역에서 소, 말, 돼지, 당나귀를 기르지만 양을 기른다는 말은 들어보지 못했다. 특히 연안어업은 중요한 산업으로 수천 명의 사람들이 어업에 종사하여 생계를 꾸린다. 바다에는 품질이 우수한 진주도 난다. 여러 종의 사냥새를 비롯하여 다양한 조류가 서식한다.

한반도의 지질구조를 살펴보면 근간을 이루는 화강암층에 다양한 광물질이 발견된다. 특히 금이 매우 풍부한데, 한반도 전역에서 금이 나지 않는 지역이 거의 없을 정도다. 은 역시 흔히 분포하는 광물이다. 석탄의 경우도 무연탄과 역청탄 모두 매장량이 풍부하지만, 최근까지도 한반도에서는 과학적인 방법으로 광물을 캔 적이 없다.

인종적으로는 한국인은 몽골계와 말레이계가 섞여 있으나, 이 문제를 건드리는 것은 아직 시기상조다. 한국어는 교착어이며 우랄알타이나 스키타이 어군에 속한다.

인구는 1천만에서 2천만 명까지 다양하게 추산된다. 어림잡아 중간 정도로 계산하여 1천3백만 명이라고 해도 크게 벗어난 수치는 아닐 것이다. 인구의 절반가량은 수도를 지나 동서를 가로 지르는 경계선 이남에 살고 있다.

고조선에서
삼한까지

───── **참성단** 고조선 시대에 단군이 하늘에 제사 지내기 위해 쌓았다고 알려진 제단으로, 천하의 요
새인 강화도의 마니산 정상에 자리하고 있다. 자연의 산석山石을 반듯하고 납작하게 다듬어
쌓았고, 돌과 돌 사이의 사춤에는 아무 접착물도 바르지 않았다. 자연석들에 의지하여 둥글게
쌓은 하원단下圓壇과 네모반듯하게 쌓은 상방단上方壇의 이중 구조로 이루어져 있고, 상방단
동쪽 면에는 21개의 돌층계가 설치되어 있다. 1639년(인조 17)과 1700년(숙종 26)에 중수했다.

1장

문명의 뿌리,
단군왕검

환웅이 숨을 불어넣어 웅녀에게
아이를 잉태시키다 태초에 '조물
주'라는 뜻의 환인桓因 혹은 제석帝釋
이라는 신이 있었다. 환인의 아들 환웅桓雄은 지상으로 내려가 세속 왕
국을 세우겠다고 청하여 환인으로부터 허락을 받아냈다. 권능으로 무
장한 환웅은 하늘의 무리 3천 명을 거느리고 지금은 묘향산이라고 부
르는 평안도 태백산에 내려왔다. 중국 요임금 치세 25년 되던 해였으
니 기원전 2332년의 일이다.

환웅은 하늘의 무리 3천 명을 오래된 박달나무 밑으로 불러모아 스
스로 천하의 왕임을 선포했다. 환웅은 운사雲師, 우사雨師, 풍백風伯이라
는 천부인天符印 셋을 통해 세상을 다스렸지만, 아직 인간의 몸을 얻지
못한 터라 인간 왕국을 다스리는 데 어려움이 있었다. 그래서 인간의
몸을 얻을 방도를 찾던 중에 아래와 같은 방법을 알게 되었다.

이른 새벽에 호랑이와 곰이 산허리에서 만나 이런 이야기를 나눴다.

"우리도 사람으로 태어나면 좋으련만."

환웅이 둘의 대화를 엿듣는데 하늘에서 이런 목소리가 들렸다.

"너희에게 마늘 스무 쪽과 쑥 한 타래씩 줄 테니, 삼칠일 동안 이것
만 먹고 햇빛을 보지 않으면 사람이 되게 해주겠다."

호랑이와 곰은 동굴 깊숙이 들어가 마늘과 쑥을 먹으며 햇빛을 보지 않고 지냈다. 본디 성정이 사나운 호랑이는 삼칠일이 되기 전에 참지 못하고 뛰쳐나갔지만, 듬직하고 참을성이 많은 곰은 삼칠일을 견디고 여인의 몸으로 바뀌어 밖으로 나왔다.

여인의 몸을 얻은 곰은 간절히 자식을 원해서 "아들을 내려주소서!" 하고 애원했다. 정령精靈인 환웅이 바람을 타고 지나가다가 강가에 앉아 기도하는 웅녀를 지켜보았다. 환웅은 웅녀 주위를 맴돌다가 숨을 불어넣어 웅녀의 간절한 청을 들어주었다.

(조물주 환인의 서자 환웅이 지상 낙원인 신시를 건설하는 과정은 정호일의 『단군왕검』에 따르면 다음과 같다. ―편집자 주)

태고의 전설에 의하면 원래 태초에 인류가 등장하였는데, 이를 아반나般(아버지의 어원)과 아만阿曼(어머니의 어원)이라 하기도 하고, 또 마고麻姑라 하기도 하였다. 어쨌든 마고의 뒤를 이어 궁희穹姬와 소희巢姬가 나오고, 그 뒤로 네 천인과 네 천녀가 나왔다. 이들이 각각 삼남삼녀를 낳아 그 뒤로 몇 대를 거치는 사이 족속이 불어나 3천에 이르렀다.

여기서 네 천인은 첫째가 황궁黃穹씨, 둘째가 백소白巢씨, 셋째가 청궁靑穹씨, 넷째가 흑소黑巢씨였다. 이들은 마고성麻姑城에서 지유地乳를 먹고 그야말로 아무런 고통도 모르고 복을 누리며 살았다. 그런데 백소씨 족의 지소씨가 젖을 마시려고 유천乳泉에 갔는데, 사람은 많고 샘이 작아 양보하다가 다섯 차례나 마시지 못하였다. 집에 돌아와 너무나 배고픈 나머지 집 난간의 넝쿨에 달린 포도를 따먹게 되었는데, 이 오미五味(포도)의 맛을 보고는 사람들이 오욕 칠정에 사로잡혀 그만 천상의 세계인 마고성이 깨지게 되었다. 일명 '오미의 변變'

을 겪게 되었던 것이다. 이에 가장 연장자인 황궁씨가 천부天符를 징표로 삼아 이를 극복하고자 복본複本을 수행했으나 다 이루지 못하고 그 뒤를 유인有因씨가 이어받았다. 그러나 아직 때가 되지 아니하여 해결하지 못하고 환인桓因씨가 또 그 뒤를 잇게 되었다.

이런 과정에서 환인의 아들이자 서자庶子였던 첫 환웅桓雄 거발한은 전통을 이어받고 그것을 성취하려는 웅지를 품었다. 이에 환인은 거발한 환웅의 뜻을 알고 지금까지 황궁씨 이래로 공력을 쌓아왔던 힘을 바탕으로 청동검과 동경, 그리고 거울 등의 천부인天符印 세 개를 만들어주며 그에게 뜻을 실현하라고 보냈다.

거발한 환웅은 천부인을 징표로 삼아 삼위태백三危太伯에서 홍익인간의 세상을 개척하기 위해 신시神市를 열었다. 신시는 지금껏 인류가 살아야 할 이상향을 담고 있는 곳이었다. 자연의 해악도 없고, 사람과 짐승이 평화롭게 뛰노는 곳이었다. 자연의 공포나 추위, 굶주림이나 질병 등으로부터 벗어난 지상의 낙원을 추구하는 곳이었다.

왕이 된 단군, 문명을 일으키다 웅녀는 환웅이 하늘의 무리를 불러모았던 박달나무 밑 이끼 위에 아기를 눕혀놓았다. 몇 년이 지나 훌쩍 자란 그 아기가 박달나무 아래 앉아 있는 모습을 본 토착민들은 그를 왕으로 추대했다. 이 사람이 바로 '박달나무의 임금'이라는 뜻의 단군檀君이었다. 단군은 왕검王儉이라고 불리기도 한다.

단군 시대에 한반도 북쪽에는 구이九夷라고 불리던 '아홉 개의 부족'이 있었다. 전승에 따르면 구이의 이름은 각각 견이, 방이, 황이, 백이, 적이, 현이, 풍이, 양이, 우이였다. 이 아홉 부족은 이 지역 토착민으로 음주가무를 즐겼다고 전해진다. 토착민들은 부직포로 옷을 지어 입고 견과류, 식물의 뿌리, 과일, 산딸기처럼 땅에서 나는 자연의 열매를 먹고 살았다. 여름에는 나무 밑에 들어가 살고, 겨울에는 땅속에 구멍을 파서 엉성하게 지붕을 덮고 살았다.

단군은 왕이 되어 토착민에게 왕과 신하의 관계, 혼인의 의례, 음식 만드는 법, 집 짓는 법 등을 가르쳤다. 그리고 천으로 머리를 동여매는 법도 가르쳤다. 또 땅에 나무를 잘라서 밭을 일구는 방법도 가르쳤다.

요하까지 뻗친 단군조선　단군은 평양을 도읍으로 정하고 기원전 1122년에 기자箕子가 출현하기 전까지 이 지역을 다스렸다는 전설이 전해 내려온다. 이 전설을 믿는다면 단군은 기자가 오기 전에 이 지역을 다스리던 토착민의 부족장들을 가리키는 말이라고 볼 수 있다.

기자가 출현하자 단군은 지금의 황해도 문화에 자리 잡고 있는 구월 산(순수 한글로는 아사달)으로 물러나서 신령의 모습으로 돌아가 지상에서 영원히 사라졌다. 단군의 아내는 위치를 명확히 알 수 없는 비서압이라는 고을 여인이었다. 단군조선檀君朝鮮은 남으로는 지금의 문경 부근에서 북으로는 흑룡강까지, 동으로는 동해에서 서로는 요하(지금의 승경)에 이르기까지 방대한 지역에 뻗어 있던 것으로 전해진다.

단군 시대에 무슨 일이 일어났는지에 관해서는 전해지는 바가 거의 없다. 기원전 2265년에 단군이 강화도 혈구에서 처음으로 제사를 지냈다고 한다. 제사를 지내기 위해 마니산에 쌓은 제단이 지금도 남아 있다.

하나라에 치수를 가르쳐주다　기록에 따르면 하夏나라의 시조 우왕禹王이 중국 땅에 범람한 물을 다스려줄 것을 단군조선에게 부탁하자, 단군은 아들 부루扶婁를 사신으로 보내 치수에 도움을 주었다고 한다. 기원전 2187년에 일어난 일이라고 한다.

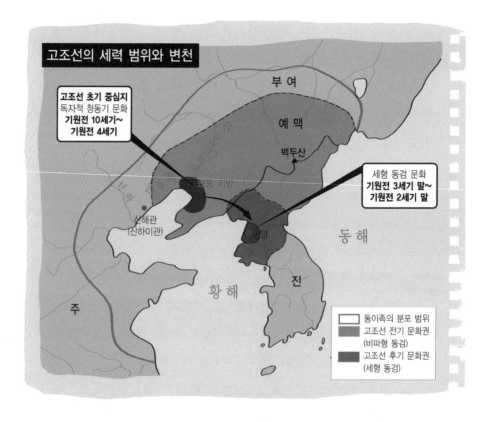

다른 문헌에서는 기자가 한반도로 들어오자 부루가 북쪽으로 도망쳐 부여扶餘(북부여)라는 왕국을 세웠고, 훗날 이 부여는 가엽원으로 이주하여 동부여가 되었다고 전한다. 두 이야기 사이에는 연대 차이가 심해서 둘 다 신빙성이 떨어지지만, 두 번째 기록은 어느 정도 사실에 기초하며 부여국 건국에 관한 유일한 사료가 된다.

훗날 단군조선에는 길을 닦고 수로 관리를 관장했다고 전해지는 팽오라는 사람이 있었다. 어느 믿을 만한 문헌에 따르면 황제가 팽오에게 동쪽 부족인 예맥濊貊과 조선朝鮮을 잇는 길을 끊으라고 명했다고 한다. 이로써 일부 문헌에서 조선이라는 말이 기자가 출현하기 전에 나온다는 사실을 확인할 수 있다.

〔중국 측은 의도적으로 단군조선을 하나라의 봉신국封臣國으로 표현하고 있으나, 홍수와 가뭄에 시달리다 급기야 위기에 처한 나라에 봉신국으로서 사신을 보내는 나라는 동서고금을 통틀어 있을 수 없다. 그런 점에서 이미 팽오를 통해 치수를 끝낸 단군조선이 하나라의 치수를 아무런 조건 없이 도와준 것은 명백히 하나라가 고조선의 거수국渠帥國(제후국)임을 짐작하게 하는 대목이다. 당시에는 치수가 곧 국력이었다. 이와 관련하여 정호일의 『단군왕검』에는 다음과 같은 내용이 언급되어 있다.—편집자 주〕

"나는 하늘의 현신인 단군 폐하의 아들이니라. 너희 왕이 우리에게 물과 땅을 다스려 백성을 구해달라 청하므로, 단군 폐하께서는 이를 가련히 여기시고 나로 하여금 도우라고 명하셨다."

이렇게 말하면서 부루는 오행치수五行治水의 방법이 적힌 〈금간옥첩金簡玉牒〉을 선선히 그 앞에 내놓았던 것이다. 아무런 대가 없이 도와주는 모습에 우사공(禹王)은 너무도 감격한 나머지 부루 태자에게 삼육대례三六大禮의 절을 올렸다.

부루는 여기에서 더 나아가 각 나라의 특사가 모인 자리에서 거수渠帥가 되어주기를 청하는 요청을 다 받아들이면서도, 하늘의 뜻에 따라 서로의 경계를 정하여 침범함이 없이 살아야 한다고 재차 강조하였다. 그러고는 우순의 주변국에 대해서는 특별히 우순으로 하여금 감독할 것까지 허락하였다. 두터운 신임까지 보여준 것이니 하늘의 뜻을 배반하지 말라는 당부였다.

참성단, 팽오의 비석, 단군 무덤 　 단군조선 시대의 유적은 많이 남아 있지 않지만 꽤 흥미롭다. 강화도 마니산 꼭대기에는 '단군의 제단'이라는 돌로 만든 평상 혹은 제단이 있다. 앞서 설명했듯이 4천여 년 전 단군이 제사를 지낸 곳으로 유명하다. 이곳을 참성단이라고 한다. 전등산에는 단군의 세 아들이 쌓았다고 전해지는 삼랑성이라는 요새가 있다.

서울에서 동쪽으로 80킬로미터 정도 떨어진 춘천은 단군 시대에 중요한 도시였던 것 같다. '소머리 마을'이라는 뜻의 우수주牛首洲라는 이름의 이 도시 근방에는 지금도 '소머리 들판'이라는 뜻의 우두벌이라는 벌판이 있어 흥미롭게도 전설을 확인해준다. 이곳에는 팽오에게 바치는 비석이 서 있다. 단군은 비록 신령의 모습으로 돌아갔지만 강동에 둘레가 120미터인 단군의 무덤이 남아 있다.

통치의 달인,
기자

경 국 지 색 의 달 기 한국사에서 가
장 인상적인 인물은 두말할 것도 없
이 기자일 것이다. 기자가 한국 고대
사에서 중요한 역할을 했기 때문만이 아니라 주변과 극명한 대조를 이
루기 때문이다. 기자가 보여준 남다른 지혜는 편견에 찬 역사학자의 완
곡한 표현에는 드러나지 않지만 역사학자가 무심코 서술한 글의 행간
을 읽으면 알 수 있다.

중국 상商나라 혹은 은殷나라는 기원전 1766년에 시작했다. 기자는
상나라 25대 임금인 무을武乙의 둘째 아들이었다. 성은 자子이고, 이름
은 수유須臾였지만 서여胥餘라고도 했다. 기자라는 이름이 '기箕의 임
금'을 의미하는 것으로 보아 이 집안의 봉토가 기 지역이었던 것으로
보인다.

'중국의 네로 황제' 격인 상나라 마지막 임금 주왕紂王은 태정제의
손자이자 기자의 육촌 형제였는데, 흔히 기자가 주왕의 육촌 형제가 아
니라 오촌 당숙이었던 것으로 알려져 있다. 비간과 미자, 기자는 타락
한 주왕의 자문 역할을 했다.

중국사에서 타락이 극에 달한 주왕을 책망하는 내용은 한국 문헌에
도 서술되어 있다. 주왕이 아름다운 후궁 달기에게 빠져 헤어날 줄 모

르던 이야기나 달기가 변덕을 부릴 때마다 덩달아 경거망동한 이야기, 연못을 파서 술을 채우고 고기로 섬을 만들며 남녀를 발가벗겨 연못가를 돌게 한 이야기, 달기의 청에 따라 무고한 사람을 뜨겁게 달군 놋쇠 기둥에 묶어 고문한 이야기 등이 전해진다. 다만 한국 문헌에서는 달기의 이야기를 서술하면서 달기의 고약한 성격에 초점을 맞춰 문제의 원인을 달기에게 돌리고 있다. 한국 문헌에서 전하는 달기 이야기는 아래와 같다.

　달기는 빼어난 미모를 자랑하였다. 그녀가 미소를 지으면 사람들이 넋을 잃을 정도였다. 달기의 웃는 얼굴을 보면 도깨비에 홀린 것처럼 정신을 잃고 달기가 원하는 것은 뭐든 들어주지 않을 수 없었다.

　비간은 곰곰이 생각한 끝에 달기가 필시 사람의 탈을 쓴 여우일 거라고 확신했다. 짐승이 사람 해골에 고인 물을 20년간 마시면 마음대로 사람으로 변신하는 능력을 얻는다는 전설이 있었다. 비간은 남몰래 달기를 감시했는데, 달기가 매달 어떤 산에 간다는 사실을 알아냈다.

　달기는 하인들을 산 아래에 남겨두고 홀로 산에 올랐다. 무장한 병사들이 몰래 뒤를 밟다가 달기가 산꼭대기 어느 동굴로 들어가는 모습을 보았다. 잠시 후 달기가 여우 무리를 이끌고 굴에서 나왔다. 잔뜩 신이 난 여우 무리가 달기 옆에서 껑충껑충 뛰거나 꼬리를 치며 아양을 떨었다. 달기가 돌아가자 뒤쫓던 병사들이 굴속에 들어가 칼로 여우 무리를 죽이고 여우 가슴에서 하얀 털을 잘랐다.

　며칠 뒤 왕을 만난 달기는 왕이 하얀 여우 털 예복을 입고 있는 걸 보고는 식은땀을 흘렸지만 어찌된 영문인지는 짐작조차 하지 못했다. 그러나 한 달 후 산꼭대기 동굴에서 죽은 여우 무리가 썩어가는 것을 보고는 무슨 일이 생겼는지 알게 되었다.

달기는 돌아오는 길에 앙갚음을 해줄 계략을 꾸몄다. 달기는 아름 답게 치장하고 주왕 앞에 나아가 한없는 매력을 내뿜었다. 왕이 쉽게 넘어오자 달기가 운을 뗐다.

"성인聖人의 심장에는 구멍이 일곱 개 있다고 하더이다. 그 말이 사실인지 꼭 시험해보고 싶사옵니다."

"아니 어찌 시험해본다는 소리냐?"

"비간의 심장을 꺼내보고 싶어요."

달기는 이렇게 말하면서 왕을 향해 미소를 지어보였다. 왕은 영 내키지는 않았지만 거부하지 못했다. 결국 비간이 불려왔고, 비간의 옆에는 형 집행인이 칼을 들고 섰다. 가슴에 칼이 꽂히는 순간 비간은 비명을 질렀다.

"넌 여인이 아니다. 넌 여인의 탈을 쓴 여우야. 어서 본색을 드러내라."

순간 달기의 얼굴이 변하기 시작했다. 얼굴에 털이 나고 손톱이 길게 자라고 옷이 찢어진 채, 달기는 꼬리 아홉 달린 흰 여우의 모습으로 변했다. 그 여우는 모인 사람들을 향해 한 번 으르렁대더니 창문으로 튀어나가 멀리 달아나버렸다.

그러나 나라를 살리기에 때는 이미 늦었다. 제후국의 임금이던 문왕文王의 아들 발發이 군대를 이끌고 곧 제국의 문전에 들이닥치고 있었다. 며칠 후 주周라는 새로운 왕조가 들어섰고 발은 무왕武王이라는 휘호로 첫 황제의 자리에 올랐다.

무리 5천을 이끌고 한반도로 들어온 기자 세 명의 위대한 관리 중에서 비간과 미자가 죽고 유일하게 살아남은 기자는 목숨을 부지하기 위해 미친 척하는 수밖에 없었다. 무왕은 친히 옥에 갇힌 기자를 찾아가 재상이 되어주길 간곡히 청했다. 하지만 기자는 상나라에 대한 신의를 지키고 싶다며 무왕의 청을 거절했다. 그리고 '아침의 신선함'이라는 뜻의 조선에 들어갈 계획을 세우고 황제의 허락을 얻어냈다. 떠나기 전에 황제에게 '큰 법'이라는 뜻의 위대한 법전인 홍범洪範을 선물했다.

홍범은 천 년 전 하나라 우왕 시절에 낙수라는 물에서 기어 올라온 거북이 등짝에 새겨져 있었는데, 기자의 손에 들어오기 전까지 아무도 해독하지 못했다고 한다. 그 후 기자는 무리 5천을 거느리고 동쪽으로 향해 한반도로 들어갔다.

기자가 배를 타고 왔는지 육로로 왔는지는 분명치 않다. 5천이나 되는 무리를 이끈 채 배를 타고 왔을 가능성은 희박하지만, 기자가 제물포 남쪽의 수원에 처음 도착했다고 전해진다. 산동 지역이 한때는 황해도의 돌출된 지역과 맞닿아 있었다는 설은 사실일 리가 없다. 황해는 이보다 훨씬 오래 전에 생긴 바다이므로 이런 설은 일고의 가치가 없다.

기자는 수원에서 북쪽으로 올라가다 황해도 해안의 절도라는 섬으로 들어갔다. 이 섬에는 오늘날 '기자천'이라고 부르는 우물이 있다. 기자는 여기서 다시 평양으로 향했다. 기자가 황해도 연안 섬으로 갔다는 기록은 한국과 산동 지역이 연결됐다는 학설을 반박하는 증거다.

의심되는 기자조선의 정체성　어떤 경로를 통해서든 기자는 결국 단군조선의 수도인 평양에 정착했다. 일곱 개의 도시국가가 각각 자신들 지역이 호메로스의 고향이라고 주장했듯이, 일곱 개의 도시가 자신들 지역이 기자가 묻힌 곳이라고 주장한다. 기자조선의 경계, 도읍의 위치, 기자가 매장된 지역에 관한 설명은 문헌마다 차이가 크다. 이렇게 사료와 유물 등이 서로 맞지 않아 기자는 중화사상에 입각해 조작된 인물이 아닌지 의심된다.

(먼저 문헌상으로 기자가 조선에 와서 왕이 되었다는 것을 입증하기가
어렵다. 기자는 기원전 1100년 전후의 인물인데, 기원전 3세기 이전에 쓰
인 『논어』나 『죽서기년竹書紀年』 등에는 기자가 조선으로 갔다는 기록은
없고 기자의 존재 자체만 언급하고 있다. 기자동래설이 사실이라면 이들
기록에 기자에 관한 언급이 반드시 있어야 할 텐데 그렇지 않다. 그런데
기자의 동래東來 사실을 전하는 사서들은 모두 기원전 3세기 이후에 쓰인
것들이다.

따라서 이를 근거로 한 기자동래설은 기원전 2~3세기 무렵에 중국인
들이 중화사상에 입각하여 조작해낸 것이 아닌지 의심된다. 실제로 기자
가 조선에 와서 왕이 되었다면, 황하 유역과 만주·한반도 지역의 청동기
문화가 긴밀하게 관련되어 있어야 하는 데도 계통상으로 서로 뚜렷하게
구분된다.

이뿐만 아니라 기자가 조선에 와서 예의범절과 문화를 전하였다면, 은
나라에서 사용된 갑골문甲骨文이 고조선 지역에서 발견되어야 하지만 현
재 발견된 예가 전혀 없다. 기자조선의 유물이 전무해 기자의 실존 여부
를 확인할 길이 없으므로 기자조선은 중국인이 세운 나라가 아니라 바로
한인韓人이 단군조선을 이어 세운 국가로 볼 수밖에 없다는 주장이 설득
력을 얻고 있다. ─편집자 주)

오랜 독립국가 고조선　　여기서는 한국이 아주 오래 전부터 독립
국가였다는 점에 주목해야 한다. 단군 시대는 물론, 기자가 온 뒤에도
조선은 줄곧 독립국이었다. 무왕이 기자를 조선의 왕으로 책봉하면서
도 제후국으로서의 충성을 요구하지도, 받지도 않았다고 분명히 명시
돼 있다. 게다가 주나라 무왕은 기자가 사신을 보내 상나라를 기리는

제사를 지내도록 허락해주기까지 했다.

또 기자 자신도 직접 상나라의 옛 도읍지에 찾아갔다가 온통 보리밭으로 변한 걸 보고 눈물을 흘리며 시를 짓고 새 황제에게 가서 충성을 맹세했다는 전설도 있다. 기록에는 기자가 보리밭으로 변한 상나라의 옛 도읍지를 보고 흰 말이 끄는 흰 마차에 올라타 새 왕국의 도읍으로 가서 황제에게 충성을 맹세했다고 전한다. 그리고 결코 충성을 맹세하지 않기로 해놓고 충성을 맹세했으니 기자가 나약한 면모를 드러냈다고 덧붙였다.

단군 시대에는 명목상의 국경이던 압록강 너머까지 영향력이 직접적으로 미쳤으리라고 보기는 어렵다. 따라서 단군의 영향력이 요동의 방대한 지역에 미치고는 있었지만, 직접적으로 관할한 지역은 지금의 평안도와 황해도 두 지역에 한정시키는 편이 나을 것이다.

뛰 어 난 문 명 전 파 의 능 력 을 가 진 기 자   그러면 지금부터 기자가 거느린 5천의 무리가 누구였는지 살펴보기로 하자. 기자는 중국에서 『시전詩傳』과 『서전書傳』이라는 훌륭한 책 두 권을 가지고 왔다. 시와 역사를 자유롭게 해석한 책이었다. 사실 이런 제목이 붙은 책은 기자 시대가 끝나고도 몇 백 년이 지난 후에 쓰였지만, 한국에서는 이 책의 내용을 이루는 여러 가지 경구나 원리를 가리키는 말로 '시詩'와 '서書'이라는 말을 사용했다. 따라서 기자의 무리 중에는 두 권의 책에 나오는 원리를 가르치고 설명할 수 있는 사람들이 끼어 있었을 가능성이 있다.

그리고 기자는 음악, 의학, 마법, 주문 등의 갖가지 지식 체계를 들여왔다. 또한 유용한 수공기술 백여 가지를 가르칠 수 있는 사람들도 데려왔다. 그중에서도 양잠과 베 짜기는 특별한 기술이었다. 병사의 비율이 낮은 것을 감안하면, 사실 5천이라는 수는 단일한 식민지화 계획으로 역사상 눈에 띄게 놀랄 만한 성과를 내기에는 적은 수였다.

스스로 망명 길에 오른 기자로서 이토록 세심하게 준비한 이유는 한 가지밖에 없었다. 백성으로 다스릴 사람들을 직접 선택하여 그들에게 의지한 결과였다. 기자는 문명을 전파하는 능력을 타고난 사람이었다. 모든 문제를 칼로 해결하던 시대에 자신의 칼을 두드려 가지 치는 낫을 만들고, 그 낫으로 근 천 년을 이어갈 왕국을 세운 일은 기자의 특별한 능력이 가장 빛을 발하는 대목이다.

삼강오륜과 세속오계의 뿌리, 오항 기자는 뛰어난 식민지 개척자였다. 한반도에 문명을 전파하기 위해 만반의 준비를 갖춘 한편, 한반도 토착 부족을 교화시킬 준비를 했기 때문에 토착민이 고집을 피우며 따르지 않더라도 스스로 만족했다. 기자가 쓴 방법은 오늘날 유럽 열강의 식민지 전략과 비교해도 훨씬 뛰어났다.

기자의 짧은 형법 전서에는 그가 다스리던 백성들이 어떤 잘못을 저질렀는지 여과 없이 적혀 있다. 살인을 저지르면 똑같은 방법으로 사형에 처해졌다. 싸움을 하면 곡식으로 벌금을 냈다. 도둑질을 하면 노예로 삼았지만 무거운 벌금을 내면 다시 풀려났다. 구체적으로 언급되지 않은 법이 다섯 가지가 더 있었다. '다섯 가지 덕목'을 뜻하는 오항은 본래 임금과 신하, 부모와 자식, 아비와 어미, 친구와 친구, 노인과 젊은이 사이에 올바른 관계를 가르치는 내용이었을 것이라고 추측하는 이가 많으며 실제로 그럴 가능성이 높다.

통치의 첫 번째 기술, 지역민 활용 신빙성이 떨어지기는 하지만, 기자가 싸움을 막기 위해 모든 남자에게 틀에 점토를 붙여 만든 챙이 넓은 모자를 쓰게 했다는 이야기가 있다. 모자를 벗거나 부러뜨린 자는 무거운 형벌을 받았다. 이렇게 해서 남자들이 맞붙어 싸우지 못하게 떼어놓을 수 있었다고 한다.

기자의 뛰어난 지략을 증명해주는 또 하나의 예는 한반도 토착민을 다스리려면 토착민 중에서 사람을 뽑아 다스리게 해야 한다는 사실을 간파한 일이다. 기자는 각 지역에서 여러 사람을 선발해서 관리로서 해야 할 일을 가르친 후 곧바로 관리로 삼았다. 자기가 데려온 무리 중에서 사람을 뽑아 관리직에 앉히는 위험한 방법을 쓰지 않은 것이다.

또 토착민을 오래도록 다스리려면 정복민이 토착민의 언어를 받아들여야지 토착민에게 정복민의 언어를 강요해서는 안 된다는 사실을 깨달았다. 기자는 토착민이 쓰던 언어를 문자로 정리한 후 이를 이용해 새로 들여온 지식과 기술을 가르쳤다고 한다. 역사적 사실이라 해도 기자가 만든 문자는 완전히 사라지고 없어 확인할 길이 없다. 기자 시대에 문자가 존재했다는 사실을 입증해주는 증거는 전혀 남아 있지 않다. 토착민에게 문자를 가르치는 데는 4년이 걸렸다고 한다.

경작지와 수도 평양의 정비   처음에는 수익을 내는 것이 주요 관심사였다. 기자는 수익을 내기 위해 새로운 방법을 도입했다. 경작지를 정사각형으로 나누고 정사각형 하나를 아홉 등분해서 가운데 정사각형을 중심으로 여덟 개가 둘러싸는 모양으로 나누었다. 주변의 정사각형 여덟 개를 경작하는 사람은 가운데 하나까지 경작해서 그곳에서 생산되는 작물은 나라에 바쳐야 했다. 생산량의 9분의 1을 나라에 상납하는 셈이었다. 일종의 세금이었다. 온 나라가 번창했고 대동강은 한반도의 황하라 불렸다.

기자조선이 평화롭게 건설됐다는 사실을 토착민에게 주지시키기 위해 기자는 평양에 있는 강의 둑을 따라 길게 버드나무를 심었다. 그래서 평양을 유경柳京이라 부르기도 한다.

요동의 과반이 조선 땅　한편 기자가 한반도에 건너온 적이 없다고 주장하는 사람도 적지 않다. 이는 다음과 같은 사실에 근거하고 있다. 한漢나라 무제武帝는 한반도 북부를 정복하고 네 지역으로 나눴으며 한반도 토착민을 오랑캐라고 불렀다. 기자가 문명화시킨 후라면 한반도를 오랑캐라고 불렀을 리가 없다는 것이다.

당唐나라 시기에 기록된 역사서는 기자조선이 요동에 위치해 있던 것으로 서술한다. 금金나라와 몽골이 세운 원元나라의 역사에는 기자가 요동의 광녕에 도읍을 세웠으며, 지금도 이곳에 기자의 샘과 기자를 모시는 사당이 남아 있다고 한다. 기자의 초상화도 있었지만 명明나라 세종 시대에 불에 타 소실됐다고 한다.

중국의 『속문헌통고續文獻通考』라는 책에는 기자조선이 요동의 함평노에 도읍을 정했다고 전한다. 또 명나라 시대 문헌인 『일통지一統志』에는 요동 지역 학자들이 『송경지松京志』라는 책에서 이 문제를 다뤘다고 전한다. 『송경지』에는 조선이 심양, 봉천부, 의주, 광녕 등지에 걸쳐 있었으므로 요동의 과반이 조선 땅이었다고 주장한다.

『강목』이라는 문헌에서는 기자조선의 도읍이 평양에 있었고, 오시운이라는 학자의 말처럼 요하에서 한강에 이르기까지 서서히 영토를 확장했다고 전한다. 앞의 여러 가지 주장 중에서 마지막 설명이 널리 받아들여지는 학설이며, 한국에 증거가 존재하는 한 이 학설을 의심할 이유가 없어 보인다.

기자는 쉰다섯의 나이에 한반도에 들어와서 40년간 통치했다. 오늘날 기자의 묘는 생전에 위업을 이루었던 도시 근처의 도산에 있다. 그밖에도 기자의 묘가 있다고 주장되는 지역으로는 중국 북부의 몽현, 박성, 상구현이 있다.

기자는 36세대가 지난 후에야 태조太祖 문성대왕文聖大王이라는 묘호를 얻었다. 기자조선에 관해 전하는 역사는 매우 빈약하기 때문에 이 책에서도 간략하게 설명할 수밖에 없다.

기자 후손의 구체적인 기록들　아래 기자조선의 역사는 최근에 평양에서 발간된 기자의 후손 가문의 기록을 토대로 엮었다고 주장하는 책에서 발췌한 내용이다. 신빙성이 있다고 보기는 어렵지만 기자조선에 관한 유일한 기록이므로 여기에 소개하는 편이 적절하다고 판단했다. 아래에 언급된 연대는 모두 기원전이다.

1083년에 기자가 죽고 아들 송松이 왕위를 이어받았다. 송이 25년간 통치하면서 조상을 모시는 사당을 지었다는 사실 말고는 그에 관해 알려진 바가 거의 없다. 송의 대를 이은 아들 순詢은 효심이 지극한 나머지 아버지가 죽자 미쳐버렸다. 다음 왕인 백伯은 관리들에게 중국 상왕조의 의관을 갖추게 했다.

이액의 아들 춘椿은 997년에 왕위에 올라 병사 7,300명으로 59개 부대를 조직했다. 군대의 깃발은 파란색이었다. 943년에 통치하던 조調는 기병대가 필요하다고 판단하여 말 키우는 일을 전담하는 특수 관직을 만들어서 몇 년 후에 말을 많이 얻었다.

890년에 왕이던 색索은 궁궐 문 앞에 북을 걸어두고 불평거리가 있는 사람은 누구든 와서 북을 두드리게 했다. 843년에는 나라가 앞장서서 극빈자를 구휼해야 한다는 법이 제정됐다. 773년에 월越은 마법과 주문을 금지했다. 748년에 수군을 갖추는 일이 중요한 문제로 떠오르자 전함 여러 대를 진수했다. 722년 다섯째 달 첫날은 한국사에서 처음으로 일식을 기록한 중요한 날이다. 710년에는 대기근이 있었다.

궐闕은 중국어를 할 줄 알고 중국의 풍습을 잘 아는 사람 여럿을 선발했다. 그들에게 하얀 중국옷을 입혀 생선과 소금, 주석을 가득 실은 거대한 함대를 이끌고 황해를 건너가게 했다. 그들은 가져간 물건을 쌀과 맞바꾸어 굶주린 백성을 구제하려 했다. 모든 관리의 녹봉이 절반으로 줄었다.

702년에 효孝는 악기 열다섯 가지를 만들라고 명했다. 한편 효는 스스로 바다왕의 딸이라고 주장하며 많은 사람들을 기만한 안주라는 무당을 처형했다. 670년에 조왕은 중국에 사신을 보내 제왕과 화친을 맺었다. 또 형법전을 포고하여 나랏돈 수억 냥을 횡령하고 백성들에게서 1억 5천만 냥을 빼앗은 자를 사형에 처했다. 500칸짜리 집을 지어 과부와 고아, 자식 없는 노인을 거두었다.

659년에는 중국 주나라에서 박일정이라는 사람이 젊음을 되찾는 명약이라는 면단방을 가져왔다. 박일정은 교묘한 술수를 부려 조선 왕의 마음을 사로잡고 오랫동안 조선을 제멋대로 주물렀다. 마침내 그를 처단할 지혜와 담력을 갖춘 왕이 왕위에 올랐다. 왕이 박일정을 처형하자 온 나라가 기쁨에 넘쳤다. 쫓겨났던 사람들이 고향으로 돌아오고 옥에 갇힌 사람들이 풀려났다. 654년에는 북부의 토착 부족들 중에서 한 부족이 부족장을 보내 조선에 충성을 맹세했다.

593년에는 참參이 다섯 살의 어린 나이에 왕위에 올라서 참왕의 숙부가 섭정했다. 그러나 힘 있는 조신朝臣인 공손강이 참왕의 숙부를 암살하고 사실상의 통치자가 되었다. 그는 왕을 작은 정자에 가두고 폐위시키려 했지만, 결국 자신이 자객의 칼에 쓰러져 왕을 폐위하려던 모의는 수포로 돌아갔다.

505년에는 북쪽의 야만 부족이 걷잡을 수 없이 사나워져서 여黎가 군사 3천 명을 이끌고 북쪽으로 쳐들어가서 적병 1천 명의 머리를 가져오고 조선 땅을 넓혔다. 그는 선생들을 관직에 앉혀 백성들에게 농사와 양잠을 가르치게 했다.

426년에 징왕澄王 치세에는 반란이 거세게 일었다. 태안(지금의 자산)의 우이충이 '나는 하늘이 내린 사람이다'라고 주장하며 난을 일으켜 강력한 반란군을 거느리고 도읍을 함락했다. 왕은 배를 타고 도망쳐 섬으로 보이는 혈구라는 곳으로 피신해야 했다. 그러나 얼마 지나지 않아 관군이 왕을 중심으로 다시 집결하여 반란군을 북쪽 변방으로 쫓아냈다.

403년에는 중국의 연왕燕王이 사절을 보내 화친을 제의했다. 연나라의 도읍이었던 칠예성은 지금의 북경北京으로 조선의 서쪽에서 가까운 곳에 있었다. 연나라는 이처럼 화친을 맺어놓고도 380년에 군대를 보내 조선의 서쪽 영토를 함락했다. 그러나 얼마 지나지 않아 물러났다.

15년 후에 연나라 장군 진가가 병사 2만을 이끌고 조선의 서쪽 국경을 넘어 쳐들어왔지만, 조선 장군 우문언이 병사 3만을 모아서 오도하 뒤쪽 갈대숲에 매복해 있다가 급습하여 패주시켰다.

345년에는 북쪽 토착 부족의 부족장이 찾아와 연나라와 맞서 싸울 수 있도록 도와달라며 지원군을 요청했다. 조선은 1만 명을 지원군으로 보내줬다. 조선은 토착 부족 기병대 1천 명을 이끌고 상곡이라는 변방의 요새를 함락했다. 얼마 지나지 않아 연나라가 화평을 청해왔고 곧 화평이 성사됐다.

진위가 의심스러운 기자조선의 역사는 여기서 끝난다. 구체적인 내용이라 그럴듯해 보이지만, 기자의 후손들이 자신의 선조가 아주 먼 과거로부터 시작되었다는 것을 주장하기 위한 기록인 것처럼 보여서 진위에 의심이 가지 않을 수 없다.

기자조선과 중국의 관계　중국의 주나라는 오랜 세월 쇠락의 길을 걷다가 기원전 305년에 극도로 유약한 상태에 이르렀다. 상황이 이쯤 되자 대대로 '후侯'라는 작위를 받아 주나라에 조공을 바쳐오던 요동 지역의 통치자(諸侯)가 '왕王'이라는 칭호를 써서 주나라의 중앙 권력에 도전하려 했다.

조선은 대국의 신임을 잃지 않으려고 서둘러 요동의 후방을 공격하려 했다. 그러나 공격을 감행하기 전에 경계의 목소리가 터져나왔다. 고문관 중 한 사람으로 남보다 세상물정을 읽는 능력이 뛰어났던 예라는 사람이 나서서 주나라는 필히 망할 것이니 조선은 요동 연나라와 화친을 맺어야지, 연나라에 대적해서 공연히 화를 불러일으켜서는 안 된다고 충언했다.

조선 왕은 예의 충언을 받아들여 주나라에 충성을 바치기로 한 맹세를 저버리고 연나라와 화평을 맺었다. 이 부분은 중국 문헌 『위서魏書』에 나오는 내용이다. 조선이 대릉하 너머까지 세력을 확장한 것이 분명하다.

하지만 연나라 왕에게 조선은 건드리지 않고 남겨두기에는 아까운 땅이었다. 따라서 연왕은 조선에 쳐들어와 압록강까지 땅을 넓혔으며 지금은 어디인지 알 수 없는 반한이라는 도시까지 2천 리나 되는 영토를 넓혔다. 더불어 북쪽 토착 부족을 정복하고 국경을 1천 리나 북쪽으로 밀어올렸으며 이들의 공격을 막기 위해 조양에서 양평까지 성을 쌓았다.

기원전 221년에 진秦나라 시황제始皇帝가 최초로 황제의 자리에 올라 방대한 만리장성을 쌓기 시작한 지 얼마 지나지 않은 시대에 기자조선의 40번째 후손이며 사후 휘호가 종통왕宗統王인 기비箕조가 조선의 왕으로 군림했다. 기비는 중국에서 위대한 황제가 났다는 소식을 듣자

마자 깃발을 내리고 무조건 항복을 선언했으며 진나라에 사신을 보내
충성의 뜻을 전했다.

진나라의 멸망과 유민의 이주　기비가 죽고 아들 기준箕準이 기
자조선의 마지막 왕으로 왕위에 올랐다. 한동안은 큰일 없이 조용했지
만, 진나라가 오래 가지 못하고 한나라를 건국한 황제의 손에 중국의
패권이 넘어가자 멀리 조선 땅에도 일대 혼란이 일었다. 중국의 연燕,
제齊, 조趙 세 나라에서 도망친 유민들이 피난처를 찾아 사방으로 흩어
졌고, 그중 수천 명이 압록강을 건너 준왕準王의 보호를 요청했다.

　세상을 손아귀에 쥔 한나라로부터 보호해주는 유일한 방편은 가급적
이면 멀리 도망치게 해주는 것뿐이었다. 그래서 준왕은 유민을 받아들
여 압록강 유역과 남쪽 지역 속국에 정착하게 해주었다. 준왕이 왕위에
오른 지 20년째 되던 해인 기원전 200년의 일이었다.

3 장

위만,
숙인 다음
친다

한나라 반역자 노관의 장수, 위만
조선으로서는 안타까운 일이지만 한
나라 황제는 노관이라는 장군을 연나
라의 통치자로 세웠다. 나름대로 대의를 품었던 노관은 연나라 지역의
백성들에게서 문명의 혜택은 받지 못했어도 훌륭한 병사가 될 뛰어난
자질을 발견하고 새로운 왕국을 세우기로 결심했다. 이에 노관은 반란
을 일으켜 죽을힘을 다해 싸웠지만 한나라 군대에 대패하고 북쪽 흉노
匈奴 땅으로 도망친 이야기는 흥미진진하다. 하지만 그 이야기는 여기
서 멈추고 노관의 장수 중에서 연나라 토착민이던 위만衛滿의 이야기를
시작하겠다.

위만이 홀로 위장하고 동쪽으로 도망쳤다고 서술한 책도 있고, 또 위
만이 병사 1,090명의 호위를 받아 쫓아오던 무리를 따돌리고 지금의
압록강인 패수浿水를 건너 이전부터 그 지역에 들어가 정착해 살던 같
은 연나라 사람들에게 환영받았다고 전하는 책도 있다. 한나라 시대의
패수는 압록강을 가리키지만, 당나라 시대에는 대동강을 가리킨다. 이
로 인해 많은 혼란이 일어났다.

기자조선을 무너뜨린 위만 위만은 준왕에게 보호를 요청하며 투항했다. 준왕은 위만이 어떤 인물인지 모른 채 선의를 베풀어 받아줬고 환영의 뜻으로 북쪽 땅 수백 리를 선물로 주기까지 했다. 위만은 변방을 지키면서 적이 쳐들어오면 재빨리 알려주기로 약속했다. 진번眞番과는 벌써부터 화친을 맺어둔 위만은 다른 부족과도 우호적으로 화친을 맺기 시작했다. 오래 지나지 않아 위만은 연나라 유민과 진번의 용병으로 구성된 상당한 수의 추종자를 이끌게 되었다.

위만은 모든 준비를 마치고 갖가지 가능성을 가늠해본 후 운명을 걸고 일생일대의 작전을 펼쳐보기로 했다. 위만은 평화를 사랑하는 준왕이 머물던 평양에 급히 사자를 보내, 거짓으로 중국의 네 지역에서 엄청난 수의 대군이 몰려와 조만간 조선의 문전에 당도할 것이라고 알렸다. 그리고 위만 자신이 서둘러 군사를 이끌고 도읍으로 들어가 준왕을 호위하겠다고 제안했다.

위만의 책략은 성공을 거두었다. 준왕과 조선 왕실은 뒤늦게 위만의 속셈이 무엇인지 깨닫고 몹시 놀랐다. 위만의 진군을 막아보려 했지만 때는 이미 늦었다. 그래도 위만과 반역의 무리를 경계하면서 왕실의 보물을 배에 실을 여유는 있었다. 위만의 군대가 승승장구하며 평양의 문전에 당도할 무렵, 기자조선의 마지막 왕은 서둘러 강을 건너 자기 성품에 어울리는 남쪽 땅으로 내려갔다.

각기 내용이 다른 여러 사료를 종합하여 판단해보건대, 이 사건은 기원전 194년에 일어난 것으로 보인다. 이는 한반도 역사에서 매우 중요한 사건이었다. 이 사건을 계기로 한반도 남부 지역이 역사의 무대에 등장했고, 한반도 전체를 정복하여 중요한 발자취를 남길 군대가 그곳에서 성장했다. 하지만 준왕을 따라 남쪽으로 내려가기 전에 우리는 다시 돌아와 위만의 모반이 어떤 식으로 결론 났는지 알아보자.

중국 청주까지 복속시킨 위만조선　　위만은 준왕의 기자조선을 정복한 후 왕위에 오르기 위한 과업에 착수했다. 토착 부족을 다뤄본 경험이 있던 위만은 가능한 많은 부족으로부터 충성을 얻어내는 일에 전력을 다했다. 주변에 여러 토착 부족이 둘러싸고 있었기 때문에 이런 식으로 화친을 맺어야 했다. 위만은 인접해 있던 거의 모든 부족과 화친을 맺었고, 부족장들을 중요한 관직에 중용하여 중국에 사신으로 보낼 정도로 후하게 대접해줬다.

위만조선은 전성기에 오르자 멀리 요동까지 세력을 뻗쳐 한반도 북부와 동부 전 지역을 점령했으며, 황해를 건너 중국의 청주까지 복속시켰다. 위만조선의 남쪽 경계선은 한강이었다.

위만은 살아 있는 동안 왕국을 강력하게 이끌어갔다. 위만에게는 주변 부족의 존경과 경외감을 이끌어내는 독특한 능력이 있었다. 위만은 주변 부족을 견제할 때와 풀어줄 때를 잘 알았다. 그러나 이런 능력을 후손에게 물려주지는 못했다.

한나라 사신 섭하가 부족민의 손에 죽다　　위만의 손자인 우거왕右渠王은 위만의 야심은 고스란히 물려받았지만, 지략은 물려받지 못했다. 조선이 통일된 왕국을 유지할 수 있었던 데는 위만의 꾸준한 노력과 민활한 지략 때문이라는 사실을 깨닫지 못한 우거왕은 중국으로부터 완전히 독립하기 위한 작전을 꾸미기 시작했다.

우거왕은 중국 주변의 피난민과 불평분자를 끌어모았다. 그들 대다수는 어느 쪽이 이기든 얻을 건 많고 잃을 게 거의 없는 자들이었다. 우거왕은 한나라와의 우호 관계를 끊고 주변 부족들까지 한나라에 사신을 보내지 못하도록 길을 막았다.

한나라 황제는 우거왕의 행동을 참지 못하고 섭하라는 사신을 보내 오만방자한 우거왕을 훈계했다.

그러나 우거왕이 훈계를 받아들이지 않자 섭하는 압록강을 건너 돌아가서 나이든 부족장을 보내 우거왕에게 무슨 꿍꿍이인지 물어보게 했다. 우거왕은 끝까지 고집을 꺾지 않았고 빈손으로 돌아온 부족장은 섭하에게 죽임을 당했다. 그러나 섭하는 경솔한 행동 때문에 결국 대가를 치르게 됐다. 얼마 지나지 않아 요동 도위 자리에 올랐지만 섭하의 손에 부족장을 잃은 부족민이 그를 죽이고 만 것이다.

한의 장수 양복과 순체, 위만조선을 침략하다　섭하를 죽인 사건은 우거왕이 선동한 것은 아니었지만, 안타깝게도 한나라 황제에게는 매한가지로 보였다. 황제에게 '동쪽의 오랑캐 무리들'은 똑같이 벌 받을 대상이었던 것이다. 기원전 109년에는 한반도로 도망친 중국 유민에게 당장 중국으로 돌아오라는 황제의 명령이 떨어졌고, 우거왕도 별수 없이 전쟁의 소용돌이에 휘말릴 처지였다.

그해 가을에 양복과 순체라는 두 장수가 대군을 이끌고 위만조선을 침략했다. 만반의 준비를 마치고 기다리던 우거왕은 첫 교전에서 한나라군을 패퇴시켰으며 한나라군 잔당들은 산속으로 숨어 들어갔다. 흩어진 병사들을 다시 모아 후퇴하는 데만도 열흘이나 걸렸을 정도였다. 우거왕은 상황이 순조롭게 돌아가자 덜컥 겁이 났다. 이 일로 황제가 노발대발할 게 분명했기 때문이다. 따라서 한나라에서 사신이 찾아오자 우거왕은 스스로 몸을 낮춰 사죄하면서 아들을 인질로 보내고 말 5천 필을 선물로 보냈으며, 병사 1만 명도 함께 보냈다.

무장한 병사가 따라오자 한나라 사신은 압록강을 건너면 무슨 변고가 생길지 모른다는 두려움에 떨었다. 그래서 인질로 데려가던 조선의 왕자를 시켜 병사들에게 무장해제하라고 요구했다. 왕자는 사신이 모

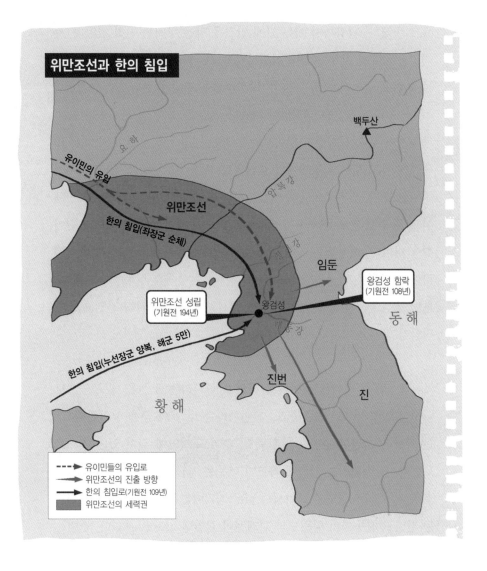

위만조선과 한의 침입

백두산

요 하

유이민의 유입

위만조선

한의 침입(좌장군 순체)

압록강

임둔

왕검성 함락
(기원전 108년)

위만조선 성립
(기원전 194년)

왕검성

동 해

한의 침입(누선장군 양복, 해군 5만)

황 해

진번

진

- - - ▶ 유이민들의 유입로
   ▶ 위만조선의 진출 방향
   ▶ 한의 침입로(기원전 109년)
   ■ 위만조선의 세력권

의를 눈치챈 것을 깨닫고 한밤중에 빠져나와 쉬지 않고 달려서 평양의 왕궁에 도착했다. 한나라 사신은 섣불리 처신한 탓에 목이 달아났다.

한나라의 2차 침공   한편 양복과 순체는 요동 지역을 분주히 돌아다니며 전보다 많은 병사를 모아 군대를 조직해서 압록강을 건너 평양으로 향했다. 평양까지 가는 길에 앞길을 막는 무리는 전혀 없었다. 우거왕은 군대를 모두 평양에 집결시켜놓고는 북쪽에서 쳐들어오던 병사들이 험한 날씨에 지쳐 돌아가기를 바랐다. 평양을 포위하고 공격하던 두 달 내내 두 장군은 끊임없이 다퉜다.

황제가 무슨 사정인지 알아보려고 공손수 장군을 보냈고, 순체는 양복에게 역모 죄를 뒤집어씌워 한나라로 보내 처형당하게 했다. 순체가 주도한 포위 공격은 이듬해 여름까지 지루하게 이어졌는데, 평양 안에서 왕을 암살하고 한나라 진영으로 도망친 반역자가 없었다면 더 길어졌을 것이다. 백성들은 아직 항복할 마음이 없었는데 또 다른 반역자가 적에게 성문을 열어줬다. 순체는 우선 태자 창에게 항복을 강요했다. 한편 백성들은 성문을 열어준 자를 끝까지 쫓아가 한나라 진영으로 도망치기 전에 갈기갈기 찢어놓았다.

한사군 설치　위만조선이 몰락하자 한나라는 조선을 네 지역으로 나누어 각각 낙랑, 임둔, 현도, 진번이라는 네 개의 군을 설치했다. 우선 낙랑은 지금의 평안도와 황해도, 경기도 지역에 걸쳐 있던 것으로 보인다. 또 전해지는 기록에 따르면 임둔은 지금의 강원도에 있던 것으로 보이지만, 강원도를 넘어서는 넓은 지역이었을 가능성도 있다. 현도는 한반도 북동쪽의 함경도와 경계선이 같았던 것으로 보인다. 진번은 압록강 이북에 설치됐으며 경계는 명확하지 않다. 진번은 요하 너머까지 뻗어 있었을 가능성도 있다. 당시 한나라 점령군이 네 개 군의 모양과 범위를 명확히 파악했던 것 같지는 않다.

그리고 27년 후 소제昭帝 15년인 기원전 81년에 군현을 재정비하여 진번과 현도를 합쳐 평주도독부를 세우고, 임둔과 낙랑을 합쳐 동부도독부를 세웠다. 결국 고조선 지역은 한나라 원제元帝 12년인 기원전 36

년에 고구려가 들어설 때까지 두 개의 부로 나뉘어 있었다.

그러면 이번에는 문명의 변두리에 살면서 북아메리카 인디언 부족처럼 어느 날은 우호적이었다가 다음 순간에는 적대적으로 변하던 이들 토착 부족이 과연 어떤 사람들이었는지 살펴보기로 하자. 한국의 문헌에서는 이들의 존재를 이해할 만한 정보가 거의 없지만, 중국의『문헌통고文獻通考』에서 비교적 상세히 설명하고 있다. 터무니없는 내용이 상당 부분을 차지하고 있기는 하지만, 개중에 중요한 사실은 한국의 몇 안 되는 사료와도 일치한다. 따라서 이 책은 동북아시아의 토착 부족에 관한 중요한 자료로서 역사적 사실로 받아들일 수 있다.

예맥, 옥저,
읍루, 말갈,
여진

아홉 개의 부족　앞에서도 언급했듯이 한반도 북부에는 토착 부족 아홉 개가 있었는데, 이름은 각각 견이, 방이, 황이, 백이, 적이, 현이, 풍이, 양이, 우이였다. 초기 한반도에는 이들 부족이 차지하고 있었다. 그러나 열거한 아홉 부족의 이름은 그다지 믿을 만하지 않으며, 이후 역사에는 이들 이름이 거의 나오지 않고 다른 이름이 대거 등장한다. 전승에 따르면 이들 부족은 '떠오르는 태양의 고장'이라는 뜻의 양곡에서 살았다고 한다. 하나라 태강太康 황제 시대인 기원전 2188년에 동쪽 오랑캐 무리가 반란을 일으켰다고 한다. 우왕 시대인 기원전 1122년에는 몇몇 부족의 대표가 귀에 거슬리는 악기를 가져와 연주하며 괴상한 춤을 추었다고 한다. 또 회이라는 부족도 있었는데, 우왕의 형제들이 그쪽으로 도망쳤지만 뒤쫓아간 무리의 손에 죽었다고 전해진다. 또 다른 부족인 소이는 중국으로부터 독립을 선포했다가 역시 중국한테 무참히 패했다고 한다.

이들 토착 부족은 모두 압록강 북부 지역과 장백산맥 일대에 자리 잡았던 것으로 보인다. 그러나 한국의 문헌에 정식으로 등장한 적은 없다. 이들 부족들은 서로 혈연관계로 얽혀 있던 것이 분명하며, 오늘날 한국인의 피에 이들 부족의 피가 흐를 가능성이 높지만 확실한 증거는 없다.

 '조선'이라는 말을 제일 처음 언급하면서 초기 한국에 관해 언급한 중국의 사료를 하나 더 주목해보자. 조선에는 천수, 열수, 산수라는 강이 세 개 있으며, 이 세 개의 강이 합쳐져 열수가 되고 낙랑군을 가로질러 흘렀다고 한다. 압록강에 대한 설명과 일치하는 대목이다.

 그러면 한반도에 살았던 이들 토착 부족은 누구이며, 이들이 정말로 한반도에 살던 부족이 맞는지 자세히 살펴보자.

예맥, 예족과 맥족의 별개의 왕국 우선 중국과 한국 문헌 모두에 자세히 기록된 예맥濊貊부터 살펴보자. 중국 문헌에서는 예맥을 하나의 부족으로 설명하지만, 좀 더 정확한 사료로 여겨지는 한국 문헌에서는 예濊족과 맥貊족이 별개의 '왕국'을 이루었다고 전한다. 같은 부족이지만 각기 다른 정치체제를 갖고 있던 것으로 볼 수 있다.

 예국은 예위국이라고도 하며 철국이라고도 한다. 지금의 경상도인 신라 북쪽에 접해 있었으므로 분명 지금의 강원도 지역에 있었을 것이다. 예국은 북쪽으로는 옥저와 접해 있고, 동쪽으로는 동해가 있으며 서쪽으로는 낙랑과 접해 있었다. 따라서 지금의 강원도 지역 대부분을 차지했던 것으로 볼 수 있다. 예국 도읍의 유적지가 지금도 강릉시 동쪽에 남아 있다. 전성기일 때 예국의 도읍을 동이라 했고, 훗날 신라가 예국을 정복하여 이곳에서 왕실의 옥새를 발견했으며, 신라 왕이 이를 신라 왕국의 옥새로 채택했다. 신라에 복속된 뒤에는 이곳을 명주라고 불렀다.

 기원전 140년인 한나라 무제 시대에 예국의 왕은 남려南閭였다. 남려는 위만의 지배에서 벗어나기 위해 반란을 일으켰고, 38만이라는 터무니없이 많은 수의 무리를 이끌고 요동으로 이동하여 무제로부터 창해군에 정착할 것을 허락받았다. 어떤 문헌에서는 이곳이 3년 동안 식민지로 남아 있었다고 하고, 또 어떤 사료에서는 2년 만에 반란이 일어나 황제가 섬멸했다고도 전한다. 예국의 유민이 북동쪽의 부여국에 들어갔다는 기록도 있다.

또 어떤 문헌에서는 부여의 옥새에 '예군의 옥새'라는 글자가 새겨져 있었다고 한다. 부여의 나이든 사람들은 자기네가 한나라 시대에 피난 온 사람이라고 말하곤 했다고 전한다. 한편 부여에는 '예성'이라는 요새가 있었다. 이를 근거로 예군 남려는 동쪽에서 온 사람이 아니라 북쪽에서 온 사람이라고 주장하기도 한다. 사실 그가 엄청난 수의 무리를 이끌고 적국을 지나 그렇게 멀리까지 내려올 수 있었는지 이해하기 어렵다.

한나라가 한반도 북부를 차지한 시기에 예국은 임둔군에 복속됐고, 광무제光武帝 시대에는 임둔군 태수가 강릉에서 지냈다. 황제는 매년 옷감, 과일, 말 등을 공물로 받았다.

예국 백성들은 단순하고 어수룩하며 천성이 호전적이지 않았다. 온순하고 겸손하며 화려한 장신구나 장식품을 좋아하지도 않았다. 이처럼 온화한 성품 때문에 항상 이웃 나라에 공격당하고 괴롭힘을 당했다. 후대에는 고구려와 신라가 예국 병사를 동원하여 정복 활동을 펼쳐나갔다.

예국에서는 성씨가 같은 사람들끼리 근친결혼을 하지 않았다. 가족이 병으로 죽으면 남은 가족은 살던 집을 버리고 새로 살 집을 지었다. 집이 그다지 튼튼하지 않고 새로 집을 짓는 일도 그리 어렵지 않았던 듯하다. 집이라고 해봤자 언덕에 땅을 조금 파고 얼기설기 짚 지붕을 얹는 정도에 지나지 않았을 것이다.

삼을 사용하는 법도 알려지고, 한참 후대의 일이기는 하나 비단을 만드는 법도 알려졌다. 목화를 재배해서 옷감을 짜기도 했다. 또 하늘의 별을 보고 기근을 점칠 수 있다고 믿었다. 이런 점으로 보아 백성들 대다수가 농사를 지었던 것으로 추정된다. 열 번째 달에는 하늘에 제사를 지내면서 술 마시고 노래하고 춤을 췄다.

예국에서는 '호랑이 신'을 섬겼다. 도둑질을 한 자는 말이나 소를 벌금으로 내야 했다. 싸울 때는 사람 셋을 합쳐놓은 길이의 긴 창을 써서 여러 사람이 함께 창을 들어야 했다. 전쟁은 육지에서만 치렀다. 유명한 낙랑의 활은 원래 예국에서 박달나무를 베어 만들었던 것이다. 예국에는 표범이 극성을 부렸다. 말은 몸집이 작아서 사람을 태우고도 과일 나뭇가지 밑을 어려움 없이 지나다닐 수 있었다. 동해에서 잡은 물고기 껍질에 색을 입혀 중국에 팔기도 했다.

중국 위나라 시대인 220~294년에 예국이 충성을 맹세하며 1년에 네 차례 위나라로 사신을 보냈다는 기이한 기록도 있다. 그러나 위나라 시대에 한반도에는 예맥이 없었으므로 기록에서 가리키는 예국이란 북방의 다른 예족이었을 것이다. 예족은 매년 약속한 금액을 내고 중국으로부터 징병의무를 면제받았다고 한다. 여기서 설명하는 예국보다는 중국에 더 가까운 부족이었다는 뜻이다.

예맥족의 다른 반쪽인 맥국은 지금의 춘천 근교에 근거지를 두었다. 훗날 신라가 패권을 쥐던 시대에는 우수주라고 부르던 곳이다. 고려 시대에는 춘주라고 했다.

고대 중국 문헌인 『서경書經』에서는 (기자보다 앞선 시대인) 무성武成 황제 시대에 화하만맥華夏蠻貊 무리가 찾아와서 한나라에 투항했다고 전한다. 한반도의 맥족이었을 가능성이 있다. 맹자도 대맥大貊과 소맥小貊에 관해 언급한 바 있다. 한나라 시대에 조선, 진번, 예맥에 관한 언급이 있었다. 맹자가 대맥과 소맥에 관해 말한 것을 두고 기자를 '오랑캐'로 부른 것이라고 받아들여 기자를 모독하는 언사로 보는 이도 있지만, 조선, 진번, 예맥을 따로 언급한 것으로 보아 맹자는 기자를 모독할 생각이 없었음을 알 수 있다.

한 무제 시대의 역사 문헌에는 맥국이 진한 북쪽과 고구려와 옥저의 남쪽에 자리 잡고 있었으며, 동쪽으로는 바다와 접해 있었다고 서술되어 있다. 이는 우리가 아는 예맥의 위치와 정확히 일치하는 설명이다.

민며느리 풍습을 가진 옥저　옥저沃沮라는 부족은 개마산 동쪽에 동해안을 따라 뻗어 있었다. 좁고 긴 나라로서 해안선을 따라 1천 리 길이로 갈고리 모양으로 누워 있었다. 지금의 원산 남쪽에서부터 북쪽으로 함경도에 이르는 해안선과 일치한다. 옥저 남쪽에는 예맥이 있었고 북쪽에는 읍루挹婁와 부여가 자리 잡고 있었다. 5천 세대가 몇 개의 공동체로 나뉘어 있었으며, 공동체마다 독립적인 정치체계를 갖추고 족장이 중심이 되어 다스렸다. 옥저의 언어는 고구려 말과 상당히 유사했다.

위만이 기자조선을 정복하자 옥저 토착민도 위만의 지배를 받았으며, 훗날 중국이 네 개의 군을 설치할 때는 현도군에 편입됐다. 옥저는 토착 부족 중에서도 거리상 중국의 도읍에서 가장 먼 부족이었기 때문에, 이 지역에는 동부도위라는 특별한 통치자가 배치됐고 그의 치소는 불내성에 있었다. 이 지역은 오늘날의 대관령으로 추정되는 단단대령의 동쪽에 위치한다.

광무제 6년인 31년에는 동부도위 집정이 끝나고 토착민 중에서 우두머리가 나와 '후候'라는 작위를 받아 일곱 지역을 관리했다. 일곱 지역 중 세 지역이 화예, 옥저, 불내였다. 옥저는 예국 백성들을 불러들여 일곱 지역의 중심지에 관청을 짓게 했다고 전해진다.

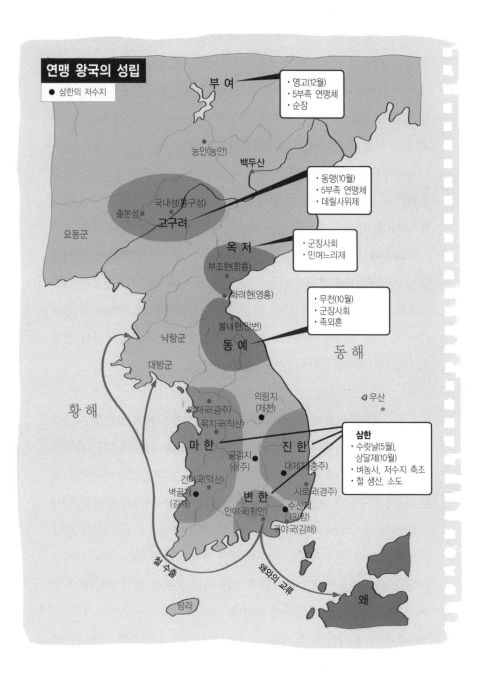

연맹 왕국의 성립

● 삼한의 저수지

부 여
· 영고(12월)
· 5부족 연맹체
· 순장

농안(능안)

백두산

· 동맹(10월)
· 5부족 연맹체
· 데릴사위제

국내성(통구성)
졸본성
고구려

요동군

옥 저
· 군장사회
· 민며느리제

부조현(함흥)

화려현(영흥)

· 무천(10월)
· 군장사회
· 족외혼

낙랑군

불내현(안변)

대방군

동 예

동 해

의림지
(제천)

우산

황 해

백제국(광주)

목지국(직산)

마 한

진 한

삼한
· 수릿날(5월),
  상달제(10월)
· 벼농사, 저수지 축조
· 철 생산, 소도

공검지
(상주)

대제지(충주)

건마국(익산)

벽골제
(김제)

변 한

사로국(경주)

수산제
(밀양)

안야국(함안)

구야국(김해)

철 수출

왜와의 교류

탐라

왜

고구려가 한반도 북부 전역을 정복하면서 대인이라는 통치자 한 명이 옥저 전역을 다스렸다. 고구려는 옷감, 생선, 소금, 해산물을 공물로 받았고 예쁜 여자를 강제로 징발하기도 했다. 옥저는 땅이 비옥하고 뒤에는 산맥이 가로질러 있으며 앞에는 바다였다. 곡식은 풍부했다. 백성들은 몹시 거칠었다고 전해진다. 전쟁을 치를 때는 주로 창을 썼다. 말과 소는 부족했다. 의복은 고구려인과 똑같았다.

옥저에서는 여자아이가 열 살이 되면 남편 될 사람 집에 민며느리로 들어가 시집에서 자랐다. 혼인할 나이가 되면 다시 집으로 돌아가 있다가 남편 될 사람이 약정한 돈을 지불하고 여자를 데려갔다.

옥저에서는 사람이 죽으면 땅을 얕게 파고 묻었다가 뼈만 남을 때쯤 다시 파서 속이 빈 커다란 나무줄기에 넣었다. 나무줄기를 일종의 가족 납골묘로 썼던 셈이다. 따라서 하나의 나무줄기에 여러 세대가 묻혔다. 나무 통 끝에 입구를 만들었고, 죽은 사람 모습을 나무로 조각해 무덤 옆에 놓았으며, 곡식을 담은 그릇을 놓아줬다.

북옥저 사람이 일본판 심청전을 목격하다 옥저의 북부 지역을 북옥저北沃沮라고 했다. 북옥저는 옥저와 풍습이 동일하지만, 한국의 아파치Apache족이라 할 수 있는 북방의 읍루와 지리적으로 가까워서 생긴 몇 가지 풍습은 차이가 있었다. 북쪽의 사나운 부족은 평화롭게 사는 옥저를 매년 급습하여 모조리 약탈해갔다. 해마다 같은 시기에 침입해왔기 때문에 옥저 사람들은 여름이면 산에 올라가 동굴 속에 들어가 살다가 늦가을에 평지로 내려왔다. 겨울에는 혹독한 추위 때문에 북방의 적들도 꼼짝을 하지 못했던 것이다.

한번은 중국 사신 한 명이 이곳 외딴 지역까지 들어왔다. 사신은 "바다 건너에도 사람이 살고 있는가?"(여기서 바다란 동해를 말한다.)라고 물었다. 그러자 옥저 사람들이 "언젠가 우리 부족 사람들이 고기 잡으러 나갔는데, 풍랑을 만나 동쪽으로 열흘 동안 떠내려가다가 어떤 섬에 도착했습죠. 그곳에는 이상한 말을 쓰고 매년 여름에 어린 소녀를 바다에 던지는 이상한 풍습을 가진 사람들이 살고 있더랍니다."라고 대답했다. 또 어떤 이는 "언젠가 옷가지 몇 개가 떠내려왔는데 우리네 옷과 비슷하지만 소매가 사람 키만큼 길었다고 합니다."라고 했다. 또 다른 이는 "언젠가 배 한 척이 떠내려왔는데 거기엔 아래위로 머리가 달린 사내가 타고 있었습니다. 그자가 하는 말은 도통 알아들을 수 없었습니다. 그자는 먹을 걸 줘도 먹지 않더니 곧 죽어버렸습니다."라고 했다. 옥저는 고구려 태조 4년에 고구려에 복속됐다.

아무르 강까지 뻗어 있던 읍루　읍루는 정식으로 한국에 포함되지는 않았지만 한국에 인접해 있던 것으로 보아 전혀 다른 종족은 아니었을 것이다. 읍루는 원래 숙신肅愼이라 불렸다. 옥저 북쪽에 위치하며 두만강에서 시작해서 멀리 북쪽 아무르 강 유역까지 뻗어 있었다. 읍루에서 가장 유명한 산은 불함산이었다. 부여 북동쪽까지 1천 리 길을 차지하고 있었다고 전해진다. 읍루는 산악 지대라서 수레가 다닐 만한 길이 없었다. 이곳에는 여러 종류의 곡식이 자라고 삼도 자랐다.

읍루 토착민의 기록은 터무니없는 이야기라 믿을 만한 사료가 못 된다. 그래도 그들의 이야기를 간략하게 소개하겠다.

읍루 사람들은 여름에는 숲에서 살고 겨울에는 땅을 파서 그 속에서 살았다. 계급이 높을수록 땅을 깊게 팔 수 있었다. 가장 깊은 구멍은 '서까래 아홉 개 깊이'였다고 한다. 돼지가 유난히 많았으며, 고기는 먹고 가죽으로는 옷을 지어 입었다. 겨울에는 몸에 기름을 두텁게 발랐다. 여름에는 중요한 부위만 가리고 거의 벌거벗고 다녔다.

읍루 사람들은 몹시 불결했다. 겨울에 지내는 굴 한가운데는 구덩이 하나를 파서 온갖 오물을 집어넣었다. 읍루 사람들이 발가락으로 고기 조각을 집어서 먹었다는 괴상한 기록도 있다. 언 고기는 엉덩이에 깔고 앉아 녹였다.

왕은 없었지만 족장이 세습하여 다스렸다. 남자가 결혼을 하고 싶으면 마음에 드는 처녀의 머리에 깃털을 꽂았고, 그 처녀가 사내를 받아들이면 사내의 집에 따라가면 됐다. 한 번 결혼한 여자는 다시 결혼하지 못했지만 결혼하기 전에는 자유분방하게 지낼 수 있었다.

읍루에서는 젊은 남자가 나이든 남자보다 존경을 받았다. 시체를 묻을 때는 돼지를 잡아 함께 묻어 죽음 너머의 땅에서 먹을 음식으로 마련해주었다. 읍루 사람은 사납고 무자비해서 부모가 죽어도 울지 않았다. 작은 죄를 짓든, 큰 죄를 짓든 죽음으로 갚아야 했다. 문자도 없고 조약도 없어서 구두로만 약속을 정했다. 중국 동진東晉의 원제元帝 시대에는 읍루에서 보낸 사신이 중국의 도읍에 출현했다는 기록도 있다.

낙랑과 현도　지금까지는 한반도 동쪽에 살던 부족들을 설명했다. 이번에는 한반도 서쪽에 살던 부족들을 살펴보자. 한강과 압록강 사이의 모든 지역은 낙랑군이 차지했다. 평안도와 황해도, 경기도 일부에 해당한다. 이전에는 어디서 살았는지 정확히 알 수 없는 어느 한 부족이 이 지역을 차지하고 있었다. 그러나 한나라가 한반도 북부에 네 개의 군을 설치하면서 앞서 말했듯이 한강과 압록강 사이 지역을 낙랑이라고 불렀다.

이 지역 사람들에 관한 유일한 사료는 뒤에서 살펴볼 고구려 왕국이라는 제목으로 기록된 사료다. 그러나 낙랑과 동쪽 끝의 옥저 사이에는 지금의 평안도 동쪽과 함경도 서쪽에 이르는 넓은 지역이 있었다. 이 지역은 현도라는 지역으로 불렸는데, 한나라는 한반도 북동부 지역 전체를 현도군으로 묶었다. 현도군에 관해 별도로 기록된 문헌은 찾아볼 수 없다.

말갈 연맹 신라, 백제, 고구려 삼국의 건국에 관한 이야기로 넘어가기 전에 북서 지역의 변방에 있던 한두 부족을 더 살펴보겠다. 이들은 한국인은 아니지만 한반도에 영향을 미쳤기 때문에 간단히 살펴볼 필요가 있다.

서기 1세기 무렵 지금의 만주라는 방대한 땅에는 말갈靺鞨이라는 부족 연맹이 있었다. 이 말갈 연맹은 일곱 개의 부족으로 이루어져 있었는데, 각각 속말粟末, 백산白山, 백돌伯咄, 불열拂涅, 호실號室, 흑수黑水(물길이라고도 함), 안차골安車骨이었다. 이들 부족은 가까운 인척 관계였던 듯하지만, 부족 이름 뒤에 말갈이라는 공통된 이름을 붙이고 말갈을 하나의 주체로 불려졌던 점 외에는 확실한 근거가 없다.

말갈 연맹의 위치는 고구려 북부에 있고, 동쪽으로는 (읍루의 다른 이름인) 숙신이 자리 잡고 있었으며, 중국의 도읍인 낙양에서 5천 리 떨어져 있었다는 기록을 통해 추정할 수 있다.

말갈 연맹에는 폭이 3리나 되는 속말이라는 거대한 강이 흐르고 있었다고 전해지는데, 아무르 강을 가리키는 듯하다. 말갈 연맹의 부족들은 혈통은 같았지만 항상 서로 싸우거나 이웃을 공격했다. 고대 사료에 따르면 동쪽의 오랑캐 무리 중에서도 이웃 부족들의 미움을 제일 많이 받는 부족이었다.

말갈 연맹에서도 흑수말갈이 가장 무자비하고 호전적이었다. 흑수 사람들은 사냥과 고기잡이로 먹고 살았고, 부족민들은 부족장을 경외했다. 말갈 사람들이 산에서 일하려 하지 않은 것을 보면 산에 신성한 존재가 살고 있다고 믿은 듯하다.

말갈 사람들은 경사면에 굴을 파서 얼기설기 짠 짚을 지붕으로 덮어 집을 지었다. 집으로 들어가는 문은 위에 달려 있었다. 말을 타고 다녔지만 돼지 외에 다른 가축은 기르지 않았다. 조야하게 만든 수레에 쟁기를 달아 사람이 끌면서 밭을 갈았다. 기장과 보리를 조금씩 길렀고 아홉 가지 푸성귀도 길렀다. 말갈 지역 호수에는 소금기가 있었는데, 특이한 종류의 나무껍질이 물에 우러나서인 듯하다. 말갈은 곡식을 잘게 부수고 발효시켜 독한 술을 만들어 먹었다.

결혼식에서 신부는 삼으로 지은 치마를 입었고, 신랑은 돼지가죽으로 지은 옷을 입었으며 머리에는 호랑이 가죽을 썼다. 신랑과 신부는 모두 오줌으로 얼굴과 손을 씻었다. 야만 부족 중에서도 가장 지저분한 부족이었다. 말갈은 활쏘기에 능했다. 활은 동물의 뿔로 만들었고 화살의 길이는 60센티미터 정도였다. 여름에는 화살촉에 독을 묻혀 두었다. 독이 묻은 화살을 맞으면 그 즉시 목숨을 잃었다. 이 지역의 사료 중에서 가장 믿기 힘든 대목은 사람이 죽으면 매장하지 않고 시체를 들짐승을 잡기 위한 미끼로 썼다는 것이다.

발해와 거란, 그리고 여진　말갈 연맹 말고도 자주 등장하는 부족으로 발해渤海와 거란契丹이라는 두 부족이 있다. 여기서는 이들 부족에 관해 특별히 설명하지 않겠지만 앞으로 자주 등장할 것이다. 이들 부족은 한반도 북쪽 변방에 그 영향권 안에 붙어 있었다.

한반도 변방에서 마지막으로 설명할 부족인 여진女眞은 고구려 역사와 밀접한 관련을 맺고 있다. 여진은 읍루의 직계 후손이거나 적어도 가까운 인척이었다. 여진은 모든 오랑캐 무리 중에서도 가장 지위가 낮고 힘이 약했다. 원래 다른 여러 부족에서 도망쳐 나온 유민으로 구성된 혼합 부족이었다고 전해진다.

여진에 관한 기록 중에는 물을 조금 뜨면 금세 검은색으로 변했다는 짧은 기록이 있다.

여진은 활쏘기에 능했고 사슴 흉내를 내서 사슴을 유인하는 기술이 뛰어났다. 사슴고기를 날로 먹었는데, 특히 사슴한테 술을 먹여 취하게 해서 익살스런 모습을 지켜보는 놀이를 즐겼다. 돼지와 소, 당나귀도 풍부했다. 소에 짐을 실어 날랐고 짐승의 가죽으로 옷을 지어 입었다. 나무껍질을 지붕으로 얹었다. 여진에서 나는 말은 품질이 좋았다. 지금으로부터 1천 년 전에 금金나라라는 대국을 세우기 위한 초석을 닦은 위대한 정복자 아골타阿骨打가 나온 부족이 바로 여진이었다.

5장

삼한—
마한, 진한,
변한

일산에 정착한 준왕 이번에는 한반도 남부로 내려가보자. 한반도 남부 지방 사람들은 여러 가지 면에서 북부 지방과 달랐다. 약간 차이를 보인 정도가 아니라 같은 민족이라고 도저히 믿기 힘들 정도로 판이하게 달랐다.

기자조선의 마지막 왕인 준왕은 배은망덕한 위만에게 쫓겨나 평양을 떠나면서 관리와 노비 몇 사람만 배에 태워 대동강 하구까지 내려갔다. 대동강을 빠져나온 뒤에는 해안선을 따라 남쪽으로 내려갔다. 육지가 시야에서 벗어나지 않을 정도의 거리를 두고 섬과 육지 사이 바닷길로 항해해야 나중에 배를 대는 데 어려움이 없을 것이라고 판단했기 때문이다.

준왕은 마침내 지금의 일산을 가리키는 고대 지명 '황금 말의 고을'에 정착했다. '황금 말의 고을'이란 금마金馬골이라는 한자를 풀이한 것이다. 또 금마골은 이 지방 고유 이름을 한자로 음역한 것이므로 애초부터 지명의 뜻은 중요하지 않다.

준왕 일행은 사람이 사는 땅을 찾아 내려오다가 그곳에 이르렀다. 그런데 그곳 사람들은 모든 면에서 북쪽 사람들과 달랐다. 한국의 모든 사료에서 준왕이 남쪽에서 만난 사람들을 기록한 부분은 그 당시 서로 다른 민족이 만났다고 주장하는 학설을 뒷받침한다.

준왕이 남하할 당시 한반도 남부는 마한馬韓, 진한辰韓, 변한弁韓이라는 세 지역으로 나뉘어 있었다. 이들 이름이 어디에서 유래했는지는 정확히 알 수 없지만 토착민의 말에서 나왔을 것으로 추정할 수 있다. 일례로 변한을 변진弁辰이라고도 하는데, 이는 변한 사람들이 살던 여러 읍락 이름을 조합해서 만든 이름이다. 그러면 마한, 진한, 변한 세 부족을 하나씩 간략히 살펴보자. 여기에는 역사학자나 민족학자의 흥미를 끌 만한 중요한 내용이 담겨 있다.

충청도와 전라도 북부에 위치한 마한 마한은 한반도 남서쪽, 즉 지금의 충청도 전역과 전라도 북부를 차지하고 있었다. 북으로는 한강 유역까지 뻗어 있었다고 추정되나 확실한 증거는 없다. 북쪽에는 낙랑이 있고 남쪽으로는 변한 일부 지역과 인접해 있었던 것으로 추정되지만, 마한 남쪽에는 일본인, 즉 왜인倭人이 있었다는 기록도 있다. 여기서는 왜인을 주의 깊게 다루지 않지만 훗날 일어나는 특정한 사건들을 통해 자세히 다루겠다.

한국 사료에는 이들 일본인의 존재에 관한 언급이 없지만 아마도 한국과 일본 사이에 놓인 섬에 살던 사람들인 듯하다. 섬사람들이 세력을 뻗쳐 한반도 남쪽 해안에 정착했을 것이라고 얼마든지 추측할 수 있다.

마한을 한반도 북쪽 사람들과 구분해주는 가장 독특한 특징은 이들이 한 부족으로 된 나라가 아니라 완전히 독립된 여러 개의 자그마한 읍락(부족국가)들이 한데 어우러진 연맹체였으며, 읍락마다 부족장을 두고 별도의 군대와 법체계를 갖추고 있었다는 점이다. 마한의 읍락은 산속이나 해안선을 따라 자리 잡고 있었다. 이로써 마한이 내륙의 토착민과 다른 지역에서 건너온 이주자로 구성되었다는 사실을 알 수 있다.

마한 사람들은 농사를 짓고 누에를 쳤으며 아마와 삼을 사용하는 데 능했다. 마한에서 기르던 가금家禽은 꼬리가 2미터가 넘었다. 이는 일본 사람이 한반도에 들어와 살았다는 학설을 뒷받침해주는 흥미로운 증거다. 이처럼 특이하게 생긴 가금은 지금은 멸종되고 없지만 한때 일본에는 이렇게 생긴 가금이 살았다고 기억하는 사람이 많다. 또 도쿄 박물관에 보관된 표본은 일본에 이런 가금이 적지 않았다는 사실을 보여준다. 따라서 일본이 한반도에서 가져갔거나, 아니면 일본에서 온 이주민이 한반도로 들여온 것으로 보인다.

한반도 남부가 북부와 다른 또 하나의 특징은 남부에서는 아직 도시에 성벽을 쌓지 않았다는 점이다. 한국의 어느 학자는 이 점을 들어 '도시와 국가 사이에 차이가 없었다.'고 보았다. 마한에서는 집 안으로 안 들어갈 때 위에서 들어갔다는 기록으로 보아 집을 지을 때 땅을 약간 파고 성기게 엮은 이엉을 얹은 것 같다.

마한 사람들은 기운이 세고 성질이 사나웠으며 시끄럽고 말투가 거칠었다. 이는 마한이 한반도 남부 전역을 다스리는 지배자로서 진한에도 지배자를 보내줬다는 기록과 일치한다. 마한 사람들은 무릎을 꿇지도 않고 고개 숙여 인사하지도 않았다. 나이와 성별에 따라 사람을 대하는 태도에 차이가 없었다. 또한 사람마다 부르는 호칭도 차이가 없었다.

마한이 한반도 북부와 다른 또 하나의 중요한 특징은 금이나 은을 중요시하지 않았다는 점이다. 재물을 탐내는 성향은 동서양을 막론하고 가장 강렬한 인류 보편의 성향이라 볼 수 있다. 그런데 북부에서는 금과 은을 사용하고 그 가치를 알았던 데 반해, 남부에서는 금과 은을 전혀 사용하지 않은 사실은 서로 교류가 없었다는 것을 말해줄 뿐 그 이상도 이하도 아니다.

남부 지방 사람들은 구슬을 꿰어서 머리를 장식하거나 얼굴에 거는 걸 좋아했다. 이는 남쪽 나라 열대지방에서 흔히 나타나는 특징이다. 여름에는 신에게 제사를 지냈는데, 술을 많이 마시고 노래하고 춤을 추면서 '남자들 수십 명'이 동시에 발을 구르며 박자를 맞췄다. 가을에 추수를 마치고 다시 한 번 제사를 지내면서 축제를 벌였다. 소국마다 제사장을 두었고, 제사장은 소국 전체를 위해 제사를 지내는 일을 관장했다. 수도원과 같은 형태의 집단이 있었는데, 그곳의 신자들은 높은 기둥에 동종銅鐘을 달아 제사 지내는 내내 두드렸다.

한편 문신文身이 널리 행해졌다는 흥미로운 기록이 있다. 문신 풍습은 남방 기원설을 뒷받침하는 강력한 증거다. 더운 남쪽 지방에서는 옷을 입으면 불편하기 때문에 옷 대신에 문신을 하는 일이 흔했다. 한반도에서 문신 풍습이 사라진 지 오래다. 날씨가 추워졌기 때문이다. 그러나 지금도 한국인의 기억 속에 문신 풍습이 남아 있으며 미약하게나마 실행되고 있다. 예를 들면, 맹세나 서약을 할 때 팔목 살갗 밑에 붉은색 실을 그려 넣는 풍습에서 문신의 흔적을 찾아볼 수 있다.

마한에서는 큰 읍락의 군장을 신지臣智라 하고, 작은 읍락의 군장을 읍차邑借라 했다. 군장은 북아메리카 인디언 부족과 비슷한 인내력 시험을 거쳐야 했다. 시험 중에는 등가죽에 끈을 매달아 위아래로 잡아당기는 동안 신음을 내지 않는지 알아보는 시험도 있었다.

마한에는 집이 10만 호가 있었고, 한 읍락이 1천 호에서 1만 호로 이루어졌다고 한다. 전체 인구가 약 50만 명으로 추산된다.

한편 진한의 노인들 사이에는 이런 이야기가 전해졌다고 한다. 진秦나라 시대인 기원전 255년에서 209년 사이에 마한은 중국에서 흘러들어온 유민 수천 명에게 동쪽 땅을 내주고 말뚝으로 둘러쳐서 가두고 통치자를 보내 부자 세습하도록 했다. 하지만 이 전설에서 가리키는 동쪽 땅은 진한에서도 일부 작은 지역에 해당하는 이야기일 것이다.

경상도 일대에 위치한 진한　진한은 수많은 토착민이 널리 흩어져 살던 나라로 지금의 경상도 일대를 차지하고 있었다. 중국에서 흘러들어온 유민이 토착민에게 영향을 미치고 여러 가지 선진 기술을 전수해주었을 가능성은 있다.

훗날 신라가 통일하고 한반도의 주인이 되도록 문명을 전파해준 주인공이 바로 중국 유민이었을 가능성이 전혀 없지는 않다. 그러나 진한이라는 이름이 중국의 진나라에서 유래한 것이 아니라는 점은 분명하다. 무엇보다도 진한辰韓에서 '진辰'이라는 글자는 진秦나라의 '진秦'자와 다른 글자다.

진한은 땅이 비옥했다. 뽕나무가 많아서 양잠업이 성행했다. 말과 소에 안장을 얹어 교통수단으로 사용하고 짐을 나르는 데 이용했다. 혼례를 정성껏 치렀으며 혼인 전에는 남녀가 한데 섞이지 않았다. 장례를 지낼 때는 남자들이 관대棺臺를 뒤따르며 허공에 깃털을 휘날려 이승을 떠나는 혼령을 멀리 두둥실 띄워 보냈다.

진한에는 광물자원이 풍부했다. 예맥과 마한, 일본이 모두 진한에서 금속을 들여갔다. 철을 교환 수단으로 이용했다. 또한 진한 사람들은 가무를 즐겼다. 음악은 초기 형태의 거문고와 금속 원통 안에 철사를 앞뒤로 연결해 손으로 튕기면 철사가 진동하면서 소리를 내는 악기로 연주했다.

진한에는 아기가 태어나면 이마에 돌을 얹어 이마를 평편하게 만드는 풍습이 있었다. 일본 인근 지역에서는 문신이 흔히 행해졌는데, 일본에서 들어온 풍습으로 추정할 수 있다. 진한에서는 두 사람이 길에서 만나면 일단 멈춰서 상대방이 먼저 지나가도록 길을 내주는 것이 예의였다.

경남과 전남에 위치한 변한　변한은 진한과 거의 비슷하므로 별도로 언급할 특징이 많지 않다. 변한이 진한 영토 안에 있었다고 보는 학설도 있고, 마한과 진한의 남쪽에 자리 잡고 있었으며 일본에서 가장 가까웠다고 보는 학설도 있다. 변한에는 문신이 흔히 행해졌다. 형벌이 매우 가혹해서 죄를 지으면 대부분 사형에 처해졌다는 점 외에는 변한에 관해 알려진 바가 거의 없다.

　마한이나 진한, 변한을 이루는 읍락들 사이에 어떤 관계가 형성돼 있었는지 설명하기 힘들다. 이들 읍락이 완전히 독립된 정치체제였다는 기록도 있지만, 적어도 마한은 중앙집권국가까지는 아니라 해도 일종의 연맹체였다는 점을 보여주는 기록이 있다. 중국의 한 문헌에는 차지라는 읍락이 삼한의 수도였다는 기록이 있다. 이 기록과 후대의 기록을 통해 볼 때 적어도 마한은 중앙집권국가의 형태를 띠었던 것으로 결론지을 수 있다.

삼한의 남방 기원설　삼한 지역의 일부 부족국가 이름은 오늘날까지 전해지고 있다. 비록 원래 이름 그대로가 아니라 한자로 음역한 형태이긴 하지만 언어학이나 민족학적 관점에서는 유용한 자료가 된다. 삼한 지역의 읍락 이름을 대충 훑어보기만 해도 이 지역이 셋으로 나뉜 이유를 한눈에 알 수 있다. 이것을 역사보다는 언어학 분야에 해당하는 주제이기 때문에 여기서는 중요한 특징만 간단히 살펴보겠다.

　'로'로 끝나는 읍락의 이름이 마한에는 일곱 개 있고 변한에는 두세 개 있지만 진한에는 하나도 없다. 마한에는 '리'로 끝나는 읍락의 이름이 열네 개 있지만 변한과 진한에는 하나도 없다. 변한에는 '변진'으로 시작하는 읍락의 이름이 열 개 있지만 마한과 진한에는 하나도 없다. 또 변한에는 '미동'이라는 독특한 말이 뒤에 붙는 읍락의 이름도 세 개가 있다. 진한에는 '간'으로 끝나는 이름이 아홉 개 있고 '가야'로 끝나는 이름이 다섯 개 있으며, 간과 가야 모두 마한과 변한에는 없다.

이런 사실을 단순한 우연의 일치로 보기는 힘들다. 지역마다 다른 두 곳에는 전혀 없는 이름이 적어도 꽤 많다. 영어에서 지명 뒤에 붙는 'ton, ville, burgh, chester, coln'이라는 말이 나름대로 중요한 의미를 가지듯이, 삼한에서 지명 뒤에 붙은 '로, 리, 미동, 간, 가야'라는 말도 한반도 남부 지역 사람들의 기원에 관한 중요한 단서를 제공해준다.

삼한의 지명이 여러 글자로 이루어진 점으로 미루어보아 중국에서 유래했다고 보기는 어렵다. 또 만주나 몽골계 지명은 두 글자를 넘는 경우가 거의 없다. 반면에 일본과 폴리네시아에서는 여러 글자를 붙여서 지명을 짓는 경우가 흔하다. 이 책에서 이 문제를 상세히 논의하는 것은 적절하지 않지만, '로, 비로, 간'과 같은 몇몇 이름은 인도 남부의 드라비다어에서 거의 동일한 형태를 찾을 수 있다. '로, 비로, 간'은 각각 마을, 정착촌, 왕국이라는 뜻이라는 정도만 언급하겠다.

삼한의 남방 기원설을 뒷받침하는 증거는 얼마든지 있다. 언어의 구조와 어휘를 남방 언어에서 찾아볼 수 있고, 한반도 북부 민족과 교류하지 않았으며, 문신 풍습이 있었고, 삼한 지역의 몸집이 작은 말은 말레이 반도에만 살며, 제주도에 남방 기원설에 관한 전설이 남아 있고, 특히 제주도 여자와 대만 여자가 신체적으로 비슷하며, 삼한 사람들은 배 타기를 좋아하고, 금과 은의 가치를 모르며, 중국의 해안선을 따라 끊임없이 섬들이 이어져 있고, 강한 해류가 아시아 해안선을 따라 북쪽으로 흘러가며, 술탄이 지배하던 고대 안남安南 왕국(지금의 베트남 중부 지방)의 텔루구족 기원설과 유사하고, 구슬 장식을 좋아한다.

준왕이 금마골에 도착했을 당시 한반도 남부의 상황은 이상과 같았다. 준왕이 무슨 수로 이 지역을 지배했는지에 관해서는 알려진 바가 없지만, 새로운 왕국을 세웠고 그 왕국이 거의 200년 동안 지속된 것은 사실이다. 준왕은 남쪽으로 내려온 첫해에 죽었다. 그 후로 100년 이상 무슨 일이 있었는지에 관한 구체적인 기록은 없다.

한 무제 치세인 기원전 140년에서 88년 사이에 마한 사신이 한나라 황실에 찾아왔다는 기록이 중국 문헌에 남아 있을 뿐이다. 한편 마한 해안에 늘어선 섬에는 주호州胡라는 부족이 살았는데, 이들은 마한 사람보다 몸집이 작고 언어도 달랐다고 전해진다. 주호 사람은 머리를 깎고 가죽옷을 입었으며 옷은 윗도리만 입었다. 마한에 자주 찾아와서 소와 돼지를 물물교환했다.

준왕의 7대손 원왕元王 훈은 한나라 선제宣帝 통치 기간인 기원전 58년에 왕위에 올랐고, 원왕 2년에는 진한 땅에 신라가 세워졌다. 원왕 21년인 기원전 37년에는 북쪽에 고구려가 세워졌으며, 19년 후에는 백제가 마한을 무력으로 정복했다. 그러면 신라, 고구려, 백제 세 왕국의 기원에 관해 자세히 살펴보자.

2부 삼국에서 통일신라까지

———— **공산성** 백제의 도읍지인 웅진(지금의 공주)을 방어하기 위해 축성된 산성으로, 충청남도 공주시 산성동에 자리 잡고 있다. 백제 때는 웅진성으로 불렸다가 고려 시대 이후 공산성으로 불리게 되었다. 475년(문주왕 1) 한성에서 웅진으로 천도하였다가 538년(성왕 16)에 사비(지금의 부여)로 천도할 때까지, 5대 64년간의 도읍지인 웅진을 수호하기 위해 축조하였다. 원래 토성이었는 데 조선 중기에 석성으로 개축되었다.

삼국의 건국

진한 여섯 부족이 혁거세를 왕으로 추대하다 기원전 57년에 진한의 여섯 부족인 알천 양산촌, 돌산 고허촌, 자산 진지촌(간진촌), 무산 대수촌, 금산 가리촌, 명활산 고야촌의 부족장이 알천 양산촌에 모여 여섯 촌락을 병합하여 하나의 왕국을 건설하기로 합의했다. 새 왕국의 수도를 서라벌이라고 칭했으며, 서라벌이라는 말에서 지금의 서울이라는 이름이 나온 듯하다. 서라벌은 현재 경상도 지역에 있다. 서라벌은 원래 수도 이름이자 왕국의 이름이었다.

서라벌에서는 혁거세赫居世라는 열세 살 소년을 왕위에 앉히고 왕호를 거서간居西干이라고 불렀다. 혁거세의 성은 박朴씨지만 이는 훗날 중국 문헌에서 차용한 듯하다. 이유야 어떻든 혁거세를 흔히 박혁거세라고 부른다. 혁거세 탄생 설화는 한국에서 지극히 보편적인 설화가 되었다.

일군의 무리가 축제를 벌이다가 산비탈에 앉아 있던 말(馬)을 발견했다. 사람들이 가까이 다가가자 말이 벌떡 일어나 달아나고 그 자리에는 크고 빛나는 알이 있었다. 잠시 후 알이 저절로 깨지면서 잘생긴 사내아이가 나왔다. 그 순간 눈부신 빛이 나오고 요란한 천둥소리가 들렸다.

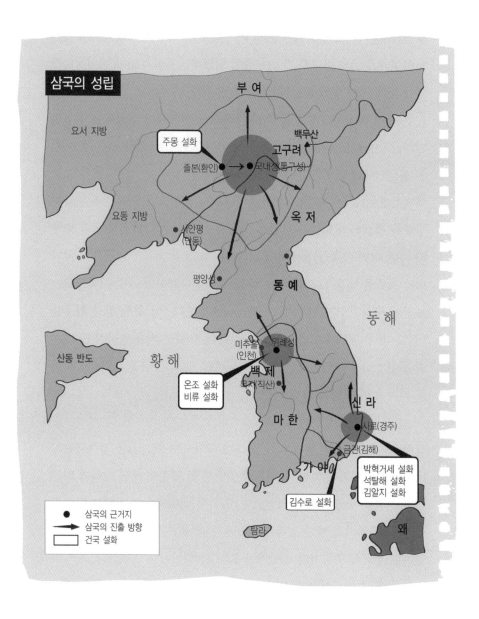

삼국의 성립

부여

요서 지방

주몽 설화

백두산

고구려

졸본(환인) ● → ● 국내성(통구성)

요동 지방

서안평
(단동)

옥저

평양성

동 예

동 해

산동 반도

황 해

미추홀
(인천)

위례성

백 제

온조 설화
비류 설화

목지(직산)

마 한

신 라

사로(경주)

금관(김해)

박혁거세 설화
석탈해 설화
김알지 설화

가 야

김수로 설화

탐라

왜

● 삼국의 근거지
→ 삼국의 진출 방향
☐ 건국 설화

그러고 얼마 후 또 하나의 경이로운 사건이 일어났다. 알영정閼英井이라는 우물가에서 암탉이 날개짓을 하자 옆구리에서 닭부리 모양의 입술을 단 여자아이가 나왔는데, 아이를 냇가에 데려가 씻기자 부리가 떨어져나가 여느 아이와 같은 모습이 되었다. 그 후 부리가 떨어져나갔다는 뜻에서 이 냇물을 발천撥川이라 했다.

한편 이 여자아이가 우물에 사는 용의 갈비뼈에서 나왔다는 설화도 있다. 혁거세는 치세 15년에 이 여자아이를 배필로 맞았으며, 두 사람은 한국인에게 완벽한 부부상을 보여준다.

서라벌 왕국은 진한의 여섯 촌락만으로 구성되었기 때문에 왕국의 정확한 경계가 어디였는지 말하기가 쉽지 않다. 서라벌은 건국할 때부터 주변 여러 부족을 흡수하기 시작하여 마침내 동쪽과 남쪽으로 바다까지 세력을 넓혔고, 북으로는 한강 유역까지 뻗어갔으며, 서쪽으로는 진한의 국경인 지리산까지 그 영역을 확장했다. 이 같은 정복 활동을 벌이는 데는 400년이 넘는 세월이 걸렸다. 대부분 피를 흘리지 않고 복속했지만 일부 지역에서는 칼을 휘둘러야 했다. 국명을 신라新羅로 바꾼 때는 서라벌 왕국 25대째였다.

신라의 속국이던 대마도 신라가 대마도(쓰시마 섬)를 정복했는지 여부는 분명하지 않지만, 대마도가 척박한 땅 때문에 매년 신라에 의존하여 지원을 받았던 것은 사실이다. 일본이 대마도를 차지하고 일본인을 섬에 이주시킨 때는 기원후 500년 무렵이었다. 이때부터 대마도는 한반도 왕국에 종속되지 않았지만 둘의 관계는 매우 가까웠다. 지속적으로 교역이 이루어졌고 상업이나 정치면에서 활발히 교류했다. 대마도의 다이묘(大名)가 한반도 인근 해안 지역을 지배했다는 증거는 어디에도 없다.

한국 고대 문헌에는 매년 일식과 월식이 일어난 날짜가 빠짐없이 기록되어 있어 신빙성 있는 사료로서 가치를 지닌다. 새로운 왕이 왕위에 오를 때마다 일식 날짜를 기록한 목록을 이들 문헌에 실었다. 예를 들어 혁거세 통치 기간의 기록을 보면, 혁거세 치세 4년, 24년, 30년, 32년, 43년, 45년, 56년, 59년에 일식이 일어났다. 그레고리력으로 환산하면 기원전 53년, 33년, 27년, 25년, 14년, 12년, 1년과 기원후 2년에 해당하는 해다. 만약 이 문헌이 후대 사람들을 속이려고 훗날에 편찬된 것이라면 일식을 기록한 목록까지 실려 있지는 않았을 것이다. 그러나 이들 문헌에는 믿을 수 없거나 신빙성이 없는 내용도 실려 있다는 점을 유념해야 한다.

기원전 48년에는 한국과 일본의 관계를 언급한 최초의 역사 기록이 나왔다. 이 해에 왜는 한반도에서 노략질하던 행위를 한동안 중단했다. 이런 기록으로 볼 때 일본은 동아시아의 바이킹으로 군림하면서 배를 띄울 만한 물이 있으면 어디든지 달려갔다. 또 한반도 남단에 왜가 출몰했다는 기록으로 미루어보아 왜가 이 지역에 정착하지 않았다는 사실을 알 수 있다.

기원전 37년에 아직 작은 왕국이었던 신라는 주변 지역과 변한의 읍락에도 손을 뻗쳐 복속하기 시작했다. 신라의 정복 과정에는 무력 충돌이 거의 없었다. 변한 사람들은 자발적으로 신라에 들어왔다. 같은 해에 금성이라고도 불리던 신라의 수도 주위에 35리(약 14킬로미터) 길이의 성벽을 쌓았다. 금성은 길이가 3,075보이고 너비가 3,018보였다.

신라가 팽창하고 군주제로 모든 권력을 중앙에 집권하려는 경향이 뚜렷해지자 진한을 마한의 속국으로 여기던 마한 왕은 놀라지 않을 수 없었다. 이런 이유로 신라 왕은 기원전 19년에 마한 왕의 화를 누그러뜨리기 위해 사신에게 선물을 잔뜩 들려 보냈다. 신라로 흘러 들어오던 중국 유민의 행렬이 멈추지 않은 일도 마한 왕의 심기를 건드렸다. 이 문제를 그냥 내버려두면 마한이 아니라 신라가 삼한 지역의 주도권을 잡게 될 것이라고 판단했다.

신라에서 보낸 사신 호공瓠公은 원래 왜인이었다고 전해진다. 마한 왕을 만나러간 호공은 몹시 화가 난 마한 왕을 진정시키느라 진땀을 뺐지만 별다른 성과를 거두지 못했고, 마한 신하가 말리지 않았다면 그 자리에서 죽었을 것이다. 이듬해에 마한 왕이 죽자 신라는 장례식에 사절단을 보냈다. 이 사절단은 마한을 무너뜨려 신라에 복속시킬 틈을 노렸지만, 신라 왕이 그 전해의 모욕적인 사건에 대한 복수를 금했기 때문에 행동에 옮기지는 못했다.

북부여 왕 해부루, 아들 금와를 얻다 기원전 37년 북쪽에는 고구려라는 강력한 왕국이 건국됐다. 이제 시선을 북쪽으로 돌려 고구려 건국이라는 중요한 사건을 살펴보자.

그런데 고구려를 세운 세력은 원래 부여에서 온 사람들이었기 때문에, 한반도 역사에서 중요한 존재였던 부여족의 위치와 상황을 먼저 간략히 살펴봐야겠다. 부여는 모두 네 지역으로 이루어져 있는데, 각각 북부여, 동부여, 졸본부여, 남부여이다. 단군이 아들 해부루解夫婁에게 북부여를 세울 권한을 주었다는 설화는 신빙성은 없지만, 적어도 부여를 추정하기 위한 어렴풋한 출발점은 될 수 있다. 북부여는 북쪽으로 멀리 아무르 강 유역까지 뻗어 있었거나, 적어도 부여의 속국 중 하나는 그만큼 멀리까지 뻗어 있었다고 보기도 한다. 이렇게 보는 이유는 아래의 전설에서 추론할 수 있다.

해부루가 북부여의 왕위에 오른 때는 고구려가 건국되기 약 50년 전이었다. 해부루에게는 아들을 얻지 못한 번민이 있었다. 어느 날 해부루는 산을 오르다가 물살이 빠른 개울가에 도착해서 말에서 내려 신에게 아들을 점지해달라고 애원했다. 다시 말에 올라탔는데 말이 커다란 알돌 앞에 머리를 조아리며 굵은 눈물방울을 떨어뜨렸다. 알돌을 뒤집어 보니 그 밑에서 두꺼비처럼 생긴 금빛 아이가 나왔다. 해부루는 아이에게 '금빛 두꺼비'라는 뜻의 금와金蛙라는 이름을 지어주었다.

금와가 받아들인 유화 부인이 알을 낳다 금와는 성년이 되자 아내로 맞을 여자를 찾아다녔다. 어느 날 (강인지 바다인지는 알 수 없는) 우발수 물가를 거닐다가 울고 있는 소녀를 만났다. 소녀의 이름은 '버드나무 꽃'이라는 뜻의 유화柳花였다. 유화는 원래 바다의 왕 하백의 딸인데 해모수라는 신에게 유혹당해 순결을 잃고 쫓겨났다고 했다.

금와는 유화를 데려와 아내로 삼긴 했지만 햇빛도 잘 들지 않는 방 안에 가두었다. 그런데 방 안에 햇빛 한 줄기가 들어와 유화를 따라다니는 기이한 일이 일어났다. 그 후 유화는 잉태하여 달수를 채우고 크기가 다섯 자나 되는 알을 낳았다. 화가 치민 금와는 알을 돼지와 개 우리에 던져버렸지만 돼지나 개도 알을 건드리지 않았다. 소와 말은 알에 숨을 불어넣어 따뜻하게 해주었다. 또 하늘에서는 황새가 날아와 깃털로 덮어 알을 품어주었다.

알에서 나온 주몽, 난을 피해 부여를 빠져나오다 금와는 마음이 풀어져서 유화에게 알을 궁으로 들여와도 좋다고 허락했다. 유화는 알을 비단과 면으로 감싸며 돌보았다. 마침내 알이 깨지고 잘생긴 사내아이가 나왔다. 이 아이는 일곱 살의 어린 나이에 벌써 활쏘기에 능했기에 '활을 잘 쏘는 사람'이라는 뜻의 주몽朱蒙이라고 불렸다. 하지만 모두가 주몽을 싫어해서 죽이려고 궁리했지만 금와왕은 주몽을 보호해서 대궐 마구간을 지키게 했다.

성서에 나오는 야곱처럼 주몽은 힘든 시기를 견디기 위해 기지를 발휘했다. 마구간에서 일하면서 여윈 말은 살찌게 하고 좋은 말은 여위게 만들어 가장 빠른 말을 독차지했던 것이다. 덕분에 사냥에 나가면 항상 무리를 이끌며 크게 승리했다. 그러자 일곱 명의 형제들은 주몽을 미워해서 죽이기로 모의했다.

어머니 유화 부인은 밤을 틈타 주몽을 찾아와서는 자고 있던 주몽에게 귓속말로 경고해주었다. 주몽은 잠자리에서 일어나 오이, 마리, 협보 등의 심복을 거느리고 엄호수에 이르렀다. 얕지 않은 강에는 배도 없고 다리도 없었다. 주몽은 강물에 활을 쏘아 강의 신령에게 도와달라고 간청했다. 뒤에는 쫓아오던 형제들의 말발굽에 평원의 먼지가 연기처럼 피어오르고 있었다. 그때 물속 깊은 곳에서 물고기와 자라 떼가 올라와 등을 맞붙여서 강을 건널 다리를 만들어주었다.

신빙성 없는 허구처럼 보이지만, 이 설화에는 부여의 위치에 관한 중요한 정보가 담겨 있다. 설화에 나오는 거대한 물고기 떼는 특정한 계절에 아무르 강과 지류로 거슬러 올라가는 어마어마한 수의 연어 떼를 나타내는 표현으로 강물이 말 그대로 연어 떼로 가득 차 있었던 것은 아니었을까? 이런 주장을 받아들인다면 주몽이 떠나온 부여국은 송화 강이나 아무르 강의 다른 지류에 걸쳐 있었다고 볼 수 있다.

주몽, 고구려를 건국하다　형제들이 강 건너편에 발이 묶인 사이 주몽은 멀리 남쪽으로 달려서 보술수 근처 모둔곡에 도착하여, 삼베옷을 입은 재사와 중 옷을 입은 무골, 마름 옷을 입은 묵거를 만났다. 이 세 사람은 주몽의 수하가 되어 지금의 송천 땅에 해당하는 졸본으로 들어가 왕국을 세우는 데 일조했다.

주몽은 왕국의 이름을 고구려高句麗라 지었다. '고'는 집안의 성에서 나왔고, '구려'는 고향인 부여에 있는 산 이름이었다. '고'가 한자로 '높다'는 뜻의 '고高'에서 나왔다고 보는데, 주몽의 뿌리를 알려준다고 보는 이도 있다. 고구려를 졸본부여라고 부르기도 한다. 졸본부여의 수도 옆에는 부류강이 흘렀다고 전해진다. 이 사건들은 모두 기원전 37년에 지금의 중국 땅인, 기원전 81년에 한나라 소제가 세운 동부도위 지역에서 일어났다.

주몽과 동부도위의 관계를 언급한 문헌은 하나밖에 없다. 이 문헌에 따르면 주몽이 졸본을 도읍으로 정하고 동부도위를 함락했다고 한다. 한나라는 이 지역을 엄격하게 다스리지 않았을 가능성이 크고, 토착 세력이 세운 강력한 왕국은 한반도 북부 토착민의 환영을 받았을 것이다.

그뿐 아니라 젊은 고구려 왕 주몽은 전 지역을 한 번에 정복하지 않고 서서히 영토를 확장해나갔다. 한나라 입장에서는 토착민 통치자가 한나라를 존중하는 동시에 한반도의 거친 토착민을 막아주는 역할을 하기 때문에 어떤 면에서 다행스럽게 생각했던 듯하다.

건국 초기 고구려의 모습 고구려는 땅이 비옥해서 온갖 곡식이 풍부하게 자랐다고 전해진다. 고구려에는 좋은 말이 자라고 홍옥紅玉과 푸른 다람쥐 가죽과 진주가 많이 났다. 주몽은 두터운 방책으로 도읍을 둘러싸고 저장 창고와 감옥을 지었다.

고구려는 북쪽으로는 압록강 이북으로 1천 리가 넘는 곳과 남쪽으로는 한강 유역까지 뻗어 있었다. 고구려 영토에는 낙랑이 포함되었는데, 여기서 낙랑은 한나라 무제가 한반도 북부를 네 개의 군현으로 나누어 북서부 전역을 묶어서 낙랑군이라는 이름을 붙인 그 낙랑을 말한다. 고구려 동쪽에는 옥저가 있고, 북쪽에는 부여가 있었다.

또 고구려인은 산악 지대에 사는 종족과 평야 지대에 사는 종족으로 구성됐다. 모두 다섯 부족으로 이루어졌는데, 각 부족을 소노부, 절노부, 순노부, 관노부, 계루부라고 했다. 원래는 소노부에서 왕이 나왔지만 나중에는 계루부에서 나왔다. 이는 주몽이 도착할 당시에 특정 가문 혹은 정치조직이 존재했고, 주몽이 들어온 후에도 대가 끊이지 않았음을 보여준다. 주몽은 졸본 왕의 딸과 혼인하여 평화롭게 권력을 손에 넣었다. 기존의 정치구조를 흐트러뜨릴 필요가 없었던 것이다.

고구려의 제천의식, 동맹 고구려에는 농업이 널리 행해지지 않았기 때문에 식량이 절대적으로 부족했다. 고구려의 예절과 풍습이 부여와 비슷한 면이 있었지만 부여국에서 유래한 것은 아니었다. 또 고구려인은 방탕하게 살면서도 깨끗한 옷을 좋아했다. 밤이 되면 남녀가 한 방에 모여 거리낌 없이 부도덕한 짓을 저질렀다. 그러나 간음 행위가 발각되면 가혹한 처벌을 받았다.

활을 쏠 때는 한쪽 다리를 뒤로 빼고 쏘았다. 남자들은 이동할 때 걷지 않고 주로 뛰어다녔다. 고구려에서는 여러 신을 섬겼고, 가을에는 큰 종교 행사를 치렀다. 해마다 가을이 되면 동쪽에 있는 수신이 산다는 유명한 동굴에서 제사를 지내는 큰 종교 행사를 열었다. '동맹東盟'이란 이 행사에서 사람들이 모여 술을 마시고 노래를 불렀다. 또한 감옥에 갇힌 죄수를 풀어주기도 했다. 전쟁을 치르기 전날에도 제사를 지내며, 어린 수소를 도살하여 그 몸을 살펴서 전쟁의 결과를 점쳤다. 고구려인의 주요 무기는 검과 활과 창이었다.

과부는 남편 형제의 아내가 되다 남편을 잃은 과부는 남편 형제의 아내가 되었다. 대단한 세력가가 죽으면 한 명 이상의 식솔을 죽은 이와 함께 매장하는 순장殉葬 풍습이 있었다. 수백 명을 함께 묻었다는 기록도 있지만 과장인 듯하다. 순장 풍습은 낙랑이나 고구려의 다른 부족에서도 나타난다.

최고 관직은 상가대, 노패, 고주대였다. 동물 이름을 써서 '마가馬加', '구가狗加', '우가牛加' 등으로 불렸다는 기록도 있다. 귀족들은 비단으로 짓고 금은으로 장식한 특별한 관복을 입었다. 관리들이 쓰는 관모는 '관'이라고 하는 테두리 없는 조선 시대의 작은 모자처럼 생겼다.

고구려에는 감옥에 죄수가 거의 없었다. 죄를 지은 자는 간단한 재판을 열어 곧장 처형했으며 그 아내와 자식은 노비로 삼았다. 도둑질을 하면 열두 배로 갚았다. 혼례는 신부의 집에서 치렀다. 사람이 죽으면 비단으로 감싸서 매장했고, 죽은 사람의 재산은 전부 장례식에 썼다. 죄인의 시신은 땅에 묻지 않고 방치했다. 고구려 사람들은 성정이 거칠고 사나웠으며 온 나라에 도둑이 기승을 부렸다. 그리하여 짧은 시간만에 온순하고 정갈한 예맥과 옥저 사람들까지 물들였다.

주몽, 비류국과 행인국을 병합하다   주몽은 성을 쌓아 도읍을 튼튼히 한 뒤 영토를 넓히는 과업에 착수했다. 고구려는 기원전 35년부터 정복 활동을 벌이기 시작해서 군건한 왕국으로 자리 잡았다. 이후 7백 년이 넘는 세월 동안 중국에 맞섰다.

주몽은 우선 동쪽의 토착 부족부터 정복하기 시작했다. 첫해에는 압록강 유역의 비류국沸流國을 정복했고, 기원전 29년에는 지금의 묘향산 근처에 있는 행인국荇人國을 병합했다. 기원전 27년에는 옥저(북옥저)를 정복하여 동해안까지 영토를 넓혔다. 기원전 23년에는 멀리 부여 땅에서 어머니 유화 부인이 죽었다는 소식을 듣고, 사절을 보내서 장례를 치르게 했다.

온조, 위례성에서 백제를 세우다   기원전 18년에는 한반도에 할거하게 될 위대한 세 왕국 중에서 세 번째 왕국이 건설됐다. 이번에는 남쪽으로 내려가 백제가 건국되기까지 무슨 일이 있었는지 알아보자.

주몽은 남쪽으로 내려올 때 부여에 아내와 아들을 남겨두었다. 아들의 이름은 유리琉璃였다. 전해지는 이야기에 따르면, 어느 날 유리가 길에서 조약돌을 가지고 놀다가 실수로 어느 여인의 물동이를 깼다. 화가 난 여인은 "이놈, 애비 없는 자식이구나." 하고 소리를 질렀다. 유리는 슬픔에 젖은 채 집으로 돌아와 어머니에게 여인의 말이 사실이냐고 물었다. 어머니는 아들이 어떻게 하는지 보려고 사실이라고 답해주었다. 그러자 유리는 밖으로 나가 칼을 들고 제 몸을 찌르려 했다. 그 순간 어머니가 몸을 던져 막아서며 "네 아버지는 살아계신단다. 남쪽으로 내려가 위대한 왕이 되셨지. 네 아버지께서 떠나기 전에 나무 밑에 징표를 숨겨놓고 너보고 찾아서 가져오라고 하셨단다."라고 말해주었다.

유리는 사방을 샅샅이 찾아보았지만 나무가 보이지 않았다. 결국 피곤에 지치고 절망에 빠진 채 집 뒤꼍에 앉아 있는데 어디선가 꾸짖는 소리가 들렸다. 그 소리가 집 안의 들보에서 나는 것을 알아채고 '이게 바로 그 나무로구나. 이제 징표를 찾을 수 있겠어.'라고 혼잣말을 했다. 들보 밑을 파보니 과연 부러진 검이 나왔다. 유리는 부러진 검을 들고 남쪽으로 길을 떠나서 아버지의 왕궁으로 찾아가 검을 보여주었다. 아버지는 다른 쪽 검을 보여주며 아들과 재회하고 유리가 왕위를 물려받을 태자임을 선포했다.

그러나 주몽에게는 새로 얻은 부인에게서 난 비류沸流와 온조溫祚라는 아들 둘이 있었다. 비류와 온조는 유리가 나타나자 왕의 친족이 위태로운 존재라는 소문을 들은 터라 목숨의 위협을 느끼고 남쪽으로 도망쳤다. 두 형제는 지금의 서울 바로 뒤에 위치한 삼각산에 올라서 남쪽 지역을 살펴보았다. 형 비류는 서쪽으로 바다에 면한 지역을 택했다. 동생 온조는 곧장 남쪽으로 내려가기로 했다.

비류는 동생과 헤어지고 제물포 근처 지금의 인천에 해당하는 미추홀에 가서 정착했다. 온조는 곧장 남쪽으로 내려가 지금의 충청도 지역으로 향했고, 지금의 직산 땅인 위례성에 정착했다. 온조는 위례성에서 마한 왕으로부터 봉토를 하사받았다. 온조는 봉토에 소국을 세우고 국명을 남부여南夫餘라고 지었다.

백제라는 이름이 어디서 유래했는지는 확실하지 않다. 온조가 거느리던 무리가 백 명이라서 백제百濟라고 불렀다고 보는 학자도 있다. 원래는 십제十濟였다가 비류의 무리가 오자 그 수가 불어나서 백제가 되었다고 주장하는 학자도 있다.

비류는 정착한 미추홀의 땅이 척박하고 기후가 좋지 않다고 판단하고, 하는 수 없이 동생 온조와 다시 결합하려고 했다. 한편 마한의 원래 읍락 중에 백제라는 읍락이 있었으므로 백제 왕국은 이 읍락에서 시작했고, 이 읍락과 매우 긴밀히 연결되어 있어서 역사에는 백제라는 이름으로 전해졌다. 하지만 실제 백제 사람들은 자기네 왕국을 백제라고 부르지 않았을 것이라는 설이 그럴듯하다. 지금의 조선이 중세 한국의 이름인 고려(Korea)라고 불리는 것과 비슷한 경우다. 미추홀에서의 실패를 비통해 한 비류는 동생 온조와 재회한 지 얼마 안 되어 죽었다.

말갈이 백제 수도를 함락하다   신라, 고구려, 백제 삼국이 매우 강력한 중앙집권국가였다고 해서 주변 토착 부족의 거센 저항 없이 왕국을 세웠을 것으로 보기는 어렵다. 북쪽의 말갈, 북동쪽의 숙신과 북옥저, 동쪽의 예맥이 틈만 나면 이들 삼국을 공격해왔다. 특히 말갈은 남쪽으로 백제의 국경까지 내려왔는데, 고구려의 동쪽 국경을 따라 내려온 것으로 보인다. 명목상 고구려는 동해까지 세력을 뻗쳤다고 되어 있지만 실제 한반도 동부에는 토착 부족이 제멋대로 돌아다닐 수 있었던 것 같다.

온조 8년인 기원전 10년에는 말갈이 백제의 수도를 함락했다가 치열한 전투 끝에 물러난 일이 있었다. 온조는 북부 토착 부족의 침략을 막기 위해 마수성과 칠중성을 쌓기로 했다. 같은 시기에 북쪽에서는 선비鮮卑가 고구려를 위협했지만 부분노扶芬奴라는 장군이 매복하고 있다가 완전히 섬멸했다. 부분노는 왕에게 하사받은 땅과 말, 금을 끝내 사양했다.

이듬해 온조가 세운 성이 북부 토착 세력의 공격을 받아 무너지자, 온조왕은 더 안전한 장소로 도읍을 옮기기로 했다. 그래서 서울에서 30여 킬로미터 떨어진 남한이라는 곳을 새 도읍으로 정했다. 이때 온조는 마한 왕에게 사신을 보내 수도를 옮기겠다고 알렸다. 그 이듬해에는 새로 옮긴 수도에 성벽을 쌓고 근처 한강 유역에 흩어져 살던 백성들에게 농사를 가르쳤다.

서기 1~2년의 한반도 상황　서기 1년 한반도의 상황은 아래와 같았다. 북쪽에서는 강력하고 호전적인 고구려가 주변 부족을 위협했다. 서쪽 중앙에 세워진 작은 왕국 백제는 아직 마한에게 독립을 요구하지는 않았지만, 위만이 기자조선에 그랬듯이 마한의 권력이 쇠퇴하기를 끈기 있게 기다리고 있었다.

남쪽에는 평화를 사랑하는 신라라는 왕국이 있었다. 신라는 관대하고 공정한 나라라서 멀리서도 찾아와 스스로 신라의 백성이 되기를 청할 정도였기 때문에 국가 발달 과정에서 무력을 거의 쓸 필요가 없었다. 무력이 세상을 지배하던 시대에 삼국 중에서도 가장 호전적이지 않은 신라는 역사에서 응분의 보상을 받았다. 훗날 비록 외세를 빌리기는 했지만 결국 신라가 삼국을 통일했고, 한반도에는 신라의 법과 언어가 통용되었던 것이다.

서기 2년에는 고구려 유리왕이 신에게 제사를 지내는데, 제물로 바치려는 돼지가 도망쳐서 달아난 일이 있었다. 설지라는 신하가 돼지를 쫓아서 국내 땅으로 들어갔다. 그는 지금의 초산 북쪽 위나암 근처에서 돼지를 붙잡았는데, 왕에게 돌아와서 국내가 산수가 깊고 험하여 도읍으로 제격이라고 알려주었다. 국내에는 사슴과 물고기와 거북이도 많았다. 설지의 강력한 주장에 따라 유리왕은 수도를 국내로 옮겼고, 국내성은 그 후 장수왕이 평양으로 천도할 때까지 425년 동안 고구려의 수도가 되었다.

삼국의
성장

혁거세와 왕비, 한 몸처럼 죽다

서기 4년에 신라의 현명한 왕 혁거세가 죽자 이레 뒤에 왕비도 따라 죽었다. 두 사람은 꼭 한 몸과 같아서 다른 한 사람이 없으면 살 수 없었다고 전해진다.

혁거세의 아들 남해차차웅南海次次雄이 아버지의 뒤를 이어 왕위에 올랐다. 하지만 남해는 왕위에 오른 지 3년째 되던 해에 아버지 혁거세를 모시는 사당을 지은 후 나랏일은 사위였던 석탈해昔脫解에게 맡겼다. 석탈해는 신라에서 중요한 인물이며 석탈해의 탄생과 성장에 관한 설화는 한국인들이 좋아하는 이야기다.

7년 만에 낳은 알에서 태어난 석탈해 일본 북동부 지역 어딘가에 다파라라는 나라가 있었는데, 그곳에서 어느 여인이 임신하고 7년 만에 알을 낳았다. 마을 사람들이 이를 나쁜 징조로 여겨서 알을 없애려하자, 여인은 알을 비단과 면포에 싸서 튼튼한 상자에 넣어 동해로 떠내려 보냈다. 신라 해안 아진포로 떠내려 온 상자를 고기잡이 노파가 발견하고 뭍으로 끌어내 열어보니 그 안에 예쁜 아기가 들어 있었다. 노파는 아기를 양자로 삼아 허름한 집에서 길렀다.

아이가 가는 곳마다 까치 떼가 따라다니는 것을 보고 까치(鵲)라는 글자에서 한쪽을 떼어 석昔씨라 지었다고 한다. 이름 중에 '탈脫'은 알을 깨고 나왔다고 해서, '해解'는 고기잡이 노파가 상자를 열었다고 해서 붙여졌다. 아이는 장성하여 몸과 마음이 튼튼한 큰 인물이 되었다. 노파는 아이가 장차 큰 인물이 되리라는 것을 예감하고 정성껏 가르쳤다. 그리고 더 이상 가르칠 게 없어지자, 앞에서 백제에 사신으로 갔다고 설명한 관리 호공에게 보냈다. 호공은 석탈해의 뛰어남을 알아보고 왕궁에 보냈다. 왕궁에서 성장하여 곧 공주와 혼인한 석탈해는 나랏일 대부분을 맡아서 관장하는 바람에 신라의 실질적인 지배자가 되었다.

백제, 어머니 나라인 마한을 넘보다 서기 9년에는 마한이 몰락했다. 기원전 193년에 고조선 준왕이 마한 왕이 된 일은 앞에서 설명했다. 준왕이 죽고 아들인 강왕康王 탁卓이 뒤를 이어 4년간 통치했다. 준왕의 후손인 원왕 훈이 왕위에 오른 때는 기원전 58년이었다. 원왕 2년(기원전 57년)에 신라가 건국하고, 원왕 21년(기원전 37년)에는 고구려가 건국했다. 원왕은 22년간 통치한 후 죽으면서 아들 정에게 왕위를 물려주었다. 정이 왕위에 오른 지 16년째 되던 해에 온조에게 땅을 떼어줬고 백제가 세워졌다.

정이 온조에게 관대한 호의를 베푼 지 26년이란 세월이 흘렀다. 백제는 점차 강력한 왕국으로 발전해갔지만, 마한은 조금씩 기울어서 결국 원산과 금현 두 곳으로 세력권이 줄었다.

한편 마한은 건국한 지 177년이 되던 해인 기원전 16년에 이미 몰락했고, 원산과 금현에는 마한의 잔여 세력이 살았을 뿐이라고 기록한 문헌도 있다. 하지만 여러 문헌을 종합해보면 마한은 서기 9년까지는 왕국의 형태를 유지했던 것으로 보인다.

백제가 봉토를 하사해준 마한에 대적하려는 속내를 드러낸 첫 번째 사건은 마한이 몰락하기 몇 년 전에 일어났다. 백제가 마한의 도읍 사이에 장성을 쌓았다. 마한은 백제를 공격할 의도가 전혀 없었는 데도 백제는 마한이 공격해올까 봐 전전긍긍했던 게 분명하다. 마한은 바로 전갈을 보내 "너희에게 땅 100리를 주지 않았느냐? 그런데 왜 내가 너희를 공격할 것이라고 생각하느냐?"고 물었다. 그러자 백제는 부끄럽기도 했고, 또 마한이 자기네 속셈을 전혀 의심하지 않는 것을 알아채고, 곧바로 장성을 허물고 다시 전과 같은 관계로 돌아갔다.

 그러나 마한이 이미 힘을 많이 잃어버린 터라 백제 왕은 강력한 공격한 번으로 상황을 해결하기로 했다. 백제 왕은 대규모 사냥단을 조직해서 사냥단의 엄호를 받으며 거의 아무런 저항을 받지 않고 마한의 도읍을 함락했다. 위만이 준왕의 호의를 배반했듯이 이번에는 온조가 같은 방식으로 준왕의 마지막 후손을 배반했던 셈이다.

고구려를 견제하기 시작한 한나라 이때까지 한나라는 고구려가 발전하는 모습을 편안하게 관망하고 있었는데, 왕망이 한나라 권력을 찬탈하여 신新나라를 세우고 황제가 된 사건이 일어났다. 당시 한나라는 한반도 북부를 동부와 평주로 나누어 관리하고 있었는데, 이 두 지역을 작지만 강력한 왕국인 고구려가 정복했던 것이다. 왕망은 먼저 고구려를 직접 겨냥했다. 호전적인 민족인 고구려가 급속히 성장하는 모습을 보고, 언제라도 북방의 토착 세력을 규합하여 중국 본토로 휩쓸고 내려올지 모른다고 두려워했던 모양이다.

 이때부터 800년 후에 고구려가 멸망하기까지 간헐적으로 멈춘 기간이 있긴 했지만 고구려와 중국 사이에 기나긴 분쟁이 시작됐다. 고구려는 항상 중국의 적국이었고, 신라는 중국의 우방이자 동맹국이었다. 백제는 중국과 대적할 때도 있었고 우방일 때도 있었다. 이때부터 한반도가 뚜렷이 구분되는 세 개의 세력으로 나뉘어 발전했다고 볼 수 있다.

구별되는 삼국의 특징　북쪽의 고구려는 강력하고, 활기차고 사나우며 막강한 군사력을 자랑하는 나라였다. 하지만 신라는 고구려와 성향이 전혀 달라 늘 평화를 추구하며 안전을 위해 크게 양보하는 일이 많았다. 중국이 한반도 전체를 다스릴 국가로 신라를 선택한 이유는 신라가 회유책을 즐겨 사용했기 때문이다.

한편 백제는 고구려나 신라와도 달랐다. 백제는 고구려만큼 호전적이긴 했지만, 신라만큼 군사력이 취약했다. 따라서 백제는 줄곧 혼란과 분쟁을 겪다가 삼국 중 제일 먼저 몰락하고 말았다.

유리왕, 한의 왕망에게 무릎 꿇다　서기 12년에는 왕망이 고구려 유리왕에게 사신을 보내 북방 토착 세력을 정벌하는 데 병력을 지원하라고 요구했다. 유리왕이 이 제안을 거절했는 데도 왕망은 계속 압박하며 고구려 정예군을 한나라의 오랑캐 정벌군에 합류시키도록 했다.

그런데 고구려군이 틈만 나면 진영을 이탈하여 대규모 도적단을 만들어 요동으로 들어가 닥치는 대로 약탈하고 살상을 일삼자, 왕망은 고구려를 벌하기 위해 오무 장군이 이끄는 강력한 군대를 보냈다. 오무는 완강히 버티던 유리왕을 순식간에 굴복시키고 왕의 칭호를 빼앗아 왕보다 한 단계 아래인 '후候'라는 작위를 주었다. 이때부터 멸망하는 순간까지 고구려는 끊임없이 중국을 향한 보복 행위를 감행했다. 이때 한반도의 삼국 모두 혼돈의 시대를 겪고 있었다. 서기 14년에 고구려는 예맥이 차지한 북쪽으로 영토를 확장하여 요하 너머의 변방 지역을 정복했다. 왕망이 시도한 견제 정책이 아주 엄격하지는 않았던 모양이다.

신라의 왜구 축출과 마한 잔여 세력의 반란　같은 시기에 신라는 남해안에 출몰하며 노략질하던 왜구 때문에 고심하다가 얼마 안 되는 군사력을 총동원하여 왜구를 몰아냈다. 그 사이 북쪽으로부터 낙랑의 공격을 받았다. 어느 날 밤에 낙랑 진영에 유성이 떨어져서 낙랑이 부리나케 북쪽으로 도망치는 바람에 신라가 무사할 수 있었다는 이야기가 전해진다.

서기 18년 고구려의 유리왕이 죽고 아들 무휼無恤이 왕위에 올라 대무신왕大武神王이 되었고, 같은 해에 몰락한 마한의 옛 장수 주근周勤이 잔여 세력을 이끌고 백제로부터 왕국을 되찾아 몰락한 왕국을 되살리려고 시도하다가 크게 패하여 아내와 자녀와 함께 처형당했다. 그즈음에 신라 북부인 지금의 강릉 땅에서 옛 왕국의 옥쇄가 발견됐다. 이 옥쇄는 신라의 옥쇄가 되었다.

부여의 몰락　이듬해에는 항상 외부로 팽창할 기회만 엿보던 고구려가 예전에 주몽이 도망 나온 땅 부여를 정벌했다. 고구려의 부여 정벌에 얽힌 사연은 다음과 같다. 부여의 대소왕은 머리가 하나이고 몸이 둘인 붉은 까마귀에 홀려 있었다. 점쟁이는 '두 나라가 하나의 왕 밑으로 들어가게 될 징조'라고 말했다. 그러자 대소왕은 "그러면 내가 고구려를 정복하게 된다는 말이구나."라고 답했다.

대소왕이 선전포고의 뜻으로 붉은 까마귀를 고구려 왕에게 보내자, 기민한 고구려 대무신왕은 '붉은색은 남쪽을 뜻하는 색이다. 그러니 내가 부여를 정복한다는 뜻이다.'라는 답을 보냈다. 그러고는 곧 막강한 군대를 북쪽으로 보내 부여를 공격했다. 전설에 따르면 고구려군이 이물 숲에 들어가자 쨍그랑하는 칼 소리는 났지만 보이지 않는 손이 방패가 되어 막아주었다고 한다. 고구려군은 보이지 않는 손을 붙들고 발걸음을 재촉했다. 얼마 후에는 얼굴이 흰 덩치 큰 전사가 고구려군에 합류했는데 병사들은 그를 괴유怪由라 불렀다.

고구려군은 부여의 도읍에 가까이 다가가던 중 한밤중에 거대한 늪지대를 만났다. 대소왕은 한밤중에 고구려군을 급습할 생각으로 늪지대를 건너려다가 늪에 빠져버렸다. 그러자 거인 괴유가 늪지에 뛰어 들어가 대소왕의 머리를 베어 고구려 왕에게 가져다주었다. 결국 부여군이 항복했다. 대소왕의 아우가 무리 100명을 이끌고 압록강 유역 갈사에 정착했을 뿐 부여국 대부분이 고구려에 복속됐다. 고구려는 갈사를 치지 않고 넘어갔다.

'임금'이라는 말의 기원　서기 24년에 신라 남해왕은 세상을 떠나면서 아들이 아니라 사위 석탈해에 왕위를 물려주기로 했다. 석탈해는 장례를 마친 뒤 왕자를 왕으로 책봉해야 한다고 주장했지만, 한편으로는 선왕의 명령을 거역할 수도 없다는 주장도 받아들여야 했다. 두 가지 주장을 타협하는 뜻으로 석탈해는 윗니가 열여섯 개인 사람이 나타나면 기이한 징조로 생각해서 그 사람을 왕위에 앉히겠다고 제안했다. 석탈해의 제안에 따라 조사해본 결과 태자 유리儒理의 윗니가 열여섯 개라는 사실이 드러났다. 그리하여 유리가 왕위에 올라 '이가 열여섯 개'라는 뜻의 이사금尼師今이라는 호칭을 얻었다. 현대에 '왕'을 뜻하는 임금이라는 말은 신라의 이사금이 변형되어 나온 말이 분명하다.

한나라가 고구려의 계략에 넘어가다　한편 고구려는 꾸준히 정복 활동을 펴나갔다. 개마국蓋馬國과 구다국句荼國을 정벌했고 다른 지역도 정복할 계획을 세웠다. 한나라 황제는 불안한 심정으로 고구려의 팽창을 지켜보다가 서기 27년에 막강한 군대를 파견하여 고구려를 침공했다. 고구려군은 첫 번째 교전에서 패하여 지금의 의주 근처에 있던 수도인 국내성으로 도망쳤다. 대무신왕은 급히 회의를 소집하여 국내성 성벽에 병력을 집결시켜 한나라군이 식량 부족과 혹독한 추위로 포위를 풀고 퇴각할 때까지 성을 지키기로 결정했다.

한나라군은 성안에 마실 물이 부족하다는 사실을 알고 곧 항복해오리라고 기대했다. 한나라의 예상은 적중했고 얼마 후 성안에서 큰 소동이 일어났다. 그때 어느 신하가 "성안의 생선을 모두 끌어모아 제게 주시면 적군이 포위를 풀게 할 수 있습니다. 만약 실패하면 제 목을 내놓겠습니다."라고 제안했다. 그는 왕의 허락을 받아 곧바로 병사들에게 성벽을 따라 늘어서서 물 대신 물고기 비늘로 목욕하도록 시켰다. 물고기 비늘이 햇빛에 반짝이며 물방울처럼 보이자 적군은 성안에 물이 충분한 것으로 착각하고 크게 실망하여 포위를 풀고 한나라로 돌아갔다.

신라의 포용정책과 한국 성씨의 기원, 신라의 관직 설치

고구려와 신라의 가장 큰 차이는 같은 해에 일어난 사건을 통해 알 수 있다. 고구려는 사방으로 탐욕의 손길을 뻗치며 맞서 싸울 뜻이 없는 힘없는 촌락까지 공격한 데 반해, 신라는 북방의 토착 세력이 무리를 지어 내려오면 신라 땅에 정착해 백성이 될 수 있도록 관대함을 베풀었다.

신라 왕은 몸소 나라를 둘러보며 과부와 고아, 불구자의 슬픔을 보살펴주었다. 기원전 32년에는 진한의 여섯 촌락의 이름을 바꾸고 신라라는 하나의 나라를 세웠다. 여섯 촌락은 양산, 고허, 대수, 울진, 가리, 명활이었는데, 각각 이, 최, 손, 정, 배, 설로 이름을 바꾸었다. 이들 여섯 이름은 오늘날 한국에서 가장 흔한 성씨인데, 지금의 한국이 한반도 남쪽에서 유래했다는 학설을 입증하는 증거다. 여기에 박, 김, 안, 고, 석, 양, 소, 서, 권, 배, 임, 나, 현, 곽, 호, 황, 장, 심, 유도 한반도 남쪽에서 기원한 성씨이라는 점을 덧붙이면, 한반도 남부에서 오늘날 한국이 유래했다는 주장에 대해 이론의 여지가 없어 보인다.

유명한 성씨 중에서 한반도 남쪽 지방에서 유래하지 않은 성으로는 민, 송, 엄, 조, 한이 있는데, 이들 대부분은 마한 지역에서 유래한 것으로 보인다. 당시 신라 왕은 관직을 열일곱 개 설치했는데 이벌손, 이척손, 이손, 파진손, 대하손, 길손, 사손 등이었다.

삼국이 차지하지 않은 영토 아직 삼국은 명목적으로 삼국의 영토에 해당하는 지역을 복속하기 시작하지도, 적어도 영향권 안에 두지도 않았다는 사실을 유념해야 한다. 삼국 사이의 넓은 지역에는 토착 세력이 차지하고 있었다. 고구려는 영토를 북쪽으로 확장하고 있었고, 백제는 정체 상태였으며, 신라는 새로운 영토를 정복하기보다는 이민자를 받아들이는 방법으로 세력을 확장하고 있었다. 신라는 원래의 여섯 개 촌락에 네 개 촌락을 더 차지했을 뿐, 남쪽 대부분 지역에는 앞서 설명한 삼한의 토착민이 읍락을 이루고 살고 있었다.

김수로왕으로 시작된 가락국 서기 41년에 이름이 '간'으로 끝나는 촌락 아홉 개가 연맹체를 만들어 국명을 '가락국'이라고 지었다. 아홉 개의 촌락은 각각 아도간, 여도간, 피도간, 오도간, 유수간, 유천간, 신천간, 신귀간, 오천간이었다. 가락국은 지금의 김해인 가락을 도읍으로 정하고 김수로金首露를 왕으로 추대했다.

김수로가 부인을 맞이한 내력은 다음과 같다. 어느 날 아름다운 여인을 태운 배 한 척이 남쪽 해안에 닿았다. 여인의 성은 허許씨이고 이름은 '노란 옥'이라는 뜻의 황옥黃玉이었다. 허황옥은 멀리 남쪽 나라 아유타국, 다른 이름으로 천축天竺이라는 곳에서 왔다. 왕비는 157년간 살았고 왕은 왕비보다 한 해 더 살았다고 한다.

신라와 대립하던 가락국에 관한 사료는 왕들의 이름이 적힌 연대기표이다. 가락국은 491년 동안 건재하다가 신라 법흥왕 시대에 멸망했다. 한편 935년에 신라가 멸망할 때 김수로왕의 무덤을 능멸한 무뢰한들이 의문의 죽음을 당했는데, 한 명은 떨어지는 들보에 맞아 죽고, 또 한 명은 숨어 있던 궁사의 활에 맞아 죽었으며, 나머지 아홉은 5미터가 넘는 뱀에 물려 죽었다는 기록이 있다.

5개의 소국을 거느린 가락국 기록에 따르면 임진왜란 당시 일본군이 김수로왕의 무덤을 파헤쳐서 엄청난 양의 금과 옥을 가져갔다고 한다. 김수로왕의 두개골은 매우 컸고, 왕 옆에 누워 있던 여인 둘은 얼굴 형태가 잘 보존돼 있다가 바깥세상으로 드러나자 곧 허물어져 먼지로 변했다고 한다. 그렇다고 한반도에서 시체를 썩지 않게 보존하는 방법을 활용했다고 주장하기는 어려울 것 같다.

가락국은 동쪽으로 지금의 양산 서쪽에서 10킬로미터쯤 떨어진 황산강까지 세력을 확장했다. 북쪽으로는 지금의 고령인 가야산까지 올라갔고, 남쪽과 남서쪽으로는 남해안으로 내려갔으며, 서쪽으로는 지리산까지 뻗어나갔다.

가락국에는 다섯 개의 소국이 있었는데, 각 이름 뒤에 '가야'라는 말이 붙었다. 다섯 소국은 소가야, 고령가야, 성산가야, 대가야, 아라가야였다. 각각 지금의 고성, 진주, 성주, 고령, 함안에 해당한다.

전설에 따르면, 어느 날 가락국 아홉 읍락 부족장들이 잔치를 열다가 구지봉龜旨峰이라는 봉우리에 걸린 특이한 모양의 구름을 발견했다. 그리고 봉우리 위 하늘에서 목소리가 들렸다. 서둘러 봉우리에 올라가 보니 황금 알 여섯 개가 담긴 황금 상자가 놓여 있었다. 알이 깨지고 사내

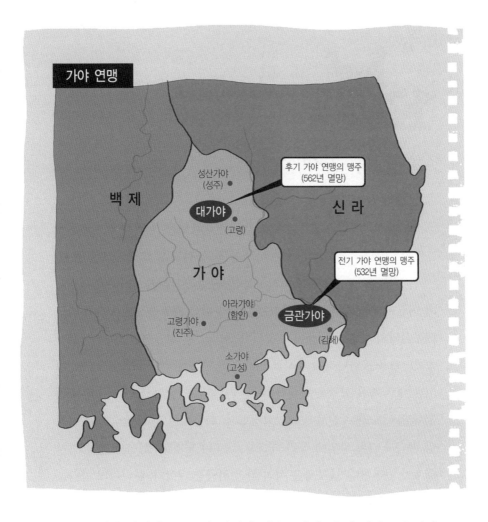

가야 연맹

백제

성산가야
(성주)

대가야
(고령)

후기 가야 연맹의 맹주
(562년 멸망)

신라

가야

아라가야
(함안)

고령가야
(진주)

금관가야
(김해)

전기 가야 연맹의 맹주
(532년 멸망)

소가야
(고성)

아이 여섯이 나왔다. 그중 한 아이가 김수로인데, 훗날 가락국의 왕이 되었고, 나머지 다섯은 가락국에 속하는 다섯 가야의 왕이 되었다. 여섯 가야 중에서 시조가 알려진 소국은 한 곳밖에 없다. 가야산 산신 견모주가 하늘의 신 이비가와 혼인해서 낳은 아들이 김수로왕이라는 설화가 있다. 가야의 여섯 왕국은 이로부터 500여 년 후인 진흥왕 시대에 모두 신라에 병합되었다.

삼국의 경쟁

고구려 모본왕, 한나라 영토를 빼앗다　　44년에 고구려 3대 왕 대무신왕이 죽자 태자 해우解優(모본왕)가 어렸기 때문에 해색주解色朱(민중왕)가 대신 즉위하였다. 4년 후에는 대무신왕의 아들인 해우에게 왕위가 돌아갔다. 전승에 따르면, 모본왕 慕本王 해우는 한나라에 충성을 맹세하는 척하면서 다른 한편으로는 닥치는 대로 정복 활동을 벌여 한나라 영토를 차지했다고 한다. 모본왕은 54년에 두로라는 신하에게 암살당했다. 다음에는 유리왕의 일곱 살짜리 손자 궁宮이 왕위에 올라 태조왕太祖王이 되었고, 성년이 될 때까지 태후가 섭정했다. 태조왕은 여러 가지 위업을 쌓았다. 한나라의 침략을 막기 위해 요동 서쪽 열 곳에 요새를 쌓았다. 이로써 고구려가 왕망에게 빼앗긴 옛 영토를 거의 다 되찾은 것을 알 수 있다. 이듬해에는 동해안에 위치한 옥저 땅을 되찾았다.

신라, 백제의 화친 제의를 거절하다　　58년에는 신라 3대 왕 유리왕儒理王이 죽었다. 신라 유리왕을 고구려 2대 왕 유리왕琉璃王과 혼동해서는 안 된다. 발음은 같지만 한자가 다르다. 유리왕은 석탈해와 의견을 달리한 인물로, 예순둘의 나이에 왕위에 올랐다.

유리왕 15년에는 마한 장수 맹소孟召가 백제에 맞서 승산도 없는 싸움을 하다가 더 이상 싸움을 지속할 수 없다고 판단하고 신라로 도망쳐 왔다. 그 결과 백제 땅이던 복암성이 신라에 넘어갔다. 이상하게도 백제는 이 일로 분개하지 않았고, 이듬해에는 신라의 왕과 화친을 맺기 위한 자리까지 마련했다.

신라는 백제의 이 화친 제의를 받아들이지 않았다. 좋은 의도로 화친을 제안한 백제로서는 분개하지 않을 수 없었다. 이때부터 백제는 신라를 향해 적대심을 품기 시작했고, 백제와 신라의 관계는 간혹 화해의 뜻을 비친 경우를 제외하고는 줄곧 적대 관계가 유지됐다. 신라는 삼국 중에서 유일하게 왕국의 위엄을 잃지 않고 끝내 탐욕과 비겁함에 물들지 않았다.

'계림'으로 나라 이름을 바꾼 신라　65년에는 한국의 설화를 풍부하게 만들어줄 경이로운 일이 일어났다. 어느 날 밤 신라 탈해왕은 숲 속에서 나는 듯한 요란한 암탉의 울음소리에 잠이 깼다. 왕실 신하가 무슨 소란인지 알아보러 가보니 나뭇가지에 금궤가 매달려 있고, 그 아래는 하얀 암탉이 어지럽게 돌아다녔다. 금궤를 왕 앞에 대령해서 열어보니 안에서 잘생긴 아이가 나왔다. 아이에게는 김알지金閼智라는 이름을 붙여주었다. 알지를 단순히 아이의 이름으로 보는 설도 있고, 신라 말로 알지는 '아기'를 뜻한다고 보는 설도 있다.

그때까지 왕국의 이름이 서라벌이었지만 탈해왕은 그날 이후 나라 이름을 계림鷄林이라고 바꿨다. 계鷄는 '암탉'을 뜻하고 림林은 '숲'을 뜻한다. 따라서 국명이 '숲 속의 암탉'이니 나라 이름치고는 그다지 위엄 있는 이름은 아니다. 그래도 신라의 군사적 위용에 잘 어울리는 이름이었던 것으로 보인다.

신라 최고의 정복자, 파사왕　66년에 백제는 신라를 공격할 군사력을 갖추었다고 판단했다. 백제는 와산성을 포위하면서 공격을 감행해 점령에 성공했다. 백제는 이 와산성을 9년 동안 점령했다. 하지만 신라의 재공격으로 결국 성을 지키던 백제군은 섬멸되고 말았다.

68년에 고구려는 북진정책을 밀어붙였고, 부여 유민이 세운 갈사국을 정복했다. 다음으로 더 북쪽에 위치한 추라(Chu-ra)를 정복했다. 고구려의 군사력이 급속히 성장했던 듯하다.

80년에 탈해왕이 죽고 남해왕의 아들(역사책에 유리왕의 아들로 되어 있음) 파사왕婆娑王이 왕위를 계승했다. 파사왕은 나이가 든 뒤에 왕위에 오르긴 했지만 신라 최고의 정복자가 되었다. 파사왕은 32년간 신라를 다스리면서 음즙벌국音汁伐國, 실직국悉直國, 압독국押督國, 비지국比只國, 다벌국多伐國, 초팔국草八國을 병합했다. 전해인 79년에 신라에 병합된 우시와 거칠까지 합치면 신라의 영토가 상당히 넓어지면서 더 이상 신라에 군사력이 취약하다는 오명을 씌울 수 없게 되었다.

파사왕은 어진 정치를 펼쳤고 실패할 것처럼 보이던 일에서도 성공을 거두는 능력이 있었다. 요컨대 파사왕은 너그러운 정복자이자 어진 정치인이었다. 백성들이 무엇을 필요로 하는지 세심하게 파악한 덕분에 파사왕 치세 기간에는 식량이 풍부했고, 돈 없는 나그네도 길가에 늘어선 여관에서 먹고 잘 수 있었다.

가야, 신라를 공격하다　앞에서 건국 이야기를 다룬 가야국은 신라에 적대적이었던 듯하다. 그 증거는 아래의 기록에서 찾을 수 있다. 88년에 신라가 가소와 마두라는 두 성을 세웠는데, 가소는 백제의 침입을 막기 위해 지었고 마두는 가야를 막기 위해 지었다. 그러나 가야가 원정군을 보내 신라를 공격했던 때는 그 3년 뒤다. 이 사건은 역사에 기록되지 않았으므로 우리로서는 가야의 공격이 실패했으리라고 추정만 할 수 있을 뿐이다. 고구려는 끊임없이 군사작전 지역을 넓혔다. 고구려는 동쪽의 예맥과 화친을 맺어 예맥의 병력을 이끌고 북쪽 국경을 넘어 수차례 중국 영토를 침략했다.

고구려의 쾌락주의자, 차대왕　　고구려 6대 왕 태조왕은 69년간 왕위에 앉았다가 동생 수성遂成에게 국사를 맡겼다. 수성은 태조왕만큼 야망이 큰 인물로서 예맥과 손잡고 중국 변방을 침략하는 과업을 이어나갔다.

그러나 수성은 태조왕에게 신의를 지키지 않고 태조왕을 음해하는 모의를 작당했다. 결국 수성의 모의는 성공을 거두지 못했다. 태조왕은 한국 역대 왕 중 가장 오랫동안 왕위를 지켰다. 94년 동안 왕위에 앉아 있었으므로 왕위 계승자가 인내심의 한계를 드러냈을 것이다. 결국 수성은 146년에 76세의 나이에 노익장을 과시하며 왕위에 올랐다. 기억력은 아직 온전했는지 왕위에 오르자마자 태조왕을 끌어내리려고 모의를 꾸몄을 때 비난을 퍼부었던 지식인들을 모두 사형에 처했다. 유명한 장수 고복창은 왕의 무자비한 처형을 목격하고, 침통해하며 자기도 함께 죽여달라고 간청했다.

유별난 왕은 어느 날 길에서 흰 여우 한 마리가 지나가는 것을 보고 나쁜 징조로 여겨서 점쟁이에게 무슨 징조냐고 물었다. 점쟁이는 왕이 생각을 고쳐먹으면 아무리 나쁜 징조라도 좋게 풀릴 수 있을 것이라고 조언했다. 점쟁이는 솔직하게 답해준 탓에 목이 달아났다. 그날부터 왕이 점쟁이를 찾을 때마다 점쟁이는 다들 먼 곳에 중요한 용무가 있어 떠났다는 답을 보내왔다.

수성의 묘호는 차대왕次大王이었다. 차대왕은 평생을 미숙한 망나니로 살다가 죽었다. 그는 왕이 되면 한바탕 잔치를 벌일 수 있을 것으로 생각했다. 그러나 그 꿈도 왕위에 오른 지 1년 만에 피바람을 일으킨 탓에 좌절되고 말았다.

차대왕의 좌우명은 '인생을 즐기기 싫은 사람이 누가 있겠는가?'라는 것이었다. 이전에도 한국에 쾌락주의자가 있었을지 모르지만 차대왕처럼 노골적으로 쾌락을 중시한 사람은 없었다. 암살당한 왕의 친척인 백고는 목숨을 부지하기 위해 산에 숨어 지내다가 수도로 불려왔다. 세 번이나 찾아가 간청한 끝에 그를 꾀어내려는 술책이 아니라는 걸 보여줄 수 있었다.

모든 길은 경주로 통한다　　134년에 왕위에 오른 신라 일성왕逸聖王은 처음으로 신라 전체를 연결하는 길을 닦는 사업에 관심을 두었다. 일성왕 치세 5년에는 도읍에서 지금의 풍기 땅인 죽연까지 이어지는 길과 계립령을 넘는 길을 열었다. 두 길은 신라의 중요한 도로가 되었다. 일성왕의 뒤를 이은 왕도 도로를 닦는 사업을 이어받아 신라의 북쪽 변방으로 통하는 길을 열었다. 이는 로마인이 행정과 군사 목적으로 탄탄한 도로를 닦아야 한다는 사실을 깨달은 지 얼마 지나지 않은 시대의 일이었다.

신라와 일본의 관계는 다음 기록에서 확연히 드러난다. 신라 도성 안에 일본이 쳐들어온다는 소문이 돌자 사람들이 곧장 도읍에서 빠져나가 도성의 인구가 반으로 줄었다. 그리고 헛소문인 것으로 밝혀지자 사람들이 하나둘 도시로 돌아왔다.

일본의 지배자, 연오랑과 세오녀　　영오(연오랑)와 세오(세오녀)에 관한 흥미로운 전설은 157년의 일이기는 하지만 '옛날 옛적에'로 시작하는 옛날이야기로만 치부할 수는 없다. 신라 동쪽 바닷가에 영오라는 가난한 어부가 아내 세오와 함께 살았다. 어느 날 영오가 커다란 바위에 앉아 고기를 잡는데 바위가 흔들리다가 공중으로 날아올랐다. 영오는 깜짝 놀란 채로 바위에 실려 동쪽 바다를 건너 일본의 어느 마을에 도착했다.

그 마을 사람들은 영오가 하늘에서 내려온 줄 알고 당장 왕으로 삼았다. 영오 부인 세오는 돌아오지 않는 남편을 기다리다 직접 남편을 찾아나섰다. 영오를 일본으로 실어 나른 알돌에 올라섰는데 영오를 놀라게 한 것과 똑같은 신기한 일이 일어났다. 영오가 왕이 된 것을 본 세오는 왕비가 되기를 마다할 이유가 없었다.

하지만 영오와 세오가 떠난 뒤에 신라에는 큰 재앙이 닥쳤다. 해와 달이 없어지고 온 나라가 어둠에 휩싸였던 것이다. 점쟁이는 누군가 일본에 가버려서 생긴 일이라고 알려주었다.

일본으로 간 사람들을 찾기 위해 급히 일본으로 떠난 사신은 신라 사람이 그곳 왕국의 왕과 왕비가 된 걸 알고는 몹시 실망했다. 사신은 자초지종을 들려주고 당장 신라로 돌아가자고 청했지만 부부는 새로운 삶에 만족한 듯 보였다.

하지만 세오는 비단 두루마리를 사신에게 건네며 신라 왕이 두루마리를 펼쳐서 제사를 지내면 해를 되찾을 수 있을 것이라고 말해줬다. 결국 세오 말대로 되었는데, 신라 왕이 주문을 외우자 신라 땅에 다시 햇빛이 비쳤고 온 나라가 태평해졌다.

그러나 일본이 한국에 뿌리를 두고 있다는 학설은 대부분 영오와 세오 이야기만큼 신빙성은 떨어지지만 무시할 수만은 없다. 『고사기古事記』라는 일본의 문헌은 신라의 역사를 상세하게 다룬다.

백제, 신라를 강타하다　168년에 백제가 강성해졌는지 신라가 유약해졌는지 몰라도, 백제는 신라 서쪽 변방을 따라 대규모 공격을 감행할 적기라고 판단했다. 백제는 포로 1천 명을 잡아들여 승리를 과시했다고 전해진다. 신라는 분통을 터트리긴 했지만 추격해서 되찾아올 상황이 아니었다.

　신라는 급히 백제에 편지를 보내 평화를 유지하는 게 왜 좋은지에 관해 설명하며 포로를 돌려달라고 요구했다. 전쟁에 승리한 뒤 받은 반응치고는 예사롭지 않은 반응이라 의기양양해 하던 백제군이 그 편지를 받고 얼마나 당황했을지 짐작할 수 있을 것이다.

신라의 환곡제도　이 시기에 오래도록 한국인의 삶에 크나큰 영향을 미치게 될 전통이 시작됐다. 어느 날 신라 왕이 사냥을 하던 중에 슬피 우는 사내를 보고 무슨 사연이냐고 물었더니, 그 사내는 부모를 봉양할 쌀 한 톨도 없다고 대답했다. 이 말을 들고 긍휼히 여긴 왕은 나라의 곡물 창고에 지시하여 사내에게 쌀을 내주고 가을에 갚게 하도록 했다. 그리하여 봄에 곡식을 빌려주고 가을에 이자를 붙여 갚게 하는 환곡還穀제도가 생겼다.

　왕이 죽은 뒤 석탈해의 손자가 왕위에 올랐다. 그는 쓰러져 진토가 다 되어 가는 신라에 새로운 생명의 기를 불어넣는 사업에 착수했다. 우선 도성 안 두 곳에 군대를 배치하여 아무나 도성에 들어가서 함부로 권력을 휘두르지 못하도록 했다. 또 백성들에게 관청을 으리으리하게 짓는 일보다는 나라의 근간인 농업에 열중하라고 지시했다.

고구려 왕위를 가로챈 연우　고구려 9대 왕 남무男武(고국천왕)가 한밤중에 죽자, 왕비는 권력을 연장하려는 바람으로 궁을 빠져나가 급히 왕의 큰형인 발기拔奇의 집으로 갔다. 왕비는 왕이 죽었다는 소식을 전하며 어서 대궐로 들어가서 왕권을 잡으라고 재촉했다. 발기는 왕이 죽었다는 말을 믿지 않으면서 왕비에게 조심성이 없다고 꾸짖었다. 그러자 왕비는 왕의 동생 연우延優를 찾아가 왕의 죽음을 전했다. 연우는 왕비를 따라갔고 날이 샐 즈음에는 대궐에 들어가 왕위에 앉아 찾아오는 이를 맞이할 준비를 마쳤다. 발기는 대노하여 가신들을 이끌고 대궐로 진입하려 했지만, 관군에 패해 요동으로 달아났다.

주변 토착 부족이 신라를 공격하다   200년대의 처음 25년 동안에는 주변 토착 부족의 움직임은 잠잠했다. 삼국의 힘이 커지자 토착 부족의 영토가 줄어들었다. 골포(창원·마산), 칠포(칠원), 고사포(고성)가 신라의 변방을 유린하다가 물러났다. 신라는 남쪽으로 왜구가 한반도 진입의 발판으로 세운 정착촌을 정벌하고 불태웠다. 백제도 동쪽 변방 토착 부족에게 유린당하다가 사도성을 쌓아 적을 물리쳤다.

한편 1천 명이 넘는 중국 유민이 압록강을 건너 고구려로 피난해 들어왔다. 고구려 11대 왕이 사냥 중에 만난 농부 소녀에게서 낳은 아들 우위거憂位居(동천왕)가 왕위에 올랐다(역사책에는 우위거가 11대 왕). 한편 신라에서는 백성들이 태자 사바니를 거부하고 그 자리에 고이려를 앉혀 왕으로 옹립하며 민주주의의 일면을 보여주었다.

고구려가 중국과의 화평을 깨다   242년은 고구려 역사에서 중요한 해였다. 동천왕 우위거의 야망은 하늘 높은 줄 몰랐고 야망을 쫓으려는 만큼 만용을 부렸다. 고구려는 8년간 중국과 화평을 유지해오다가 동천왕이 갑자기 국경을 넘어 강대국 중국의 영토를 침략할 계획을 세웠다. 요동 서쪽 안평현은 예기치 못한 고구려의 침공에 무릎을 꿇었다. 이처럼 불필요한 도발 행위는 잠자던 사자의 코털을 건드린 격이었으며, 고구려와 중국 사이에 대를 거듭하면서 누적된 반목을 악화시키는 결과를 낳았다.

고구려가 신라를 공격하다 그 후 동천왕은 시선을 남쪽으로 돌려서 신라를 정복할 계획을 세웠다. 245년, 고구려는 신라를 정복하기 위해 군대를 보냈다. 고구려군은 신라 국경에서 신라 장군 석우로가 이끄는 수비대와 맞닥뜨렸다. 석우로가 이끄는 군대는 고구려군을 맞아 용감하게 버텼지만, '마두책馬頭柵'까지 밀려나 저지선을 구축했다. 석우로를 격퇴하지 못한 고구려군은 더 이상 쳐내려가지 못했다.

위나라가 고구려를 침공하다 한편 고구려 서쪽 국경에 빠른 속도로 먹구름이 밀려오고 있었다. 위나라 장수 관구검이 병사 1만 명을 이끌고 고구려의 변경으로 돌진하여 고구려 영토 깊숙이 내려와서 지금의 성천 땅에서 동천왕이 직접 이끄는 고구려군을 만났다. 결과는 고구려군의 대승이었다. 고구려군은 위나라군을 양백곡까지 추격하여 무자비하게 살상했다.

그러나 '광기 어린 권력은 파멸로 가는 지름길이다.'라는 말이 진실임이 드러나는 사건이 벌어졌다. 동천왕은 승리에 도취된 나머지 얼마 안 되는 고구려군으로 위나라 대군을 격퇴할 수 있다고 큰소리쳤다. 그리고 기마병 500명을 선발하여 위나라군을 추격했지만 결과적으로는 섣부른 판단인 것으로 드러났다. 관구검은 위기에 몰렸다. 몇 안 되는 용감한 병사를 이끌고 달아나던 관구검은 말머리를 돌려 쫓아오던 고구려군에 맞서 치열한 전투를 벌인 끝에 고구려군을 물리쳤다. 시의적절한 승리를 거둔 위나라는 그 뒤로 고구려군에 맞서 맹렬히 싸운 끝에 전세를 완전히 역전시켰다. 여기서 고구려 병사 1만 8천 명이 전사했다고 전해진다.

천하의 충신, 밀우와 유유　동천왕은 병력을 모두 잃은 것을 알고 도성으로 들어가 추이를 지켜보기로 했다. 그러나 관구검의 동료 장수 왕기는 동천왕을 쫓아 압록강을 건너서 숨 돌릴 틈 없이 동해안 옥저 영토까지 밀어붙였다. 그때 동천왕의 장수 밀우密友는 "제가 돌아가서 적을 바닷가에 묶어둘 테니 폐하께서는 그 틈에 도망치십시오."라고 제안했다. 밀우가 병사 서너 명을 데리고 좁은 통로를 지키는 사이 왕은 골짜기 깊숙한 곳까지 도망쳐 소규모 군대를 조직할 수 있었다.

왕은 가서 밀우를 안전하게 데려오는 사람에게 포상을 주겠다고 제안했다. 이 작전에 유옥구劉屋句가 자원했다. 유옥구는 부상당해 쓰러져 있던 밀우를 찾아서 품에 안고 왕에게 데려왔다. 왕은 충직한 부하가 살아 돌아온 것에 기뻐하며 손수 간호해서 되살려놓았다.

며칠이 지났지만 위나라군의 추격은 계속됐고 고구려는 다시 궁지에 몰렸다. 유유紐由라는 병사가 적진에 들어가 추격을 막아보겠다고 나섰다. 유유는 음식을 싸들고 대담하게 적진에 찾아갔다. 그러고는 고구려 왕이 항복하길 원하며 왕이 친히 찾아올 것을 알리려고 먼저 선물을 들고 왔다고 말했다. 유유는 위나라 장수에게 가까이 다가가 그릇 밑에 숨겨둔 단검을 뽑아서 적장의 심장에 찔러넣었다. 그리고 자기도 적병의 칼에 맞아 쓰러졌다.

이 소식을 전해들은 동천왕은 얼마 남지 않은 병력을 이끌고 적군을 공략하여 내쫓았다. 이듬해 동천왕은 고구려의 도읍이 국경 가까이 치우쳐 있다는 사실을 깨닫고 임시로 수도를 평양으로 옮겼다.

248년 고구려는 신라와 화평을 맺어 100여 년간 유지되었다. 시간이 지나면서 과도한 야심도 줄어들었다. 동천왕의 대를 이을 태자는 연불然弗이었다.

신 라 와 일 본 의 충 돌　　신라 첨해왕沾解王 3년인 249년에는 일본에서 최초로 사신을 보냈다. 신라 장수 석우로는 일본 사신을 만나서 다음과 같이 이해할 수 없는 말을 건넸다. "왜왕 내외가 신라 왕의 부엌에서 시종으로 일하면 좋겠구나." 사신은 일언반구 대꾸도 없이 일본으로 돌아가 이 일을 알렸다.

일본은 결국 신라를 침략하기로 결정하고 막강한 군대를 보냈다. 석우로는 당황스럽고 후회스러워 어찌할 바를 몰랐다. 석우로는 왕을 찾아가 자기 때문에 일본의 공격을 받게 됐다고 자백하면서 적진에 들어가 일본에 화평을 요청할 수 있게 해달라고 간청했다. 왕의 허락을 받은 석우로는 곧장 적진으로 들어가 실수를 고백하고 자기만 처벌해달라고 사정했다. 일본군은 석우로의 간청을 받아들여 산 채로 불태우고 신라 공격을 감행하지 않고 자국으로 돌아갔다.

이듬해에 일본에서 같은 사신이 신라에 찾아와 왕의 환대를 받았다. 석우로의 미망인은 남편의 원수를 갚아주기로 했다. 그녀는 사신을 대접하는 부엌에서 일할 수 있는 허락을 받아냈고 음식에 독을 타서 뜻을 이루었다.

이로써 두 나라 사이의 우호 관계를 지속할 수 있으리라는 희망은 물거품이 되었다. 이 사건을 시작으로 1868년에 이르기까지 가끔씩 화해의 분위기가 형성되긴 했어도 대체로 일본과 한국 사이에는 해묵은 적대감이 쌓였다. 하지만 사신이 죽은 즉시 일본의 공격이 시작된 것은 아니었다.

3세기가 끝나다　3세기 후반에 한반도에는 특별히 주목할 만한 사건은 일어나지 않았다. 백제는 산발적으로 제도를 재정비하는 데 노력을 기울인 듯하다. 백제가 국가기관을 재정비하며 뇌물 수수 행위에 무기징역 같은 중형을 선고했다는 기록이 남아 있다. 그리고 표면적으로나마 다시 신라와 우호 관계를 맺었다.

고구려에서는 후궁 하나가 봉상왕烽上王에게 왕비가 자기를 물에 빠트려 죽이려고 했다고 모함했다. 그러나 왕은 후궁의 간계를 꿰뚫어보고 그녀의 모함처럼 그녀를 물에 빠트려 죽이라는 명령을 내렸다. 그리고 선비족이 고구려를 침략하여 선왕의 묘를 능멸한 일도 일어났다.

한편 신라는 숙신의 공격을 받았지만 왕의 동생이 굳건히 저항해서 영토를 보전할 수 있었다. 전해지는 이야기로는 신라가 오랑캐 무리의 공격을 받아 궁지에 몰렸을 때, 어디선가 기이한 전사들이 나타나 그 오랑캐 무리를 무찌르고 홀연히 사라졌다고 한다. 기이한 전사들의 귀 모양이 대나무 잎사귀 같았다고 한다. 이튿날 선왕의 무덤에 대나무 잎사귀가 뒤덮인 걸 보고 죽은 아비가 하늘의 전사를 보내서 아들을 돕게 한 것이라고 했다.

소금장수 을불이 고구려 왕이 된 사연　4세기 초에는 신라 15대 왕 기림왕基臨王이 신라 영토를 확장했다. 기림왕은 북쪽으로 지금의 춘천 근처인 우두주까지 영토를 넓혔다. 또 지금의 안변 땅에 있던 비열홀比列忽이라는 작은 왕국을 찾아가 선물을 안기고 농업을 장려하며 너그럽게 베풀었다.

반면에 고구려 왕은 전혀 달랐다. 고구려 왕은 훨씬 냉정한 인물이었다. 남녀노소 할 것 없이 열다섯 살만 넘으면 모두 대궐을 짓는 데서 부역하라는 명령을 내렸다. 근간에 격동의 시대를 지나온 고구려 백성들은 부역에 참가할 마음이 없었다. 명망 있는 관리였던 창조리倉助利는 왕을 설득해보았지만 왕이 고집을 꺾지 않자 자객을 보내 사태를 해결했다.

뒤를 이어 왕이 된 을불乙弗은 여기저기 떠돌다가 왕이 된 인물이었다. 왕의 사촌이라 목숨을 부지하기 위해 숨어 지내야 했던 것이다. 을불은 먼저 신라 어느 마을의 음모라는 사람의 집에서 머슴살이를 했다. 낮에는 산에 올라가 나무를 베고 밤에는 벽돌을 굽거나 주인이 자는 동안 개구리를 쫓아 시끄럽지 않게 해야 했다.

고단한 머슴살이에 지친 을불은 소금장수가 됐다가 누명을 쓰고 관아에 끌려가 죽기 직전까지 매를 맞았다. 왕이 죽자 창조리와 다른 관리 몇은 수소문한 끝에 을불을 찾아내어 평양에서 110리 떨어진 '비류강가'로 데려가 오맥남이라는 사람의 집에 숨겨두었다.

창조리는 거사를 일으킬 만반의 준비를 갖추고 대규모 사냥대회를 열었다. 왕을 폐위시키는 모의에 가담할 사람은 참가한다는 표시로 모자에 풀 한 묶음을 달기로 했다. 봉상왕은 역모의 무리에 붙잡혀 옥에 갇히자 스스로 목숨을 끊었다. 왕의 아들들 역시 스스로 목숨을 끊자 을불이 바늘방석과 진배없는 왕좌에 앉았다.

한편 4세기 초엽은 한국과 일본 사이에 간혹 있었던 화평의 시대였다. 당시 일본이 신라 왕에게 신라 귀족 집안 규수를 왕비로 삼겠다고 요구한 일이 있었다. 신라 왕은 일본의 요구를 받아들여 최고 관리의 딸인 아손급리를 보냈다.

극으로 치닫는 삼국의 경쟁

모습을 드러낸 전연 요동에서 전연前燕 세력이 일어났음을 보여주는 사건을 살펴보고자 한다. 전연은 고구려 역사와 밀접한 연관을 맺기 때문에 구체적으로 살펴볼 필요가 있다. 전연 부족은 오랜 세월 동안 북방에 살다가 320년부터 모습을 드러내기 시작했다. 전연은 중국 진晉나라의 속국이었다. 전연 부족장은 모용慕容씨였다. 320년에 모용외가 부족장이 되었다. 모용외는 진나라를 정복하여 새로운 왕국을 세우겠다는 야심찬 계획을 세웠다.

진나라 황제는 곧바로 최비 장군을 보내 조기에 모용외가 일으킨 반란을 진압하려 했다. 진나라는 고구려와 더불어 선비의 단부와 우문부까지 끌어들여 모용외의 반란을 진압하기 위한 원군을 보내라고 요구했다. 세 나라 모두 진의 요구를 받아들였다. 그런데 얼마 후 모용외가 극성에 갇혀 완강히 버티다 항복하려던 찰나에 상황이 급변했다. 다행히 세 나라 사이의 연합이 깨지고 포위 공격도 중단되었던 것이다.

고대에는 항복하기 전에 먼저 적에게 음식을 선물로 보내 항복을 제의하는 것이 관례였다. 모용외는 관례에 따라 음식을 보냈지만 어쩐 일인지 우문부 진영에만 음식이 가고, 나머지 두 나라 진영에는 음식이 전달되지 않았다. 그 사실을 알아낸 고구려는 모용외가 우문부를 포섭

했다고 생각하고 몹시 불쾌해 하며 고구려로 돌아갔다. 진나라 역시 선비족끼리 결집할까 봐 두려워하며 한발 물러났다.

우문부 부족장은 같은 편을 배반했다고 의심받는 것을 몹시 불쾌하게 여기며, 맹세코 자기네 혼자 힘으로 모용외를 처단하겠다고 큰소리쳤다. 그러나 우문부의 맹세는 수포로 돌아갔다. 모용외가 전 병력을 동원하여 우문부를 집중 공략하여 격퇴시켰던 것이다. 이 일을 계기로 전연이 일어나기 시작했다. 최비 장군은 황제의 노여움을 살까 두려운 나머지 고구려로 도망쳤다. 이로써 적어도 한동안은 사태가 진정됐다.

고국원왕, 전연에 항복하다　전연은 당장이라도 고구려를 치고싶었지만 장차 상황이 어떻게 전개될지 몰라 자국의 입지를 다지는 데전력을 다했다. 그 후 10년 동안 특기할 만한 사건은 없었다. 331년에는 고구려 미천왕이 죽고 아들 쇠釗가 왕위에 올라 적극적인 방어 정책을 채택했다. 고국원왕故國原王 쇠는 평양성을 증축하고 북쪽에 탄탄한 성을 새로 쌓았다. 성을 쌓은 뒤에는 진나라와의 우호 관계를 강화하는데 힘썼다. 이런 고구려의 움직임은 나날이 강대해지던 전연의 눈에 띄지 않을 수 없었다.

모용외의 뒤를 이은 모용황은 급히 군대를 파견하여 고구려가 새로축조한 성을 빼앗았다. 고국원왕은 요동으로 끌려가 연나라에 충성을 맹세하라는 강요를 받았다. 2년 후 고구려의 도읍이 지금의 의주 근처인 완도로 옮겨졌다. 고구려의 도읍을 가까이 두어 향후에 귀찮은 문제가 생기지 않도록 미연에 방지하려던 연나라의 명령에 따른 조치였다.

모용황은 그 길로 당장 진나라로 쳐들어가고 싶었다. 그러나 모용한이 나서서 먼저 고구려와 우문부를 무장해제시켜 후방의 적을 없앤 다음에 진나라로 진격하라고 조언했다. 연나라는 북쪽과 서쪽에서 고구려를 공격하기로 결정했다. 고구려가 북쪽을 전선으로 예상할 것에 대비해 서쪽을 주요 공격로로 선택했다. 고국원왕은 아우 무에게 정예군 5만을 이끌고 북쪽으로 가서 적을 막으라고 명하고, 그 사이 그는 훈련을 제대로 받지 않은 소규모 병력을 이끌고 서쪽을 지켰다.

결과적으로 순식간에 도읍이 연나라의 수중에 들어갔고 왕은 피난길에 올랐다. 연나라는 북쪽 전선의 고구려군이 승리를 거두고 언제 돌아올지 몰랐기 때문에 도망치는 왕을 끝까지 추격하지 못했다. 연나라는 향후에 고구려 왕이 제멋대로 행동하지 못하도록 왕궁을 불태우고 보물을 약탈해갔으며, 선왕의 무덤을 파헤쳐 시신을 꺼내 왕비와 왕비의 어머니를 끌고 연나라 수도로 돌아갔다.

인질을 끌고 가자 고구려 왕은 연나라에 머리를 조아려 사과하고 무조건 항복을 선언했다. 그 결과 선왕의 시신과 왕비는 돌아왔지만 장모는 아직 인질로 잡혀 있었다. 같은 해에 고구려는 도읍을 다시 평양성으로 옮겼다. 몇 년 후 왕자를 볼모로 보내고 대신 장모를 데려왔다.

신라를 공격한 일본　344년에는 신라와 일본 사이에 새로운 갈등이 생겼다. 신라 귀족 집안 여인을 왕비로 맞이해오던 일본은 대담하게도 신라의 공주를 왕비로 달라고 요구하기 시작했던 것이다. 신라는 단호하게 거절했고 그 결과 전쟁이 일어났다. 일본군은 신라의 해안을 공격하고 해안선을 따라 풍도라는 섬으로 들어간 후 쉬지 않고 진격하여 마침내 도성 앞에 당도했다. 성문이 굳게 닫혀 있어 포위 공격을 감행했다. 그러나 얼마 지나지 않아 군량이 바닥이 나서 일본으로 돌아가려 했다. 그러자 신라군이 무리를 지어 추격하여 일본군 배후를 공격하는 바람에 왜군은 뒤도 안 돌아보고 도망쳐버렸다.

몇 년 후에도 일본이 비슷한 방식으로 공격해왔는데, 이번에는 신라가 꾀를 냈다. 병사 모양의 허수아비를 만들어 일본의 공격을 막아내는 작전이었다. 신라의 지략에 속아 넘어간 일본은 신라가 강대한 나라로 발전했다고 판단하고 그 후로는 두 번 다시 신라를 공격하지 않았다.

백제가 고구려를 물리치다   고구려는 북방의 이웃 연나라로부터 혹독한 공격을 당한 탓에 한동안은 북방을 정벌하려는 계획을 접어야 했다. 대신 남쪽의 이웃 나라 백제로 눈을 돌렸다. 백제는 작지만 만만하지 않은 나라였다. 369년경에 고구려는 당시 한반도 남쪽에 위치한 백제의 도읍에서 멀지 않은 치양이라는 곳에 성을 쌓았다. 백제는 이곳에 보병과 기병 2만으로 이루어진 대군을 보냈다.

고구려군은 백제를 체계적으로 약탈하기 시작했다. 백제군은 태자의 지휘를 받아 치성을 급습하여 승리를 거두어 고구려군을 무찔렀다. 전장에는 고구려 병사 5천 명의 시체가 나뒹굴었다. 백제는 이 전쟁에서 승리를 거둔 후에 한강 남쪽 강둑에 사람 가슴 높이의 장성을 쌓아 호전적인 고구려의 공격에 대비했다. 그리고 고구려의 약점을 알아챈 백제는 고구려에 대한 보복 공격을 감행했다.

백제는 병사 3만을 이끌고 적진 깊숙이 파고 들어갔다. 평양성 앞에 당도했을 때까지 아무런 저항을 받지 않았다. 백제군은 평양성으로 진입하여 고구려 왕에게 화살을 쏘아 치명적인 부상을 입혔다. 그러나 평양성 함락에는 실패한 채 퇴각했다.

한강 이북으로 도읍을 옮긴 백제   백제 왕은 백제가 나날이 강성해지는 데 의기양양해진 나머지 백제의 도읍을 한강 이북 고구려 영토로 옮겼다. 백제가 서울 뒤쪽 거대한 북한산성으로 도읍을 옮겼다는 주장도 있고, 지금의 서울을 가리키는 남평양으로 옮겼다는 주장도 있다. 또 서

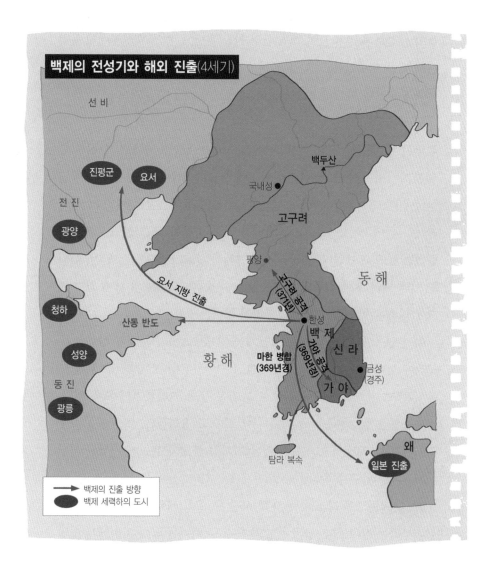

백제의 전성기와 해외 진출(4세기)

선비

진평군 　요서

전진

광양

청하

성양

동진

광릉

산동 반도

황해

요서 지방 진출

백두산

국내성 ●

고구려

평양 ●

고구려 공격
(371년)

한성 ●
백 제

백제 공격
(369년경)

마한 병합
(369년경)

가 야

동 해

신 라

금성
(경주)

왜

일본 진출

탐라 복속

→ 백제의 진출 방향
● 백제 세력하의 도시

울의 동대문에서 조금 떨어진 지역으로 옮겼다는 주장도 있다.

이처럼 백제가 대외적으로 큰 성공을 거두었는 데도 백성들은 아직 만족하지 않은 듯했다. 군역 때문에 부담스러웠을지도 모르고, 당장은 기대 이상의 성공을 거두었지만 머지않아 고구려군에게 보복당할 것이라고 생각했을지도 모른다. 원인이 무엇이든 1천 명이 넘는 백제 백성들이 신라로 도망쳐 들어갔다. 신라 왕은 피난 온 백제 백성들에게 읍락 여섯 개를 내주었다. 유민을 돌려보내라는 백제의 요구에는 백제의 폭정에 시달리다 피난 온 사람들을 신라에서 쫓아낼 수 없다고 답변했다.

고구려의 불교 도입　372년은 고구려와 한반도 전체 역사에서 중요한 사건이 일어난 해이다. 한반도에 불교가 도입된 것이다. 이전에도 삼국에 불교에 관한 지식이 널리 퍼져 있었던 것은 사실이지만, 정식 승려가 들어오지는 않았고 명확하지 않은 소문이 도는 정도에 지나지 않았던 것으로 보인다. 고구려가 요청해서 불교가 들어온 것인지, 아니면 여러 나라가 난립해 있던 북중국의 한 소국 전진前秦의 왕 부견의 권고에 의해 들어온 것인지는 명확하지 않다.

어떤 연유에서든지 간에 372년에 승려 순도順道가 불상과 경문을 고구려에 들여왔다. 이 일로 고구려의 소수림왕小獸林王은 진심으로 감사를 표했고 왕자와 태자에게 새로 들어온 불교 교리를 배우도록 했다. 소수림왕은 불교를 받아들인 동시에 유교도 장려했다. 이듬해에 고구려가 법률을 제정하고 적용한 것은 이처럼 불교와 유교가 정립된 바탕에서 시작되었던 듯하다.

375년에는 고구려 도읍에 대형 사찰 두 곳이 세워졌다. 초문사와 이불란사라는 절이었다. 한국 불교의 특징 중 하나는 국가 차원에서 도입됐다는 점이다. 불교 교리를 전파하기 위한 목적으로 사절이 들어온 것도 아니고 백성들이 요구한 것도 아니었다. 왕과 국가 차원에서 불교라는 새로운 종교를 적극적으로 도입했던 것이다. 말하자면 종교라기보다는 사회적 사건에 가까웠다. 한국 백성들은 마음속 깊이 불교 정신을 받아들인 적이 없었고, 불교계의 저명한 인사들도 신비주의적 성격이 짙은 불교의 제식과 제의 도구를 제대로 이해하지 못했다.

백제의 불교 도입 백제도 이어서 강대국 고구려의 선례를 따라 불교를 도입했다. 384년에 침류왕枕流王이 왕위에 올랐다. 침류왕은 왕위에 올라 제일 먼저 마라난타摩羅難陀라는 유명한 승려를 보내 불교 의식을 가르쳐달라고 중국 동진東晉에 요청했다. 백제가 동진의 공식 지도자인 효무孝武 황제에게 이렇게 요청한 사이, 고구려는 무너져가는 제국의 변방에 걸려 있던 군소국뿐 아니라 동진의 중앙정부와 모두 관계를 맺어놓고 제국이 무너질 날만을 참을성 있게 기다렸다.

동진의 여러 군소국과 중앙정부는 모두 유망한 동맹국을 끌어들이는 데 혈안이 돼 있었으며, 백제로서도 중국 측 요구를 거절하기 어려웠다. 그리하여 이름부터 남방인의 느낌이 물씬 풍기며 결코 중국인일 리가 없는 마라난타가 백제의 도읍에 들어왔다. 백제는 두 팔 벌려 환영했다. 왕궁 안에 거처를 마련해주었고 불교 사찰도 세워주었다. 마라난타의 뒤를 이어 승려 십여 명이 더 들어왔다. 이로써 백제는 삼국 중에서 두 번째로 불교를 공식 종교로 받아들였다. 이들 승려에게는 존경의 뜻으로 도승度僧이라는 영예로운 호칭이 주어졌다. 한편 신라는 50여 년 뒤에 불교를 받아들였다.

다시 고구려를 물리친 백제 고구려와 백제가 접한 국경에는 분쟁이 끊이지 않았다. 열세에 몰린 백제는 386년에 청목령에서 시작해서 북쪽으로는 팔곤성까지, 서쪽으로는 서해에 이르기까지 국경을 따라 장성을 쌓았다.

우연한 사고로 인해 특별 사면이 이루어진 예가 있었다. 어느 날 백제 왕실의 마부가 잘못해서 왕자가 소유한 말의 다리를 부러뜨린 뒤 처벌을 면하려고 고구려로 도망쳤다. 그 뒤에 다시 백제로 돌아온 마부는 전투 중에 붉은 깃발이 휘날리는 곳을 집중적으로 공격하면 반드시 백제가 이긴다는 정보를 왕에게 알려줌으로써 죄를 용서받았다.

마부의 말은 사실로 드러났고 백제는 다시 한 번 고구려를 물리쳤다. 그리고 백제가 얻은 승리의 대가는 두 나라 사이의 적대 행위를 종식시키고, 수곡성에 비석을 세워 후세에 백제의 승리를 알린 정도에 지나지 않았다.

정복왕 광개토대왕 그러나 391년에 고구려 고국양왕이 죽고 왕위에 오른 아들 담덕談德(광개토대왕廣開土大王)은 두 나라 사이의 기존 관계를 뒤엎고 다시 분쟁을 일으켰다. 광개토대왕은 백제를 맹렬히 공격하여 10주를 빼앗았다.

그러고는 북쪽으로 방향을 돌려 거란을 정벌했다. 거란을 정벌한 뒤에 다시 진격하여 광누성을 함락했다. 광누성은 바다로 둘러싸인 채 깎아지른 절벽 위에 자리 잡고 있어 접근하기 어려운 천혜의 요새였지만, 막강한 고구려 병사가 20일 동안 포위 공격을 감행한 끝에 성으로 들어가는 길 7개를 찾아서 성안에 진입할 수 있었다. 결국에는 여러 길로 동시에 진입하여 성을 함락했다. 백제 왕실은 천혜의 요새가 고구려에 넘어갔다는 소식을 듣고 맞서 싸울 의지를 잃고 도성의 빗장을 걸어 잠그고 앞으로 닥칠 일을 기다릴 뿐이었다.

광개토대왕은 아버지만큼 독실한 불교도였다. 그리하여 고구려의 모든 백성에게 불교를 받아들이도록 강요하는 법령을 포고했고, 몇 년 후에는 평양에 사찰 아홉 곳을 세웠다.

위기에 처한 백제, 일본에 태자를 보내다 397년 백제의 아신왕阿莘王은 태자 전지를 일본에 사신으로 보냈다. 어쩌면 고구려를 막아내기 위한 도움을 구할 마지막 방법이었을지 모른다. 전지는 사신의

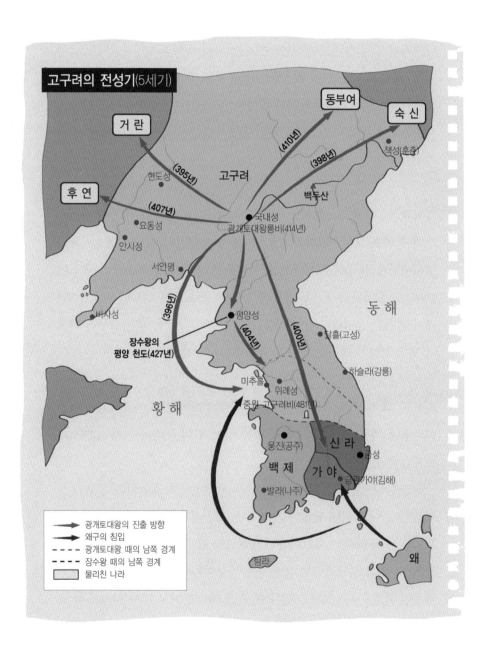

신분일 수도 있지만, 볼모로 잡혀 갔을 수도 있고 일본에 대한 신의를 저버리지 않는다는 표시로 갔을 가능성도 높다.

그러나 결국 일본군이 나타나지 않았으니 백제의 희망은 산산조각이 났던 셈이다. 아신왕은 백제를 지키기 위한 방편으로 대규모 궁술학교를 세웠지만 백성들은 기쁘게 받아들이지 않았다. 백성들에게 반드시 궁술학교에 들어가 훈련받도록 명령했기 때문에 도망치는 백성이 부지기수였다.

연 나 라 의 고 구 려 침 공　399년에 고구려는 연나라 수도에 사신을 보내 신의를 보여주었지만, 연나라 왕은 고구려의 야욕을 꿰뚫어보고 병사 3만을 보내 신성과 남소성을 함락했다. 그 결과 고구려 국경이 700리로 줄어들었다. 5천 호의 백성을 포로로 끌고 갔으니 약 2만 5천 명이 넘어간 셈이었다. 이 수치대로라면 700리 안에 살던 고구려 백성이 모두 끌려가 연나라 백성이 되었다고 추정할 수밖에 없다.

5 세 기 초 의 한 반 도　5세기가 되자 한반도에 일대 파란이 일어나기 시작했다. 힘의 우열을 가리기 힘든 삼국 간의 긴장이 극에 달했으며 주도권 경쟁이 치열했다.

402년에는 신라의 17대 왕 내물왕奈勿王이 죽고 내물왕의 동생인 실성왕實聖王이 왕위에 올랐다. 실성왕은 고구려와 일본 양쪽으로 첩자를 보냈다. 고구려에는 사신이라는 명목으로 볼모를 보냈고, 일본에도 인질을 보냈다. 고구려에는 내물왕의 아들이자 19대 왕 눌지왕訥祇王의 아우인 복호卜好를 보냈고, 일본에도 눌지왕의 아우 미사흔未斯欣을 보냈다. 이로써 신라가 여전히 왜구의 침략에 시달리고 있었음을 알 수 있다.

백제의 설례가 왕위를 찬탈하다 백제는 진작부터 태자 전지를 일본에 사신으로 보내놓았다. 그런데 405년에 아신왕이 죽었다. 전지가 왕위 계승자였지만 일본에 머무르고 있었기 때문에 둘째 아들이 왕위에 올라야 했다.

그런데 막내 아들 설례가 형을 죽이고 왕권을 잡았다. 아버지가 죽었다는 소식을 들은 전지는 일본인 100명을 대동하고 백제로 돌아오는 길에 동생이 살해당한 사실을 알고는 자기를 끌어내리려는 역모의 위험을 느껴 해안에서 떨어진 어느 섬에 머물고 있었다. 그 사이 의로운 신하들이 설례를 축출하고 전지를 불러들여 왕위에 앉혔다.

고구려와 백제, 중국 황제의 옥새를 받다 413년에 고구려에는 거련巨連, 巨璉(장수왕)이 새로 왕위에 올랐다. 중국과 고구려는 연나라를 가운데 두고 일정한 거리를 유지하면서 두 나라 모두 연나라를 경계하는 처지라는 공감대를 형성했다. 따라서 새로 왕이 된 장수왕은 자세를 낮추어 중국 황제의 임명을 받으려 했고, 황제 역시 고구려 왕에게 기꺼이 관직을 내려준 일은 놀랄 일이 아니었다. 고구려는 공식적인 절차를 통해 중국에 충성을 맹세했다.

이때부터 두 나라 사이에 간혹 전쟁이 일어난 시기를 제외하고는 고구려 왕이 왕위에 오르면 중국 황제로부터 옥새를 받았다. 그로부터 2년 후 황제는 백제 왕에게도 같은 지위를 내려주었다. 황제에게 봉토를 받은 나라끼리는 평화를 유지하게 하는 것이 중국의 오랜 정책이었다. 다만 어느 한쪽에서 상호 간의 조약을 깨면 전쟁이 일어났다.

황소 수레를 도입한 마립간 눌지왕 417년에 신라에서는 눌지왕이 왕위에 올라 이후 반세기 동안 신라를 다스렸다. 눌지왕은 선왕을 살해했던 인물이다. 눌지왕은 선왕에게 가혹한 대접을 받다가 간신히 목숨을 건진 일도 여러 번 있었다. 비난받아 마땅하지만 눌지왕이 과거에 당한 일을 갚아줄 기회가 오자 복수를 감행한 사실은 이해할 만한 일이다.

눌지왕은 수백 년 동안 신라 통치자의 호칭이던 '이사금'이라는 호칭을 버리고 '마립간'이라는 새로운 호칭을 썼다. 그러나 마립간이라는 새 호칭만큼 눌지왕의 권력이 막강했는지는 확실치 않다. 눌지왕의 치세에 가장 중요한 업적은 황소가 끄는 수레를 도입한 일이었다.

박제상, 볼모로 가 있던 신라 왕자를 구출하다　한편 신라에는 흥미로운 사건이 일어났다. 눌지왕은 실성왕 때 고구려와 일본에 볼모로 보낸 두 동생이 다치지 않을까 싶은 마음에 동생들을 다시 불러들일 방법을 찾고 있었다. 결코 쉬운 일은 아니었을 것이다. 두 동생을 급히 불러들이면 쉽게 저항할지 모른다는 오해를 불러일으킬 수 있었기 때문이다. 그때 박제상朴堤上이라는 신하가 목숨을 잃을 각오까지 하면서 이런 복잡 미묘한 중대사를 떠맡겠다고 자청했다.

박제상은 먼저 고구려에 가서 뛰어난 외교술을 발휘하여 복호를 데려왔다. 반면 일본에 가는 일은 사정이 달랐지만 박제상은 이번에도 자원했다. 그는 일본으로 떠나기 전에 왕에게 이렇게 말했다.

"목숨을 잃는 한이 있더라도 왕자를 모셔오겠습니다. 다만 떠나기 전에 소신의 가족을 옥에 가둬주시길 청합니다. 그렇지 않으면 이 일을 성공할 수 없습니다."

왕이 이런 유별난 요청을 받아주자 박제상은 관복도 갈아입지 않은 채 도망치듯 달려서 율포에 이르렀다. 아내마저도 만나지 않으려 하며 '죽을 각오'를 다짐했다. 아내를 보면 왕에게 충성을 다하려던 마음이 흔들릴까 봐 두려웠던 것이다.

박제상은 정치 망명자 행세를 하며 일본으로 들어갔다. 왜왕은 그를 믿어주지 않다가 박제상의 가족이 옥에 갇혀 있다는 소식을 듣게 되었다. 그 후로는 박제상의 말을 믿고 망명자로 받아주었다. 박제상은 일본 병사를 이끌고 신라를 공격하고 싶은 것처럼 행세했다. 그가 구하려던 왕자 미사흔은 박제상의 은밀한 계획을 알고 적극 협조했다.

왜왕은 박제상과 미사흔에게 신라를 정벌하도록 군대를 내주었다. 정벌군이 어느 섬에 도착한 뒤 박제상은 밤을 틈타 미사흔을 작은 배에 실어 보내고, 자신은 왜군의 추격을 지연시키기 위해 뒤에 남기로 했다. 미사흔이 함께 가자고 눈물로 호소했지만 박제상은 같이 떠나면 무사히 탈출할 수 없다며 극구 사양했다.

아침이 되자 박제상은 늦잠을 자는 척했다. 오후 늦게 미사흔이 탈출한 것이 발각되었다. 왜군은 자기네가 속은 걸 깨닫고 격렬하게 분노했다. 그들은 박제상을 포박한 채 미사흔을 뒤쫓았다. 그러나 바다에 짙은 안개가 내려앉은 탓에 쫓아가기 힘들었다. 그러자 박제상을 고문하기 시작했다. 박제상은 자신은 계림(당시 신라의 국명)의 충직한 백성이며, 계림의 돼지가 될지언정 왜국의 백성이 될 수 없고, 계림에서 매를 맞을지언정 왜국에서 벼슬을 받을 수 없다고 말했다.

이처럼 왜국을 조롱한 탓에 계속 고문을 당해야 했다. 왜군은 목도라는 섬에서 박제상을 산 채로 불에 태웠다. 신라 왕은 박제상의 용감한 공적을 전해 듣고 그의 죽음을 애도하면서 관직을 하사했고, 미사흔은 박제상의 딸을 아내로 맞았다. 충신 박제상의 아내는 멀리 일본 섬이 바라다 보이는 치술령이라는 고개에 올라갔다. 그곳에서 슬픔에 잠긴 채 지내다가 죽음을 맞이했다.

북연 황제의 고구려 망명　고구려는 진나라와 화친을 맺은 사이였는데, 419년에 진나라가 멸망한 뒤 435년에는 북위北魏 왕조에 접근하여 충성을 맹세했다. 한편 백제는 420년에 건국된 송나라에 찾아가 충성을 맹세했다.

436년에 북연北燕 황제 풍홍馮弘은 세력이 약해져서 더 이상 중국의 압력에 버틸 수 없다고 판단하고 고구려에 망명을 요청했다. 고구려는 풍홍의 요청을 수락하고 호위대를 보내 고구려 도읍으로 데려왔다.

그러나 풍홍은 고구려에서 살면서 여러 가지 문제에 부딪혔다. 무엇보다도 고구려 왕이 자기를 '황제'가 아닌 '왕'이라 부르는 게 싫었다. 풍홍에게는 위신을 깎아내리는 처사가 아닐 수 없었던 것이다. 더군다나 고구려에서 후한 대접을 받긴 했으나 수행원과 수입을 줄여야 했기 때문에 고구려가 오만방자하다고 생각했다. 북연 황제 풍홍은 북평에 머무르다가 송나라에 망명을 요청했다. 송나라는 망명 요청을 받아들이고 호위병 7천 명을 보냈다. 그러나 송나라 호위병이 도착하기 전에 고구려 왕은 손수와 고구라는 장수를 파견하여 북연 왕과 수행원을 죽이라고 명했다. 때마침 도착한 송나라 군대는 북연 왕 일파가 죽었다는 사실을 알고 손수와 고구를 잡아서 처형했다.

삼국의 충돌　449년에는 고구려의 어느 장수가 사냥 대회에 나갔다가 지금의 강릉시 근처 신라 영토로 들어간 일이 있었다. 애국심이 넘치던 그 지역의 신라 백성이 그 장수를 붙잡아 처형했다. 고구려는 신라에 급히 사신을 파견하여 어쩌다 이런 극악무도한 일이 벌어졌는지 조사했다. 신라가 진심을 다해 사죄하지 않았다면 두 나라 사이에 전쟁이 일어났을 것이다. 신라는 언제라도 일어날지 모르는 전쟁을 막기 위해 치욕을 감내했던 것이다.

455년에 백제에서 여경餘慶(개로왕蓋鹵王)이 왕위에 오른 뒤 정국이 혼란해지자 이 틈을 타서 고구려는 백제를 공격했다. 항상 평화 정책을 고수하던 신라도 부득이하게 전쟁에 휘말렸고, 어느 정도 군사력을 확보한 뒤에는 백제의 편에 섰다. 신라는 대규모 병력을 파견하여 백제군을 지원하면서도 한편으로는 곤란한 처지에서 빠져나오고 싶었기 때문에, 오랜 숙적 백제를 돕는 일을 그다지 달가워하지 않았다.

두 나라의 동맹 관계는 평화를 되찾는 데 도움이 되지 않았을 뿐 아니라, 변덕스런 백제의 태도 때문에 평화가 정착될 가능성이 줄어들었다. 5세기 중엽에는 삼국의 화친 관계가 모두 깨졌다. 대대적인 무력 충돌이 일어난 것은 아니었지만 크고 작은 전투가 심심치 않게 벌어졌다. 이른바 삼국 전쟁이 일어났다고 할 수 있다.

고구려, 북위의 정략결혼 제의를 거부하다　고구려는 송나라와 화친 관계를 돈독히 해왔고, 백제는 북위와 좋은 관계를 유지해왔다. 백제가 지리적으로 가깝고 국력이 더 강한 북위를 선택한 것은 현명한 판단이었다. 466년에는 고구려가 북위 황제의 비호 아래 한반도를 차지할 수 있는 절호의 기회를 놓치는 사건이 일어났다.

헌문제獻文帝가 고구려와의 화평을 돈돈히 하기 위해 고구려 왕의 딸을 아내로 달라고 요구했다. 고구려 왕은 딸이 죽었다는 어설픈 핑계를 대며 북위의 요청을 묵살했다. 이해할 수 없는 근시안적인 결정이었다. 곧 고구려가 거짓 핑계를 댔다는 사실이 드러나고, 고구려는 소중한 우방을 잃고 말았다.

신라, 최초로 전함을 만들다　467년에는 한반도에 획기적인 발명이 있었다. 신라가 먼저 전함을 만들기 시작했던 것이다. 당시 전함을 만든 이유는 두말할 것도 없이 왜구를 격퇴하기 위해서였다. 신라는 전쟁을 치르면서 강력해진 모습을 보여주었다. 그해 말갈 일부 세력을 동원하여 공격해온 고구려를 격퇴했던 것이다. 신라는 고구려를 격퇴시킨 후 북쪽 국경 지역인 보은에 성을 쌓아 향후 고구려의 침공을 대비했다.

고구려, 북위를 건드리다　고구려와 백제는 각자의 중국 측 동맹국을 이용하려고 사력을 다하고 있었다. 고구려는 송나라에 푸짐한 선물을 존경의 뜻을 담아 보내서 결국 송나라의 신임을 얻어냈다. 반면에 백제는 북위 황제에게 고구려가 송나라와 말갈에 아부한다면서, 그렇게 되면 백제를 지지하는 북위에 불리한 상황이라는 점을 넌지시 알려주었다.

그래도 북위가 별다른 태도 변화를 보이지 않자 백제는 북위 황제에게 군대를 파견하여 고구려를 정벌해달라고 공공연하게 요청했다. 북위 황제는 고구려가 북위에 명백한 군사행동을 취하지 않고 화평 관계를 유지하는 한 고구려에 각별한 관심을 두지 않겠다는 답변을 보냈다. 한마디로 북위는 고구려를 침략할 생각이 없다는 뜻이었다. 백제로서는 답답한 노릇이었다. 북위는 이 답변을 전하는 사자를 고구려 영토를 통해 보내면서 고구려 왕에게 사자를 안전하게 통과시켜달라고 요구했다. 그러나 고구려는 멸망을 앞당기기라도 하려는 듯 북위 사자를 통과시키지 않아 스스로 파멸의 길에 한 발짝 다가섰다.

고구려의 무례한 언동을 전해들은 북위 황제는 크게 화를 내면서 남쪽 바닷길로 사자를 보내려 했지만 험악한 날씨 때문에 보내지 못했다. 백제로서는 자기네 요청에 대한 답변을 듣지 못하자 몹시 불쾌하게 여기며 한동안 북위와 관계를 돈독히 하려는 노력을 기울이지 않았다.

고구려 승려 도림의 술책에 백제가 능멸당하다 이때 고구려는 백제를 통째로 손에 넣기 위해 무리한 공격을 감행하기로 했다. 책략을 쓰기도 하고 무력으로 밀어붙이기도 해서 공격할 계획이었다. 술책에 능한 고구려 승려 도림道琳은 백제에 망명을 요청하는 것처럼 꾸며서 백제의 도읍으로 들어갔다.

백제의 개로왕은 도림을 반갑게 맞이하며 그가 뛰어난 전략가라는 사실을 알고 책사로 중용하여 신뢰를 아끼지 않았다. 도림은 왕에게 왕궁, 성벽, 무덤, 공공건물을 전면 보수하고 욱리에 있던 거대한 비석을 도읍으로 옮겨오도록 조언하여 국고를 탕진하도록 유도했다. 도림은 백제의 국고가 바닥난 뒤에 고구려로 도망쳐 왕에게 백제의 국고가 바닥났으니 백제를 치기에 절호의 기회라고 알렸다.

백제에서 죄를 짓고 고구려로 도망쳐온 망명자 걸루桀婁가 대규모 고구려군을 이끌고 전장에 나섰다. 백제는 미처 깨닫기도 전에 고구려에 완전 포위되고 말았다. 백제는 신라에 도움을 요청했지만 때는 이미 늦었다. 먼저 도읍 부근이 잿더미로 변했고, 다음으로 도읍이 함락됐으며, 결국엔 왕궁까지 불에 탔다. 왕은 수행원 열 명을 데리고 서대문을 통해 도망쳤지만 걸루가 뒤를 추격하여 왕을 붙잡았다. 왕은 무릎을 꿇고 살려달라고 빌었지만 걸루는 왕의 얼굴에 세 번이나 침을 뱉은 뒤 포박하여 아차산성에 보내 죽게 했다. 고구려군은 남녀 포로 8천 명을 데리고 고구려로 돌아갔다.

백제 문주왕, 웅진성(공산성)으로 도읍을 옮기다 한편 개로왕의 아들(문주왕)은 신라의 지원을 받아 병사 1만 명을 이끌고 서둘러 백제로 돌아갔다. 왕자는 도읍이 잿더미로 변했고, 아버지는 죽고 가족을 잃은 백성들이 슬픔에 빠진 광경을 목격했다. 왕자는 곧 국사를 떠맡아 지금의 공주인 웅진성으로 도읍을 옮기며 백성들을 모두 이끌고 한양 (서울)을 빠져나와 한강을 건넜다.

그리하여 한강 이북의 영토를 포기하고 원래 주인이던 고구려에 넘겨주었다. 이듬해에는 고구려 영토를 지나 송나라 황제에게 전갈을 보내려 했지만 도중에 누군가에게 빼앗겨 전갈이 전달되지 않은 사건이 있었다.

삼국의 발전

제주도와 탐라의 기원 전설에
따르면 역사가 시작될 무렵 제주도가
아직 울창한 삼림으로 뒤덮여 있던
시절에, 땅의 갈라진 틈에서 신인神人 셋이 나타났다고 한다. 지금도 제
주도 사람들은 고을나高乙那, 양을나良乙那, 부을나夫乙那라는 세 신인이
나타난 지점을 알고 있다. 세 신인이 바닷가에 서 있을 때 남동쪽에서
커다란 상자 세 개가 떠내려왔다. 상자를 건져 열어보니 송아지, 망아
지, 개, 돼지, 여자가 하나씩 들어 있고, 콩, 밀, 보리, 기장, 쌀 등 갖가
지 씨앗이 들어 있었다. 이렇게 세 집안이 일어나서 자손이 번성하여
제주도에 퍼져 살기 시작했다.

신라 초반에 대궐의 어느 점술가는 남쪽 하늘에 '친구의 별'이 떴다
면서 곧 귀인이 나타날 징조라고 일러줬다. 그로부터 얼마 후 제주도에
서 세 사람이 배를 타고 와 지금의 강진인 탐진 항구에 정박했다. 세 사
람은 곧 신라 왕궁에 들어가 극진히 대접받았다.

세 사람 중 둘의 이름은 고후高厚와 고청高淸이며, 나머지 한 사람의
이름을 알려지지 않았다. 신라 왕은 첫 번째 손님을 '별의 왕'이란 뜻의
성주星主라고 불렀고, 두 번째 손님은 '왕의 아들'이란 뜻의 왕자王子라
불렀으며, 세 번째 손님은 '찾아온 사람'이란 뜻의 도래到來라고 불렀

다. 그리고 세 사람이 배를 타고 도착한 항구 이름에서 '탐耽'자를 따고 '왕국'이라는 뜻의 '나羅'자를 붙여서 세 사람의 나라를 '탐나耽羅'라고 불렀다. 하지만 '신라'의 두 번째 음절이 '나'였다가 음운법칙에 따라 '라'로 바뀐 것처럼 '탐나'가 아니라 '탐라'가 되었다. 현대 한국어에서 왕국을 의미하는 나라라는 말이 여기서 유래한 것이다. 그리하여 제주도의 이름이 탐라가 되었다.

그러나 믿을 만한 문헌이 없어 이 일이 일어난 연대는 물론, 어느 왕대에 일어난 일인지조차 알 길이 없다. 477년에 소국이던 탐라국이 백제 왕실에 사신과 선물을 보냈다는 기록이 있다. 탐라국을 공식으로 언급한 최초의 기록이다. 이 내용을 믿을 만한 기록으로 받아들인다면 제주도의 조상이 남쪽에서 왔다는 학설을 뒷받침한다고 볼 수 있다.

고구려와 제나라의 동맹 479년에는 68년 동안 고구려를 통치해 온 장수왕이 중국 제齊나라를 세운 고제高帝에게 공식 승인을 받으려 했다. 새로운 나라가 세워진 원년부터 승인을 받으려고 시도한 사실로 보아 고구려가 중국과의 우호 관계를 유지하기 위해 얼마나 필사적으로 노력했는지를 알 수 있다. 2년 후 백제도 제나라에 충성을 맹세했다.

신라의 역마제도와 시장 한편 신라는 국내에서 획기적인 발전을 이루며 왕조 발전의 기틀을 마련했다. 앞서 신라에 수레가 들어와 사람의 어깨에서 무거운 짐이 덜어졌다고 설명했다. 바퀴야말로 인류에게 무거운 짐을 내려놓게 한 수단이다. 이제부터 신라의 획기적인 발전상을 좀 더 살펴보겠다. 우선 말을 타고 이어 달리는 역마제도가 있다. 역마제도는 백성들의 생활에 직접 영향을 주지는 않았지만 나라의 공식 전갈을 신속히 전달해서 백성들의 안녕에 중요한 역할을 했다. 다음으로 각 지방 상인들이 정해진 기간에 모여서 물물을 교환하는 시장을 열었다. 역마제도나 시장이나 지금은 특별할 것 없는 제도이다. 나라의 중요한 소식을 발 빠르게 전하지 못하고 상품을 교환하지 못하는 상황이 벌어지기 전에는 그 중요성을 깨닫지 못한다.

고구려는 경제면에서 신라와 비슷한 수준에 이르지 못했다. 위나라 황제가 499년에 고구려 21대 왕 나운羅雲(문자왕文咨王)에게 관직을 수여해줄 때 의복과 깃발, 왕관, 수레를 주었다는 기록에서 이 사실을 엿볼 수 있다. 고구려에서는 아직 수레가 흔히 사용되지 않았다는 뜻이다.

한편 백제에서는 거듭해서 재난이 일어났다. 한번은 큰 홍수가 일어나 1천 명이나 되는 백성이 떠내려간 일도 있었다. 기근이 일어나 3천 명이 목숨을 잃기도 했다. 몇 년 뒤에는 1만 명이나 되는 백성이 배고픔을 못 이겨 신라로 도망치기도 했다.

일시적인 평화　6세기 초엽의 한반도는 비교적 평화로웠다. 전쟁도 일어나지 않고 삼국 간의 반목도 줄어들었다. 삼국은 각기 나름대로 독특한 시절을 보내고 있었다. 이 시기 백제 왕은 여흥을 위한 거대한 공간을 만들어 온갖 진기한 꽃과 동물로 가득 채웠다. 왕은 신하들의 충언을 귀담아 듣지 않았다. 몇 년 후 왕은 측근에게 암살당했다. 백제로서는 평화로운 시절이 전쟁만큼 해가 되었던 셈이다.

신라 눌지왕의 불교 도입　신라에는 눌지왕(417~458년) 치세에 불교가 도입됐다. 신라는 묵호자墨胡子라는 승려를 극진히 대접하여 왕궁에서 묵게 해주었다. 처음에는 신라에 불교가 뿌리를 내리지 못했다. 불교가 뿌리를 내리지 못한 이유를 설명해주는 재미있는 이야기가 전해온다. 502년에 왕이 평소에 좋아하던 도성 밖의 여름 별궁에 나가 1

시간 동안 유유자적하는 동안 갈가마귀 한 마리가 편지 한 장을 부리에 물고 날아왔다. 갈가마귀는 왕의 발밑에 편지를 떨어뜨리고 어디론가 날아갔다. 편지 겉면에는 이런 글귀가 적혀 있었다.

'만약 왕이 이 편지를 펼쳐 읽으면 두 사람이 죽게 된다. 편지를 펼치지 않으면 한 사람만 죽는다.'

왕은 편지를 펼쳐보지 않을 생각이었지만 옆에 있던 신하가 "여기 한 사람이란 폐하를 가리키는 말입니다. 그러니 두 사람이 목숨을 잃는다 해도 편지를 열어보셔야 합니다."라고 간청했다. 그래서 봉인을 떼고 편지를 펼치자 편지에는 이상한 말이 적혀 있었다. '왕은 믿을 만한 활을 들고 급히 왕궁에 들어가 가야금에 화살을 쏘아라.' 왕은 편지의 지시에 따라 홀로 궁으로 향해 예고 없이 왕비의 처소에 들어가 벽에 기대 서 있던 가야금에 화살을 쏘았다. 화살이 가야금을 관통하고 그 안에 숨어 있던 승려가 화살을 맞았다. 승려는 왕이 궁 밖으로 나간 사이 왕비와 부정을 저질렀던 것이다. 승려와 왕비는 목이 졸려 죽었다.

신라 지증왕, 순장을 금하다　신라는 나라의 발전을 위해 무던히 노력했음에도 불구하고 지극히 야만적인 행태가 아직 남아 있었다. 기록에 따르면 503년까지만 해도 신라에는 왕이 죽으면 사람을 산 채로 매장하는 순장의 풍습이 시행되고 있었다. 당시까지도 해도 왕이 죽으면 사내아이 다섯 명과 여자아이 다섯 명을 산 채로 매장하는 풍습이 있었다. 그러다 503년에 순장을 금지하는 법령이 공포됐다. 순장 풍습을 폐지한 일은 획기적인 사건이었다. 덕분에 신라 22대 지증왕智證王은 현군으로 이름을 남기게 된다.

삼국 시대에 소를 이용해 밭을 가는 풍습이 도입됐는데 사회에 큰 반향을 일으킬 만한 획기적인 풍습이 아닐 수 없었다.

중국 학문의 영향　6세기 초엽에 신라가 중국의 문학과 사상의 영향을 받기 시작했다는 증거가 있다. 504년에 신라는 나라의 수장을 가리키는 말로 이사금이나 마립간이라는 신라 고유어 대신에 '왕王'이라는 한자어를 차용하기 시작했다. 또 국명을 계림에서 신라로 바꾸었다. 이 책에서도 이제껏 신라라는 이름으로 설명했지만 사실 504년까지는 신라라는 이름이 쓰이지 않았다. 504년 이전에는 신라를 서라벌이니 사로니 계림이니 하는 여러 가지 이름으로 불렀다.

신라는 '신新'자와 '라羅'자가 합쳐진 한자어지만 한국어의 음운규칙에 따라 '실라'로 발음된다. 신라는 단순히 중국의 한자를 차용해 순수 한국어를 표기한 단어일 가능성이 높다. 두 번째 음절인 '라'나 '나'는 신라라는 이름이 쓰이기 수백 년 전에 한반도 남부 여러 언어에 존재했다. 탐나의 '나'도 같은 글자다.

'신라'에 왕국을 뜻하는 '국國'자가 붙어서 신라가 중국으로부터 책봉을 받던 왕국이었다는 사실을 알 수 있다. 당시 유교도 신라에 도입된 것으로 보인다. 왜냐하면 이듬해부터는 부모가 죽으면 3년 동안 애도하는 풍습이 나타났기 때문이다. 바로 이 시대부터 중국이 합법적으로 한반도에 영향을 미치기 시작했다. 중국의 종교와 문학, 정부 형태와 예술이 한국인의 사상과 생활에 지대한 영향을 미치기 시작했던 것이다. 이전에도 한자어가 들어오긴 했지만 공용어로 쓰이지는 않았다.

각기 달랐던 삼국의 발전 방향　한편 고구려는 밖으로 세력을 확장하는 데 신경 쓴 나머지 국내 개혁에는 큰 주의를 기울이지 않았다. 고구려는 위나라 황제에게 사신을 보내 금과 옥으로 위나라에 내는 조세를 경감시켜달라고 간청했다. 고구려는 북방 토착 부족 말갈이 부여 땅을 부당하게 점령했다고 주장하며 금을 조세로 걷었고, 또 타락한 백제에 빼앗긴 섭라에서 옥을 조세로 걷어왔다. 고구려는 마지막에 '고구려가 취득한 것은 모두 위나라 것입니다.'라는 말을 덧붙였다.

황제는 너그럽게 조세를 경감시켜주면서도 한반도 토착 부족을 정복하는 일을 게을리 하지 말라고 명했다. 고구려는 단 1년 동안 위나라에 세 차례나 사절단을 보냈다. 한편으로는 502년에 중국에 새로 일어난 양梁나라와도 은밀히 교류하고 있었다. 이번에도 백제는 고구려의 선례를 따랐다. 요컨대 삼국은 서로 다른 방식으로 발전해나갔다. 신라는 국내 발전에 힘썼고, 백제는 쾌락에 빠져 지냈으며, 고구려는 대외 관계를 탄탄하게 다지는 데 힘썼다.

신라의 이사부, 우산국을 정복하다　512년에는 우산국于山國이 신라에 복속됐다. 우산국은 동해안에 있는 울릉도라는 작은 섬으로, 강릉과 같은 위도에 위치해 있다. 신라가 우산국을 정복한 과정에 관해서는 알려지지 않았지만, 일단 정복하기로 결정한 신라는 순식간에 일을 마무리한 모양이었다.

원정대는 이사부異斯夫 장군이 이끌었다. 이사부는 입을 벌리고 키다란 송곳니를 드러낸 사자상을 여러 개 만들라고 명령했다. 나무로 조각한 사자였다. 원정대 함선 뱃머리에 사자상을 붙이고 소규모 함대를 이끌고 울릉도 해안에 도착하여 섬 주민을 불러모았다. 그러고는 무기를 버리고 항복하지 않으면 사자를 풀어서 갈가리 찢어놓겠다고 위협했다. 그러자 두려움에 떨던 섬 주민은 당장 무릎을 꿇었고, 신라는 피 한 방울 흘리지 않고 승리를 거두었다.

514년에 신라 원종原宗(법흥왕法興王)이 즉위하면서 선왕 사후에 묘호를 부여하는 중국식 풍습이 처음 도입됐다. 고구려에서는 선왕이 죽으면 무덤을 만든 곳의 지명을 따서 휘호를 붙이는 풍습이 일찍부터 전해

내려오고 있었으나, 고구려가 몰락하기 직전 일부 왕에게는 휘호가 주어지지 않았다. 몇 년 후에는 백제도 신라의 선례를 따랐다.

관직에 따른 신라의 공복 색상　520년에 신라 법흥왕은 율령을 반포하고 관직에 따라 공복의 색에 차등을 두는 제도를 도입했다. 파도, 각간, 대아손은 자주색 관복을 입었다. 아손과 급손은 붉은색 관복을 입고 오늘날 흔히 쓰이는 상아로 만든 석판을 들고 다녔다. 대나마와 나마는 파란색 관복을 입었다. 대사와 선저지는 조선 시대 장사치가 쓰는 챙이 넓고 둥근 관 모양의 비단 관을 썼다. 파진손과 대아손은 붉은색 비단 관을 썼다. 상당과 측위, 대사는 관에 붉은 띠를 둘렀다. 훗날 조선 시대 왕실에서 쓰는 다채로운 색에서 색을 유난히 좋아하는 동양인 특유의 취향이 드러난다.

북위, 고구려와 양의 우호 관계를 불쾌하게 여기다　한편 북위는 고구려와 양나라 사이에 싹트기 시작한 우호 관계를 못마땅하게 여겼다. 양나라가 고구려에 사신을 보내 왕을 책봉하려다가 북위의 방해를 받은 일이 있었으며, 이 일로 양국의 갈등이 극에 달했다. 고구려는 북위가 지는 해기 때문에 새로 떠오르는 양나라와 돈독한 관계를 다지는 편이 낫겠다고 판단했던 모양이다. 대단한 판단 착오가 아닐 수 없었다. 양나라는 북위가 멸망한 뒤에도 겨우 23년 정도밖에 지속하지 못했다.

이차돈이 처형당할 때 우윳빛 피가 나오다　527년에는 신라 불교가 새로운 국면을 맞이하게 되었다. 신라에서 가장 유명한 승려는 5세기 중반에 활동하던 묵호자였다. 고구려에서 내려온 묵호자는 일선군이라는 고을로 들어가 굴을 파고 숨어 지냈다. 신라 왕이 양나라에서 향을 선물로 받아놓고도 어떻게 쓰는지 모르던 차에 묵호자가 용법을 알려주었다. 묵호자는 왕에게 향을 태우면서 소원을 빌면 소원이 이루어진다고 일러주었다. 때마침 왕의 딸이 몹쓸 병에 걸린 터라 왕은 향을 태우면서 공주의 병을 고쳐달라고 기원했다. 전해지는 이야기에서는 공주가 곧바로 자리를 털고 일어나서 훌륭한 여인으로 자랐다고 한다. 이때부터 불교의 기나긴 여정이 시작됐다. 성직자로서의 역할을 충실하게 이행하지 않은 타락한 승려 묵호자 때문에 이때부터 불교는 크나큰 난관에 부딪혔다. 그러나 오래 지나지 않아 불교는 난관을 극복하고 신라에서 다시 중요한 비중을 회복했다.

527년에는 승려가 왕을 좌지우지하자 신하들은 심각한 위협을 느끼고 불안에 떨었다. 따라서 왕의 마음을 돌리려고 온갖 수단과 방법을 동원했다. 왕은 마지못해 가까운 신하였던 이차돈을 처형하는 데 동의했다. 전설에 따르면 이차돈이 처형당할 때 이렇게 예언했다고 한다. "내가 죽으면 붉은 핏빛이 아니라 우유처럼 하얀 피가 나올 것이다. 그러면 너희도 불법佛法의 진리를 깨닫게 될 것이다." 이차돈의 예언대로 잘린 목에서 우유처럼 하얀 피가 흘러나왔다. 자명한 증거가 나타나자 불교는 빠른 속도로 퍼져나갔다. 이듬해에 왕은 동물을 죽이지 말라는 법령을 포고했다.

가락국 구형왕, 신라에 투항하다　　한편 신라 옆에 위치한 가락국은 482년 동안 신라와 우호 관계를 유지해오다가 532년에 마지막 왕 구형왕仇衡王이 주권을 포기하고 신라에 투항했다. 하지만 신라는 구형왕에게 계속 가락국을 다스리도록 해주겠다고 약속했다. 가락국이 신라에 복속되는 과정에서 무력 충돌이 있었던 것 같지는 않다. 가락국은

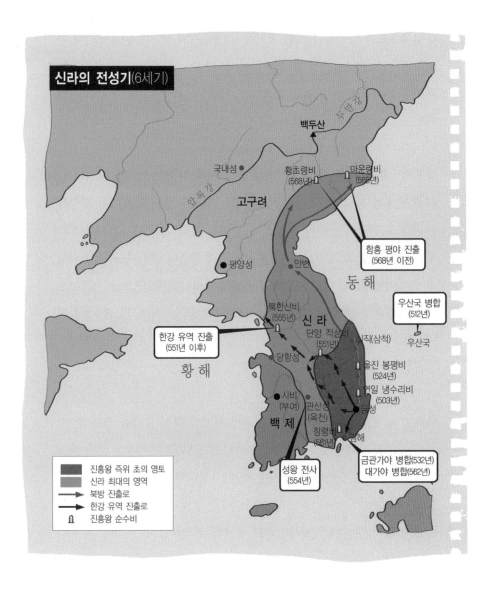

신라의 전성기(6세기)

백두산

국내성　황초령비　마운령비
　　　　(568년)　(568년)

고구려

함흥 평야 진출
(568년 이전)

평양성　안변

동 해

북한산비
(555년)

우산국 병합
(512년)

신 라

한강 유역 진출
(551년 이후)

단양 적성비
(551년)

직(삼척)

우산국

당항성

울진 봉평비
(524년)

연일 냉수리비
(503년)

황 해

사비
(부여)

관산성
(옥천)

금성

백 제

창령비
(561년)

진흥왕 즉위 초의 영토
신라 최대의 영역
북방 진출로
한강 유역 진출로
진흥왕 순수비

성왕 전사
(554년)

금관가야 병합(532년)
대가야 병합(562년)

오랫동안 신라의 발전을 지켜보다가 외따로 떨어져서 한반도 삼국의
세력 다툼의 각축장이 되기보다는 신라 밑으로 들어가는 편이 더 낫겠
다고 판단했던 듯하다.

　가락국은 41년에 건국해서 532년에 막을 내렸다. 따라서 가락국이

독립국으로서 명맥을 유지한 기간은 여러 문헌에서 기록된 482년이 아니라 491년이라는 쪽이 정확할 것이다. 가락국의 건국과 멸망 연도는 모두 문헌에 명확히 기록돼 있으므로 기록한 사람의 실수로 인해 존립 연도가 잘못 계산된 것이다.

중국의 혼란　이 시기에 신라는 중국 세력과 우호 관계를 다지는 일이 불필요하다고 판단했다. 당시 중국은 수많은 나라로 쪼개져 계속해서 새로운 왕국이 세워지고 있었다. 중국의 여러 나라는 자기네끼리 다투는 데도 힘이 모자란 실정이라 한반도에 전쟁이 일어나도 힘이 되어줄 여력이 없었다. 이런 까닭에 536년에 신라는 중국 연호를 거부하고 신라 고유의 기준에 따라 연호를 지정했다. 중국에서는 양, 북위, 동위가 정립해 있었고, 여름날 구름처럼 진, 북제, 북주, 수가 나타났다가 사라진 후 그 자리에 강력한 당唐나라가 들어섰다.

백제, 사비로 천도하다　538년에 백제가 다시 도읍을 옮겼다. 이번에는 지금의 충청도 부여 지방의 사비로 천도했다. 백제는 문화 발전을 꾀하려 했던 듯하다. 541년에 백제는 양나라에 사신을 보내 시서, 학자, 불교 서적, 장인, 화공을 보내달라고 요청하여 백제의 문학과 예술을 발전시키는 데 일조해달라고 부탁했다. 양나라는 백제의 부탁을 받아들였다.

거칠부의 「국사」　545년(진흥왕 6)에는 신라에 중대한 사건이 발생했다. 그때까지 신라는 짧은 기록의 형태로만 왕국의 역사를 기록했는데, 진흥왕이 신라 최고의 학자들을 한자리에 모아놓고 위대한 학자 거칠부의 주도하에 정식 역사를 기록하라고 명했다.

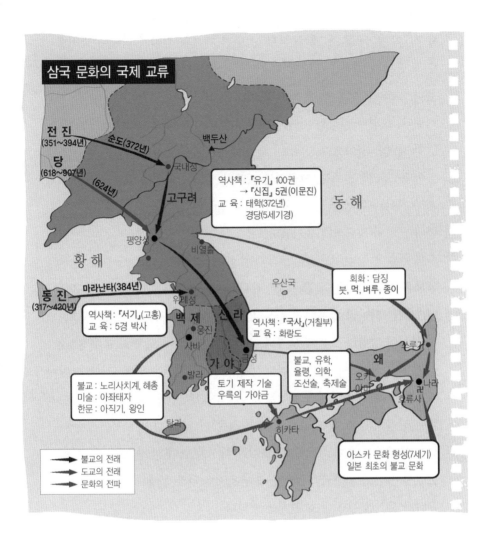

삼국 문화의 국제 교류

전 진
(351~394년)

순도(372년)

백두산

당
(618~907년)

(624년)

국내성

고구려

동 해

역사책: 『유기』 100권
→ 『신집』 5권(이문진)
교 육: 태학(372년)
경당(5세기경)

평양성

비열홀

황 해

우산국

회화: 담징
붓, 먹, 벼루, 종이

동 진
(317~420년)

마라난타(384년)

위례성

역사책: 『서기』(고흥)
교 육: 5경 박사

백제

웅진

신라

역사책: 『국사』(거칠부)
교 육: 화랑도

사비

가 야

금성

불교, 유학,
율령, 의학,
조선술, 축제술

왜

쓰루가

발라

불교: 노리사치계, 혜총
미술: 아좌태자
한문: 아직기, 왕인

탐라

토기 제작 기술
우륵의 가야금

오카
아마

나라

고류사

히카타

아스카 문화 형성(7세기)
일본 최초의 불교 문화

→ 불교의 전래
→ 도교의 전래
→ 문화의 전파

일본 『고사기』가 편찬되기 시작한 연도보다 200년이나 앞선 일이었다. 더욱이 단순히 시중에 떠도는 신화와 전설을 기록한 책이 아니라, 국가 기록을 작성하고 전달할 정도의 한자 실력을 갖춘 관리들이 왕국의 공식 기록을 정리한 책이었다. 거칠부의 『국사國史』를 일본의 『고사기』와 비교해보면 신빙성 있는 사료로서 『국사』가 『고사기』를 능가한다는 사실을 알 수 있다.

남북 양강 구도가 형성되다   한편 백제와 신라가 나날이 발전할수록 말갈과 예맥은 멸망할 가능성이 높아진다는 사실을 깨닫기 시작했다. 그리하여 547년에 말갈과 예맥은 고구려와 연합하여 백제를 공격했다. 그러나 신라와 가야가 백제의 편에서 싸워서 이들 북방 민족의 연합 세력을 몰아냈다.

이때부터 몇 년 동안 고구려와 예맥과 말갈이 동맹을 맺고 신라와 백제와 가야가 동맹을 맺어, 한반도에서 일종의 양강 구도가 성립되면서 힘의 균형이 절묘하게 유지됐다.

백제와 고구려가 망해가는 양나라에 사신을 보내다   549년에 백제는 양나라 황제에게 충성의 뜻을 알리려고 사신을 보냈다. 그런데 사신이 양나라 도읍에 도착해보니 왕궁은 잿더미로 변하고 후경侯景이 권력을 찬탈하여 정권을 쥐고 있었다. 백제 사신은 왕궁 단문端門 앞에 서서 아침부터 밤까지 통곡했다. 지나가던 행인도 그의 사정을 듣고 가던 길을 멈추고 함께 통곡했다. 후경은 이 일로 심기가 불편해자 사신을 잡아들여 옥에 가두었다. 그러나 다시 반란이 일어나 황제가 돌아오면서 사신도 풀려났다. 557년에 남조 진陳나라가 세워지자 고구려는 곧바로 사신을 보내 우호 관계를 맺었다.

신라 불교의 중흥   그 사이 신라에는 불교가 널리 퍼지고 있었다. 새로 사찰이 들어서면서 백성들 마음을 사로잡았다. 551년에는 여덟 가지 죄악을 금하는 법령이 선포됐다. 여덟 가지 법령은 (1) 살생하지 말 것, (2) 도둑질하지 말 것, (3) 방종하지 말 것, (4) 거짓말하지 말 것, (5) 음주하지 말 것, (6) 헛된 꿈을 꾸지 말 것, (7) 마늘을 먹지 말 것, (8) 경솔한 행동을 하지 말 것 등이다.

우륵의 가야금　　신라의 음악 수준은 높지 않았다. 551년(진흥왕 12)에 신라 왕은 신하 셋을 가야에 보내 유명한 스승 우륵에게 음악을 배워오라고 명했다. 그러나 식견 있던 우륵은 가야가 곧 멸망하리라고 내다보고 현이 열두 개 달린 악기를 들고 제자 이문과 함께 신라로 건너와 왕실에 들어갔다. 왕으로부터 음악을 배우라는 임무를 받은 계고, 법지, 만덕 세 사람은 우륵의 가르침을 받아 임무를 완수했다. 셋 중 한 사람은 노래를 배웠고, 다른 한 사람은 악기 연주를 배웠으며, 나머지 한 사람은 춤을 배웠다.

　예술적 기교를 완벽하게 소화하게 된 세 사람은 스승 우륵에게 노래가 지나치게 외설적이라는 이유를 들어 곡을 약간 변경하자고 제안했다. 그러나 우륵은 외설적인 부분을 삭제하자는 제자들의 제안에 불같이 화를 내며 곡을 바꾸지 못하게 했다.

　그때부터 신라에서 음악이 사랑을 받았고, 음악을 공부하는 학생이 산으로 들어가 몇 년 동안 연습하는 일이 비일비재했다. 악기가 원래 만들어진 곳의 이름을 따서 가야금이라고 한다. '가고'라고도 부르는 이 악기는 모양은 치터(하프의 일종)와 유사하고 크기는 약간 작다. 오늘날까지도 구전되는 유명한 노래로는 '산에 오르다', '산을 내려오다', '바삭거리는 대나무', '황새춤', '바람', '산사'(이상의 향가는 현재로서는 남아 있지 않음—편집자 주) 등이 있다.

　하지만 신라에서 음악만 발전한 것은 아니었다. 솔거라는 화가가 황룡사 담벼락에 나무를 그렸는데 그 재주가 뛰어나 새가 그림의 나뭇가지에 내려앉으려고 했다는 기록이 있다.

백제, 영토의 반을 신라에 내주다　　555년에는 신라와 백제 사이에 전쟁이 일어났다. 전쟁이 일어난 원인은 알려지지 않았지만 신라가 승리를 거두어 백제 동쪽 넓은 영토를 차지하고 완산주(지금의 전주)라는 이름을 붙였다. 어느 믿을 만한 사료에 따르면, 백제는 이 전쟁에서 패하여 영토의 반을 신라에 내주었다고 한다.

죽은 신하 후직이 살아 있는 왕 진평왕을 가르치다   한편 신라는 그때까지 중국과의 외교 관계를 꾸준히 발전시켰던 듯하다. 중국까지는 멀고 비용도 많이 드는 여정임에도 불구하고 자주 사절단을 보냈다. 한반도의 삼국은 당시 중국에 들어선 여러 왕국으로 1년에 두세 차례 사신을 보냈다. 제나라 황제는 신라에 방대한 양의 불교 서적을 보냈다. 한번에 1,700권에 달하는 분량을 보냈다고 전해진다.

579년에 신라에서는 진평왕眞平王이 왕위에 올라 불교 진흥에 힘썼다. 하지만 진평왕은 왕국의 발전을 꾀하려는 노력은 하지 않고 쓸데없이 중국에 사신을 보내는 데 세금을 낭비했다. 진평왕 2년에 병부령兵部令에 임명된 후직后稷은 불교에서 살생을 엄격하게 금하는 데도 허구한 날 사냥을 다니던 왕을 꾸짖었다. 이런 기록으로 보아 신라에서 불교 양식이 널리 행해진 것을 알 수 있다.

전승에 따르면 진평왕은 충직한 재상 후직의 충언을 귀담아 듣지 않았다. 임종을 맞이한 후직은 왕이 사냥을 나가는 길목에 묻어달라는 유언을 남겼다. 그러던 어느 날 사냥 나온 왕이 후직의 무덤을 지나는데 무덤에서 이상한 소리가 들렸다. 충직했으나 충언을 무시당한 후직의 묘라는 얘길 들은 왕은 그 자리에서 마음을 바꾸기로 마음먹었다. 충직한 재상 후직은 죽어서야 위대한 업적을 세웠던 셈이다.

수 나 라 의 등 장   586년에는 고구려가 북쪽으로 지금의 의주 근처 옛 지방으로 도읍을 옮겼다. 그로부터 얼마 후 중국에서 진나라가 승승장구하던 수隋나라에 무릎을 꿇었고, 진나라와 우호적인 관계를 유지했지만 수나라와는 소원했던 고구려도 위태로운 처지로 내몰렸다. 고구려는 곧 수나라의 공격을 물리칠 준비에 들어갔다. 반면에 수나라는 고구려를 침략할 계획이 전혀 없었다. 그래서 고구려에 사자를 보내 왕의 억측을 풀어주고 양국 간에 우호 관계의 길을 열었다.

고구려 평원왕平原王은 황제의 조처를 석연치 않게 받아들이며 고구려를 기만하려는 계략일지 모른다고 불안해 했다. 중국에 사신을 보내고 싶은 마음이 간절했지만 감히 실행에 옮기지 못했다.

바보 온달에게 시집간 울보 평강공주　　평원왕과 관련된 유명한 이야기가 하나 있다. 시국이 뒤숭숭한 시대에 울보인 평강공주가 울음을 그치지 않자 어느 날 평원왕은 참지 못하고 "이 다음에 크면 양갓집 자제가 아니라 바보 온달한테 시집보낼 테다."고 소리를 질렀다. 온달은 어리석고 바보 같은 남자였다.

공주는 혼인할 나이가 됐을 때 왕은 바보 온달한테 시집보낸다고 한 말을 까맣게 잊고 지체 높은 양갓집 자제한테 시집보내려고 했다. 그러자 공주는 어렸을 때 왕이 한 말을 상기시키며 온달 말고는 다른 누구한테도 시집가지 않겠다고 고집을 부렸다. 공주는 금으로 만든 머리 장식 10개를 겨드랑이에 끼고 왕궁을 떠났다. 공주는 성문 밖 온달의 허름한 집에 찾아갔는데 온달은 끼니거리로 쓸 나무껍질을 주우러 산에 올라가고 없었다.

앞을 못 보는 늙은 어미가 이렇게 말했다. "아가씨에게서는 향기가 나고 손은 비단결처럼 곱군요. 우리 온달은 바보라서 아가씨 배필감이 못 돼요." 공주는 노파의 말에 대꾸하지 않고 곧장 산에 올라 온달을 찾았다. 그러나 공주를 만난 온달은 귀신인 줄 알고 냅다 집으로 도망쳤다. 공주는 온달을 뒤쫓아 문 앞에서 하룻밤을 보냈다. 마침내 온달은 어찌된 사연인지 듣고 공주를 아내로 맞이했다.

공주는 금 머리 장식 10개를 팔아 온달에게 말을 기르는 사업을 시작하게 해주었다. 온달은 나라에서 쓰다가 병들어 내버린 말을 사들여 정성스럽게 돌봐서 튼튼하고 날렵한 말로 길러냈다. 온달은 사냥에 나가면 항상 선두에 서서 무리를 이끌었다. 왕이 맨 앞에 달리는 자가 누구냐고 물었고 '바보 온달'이라는 대답을 들었다. 이때부터 온달은 나날이 성장하여 유명한 장수가 됐고, 요동으로 가서 수나라 군대와 맞서 승리를 거두었다. 그러다 신라를 공격하던 중에 전사했는데 아무리 힘을 써도 시신을 옮기지 못했다. 그러나 공주가 찾아와 무릎을 꿇고 앉아 "죽고 사는 것이 이미 결정되었습니다."라고 말하자 그제야 시신을 들어올려 고구려로 옮길 수 있었다.

전쟁에 휩싸인
삼국

고구려와 수나라의 관계 앞서
살펴보았듯이 고구려는 우호 관계를
요구하며 접근하는 수나라를 무턱대
고 거부할 처지가 아니었다. 590년에 수나라 사신이 고구려에 찾아와
고구려 왕을 책봉해주긴 했지만, 양국 관계가 진실로 우호적인 것은 아
니었다. 두 나라 관계에는 뭔가 빠져 있었다. 따라서 두 나라 모두 상대
가 배반할 기미를 보이는지 감시했다. 그러나 2년 후 고구려는 수나라
황제에게 복종의 뜻을 표하고 수나라의 세력권 밑으로 들어갔다.

고구려는 항상 타국의 영향에 좌우되는 불안한 처지였다. 고구려는
한반도에서 가장 큰 왕국이며 중국에 가장 인접해 있었다. 또 북방 토
착 부족과도 가까이 지내면서 가끔씩 중국의 지배적인 왕조를 전복시
키려는 시도에 동참했다.

따라서 고구려 주변국들은 고구려가 은밀히 무슨 일을 꾸미는지 의
심했다. 고구려가 중국의 여러 왕조와 친선을 맺으려고 노력한 것으로
보아, 고구려도 나중에는 주변국들이 보내는 의심의 눈초리를 의식했
던 듯하다. 고구려로서는 신라와 백제가 뒤에서 버티고 있는 마당에 중
국 지배 왕조의 의심까지 사면 자국의 운명도 그것으로 끝이라는 사실
을 잘 알았다. 그리고 마침내 그런 불안이 현실로 바뀌었다.

고구려가 영주를 함락하다 친선 관계를 철저히 기피하던 고구려가 급기야 수나라 황제의 의심을 사게 되었다. 신라와 백제가 수나라의 비호를 받은 상태에서 혼돈의 시대가 다가왔던 것이다. 고구려와 대적하던 신라와 백제는 수나라에 사신을 보내 수나라 황제에게 삼국이 힘을 합쳐 고구려를 공략하여 패망시키자고 촉구했다. 황제도 양국의 제안에 동의했다. 전쟁이 시작된 사실을 알게 된 고구려는 특유의 호전적인 성향으로 앞뒤 가리지 않고 반격하기로 결정했다.

고구려는 충실한 동맹 세력인 말갈 병사 1만 명을 이끌고 고구려군과 함께 요하 건너 요서 지방에 파견하여 영주를 함락했다. 선전포고나 마찬가지였다. 598년에 수나라 황제는 고구려 왕에게 폐위시키겠다고 선포하고 병력 3만을 전선에 배치했다. 동시에 수군도 준비시켰다. 그러나 상황은 수나라에 불리하게 돌아갔다. 바다에서는 풍랑을 만났고, 육지에서는 식량 보급이 원활하지 않아 고구려 원정에 실패했던 것이다.

비록 수나라가 고구려 정벌에 실패했지만, 고구려로서는 수나라가 고구려를 패망시키려고 작정한 것을 깨닫고 정신이 번쩍 들었다. 패망을 면하는 방법은 일단 무릎을 꿇는 수밖에 없다는 것을 깨달았다. 그리하여 왕은 서둘러 황제를 찾아가 "소인은 천하고 쓸모없는 종입니다. 똥만큼 비천합니다."라며 무릎을 꿇었다. 왕은 일단 시간을 벌 필요가 있다고 생각했던 것이다. 이는 매우 시의적절했다.

황제는 고구려 왕의 사죄를 진심으로 받아들이고 용서하기로 했다. 하지만 이는 훨씬 막강한 병력을 이끌고 전쟁을 재개하기 전까지 고구려가 적극적으로 군사력을 증강하지 못하게 하려던 속셈이었다. 이 중요한 시점에서 작전이 중단되길 원치 않았던 백제는 수나라에 사신을 보내 백제가 수나라 병사를 이끌고 고구려에 쳐들어가겠다고 제안했다.

고구려는 이를 알고 격분하여 백제 땅으로 쳐들어가 보복 공격을 감행했다.

수나라, 돌궐을 응징하다 이 무렵에 수나라는 북쪽으로 시선을 돌렸다. 돌궐을 응징했던 것이다. 수나라 군대가 돌궐의 도읍에 들어가보니 고구려 사신이 먼저 와 있었다. 고구려가 중국을 정복할 야욕을 품고 북방 토착 부족과 동맹을 맺으려던 것처럼 보였기 때문에, 그 뒤로 황제는 고구려를 더욱 불신하게 되었다.

따라서 황제는 고구려에 사신을 보내, '고구려왕이 나를 두려워하지 않는 모양이구나. 왕이 직접 찾아와 무릎을 꿇어라. 그렇게 하지 않으면 군대를 보내 고구려를 멸하겠다.'라고 전했다. 이 같은 협박에 가까운 초대에 딴 마음을 품고 있던 고구려 왕이 응할 리가 없었다.

6세기 마지막 해에는 100권에 달하는 고구려 최초의 역사책이 편찬됐다. '기억의 기록'이라는 뜻의 『유기留記』라는 책이다.

113만의 수나라 병력이 몰려오다 수나라가 작전을 실천에 옮기는 데는 몇 년이라는 시간이 걸렸다. 마침내 612년에 역사상 가장 강력한 군사행동을 실행에 옮기기 시작했다. 수나라는 요하 서안에 113만 병력을 집결시켰다. 기병 40연대와 보병 80연대로 구성된 대군이었다. 수나라 군대는 24개 대부대로 나뉘어 40리 간격으로 행군했다. 전체 군대가 늘어선 길이는 400여 킬로미터에 해당하는 960리였다. 후방 80리에는 황제와 호위대가 뒤따랐다.

수나라 대군은 요하에 도착해 강둑에 올라가 고구려군을 지켜보았다. 고구려군은 강 건너편에 주둔한 무수히 많은 수나라 대군을 보고는 앞다투어 강을 건너려 했다고 하니, 고구려군이 얼마나 용맹하고 강인

한 병사들로 이루어졌는지 알 수 있다.

수나라 대군은 수나라 병사와 여러 속국에서 차출한 동맹군으로 구성됐다. 동맹군을 파견한 23개국은 누방, 장잠, 명해, 개마, 건안, 남소, 요동, 현토, 부여, 낙랑, 옥저, 점선, 함자, 혼미, 임둔, 후성, 제해, 답돈, 숙신, 갈석, 동이, 대방, 양평이었다.

수나라 동맹군의 면면을 살펴보면 고구려 동맹 세력이 거의 남지 않았을 것으로 보인다. 하지만 북방 유목민 중에서 가장 강력하고 호전적인 말갈 부족 연맹이 고구려와 동맹을 맺었다고 추정할 수 있다. 더불어 두 가지 요소가 고구려에 유리하게 작용했다.

여름에는 요동 지방에 비가 많이 내려서 병사들이 옴짝달싹할 수 없고, 겨울에는 기온이 매우 떨어져 군사작전을 펴기가 불가능했다. 두 가지 요인은 침략군에게만 불리하게 작용했다. 침략군으로서는 봄이나 가을에 고구려를 급습하여 여름철 폭우나 겨울철 폭풍우가 몰아치기 전에 퇴각하거나, 아니면 후방의 식량 공급이 끊긴 채로 적진에서 혹독한 계절을 버텨야 했다. 수나라 황제는 봄에 진격하여 여름철 폭우나 겨울철 매서운 바람을 견디면서 군사작전을 완수하기로 했다.

수나라군은 요하에 닿자마자 강에 다리를 놓기 시작했다. 의욕적으로 공사를 해나간 결과, 단 이틀 만에 다리가 놓였다. 그러나 측량을 잘 못했는지, 다리가 동쪽 강둑에 2미터나 못 미쳤다. 그곳에는 고구려 병사들이 수나라군을 맞이하려고 나와 있었다. 수나라군은 일단 다리 끝까지 가서 강에 뛰어내려 가파른 강둑을 기어오를 계획이었지만 다시 밀려나고 말았다. 수나라군이 요하 동쪽 강둑에 올라가지 못하자 맥철장 장군이 나타나 강둑에 올라가 칼을 휘두르며 길을 터서 병사들이 지나가게 해주었다. 이때 전사웅과 맹금차가 전사했다.

수나라 100만 대군이 강을 건너려고 밀고 들어갈 때 황제는 병력

1,200명을 파견하여 요동성을 함락하려 했다. 그러나 고구려 을지문덕 장군이 서둘러 진격하여 수나라 대군을 물리쳤다. 황제는 수나라 병사들이 밀렸다는 소식을 듣고 전장으로 진격했다.

황제는 고구려군에 패하여 도망치던 파견군과 마주치자 병사들을 이끌던 장군들을 호되게 꾸짖으며 나태하고 죽음을 두려워했다고 나무랐다. 그러나 벌써 유월 하순으로 장마철이 오기 직전이어서 황제는 하는 수 없이 대군을 이끌고 요동성에서 서쪽으로 조금 떨어진 육합에 주둔하며 장마철이 끝나기를 기다렸다.

내호아, 2만 대군을 이끌고 평양성을 공격하다　황제는 장마가 끝나기만을 두 손 놓고 기다리고 싶지 않았다. 그래서 함대를 조직하여 바다 건너 대동강을 거슬러 올라가 평양성을 공격했다. 내호아 장군이 주도적으로 이끌어낸 공격이었다. 내호아는 평양에서 남쪽으로 60리 떨어진 대동강 강둑에 내려서 자신을 암살하러 온 소규모 군대를 무찔렀다. 작은 승리를 거두고 자만심에 들뜬 내호아는 부하 장수들의 만류에도 불구하고 곧바로 평양으로 진격했다.

2만 대군을 이끌고 곧장 평양성으로 진격해 도착해보니 성문이 활짝 열려 있었다. 물론 고구려군의 책략이었다. 그러나 평양성 안 내곽에 자리 잡은 사찰에는 막강한 고구려군이 숨어 있었다. 고구려군에 포위당한 것을 깨달은 내호아는 병사들을 이끌고 급히 퇴각하여 요동 지방의 해포로 달아났다. 황제가 내호아에게 무슨 말을 했는지는 알려지지 않았지만 결코 좋은 말은 아니었을 것이다.

다시 재개된 수나라의 침략 작전　장마철이 지난 뒤 고구려 침략 작전을 실행에 옮길 수 있었다. 수 황제는 말 먹일 풀을 구하기 위해 병력을 널리 흩어놓아야 했다. 그러다 고구려 국경에 가까워지면 여러 경로를 통해 고구려로 들어가기로 했다. 우문술 장군은 별동부대를 이끌고 부여로, 우중문 장군은 낙랑으로, 형원항 장군은 요동으로, 설세웅 장군은 옥저로, 신세웅 장군은 현도로, 장근 장군은 양평으로, 조효재 장군은 갈석으로, 최홍승은 수성으로, 위문승은 증지로 들어갔다. 모두 압록강 서안에 다시 집결했다고 하는데, 그렇다면 그 사이에 이들이 지나던 오랑캐 부족의 위치도 상당히 바뀌었을 것이다. 북아메리카 인디언처럼 이들 부족도 원래 살던 지역에서 밀려나 압록강과 두만강에서 북쪽으로 이주했을 가능성이 높다. 612년 초가을, 수나라 대군이 압록강 동쪽까지 진격했다.

을지문덕, 거짓으로 항복하다　고구려는 수나라 진영에 을지문덕 장군을 보내 황제에게 항복의 뜻을 전하는 척하면서 사실은 황제의 위치와 병력을 파악하도록 했다. 황제는 을지문덕을 보고 그 자리에서 죽여 없앨 생각이었으나 마음을 고쳐먹고 을지문덕이 전하는 말을 들어본 뒤 돌려보냈다. 을지문덕이 수나라 진영을 나서자마자 황제는 다시 마음을 돌려 이 고구려 장수를 추격하라고 명했다. 하지만 을지문덕은 한참 전에 출발하여 잘 빠져나갔기 때문에 수나라군에 붙잡히지 않았다.

30만 명 중 2,700명만 살아 도망가다　이때부터는 식량 공급이 끊긴 상태로 적국에 주둔하는 일이 얼마나 불리한지 보여준다. 수나라군은 3주 전에 병사 한 명마다 쌀이 든 보따리 3개를 배급하고 다른 필수 군 장비와 함께 짊어지고 행군하라고 명했다. 도중에 군량을 버리고 가면 사형을 당했다. 그러나 병사들 대다수가 막사에 쌀을 파묻

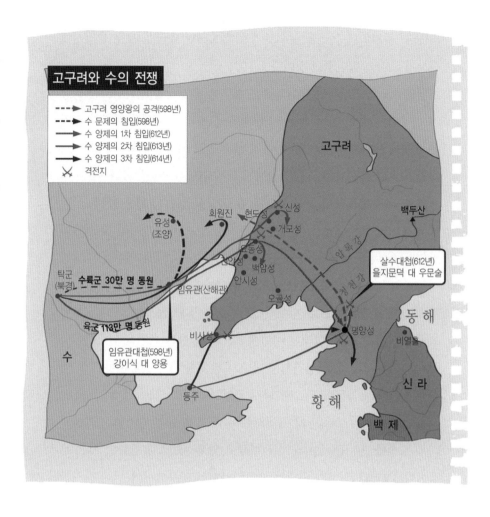

고구려와 수의 전쟁

- ◄--► 고구려 영양왕의 공격(598년)
- ◄--► 수 문제의 침입(598년)
- ──► 수 양제의 1차 침입(612년)
- ──► 수 양제의 2차 침입(613년)
- ──► 수 양제의 3차 침입(614년)
- ✕ 격전지

고구려

백두산

회원진 현도성 신성

개모성

탁군
(북경) 수륙군 30만 명 동원

임유관(산해관)

살수대첩(612년)
을지문덕 대 우문술

육군 113만 명 동원

임유관대첩(598년)
강이식 대 양용

평양성

동 해

비열홀

수

비사성

오골성

안시성

백암성

요동성

신 라

등주

황 해

백제

었기에 발각되지 않았다. 그 결과 군량이 충분히 남아 있어야 할 시점
에 군량이 바닥나는 사태가 벌어졌다.

수나라 진영으로 들어간 을지문덕 장군은 이런 상황을 눈치챘다. 을
지문덕은 적군을 고구려 영토로 끌어들여 손쉽게 소탕하려는 목적으로
비정규병 전투를 일으켰다. 매일 수차례 퇴각하는 시늉을 해 적군의 사
기를 높여주면서 고구려군의 막강한 전력을 감췄다. 그리하여 수나라
장수 우중문이 병사 30만 5천 명의 별동대를 이끌고 곧장 평양으로 진

격했다. 무기력한 적군을 무찌르기 위해 113만 대군을 모두 출정시킬 필요가 없다고 판단했던 것이다.

평양성으로 진격하던 수나라군은 척후병 몇 사람을 제외하고는 도중에 아무런 저항을 받지 않은 채 평양에서 30리 정도밖에 떨어지지 않은 살수에 이르렀다. 살수를 건너기 전 며칠간 야영을 하면서 행군으로 쌓인 피로를 풀면서 수도를 공격하기 위해 전열을 가다듬었다.

그 순간 을지문덕 장군이 작전을 펼치기 시작했다. 을지문덕은 자비를 베풀어달라는 편지를 써서 수나라 진영에 보냈다. 편지를 받은 수나라 장군은 이런 결론을 내렸던 것으로 보인다. '수나라 병사들이 오랜 행군으로 녹초가 됐다. 군량도 거의 바닥이 났다. 평양성은 절망에 빠진 백성들이 필사적으로 방어하겠지. 잘못하다가는 내호아 장군처럼 크게 패할지도 몰라. 그러니 이번에 고구려의 항복 요청을 받아들이고 어서 출발해서 군량이 완전히 바닥나기 전에 압록강으로 돌아가자. 거기서 전열을 가다듬은 후 그때 다시 공격하자.'

우중문이 정말로 그렇게 생각했는지 확인할 길은 없지만 고구려의 항복 요청을 받아들이고 군대를 이끌고 압록강으로 출발했던 것은 사실이다. 그러나 수나라 군대가 채 2킬로미터도 움직이기 전에 순식간에 사방에서 눈에 보이지 않던 적이 나타났다. 길 양옆 숲 속에 매복하고 있었던 것이다.

수나라군이 살수에 다다랐을 때는 물이 얕았다. 을지문덕이 둑을 쌓아 물의 흐름을 막았기 때문이다. 수나라군은 이를 알지 못하고 강을 건너기 시작했는데, 절반쯤 건넜을 때 고구려군이 둑을 무너뜨렸다. 수나라 병력 절반이 서둘러 살수를 건넜지만 나머지 절반은 무참히 공격당해 갈가리 찢기거나 무기력한 소처럼 땅에 엎드려 하나둘씩 도륙당했다. 수나라군은 느긋하게 퇴각하려다가, 꽁무니를 내빼기에 이르렀다. 고구려군은 도망치는 적의 측면을 날렵한 늑대처럼 덮쳐서 적군 수만 명을 섬멸했다.

하루낮, 하룻밤 동안에 수나라 패잔병 시체가 450리를 뒤덮었고, 패기 좋게 압록강을 넘어온 수나라 병사 30만 5천 명 중에서 역사의 소용돌이를 뚫고 살아남은 자는 2,700명에 불과했다고 전해진다. 30만 대군의 주검이 고구려의 언덕과 숲 속에 널려 있었던 것이다. 이 일로 격분한 수나라 황제는 자신만만해서 큰소리치던 우중문 장군을 감옥에 가두었다.

그동안 백제는 어떤 상황이었을까? 백제는 수나라 황제와 동시에 군대를 일으켜 고구려를 공격하기로 약속했으나, 언제나처럼 뒤로 물러나 어느 쪽이 승리할지 추이를 관망하기로 했다. 수나라가 패하여 국경을 넘어 도주하자 백제는 조용히 무기를 감추고 함께 고구려를 공격하기로 한 작전에 관해 침묵했다.

수 나 라 , 요 하 를 건 너 퇴 각 하 다　　겨울이 성큼 다가온 모양이었다. 다시 작전을 짜서 실행에 옮기려면 우선 겨울을 넘겨야 했다. 군량도 동이 났다. 퇴각하는 길밖에 다른 방도가 없었다. 여전히 강력했던 수나라 군대는 서서히 물러나 요하를 건넜고, 고구려는 승리의 기쁨을 만끽하며 자축했다. 수나라 황제는 요하 서쪽에 위치한 고구려 땅 일부를 획득하여 군현 세 개를 설치했다.

수 나 라 의 두 번 째 침 략　　만일 고구려가 우쭐거리며 적의 위협이 모두 끝났다고 판단했다면 대단한 착각이었을 것이다. 봄이 되자 수나라 황제는 일단 자세를 낮추기로 단단히 결심했다. 수나라 대신들은 모두가 고구려를 정복하려는 시도를 그만두라고 촉구했다. 다들 고구려라면 이골이 났던 것이다. 하지만 황제는 공격의 의지를 다지며 그해 4월에 다시 한 번 군대를 일으켜 동쪽의 작지만 강인한 왕국 고구려를 공격하기로 했다. 수나라군은 아무런 저항 없이 요하를 건너고 지금의 의주 근처에 위치한 동황성을 함락하려 했으나 실패하고 말았다.

수, 내란으로 요동성 공격이 무산되다 그러자 황제는 요동 전체를 정복하여 고구려와 압록강을 사이에 두고 경계를 짓고자 했다. 그러기 위해 먼저 요동성을 포위 공격했다. 하지만 요동성은 20일이 지나도 꿈쩍도 하지 않았고 이번에도 수나라가 크게 패하는 듯 보였다. 요동성에는 사다리를 타고 올라가려 해도 소용이 없었다. 성 높이만큼 흙무덤을 쌓아 보았지만 이 작전 역시 실패했다. 나무판을 세워서 바퀴 여덟 개 달린 수레에 싣고 성벽 앞까지 굴렸다. 이 작전은 성공할 것처럼 보였지만 작전을 펼치려던 순간에 고구려로서는 천만다행으로 수나라에서 양현감이 주도한 반란이 일어났다는 소식이 전해졌다.

수나라군은 허둥지둥 막사를 철거하여 서둘러 수나라로 돌아갔다. 고구려는 처음에는 후퇴를 가장한 작전일 것이라고 판단했지만 수나라에서 일어난 사건을 전해 듣고 급히 수나라군을 추격하여 전의를 상실한 병사 수천을 붙잡았다. 이듬해에는 황제가 고구려를 다시 공격하려던 차에 고구려에서 사신이 찾아와 왕이 머리를 조아려 항복한다는 뜻을 전했다. 그러자 황제는 "그러면 직접 찾아와 무릎을 꿇어라."고 대답했다. 하지만 고구려 왕은 그럴 생각이 없었다.

고구려, 당나라에 화평을 제안하다 그로부터 4년 후인 618년에는 고구려 영양왕이 죽고 동생 건무建武(영류왕)가 권력을 잡았다. 같은 해 수나라의 폐허 위에 대제국 당唐나라가 세워지자 고구려는 보복

당할 두려움에 사로잡혔다. 그래서 곧바로 당나라에 사신을 보내 화평을 요청했다. 백제와 신라 역시 고구려에 뒤이어 이듬해에 당나라 황제에게 존경의 뜻을 전했다.

당나라 고조高祖는 고구려가 진심으로 화평을 원하는지 알아보기 위해 지난 번 수나라와의 전쟁에서 잡은 포로를 돌려보내라고 요구했다. 고구려는 평화를 얻는 대가로 고조의 요구에 응하여 포로 1만 명을 돌려보냈다.

이듬해에 고조는 한반도 삼국에 왕을 책봉함으로써 삼국 간의 심각한 반목을 해결해주지 않고 오히려 동족 살상의 치열한 전쟁을 일으키는 데 일조했다. 고조는 고구려에 도교道敎 관련 서적을 보냈다. 이로써 한반도에 최초로 도교가 소개됐다.

재개된 삼국의 충돌 이제 서쪽에서 공격당할 위험이 사라지자 고구려는 이웃 나라로 눈을 돌려 공격을 감행하기 시작했다. 백제까지 신라를 맹렬히 공격하자 한반도에서는 삼국 간의 전쟁이 일어날 조짐이 보였다. 당나라가 개입하지 않으면 전쟁이 일어나 삼국 모두 절멸할 위기에 처했다. 삼국은 모두 당나라가 자국 편에 서주기를 바라면서 황제 앞에 나가 다른 나라를 헐뜯고 자국의 정당성을 주장하는 바람에, 고조는 삼국 중에서 어느 나라 편을 들어야 할지 갈피를 잡지 못할 지경에 이르렀다.

이처럼 삼국 간에 군사 도발이 끊이지 않아 삼국 관계는 풀리지 않는 실타래처럼 뒤엉켰다. 삼국은 서로 국경 지대의 성을 뺏고 빼앗기기를 반복했다. 국경을 따라 끊임없이 충돌이 일어나면서 한 번은 이 나라가 이기고, 다음에는 저 나라가 이기는 식이었다. 한 번에 혹은 한 장소에서 대규모 병력이 맞붙지는 않았지만 국경선을 따라 크고 작은 충돌이 끊이지 않아 한 번은 이쪽에서, 다음에는 저쪽에서 화염이 솟아올랐다.

문헌에 주목할 만한 기록 하나가 남아 있다. 이 기록에 따르면 고구려가 북방 여러 부족의 침입을 막기 위해 의주에서 동해까지 한반도를 일직선으로 가로지르는 성벽을 쌓기 시작했다고 한다. 이는 매우 놀라운 일이다. 만약 이 기록이 사실이라면 고구려의 막강한 힘을 보여주는 실례인 셈이다. 대규모 축성 사업을 완성하는 데 16년이 걸렸다고 한다.

한반도 최초의 여왕, 선덕여왕 632년에는 신라 진평왕이 50여 년간 신라를 다스리다가 숨을 거두었다. 왕위를 물려받을 왕자가 없어서 덕만德曼이라는 강직한 성품의 공주가 왕위에 올랐다. 바로 한국 역사상 최초의 여왕인 선덕여왕善德女王이다.

어린 시절부터 남달리 어른스러웠던 선덕여왕의 성품에 관한 다양한 이야기가 전해진다. 선덕여왕이 아직 어릴 때 아버지 진평왕이 당나라 황제로부터 모란꽃 그림과 꽃씨를 선물로 받았다. 선덕여왕은 모란꽃 그림을 보자마자 향기가 없는 꽃이라고 말했다. 왜 그렇게 생각하느냐고 묻자, "그림 속 꽃에는 나비가 없잖아요."라고 대답했다. 논리적으로 타당한 주장은 아닐지라도 어릴 때부터 남달리 비범한 통찰력을 보여주는 일화다.

결국에는 꽃씨에 싹이 트고 꽃이 핀 후에도 향기가 없는 걸 보고 어린 공주의 말이 사실인 것으로 드러났다. 당나라 황제는 선덕여왕을 남자 후계자와 동등하게 왕으로 책봉했다. 선덕여왕이 왕위에 오른 뒤 처음 몇 년 동안 신라는 평화로운 나날을 보냈다.

백제, 신라를 공격하다 한편 백제는 예전에 전쟁의 중압감에서 벗어나려고 그랬던 것처럼 다시 쾌락을 추구하는 나라로 전락했다. 백제 왕은 정원을 꾸미고 작은 호수를 파서 호수에 물을 채우기 위해 20리나 떨어진 곳에서 물을 끌어왔다. 왕이 이곳에서 사냥을 하며 유흥을 즐기는 사이 나라는 제멋대로 굴러갔다.

선덕여왕은 왕위에 오른 지 5년째 되던 해에 왕궁에서 산책하다가 연못 앞에서 갑자기 멈춰 서서 "나라의 서쪽 국경에 전쟁이 일어난다."고 큰소리로 외쳤다. 왜 그런 생각을 하느냐는 질문에 여왕은 연못 안 개구리를 가리키면서 "개구리눈이 빨갛지 않으냐. 이는 국경에 전쟁이 일어난다는 뜻이니라."고 대답했다. 여왕의 예언을 증명하기라도 하려는 듯이, 이튿날 발 빠른 전령이 찾아와 백제가 다시 신라 서쪽 국경을 공격했다고 전했다.

신라와 백제 사이의 국경에서 분쟁이 끊이지 않는 동안에도 삼국의 수도는 평상시처럼 평온했다. 각국은 당나라에 왕자를 보내 교육시키고 당나라와의 외교 관계는 그 어느 때보다 가까웠다.

그런데 642년에 백제가 치명적인 실수를 저지르고 말았다. 백제는 이례적으로 신라를 공격하는 데 성공하고 국경 지대 주둔지 40개를 점유하여 신라와 당나라의 통신을 끊겠다는 계획을 세웠다. 백제는 신라 사신이 당나라로 가는 길을 막을 계획이었다. 그렇게 하면 백제의 적국인 신라와 당나라 사이의 우호 관계가 끊길 것이라고 믿었다. 계획 자체는 훌륭했으나 결과는 백제에 불리하게 작용했다. 이처럼 대단한 작전이 황제의 귀에 들어가지 않을 리 없었고, 신라 사신이 당나라로 들어가는 걸 막을 수도 없었다. 당나라 황제는 백제의 계획을 낱낱이 전해 듣고 백제가 딴마음을 품었다고 비난했다.

당나라가 고구려를 염탐하다　이즈음에 당나라 사신 진대독이 고구려 국경에 도착했다. 그는 고구려 수도로 들어가는 길에 경치를 감상하는 척하고 지방 감사에게 값비싼 선물을 주면서 고구려 도읍으로 들어가는 길에 놓인 여러 지역에 관한 자세한 정보를 캐냈다. 이런 방법으로 고구려를 염탐하여 중요한 정보를 캐내서 황제에게 알려줬다. 그는 육로와 해로로 동시에 공략하면 고구려를 정복하기 어렵지 않을 것이라고 주장했다.

연개소문, 잔칫집에서 피를 흘리다   그리고 같은 해인 642년에 고구려 관리 연개소문(淵蓋蘇文)이 영류왕을 암살하고 영류왕의 조카 장(臧)(보장왕寶藏王)을 왕위에 앉혔다. 연개소문 자신은 막리지가 되었다. 그는 몸과 마음이 강건했다. '매처럼 날카로웠다'고 한다. 연개소문은 물에서 솟아나와 기적적으로 태어났다고 주장했다. 잔인하고 사나워서 뭇사람들의 미움을 한 몸에 받았다. 처음에는 관직을 얻기 위해 허울 좋은 약속을 남발하며 자기를 싫어하던 대신들을 달랬지만, 막리지가 된 후에 나날이 포악해지자, 일부 대신은 왕을 찾아가 연개소문을 내쫓아 달라고 호소했다.

이 소문을 들은 연개소문은 큰 잔치를 베풀어 자기를 내쫓으려고 모의한 대신들을 모조리 죽였다. 그러고는 왕궁에 사람을 보내 왕을 죽이고 시신을 둘로 잘라서 도랑에 던져버렸다. 그리고 앞에서 밝힌 대로 장을 왕위에 앉혔다.

연개소문은 늘 칼을 다섯 개나 차고 다녔다고 전해진다. 그가 나타나면 모두 머리를 조아렸다. 말을 탈 때는 엎드린 사람을 밟고 탔다고도 한다.

토끼가 된 신라 사신, 거북이가 된 고구려   얼마 후에 신라에서 사신이 찾아왔다가 첩자라는 누명을 쓰고 감옥에 갇혔다. 고구려는 신라에 고구려의 옛 땅인 마현의 두 지역을 다시 넘겨주면 사신을 풀어주겠다고 말했다. 감옥에 갇힌 신라 사신은 고구려 대신 중에 친분이 있던 사람에게 도움을 요청했다. 그 대신은 사신에게 다음과 같이 풍유의 형태로 조언해줬다.

용왕의 딸이 병이 났는데, 의원이 말하길 토끼 간을 먹지 않으면 병이 낫지 않는다고 했다. 토끼는 육지 동물이라 구하지 못하던 차에, 거북이가 토끼를 잡아 용왕에게 대령하겠다고 자청했다. 거북이는 바다에서 나와서 신라의 바닷가에 닿았다. 거북이는 뭍으로 올라가 숨어서 잠자던 토끼를 찾았다. 거북이는 토끼를 깨워서 바다 저편에는 사나운 매도 사냥꾼도 없는, 토끼에겐 천국 같은 섬이 있다면서 자기가 등에 태워 데려다주겠다고 제안했다.

바다로 한참 나가자 거북이는 토끼에게 용왕이 간을 원하니 마음의 준비를 하라고 일러주었다. 그러자 토끼가 재빨리 꾀를 내어 이렇게 말했다. "그렇다면 이런 야단법석을 치르지 않아도 됐을 텐데 그랬군. 조물주가 토끼를 만들 때 간을 떼어낼 수 있게 해놨거든. 그래서 토끼들은 날이 더우면 간을 떼어내서 찬물에 씻어서 다시 넣지. 나 역시 네가 찾아오기 조금 전에 간을 씻어서 말리려고 바위에 올려뒀어. 원한다면 네가 가져. 나한텐 없어도 되거든." 거북이는 몹시 분하게 여기며 방향을 돌려 다시 뭍으로 헤엄쳤다. 육지에 뛰어 올라가자 토끼는 "잘 가게, 친구. 간은 내 뱃속에 잘 있다네." 하고 소리쳤다.

고구려 감옥에 갇힌 신라 사신은 수수께끼 같은 이 이야기를 곰곰이 곱씹어보다가 마침내 묘안을 찾아냈다. 그리고 고구려 왕에게 사람을 보내 이런 말을 전했다. "폐하께서 저를 옥에 가둬두면 국경 지대의 두 지역을 되찾지 못합니다. 저를 풀어주고 호위대를 붙여주면 신라 왕실로 가서 두 지역을 고구려에 돌려주라고 설득하겠습니다." 왕은 이 말에 선뜻 동의하여 사신을 풀어주었다. 사신은 일단 국경을 넘어 신라 땅으로 들어가자 호위대를 돌려보내며 두 지역을 돌려주는 문제는 자기 소관이 아니므로 신라의 왕실에서 이 문제를 논의하지 않겠다고 전했다.

당, 고구려에 도교 스승을 받아들이다 643년에는 강인하고 모든 사람들의 두려움의 대상이었던 연개소문이 당나라 황제에게 사신을 보내 도교 스승을 보내달라고 요청하면서, 불교와 도교와 신도神道는 솥의 다리 셋과 같아서 모두 꼭 필요하다고 주장했다. 황제는 연개소문의 요청을 받아들여 도교 스승 숙달叔達을 비롯하여 여덟 명의 스승을 보내고, 새로운 제식祭式을 익히는 데 필요한 책도 보내주었다.

연개소문의 기백이 당나라 왕실에 널리 알려지자 황제는 감히 고구려를 공격할 엄두를 내지 못했다. 황제는 중요한 시국에 당나라 병사를 차출하는 것은 적절하지 않으니 말갈에 사신을 보내 고구려에 대한 충성을 그만두고 고구려 북쪽 국경을 공격하도록 유도했다. 그러자 당나라 조정 일각에서는 연개소문이 제멋대로 하게 내버려두어, 당나라가 고구려를 공격할지 모른다는 의심을 없애고 국경을 수호하는 데 소홀히 할 때를 기다리자고 주장했다. 그러면 언젠가 결정적인 일격을 가할 기회가 생길 것이라고 했다.

당나라가 신라의 편에 서다 황제가 고구려에 도교 스승을 보내주고 연개소문이 옹립한 장을 왕으로 책봉한 데는 이런 배경이 있었다. 그때 신라 사신이 당나라에 찾아가 고구려에 맞서 싸울 수 있게 도와달라고 요청했다. 황제는 신라의 요청을 받아들이지는 않았지만 세 가지 전략을 제안했다.

첫째, 당나라는 말갈을 부추겨 고구려 북쪽 국경을 약탈하게 해서 남쪽 지방에 대한 경계를 늦추도록 해주겠다. 둘째, 당나라는 신라에 붉은 깃발을 대량으로 보내줄 테니 전투에서 사용해야 한다. 백제나 고구려 군이 붉은 깃발을 보면 신라와 당나라가 동맹을 맺은 걸 알고 앞다퉈 화평을 맺으려 할 것이다. 셋째, 당나라는 백제를 공격할 원정군을 보낼 것이다. 나중에 신라군과 연합하여 백제를 완전히 섬멸하고 백제 땅을 신라에 넘겨줄 것이다.

이로써 고구려를 정복할 방안이 마련된 셈이었다. 그러나 황제는 여기에 덧붙여 신라는 오랫동안 여왕이 다스렸기 때문에 대규모 군사작전을 감행하지 못할 것으로 보인다면서, 당분간 남자를 왕위에 앉히고 전쟁이 끝나면 다시 여왕으로 교체하라고 요구했다. 신라의 사신은 이 세 가지 요구 사항을 곰곰이 생각했지만 결정을 내리지 못했다. 그러자 황제가 그에게 어리석은 자라면서 신라로 돌려보냈다. 황제의 요구를 잘 살펴보면 고구려에 대한 두려움이 엿보인다. 당나라는 뭐든지 할 준비가 돼 있었지만 전쟁터에서 무서울 것 없어 보이는 고구려 병사만은 만나고 싶지 않았다.

결국에는 당나라가 백제·고구려와 대적하고 신라의 손을 들어주기로 했다. 마침내 오래 전부터 예견됐던 상황이 벌어졌던 것이다. 당나라가 요란스럽지는 않지만 실질적으로 신라의 손을 들어주자 당나라의 존립 기간 동안 한반도의 운명이 결정됐다.

얼핏 생각해도 당나라로서는 이런 결정이 바람직한 결정이었다는 것을 알 수 있다. 고구려는 반년 앞을 내다볼 수 없어 계속 감시해야 하는 나라였고, 백제는 북방 민족의 성향과 남방 민족의 성향이 혼합되어 강력하지도 않고 평화롭지도 않으며 늘 구름처럼 불안정한 나라였다. 반면에 신라는 순수 남방 민족으로서 중국 진秦나라 유민이 들어간 터라 중국인의 피가 흐를 가능성이 있었다. 신라는 한결같이 평화를 사랑하며 꾸준히 개혁하고 발전시키는 경향이 있었다. 어느 모로 보나 신라는 한반도 삼국 중에서 당나라의 가장 듬직한 우방이었다.

당나라, 고구려의 신라 공격을 만류하다 644년은 한반도로서는 중요한 해였다. 황제가 고구려와 백제에 사신을 보내 신라에 대한 약탈 행위를 중단하라고 명했다. 드디어 당나라의 정책이 겉으로 드러났던 것이다. 백제는 재빨리 황제의 명령을 받아들였지만, 고구려 연개소문은 고구려와 신라 사이에는 해묵은 갈등이 있으며 신라가 빼앗은 고구려 땅 500리를 돌려받기 전에는 신라에 대한 공격을 그만둘 수 없다고 대답했다. 황제는 화가 치밀어올라 다시 사신을 보내 똑같은 명령을 내렸는데 연개소문은 사신을 옥에 가두고 당나라에 맞섰다. 그러나 당나라가 고구려를 침략하기로 결정했다는 소식을 듣고는 생각을 바꿔 당나라 왕실에 금을 선물로 보냈다.

하지만 때는 이미 늦었다. 선물로 보낸 금이 돌아왔고 고구려 사신은 옥에 갇혔다.

당나라, 고구려 정벌에 신중을 기하다 당나라 조정에는 아직도 수나라가 고구려 산천에 병사 30만의 주검을 남겨둔 채 평양에서 도망쳐나온 무서운 기억을 떠올리는 이가 많아서 황제에게 신중을 기해야 한다고 조언했다.

하지만 황제는 고구려를 벌주지 않고 내버려두면 제국을 이루려는 야욕을 키워 황제 자리까지도 넘볼 수 있다고 생각했다. 그리고 북쪽 국경 지대에서 군량을 모아 태인성에 집결시켰다. 그런 뒤 황제는 지난번 전쟁의 참상을 직접 목격한 정운도라는 노장군에게 조언을 구했다.

노장군은 황제에게 유익한 조언을 해주며 고구려를 정복하는 게 결코 만만한 일이 아니라면서 세 가지를 근거로 들었다.

첫째, 고구려까지 가는 길이 너무 멀다. 둘째, 군량을 조달하기가 매우 어렵다. 셋째, 고구려 병사들이 여간 완강히 저항하는 게 아니다. 노장군은 적을 마땅히 대접을 해주면서도 상황의 어려움을 가볍게 여기지 않았다.

황제는 노장군의 조언을 귀담아 듣고 큰 도움을 얻었다. 당나라군은 과도하게 자만에 휩싸이지 않고 한 걸음씩 내딛을 때마다 신중에 신중을 기했다.

4만 당군이 고구려를 침략하다　당나라는 병력 4만을 전함 501척에 태우고 내주항에 내려서 육로로 넘어온 당나라 병력 6만과 북방민족이 파견한 병력과 합류하여 실질적인 군사작전을 감행했다. 사다리를 비롯해 온갖 전투 장비를 마련하고 본격적인 전투태세를 갖췄다. 황제는 요하를 넘기 전에 아래와 같이 널리 천명했다.

"연개소문이 당나라 봉신인 고구려 왕을 죽였으므로 그 책임을 밝히기 위해 진격한다. 고구려까지 가는 길에 만나는 어느 지역도 당나라에 거역하여 부질없이 인명과 재산을 버리지 않도록 해야 할 것이다. 신라와 백제와 거란은 이 같은 정당한 전쟁에 동참하라."

당, 요동성을 함락하다　아무런 저항 없이 요하를 건넌 당나라군은 거란성을 향해 진군하여 얼마 후에 거란을 수중에 넣었다. 거란에서 수천 명의 목을 베어 고구려 잔류 세력에게 당나라의 뜻을 거역하면 어떤 결과를 맞이하게 될지 보여주었다. 그 후 함모성이 쉽게 넘어갔다. 하지만 저 유명한 요동성은 호락호락하지 않았다. 요동성으로 들어가는 길목에는 길이 200리의 소택지가 가로막혀 있었다. 당나라군은 소택지에 길을 내고 당나라군이 모두 지나간 후에 길을 없앴다. 이는 스페인의 피사로Pizarro가 아메리카에 도착한 후 배에 불을 놓아서 돌아갈 방법이 없다는 사실을 보여준 것과 진배없었다.

당나라군은 요동성에 다다르자 맹렬하게 포위 공격을 감행했다. 당나라군은 긴 통나무에 사람을 매달아서 적진에 들어가 불을 놓게 했다. 장대에 매달린 사람이 성벽을 타고 넘어 성문을 열어주어 도시를 함락할 수 있었다. 이 전투에서 당나라 병사들은 백제가 황제에게 선물로 보낸 갑옷을 입고 싸웠다.

당 태종, 안시성에서 애꾸가 되다 당나라군은 안시성을 습격하면서 훨씬 큰 어려움에 봉착했다. 안시성은 말갈 지원군 10만을 도우라는 명령을 받고 불려온 고연수와 고해진 두 장군이 지휘하고 있었다. 먼저 당나라군은 수비대를 밖으로 끌어내서 전투를 벌이려는 책략을 썼다. 그러나 고구려 수비대를 지휘하던 장군은 현명하게도 돌격 명령을 거역했다. 그는 우선 가만히 지켜보고 있다가, 틈을 타서 당나라군이 군량을 확보하지 못하도록 보급로를 차단하여 궁지에 몰아넣자고 주장했다.

그러나 이런 소수 의견은 받아들여지지 않았고 고구려군은 사방이 트인 들판으로 달려나가 당나라군과 맞붙었다. 황제는 적진이 한눈에 내려다보이는 높은 곳에 올라가서 말갈 동맹군 진영이 40리(16킬로미터)로 뻗어 있는 광경을 목격하고는 극도로 경계하자고 다짐했다.

당나라의 이도종 장군이 평양성을 치러 가게 해달라고 요청했다. 고구려가 후방 수비에는 신경을 쓰지 못할 테니 순식간에 해치울 수 있을 것이라고 믿었던 것이다. 그러나 곧장 로마로 진격하게 해달라는 장군

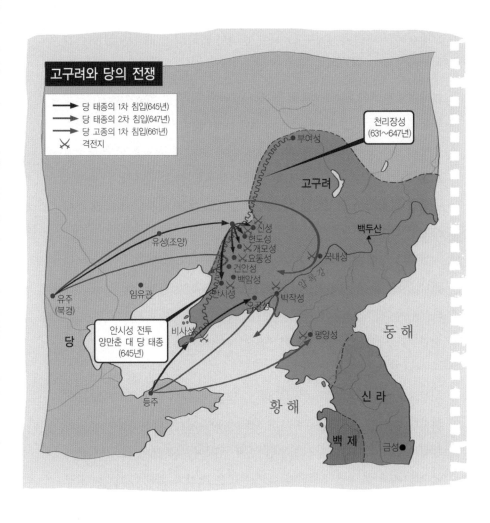

들의 요청을 받은 한니발Hannibal처럼 당나라 황제는 지나치게 신중한 탓에 최적의 기회를 놓쳤다. 황제에게는 이도종의 계획이 수나라군 30만을 잃었던 때와 비슷하게 들렸던 것이다.

황제는 고구려 진영에 사신을 보내 당나라는 싸움을 원하지 않으며 영류왕의 사인을 추문하려고 왔을 뿐이라고 전했다. 황제가 의도한 대로 고구려는 이 말을 듣고 경계를 풀었고, 그날 밤 당나라군은 안시성과 황제를 맞이하러나온 고구려군을 포위했다.

처음에는 당나라 포위군이 거의 보이지 않아서 고구려는 쉽게 이길 수 있으리라고 판단하고 맹렬히 공격했다. 그러나 잠시 후 고구려군은 당나라군에 포위된 상태였고 성으로 돌아갈 퇴로도 차단됐다. 이 전투에서 고구려군 2만 명과 말갈 동맹군 3천 명이 희생됐고 도망치다가 붙잡힌 병사도 수없이 많았다. 당나라군은 붙잡은 포로를 모두 고구려로 돌려보냈지만 귀족 3,500명은 당나라에 인질로 데려갔다. 전투가 안시성 외곽에서 벌어졌기 때문에 그즈음 황제는 성문이 열렸을 것이라고 예상했다.

그러나 성안에는 아직 막강한 수비대가 버티고 있었고 군량도 넉넉했다. 성안의 고구려군은 성문을 걸어 잠근 채 당나라군에 맞서 싸웠다. 전투에서 당나라가 승리했다는 소식이 전해지자 근처 고구려 성인 호황성과 의성은 저항을 포기했다. 안시성이 아직 버티고 있다는 소식을 미처 듣지 못했던 것이다.

황제의 측근 대다수가 안시성은 포기하고 고구려로 진격하자고 조언했지만 조심성 많은 황제는 자칫 퇴로가 차단될까 봐 신하들의 조언을 받아들이지 않았다. 결국 지루한 포위 공격이 계속됐다. 그러던 어느 날 성안에서 소 울음소리와 닭이 울부짖는 소리가 들리자 황제는 고구려군이 출정하기 전에 잔치를 벌일 준비를 하는 것이라고 추측했다. 추가로 말뚝을 뽑고 공격할 태세를 갖추었다. 그날 밤 성을 지키던 고구려군이 밧줄을 타고 성벽을 넘었다. 그러나 이미 포위하고 있던 당나라군을 발견하고는 후퇴하려 했지만 때는 이미 늦었다. 그리고 포위 공격이 계속됐다.

당나라군은 두 달여에 걸쳐 성벽 앞에 쌓은 흙무더기를 고구려군이 재빨리 돌격하여 차지했다. 안시성 포위 공격으로 황제는 화살에 맞아 눈을 잃었다고 전해지지만 중국 역사책에서는 이 사실이 기록돼 있지 않다.

늦가을 찬바람이 일기 시작하며 겨울이 성큼 다가왔다는 사실을 알렸다. 황제는 군대를 철수하는 문제를 생각해야 했다. 황제는 안시성을 지키던 소규모 고구려군의 담력과 용맹에 감복하고, 고구려 장군 앞으로 왕에게 충성을 다하는 모습을 칭송하는 서한과 비단 100필을 선물로 보냈다.

그리고 당나라로 돌아가는 기나긴 행군이 시작됐다. 7만의 당나라 병사가 다시 한 번 강력하게 버티던 고구려군에 패한 채 서쪽으로 발걸음을 옮겼던 것이다.

백제와
고구려의
멸망

김유신, 반란군을 물리치다

647년에 신라의 선덕여왕이 죽자 동
생 승만勝曼(진덕여왕)이 왕위를 물려
받았다. 황제는 진덕여왕眞德女王을 책봉했다. 마치 신라에 여인 정치
체제가 확립된 것처럼 보이는 상황이었다. 그러자 최고 관직에 있던 몇
사람이 변화를 일으키기로 마음먹었다. 비담과 염종이 반란을 일으켰
던 것이다. 두 사람은 많은 사람을 끌어모아 도성 근처에 주둔하면서
도성을 포위할 태세를 갖추었다.

반란군과 중앙군 어느 한쪽도 선제공격을 감행하지 못한 채 나흘이
나 대치했다. 전하는 이야기에 따르면 어느 날 밤 중앙군 진영에 별똥
별이 떨어지자 중앙군 병사들은 혼비백산하고 반란군은 환호성을 올렸
다고 한다. 그러나 중앙군을 이끌던 김유신 장군은 급히 왕비를 찾아가
흉조를 길조로 바꿔놓겠다고 약속했다.

그날 밤 김유신은 큰 연을 준비해서 꼬리에 등을 매달았다. 그리고
병사들의 사기를 북돋우며 땅의 신에게 흰 말을 제물로 바치고 연을 날
렸다. 반란군은 중앙군 진영에서 올라오는 불빛을 보고 신의 계시가 바
뀐 것으로 받아들였다. 반란군의 핵심부가 눈물을 흘리고 들판에 흩어
졌다. 대학살을 당한 반란군의 수는 크게 줄었다. 같은 해에 황제는 고

구려를 다시 공격할 계획을 세웠다가 불길한 징조인 혜성을 보고 단념했다.

고구려가 침략당하다　연개소문은 보장왕을 설득하여 왕자를 당나라에 보내 잘못을 이실직고하고 용서를 구하도록 했는데 황제는 바위처럼 완고했다. 이듬해에 다시 당나라에 서신을 보냈지만 고구려의 운명은 이미 끝나가고 있었다. 당나라는 서신에 대한 답으로 병사 3만과 강력한 함대를 보냈다. 요동 지방의 박작성을 포위하긴 했지만 이곳은 난공불락의 천혜의 요새였다. 황제는 하는 수 없이 "그만 돌아가자. 내년에는 3만이 아니라 30만을 이끌고 올 것이다."라고 말하고 돌아섰다. 그러고는 깊이 30미터의 전함을 만들라는 명령을 내렸다. 그리고 오호섬에 침략군에게 조달할 군량을 보관할 거대한 창고를 만들었다.

당나라, 신라를 지원하기로 결정하다　한편 신라는 당나라가 공공연하게 그들의 편을 들어준 데 힘입어 백제를 쳐부수고, 스물한 개성을 빼앗고 병사 3만을 죽였으며 신라인 포로 9천 명을 되찾았다. 그러고는 당나라가 앞장서서 지원해주지 않으면 당나라에 사신을 보내지 않겠다며 당나라의 지원을 강력히 요청했다. 그러자 황제는 소정방蘇定方 장군에게 병사 20만을 이끌고 가서 신라를 지원하라고 명했다.
　황제는 고구려를 공격할 새로운 방법을 찾아냈던 것이다. 신라 사신이 이 같은 좋은 소식을 들고 서둘러 신라로 돌아가던 중에 고구려 사절단이 그 뒤를 밟아 신라의 사신을 죽이려 했다. 고구려로부터 강한 압박을 받던 사신은 꾀를 내서 간신히 탈출했다. 일행 중 한 명에게 사신의 관복을 입히고 사신 행세를 하게 해서 고구려의 암살자를 유인하였고, 결국 그 사신 대신 죽음을 맞이하였다. 이 틈에 진짜 사신은 멀리 달아날 수 있었다. 이때부터 신라가 처음으로 중국식 복식을 받아들였으며 최초로 황제의 허가를 받아냈다. 이 복식은 조선 시대 사람들이 입던 의복과 유사했다고 전해진다.

삼국과 당나라의 관계　　신라로서는 안타까운 일이지만 649년에 당나라 황제가 죽고 고구려가 다시 제멋대로 행동하기 시작했다. 백제 또한 기세등등해져서 엄청난 병력을 이끌고 신라를 공격하여 성 일곱 개를 차지했다. 그러자 신라는 백제 백성들이 살던 가옥 1만 채를 차지하고 백제의 엄상 장군을 살해함으로써 되갚아주었다.

신라는 한시바삐 새 황제의 호의를 얻으려 했다. 사신이 선물을 들고 자주 황제를 찾아갔다. 신라는 당나라 연호를 채택하는 것을 비롯한 여러 가지 풍습을 도입하여 강대국의 비위를 맞추었다. 그러자 백제 사신은 황제에게 싸늘한 냉대를 당하고 돌아가면 신라에게 빼앗은 땅을 돌려주고 적대적 도발을 중단하라는 명령을 들었다. 물론 백제는 정중히 거절했다. 중국의 역대 황제는 선대로부터 이어져 내려오는 전쟁을 기피하는 경향이 있었다. 과거사는 과거로 흘려보내자는 취지였다. 그래서 새 황제는 고구려가 우호적으로 나오자 우호적으로 받아들였다.

신라에 대항하는 여제동맹　　진덕여왕 시대가 끝나자 한반도에 위태로운 국면이 펼쳐졌다. 고구려와 백제는 오랫동안 이런 상황에 대비해왔다. 642년에 두 나라 사이에 연합이 결성됐다. 당나라가 지원해준다는 보장을 받아놓지 않았다면, 신라는 미래는 암울했을 것이다. 이웃 나라 고구려와 백제가 신라를 공격하려고 연합했고, 말갈마저 고구려의 편에 섰다.

고구려와 백제는 신라를 경계하고 두려워하는 마음으로 의기투합한 뒤 곧 연합군을 조직하여 신라로 진격했다. 고구려와 백제 연맹군은 첫 번째 맹공격에서 신라 국경 지대의 성 서른세 개를 함락했다. 당나라가 한반도에서 가장 신의를 지킨 책봉국 신라를 도와줄 마지막 기회였다. 이 기회를 놓치면 신라는 고구려와 백제 연맹국에게 넘어갈 판이었다. 급히 사신을 보내지 않았다면 신라는 벌써 적의 손에 넘어갈 판이었다.

당나라가 고구려의 관심을 분산시키다　황제는 신라가 패망하도록 내버려둘 생각이 없었으므로 하루도 지체하지 않고 정명진과 소정방 장군이 이끄는 군대를 요동으로 보냈다. 그 결과 압록강 이북의 여러 고구려 성이 당나라에 넘어갔다. 이로써 고구려가 신라에 관심을 거두도록 하는 데는 성공했지만, 백제는 신라와의 전쟁을 지속했다. 두 나라 사이에는 밀고 밀리는 공방전이 계속됐다. 그러나 당시 백제 왕실은 극도로 타락했으며, 무능한 장수가 지휘하던 소규모 부대만 남았을 정도로 백제는 극도로 취약해진 상태였다.

성충, "탄현과 백강에 수비대를 배치하라"　한편 신라의 조미곤이라는 사람이 백제에 포로로 끌려가 백제 관리의 집에서 노비로 일한 적이 있었다. 어느 날 조미곤은 백제에서 탈출하여 신라로 돌아왔다. 그러나 신라의 장군이 조미곤에게 다시 백제의 도성으로 돌아가 백제를 공격하는 데 필요한 임무를 수행하라고 설득했다. 조미곤은 백제로 돌아가서 자기가 모시던 관리를 염탐한 끝에 그 관리는 재물만 쥐어주면 당장이라도 백제를 팔아넘길 인물이라는 사실을 알아냈다. 이때부터 백제가 몰락하기 시작했다고 전해진다.

백제 왕은 무능하고 타락할 대로 타락한 인물이었다. 가까운 충신을 감옥에 집어넣어 굶어죽게 한 적도 있었다. 주제넘게 나섰다는 이유에서였다. 성충成忠은 감옥에서 죽어가면서도 "탄현과 백강에는 반드시 강력한 수비대를 배치해야 합니다."라고 충언을 고했다. 두 곳은 백제 수비의 전략적 요충지였다. 두 곳만 잘 방어하면 적에게 불시에 기습을 당할 염려가 없었다. 그러나 이때부터 사태는 악화 일로로 접어들었다.

당 나 라 군 이　백 제 에　파 견 되 다　북쪽에서는 당나라가 고구려의 관심을 묶어두었고, 남쪽에서는 신라든 백제든 어느 쪽이나 얻는 것이 없는 지루한 공방전이 지속되던 중, 660년에 신라가 다시 당나라에 사신을 보냈다. 그리고 마침내 신라의 원대한 꿈이 이루어졌다. 황제가 소정방에게 병사 13만을 배에 싣고 백제로 들어가 신라군과 합세하여 백제를 정벌하라는 명령을 내렸던 것이다. 신라군은 남천 일대로 들어가 있다가 소정방으로부터 7월에 백제 도성에서 만나자는 전갈을 받았다.

백 제　몰 락 의　전 조　전하는 이야기에 따르면 백제가 멸망하기 전에 백제에는 수많은 징조와 조짐으로 불운의 그림자가 드리웠던 듯하다. 개구리가 나뭇잎처럼 나무에 매달려 자랐으며 개구리를 죽이면 그 사람이 따라 죽었다고 한다. 산 위에는 검은 구름이 만나 서로 으르렁댔고, 절반은 개고 절반은 사자 형상의 동물이 하늘을 날아 왕궁에 들어와서 큰소리로 울부짖으며 으르렁댔다고 한다. 또 거리에는 개들이 떼를 지어 몰려다니며 울부짖었고, 무섭게 생긴 도깨비가 왕궁에 들어가 "백제가 무너진다. 백제가 무너진다."고 소리친 뒤 땅속으로 꺼졌다고도 한다.

왕이 그 자리를 파보니 거북이 한 마리가 나왔고 거북이 등껍질에 이렇게 적혀 있었다. '백제는 보름달이고, 신라는 반달이다.' 왕이 점쟁이를 불러 무슨 뜻인지 해독해보라고 하자 점쟁이가 이렇게 대답했다.

"신라는 욱일승천하고, 백제는 보름달이니 이제 이지러지는 일만 남았다는 뜻입니다." 왕은 점쟁이의 목을 베라 하고 다른 점쟁이를 불러들였다. 점쟁이는 신라가 절반이나 이지러진 것이고 백제는 최고의 절정에 이르렀다고 말했다.

김유신과 계백의 결전   그 말에 안심한 왕은 전쟁 대책 회의를 소집했다. 서로 상반된 의견이 쏟아져나왔다. 곧장 당나라를 쳐야 한다는 주장도 있었고, 신라부터 손봐줘야 한다는 주장도 있었다. 백제에서 추방당한 어느 명망 있는 장군을 불러오게 했으나, 그 역시 왕이 감옥에 가두어 굶어죽게 한 충신이 했던 말과 같은 의견을 내놓았다. "탄현과 백강의 수비를 강화해야 합니다." 그러나 대신들 대다수는 우선 당나라군을 백제 땅에 불러들여 무찌르고, 신라군 일부를 탄현 고개로 유인해서 공격하자고 주장했다. 뒷말은 자기네 목숨을 보존하기 위한 결정이었다.

백제군이 탄현에 당도해보니 유명한 김유신 장군이 이끄는 신라군이 벌써 고개를 넘어오고 있었다. 전투가 시작되자 백제군은 용감무쌍하게 싸웠다. 그러나 승리의 여신은 신라의 손을 들어주었고, 이로써 신라군이 당나라군을 만나기로 한 집결지인 백제 도읍까지 가는 길이 일사천리로 뚫렸다. 백제 계백 장군은 만약의 경우에 마음이 흔들릴까 염려하여 식솔을 모두 죽이고 전쟁에 나섰다고 전해진다. 계백 장군은 황산벌 전투 중에 쓰러졌다.

백제 궁녀, 낙화암에서 꽃잎처럼 떨어지다   신라군이 백제의 도읍으로 진격하자 백제 의자왕은 지금의 공주로 달아났다. 뒤에 남겨진 궁녀들은 신라군의 노리갯감이 될 게 분명하다는 사실을 알고 대왕항 절벽에 올라가 강물에 몸을 던졌다. 노래와 이야기로 구전되어 유명해진 이 절벽에는 '꽃잎이 떨어지는 절벽'이라는 뜻으로 낙화암洛花岩이라는 시적인 이름이 붙었다. 신라군은 도읍으로 밀고 들어가 미처 달아나지 못한 왕의 둘째 아들을 붙잡았다. 며칠 후 왕과 태자는 숨어 있던 곳에서 나와 스스로 신라에 투항했다.

앞서 합의한 대로 신라군과 당나라군이 만나 백제를 손아귀에 쥐었다. 당나라 소정방은 자신이 황제에게 사태를 해결하기 위한 전권을 위임받았으며, 당나라가 백제 영토의 절반을 차지하고 신라가 나머지 절반을 차지하라고 주장했다. 당나라로서는 후하게 내놓은 제안이었으나 신라군 사령관이던 김유신은 신라는 백제 땅을 전혀 원하지 않으며 과거 백제가 수차례 저지른 만행을 갚아주기만 하면 된다고 말했다.

그날 밤 잔치에서 의자왕은 점령군 장수에게 술을 따라야 했다. 이처럼 모욕적인 처분은 백제에 복수하려던 신라의 열망을 충족시켜주었다. 당나라 장수는 당나라로 돌아가 의자왕과 왕자 넷을 폐하고 최고 관직에 있던 대신 88명과 백성 12,807명을 붙잡았다고 보고했다.

660년에 백제가 멸망했다. 백제가 건재한 678년 동안 31명의 왕이 왕위에 올랐다. 그런데 이 기록에는 모순되는 부분이 하나 있다. 백제가 건재한 기간이 678년이라고 하면서도 백제가 건국한 시기를 중국 한나라 성제成帝 3년으로 적고 있다는 점이다. 성제 3년이라면 기원전 29년이므로 결국 백제의 존립 기간은 689년이 된다.

백제가 분할되다 신라는 백제 영토를 분할하자는 제안을 거부했지만 당나라는 수월하게 관리하기 위해 백제 영토를 다섯 개 행정구역으로 나누었다. 다섯 개 지역은 웅진, 마한, 동명, 금련, 덕안이었다. 중앙 정부는 백제의 옛 도읍 사비에 있었다. 각 지역은 백성 중에 선택된 인물이 다스렸다. 백제는 몹시 불안정했다. 각 지역에서 불평의 목소리가 터져나왔으며 소란이 자주 일어났다. 백제군 패잔병들이 산속에 자리 잡고 요새를 만들어 새로 들어선 정부에 저항했다. 저항 세력은 도읍과 지방 구석구석에서 동조하는 무리를 찾아냈다. 당나라에서 보낸 도독都督 유인원劉仁願은 백제를 통치하는 일이 쉽지 않다는 사실을 깨달았다. 그러나 아직은 신라의 지원을 받을 수 있었다. 신라군은 국경을 넘어 백제 반란군이 버티던 위례성을 공격했다. 신라는 위례성을 함락하고 앞서 언급한 산속의 요새로 진격하여 '계탄'를 가로질러 반란군의 참호를 무너뜨리고 당나라 도독의 무거운 짐을 덜어주었다.

고 구 려 가 신 라 를 공 격 하 다　　고구려는 이 소식을 전해 듣고 고구려에도 불길한 일이 벌어질지 모른다고 판단했다. 얼마 후 고구려는 강력한 군대를 파견하여 신라 국경을 넘어 칠정성으로 돌진했다. 기록에 따르면 신라 장수에게 고슴도치처럼 화살을 박아주었다고 한다.

　　백제가 무너지자 당나라는 재빨리 고구려를 정복할 계획을 세웠다. 최후의 일전이 벌어졌고, 한반도에서 가장 자존심이 강하고 강인하며 용감한 왕국이 종말을 고할 운명에 처한 것이었다. 당나라에 끌려간 백제 의자왕은 661년에 당나라에서 죽었다. 같은 해에 계필, 소정방, 하력 장군은 고구려로 진군하여 하남에 집결하고, 다른 부족에서 보내온 지원군과 함께 회흘回紇(위구르) 병사들과 합류했다. 이 작전은 육로와 수로로 수행할 계획이었다. 황제는 원정군에 합류하고 싶었지만 때마침 황후가 죽는 바람에 합류하지 못했다.

백 제 부 흥 지 도 자 복 신 , 부 여 풍 을 왕 으 로 옹 립 하 다　　한편 백제의 상황은 다시 복잡해졌다. 복신福信이라는 인물이 반란을 일으키고, 백제 왕자 부여풍扶餘豊을 옹립하여 백제를 재건할 계획을 세웠다. 백제 백성들에게는 반가운 소식이 아닐 수 없었다. 백성들이 복신의 백제 부흥 운동에 동참하는 것을 보고 황제는 복신의 계획이 성공을 거둘까 봐 걱정하기 시작했다. 따라서 황제는 신라에 사신을 보내서 백제에 군대를 파견하여 반란을 진압하라는 명령을 내렸다.

곧 진압 작전이 시작됐다. 당나라 장군 유인궤劉仁軌는 복신의 무리가 차지한 웅진성을 함락하여 반란 세력을 축출했지만 잔여 세력이 남아 참호를 쌓고 꿋꿋이 맞섰다. 그러나 결국에는 이들도 신라와 당나라 연합군의 공격을 받아 패주했다. 비록 반란군이 패주하긴 했지만 백성들의 동조를 얻어냈기 때문에 백제는 정부군과 신라군에 대항하여 크고 작은 승리를 거둔 반란 동조자 무리들로 들끓었다.

신라의 김유신 장군은 백제 영토를 종횡무진하면서 백제 반란군을 산속으로 쫓아내기도 하고 고구려의 습격을 막아내기도 했다. 위험한 곳에는 반드시 김유신이 나타났다.

당의 기습전에 고구려군 3만이 전사하다 그해 가을 당나라는 고구려군과 맞서 결정적인 승리를 거두었다. 그리고 마읍산에 자리 잡은 고구려 성이 당나라에 넘어갔다. 이로써 평양성까지 가는 길이 뚫리자 당나라는 거침없이 진격하여 평양성을 포위했다. 황제는 신라에게 군대를 파견하여 당나라와 연합하라고 명했다.

신라는 황제의 명령을 받아들이기는 했지만, 막강한 고구려군의 위력을 익히 아는 터라 섣불리 행동했다가 큰 화를 면치 못할까 봐 몹시 걱정했다. 그래도 명령을 거역할 수는 없었다. 만약 명령을 거역하는 날에는 당나라를 신라의 편으로 끌어들이기가 힘들어지고, 선점한 유리한 지위도 버려야 했기 때문이다.

북쪽에서는 아직 일부 고구려 세력이 버티면서 대규모로 밀려 들어오는 당나라 지원군을 저지했다. 때는 늦은 가을이었고 압록강은 이미 얼어붙었다. 덕분에 당나라군은 밤을 틈타 강을 건너 고구려군을 기습 공격하여 큰 승리를 거둘 수 있었다. 이 전투에서 고구려 병사 3만 명이 전사했다고 전해진다.

당, 평양성 포위를 중단하다 곧 고구려가 몰락하리라는 건 불 보듯 뻔한 일이었지만 황제는 당나라군이 고구려 땅에서 겨울을 날 일을 더 걱정한 나머지 더욱 강하게 밀어붙이지는 못했다. 그래서 당나라군에 당장 철수하고 돌아오라는 명령을 내렸다. 평양성을 목전에 둔 장군들은 황제의 명령을 받고 분통을 터트렸지만 군량이 바닥이 나기도 해서 명령에 복종하지 않을 수 없었다.

얼마 후 신라군이 군량을 두둑이 준비해서 평양성 앞에 당도했다. 당나라군은 신라군을 맞이해 군량을 받아먹고는 마지못해 진영을 거두고 당나라로 돌아갔다. 뒤에 남은 신라군이 어떤 심경이었을지는 구구절절이 기록하기보다는 상상에 맡기는 편이 낫겠다.

자만심에 빠진 복신이 살해되다 고구려가 당나라의 공격으로 고전을 면치 못하는 동안 남쪽에서는 흥미로운 상황이 전개됐다. 항상 백제에 종속되어 있던 제주도의 탐라국이 새로 신라와 동맹을 맺은 것이다. 당시 탐라군주는 도동음률徒冬音律이었다.

한편 백제의 반란 주도자 복신이 다시 모습을 드러냈다. 복신은 주변 세력의 압력이 사라지자 다시 모습을 드러내며 당나라로부터 웅진성을 빼앗았다. 지방 도독의 간곡한 요청을 받은 황제는 손인사孫仁師 장군에게 소규모 군대를 이끌고 가서 복신을 진압하라고 명했다. 그러자 복신은 진현으로 돌아가 요새를 쌓고 숨었다.

소기의 성과를 거둔 복신은 자만심에 빠졌다. 결국 복신을 따르던 반란군 무리가 들고 일어나 복신을 살해하고 고구려와 일본에 서한을 보내 당나라에 저항하는 데 필요한 병력을 지원해달라고 요청했다. 서신을 받은 일본은 대규모 병력을 보내 백제 독립을 위해 굳건히 싸운 반란군을 지원했다.

백제와 일본 연합군, 임존성에서 무너지다 663년에 황제는 신라 왕에게 계림 대도독大都督이라는 칭호를 내렸다. 당나라가 평양을 목전에 두고 물러나면서 신라군이 위태로운 상황에 처하게 됐을 당시 당나라군 중 일부가 뒤에 남았던 것 같다. 당나라군이 모두 떠나면 백제의 과격한 반란 무리가 들고 일어날지 모른다는 이유에서였다.

그리고 663년에 황제는 손인사 장군이 이끄는 막강한 군대를 보냈다. 신라 또한 장군 스물여덟 명이 이끄는 정예부대를 보내서 평양성 앞에 당도한 당나라군과 합류했다. 그러나 도중에 작전이 바뀌었다.

신라와 당나라 연합군은 남쪽으로 내려가 골치 아픈 백제 반란군과 일본 연합군을 격퇴시키기로 했다. 우선 반란 세력이 차지하고 있던 주류성으로 향했다. 주류성으로 가는 길에 백강 유역에 상륙하던 일본군과 맞닥뜨렸다. 일본 병사들이 달아나고 배는 불에 탔다. 나당 연합군은 행군을 계속하여 주류성을 완전히 포위했다. 성은 순식간에 함락됐고 정부군에 도전하던 반란군 우두머리가 붙잡혔다. 그러자 반란 세력과 일본 병사들이 모두 투항했다. 그리하여 마지막으로 지금의 대흥인 임존성이 치열한 사투 끝에 무너졌다.

전쟁이 끝나갔다. 죽은 사람을 매장하고 백제 도읍에 거주하는 백성에 대한 호구조사가 이뤄졌으며 가난한 사람을 보조해주었다. 백성들은 일상으로 돌아갔다. 평화를 되찾은 기쁨의 함성이 여기저기서 터져 나왔다.

융에게 웅진성 대도독 직함을 내리다 한편 유인궤 장군은 황제의 퇴각 명령을 받고도 평양성 앞에서 진영을 철수하지 않았다. 그리고 황제에게 서한을 보내 병사들이 2년이나 고향을 떠나 있어서 반란을 일으킬지 모른다고 보고했다. 그리고 군대를 철수하라는 황제의 명을 받긴 했지만 2년간 뿌려놓은 씨앗에서 싹이 트고 열매를 맺을 때까지 기다려보기로 했다.

황제는 백제 마지막 왕인 의자왕의 아우 부여융扶餘隆을 옛 백제 땅을 다스릴 도독으로 앉혔다. 부여융에게 웅진성 대도독이라는 벼슬을 내려 그 지역을 잘 다스리라고 명했다. 665년의 일이었다.

당, 백제·신라 평화조약을 강요하다 665년에 유인원은 당나라로 돌아오라는 명령을 받고 돌아가기 전에 중요한 조치를 취했다. 신라왕과 웅진성 대도독에게 앞으로 싸우지 않겠다고 백마의 피로 맹세하도록 시켰던 것이다. 맹세는 지리산 성에서 이루어졌으며 희생된 말은 제단 아래 묻혔다. 그리고 맹세를 서면으로 작성하여 신라의 왕들을 모시는 오래된 사당에 보관했다.

유인원이 당나라로 돌아간 후 유인궤가 신라, 백제, 탐나, 일본의 사신을 이끌고 뒤를 따라 당나라로 들어갔다. 황제는 평화조약을 공고히 확정하기 위해 네 나라의 사신이 보는 앞에서 하늘에 제사를 올렸다. 그러나 백제의 새 통치자는 신라를 두려워한 나머지 이 일이 있은 후 당나라로 도망쳤다고 전해진다.

연개소문의 둘째 아들 연남건의 배반　고구려가 몰락하게 된 마지막 사건은 철권통치를 지속하던 연개소문의 죽음에서 시작됐다. 연개소문에게는 병사들을 전쟁터에 나가 싸우도록 독려하는 천부적인 능력이 있었고, 장군에게 용기를 불어넣어 궁극의 승리를 거두게 하는 확고한 신념이 있었다. 하지만 연개소문이 지하에 묻히자 고구려가 믿고 의지할 수 있는 유일한 대상이 사라지고 말았던 것이다.

안타깝게도 연개소문이 남긴 두 아들은 아버지와 마찬가지로 광포하고 참을성이 없었다. 연개소문의 장남 연남생淵男生이 아버지의 뒤를 이어야 했지만 다른 일로 고구려 밖에 나가 있어서 둘째 연남건淵男建이 대막리지 자리에 올랐다. 그 후 연남생은 압록강으로 도망쳐 말갈과 거란의 우두머리가 되어 그들을 이끌고 당나라 황제의 편에 섰다.

결국 연남건이 형을 배신한 탓에 고구려는 강력한 우방을 잃고 연남생을 화합할 수 없는 적으로 만든 셈이었다. 황제는 연남생을 요동 도독 자리에 앉히고 말갈과 거란을 이끌고 고구려를 칠 방편으로 삼았다. 그 후 당나라 정규군까지 합세하여 죽음의 향연이 시작됐다.

고구려의 여러 성이 투항하다　당나라군이 들어올 때 마침 고구려의 연천도 장군이 신라에 항복하고 변방의 12성을 넘겨줬다는 소식이 들렸다. 당나라가 요하를 건너 고구려의 변경 지대로 들어온 것은 그 이듬해의 일이었다. 당나라 장수는 병사들에게 신성이야말로 전략적 요충지이므로 신성만 함락하면 나머지는 저절로 무너질 것이라고 큰소리쳤다. 그리하여 신성을 포위하고 전투가 시작됐다. 신성을 지키던 장수는 고구려 충신으로 사력을 다해 성을 지킬 생각이었지만, 병사들은 그 생각을 받아들이지 않아 장수를 포박하고 당나라에 항복했다. 그러자 16개 성이 차례로 무너졌다.

당나라 고간高侃 장군이 서둘러 진격하여 금산에서 고구려군과 맞서 결정적인 승리를 거둔 사이, 설인귀薛仁貴 장군은 남소, 목저, 장암성으로 물러났고 이곳에서 연남생이 이끄는 말갈과 합류했다.

고구려, 압록강을 방어하다 또 다른 당나라 장수 원만경元萬頃은 고구려 도읍에 '그러면 이제 너희가 그토록 아끼는 압록강 방어에 힘써라.'라는 허풍스런 서한을 보냈다. 그러자 '물론이다.'라는 의미심장한 답장이 돌아왔다. 그리고 고구려는 압록강을 철저히 봉쇄하여 그해에 당나라 병사 단 한 명도 압록강 이남 땅에 발을 들여놓지 못하게 했다. 황제는 허풍선이 장수 원만경의 부주의한 처신에 크게 화를 내며 영남으로 추방했다.

신라는 군대를 고구려로 보내라는 명령을 받아들이고 당나라의 유인원 장군, 김인태金仁泰 장군과 평양성 앞에서 만나기로 했다. 당시 두 장군은 백제에 주둔하고 있었다.

고구려 멸망의 전조 668년에는 압록강 이북 전 지역이 당나라에 넘어갔다. 고대부터 건재해온 부여성마저도 설인귀에게 넘어갔다. 황제는 사신을 보내 "고구려를 정복할 수 있는가?"라고 물었다. 그러자 "물론입니다. 예언에 따르면 700년 후에 고구려가 몰락할 것이고 여든 살짜리 장군이 고구려를 무너뜨릴 것이라 했습니다. 고구려가 세워진 지 700년이 지났고 이적李勣 장군이 여든 살입니다. 이적 장군이 바로 예언을 실현할 인물입니다."라는 대답이 돌아왔다.

고구려 도읍에서는 무시무시한 전조가 나타났다. 지진이 일어나고 여우가 길거리를 뛰어다녔으며, 백성들은 두려움에 떨었다. 고구려의 종말이 가까워지고 있다는 뜻이었다.

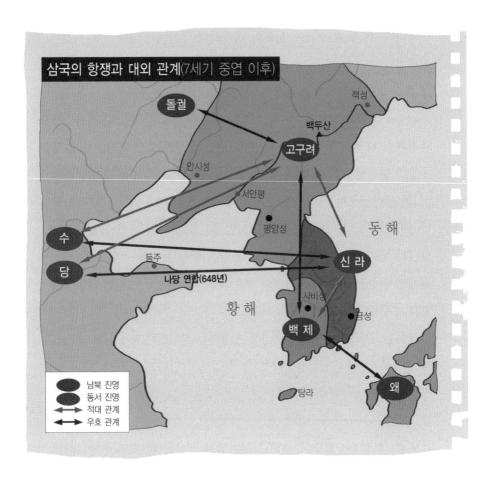

삼국의 항쟁과 대외 관계(7세기 중엽 이후)

돌궐

책성

백두산

고구려

안시성

서안평

평양성

동 해

수

당

등주

나당 연합(648년)

신 라

사비성

금성

황 해

백 제

탐라

왜

남북 진영
동서 진영
적대 관계
우호 관계

나당 연합군이 평양성으로 진격하다　고구려의 멸망에 얽힌 이
야기는 다음과 같다. 연남건은 부여성을 지원하기 위해 지원군 5만을
보냈지만 그중 3만이 죽고 나머지는 뿔뿔이 흩어졌다. 6월에는 신라가
당나라의 명령에 따라 고구려에 군대를 파견했다. 위대한 장군 김유신
이 병들자 김인문金仁問 장군이 스물여덟 명의 장군을 지휘했다. 신라
가 북쪽으로 향하는 동안 이적이 이끌던 당나라군은 북쪽에서 대흥성
을 함락하고, 압록강 수비벽을 허물기 위해 전군을 결집시켰다. 수비벽
이 뚫리자 당나라군은 아무런 저항도 받지 않고 210리 길을 진군했다.

고구려 성이 하나둘씩 투항하고 마침내 계필하력契苾何力이 역사적인 도성 평양성에 도착했다. 다음에 이적이 들어오고 마지막으로 김인문이 신라군을 이끌고 당도했다.

한 달간의 포위 공격이 지속되자 고구려 보장왕은 천남산泉男山 장군과 수령 아흔 명에게 항복할 의사를 표시하는 깃발을 들려 내보냈다. 그러나 대막리지이던 연남건은 어떤 상황이 벌어질지 알고 포위군을 향해 과감하게 공격을 감행했다. 공격은 실패로 돌아갔으며 불운한 사내 연남건은 칼로 목을 베어 자살했다.

나이든 장군 이적은 보장왕, 복남과 덕남이라는 두 왕자, 수많은 고구려 신하, 연남건의 친척, 그밖에 무수한 평양성 백성들을 붙잡아 당나라로 끌고갔다. 황제는 그 공을 인정해주어 이적에게 최고의 상을 내렸다. 이적이 고구려에서 승리를 거두고 돌아가면서 끌고간 포로가 2만에 달했다고 전해진다.

고구려는 기원전 37년부터 668년까지 705년간 건재했으며 그동안 고구려를 다스린 왕은 모두 28명이었다.

삼국통일
이후의 신라

668년, 과연 삼국이 통일되었나

고구려가 멸망하자마자 신라군은 포로 7천 명을 끌고 신라로 돌아갔다. 왕은 장군과 병사들에게 비단과 상금을 후하게 하사했다.

당나라는 고구려를 아홉 개의 도독부로 나누고, 42개 주州와 그보다 작은 행정구역 100개를 두었다. 평양성에는 설인귀 장군이 수비대 2만 명을 거느리고 주둔했다. 그밖에 수많은 지역 중 일부는 당나라 도독이 다스리고, 일부는 고구려 지방관이 다스렸다.

이제 신라 왕이 한반도의 유일한 왕이 되었다. 신라가 당나라에 신의를 지킨다는 표시로 압록강을 넘지는 않았어도 압록강까지는 세력을 넓혔다는 주장이 있기는 하다. 하지만 당시 신라가 지금의 황해도 중부 이상을 넘어가지는 않았을 것이다. 역사에는 668년에 삼국이 통일됐다고 기록돼 있지만 한번에 통일되지는 않았던 것으로 보인다.

신라가 당나라를 속이다   당나라는 백성 3만 8천 호의 고구려 백성을 중국으로 끌고가 강회에 식민지를 건설했고 일부 백성들을 중국 서부 산남 지방으로 이주시켰다. 신라가 영토를 넓게 확장할 계획이었는지 명확히 기록한 문헌은 없다. 그러나 신라 사신이 당나라에 찾아가

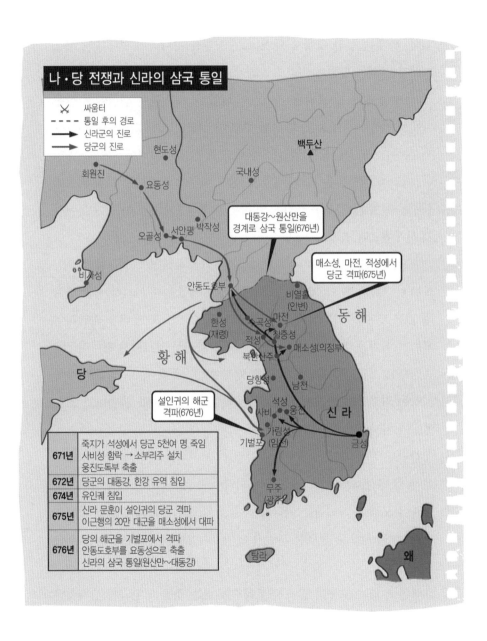

나·당 전쟁과 신라의 삼국 통일

✕	싸움터
- - -	통일 후의 경로
➡	신라군의 진로
➡	당군의 진로

현도성
회원진
요동성
국내성
백두산
서안평 박작성
오골성
대동강~원산만을
경계로 삼국 통일(676년)
비사성
매소성, 마전, 적성에서
당군 격파(675년)
안동도호부
비열홀
(안변)
한성
(재령)
소곡성
마전
동 해
적성
칠중성
황 해
북한산주
매소성(의정부)
당
당항성
남전
설인귀의 해군
격파(676년)
사비
웅진
석성
신 라
가림성
금성
기벌포 (임진)
무주
광주
탐라
왜

671년	죽지가 석성에서 당군 5천여 명 죽임 사비성 함락 → 소부리주 설치 웅진도독부 축출
672년	당군의 대동강, 한강 유역 침입
674년	유인궤 침입
675년	신라 문훈이 설인귀의 당군 격파 이근행의 20만 대군을 매소성에서 대파
676년	당의 해군을 기벌포에서 격파 안동도호부를 요동성으로 축출 신라의 삼국 통일(원산만~대동강)

자 황제는 신라 왕이 한반도 전체를 차지하고 싶어한다고 비난하며 사신을 감옥에 가두었다는 기록으로 보아 당시 신라의 계획을 짐작할 수 있다. 황제는 신라 왕에게 활 만드는 장인을 당나라에 보내 1천 보를 날아가는 활을 만들게 하라고 요구했다. 그러나 이들 장인이 당나라에 가서 만든 활은 30보밖에 날아가지 않았다. 장인들은 신라에서 나는 나무로 만들어야 좋은 활을 만들 수 있다고 설명했다. 그리하여 신라에서 나무를 가져와 활을 만들었는 데도 화살이 60보밖에 나가지 않았다. 그러자 장인들은 바다를 건너오면서 나무가 상했다는 것밖에 달리 설명할 길이 없다고 주장했다. 이로써 당나라 황제와 신라 왕이 틀어지기 시작했으며 결국 두 나라 사이에 전쟁까지 일어나고 말았다.

신 라 의 세 력 범 위   신라는 고구려 영토에서 원래 차지하게 될 땅보다 넓은 영토를 차지할 생각으로, 각 지방에 소규모 군대를 파견하여 세력이 미치는 땅을 모두 차지했다. 새로 차지한 영토에서 당나라군을 축출하고 고구려 지방관에게 맡길 생각이었던 듯하다. 또 말갈이 북쪽 지방을 약탈하기 시작하자 신라가 군대를 보내 말갈을 몰아내고 넓은 영토를 차지했던 것으로 보인다.

한반도 일부 지역을 아무런 갈등 없이 지배하고 싶던 당나라의 소망은 금세 깨지고 말았다. 옛 고구려 지역에 새로운 정치조직을 설치하자마자 검모잠劍牟岑이라는 관리가 폭동을 일으켜 당나라 관원을 죽이고 안승安勝을 왕으로 옹립한 사건이 일어났다. 안승은 고구려 왕실 후손이었다.

한편 신라는 고구려 전체 영토를 지배하는 것을 당연하게 생각했던 모양이다. 그래서인지 고구려 지역에 사신을 보내서 새로 세워진 작은 나라를 승인해줘서 북방 토착 부족의 침입을 막아주는 요새로 삼았다.

그러나 당나라의 생각은 전혀 달랐다. 당나라는 강력한 군대를 보내서 새로 일어난 고구려를 공격했다. 그러자 새 고구려 왕 안승은 신라로 달아났다. 역사의 수레바퀴가 다시 돌아 당나라는 이제 신라가 아닌 백제에 붙었다.

석성에서 당군 5천 명이 전사하다 671년에는 한반도가 일본 왕국과 교류하면서 최초로 '일본日本'이라는 말을 썼다.

당시 신라와 백제의 관계에는 팽팽한 긴장감이 흘렀다. 같은 해에 당나라는 백제에 막강한 군대를 보내 신라에 대항하려는 뚜렷한 의지를 보여줬다. 그러자 신라는 군대를 정비하고 전쟁을 일으켰다. 석성에서 벌어진 대규모 전투에서 당나라군 5천 명이 전사했다. 신라는 전투에서 이기고도 크게 당황했다.

당나라가 도발 행위를 한 이유를 설명하라고 추궁하자, 신라는 실수로 벌어진 일이라면서 당나라에 대한 충성을 거둘 생각이 없다고 해명했다. 덕분에 한동안 아무런 말썽도 일어나지 않았다. 그러나 얼마 지나지 않아 황제가 평양성에 주둔한 당나라 수비대에 배 70척 분량의 군량미를 보내줄 때 신라가 군량미를 탈취하고 선원들을 익사시켜 스스로 황제의 분노를 샀다.

신라, 백제와 당의 연합군을 물리치다 이듬해에 신라가 백제의 고성을 공격하자 당나라는 백제에 3만 병력을 지원군으로 보내줬다. 백제와 당나라 연합군과 신라군 사이에 치열한 전투가 벌어졌다. 결과는 당나라의 참패였다. 그러자 황제는 신라를 정벌하자는 의견을 진지하게 고려했다. 황제는 말갈을 끌어들여 오만한 신라를 향해 연합 공격을 감행했고, 그 결과 신라 장군 일곱을 물리치고 병사 2천 명을 포로로 삼았다.

상황이 불리하게 돌아가자 신라 왕으로서는 다시 몸을 낮춰 간청할 수밖에 없었다. 임강수任强首라는 유명한 학자가 황제에게 용서를 구하는 편지를 보냈다. 그러나 황제는 신라를 용서하지 않았다. 이듬해에 북쪽에 주둔하던 당나라 군대가 말갈족과 거란족을 병합하여 신라 영토로 진격했던 것이다.

신라는 빈틈없는 경계를 펼친 덕에 막대한 피해를 입긴 했지만 결국에는 적의 공격을 막아냈다. 또 서해안으로 전함 100척을 올려 보내 북부에서 싸우던 군대를 지원했다. 그리고 신라로 넘어오면 사면해주고 관직을 내주겠다고 백제 귀족에게 제안했다.

신라가 당의 새로운 왕 책봉에 반발하다　이제는 어느 모로 보나 신라가 군사 대국이 됐다고 보지 않을 이유가 없다. 수많은 고구려 유민이 신라로 넘어간 데다 당나라에 불만을 품은 일부 백제인도 신라로 넘어갔기 때문이다. 이를테면 한국을 한국인의 땅으로 지키려던 세력들이 사소한 편견과 갈등을 접어두고, 신라라는 이름 아래 한데 모여서 사방으로 뻗어나가던 중국으로부터 한반도를 지켜낼 마지막 기회를 사수한 것이었다.

신라는 당나라와 우호적인 관계를 유지하면서도 신라 나름의 방식을 고수하고자 했다. 말하자면 당나라는 한반도를 신라에게 맡겨야 했고, 당나라 관리는 스스로를 신라 왕보다 우월하다고 여기며 왕을 백성들의 웃음거리로 만드는 주제넘는 행동을 해서는 안 되었다.

당시 당나라 조정에는 김인문이라는 신라 고위 관료가 사신으로 가 있었다. 황제는 김인문을 신라 왕으로 책봉하겠다고 제안했으나 김인문은 왕에 대한 충정을 지키며 황제의 제안을 거절했다. 그런데도 황제는 김인문을 왕으로 책봉하고 장군 셋을 거느리고 신라에 가서 그 사실을 선포하라고 명했다.

다시 한 번 대대적인 전쟁이 일어났다. 당나라 이근행李謹行 장군이 두 차례나 치열한 전투를 치르며 신라의 저지선을 뚫고 들어가 지조 없는 신라 왕의 항복을 받아냈다. 약속을 해놓고도 번번이 약속을 파기하는 문무왕文武王의 청원을 끝까지 들어준 황제의 인내력에 놀라지 않을 수 없다. 그러나 황제는 다시 신라 왕을 용서해주고 통치할 수 있도록 허락했다. 황제가 신라 왕으로 내세운 김인문은 몹시 곤란한 처지였지만 급히 당나라로 건너가 고위 관직에 오르는 기지를 발휘했다. 그 결과 황제의 실망을 보상해주었다.

신라, 고구려 영토에 손을 뻗다 신라의 행동에는 일관성이 없었다. 인접 지역을 복속하려다가 큰 화를 입을 뻔했고, 간신히 위기를 모면한 뒤에도 백제 영토를 복속하고 고구려 영토에 손을 뻗고 있었다. 그러자 황제는 북쪽으로 군대를 보내 말갈과 거란 세력과 연합하여 명령이 떨어지면 당장 공격을 감행할 태세를 갖추라고 명했다.

당나라군은 전성을 치며 군사작전을 감행했지만 승리는 신라군에 돌아갔다. 당나라 병사 6천 명이 죽고 말 3만 필이 신라에 넘어갔다고 한다. 그러나 이듬해에 신라 사신이 당나라 황실에 찾아가 신라 왕의 인사를 전했다는 기록과 일치하지는 않는다.

당시 신라의 군사력이 막강해져서 당나라로서는 오랫동안 신라를 다스리기 어려웠던 것으로 보인다. 측천무후則天武后가 권력을 찬탈한 바람에 당나라 정국이 혼란스러워져서 조정의 관심이 온통 당나라 내부로 쏠린 사이에 변방 나라들은 자유재량으로 군대를 운용했던 것으로 보인다.

당이 '후고구려'와 '대방'을 세우다　　677년에 황제는 볼모로 잡고 있던 고구려 왕의 아들을 돌려보내 압록강 유역에 작은 왕국을 세우게 함으로써 새로운 방식으로 변방 문제를 해결하려고 시도했다. 당시 백제를 후백제라 한 것처럼 이 나라를 후고구려라 할 수 있다. 또 황제는 백제 의자왕의 아들을 북쪽으로 보내 대방이라는 작은 왕국을 세우도록 했다. 그러나 새 왕국은 주변 부족에 위협을 느껴 자발적으로 압록강 하류에 위치한 고구려 밑으로 들어갔다. 역사 문헌에서는 이 사건을 백제의 멸망으로 기록한다.

문무왕의 유언과 아랍과의 교류　　678년에 신라는 강원도의 중심 도시인 북원주를 북방의 수도로 삼았다. 그리고 이곳에 훌륭한 왕궁을 지었다. 당시 신라 왕이던 문무왕은 점술사에게 새 도읍으로 왕궁을 옮겨야 할지 물었으나 적극적인 지지를 받지 못해 그만두었다. 문무왕은 681년에 죽으면서 이런 유언을 남겼다.

"웅장한 무덤을 짓는 데 백성들의 혈세를 낭비하지 말라. 내 무덤은 서쪽 나라 식으로 만들어라." 여기서 당시 신라가 바깥세상을 알고 있었다는 흥미로운 사실을 알 수 있다. 아랍 장사꾼이 신라와 교역했던 것으로 추정한다면 이 시대나 이보다 약간 앞선 시대부터 활발한 교역이 시작됐을 것이다.

세계사적으로 당시는 아랍의 상업이 널리 확장하던 시기였다. 문무왕의 무덤은 아랍 상인으로부터 전해진 양식으로 볼 수 있으나 문헌에서는 서쪽 나라 장사꾼이 신라의 해안에 들어왔다는 사실을 암시하는 기록이 전혀 남아 있지 않다. 만약 아랍과의 교류가 활발했다면, 그 사실이 문헌에 언급되지 않았을 리가 없다.

동해의 바위에 문무왕의 시신을 모시다 문무왕의 아들인 정명政明(신문왕神文王)은 왕의 유언대로 무덤을 만들었다. 동해안의 거대한 바위 위에서 시신을 태우고 이 바위를 '대왕암大王岩'이라고 불렀다. 당나라 황제가 정명을 신라의 공식 왕으로 책봉했다는 기록으로 보아 당시에는 두 나라 사이의 모든 문제가 완만하게 해결된 것으로 보인다.

그러나 이때부터 중국은 한반도에 대한 관심을 모두 끊은 것으로 보인다. 황제가 변방에 세웠던 고구려의 후신은 왕국의 기틀을 잡자마자 반란을 일으켰다. 그러자 황제는 이 나라를 섬멸하고 왕을 변방으로 추방했다. 문헌에서는 이 사건을 고구려의 멸망으로 기록한다. 682년에 일어난 일이었다.

신라, 영토를 재정비하다 신라는 대동강 이남을 모두 차지했다. 명목상 대동강 이북은 당나라 영토였지만 당나라가 특별히 관리하지는 않았던 것 같다. 685년에 신라는 한반도 전역의 여러 세력을 통합할 목적으로 행정구역을 개편하여 전국을 여러 개의 도로 분할했다. 전국을 9주로 나누었으며 그중에서 3개 주는 옛 백제 지역에 있고 3개는 신라에 복속된 옛 고구려 지역에 있었다.

옛 신라 지역이던 3개 주는 서벌주(서라벌에서 서울로 변환하는 과정에서 첫 단계이다.), 지금의 양산인 삽양주, 지금의 진주인 청주다.

옛 백제 지방의 3주는 북쪽의 웅천주, 남서쪽의 완산주, 남쪽으로 지금의 광주인 무진주이다.

옛 고구려 지방의 3주는 지금의 서울인 한산주, 지금의 춘천인 목약주, 지금의 강릉인 하서주이다. 이들 9주는 각 지방의 지명이 아니라 각 지방 중심지의 지명이다. 통일신라는 9주 말고도 450개의 행정구역으로 재편됐다.

통일신라에는 급속도로 변화가 일어났다. 옛 고구려 관리는 신임과 명예를 얻는 지위에 올랐다. 과거에는 관리에게 땅을 나눠주고 경작해서 수확한 작물을 급료로 갖게 했으나 이제는 관직에 따라 쌀을 주는 방식으로 바뀌었다. 그리고 국가 관리 체계를 탄탄하게 정비했다.

설총이 이두를 발명하다 통일신라의 가장 중요하고 획기적인 사건 중 하나는 이두吏讀의 발명이다. 이두란 한문을 한국식으로 읽기 위해 한문 뒤에 붙이는 어미를 통틀어 일컫는 말이다. 초서Chaucer 시대의 영국처럼 당시 신라에는 글을 읽을 줄 아는 사람이 거의 없었다. 당시 글을 쓰는 일은 아전衙前이라는 관리들이 전담했다. 아전은 중세 유럽의 '서리'에 해당한다.

한문을 해석하고 어미를 올바르게 붙이기란 매우 까다로운 일이어서 왕의 총애를 입고 있던 원효대사의 아들 설총이 이 문제를 해결하기 위한 방법을 찾기 시작했다. 설총은 신라에서 쓰는 말에서 흔히 사용되는 어미를 모으고 어미의 발음과 일치하는 한자를 찾았다. 일치하는 한자는 크게 두 가지 유형이었다. 하나는 한자의 음이 신라 말 어미와 일치하는 경우이고, 다른 하나는 한자의 뜻이 일치하는 경우이다.

가령 훗날 '하지'가 되는 '하살지'라는 말에서 어미 '살지'를 예로 들어보자. 한자에는 어근 '하' 자만 있기 때문에 어미 '살지'는 독자가 보충해넣어야 한다. 자의적으로 기호를 만들어서 어미를 표시하고 한자 뒤에 붙일 수 있다면 한문을 훨씬 수월하게 읽을 수 있다.

예를 들어 '희다'는 뜻의 한자(白)를 신라에서 '백'이라고 읽는다고 해보자. 신라에서 이 한자를 정의하는 뜻 중에는 '살위다'라는 뜻이 있다. 따라서 이 단어의 첫 글자로 '살지'라는 어미의 첫 글자를 표현했다. 이 경우에는 신라 말을 표현하는 데 한자의 음을 차용한 것이 아니다. 하지만 '살지'라는 어미의 두 번째 음절은 한자 '지'를 사용하되 신라 말을 참조하지 않았다. 따라서 이두는 아전들 사이에 대대손손 전해지는 언어 체계로서 지금의 한국인이 쓰는 언어와 신라 사람들이 쓰던 언어 사이의 연결을 밝혀주는 수단이 된다. 사실 이두는 체계적이지는 않지만 이런 말이 필요하다는 점을 깨닫고 언어 체계로 만들어낸 설총의 재능은 높이 살 만하다.

이두의 발명은 언어생활에서 가장 중요한 사건이다. 표의문자인 한자의 기이하고 원시적인 언어 형식에 처음으로 반발하며 상식적인 방법을 도입한 사건이었다. 이두는 한국인이 한자 사용에 저항한 세 가지 중요한 사건 중 첫 번째였다. 나머지 두 사건은 나중에 살펴보겠다.

설총이 발명한 어미 모음이 유형으로 나뉘면서 한국인이 쓰는 말이 변화하는 과정을 거친 후 지금의 이두는 200여 년 전의 모습으로 남아 있다. 이두의 발음은 일반 한국 사람들에게 기이하게 들린다. 이는 영국에서 전형적인 서리가 쓰는 말처럼 'to wit'나 'escheat'와 같은 법률 용어를 쓰는 것과 같은 경우다.

여기서 필연적으로 유추할 수 있는 사실이 있다. 말하자면 이두의 발명은 한반도에서 한자 연구가 활발히 이루어져서 대중의 요구를 충족시킬 언어가 필요했다는 뜻이다. 일반 교육의 관점에서 한국인의 학문 생활에 큰 획을 긋는 사건이었다. 설총은 한국의 학자들이 가장 존경하는 인물 중 한 사람이다.

걸걸중상, 발해 왕으로 책봉되다   8세기가 되자 신라에 강력한 새 군주가 나타났다. 성덕왕聖德王이 702년에 왕위에 올라 35년 동안 권력을 잡았던 것이다. 성덕왕은 왕위에 오르는 순간부터 당나라와 화평을 지켜왔다. 일본에서 온 사신을 맞이하고 답례를 보냈으며 왕이 보

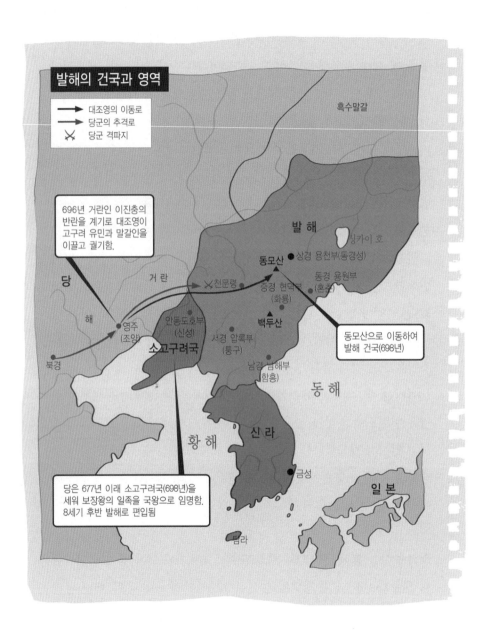

발해의 건국과 영역

→ 대조영의 이동로
→ 당군의 추격로
✕ 당군 격파지

흑수말갈

발 해

싱카이 호

동모산 ● 상경 용천부(동경성)

동경 용원부
(혼춘)

천문령

중경 현덕부
(화룡)

당

거 란

해

영주
(조양)

안동도호부
(신성)

백두산

서경 압록부
(퉁구)

북경

소고구려국

남경 남해부
(함흥)

동 해

696년 거란인 이진충의
반란을 계기로 대조영이
고구려 유민과 말갈인을
이끌고 궐기함.

동모산으로 이동하여
발해 건국(698년)

황 해

신 라

금성

일 본

당은 677년 이래 소고구려국(698년)을
세워 보장왕의 일족을 국왕으로 임명함.
8세기 후반 발해로 편입됨

탐라

낸 사절들은 각 지역에서 후한 대접을 받았다.

성덕왕 12년에는 북쪽에 발해渤海라는 나라가 세워졌다. 이는 신라에게 매우 중요한 사건이었다. 말갈 부족 연맹 중에서 걸걸중상乞乞仲象이 이끄는 속말말갈이 한반도 남쪽으로 이주하여 지금의 묘향산인 옛 태백산 자락에 자리 잡았다. 이곳에서 옛 고구려 백성과 힘을 규합하여 진震이라는 나라를 세웠다. 진은 둘레가 5천 리이고 말 2만 필을 기르던 나라였다고 전해진다.

걸걸중상은 뛰어난 지략을 발휘하여 부여와 옥저의 유민까지 규합한 이 나라를 강력한 왕국으로 발전시켰다. 걸걸중상은 아들 대조영大祚榮을 당나라에 인질로 보내고 황제의 승인을 받아 발해 왕으로 책봉되었다. 이때부터 한국사에서 말갈이라는 이름이 사라지고 발해라는 이름이 등장한다.

신라에 중국의 제도가 도입되다 그 후 몇 년간 신라는 서서히 중국식 문명화를 이루었다. 당나라에서 공자 그림을 들여오고 유교 문화에 관심을 기울이기 시작했다. 물시계를 들여왔고, 왕비에게 '후后'라는 칭호를 부여했다. '청원서'를 뜻하는 상소上訴라는 수단으로 군주 앞에 나가는 제도도 도입됐다.

한편 발해는 세력을 뻗어나가 닥치는 대로 정복했다. 그러자 당나라는 불편한 기색이 역력했다. 733년에는 신라 장군 김윤중金允中이 당나라로 가서 발해를 정벌하러 떠나는 원정군에 합류했다. 발해가 한반도 북부의 넓은 영토를 정복했을 뿐 아니라 황해를 건너 군대를 파견하여 산동반도에 근거지를 마련했던 것이다. 그러나 발해를 벌주려는 시도는 성공을 거두지 못했다. 계절이 바뀌어 겨울이 코앞으로 다가온 바람에 더 이상 군대를 이끌고 진격할 수 없었다.

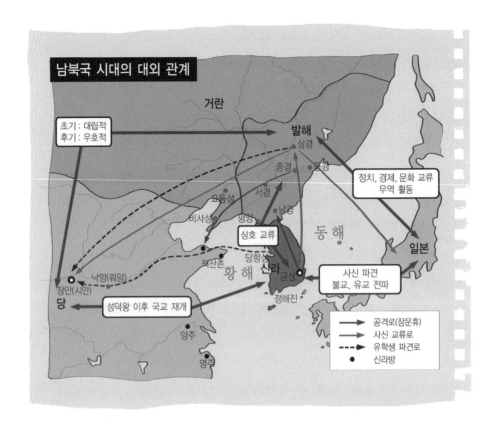

남북국 시대의 대외 관계

거란

초기: 대립적
후기: 우호적

발해
상경
중경 동경
요동성 서경
비사성 평양 남경
상호 교류
적산촌 당항성 동해
낙양(뤄양) 황해 신라 금성
장안(시안) 정해진
당
성덕왕 이후 국교 재개

정치, 경제, 문화 교류
무역 활동

일본

사신 파견
불교, 유교 전파

양주

명주

→ 공격로(장문휴)
→ 사신 교류로
┄➤ 유학생 파견로
● 신라방

신 라 멸 망 의 전 조　　이후 150여 년 동안의 역사는 신라의 쇠락과
몰락에 관한 이야기다. 다음은 신라의 몰락을 예견하는 몰락의 전조들
이다.

　하얀 무지개가 해를 뚫고 지나간 일, 지진이 일어나 불교 사찰이 열
두 차례나 무너진 일, 소가 한 번에 송아지 다섯 마리를 낳은 일, 해가
두 개나 나온 일, 별 세 개가 왕궁에 떨어져서 서로 싸운 일, 땅이 15미
터나 가라앉고 빈 공간에 검푸른 물이 채워진 일, 호랑이가 왕궁에 들
어온 일, 검은 안개가 대지를 덮은 일, 기근과 역병이 기승을 부린 일,
태풍이 일어 왕궁 대문 두 개가 떨어져나간 일, 커다란 알돌이 저절로
일어나 똑바로 선 일, 사찰의 탑 두 개가 맞붙어 싸운 일, 9월에 눈이

내린 일, 서울에서 큰 알돌이 저 혼자 100보나 옮겨간 일, 돌끼리 맞붙어 싸운 일, 벌레가 소나기처럼 떨어진 일, 살구나무에서 1년에 꽃이 두 번 핀 일, 김유신 묘에서 소용돌이 바람이 일어나 혁거세의 묘에 가서 멈춘 일 등 이런 전조가 여러 해에 걸쳐 산발적으로 일어났다. 사람들은 모든 사건이 신라의 멸망을 예언하는 징후라고 받아들였다.

신라의 북방 한계선과 변경된 행정구역　735년에 황제는 신라 왕에게 평양성 옆을 지나는 대동강 이남을 통치하는 권한을 공식으로 부여했다. 이 지역은 오래 전부터 신라가 다스려왔지만 당나라의 공식 승인을 받지 못했다.

왕의 시신을 화장하는 풍습은 문무왕 때부터 시작되어 후대에도 이어졌으며 시신을 태우고 남은 재는 바다에 뿌렸다.

757년에는 신라 9주의 이름이 바뀌었다. 서벌주는 상주로, 삽양주는 양주로, 청주는 강주로, 한산주는 한주로, 하서주는 명주로, 웅천주는 웅주로, 완산주는 전주로, 무진주는 무주로, 수약주(앞에서는 목약주라고 함)는 삭주로 바뀌었다. 이에 따라 관직명도 바뀌었다.

자생력이 없는 신라의 한계　앞에서 살펴보았듯이 신라는 강력한 권력을 구축하지 못했다. 상황에 떠밀려 전쟁터에 나섰다가 승리를 거뒀고 한동안은 승리에 도취한 나머지 스스로 군사력이 강하다고 믿었으나 착각일 뿐이었다. 신라는 강력한 세력의 후원을 받아 번창하는 여러 나라 중 하나였으며 독립적으로 발전 방향을 모색하는 일은 신라의 역량을 넘어서는 일이었다.

한반도 전역을 차지한 지 얼마 지나지 않아 내부 갈등으로 분열하고 쇠약해졌기 때문에 힘 있는 세력이 문 앞에 나타나 칼을 휘두르기만 해도 카드로 만든 집처럼 힘없이 무너지고 말 처지였다. 그러면 780년에서 880년 사이의 100년 동안 한반도에서 일어난 사건을 간략히 살펴보고 신라가 정말 무기력하게 무너졌는지 확인해보자.

김양상의 반역　　우선 김지정金志貞이 난을 일으켰다. 김양상金良相이 김지정의 역모 사실을 입수하고 곧바로 김지정을 잡아 처형했다. 충직한 행동이라고 말할지 모르겠으나 김양상이 김지정을 잡아들인 진짜 이유는 자기도 역모를 꾸미기 위해서였다. 그는 얼마 후에 본색을 드러내어 혜공왕과 왕비를 죽이고 왕위에 올랐다. 김양상이 통치하는 동안 이룬 업적은 두 가지였다. 우선 평양성에 서울 사람을 이주시켰고 중국의 방식을 도입하여 지필 시험을 제도화했다.

798년에는 준옹俊邕(소성왕)이 왕위에 올랐다가 1년 만에 죽자 양자 청명淸明(애장왕)이 왕위에 올랐다. 이 두 왕의 치세에는 중요한 사건이 일어나지 않았다. 일본에서 사신이 선물을 가져왔고, 불교를 억압하려는 시도가 있었다는 정도가 특기할 만하다.

당시에는 사찰을 짓고 금과 은으로 불상을 만드는 행위가 금지되었다. 오랜 세월 동안 한반도에서 일본으로 사신을 보낸 적이 없지만 일본 사신은 심심치 않게 신라를 찾아왔다는 점은 주목할 만하다. 일본이 불교 서적이나 선사를 요청했다는 기록은 전혀 없으므로, 한국의 관점에서 한국이 일본에 불교를 전해줬다는 주장을 입증할 만한 증거는 없다.

지리적으로는 한국이 일본에 불교를 전파한 것처럼 보이지만 이를 뒷받침할 만한 증거가 거의 없다. 또 지리적으로는 일본이 한반도를 통해 한자를 받아들인 것처럼 보이지만 실제로 두 나라가 한자를 발음하는 방식은 전혀 다르다. 따라서 일본이 한반도를 거치지 않고 불교와 한자를 중국으로부터 직접 들여갔을 가능성도 있다.

내란에 휩싸인 나약한 신라　836년에서 839년 사이에 일어난 사건에서 몰락기에 접어든 신라의 형편을 엿볼 수 있다. 수종秀宗(흥덕왕)이 왕위에 올라 약 11년 동안 통치했다. 836년에 흥덕왕이 죽자 사촌 균정均貞이 뒤를 잇게 되었다.

그러나 김명金明이 난을 일으켜 균정을 죽이고 제륭悌隆(희강왕)을 왕위에 앉혔다. 균정의 아들 우징祐徵은 청해진으로 달아나 충직한 병사를 모아 역적에 대항해 전투를 벌일 수 있었다. 김명은 상황이 불리하게 돌아가자 자기가 왕위에 앉혔던 꼭두각시 희강왕을 죽이고 스스로 왕위(민애왕)에 올랐다.

적법한 왕위 계승자였던 우징은 여러 방면에서 큰 지지를 얻어 무주에서 김명의 군대를 공격하고 승리를 거두었다. 승기를 잡은 우징은 목숨을 부지하려고 도망친 김명을 끝까지 추격하여 붙잡았다. 드디어 우징이 왕위(신무왕)에 올랐다.

이 사건을 통해 김명처럼 무모하고 대담한 모험가가 왕권을 제멋대로 찬탈할 수 있었던 것으로 볼 때 신라가 얼마나 나약했는지를 엿볼 수 있다. 신라의 변경 지역은 사실상 신라의 통치 영역을 벗어난 상태였다. 신라는 지도력을 제대로 발휘하지도 못하고 불경한 역적을 재빨리 처벌할 권한이 없었으므로 왕국에 반항하는 세력이 기승을 부렸다. 반역자 둘을 동시에 진압해야 할 때도 있었다.

어둠 속의 빛, 최치원　894년은 어둠 속의 한 줄기 빛과 같은 시기였다. 최치원(崔致遠)이라는 유명한 학자가 나타났던 것이다. 최치원은 사량에서 태어났다. 12살에 당나라에서 유학했고 18살에는 당나라 궁정에서 높은 수준의 학문을 함양했다. 그는 넓은 세상을 여행한 뒤 신라로 돌아오자마자 학식과 정치적 능력을 인정받았다. 고위 관직에 오른 최치원에게는 창창한 앞날이 펼쳐졌다.

그러나 최치원은 지나치게 시대를 앞서간 인물이었다. 이를테면 시대보다 100년이나 200년 앞서 태어난 천재였다. 신라 조정의 수준이 낮아서 최치원은 무심코 한 행동으로 대신들의 미움과 질시를 한 몸에 받았다. 오래 지나지 않아 최치원은 관직에서 물러나 산속에 숨어 살면서 학문을 쌓는 데 몰두했다.

최치원의 글은 『고운집孤雲集』이라는 책에 실려 있다. 최치원은 한국이 이룬 최고의 학문적 성과이자 신라 문화의 꽃이며, 한반도 삼국의 문헌에 최고의 인물로 기록되어 한국인의 기억 속에 각인됐다.

진성여왕, 미소년들을 끌어들여 음행을 일삼다 　전하는 이야기에 따르면 신라가 몰락하기 전에 조짐이 나타나기 시작했다고 한다. 정강왕定康王이 배를 타고 남쪽을 항해하고 돌아온 일이 있었다. 그때 육지가 보이지 않을 정도로 짙은 안개가 끼었다. 용왕에게 제물을 바치자 안개가 걷혔다. 그리고 기이하지만 아름답게 생긴 귀신 같은 자가 배를 따라 도성에 들어온 뒤, 현자가 무수히 죽고 도읍이 바뀐다는 뜻을 담은 노래를 불렀다.

이듬해에 정강왕이 죽고 여동생이 왕위를 물려받았다. 여왕의 이름은 만曼(진성여왕)이었다. 진성여왕 치세에 나라의 윤리가 땅에 떨어졌다. 여왕은 위홍魏弘이라는 조신과 부도덕한 관계를 맺었다. 위홍이 죽은 뒤에는 한 번에 미소년 서너 명을 거느리고 고위 관직에까지 앉혀서 국정을 농단하게 했다.

진성여왕은 나라의 안위나 임금으로서의 명예에는 관심을 기울이지 않았다. 상황이 극에 달하자 백성들은 인내력을 잃고 도성 곳곳에 방을 내걸어 왕실이 파렴치한 행위로 물들어 기강이 무너졌다고 성토했다.

3
부

후삼국에서
몽골 침입까지

_____ **강화산성** 고려 제23대 고종이 몽골의 제2차 침입(1232)에 항전하기 위해서 내성·중성·외성을 쌓았다. 초기에는 토성으로 축조했으나 조선 초기에 이르러 석성으로 개축했다. 인조 15년 (1637) 병자호란 때 파손되어 효종 3년(1652) 성곽 일부를 수축하고, 숙종 3년 (1677) 강화유수 허질이 전면을 돌로, 후면은 흙으로 개축하여 길이가 7,122미터에 이른다.

후삼국 최후의 승자

궁예, 도적 양길을 능가하다

889년(진성여왕 3)에는 북부 지방에서
도적 양길梁吉이 일어났다. 양길의 오
른팔이던 사람이 바로 궁예弓裔였다. 궁예는 신라 이후의 한반도 역사
에서 중요한 역할을 한 인물이다. 궁예의 업적을 서술하려면 꽤 많은
지면이 필요하다. 궁예가 발전시킨 역사는 곧 고려 건국의 역사이다.
이쯤에서 한국 고대사를 마치고 고려 건국을 시작으로 중세사로 넘어
가야겠다. 궁예는 헌강왕憲康王의 후궁에게서 음력 5월 5일에 상서로운
기운이 가장 적은 날에 태어났다. 궁예는 이가 몇 개밖에 나지 않은 채
로 태어나 환영받지 못한 아기였다. 헌강왕이 아기를 버리라고 명하여
아기는 누각 아래로 내던져졌다. 그러나 유모가 아기를 구해 안전한 곳
에 데려가 젖을 먹여 길렀다. 유모가 아기를 구하던 중에 잘못해서 눈
하나가 못쓰게 되었다. 아기는 커서 출가하여 승려가 됐고 선종善宗이
라는 법명을 스스로 지어 불렀다.

궁예는 천성이 승려와 어울리지 않는 사람이라 오래 지나지 않아 죽
주의 기훤箕萱이 이끄는 도적단에 들어갔다. 그러나 도적단에 들어간
지 얼마 되지 않아서 기훤이 자기를 제대로 대접해주지 않는다는 불만
을 품고 도적단을 떠나 지금의 원주인 북원주로 가서 양길이 이끄는 도

적단에 들어갔다. 이곳에서는 궁예를 따르는 무리가 무수히 많았다. 양 길은 궁예의 능력을 알아봐주고 그에게 정예부대를 맡겼다.

궁예는 곧 춘천, 내성, 울오, 어진 지방을 정복했다. 이때부터 궁예는 조금씩 힘을 키워서 도적단 우두머리 양길을 능가할 정도가 되었다. 궁예는 신라로 진격해 들어가 열 개 군郡을 차지하고 군대를 주둔시켰다.

호랑이 젖을 먹고 큰 견훤 892년(진성여왕 6)에 견훤甄萱이라는 또 하나의 도적이 나타나 한반도 남부, 즉 지금의 경상도 지방을 차지하던 신라에 저항했다. 견훤은 상주 사람이었다. 무진주(지금의 광주)를 점령하고 스스로 남신라南新羅의 왕이라고 칭했다.

견훤의 본래 성은 이李씨였으나 열다섯 살이 되면서 견甄씨로 바꾸었다. 견훤은 원래 신라군에서 복무하다가 서서히 힘을 길러 전장에서 두각을 나타내며 뛰어난 장수로 변모했다.

그러나 신라가 극도로 부패하여 충신들 사이에 웃음거리로 전락하자 견훤은 신라를 향한 충성심을 버리고 절박한 처지에 놓인 죄인과 추방된 자와 불평분자들을 모아 남서부 지방을 정복하기 시작했다. 견훤은 한 달 만에 추종자 5천 명을 끌어모았다. 하지만 스스로 왕을 칭하는 것이 지나치다고 판단하여 '사람과 말의 주인'이라고 호칭을 바꿨다.

견훤의 성격을 엿볼 수 있는 재미있는 이야기가 있다. 견훤이 아기일 적에 아버지는 들에 나가 일하고 어머니는 집 뒤꼍에서 일하고 있었다. 이때 호랑이 한 마리가 들어와 어린 견훤에게 젖을 먹였다. 그래서 견훤의 성정이 거칠고 사나워졌다고 한다.

최치원이 관직에서 물러나다 한편 앞에서도 나왔던 위대한 학자 최치원은 부성군에 살았다. 최치원은 신라가 타락의 늪에 빠져드는 것을 깨닫고 시무 십조時務十條를 만들어 상소를 올렸다. 진성여왕은 시무책을 읽어보고 칭찬해주긴 했지만 실행에 옮기지 않았다. 여왕이 충신의 조언을 가벼이 여기자 최치원은 관직을 버리고 남산의 강주로 들어가 은둔생활을 시작했다. 그 후 최치원은 강주 빙산으로, 협주 청량사로, 지리산 쌍계사로 옮겨다니다가, 마지막에는 가야산에 터를 잡고 다른 정신적 동반자 몇 사람과 여생을 함께 보냈다. 최치원은 바로 이곳에서 열세 권 분량의 자서전을 집필했다.

왕건의 성장 과정　898년에는 북부 지방에서 궁예가 크게 세력을 확장했다. 궁예는 철원 부근에서 10개 지역을 점령한 후 훗날 왕국을 일으키게 될 젊은 장군 왕건王建에게 맡겼다. 여기서 먼저 잠시 유명한 인물 왕건의 성장 과정을 살펴보자.

배포와 야심이 컸던 왕륭王隆은 송악 사람이었다. 그에게는 신라 헌강왕 3년(877년)에 태어난 아들이 있었다. 전하는 이야기에 따르면 왕건이 태어나던 날 밤 왕륭의 집 위에는 밝은 구름이 떠서 대낮처럼 밝았다고 한다. 이마가 넓고 턱이 단단한 이 아기는 남달리 빨리 자랐다.

왕건의 탄생은 오래 전부터 예견된 일이었다. 도선이라는 승려가 찾아와 집을 짓던 왕륭에게 사대문 안에 큰 인물이 태어날 것이라고 말해주었다. 왕륭이 돌아서려는 도선을 불러 세우자, 도선은 아직 태어나지 않은 아기가 나중에 글을 읽을 나이가 되면 전해주라면서 편지 한 장을 써주었다. 편지에 뭐라고 적혀 있었는지는 알려지지 않았지만, 아기가 자라 열일곱 소년이 되자 도선이 다시 찾아와 소년의 스승이 돼 주었다. 도선은 주로 병술을 가르쳤으며, 하늘의 기운을 끌어들이는 법, 산과 강의 신령의 노여움을 풀어주기 위해 제사를 지내는 법을 가르쳤다.

궁예, 스스로 왕을 칭하다　궁예는 국토를 유린하며 추종자 600명을 끌어모았다. 이때부터 궁예는 '대장군大將軍'이라는 호칭을 얻었다. 그 후 낭천, 한산, 관내, 철원 등지를 진압했다. 당시 궁예의 세력이 엄청나게 커졌고 궁예의 명성이 널리 퍼졌다. 대동강 이북 모든 토착 부족이 궁예 앞에 무릎을 꿇었다. 그러자 승리를 거듭하던 궁예는 곧 자만에 빠졌다.

스스로를 '왕자'라 칭하고 여러 지역에 관리를 임명하기 시작했다. 왕건을 높은 관직에 앉히고 송도를 다스리게 했다. 이는 왕건의 아버지 왕륭이 궁예에게 다음과 같이 알듯 모를 듯한 편지를 보낸 덕분에 이루어진 일이었다. '조선, 숙신, 변한의 왕이 되고 싶으면 송도에 성벽을 쌓고 소신의 아들을 지방관으로 앉혀야 합니다.'라는 내용의 편지였다. 그리하여 궁예가 왕건에게 도읍을 넘겨주었던 것이다.

궁예 휘하의 왕건, 경기도와 충청도를 정복하다　897년에는 방탕한 신라 군주 진성여왕이 통치권을 양자에게 넘겨주고 왕좌에서 물러났다. 그러자 도처에서 반란군들이 역모를 꾀할 기회가 생겼다. 궁예는 곧 한강 이북 서른 개가 넘는 지역을 정복했고, 견훤은 지금의 전주인 완산주를 근거지로 새 왕국을 세워 후백제라 칭했다.

왕건은 궁예 밑에서 지금의 경기도와 충청도에 해당하는 지역을 거의 대부분 정복했다. 마침내 901년에 궁예가 스스로 왕을 칭하고 사찰에 걸려 있던 신라 왕의 초상화를 칼로 베어냄으로써 새로운 왕국이 세워졌다는 사실을 확인했다. 2년 후 왕건은 지금의 전라도 땅으로 내려가 견훤의 군대와 대적했다. 수차례의 전투에서 승리는 젊은 왕건에게 돌아갔다.

궁예, 미륵불을 자처하다　904년에 궁예는 지금의 강원도 철원을 도읍으로 정하고, 국호를 마진摩震으로, 연호를 무태武泰로 정했다. 그리고 따르던 무리에게 관직을 나눠줬다. 이즈음 북동부 지역에서 궁예와 왕건이 합류하여 그 세력이 신라 도읍 20킬로미터 정도까지 미쳤다.

신라 왕과 신라의 조정은 절망에 빠졌다. 신라에는 전장에 나가 싸울 군대가 없었기 때문에 그저 궁예와 견훤이 서로 다투다 몰락하기만을 바랄 뿐이었다. 909년에 궁예는 신라를 '무너질 왕국'이라고 칭하면서 왕건을 남서부 수군대장군水軍大將軍으로 임명했다. 여기서 왕건은 적극적인 작전을 펼쳐 견훤의 배처럼 꾸며 주변 여러 섬을 정복하면서 견훤에게 걱정거리를 안겨줬다.

왕건의 군대는 규율과 명령 체계가 확고한 모범적인 군대였다. 백성들이 자원하여 왕건 밑으로 몰려들었다. 마침내 나주마저 왕건에게 넘어가자 견훤은 결과에 아랑곳하지 않고 홀연히 나주에 나타나 포위 공격을 감행했다. 견훤은 열흘간 공격하다가 실패하고 물러났다. 그러자 왕건이 견훤의 군대를 추격하여 지금의 목포인 영산포에서 교전이 벌어지자 견훤은 호위병도 없이 홀로 달아났다.

궁예, 더욱 잔인하고 변덕스러워지다　한편 궁예는 갈수록 포악해졌다. 잔인하고 변덕스러운 기질이 나날이 심해졌다. 왕건은 기지를 발휘하여 궁예에게서 가급적이면 멀리 떨어져 지냈다. 명성이 높아지면 곧바로 궁예의 질시를 받을 것이 분명하기 때문이었다.

신라는 '내일이면 어차피 죽을 몸, 진탕 먹고 놀아보세.'를 신조로 삼은 듯했다. 왕실은 환락에 빠져 헤어날 줄 모른 채 얼마 남지 않은 자원까지 소진한 상태였다. 당시 신라 조정에는 품성이 훌륭한 신하가 있었다. 그 신하는 왕이 후궁의 치마폭에 싸여 지낸다는 사실을 알고 왕에게 비수처럼 날카로운 충언을 올려서 하늘 높은 줄 모르고 기세등등하던 후궁을 단번에 끌어내렸다.

911년에 궁예는 국호를 태봉泰封으로 바꾸었다. 당시 궁예가 불교에 완전히 빠져 있었기 때문에 이런 이름을 지은 듯하다. 궁예는 스스로를 부처, 곧 미륵불彌勒佛이라 하고, 아들 둘을 모두 출가시키고, 스스로 대선사大禪師가 입는 법복을 차려 입고, 돌아다닐 때는 반드시 흔들 향로를 들었다.

궁예는 불교 교리를 가르치는 것처럼 행세했다. 그러나 그가 펴낸 불교 서적을 승려가 정식으로 인정해주지 않자 승려를 사형에 처했다. 궁예가 불교에 빠져들자, 멀리서 팔짱을 끼고 망령에 사로잡혀 가는 궁예의 모습을 지켜보던 왕건에게 군사력이 넘어갔다. 왕건은 항상 왕실에서 멀리 떨어진 지역으로 보내달라고 요청했다.

마침내 궁예가 미쳐가기 시작했다. 쇠꼬챙이를 뜨겁게 달궈서 부인의 자궁에 찔러넣기도 했다. 그가 불교에 빠져드는 것을 만류했기 때문이었지만 궁예는 부인이 부정을 저질러서 그랬다고 둘러댔다. 아들 둘을 모두 죽이고 주변의 수많은 사람을 죽였다. 궁예는 미움의 대상이자 두려움의 대상이었다.

궁예, '관심법'으로 왕건에게 역모의 죄를 추궁하다 918년은 한국 역사에서 획기적인 해였다. 당시 한반도 상황은 다음과 같았다. 남동쪽에는 힘을 잃은 신라가 군대도 제대로 갖추지 않은 채 무절제하고 방탕한 생활에 빠져 나날이 쇠약해졌다. 왕실은 나라를 돌보지 않았다. 백성들이 봉기를 일으켜도 진정시키기는커녕 오히려 더욱 방탕한 향락에 빠져 근심 걱정을 잊고 있었다.

중동부 지방에는 나날이 미쳐가던 폭군 궁예의 왕국이 자리 잡고 있었다. 궁예는 젊고 유능하고 의욕적이며 인기가 높아 만인의 신망을 얻던 왕건에게 군사력을 모두 넘겨줬다. 남서쪽에서는 흉포하고 사악한 산적이던 견훤이 세운 나라가 나날이 강성해지던 왕건의 군대와 대적했다. 그러던 어느 날 궁예가 문득 자신의 처지를 깨달았다. 백성들이 모두 궁예를 싫어하고 왕건을 좋아하는 것은 물론이요, 군대가 그의 손을 떠나서 왕건의 명령에 따라 움직이는 것도 깨달았다. 두려움과 의심과 질시에 사로잡힌 궁예는 어느 날 문득 왕건을 도읍으로 불러들였다. 왕건은 자기 목숨이 위태로운 것을 알면서도 대담하게 궁예의 명령을 받아들였다.

궁예는 왕건이 앞에 나타나자 다짜고짜 "어제 네가 모반을 꾀했구나."라고 호통을 쳤다. 왕건은 침착한 목소리로 어떻게 모반을 꾀했다는 것인지 알려달라고 요구했다. 궁예는 부처의 신통력으로 알 수 있다고 둘러대면서 "내 마음에 물어보겠다."라고 말했다. 그러고는 고개를 숙여 자기 마음과 이야기를 나누는 척했다. 그때 신하 하나가 일부러 붓을 떨어뜨려 왕건이 엎드린 데까지 굴러가게 했다. 신하가 붓을 주우면서 왕건의 귀에 "모반을 꾀했다고 고백하십시오."라고 속삭였다. 왕건은 상황을 대번에 눈치챘다. 부처 행세를 하던 궁예가 고개를 들고 다시 왕건을 비난했다. 이에 왕건은 모반을 꾀한 것이 사실이라고 고백했다. 그러자 궁예는 몹시 기뻐했다. 궁예는 스스로 사람의 마음을 읽는 신통력을 얻었다고 믿었던 것이다. 궁예는 크게 기뻐하며 역모를 꾸민 일을 용서해주고 다시는 그러지 말라고 주의만 주었다. 그러고는 왕건에게 잔뜩 선물을 안겨주고 전보다 더 신임했다.

왕 건 이   왕 위 에   오 르 다   그러나 조정 신료 모두가 왕건을 붙잡고 포악하고 변덕스런 폭군을 끌어내리고 왕국을 맡아달라고 간청했다.

왕건은 무슨 일이 있어도 왕에게 충성을 다하던 인물이라 신료들의 간청을 뿌리쳤다. 그러자 신료들은 "왕이 왕비와 대군을 모두 죽였습니다. 장군께서 나서주지 않으면 저희 모두가 변덕스런 폭군의 희생양으로 죽어갈 처지입니다. 궁예는 상나라 주왕紂王보다 포악한 사람입니다."라고 하면서 매달렸다. 그러나 왕건은 왕위를 찬탈하는 죄는 죄 중에서도 가장 고약한 죄라고 호통을 쳤다. 그러자 신료들은 "하지만 저희 모두가 죽는 게 더 고약한 일이 아니겠습니까? 하늘이 주신 기회를 살리지 못하는 것 또한 죄입니다."라고 말했다.

왕건은 신하들의 간곡한 청에도 일말의 흔들림이 없었다. 급기야 부인까지 가세하여 왕건에게 어리석은 양심의 가책을 버리라고 설득했고, 신하들에게는 억지로라도 왕건을 왕위에 앉히라고 명했다. 곧바로 일이 벌어졌다. 신하들은 왕건을 붙잡아 왕궁 문을 박차고 들어가서 폭군 궁예에게 자기들이 뽑은 새 왕에게 자리를 내주라고 요구했다. 두려움에 휩싸인 궁예는 의관도 갖추지 못한 채 도망치다가 지금의 평강인 부양에서 붙잡혀 참수형에 처해졌다.

'송도의 왕' 예언　수수께끼같이 전해지던 예언이 현실로 이루어지기도 한다. 당나라 상인이 신라 사람에게 거울을 샀는데, 거울에 이런 말이 적혀 있었다고 한다. '상제上帝께서 아들을 진마辰馬에 내려보내 먼저 닭(鷄)을 잡고 뒤에 오리(鴨)를 칠 것이다. 또 사년巳年에 두 용이 나타나 한 용은 청목靑木 속에 몸을 감추고, 한 용은 흑금黑金 동쪽에 형상을 나타낼 것이다.'

상인이 거울을 궁예에게 보여주자 궁예는 큰 관심을 갖고 백방으로 돌아다니며 수수께끼의 답을 찾아다녔다. 마침내 송한홍이라는 학자가 다음과 같이 수수께끼를 풀어주었다. "진과 마는 진한과 마한을 뜻합

니다. 닭은 계림(신라)을 뜻합니다. 오리는 압록(鴨綠-오리-푸르다)강을
뜻합니다. 청목은 소나무나 송도松都이고 흑금은 철원을 뜻합니다. 그
러니 송도의 왕(왕건)이 일어나고, 철원의 왕(궁예)이 몰락한다는 뜻이
지요."

고려 건국   왕건은 우선 궁예의 폭정을 부추기던 자들을 처단했다.
일부는 죽이고 일부는 옥에 가두었다. 그러자 온 나라의 백성들이 환호
하며 축제를 벌였다.

그러나 야심이 큰 장군 한성길이 정국이 불안한 틈을 타서 폭동을 일
으켰다. 그는 무법자들 무리를 이끌고 왕궁에 들어가 호위병도 없이 홀
로 있던 왕건 앞에 불쑥 나타났다. 왕건은 자리에서 일어나 그를 똑바
로 쳐다보며 이렇게 호통을 쳤다.

"나는 내 의지나 요구로 왕이 된 것이 아니다. 너희가 나를 왕으로
세웠다. 하늘의 명이니 너희는 나를 죽이지 못한다. 어서 와서 죽여
보라."

그러자 한성길은 왕이 어딘가에 강력한 호위병을 숨겨놓은 것으로
판단하고 그대로 달아났다. 그러나 도중에 잡혀서 참수형에 처해졌다.

왕건은 온 나라의 산적 우두머리에게 편지를 보내 도읍에 들어와 새
왕국 건설에 참여해달라고 초청했다. 그러자 각 지방의 우두머리가 찾
아와 젊은 왕에게 충성을 맹세했다. 그러나 견훤은 왕건의 제안을 무시
하고 새로운 왕국을 무너뜨릴 방법을 모색했다.

왕건은 새 왕국의 기틀을 다지는 작업에 착수했다. 정부조직을 재편
하고 관직을 새로 구성했다. 충직한 신하에게는 3년 동안 세금을 면제
해주기로 했다. 조세법을 개정하여 백성들에게 세금을 적게 내게 하고,
1천 명 넘는 노비를 해방시켜 왕실 창고에서 곡식을 내주어 새로운 삶

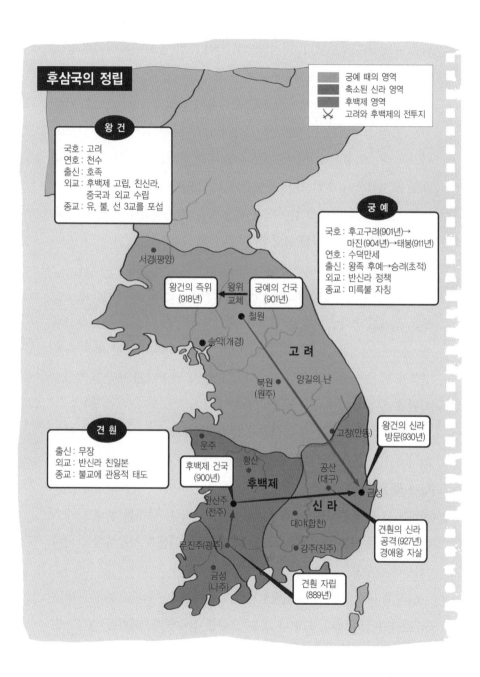

후삼국의 정립

범례
- 궁예 때의 영역
- 축소된 신라 영역
- 후백제 영역
- ✕ 고려와 후백제의 전투지

왕 건
국호 : 고려
연호 : 천수
출신 : 호족
외교 : 후백제 고립, 친신라,
　　　 중국과 외교 수립
종교 : 유, 불, 선 3교를 포섭

궁 예
국호 : 후고구려(901년)→
　　　 마진(904년)→태봉(911년)
연호 : 수덕만세
출신 : 왕족 후예→승려(초적)
외교 : 반신라 정책
종교 : 미륵불 자칭

견 훤
출신 : 무장
외교 : 반신라 친일본
종교 : 불교에 관용적 태도

서경(평양)

왕건의 즉위
(918년)

왕위
교체

궁예의 건국
(901년)

철원

송악(개경)

고 려

북원
(원주)

양길의 난

고창(안동)

왕건의 신라
방문(930년)

운주

황산

공산
(대구)

후백제 건국
(900년)

후백제

금성

신 라

완산주
(전주)

대야(합천)

견훤의 신라
공격(927년)
경애왕 자살

무진주(광주)

강주(진주)

금성
(나주)

견훤 자립
(889년)

을 시작할 수 있게 해줬다. 오래된 도시 평양에는 최고 관직에 있던 사람을 지방관으로 보냈다. 마지막으로 왕건 또한 불교 신자였기에 불교 행사를 거행하는 것으로 한 해를 마무리하도록 했다.

매년 거행하던 불교 행사의 모습은 다음과 같았다. 비단 끈으로 엮은 천막 아래는 거대한 등 수백 개가 걸려 있었다. 음악은 중요한 요소였다. 용, 새, 코끼리, 말, 수레, 배를 나타내는 상징물도 있었다. 춤도 중요한 요소였으며 수백 가지 다양한 오락 거리가 있었다. 관직에 오른 자는 관복 소매를 길게 늘어뜨리고 상아로 만든 석판을 들었다. 왕은 높은 단상에 앉아 행사를 관람했다.

송도를 수도로 정하다　919년에 왕건은 조정을 송악(지금의 개성)으로 옮기고 송악을 수도로 정했다. 송악에 왕궁을 세우고 시내 중심부에 대규모 시장을 조성했다. 시내에 시장을 조성하기로 한 것은 특정 상품을 국가가 전매하여 급히 돈이 필요할 때 상인에게 세금을 거둬들이던 오랜 전통에서 나온 정책이었다.

왕건은 송악을 다섯 개 구역으로 분할하고 일곱 개 부대를 배치했다. 그리고 철원을 제2의 수도로 정하고 동주東州라 불렀다. 송악과 철원의 탑과 불상에 다시 도금을 입히고 깨끗하게 관리했다. 이처럼 불교를 중시하는 정책에 의구심을 품던 백성들에게 왕건은 나라를 제대로 세우려면 신성한 기운을 받아야 하기 때문에 오랜 전통을 하루아침에 바꿔서는 안 된다고 설득했다.

그리고 나라의 기틀만 제대로 잡히면 백성들 마음대로 불교를 버려도 된다고 설명했다. 그러나 이는 크나큰 실수였다. 나라를 진창으로 끌어내리고 결국에는 파멸에 이르게 만들어버릴 유해한 세력의 씨앗을 남겨둔 셈이었기 때문이다.

견훤이 왕건과 맞서다　920년에 신라는 처음에는 고려를 왕국으로 인정하고 송도에 사신과 선물을 보냈다.

왕건은 송도 부근에 사는 백성들뿐 아니라 나라 구석구석에 사는 백성들까지 세심하게 신경 써주었다. 두만강 이북에 근거지를 둔 북방 토착 부족의 공격을 막아내기 위해 함경도 북쪽에 성벽을 쌓았다. 성벽은 길이가 900리에 달했다고 전해진다.

한편 남부 지방에서 강력한 적이 도사리고 있었다. 그즈음 견훤은 새로 건국한 고려를 정복할 수 있을지 가능성을 타진해보고 가망이 없다고 판단하였다. 그는 위태로운 주도권 다툼에서 자기 지위를 지키면서 특히 신라를 공격하는 작전을 펼쳐나가는 데 치중했다. 그래서 견훤은 송도에 사신을 보내 오랜 숙적에게 화평을 제의했다. 그러고는 신라를 공격할 계획이었다. 그러나 왕건이 신라 왕을 지원하는 쪽으로 입장을 정하자 오랫동안 적의를 품고 있던 견훤은 군대도 변변히 갖춰지지 않은 채로 북방의 숙적 왕건에게 전쟁을 선포했다.

왕건, 신라의 비취 관대를 손에 넣다　왕건은 신라 사신에게 이렇게 물었다. "신라에는 세 가지 보물이 있다. 석탑 아홉 개와 사람보다 여섯 배나 큰 불상과 비취로 만든 허리띠가 그것이다. 이 세 가지가 보존돼 있는 한 신라는 건재할 것이다. 처음 두 가지는 신라에 있다. 그런데 비취 관대는 어디 있느냐?"

사신이 모르겠다고 대답하자 왕건이 크게 꾸짖으며 신라로 돌려보냈다. 신라가 멸망한 뒤 비취 관대는 왕건의 손에 들어갔다.

북방 민족이 고려에 투항하다　921년에는 왕건은 흑수말갈과 조약을 맺었다. 이로써 왕건 세력이 급속히 커진 사실을 알 수 있다. 흑수

말갈은 북방 민족 중에서도 가장 큰 두려움의 대상이었다. 이듬해에 중국 역사에서는 흔히 기탄이라고 표기하는 거란이 흑수말갈의 뒤를 이어 고려에 사신과 선물을 보냈다. 한편 왕건은 923년이 되어서야 당나라에 사신을 보내 인사를 전하기로 했다.

당나라가 견훤의 편에 서다　신라 경애왕景哀王이 왕위에 올랐던 924년에 심각한 사건이 연달아 일어났다. 기록에 따르면 당시 신라의 힘이 미약해져서 왕도 허울뿐이었다고 한다. 견훤은 군대를 보내 고려를 공격하기 시작했지만 아무런 성과를 거두지 못했다. 이듬해에 왕건은 견훤에게 보복 공격을 감행하여 견훤의 아들을 송도에 볼모로 데려오는 쾌거를 이뤘다. 그리하여 왕건은 평화를 유지하게 되었다. 고려는 한반도 내에서 안정을 이룬 뒤 당나라에 사신을 보내 고려를 지원해달라고 요청했다. 하지만 황제는 견훤을 백제 왕으로 책봉하는 데 합의하여 여러 세력이 서로 견제하게 만드는 기존 한반도 정책을 유지했다.

　926년에는 제주도 탐라국에서 처음으로 사신이 고려에 찾아왔다. 사신은 고려의 도읍에 들어가 환대를 받았다. 왕건의 명성은 북방의 여러 토착 부족에 널리 퍼져나갔다. 발해를 정복한 거란은 영토 합병 문제를 가지고 왕건에게 교섭을 제의했다. 고려가 거란의 제의에 성심껏 임했다고 하지만 실제로 고려와 거란 사이에 연맹이 성사됐는지는 알려지지는 않았다.

견훤, 신라 왕비를 욕보이다　그즈음 절영도에 주둔해 있던 견훤이 왕건에게 말을 선물로 보냈는데, 며칠 뒤에 '송도에 말을 선물로 보내는 해에 견훤이 멸망하게 된다.'고 적힌 책을 발견했다. 견훤은 급히 사신을 보내 왕건에게 선물로 보낸 말을 돌려달라고 애원했다. 왕건은 한참을 큰소리로 웃더니 넉넉한 마음으로 말을 돌려 보내줬다.

견훤은 양쪽으로 대적하고 있었다. 한쪽에서는 왕건에 대적하고 다른 한쪽에서는 신라를 공격했다. 견훤은 고려와의 전투에서는 크게 패했지만 신라와의 전투에서는 대승을 거두었다. 견훤의 군대는 불을 지르고 약탈하면서 신라 도읍 문전까지 쳐들어갔고, 신라가 송도에 사신을 보내 지원을 요청하는 사이 정예부대를 도성 안에 들여보냈다.

고려군 1만 명이 지원군으로 신라에 파견됐지만 때는 이미 늦은 뒤였다. 견훤이 신라 도성 안으로 쳐들어갔을 때 경애왕과 왕자, 왕비, 그리고 수많은 대신들은 왕실의 여름 별궁인 포석정에서 연회를 즐기고 있었다. 적군이 쳐들어왔다는 나쁜 소식을 듣고도 대책을 마련할 겨를이 없었다. 왕과 왕비는 시종도 거느리지 않은 채 남쪽으로 도망쳤다. 궁녀들은 붙잡혔고 왕실은 적에게 넘어갔다. 왕은 곧 동굴로 도망쳤다가 스스로 목숨을 끊고 말았다. 견훤은 왕비를 욕보이고 병사들에게 궁녀들을 욕보이게 했다. 왕궁을 약탈한 병사들은 탐욕과 환락을 만끽하고 왕궁의 보물을 잔뜩 싸들고 다시 고향으로 돌아가려 했다. 927년 견훤은 죽은 왕의 친척을 왕위에 앉혔는데, 그가 신라 마지막 왕인 경순왕敬順王이다.

왕건, 견훤에게 패하다 왕건은 견훤이 신라에서 저지른 잔학 행위를 전해 듣고 급히 군대를 보내 오동 숲에서 견훤과 일대 접전을 벌였다. 견훤의 군대가 이 지역에 익숙해서였는지, 아니면 고려군이 오랜 행군으로 지쳤기 때문이었는지 정확한 이유는 알 수 없지만 고려는 견훤을 공격하는 데 실패하고 물러났다. 이는 이중으로 불행한 일이었다. 포악한 견훤이 신라에서 저지른 잔학 행위를 벌주지도 못했을 뿐더러 고려군 스스로 전의를 상실했던 것이다.

얼마 후 견훤은 왕건에게 이런 내용의 편지를 보냈다. '내가 신라를 공격한 이유는 신라가 고려에게 지원군을 요청했기 때문이오. 그러니 고려는 내게 대적할 이유가 없소. 개가 토끼를 쫓는 형국이라 결국에는 둘 다 지쳐서 아무런 이득을 거두지 못할 것이오. 또 물총새가 조개를 잡으려는 것과 같아서 조개껍데기 안에 부리를 집어넣으면 오히려 자신이 붙잡힐 것이오.'

이에 대한 답장에 왕건은 이렇게 썼다. '폐하가 신라 도성에서 저지른 행동이 심히 난폭하여 도저히 용서할 수가 없소이다. 계속 그런 식으로 행동하다가는 금세 망하고 말 것이외다.'

승승장구하던 견훤, 안동에서 궤멸되다 고려군을 격퇴하고 사기충천한 견훤은 이듬해에 막강한 군대를 거느리고 공격 태세를 갖추었다. 견훤은 고려의 성 두 곳을 급습했다. 한 번은 청주에서 왕건의 군대를 포위했지만 왕건을 두려움에 떨게 하지는 못했다. 견훤이 병사 300명을 잃고 후퇴한 덕에 왕건은 위험한 상황에서 벗어날 수 있었다. 그러나 견훤은 전투가 끝나기 전에 옥천을 포위하여 다시 한 번 승리를 거두었다. 견훤은 그 다음 번 전투에서도 승리하며 의성을 손에 넣고 성을 지키던 장군을 죽였다.

그러나 승승장구하던 견훤의 운도 여기까지였다. 결국 왕건이 견훤을 강력히 견제할 필요성을 깨달았다. 그 이듬해에 고려군은 안동에 머무르던 견훤에게 맹렬한 공격을 퍼부었다. 싸움이 온종일 지속됐지만 어느 쪽도 승기를 잡지는 못했다. 그러던 중 그날 밤 고려 정예군이 견훤을 불시에 습격했다. 이때 견훤의 병사 8천 명이 대경실색하여 달아나다 목숨을 잃었다. 견훤은 안전하게 피신했다. 이로써 왕건과 견훤 사이에 벌어진 전쟁이 끝나고 온 나라에서 왕건을 찾아와 충성을 맹세했다. 한반도 동부 지역 110개 성이 한꺼번에 왕건에게 투항했다. 울릉도까지도 고려에 선물을 보냈다.

왕 건 이   신 라 를   찾 아 가 다   이와 같은 격동의 시간이 지난 뒤 931년에 왕건은 호위병 50명만 거느리고 신라를 찾아갔다. 신라 왕은 직접 나와 왕건을 맞이하여 그 자리에서 큰 잔치를 베풀었다. 신라 왕은 작고 힘없는 신라의 처지를 한탄하며 견훤의 잔혹한 공격을 비난했다. 왕은 견훤의 사악함이 도를 넘었다고 한탄하며 주저앉아 통곡했다. 신하들도 마찬가지였으며 왕건조차도 눈물을 감추지 못했다. 왕건은 그 후 20여 일을 신라에 머물며 신라 왕과 서로 덕담을 나누었고, 극진한 대접을 받았다. 왕건이 도성을 떠날 때 백성들이 앞다투어 환송해주었다. 백성들에게 힘없는 옛 신라는 안중에도 없었고 모든 이의 마음이 고려를 향했다.

왕건은 고구려의 옛 도시 평양에 대한 애착이 강했다. 그래서 벌써부터 평양에 문학과 의학과 점술을 공부하는 학교를 설립했다. 932년에는 평양으로 천도할 계획을 세웠다. 그러기 위해서 군대가 주둔한 막사를 세우고 그밖에 여러 가지 준비를 하였지만 나쁜 전조가 나타나서 단념하고 말았다. 전하는 이야기에 따르면 평양에 큰 바람이 일어 집들이 날아갔고 암탉이 수탉으로 변했다고 한다. 이런 징조 때문에 평양 천도 계획은 성사되지 못했다.

한편 왕건은 송도 외곽에 여관을 지어 북방 토착 부족이 보낸 사신과 전령을 맞이하는 시설을 마련했다. 북방에서 사신을 보내는 의도가 의심스러워 도성 안에 들여놓을 생각이 없었거나, 아니면 단순히 손님들에게 강한 인상을 남기기 위해서였을지도 모른다.

견훤의 마지막 일격　　견훤의 심복이던 어떤 이는 두 아들과 딸이 견훤에게 인질로 잡혀 있는 데도 고려에 찾아와 충성을 맹세했다. 견훤은 이 소식을 듣고 첫째 아들을 산 채로 태워 죽이고, 둘째 아들과 딸도 같은 방식으로 죽이려 했다. 그러나 둘은 가까스로 도망쳐서 견훤이 죽을 때까지 숨어 지냈다. 그러자 견훤이 크게 화를 내며 다시 한 번 전쟁을 일으키려 했다.

아직 막강한 군사력을 일으킬 수 있던 견훤은 전쟁을 개시했고 평소처럼 먼저 승기를 잡았다. 동부의 3개 성을 함락하고 여러 도시에 불을 질렀다. 왕건은 이듬해가 돼서야 견훤과 맞서 싸울 군대를 보냈다. 고려군은 유근필 장군이 이끌었다. 유근필은 왕건에게 쫓겨났다가 유배지에서 적극적으로 군대를 일으켜 왕건에게 용서받고 다시 송도로 불려 들어간 인물이었다. 그는 견훤의 군대를 패주시키고 송도로 개선하며 백성들의 환호를 받았다. 기록을 보면 견훤의 세력이 아직 막강했다는 점을 알 수 있다. 또 다른 전투에서 고려는 견훤의 일곱 장군과 아들을 포로로 잡아들였다.

각지의 분쟁이 잦아들자 왕건은 북쪽과 서쪽 지방을 친히 둘러보며 가난한 백성을 돌보고, 성을 점검하고 원성이 자자한 지방관을 패했다. 왕건이 국토 순방을 마치고 돌아온 뒤에도 숙적 견훤이 아직 기세등등하게 버티고 있었다. 결국 운주성에서 최후의 일전이 벌어졌다. 이 전투에서 고려는 견훤의 병사 3천 명을 죽였고 32개 성을 빼앗았다.

935년은 한국 역사상 획기적인 해였다. 우선 이 해에 일어난 일을 시간순으로 정리해보자.

견훤의 아들이 아버지를 가두다　　견훤에게는 후궁이 많았고 아들도 열 명이 넘었다. 그중에서 넷째 아들인 금강金剛은 체격이 좋고 머리가 비상하여 견훤의 사랑을 독차지했다. 견훤은 형들을 제치고 넷째 아들을 왕위 계승자로 정했다. 그러자 곧바로 반발이 일어났다. 맏아들 신검神劍은 역모를 일으켜 아버지 견훤을 붙잡아 금산사에 가두고 동생 금강은 죽여버렸다. 그리고 스스로 왕위에 오르긴 했지만, 유일하게 왕권을 지탱해주던 걸출한 지도자를 잃은 후백제는 더욱 위태로워졌다.

그러나 견훤은 아직 최후의 일격을 남겨두었다. 석 달 동안 금산사에 갇혀 있던 견훤은 승려에게 술을 먹여 얼큰하게 취하게 한 뒤 가주로 달아났다. 그리고 체면도 내팽개친 채 아들을 피해 고려에 투항하여 피신하고 싶다는 편지를 왕건에게 보냈다. 왕건은 견훤의 요청을 받아들였다. 얼마 후 배 한 척이 고위 관료와 남쪽 나라의 늙은 늑대 견훤을 싣고 고려의 도읍에 들어왔다. 견훤은 송도에서 귀빈으로 극진한 대접을 받고 안락한 집과 수많은 하인과 양주 땅을 식읍食邑으로 받았다. 이때부터 견훤은 아들 신검이 몰락하는 날만 기다렸던 것으로 보인다.

신라 마지막 왕이 송도로 들어가다   여기까지는 그 뒤에 일어난 사건에 비하면 아무것도 아니었다. 신라 왕은 신라를 버리고 왕건에게 투항하기로 했다. 이런 생각을 꺼내자 대신들 중 누구도 이의를 제기하지 않았다. 왕의 뜻에 동의할 수도 없었지만 반론을 제기해봤자 아무런 소용이 없다는 사실도 알았기 때문이다.

태자는 이 문제를 백성들에게 알려서 백성들의 뜻에 따르자고 제안했지만, 왕은 이미 마음을 굳혔기에 송도에 편지를 보내 왕건의 발밑에 왕위를 내놓겠다는 뜻을 밝혔다. 태자는 슬픔에 빠져 아버지를 보지 않으려고 산속에 들어가 성긴 밥만 먹으며 애통해 했다. 산속에서 분을 이기지 못하고 슬퍼하며 죽어갔다.

왕건은 최고 관료를 신라에 보내 왕을 송도로 모셔오겠다는 답변을 보냈다. 16킬로미터에 달하던 왕의 행렬이 천천히 이동하면서 버려진 도시를 빠져나오며 슬픔에 싸인 백성들 사이를 지나갔다. 왕건은 송도 대문 앞에 나가 친히 신라 왕을 맞이했다. 왕건은 신라 왕이 자신에게 고개를 숙이기를 원하지 않았지만 고려의 대신들은 이 나라에 왕이 하 나이니 신라 왕이 고개를 숙여야 한다고 주장했다. 그리하여 신라 왕은 왕건에게 예를 올렸다. 왕건은 신라 왕에게 공주를 아내로 주고 고려 시대 최고 관직인 시중侍中 자리에 앉혔으며 식읍을 떼어주고 신라 대 신들에게도 높은 관직을 내렸다.

왕건의 너그러운 성품　마침내 총 56명의 왕이 한 사람당 평균 18 년 동안 통치하던 고대 왕국 신라가 종말을 고했다. 이때부터 신라의 도읍은 이름이 경주慶州로 바뀌었다.

역사상 왕건의 시대만큼 관대하게 관용을 베풀고 동정심을 발휘하며 요령을 발휘할 줄 알았던 예는 거의 없었다. 오랜 숙적 견훤에게 여생 을 편안하게 보낼 수 있도록 편안한 집을 제공한 것보다 더 고귀한 예 가 있었는가? 신라 왕을 귀빈으로 맞이하여 패망한 나라의 억울한 한 을 풀어주려고 애쓸 만큼 섬세한 인물이 있었는가?

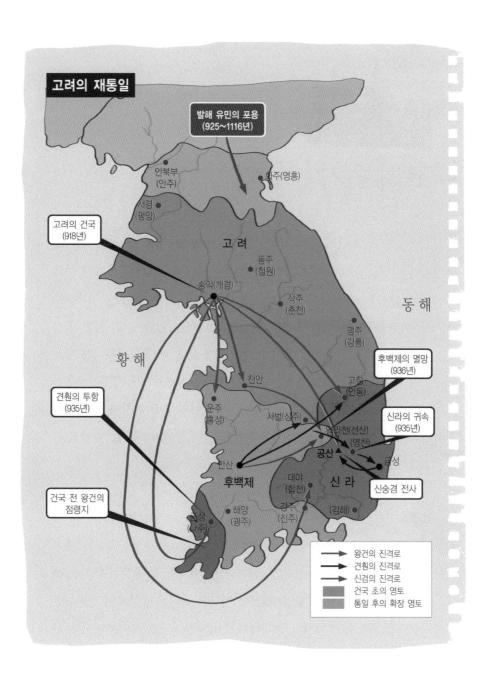

고려의 재통일

발해 유민의 포용
(925~1116년)

안북부
(안주)

화주(영흥)

서경
(평양)

고려의 건국
(918년)

고 려

동주
(철원)

송악(개경)

삭주
(춘천)

동 해

명주
(강릉)

황 해

천안

후백제의 멸망
(936년)

견훤의 투항
(935년)

운주
(홍성)

사벌(상주)

고창
(안동)

임은천(선산)
(영천)

신라의 귀속
(935년)

공산

금성

건국 전 왕건의
점령지

완산

후백제

대야
(합천)

신 라

신숭겸 전사

금성
(나주)

해양
(광주)

강주
(진주)

(김해)

왕건의 진격로
견훤의 진격로
신검의 진격로
건국 초의 영토
통일 후의 확장 영토

고려 초기

통일 신라가 남긴 유산 신라를
고대사에 남겨두고 마무리하기 전에
몇 가지 필연적인 결과를 주목해보
자. 신라는 한반도 전역를 통치한 최초의 정권이었다. 신라 사람이 쓰
던 말이 한반도 전체에서 공식 언어로 사용됐다. 신라가 이두라는 발음
구별 문자를 만들어 교착 어미를 유형별로 정리했기 때문에, 오늘날 한
국어 문법의 일반적인 특징은 고대 신라 언어의 주요 특징과 일치한다.
이런 사실을 이해하면 한국어의 기원에 관한 문제의 해답을 찾아낼 가
능성이 열린다.

견훤의 자식들이 패하다 936년이 시작되자 왕건은 과거의 두 숙
적인 유순한 신라 왕과 호전적인 견훤과 함께 고려의 품안에 사이좋게
지냈으나, 아직 남쪽에 버티던 견훤의 아들이 유일한 골칫거리였다. 하
지만 이 문제도 곧 해결됐다. 왕건이 견훤과 세력을 규합하여 병력 8만
7천 명을 거느리고 남쪽으로 내려가서 불평분자만으로 이루어진 보잘
것없는 후백제군과 맞붙었다. 후백제는 엄청난 대군이 몰려오고 그 속
에 견훤도 끼어 있다는 사실을 알고 곧바로 항복했다.

　왕건은 제일 먼저 "신검은 어디 있느냐?"고 물었다. 그러자 신검은

소규모 군대를 이끌고 산속의 성으로 들어가 마지막 일전을 준비하고 있다는 대답이 돌아왔다. 신검의 군대는 고려군에 공격당해 병사 3,200명이 포로로 잡히고 5,700명이 목숨을 잃었다는 기록으로 보아 전투가 얼마나 치열했는지 알 수 있다. 신검도 다른 두 형제와 함께 붙잡혔다. 두 형제는 아버지 견훤을 쫓아냈다는 죄로 처형당했으나 신검은 어찌어찌하여 견훤을 쫓아내는 일에 적극적으로 가담하지 않았다고 입증한 덕에 죽음을 면할 수 있었다. 그러나 사실은 신검도 처형당해야 마땅했을 것이다. 그리고 견훤은 전투 중에 목숨을 잃었다. 견훤의 죽음에 관해서는 신검이 두 형제들과 함께 처형당하지 않아 원통해서 죽었다는 기록도 있다.

황제가 고려를 공식적으로 승인하다 938년에는 왕건이 유명한 승려 홍범을 만나러 도성 밖으로 나갔다. 홍범은 서역의 천축天竺(인도)에서 온 승려였다.

이 시기에 흥미로운 개혁이 이루어졌다. 전국 모든 지방관청의 명칭이 바뀌었던 것이다. 한국사에서는 왕조가 바뀌면 흔히 있는 관청 명칭을 바꾸었다. 이듬해인 939년에는 황제가 고려 태조太祖를 왕으로 공식 책봉하여 옥새를 보내 권한을 부여했다. 그리고 제주도 탐라국의 태자가 고려에 찾아와 충성을 맹세했다. 또한 전국의 토지제도를 개혁했다. 기록에 따르면 지위가 높은 사람이 땅을 더 많이 차지하고 낮은 사람은 적게 차지하는 식이었다고 한다. 지위를 어떻게 판단해서 토지를 제공했는지 알아보는 것도 흥미로울 것이다.

거란을 거부한 만부교 사건 942년에는 북쪽의 거란이 화평을 제의하며 낙타 서른 마리를 선물로 보냈다. 하지만 왕건은 거란이 발해에도 화평을 제의하는 척하면서 결국에는 배반하여 발해를 멸망시킨 사건을 알았다. 그래서 사신 서른 명을 내쫓고 낙타 서른 마리를 만부교에 묶어 굶겨 죽임으로써 고려가 거란을 어떻게 생각하는지 보여주었다.

훈 요 십 조　　왕건은 예순일곱 살이 되었다. 왕건이야말로 역동적으로 살다간 인물이었다. 처음에는 전사였다가 나중에는 왕국의 세워 일국의 왕이 되었다. 죽음이 임박했다고 생각한 왕건은 후대 왕들에게 전해줄 가르침을 정했다. 그리하여 다음 대를 이을 왕위 계승자인 아들에게 다음과 같은 훈요십조訓要十條를 전해줬다.

1) 불교를 국교로 삼아라.
2) 사찰을 더 많이 지어라.
3) 장남이 못나고 어리석으면 차남이나 다른 형제가 대통을 잇게 하라.
4) 거란과 상대하지 말라.
5) 고대의 도읍 평양을 중시하라.
6) 불교 연례행사를 소홀히 다루지 말라.
7) 충신의 말에 귀 기울이고 간신을 배척하라.
8) 남쪽 지방은 배역背逆한 땅이니 그 지방 사람을 등용하지 말라.
9) 병사들을 돌보고 이익을 챙겨줘라.
10) 비상사태에 항상 경계하라.

왕건은 왕자에게 열 가지 교훈을 가슴깊이 새기라고 당부한 뒤 머리를 벽 쪽으로 돌려서 죽음을 맞이했다. 열 가지 교훈에는 왕건의 성품이 고스란히 드러난다. 왕건은 불교를 진실로 숭상하면서도 승려들이 과도하게 정치에 개입하는 것을 경계했다. 모든 종교 중에서도 가장 신비롭고 불가해한 불교라는 종교 안에 지극히 세속적인 부분이 숨겨져 있는 것을 봐왔기 때문이다. 왕건은 불교를 믿되 절제하기를 권고했다.

또 장남이라고 해서 무조건 왕위를 계승하는 관행을 금지했다. 이로써 왕이 백성을 섬기는 것이지 백성이 왕을 섬기는 것이 아니라고 역설했던 것이다. 배반 행위를 혐오하여 거짓으로 다가오는 세력과 교류하지 말도록 경계했다. 오랜 전통을 숭상하고 유서 깊은 도시 평양을 중시하라고 명했다.

친구를 사랑하고 적을 미워하라고 강조하면서 한때 도적이었던 견훤을 열렬히 따르던 남쪽 지방 출신 여인에게서는 후사를 보지 말라는 경계도 잊지 않았다.

왕건 자신이 무사 출신이라 군사력을 증강하라고 강조하며 병사들이 나라에 충성을 다할 수 있도록 적절히 대우해주라고 조언했다.

왕건이 지닌 성품의 요체를 드러내는 부분은 바로 마지막 조항이다. '항상 경계하라.' 마지막 조항에서 왕건의 성품을 읽어보면 그의 진정한 성품을 여실히 드러내는 조항 하나를 덧붙일 수 있다. '정직한 적과 화평을 맺느니 그냥 죽여라.' 정도가 될 것이다. 그리하여 943년에 위대한 장군이자 개혁가이자 왕이자 통치자였던 왕건이 죽고 아들 무武가 왕위에 올랐다. 무의 묘호는 혜종惠宗이다.

2대 왕 혜종, 여동생과 혼인하다 고려 2대 왕 혜종 시대에 관한 역사는 왕이 여동생을 남동생에게 시집보냈다는 기록부터 시작된다. 왕이 친동생과 혼인하는 풍습은 고려 시대의 독특한 제도 중 하나다. 혜종은 여동생을 남동생과 결혼시켰으며, 왕 자신도 다른 여동생과 이미 결혼한 상태였다.

한국에만 이런 풍습이 있었던 것은 아니다. 특히 고대 이집트 같은 곳에서도 성행하던 풍습이었다. 이는 왕이 친동생과 혼인하면 왕권을 지키고 다른 낮은 계층 여인과 결혼하는 경우보다 왕족의 혈통을 순수하게 유지할 수 있다는 가정에서 비롯됐다. 다만 덜 거슬려 보이게 하기 위해 오빠나 남동생과 혼인한 여자는 어머니 쪽 성을 따랐다고 한다.

왕의 장인인 왕규의 역모　또 고려의 왕들은 본처를 여럿 두었는데, 이는 이후 조선 왕조에는 없던 일이다. 왕규王規는 두 딸을 태조 왕건 15, 16번째 아내로 들여보냈는데, 16번째 왕비가 아들을 한 명 낳았다. 왕규는 왕비가 된 딸의 힘을 빌려 오늘날의 총리에 해당하는 시중侍中 자리에 올랐고, 외손자를 왕위에 앉히려는 야망을 품었다.

그런 왕규가 혜종의 이복동생인 왕요王堯(정종)와 왕소王昭(광종)가 왕위를 엿보고 있음을 눈치채고 혜종에게 이 사실을 고해바쳤다. 하지만 혜종은 오히려 왕규가 자신의 동생들을 해치려는 줄 알고 자신의 딸을 왕소와 결혼시켰던 것이다.

혜종이 왕위를 동생인 왕요에게 물려주려고 하자, 왕규는 왕요를 죽일 계략을 꾸미기 시작했다. 혜종은 이 사실을 알고 동생의 목숨을 구하기 위해 곧바로 태자 왕요를 폐위시켰다. 왕규는 왕권을 뛰어넘는 무소불위의 권력을 손에 쥐었던 듯하다. 태자를 죽이려 했는 데도 처벌받지 않았을 뿐 아니라 권력을 잡은 뒤에도 다시 왕요를 해치려는 음모를 꾸몄다.

그리고 왕규가 보낸 자객이 혜종을 죽이러 갔다가 오히려 왕의 손에 죽은 사건이 일어났다. 혜종이 병석에 눕게 되자 비밀리에 안전한 별궁으로 옮겨졌다. 그날 밤 왕규의 충복이 왕궁에 들어갔으나 왕은 이미 떠난 뒤였다. 이런 일을 겪은 뒤에도 혜종은 왕규에게서 시중 자리를 빼앗지 않았고 다만 무장한 호위병을 데리고 다닐 뿐이었다. 이처럼 역모를 꾸민 자를 처벌하지 못한 일을 시작으로 고려 시대에는 호족이 권력을 농단하며 왕을 한낱 꼭두각시로 전락시켰다.

일본에서 왕이 권력을 거의 갖지 않고 쇼군將軍이 나라를 다스렸던 것처럼 고려 시대에도 일본과 비슷한 예가 자주 눈에 띈다. 그러나 마침내 왕규가 응분의 처벌을 받게 되었다. 왕규는 갑환으로 유배당해 나라에서 달려 보낸 부하 300명과 함께 처형당했다.

불교가 널리 전파되다　태조 왕건이 죽자마자 불교에 관한 잘못된 조언이 본격적으로 현실화되었다는 데 놀라지 않을 수 없다. 고려 3대 왕 정종은 철저히 승려의 권력에 휘둘린 인물이었다. 정종은 독실한 불교 신자로서 많은 돈을 사찰에 헌납했다. 정종은 모든 일에서 승려 편을 든 바람에 궁극적으로 나라를 분열시키고 왕조를 위기로 몰아넣는 데 지대한 역할을 한 셈이었다.

정종은 왕건의 유지를 받들어 평양을 제2의 도읍, 곧 서경西京으로 삼았다. 그러나 서경을 개발하는 일로 많은 사람이 시간과 노력을 허비하며 엄청난 고통을 받았다. 송도에 살던 백성들이 강제로 북쪽 도시로 이주해야 했던 것이다. 자연히 백성들의 불만은 극에 달했고 정종이 맹목적으로 불교에 집착하는 태도까지 백성들의 원성을 샀다.

따라서 949년에 정종이 죽고 왕소가 왕위에 오르자 백성들이 기쁨의 환호성을 올린 것은 당연한 결과였다. 왕소의 묘호는 광종光宗이었다. 광종 역시 여동생과 결혼했다. 이는 왕이 근친결혼을 하는 또 하나의 이유가 관직을 기대하는 무리와 결탁하지 않으려는 데 있다는 사실을 암시한다.

쌍기가 광종의 개혁에 불을 붙이다　956년에 중국의 황제가 고려의 새 왕을 책봉하려고 사신을 보냈다. 이때 따라온 쌍기雙冀라는 위대한 학자가 왕의 눈에 들어 고려에 남아 관직을 받았다. 덕분에 번창하던 불교계가 큰 타격을 입었다고 한다. 쌍기의 개혁이 성공했다면 고려의 간계한 불교 세력이 무너져서 쫓겨났을지도 모를 일이다. 그러나 불교의 기반이 워낙 튼튼해서 한 사람이나 몇 사람을 가르치고 본보기를 보여준다고 해서 무너뜨릴 수 없었다.

광종이 노비 제도를 개혁한 데도 쌍기의 입김이 작용했던 것 같다. 그때까지는 비교적 경미한 죄를 지은 사람을 노비로 삼았기 때문에 온 나라가 노비로 넘쳐났다. 광종은 수많은 노비를 풀어주었기 때문에 노비를 잃고 재산을 손해 본 귀족 세력의 분노를 샀다.

또 왕의 인도주의적인 성향으로 인해 노비들은 노비들대로 대담해져서 애초에 왕이 의도한 것보다 많은 것을 요구하며 폭동을 일으켰다. 결국 노비에게 마구잡이식으로 특권을 주는 것이 위험할 수도 있다는 것이 드러났다.

쌍기의 건의에 따라 시행된 개혁 정책 중 가장 획기적인 제도는 중국에서 실시되던 관료 등용 시험인 과거제도였다. 과거제는 시詩, 부賦, 송頌, 책策, 의과醫科, 복과卜科의 6과목으로 치러졌다.

잦아진 중국과의 교류　한편 중국과의 교류는 더욱 잦아지고 가까워진 듯하다. 960년에는 고려 사신이 구리 2만 킬로그램과 명경을 만드는 데 쓰는 수정 4천 개를 중국에 가져갔다. 이때는 중국 사람이 고려로 이주하던 시기이기도 하다. 고려가 쌍기를 극진히 대접한 결과임이 분명하다. 광종은 중국에서 온 손님을 후하게 대접하여 집을 주고 관직에 앉히고 결혼도 시켜주었다.

일부 고위 관료는 광종이 그런 식으로 집을 내주는 데 분개했다. 그중에서 소필은 왕에게 자기 집을 선물로 내주라고 요구했다. 왕은 깜짝 놀라며 왜 집을 포기하려느냐고 물었다. 그러자 소필은 이렇게 대답했다. "소인이 죽으면 어차피 넘어갈 집이니 차라리 지금 버리고 자식들을 위해 작은 집을 마련하는 데 여생을 보내겠습니다." 이 말에 왕은 크게 화를 내면서도 그 뜻을 알아듣고 그날부터 중국 사람에게 부당하게 집을 내주는 일을 그만두었다.

열정이 식은 광종의 실정 이듬해인 961년에는 관복의 모양과 색이 크게 바뀌었다. 모두 쌍기의 건의에 따른 것이었다. 최고 관직에는 자주색, 두 번째에는 붉은색, 세 번째에는 짙은 붉은색, 네 번째에는 푸른색이 지정되었다.

고려가 불과 50여 년 전에 태조 왕건이 이룩한 수준에서 얼마나 퇴보했는지는 왕이 신하의 말에 쉽게 흔들리는 데서 분명해졌다. 광종은 아무나 믿었다. 앙숙 관계인 두 사람이 찾아와 서로를 헐뜯으면 광종은 두 사람 말을 다 곧이곧대로 받아들였다. 그 결과 감옥에 죄인이 넘쳐나고 사형 집행인의 도끼가 마를 날이 없었다. 왕 앞에 고발당했다는 이유만으로 처형된 사람이 부지기수였다.

그뿐 아니라 왕궁을 짓고, 중국식으로 옷을 지어 입었다. 썩은 고기가 있는 곳에 독수리가 날아든다는 말이 있듯이 국경을 넘어 찾아온 헤아릴 수 없는 '친구'들을 대접하느라 국고를 다 써버렸다. 이런 일이 969년까지 자행됐으며 갈수록 상황이 악화됐다.

969년에 왕은 불교 승려 두 사람을 스승으로 맞이했다. 어느 날 문득 왕은 가까이서 살육이 무수히 자행되는 현실을 깨닫고 양심의 가책을 느끼기 시작했다. 그리하여 불교를 적극적으로 전파하여 상황을 바로

잡으려 했다. 왕 자신이 전적으로 승려에게 의지하여 국정을 불교식으로 운영하게 했다. 그러나 이런 방식으로 왕은 양심의 가책을 덜었을지 몰라도 고려에는 좋을 것이 없었다. 왕은 올바른 지각을 갖춘 사람들로부터 존경을 잃었다.

광종의 통치는 지루하게 계속되다가 975년에 광종이 죽으면서 고려는 악몽에서 벗어났다. 감옥은 무고한 사람들로 넘쳐났고 정부조직 곳곳에 불교 세력이 뻗어 있었다. 어디에서도 열정과 애국심을 찾아볼 수 없었다. 이 두 가지를 지닌 자가 나타나면 시기하는 무리가 경솔한 왕에게 고해바쳐 감옥에 집어넣었기 때문이다.

경종, 직접 시험지를 검사하다 다음에는 광종의 장남 유伷가 왕위에 올랐다. 묘호는 경종景宗이었다. 경종은 왕이 되자마자 감옥 문을 열어 중죄인이 아닌 사람은 모두 풀어주었다. 지극히 간단한 조치였지만 백성들로부터 열렬한 환영을 받았다. 이는 관리 체계의 전반적인 개혁을 알리는 신호탄이었다. 승려는 사찰로 돌려보냈다. 과거제도를 개혁하고 고전 연구를 권장했다. 왕이 직접 시험지를 검사했다.

그러나 왕이 갑자기 죽는 바람에 활기차게 추진하던 개혁도 단 6년 만에 끝나고 말았다. 981년에는 묘호가 성종成宗인 동생 치治가 왕위에 올랐다. 다행히 성종은 선왕인 경종과 같은 생각을 가지고 있었으므로 바람직한 개혁을 중단하지 않았다.

성종, 직접 밭을 갈다 우선 태조 왕건 시대에 시행되던, 온갖 동물을 흉내 내던 무의미한 축제를 폐지했다. 그리고 관직명을 중국식으로 바꾸었다. 중국과의 교류가 다시 활기를 찾았고, 사신이 자주 드나들었다. 성종 2년인 983년에는 매년 왕이 직접 밭을 가는, 예로부터 내려온 풍습이 제도화되었다. 역시 중국에서 들어온 제도였다. 성종 시대에는 유교를 장려했다. 중국에 다녀온 사신은 황제를 모시는 사당에 걸린 그림, 공자의 초상화, 공자 사당에 걸린 그림, 공자의 제자 72인의 역사 등을 가져왔다. 984년에는 법정 이자율을 매월 1할로 정한 것으로 보아 성종이 국고를 마련하는 문제에도 관심을 두었다는 것을 알 수 있다. 성종은 국방에도 관심을 두었다. 압록강에 성을 쌓기 시작했지만 여진족 때문에 작업이 일시 중단됐다.

거란의 힘이 나날이 커져서 고려에 불길한 기운을 드리웠다. 새로운 왕을 책봉하려고 찾아온 송나라 사신은 고려가 거란 영토를 침략하는 데 기꺼이 힘을 보태겠다는 뜻을 비쳤다. 고려가 어떤 반응을 보였는지는 알려지지 않았지만 상황이 크게 변하지는 않았다. 불교의 확장에 제제가 가해졌으며 사찰을 세우기 위해 집을 강제로 압류하는 관행은 중단되었다.

장례 풍습도 바뀌었다. 3년 상은 100일로, 1년 상은 30일로, 9개월 상은 20일로, 6개월 상은 15일로, 3개월 상은 7일로 줄어들었다. 지방관을 교육하여 농업을 장려했고, 우수한 농업 방식으로 생산량을 높인 지방관에게는 상을 내렸다. 또 지방관이 가족을 데리고 지방으로 내려갈 수도 있었다. 장족의 발전이었다. 그때까지만 해도 지방관이 지방에 내려갈 때는 올바른 정책을 펼 수 있도록 가족을 도성에 남겨두는 것이 관례였다.

물가조절 기구인 상평창과 조세 감면 제도 성종은 각 지방에 대형 곡물 창고인 상평창常平倉을 세워서 기근이 들 때를 대비해 곡식을 저장해두었다. 풍년이 들어 곡물 가격이 떨어지면 국가가 사들여 가격을 올리고, 흉년이 들어 곡물 가격이 오르면 국가는 비축해두었던 곡물을 풀어서 곡물 가격을 낮추었다. 상평창이 곡물 창고이면서도 물가 조절 기구의 역할까지 맡았던 것이다.

유생들에게는 옷감과 음식을 상으로 내려 격려했고, 우수한 유생을 선발하여 중국에 유학을 보내주었다. 987년에는 특히 지방에서 무기를 두드려 펴서 농기구로 바꾸었다. 두 번째로 노비를 풀어주려는 시도가 있었지만 좋은 성과를 내지는 못했다.

중요한 불교 행사를 중단하기는 했지만, 첫째, 다섯째, 아홉째 달에는 살생을 금한다는 법이 아직 유효한 것으로 보아 불교가 여전히 강력한 영향력을 미쳤다는 사실을 알 수 있다. 신라의 옛 도읍이었던 경주를 고려의 동쪽의 수도라는 뜻의 동경東京이라고 개칭했지만 단지 이름뿐이었다. 기록에 따르면 성종 치세에 기근이 든 해에는 조세의 일부나 전체를 감면해주는 자비로운 제도와 몸이 아픈 신하에게 왕이 친히 약을 보내주는 풍습이 시작되었다. 한편 북쪽에서 거란이 성장하자 고려는 불안에 떨었다. 고려는 989년에 북동 지역 국경 수비를 강화했다. 이 해는 거란의 공격을 통해 주로 추운 지역 민족이 따뜻한 지역 민족을 정복한다는 사실이 입증되기 시작한 해였다.

고려가 건국하고 신라가 멸망하던 혼돈의 시대에는 역사를 기록하는 작업이 등한시됐다. 그러나 어느 정도 상황이 진정되자 왕조의 역사를 기록하는 작업이 다시 시작됐다.

유교와 불교가 균형을 이루다 성종은 불교와 유교 사이에 어느 한쪽에도 치우치지 않고 나라를 다스렸던 것 같다. 문헌에는 왕의 생일에 살생을 금했다는 기록도 있고, 남다른 덕목을 갖춘 부인에게 상을 내렸다는 기록도 있으며, 사신이 중국에서 위대한 불교 작품인 대장경大藏經을 가져오자 왕이 도성 밖으로 나가 직접 맞이했다는 기록도 있고, 처음으로 조상을 기리는 사당이 세워졌다는 기록도 있다. 성종의 정책이 제대로 관철되기만 했어도 고려는 불교와 유교의 균형을 유지했을 것이다.

왕건의 아들 왕욱이 유배되다 왕건의 아들 중에 아직 살아 있던 사람이 있었다. 바로 왕욱王旭이란 인물이었다. 왕욱은 당시 도덕적으로 해이한 모습을 묘사하는 왕실 비화를 집필했다. 또 왕욱은 죽은 동생의 부인과 부적절한 관계를 맺었다.

성종은 그 사실을 알고 크게 노여워하며 왕욱을 유배 보냈다. 그 부인은 아들을 낳고 버드나무에 목을 매 죽었다. 유모가 아기를 살려서 '아버지'라는 말을 가르쳤다. 어느 날 아기를 왕에게 데려가자 아기는 왕에게 뛰어가 옷자락을 붙잡고 울면서 아버지라고 불렀다. 왕은 깊이 감동하여 아기를 유배지에 있던 아버지에게 보냈다. 왕욱이 죽고 소년은 다시 도성으로 들어가 관직에 올랐다. 그리고 훗날 왕이 되었다.

거란과 대립하다 993년에는 북방에 먹구름이 드리워 위험이 임박했다는 사실을 알렸다. 고려는 강력한 거란의 침략을 막아보려 했지만 소용이 없었다. 거란 장수 소손녕은 고려의 방어 작전을 전쟁 사유로 선포하고 막강한 군사를 일으켜 고려 영토를 침범했다.

성종은 백양유 장군에게 고려군 사령관직을 맡기고 왕이 직접 군대를 이끌고 평양까지 올라갔다. 바로 그때 거란이 측면을 공격해왔으며 이미 중요한 성 하나가 함락되었다는 소식이 들렸다. 왕은 서둘러 송도로 돌아왔다. 소손녕은 아주 짧은 편지를 보냈다. '고구려는 원래 거란 땅이었다. 우리는 옛 거란 영토를 되찾으러 왔을 뿐이다. 고려는 항복하고 거란의 속국이 되라.'

그러자 성종은 이몽전을 보내 최상의 조건을 제안해 거란과 화평을 맺게 했다. 이몽전은 소손녕 진영에 들어가 감히 북방 오랑캐가 고려의 국경을 넘어 쳐들어온 이유가 무엇이냐고 물었다. 그러자 소손녕은 이곳은 원래 거란의 땅이므로 고려 왕은 그 사실을 받아들이고 거란을 주인의 나라로 섬기는 편이 모두에게 바람직한 일이라고 대답했다.

　이몽전은 송도로 돌아와 회의를 소집했다. 항복하자는 주장도 있었지만, 한편에서는 '타협하는 조건으로 대동강 이북 영토를 모두 넘겨주자.'는 절충안도 내놓았다. 성종은 절충안을 채택하고 대동강 이북에 사는 백성들에게 들고 오지 못할 곡식은 강에 던져버리고 내려오라고 명했다. 곡식을 남겨두어 적군에게 넘어가지 않게 하려는 것이었다.

서희, "고려는 고구려를 계승한 나라"　소손녕이 고려의 결정에 크게 기뻐한 것도 잠시였다. 얼마 후 유방 장군이 이끄는 고려군에 크게 패하여 자존심이 땅에 떨어지고 말았다. 따라서 고려가 거란을 종주국으로 받아들이라고 요구하는 선에서 요구 조건이 조정됐지만 성종은 이 조건을 받아들이려 하지 않았다. 소손녕은 고려가 협상장에 내보낸 장군의 직위가 낮은 데 불만을 품고 문하시중을 보내라고 요구했다.

　그리하여 고위 관료인 서희가 협상에 참여했으나 소손녕에게 고개를 숙이지는 않았다. 소손녕은 고려를 침략한 이유를 이렇게 설명했다. "고려는 신라 사람이지, 고구려 사람이 아니오. 고려가 거란 영토를 침범한 것이오. 또 거란은 고려의 이웃이오. 헌데 이웃을 버리고 송나라에 사신을 보내는 이유가 무엇이오? 바로 그 때문에 거란이 고려와 맞서는 것이외다. 고려가 거란 땅을 돌려주고 거란의 속국이라는 사실을 받아들인다면 아무런 불상사가 일어나지 않을 것이오."

　서희는 이 말에 동의하지 않았다. "고려는 고구려를 계승하여 세워진 나라요. 그렇지 않고서야 우리 이름이 왜 고려이겠소? 고구려 도읍은 평양이었으며 거란이 고구려 땅의 일부를 차지한 것이오. 그런데 고려가 거란을 침범했다고 주장하는 이유가 무엇이오? 고려 영토는 압록강 너머까지 뻗어나갔지만 여진이 고려 땅을 빼앗았소. 거란이 먼저 여진에 가서 옛 고구려 영토를 되찾는다면, 고려도 기꺼이 거란을 종주국으로 인정할 것이오."

거칠 것 없는 북방의 장수 소손녕이 어떤 점에 설득되었는지는 알 수 없지만 서희의 주장이 관철된 것은 사실이었다. 소손녕은 큰 연회를 베푼 뒤 군대를 철수하며 간절히 원하던 고려의 항복도 받아내지 않은 채 거란 땅으로 돌아갔다.

송이 원조를 거부하다 고려는 호의를 베푸는 시늉을 하기 위해 거란 연호를 채택했다. 그러나 고려는 곧이어 속내를 드러냈다. 송나라에 급히 사신을 보내 오만한 북방 오랑캐와 맞서 싸울 수 있도록 도와달라고 요청했다. 그러나 송나라는 자기네 국경을 지키는 데도 손이 모자랄 판이라 고려의 요청을 거절했다. 이로써 고려와 송나라 사이의 우호 관계가 깨지고 소통이 단절됐다. 거란 왕은 고려에 사신을 보내 고려 왕에게 많은 고려 여자를 조공으로 보내겠다는 약속을 받아냈다.

고려는 거란과의 관계에서 채택한 정책을 이행하기 위해 사내아이 10명을 거란에 보내 그 나라 말을 배우고 그 나라 여자와 혼인하게 했다. 996년에는 거란의 '황제'가 고려에 왕을 상징하는 인장을 보내 종주국으로서 마지막 행동을 보여줬다.

지방 10개 도와 최초의 화폐 주조 10세기 말엽 고려는 처음으로 영토를 여러 지방으로 개편했다. 고려의 지방은 모두 10개였다.

각 지방의 위치와 이름은 다음과 같다. 지금의 경기도는 관내도였고, 지금의 충주는 중원도, 지금의 공주는 하남도, 지금의 상주는 영남도, 지금의 전주는 강남도, 지금의 진주는 산남도, 지금의 나주는 해양도, 지금의 춘천, 강릉, 안변은 삭방도, 지금의 평양은 패서도였으며, 송도의 다른 이름은 개성이었다. 이들 10개 도는 도라기보다는 도의 중심지라 할 수 있다.

거란도 곧 멸망할 처지였지만, 그전에 10세기의 가장 중요한 사건이 일어나기 시작했다. 역사에는 중요하게 기록되지 않은 사건이다. 역사 문헌에는 왕실의 음모나 허울 좋은 왕실의 행렬이 더 비중 있게 다뤄지지만 사실 가장 지속적으로 영향력을 미친 사건은 따로 있었다. 고려가 최초로 동전을 주조했던 것이다. 996년의 일이었다. 동전은 쇠로 만들었으며 가운데 구멍이 뚫려 있지 않아 조선 시대 통화의 일반적인 모양과 달랐다.

쾌락주의자 헌애왕후와 김치양, 역모를 꾸미다　997년에는 성종이 죽고 조카 송誦이 왕위에 올랐다. 묘호는 목종穆宗이었다. 목종은 우선 경작지를 다시 측량하는 방식으로 세제를 개편하려고 했다. 관리는 녹봉을 돈이나 쌀로 받지 않고 경작지를 하사받아 그 땅에서 나는 곡식을 녹봉으로 가져갔다. 목종 3년인 1000년에는 거란 황제가 목종을 고려 왕으로 책봉했다. 목종 5년에는 제주도에서 닷새 동안 화산이 폭발했다.

목종의 시대는 실패작이 될 처지였다. 목종의 어머니 헌애왕후가 김치양과 부적절한 관계를 맺고 그를 높은 자리에 앉혔다. 고려 사람들은 분노에 휩싸였다.

헌애왕후는 대궐에서 온통 '먹고, 마시고, 사랑하라.'는 쾌락주의적

금언을 몸소 실천했다. 기이한 일이지만 왕후는 이승의 삶을 제대로 즐기고 나면 다음 생에서 모두 부처가 될 것이라고 믿었다. 당시 불교가 어떤 가르침을 펼쳤는지 알 수 있는 예이며, 적어도 불교가 국가 차원에서 어떤 결과를 초래했는지는 알 수 있다.

헌애왕후와 김치양은 아직 어린 목종을 겨냥하여 역모를 꾸몄다.

강조 장군, 김치양을 잡아죽이다　목종은 병중에도 사태가 어떻게 돌아가는지 잘 알았다. 그래서 앞에서 설명한 왕욱이 죽은 동생의 부인과 부적절한 관계로 낳은 아들 순詢을 왕위 계승자로 지목할 요량으로 순에게 사람을 보냈다. 그리고 지방에 머물던 충직하고 올곧은 강조康兆 장군을 급히 불러들였다. 강조 장군은 송도로 들어가는 길에 자기를 부른 사람이 왕이 아니라 성종의 왕비의 연인이라는 잘못된 정보를 들었다.

강직한 노장 강조는 자기가 농락당한 것에 격분하여 곧장 송도로 들어가 호색한 역적 김치양을 잡아죽였다. 그러고는 목종을 공격하여 죽음에 몰아넣었다. 강조는 상황을 신중하게 파악하지 않은 채 왕실을 일거에 정리해야 한다고 믿었던 것이다. 그리고 그 누구보다도 처벌을 받아야 마땅한 왕비까지 축출하여 할 일을 마무리하고 순을 왕위에 앉혔다. 순의 묘호는 현종顯宗이었다. 1010년에 일어난 일이다.

거란의 침입

일 식 과 월 식 현종이 왕위에 올라 처음으로 취한 조치는 고려의 명예를 실추시킨 헌애왕후의 궁을 파괴한 일 이었다. 다음으로 도성에 이중으로 성벽을 쌓았다. 명백하게 드러나는 사건들은 고려의 앞날에 불길한 전조를 드리웠으며 폭풍이 몰아칠 태세였다.

한반도 모든 시대의 역사 기록에는 일식과 월식이 상세히 기록돼 있다. 현종 16년에 월식이 나타나야 하는데 나타나지 않았다는 특이한 기록이 남아 있다. 이로써 당시 성행하던 천문학을 새롭게 조명할 수 있다. 흔히 월식을 불길한 징조로 여기지만 당시에도 오늘날처럼 교육받은 사람들은 월식을 단순한 자연현상의 하나로 이해했다.

거 란 이 전 쟁 을 선 포 하 다 1010년에는 엄청난 사건이 일어날 전조가 나타나 모두가 큰 두려움에 떨었다. 당시 즉각적인 반응은 다음과 같았다. 북방에서 군대를 지휘하던 하공진과 유종 두 장수는 강조가 송도로 불려 들어가자 군대를 전횡하며 상부의 명령을 듣지 않았다. 송도의 상황이 심각한 터라, 두 장군의 행동이 묵과된 면이 없지는 않았지만 두 사람은 정도를 넘었다.

두 장군은 서로 힘을 합쳐 동쪽 여진족을 공격했다. 비록 공격에 성공하지는 못했지만 여진족 백성에게 강한 인상을 남긴 덕에 여진에서 사신이 찾아와 항복의 뜻을 밝혔다. 두 장군은 권력이 커진 만큼 적절한 역량을 갖추진 못한 모양이었다. 여진 사절단 일행을 무자비하게 죽였던 것이다. 현종은 이 소식을 듣자마자 두 장군의 직위를 폐하고 추방했다. 그렇다고 해서 격분한 여진이 진정하지는 않았다. 여진은 곧바로 거란 황제에게 모든 상황을 전했다. 그러자 거란은 다음과 같이 선포했다. "강조 장군이 고려 왕을 죽였다. 우리가 가서 조사해보겠다."

고려가 수비를 강화하다   거란 사신은 먼저 송도에 가서 목종이 죽은 경위를 따져 물었다. 고려 관리는 몹시 당황하면서 거란에 급히 사신을 보내 사건의 경위를 설명했다. 황제는 사신을 포로로 붙잡았다. 고려는 다시 사신을 보냈다. 모두 10명에 이르는 사신을 보냈지만 불길한 침묵만 지속될 뿐이었다. 뭔가 심상치 않은 일이 벌어질 것처럼 보였으나 정확히 무슨 일인지는 알 수 없었다. 만일의 사태에 대비하기 위해 현종은 강조와 이현운 장군을 북쪽의 통주(지금의 선천)로 보내 거란의 급습에 대비하게 했다.

강조 장군이 붙잡히다   12월 초에 드디어 불안한 침묵이 깨지고 압록강 유역 경비대에서 거란의 군대가 압록강을 건넌다는 전갈을 보내왔다. 문헌에 따르면 거란은 40만에 이르는 강력한 대군이 밀고 내려와 흥화진에서 고려군을 포위했다고 한다. 고려군이 진영을 굳게 지키며 대적하리라고 판단한 거란은 비단과 값진 물건을 선물로 보내 항복을 종용하며 이렇게 말했다.

"거란은 강조의 손에 죽은 고려 왕을 좋아했기에 결단코 살인자를 처단할 것이다. 그러니 너희는 우리에게 협조하라. 협조하지 않으면 철저히 응징할 것이다." 이에 고려는 '항복하느니 죽음을 택하겠다.'라는 답을 보냈다. 그러자 거란은 더욱 값진 선물을 보냈지만 고려의 입장은 변함이 없었다. 고려를 굴복시키려면 대량 살상을 피하기 어렵다는 것이 자명해지자, 거란은 40만 대군을 둘로 나누어 20만은 의주 근교로 보내고 나머지 20만은 통주로 보냈다. 강조 장군은 지혜를 짜내어 소규모 병력을 두 강 사이에 배치하며 두 강을 천혜의 장벽으로 이용했다. 강조는 수레바퀴에 검을 달아 적의 행렬을 뚫고 돌진하면 적병이 검에 찔려 쓰러지는 기능을 갖춘 전차를 만들었다고 한다. 덕분에 수적 열세에 놓였던 고려군이 승기를 잡았다.

그러나 강조는 철통 보안에 큰 자부심을 갖고 한창 전투 중에도 자만심에 젖어 오목을 두기 시작했다. 그러던 중에 서부 전선이 무너지고 적군이 들이닥친다는 소식이 들어왔다. 강조는 호방하게 웃으면서 "그런 사사로운 소식은 내게 전하지 말거라. 내가 칼을 뽑아들 만큼 대군이 내려오면 그때 찾아오거라."라고 큰소리쳤다. 곧이어 전령이 달려와 거란 대군이 밀려 들어온다는 소식을 전했다. 그러자 이번에는 강조가 일어나 전투태세를 갖췄다.

기록에 따르면 강조가 전열을 가다듬는 동안 강조에게 살해당한 목종의 혼령이 나타나 거란의 위력을 업신여긴 과오를 꾸짖었다고 한다. 강조는 투구를 쓰고 혼령 앞에 엎드려 "폐하의 죽음을 보답할 만한 공을 세우겠습니다."라고 맹세하며 결의를 다졌다. 그 후 거란군이 급습하여 강조를 붙잡아 수레에 묶어 데리고 갔다.

강조, 도끼에 스스로 머리를 박다 그때부터 거란군은 거침없이 약탈했다. 고려 영토 깊숙이까지 내려와 3만 명을 죽이고 종횡무진하며 국토를 유린했다.

강조와 이현운은 거란 황제 앞에 끌려갔다. 먼저 강조의 포박을 풀어 황제 앞에 불러냈다. 황제가 이렇게 물었다. "너는 내 신하가 되겠느냐?" 그러자 강조가 이렇게 대답했다. "나는 고려 사람입니다. 어찌 거란 황제의 신하가 되겠습니까?" 황제는 칼로 강조의 살을 도려내라고 했지만 강조는 흐트러짐이 없었다. 같은 질문을 받은 이현운은 이렇게 대답했다. "하늘의 해와 달을 우러러 보게 되었으니, 어찌 옛 산천만 생각하겠습니까?" 이는 변절을 뜻하는 말이었다. 강조는 이현운에게 변절자라고 소리치며 도기에 머리를 박았다.

평양성이 포위당하다 거란은 평양으로 진격하는 데 총력을 기울였으며 고려의 패잔병들이 '장목고개'에 결집하여 거란군을 저지했다. 그러자 거란의 장군이 외교술을 발휘했다. 강조가 보낸 편지인 양 꾸며서 흥화진에 편지를 보냈던 것이다. 그러나 고려군을 이끌던 양규楊規가 '나는 왕의 명령만 듣는다.'라는 답을 보내왔다.

곽주(지금의 곽산)와 숙주(지금의 숙천)가 거란에 함락됐고, 기세등등한 거란군이 평양성 문전까지 들이닥쳤다. 당시 평양성은 원종석 장군과 그의 두 장수인 지채문과 최창이 지켰다. 원종석은 항복의 뜻을 알리는 편지를 보내려 했지만 부하 장수 둘이 편지를 가로채서 찢어버리고 거란의 사신을 죽였다. 두 장군이 평양성 밖에 주둔해 있다가 성안 백성들이 극심한 두려움에 사로잡힌 것을 알고 진정시키려고 성안으로 들어갔다.

고려 왕이 항복하다 마침내 거란군 사령관이 고려 왕에게서 항복 의사를 받아냈다. 그러자 거란군 진영에 환호성이 울렸고 주변 지역을 약탈하는 행위를 그만두라는 명령이 떨어졌다. 거란 사신 마보우가 송도로 향했고 을름 장군의 지휘하에 병사 1천 명이 뒤를 따랐다.

현종이 항복 의사를 밝힌 뒤에도 평양성이 굴복하지 않았고 평양성을 지키던 장군들이 적대 행위를 멈추지 않은 것으로 미루어보아, 송도와 야전의 군대 사이에 제대로 의사소통이 이루어지지 않았다는 사실을 알 수 있다. 앞서 들어간 거란 사신이 돌아오지 않은 이유를 알아보기 위해 두 번째 들어간 사신도 살해당했다.

을름 장군은 평양성을 함락하라는 명령을 받아 진격했다가 병사 3천 명만 잃고 퇴각했다. 평양성 공격에 실패하자 거란은 평양성을 포위하기로 결정했다. 평양성 백성들은 이런 상황을 보고 조만간 성이 넘어가리라는 사실을 알았다. 그리하여 평양성은 서문에서 한 부대를 출격시키고 동문에서 한 부대를 출격시켜 양 부대의 합동 공격으로 거란을 격퇴한다는 계획을 세웠다. 그러나 장군들 중 한 사람이 계획대로 진격하지 않고 도망갈 방도를 찾았다. 그래서 다른 부대가 함정에 빠져 항복하고 말았다. 그러나 평양성에는 아직 장군 둘이 남아 있었다.

한편 양규가 이끌던 병사 1천 명이 밤을 틈타 곽주를 공격하여 거란 수비대를 쳐부수고 고려 백성 7천 명을 안전하게 동부로 옮겼다.

왕 이 남 쪽 으 로 도 망 치 다   거란군은 평양성의 항복을 받아내기 어렵다고 판단하여 평양성을 포기하고 동쪽으로 방향을 틀었다. 그러자 지채문 장군이 급히 송도로 들어가 평양성에서 도망쳐나왔다고 전했다. 왕이 항복해도 군대가 항복하지 않아 왕의 항복이 효력이 없어지자 거란 황제가 임명한 서경 유수西京留守 마보우도 얼마 가지 못하고 몰락한 처지였다.

송도의 대신들은 급히 항복하라고 종용했지만 강감찬 장군은 단호한 입장을 밝혔다. "잠시 적을 막아 시간을 벌기만 해도 적군이 서서히 무너질 것입니다. 폐하께서는 남쪽으로 내려가 안전을 도모해야 합니다." 그날 밤 왕과 왕비와 수많은 대신들이 병사 5천 명의 비호를 받아 남쪽의 적성으로 피신했다.

왕이 남쪽으로 떠난 피난길은 매우 험난했다. 송도를 빠져나온 첫날 밤에 왕이 묵던 숙소가 반역자와 불평분자 무리에게 공격당했다. 왕은 산속으로 도망쳤고 왕의 곁에는 충직한 지채문 장군이 지켰다. 거란에 쫓겨 후퇴하던 왕은 상부의 명령도 없이 여진을 공격한 바람에 추방당한 장군 둘을 불러들여 원래 직위를 회복시켰다. 왕은 지채문, 채충순, 주저 세 장군의 호위를 받아 천천히 양주로 퇴각했다. 도중에 그 많던 수행원이 모두 떠나고 왕의 곁에는 후궁 둘과 궁녀 둘, 측근 둘만 남았다. 지채문은 고려 전역에서 기승을 부리던 산적에 대한 경계를 늦추지 않았다. 한번은 무자비한 산적 패거리의 공격을 받자, 지채문은 밤을 틈타 왕실 일행을 이끌고 지금의 서울 북동쪽에서 약간 벗어난 양주 도봉사에 숨어 들어가 산적 패거리를 완벽하게 따돌린 일도 있었다.

거란이 속임수를 쓰다　하공진 장군은 거란이 쳐들어온 이유는 강조 장군을 벌주기 위함이니 강조를 없애고 거란에 편지 한 장만 보내면 고려와 거란 사이에 모든 문제가 해결될 것이라고 왕에게 말했다. 왕은 편지를 써서 믿을 만한 사람 편에 보냈다. 왕이 송도를 떠난 이유는 군대를 급파하여 지방에서 일어난 소란을 진압하기 위해서라고 편지에 적었다. 고려 사신은 왕이 얼마나 멀리 나갔냐는 질문에 수천 리 정도 나갔을 것이라고 대답했다. 그럴 듯한 대답이라 판단한 거란군은 서서히 국경 쪽으로 퇴각하다가 창화에서 처음으로 진군을 멈추었다.

거란군이 퇴각한 이유는 고려에 호의를 베풀려는 것이 아니라 겨울을 날 주둔지를 확보하기 위해서였다. 1011년 봄이 되자 거란군은 곧바로 남하하여 송도로 들어가 왕궁과 가옥들을 불태웠다. 광주에 머물던 왕은 이 소식을 듣자마자 후궁 둘을 데리고 남쪽으로 더 내려가 지금의 충청도 천안까지 내려갔다. 그리고 여기서 멈추지 않고 전주까지 더 내려갔다.

전주 목사의 배역 평민 옷을 입은 왕은 전주 목사에게 오만방자한 대접을 받았다. 사실 전주 목사는 은밀히 왕을 해치울 계획으로 자객 셋을 고용하여 밤을 틈타 왕을 살해하도록 명령했다. 그러나 지채문 장군이 왕의 방문을 철통같이 걸어 잠그고 지붕 위로 올라가서 왕에게 충성을 다하려는 이는 모두 나와 왕을 지키자고 큰소리로 외쳤다.

이튿날 전주 목사가 왕 앞에 불려나갔다. 여러 장군이 전주 목사를 죽이자고 입을 모았으나, 충직한 만큼 현명하기까지 했던 지채문은 전주 목사를 죽이지 못하게 했다. 목사를 죽이면 이 지방 백성들이 들고 일어나 왕이 위험에 빠질 것이라고 판단했기 때문이다. 남부 지방은 배역의 땅이니 왕의 후손은 남부 지방 사람과 혼인하지 말라고 경계한 왕건의 가르침이 생각난다. 이로써 왕이 남쪽으로 내려가 임금의 권한을 행사하려던 처사가 현명하지 않았다는 사실이 드러난다. 결국 전주 목사는 무사히 살아남고 왕은 더 남쪽으로 나주까지 내려갔다.

고려가 승리를 거두다 한편 거란군은 북쪽에서 원하던 목표를 모두 이루지는 못했다. 귀주의 김숙홍 장군이 강력한 거란군을 공격하여 첫 승을 거두었다. 김숙홍은 적병 1만 명을 죽음에 몰아넣었다. 그리고 양규 장군이 의주 부근 무로대를 불시에 습격하여 거란군 2천 명을 죽이고 고려군 3천 명을 구했다. 이수에서도 교전이 일어나 거란군 2,500

명이 전사하고 고려군 포로 1천 명이 구조됐다. 요리천에서 거란군 1천 명이 더 전사했다. 이 세 가지 대단한 사건은 같은 날 일어났다.

거란군이 압록강을 건너 퇴각하다 당시 거란 도읍에 인질로 잡혀 있던 하공진 장군은 가까스로 왕에게 편지를 보내 거란군이 서서히 퇴각한다는 사실을 알렸다. 덕분에 고려 왕은 고려의 수도로 돌아갈 계획을 세울 수 있었다. 왕은 먼저 전주로 향했다.

퇴각하던 거란군이 아진에서 다시 전투를 벌이던 중에 때마침 강력한 지원군이 도착하여, 고려의 양규와 김숙흥은 크게 패하고 전장에서 쓰러졌다. 그러나 여기서 승리를 거뒀다고 해서 퇴각을 멈추지 않았다. 폭우가 쏟아져 말이 무수히 떠내려가고 병사들도 무기를 잃어 거란군은 그야말로 빈손이 되었다. 두 장군이 죽은 뒤 군대를 지휘하던 전송 장군이 퇴각하던 거란군의 측면을 공격했다. 거란군 절반이 압록강을 넘고 나머지 절반은 전송 장군의 공격을 받아 대다수가 강 한가운데서 물에 빠져죽었다. 거란군이 모두 국경 너머로 도망친 사실이 알려지자 며칠 지나지 않아 버려진 성에 병력이 배치됐다.

왕이 송도로 돌아가다 현종은 서둘러 북쪽으로 향하다가 공주에서 잠시 머물러 공주 목사의 세 딸을 아내로 삼았다. 공주 목사의 첫째 딸에게서 얻은 두 아들이 훗날 왕이 되고, 둘째 딸에게서 얻은 아들 하나도 나중에 왕위에 오른다. 왕은 얼마 후 그가 자리를 비운 사이 온갖 수난을 견뎌낸 송도로 들어갔다. 왕은 송도에 들어가자마자 제일 먼저 장군 모두에게 상을 내리고 전사한 병졸들의 유해를 묻어주라고 명했다. 더불어 거란에 사신을 보내 고려에서 퇴각한 조치에 대해 감사의 뜻을 전했다. 도성 성벽을 수리하고 왕궁을 재건했다.

하공진 장군이 처형되다   한편 아직 거란에 붙잡혀 있던 하공진 장군은 간절히 고려로 돌아가고 싶어했다. 그리하여 거란에서 지내는 데 만족하는 것처럼 꾸미고 감시하던 병사들의 신임을 샀다. 어느 정도 신임을 얻었다고 판단한 하공진은 자기가 고려로 돌아가 고려의 정황을 염탐하여 병력을 보고해주겠다고 제안했다. 거란 황제는 처음에는 하공진의 제안을 받아들였지만 고려 왕이 송도로 돌아왔다는 소식을 듣고 마음을 바꾸었다.

그러나 하공진은 거란을 빠져나갈 희망을 버리지 않고 곧이어 다른 계획을 세웠다. 하공진은 발 빠른 말을 사서 믿을 만한 마부한테 시켜 고려로 가는 길목에 일정한 간격을 두고 세워놓게 했다. 그런데 누군가 황제에게 이 사실을 알리자 황제는 하공진을 불러들여 어찌된 영문인지 물었다. 하공진은 추방자로 사는 삶이 견딜 수가 없다고 고백했다. 황제는 하공진의 충성을 얻어내기 위해 온갖 회유책을 다 써보아도 소용이 없자 그를 처형하라고 명했다. 하공진 장군이 고려에 대한 충정을 버리지 않고 죽음을 택했다는 소식이 전해지자 현종은 하공진의 아들에게 관직을 내렸다.

고려의 재건   1012년에는 고려에서 재건 사업이 시작됐다. 경주는 더 이상 동쪽의 수도라는 뜻의 동경이 아니라 원래 지명을 회복해서 다시 경주가 되었다. 지방행정구역인 12개 목牧을 다섯 개 도道로 재편했고 전국을 모두 75개 행정구역으로 나누었다. 하지만 이 방식은 2년 만에 폐지되었다. 고려가 원래 영토를 회복하자 여진은 고려와의 우호 관계를 회복하는 것이 최선의 길이라고 판단하여 사신을 자주 보내고 말과 값진 물건을 선물로 보냈다.

그러나 고려 왕이 몸이 좋지 않다는 핑계를 대며 거란에 찾아가 충성을 맹세하지 않은 데 격분한 거란 황제가 군대를 보내 압록강 북부 6개 성을 빼앗자 여진은 곧바로 고려에 등을 돌리고 고려 북쪽 국경 지대를 약탈했다. 이듬해에 여진은 거란과 연합하여 압록강을 건너 쳐들어왔지만 김상이 장군에게 밀려 급히 후퇴했다.

1014년에 고려는 송나라와 우호 관계를 끊은 것이 잘못이었다는 사실을 깨닫고 사신을 보내 자초지종을 설명했지만, 송 황제 진종眞宗은 오랫동안 송나라를 무시한 고려에 크게 화를 냈으며 고려가 사죄의 뜻을 밝혀도 용서해줄 생각이 없었다.

무반과 문반의 갈등 그해 가을 거란이 다시 국경을 넘었다. 당시 크게 발전한 고려는 조세수입이 심각한 문제로 대두되어 관리들이 변화가 필요하다고 여기던 때였다. 관리들이 병졸들의 녹봉을 갈취하던 관행이 있었고, 세제를 개편했다 해도 관리에게 유리하게 바뀌었던 탓에, 병졸들이 반란을 일으켜 왕궁에 쳐들어가서 고위 관료 둘을 죽이고 다른 관리들은 유배 보내라고 왕을 압박했다. 반란군은 무관이 문관보다 우월한 지위를 차지하도록 손썼다. 이때부터 무관과 문관 사이에 큰 알력이 생겼고 서로를 송도 밖으로 쫓아내려고 시도했다.

왕이 무반을 타도하다 이듬해인 1015년에는 거란이 압록강에 다리를 놓고 이를 빼앗기지 않기 위해 양쪽 끝에 성벽을 쌓았다. 그러나 인접한 나라를 침략하려고 시도했던 거란은 급히 물러났다.

고려는 무관이 송도를 완전히 손에 넣고 국정을 농단했다. 무능한 무리가 관직을 차지하고 앉아서 상황이 나날이 악화됐다. 현종은 이런 세태를 못마땅하게 여기고 어느 신하의 조언에 따라 풀리지 않는 매듭을 잘라버리기로 결심했다. 왕은 무반 세력을 한자리에 불러모아 대규모 잔치를 열어 술에 취하게 만든 뒤 옆방에 숨어 있던 자객을 시켜 베어 죽이게 했다. 이로써 무관 19명이 목숨을 잃고 무반 세력은 궁지에 몰렸다.

소배압, 10만 대군을 몰고 오다 북방 민족은 해마다 고려로 쳐내려오려고 시도했다. 고려는 송나라에 여러 차례 지원을 요청했으나 별다른 성과를 거두지 못했다. 송나라는 고려에 가급적이면 최상의 조건으로 거란과 화평을 맺어야 한다고 조언했다. 거란의 유별, 행변, 야율 세창 장군이 고려 영토를 습격하여 크고 작은 성공을 거두었다.

1016년에는 거란이 곽주에서 결정적인 승리를 거두면서 고려군을 대파했다. 그러나 겨울이 찾아오는 바람에 북방의 근거지로 돌아가야 했다. 이듬해에 다시 고려에 내려왔고, 그 이듬해인 1018년에는 소배압 장군이 병사 10만을 이끌고 다시 내려왔다. 당시 전열을 가다듬은 고려군은 총 20만에 이르렀다.

강감찬의 귀주대첩 고려군을 이끌던 사령관은 강감찬姜邯贊 장군이었다. 전투가 벌어지면서 강감찬은 새로운 전략을 펼쳤다. 나무가 빼곡히 들어선 계곡을 가로질러 거대한 둑을 쌓고 둑 안에 엄청난 양의 물을 가두고 거란군을 계곡 아래로 유인하여 둑을 터트리는 전략이었다. 결국 계곡 아래로 세차게 흘러 내려오는 물에 적병 수백 명이 쓸려갔고, 나머지 병졸들도 우왕좌왕하다가 압도적으로 많은 수의 고려군에게 크게 패했다. 그 후로도 고려군은 두 번 더 승리를 거두었다.

이듬해에도 거란은 뭔가에 홀린 듯이 견고한 고려의 수비에 부딪혔다. 소손녕이 이끄는 거란군이 송도까지 밀고 내려왔다. 고려 장군들은 50킬로미터나 나가서 송도 밖에 사는 백성들을 도성 안으로 이끌고 들

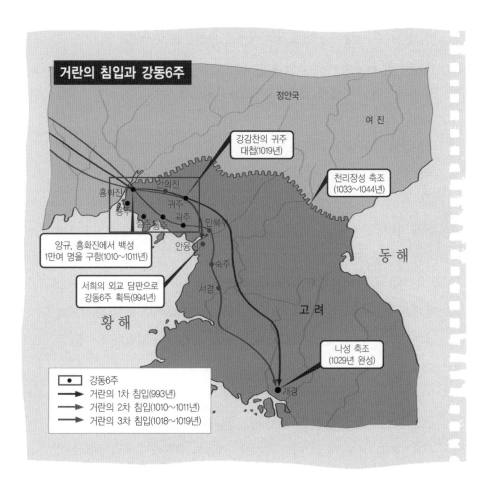

거란의 침입과 강동6주

정안국

여진

강감찬의 귀주
대첩(1019년)

천리장성 축조
(1033~1044년)

흥화진
안의진
통주
귀주
곽주
철주 통주
안북
안융
숙주

동 해

양규, 흥화진에서 백성
1만여 명을 구함(1010~1011년)

서희의 외교 담판으로
강동6주 획득(994년)

서경

고 려

황 해

나성 축조
(1029년 완성)

개경

⬚• 강동6주
➡ 거란의 1차 침입(993년)
➡ 거란의 2차 침입(1010~1011년)
➡ 거란의 3차 침입(1018~1019년)

어왔다. 소손녕은 고려군의 경계를 느슨하게 만들 계략을 폈다. 그래서
진군을 멈추고 거란으로 돌아가겠다는 내용의 편지를 고려 측에 보냈
다. 그러면서 뒤로는 송도에 강력한 부대를 보냈다. 하지만 사방에서
저항을 받아 하는 수 없이 영변으로 돌아가야 했다. 여느 병사들처럼
거란군도 사력을 다해 싸웠다.

거란군과 맞서 싸우던 강감찬 장군은 공세를 펼치는 입장이 되었다.
적군이 퇴각하기 시작하자 측면과 배후를 쳤다. 거란군은 영변에서 쫓
겨나 귀주로 들어가 저항했다. 처음에는 전세가 비등비등하였다. 하지

만 기다리던 남풍이 불어오기 시작하자 고려군은 총공세를 펼쳤다. 고려군이 쏜 화살은 바람을 타고 잘 날아간 반면, 거란군의 눈에는 흙먼지가 들어가는 바람에 거란군은 뒤돌아 황급히 달아났다. 의기양양한 고려는 달아나는 거란을 맹렬히 추격했다.

거란의 병졸들은 석천을 건너면서 허우적거렸는데, 들판에는 온통 거란군의 시체가 융단처럼 깔려 있었다. 거란군이 약탈해간 전리품과 무기와 마차가 모두 고려군 차지가 되었다. 소손녕은 기진맥진한 패잔병 몇 천 명만 데리고 간신히 압록강을 건널 수 있었다. 거란이 고려에 당한 역사상 가장 큰 패배였다.

소손녕 장군은 거란에 돌아가 황제에게 싸늘한 대접을 받은 반면에, 강감찬 장군은 거란 병졸들의 머리는 물론이요, 헤아릴 수 없을 정도로 많은 전리품을 가지고 송도로 들어가 왕을 직접 만나 열렬한 환영을 받았다.

현종은 금으로 만든 여덟 가지 꽃을 손수 강감찬 장군의 머리에 꽂아 주었다. 강감찬이 현종을 만난 곳은 '고매한 의로움의 땅'이라는 뜻의 홍의역興義驛으로 개칭됐다. 강감찬은 이듬해 관직에서 물러나면서 여섯 가지 명예직을 받고 가옥 300호에서 조세를 거둘 수 있는 땅을 하사받았다. 강감찬은 체격이 작고 못생겼으며 지위에 걸맞은 의관을 갖추지도 않았지만 '고려의 핵심 인물'로 추앙받았다.

고려는 전쟁 중에 폐허가 된 북쪽의 여러 도시에 백성들을 이주시키고 집과 농지를 제공했다.

줄을 잇는 사신들 철리국에서 고려에 사신을 보내 조공을 청했다는 기록이 있다. 또 중국 서부의 대식국에서도 사신이 왔고, 불내국에서도 사신이 찾아왔다는 기록도 있다. 말갈의 몇몇 부족에서도 사신이 왔고, 탐라국에서도 찾아왔으며, 북쪽의 골부족에서도 사신이 왔다.

1020년에는 고려가 오랜 숙적인 거란에 사신을 보내 화평을 청했고, 결국엔 화평이 맺어졌다. 당시 거란 황제는 새로운 활로를 찾으려는 야망을 품었던 것이 분명하다.

불교와 유교의 대립 불교도 어느 정도 관심을 받았다. 현종이 신라의 옛 도읍 경주에 사람을 보내 그곳에 보관돼 있던 부처의 사리를 가져오게 했다는 기록이 있다. 어려운 문제가 생기면 부처에게 기도해서 해결했다.

유교는 아직 불교만큼 영향력을 행사하지 못하던 때였다. 1024년에는 왕이 인구에 비례하여 과거시험 응시자를 선발하라는 칙령을 내렸다. 가령 1천 호 마을에서는 세 명, 500호 마을에서는 두 명, 이보다 작은 마을에서는 한 명씩 선발하는 식이었다. 몇 차례 연달아 시험을 치러서 우수한 성적을 거둔 인재만 승진시켰다.

불교와 유교 사이에 큰 갈등이 일기 시작했으며 불교의 승려 계급과 유교의 관리 계급이 대치했다. 승려들은 미신을 쫓는 왕의 마음을 자극하며 줄기차게 왕에게 접근한 반면, 관리들은 오로지 상식과 이성에만 호소했다.

더불어 불교에서는 인간이 자기를 위해서가 아니라 전체 조직을 위해서 일한다는 믿음을 강조하며 자기를 위해 일하는 태도를 배척했다. 반면에 유교는 그 자체가 이利의 집합체로서 인간은 주로 홀로 일하고 자기한테 이익이 돌아올 때만 다른 사람과 함께 일한다는 입장을 취했다. 이처럼 뚜렷이 구분되는 두 가지 입장은 1026년에 왕이 대신들의 격렬한 저항에 부딪히면서까지 사찰을 보수하는 데 엄청난 국고를 써버렸다는 기록에서 분명히 드러났다.

거란의 내란　한편 거란은 1029년에 대연림大延琳이 반란을 일으켜 홍요국興遼國을 세운 일로 큰 타격을 입었다. 대연림은 홍요국을 세우고 고려에 사신을 보내 '거란에 새 왕국이 세워졌으니 고려는 군대를 보내 지원하라.'는 뜻을 전했다. 고려의 관리들은 거란에 분열이 일어난 틈을 타서 압록강 이북은 옛 고구려 땅이자 고려의 땅도 되는 지역이니 반드시 되찾아야 한다고 주장했다. 하지만 이런 주장은 받아들여지지 않았다.

고려로서는 거란에게 보복당할 위험이 완전히 사라지기 전까지는 거란과 우호 관계를 유지하는 것이 좋겠다고 판단하고 전처럼 사신을 보냈다. 그러나 사신들은 중간에 홍요국 왕에게 붙잡히고 말았다. 사실 고려의 판단은 옳았다. 얼마 지나지 않아 거란이 홍요국을 궤멸시켰다는 소식이 날아들었던 것이다. 고려의 앞날이 밝게 펼쳐질 기미가 분명해지자 북방 여러 부족에서 사신을 보내 충성을 맹세했는데, 거란의 사신 중에는 거란을 버리고 고려의 백성이 되겠다고 찾아온 이도 나타났다.

고려의 '천리장성'　1031년에 현종이 죽고 아들 흠欽이 왕위에 올랐다. 묘호는 덕종德宗이었다. 덕종은 여자 형제와 결혼했다.

거란이 압록강을 건너는 다리를 파괴하지 않자 고려와 거란 간의 우호 관계가 깨졌다. 고려의 평화를 지속적으로 위협하는 요소를 남겨두는 것은 우호적인 행동으로 보이지 않았다.

이런 상황에서 덕종은 압록강에서 동해까지 한반도를 가로지르는 장벽을 쌓으라고 지시했다. 1천 리(400킬로미터)에 달하는 길이였다. 구체적인 기록이 남아 있지 않았다면 믿지 못했을 것이다. 장벽의 높이와 폭은 모두 25자(7미터)이고, 길이는 압록강 유역 의주 근처 국내성에서 동해의 영흥까지 이어졌다. 거란은 고려의 장성 축조 사업을 방해하려 했으나 성공하지 못했다. 고려의 부와 권력이 최고로 번성하던 시기였다. 고려는 건국한 지 150년 만에 전성기를 구가하다가 그 후 300년 동안 내리막길을 걷기 시작했다.

덕종이 왕위에 오른 지 4년 만에 죽자 1035년에 덕종의 남동생 형亨이 왕위를 계승했다. 묘호는 정종靖宗이었다. 정종은 북방 수비를 강화하는 사업을 계속 진행했다. 정종은 서쪽 송령에서 북동쪽의 여진과의 접경 지대까지 장성을 축조했다.

정종, "아들 넷 중 하나는 출가시켜라" 정종 치세에 고려는 불교적 관행으로 화려하게 치장했다. 1036년에 정종이 아들이 넷인 집은 아들 하나를 승려로 출가시키라는 법령을 포고한 것은 불교가 전성기를 누리던 분위기를 반영한다.

불교에서는 근본적으로 피 흘리는 것을 금지하기 때문에 사형 제도를 없애고 추방 제도로 바꾸었다. 새로운 불교 행사가 시행됐다. 또 정종은 사내아이들이 등에 불교 경전을 짊어지고 돌아다니다 승려를 만나면 승려가 그 경전을 꺼내서 큰소리로 읽어주는 풍습을 만들었다. 이는 백성들에게 축복을 내리기 위한 정책이었다.

장자가 왕위를 계승하게 되다 한편 사치를 금하기 위해 비단과 금을 사용하지 못하도록 금지했으며, 더 나아가 상인들이 보관하던 비단까지 찾아내 태워버렸다. 그리고 장자가 왕위를 계승하는 법을 제정했다. 새로 제정된 법체계에서는 왕이 죽으면 맏아들이 왕위를 계승했다. 손자가 없으면 둘째 아들이 왕위에 올랐다. 왕비에게 후사가 없으면 후궁이 낳은 아들이 왕이 되었다. 후궁에게도 아들이 없으면 공주를 왕위에 오르게 했다.

여진이 선물을 잔뜩 싸들고 찾아와 두 번 다시 고려 국경을 공격하지 않겠다고 맹세했다. 1046년에는 정종이 죽고 아우 휘徽가 왕위에 올랐다. 묘호가 문종文宗인 휘는 이후 37년간 고려를 다스렸다. 문종은 중국에 새로 왕이 되었다는 소식을 전하고 왕실의 풍습에 따라 여동생을 아내로 맞았다.

문종 시대 초반에는 불교와 유교가 혼재돼 있었다. 예를 들면, 문종 2년에는 승려 1만 명을 왕궁에 불러들여 먹이고 재웠으며, 얼마 후에는 왕궁 앞에 사찰을 지었다. 여진은 고려를 침략하지 않겠다던 약속을 깨고 국경 지대의 성을 습격했지만 곧바로 물러났다. 여기서 그치지 않고 고려군은 여진의 근거지까지 추격하여 초토화시켰다.

불교가 만연해지다 문종 시대에도 불교는 조금씩 발전하고 있었다. 문종은 무기 제조에 쓰던 쇠로 못을 만들어 사찰을 짓는 데 쓰라고 명했다. 귀족계급에서 세금을 걷던 집들을 빼앗아 승려에게 주었다. 이들 중에는 왕의 가까운 친척도 있었다. 또 아들 넷 중에서 하나를 반드시 승려로 보내야 한다는 법령을 개정하여 셋 중 하나를 출가시키도록 지정했다. 그 결과 집집마다 승려가 있었다.

문종은 이렇게 밝혔다. "선대왕들이 처음으로 불교를 장려하기 시작한 이래로 오랜 세월 동안 사찰을 세우는 데 관심을 두었다. 이로써 나라가 큰 복을 받았다. 막상 내가 왕이 되고 보니 중요한 가르침을 무시한 탓에 고약한 기운이 나라를 짓누르고 있었다. 우리 행동에서 이런 잘못을 바로잡아 나라의 번창을 회복할 것이다." 그러고는 여러 곳에 사찰을 지었다. 대신들은 온 힘을 다해 문종의 정책을 저지하려 한 반면에 승려들은 호시절을 누렸다.

거란에서는 불교 경전인 대장경을 고려에 선물로 보냈다. 이런 시대에도 희망의 기운이 전혀 없진 않았다. 누구나 처벌받기 전에 세 번까지 재판을 받을 기회가 있다는 법령이 통과됐다. 전국에서 거둔 쌀을 운반하기 위해 배 106척을 만들었다. 배는 1년에 여섯 번 운항했다.

불교에 관해서는 발전인지 퇴보인지 모를 여러 가지 중요한 사건이 더 일어났다. 1067년 문종이 넷째 아들 후煦를 출가시켜 승려가 되게 했는데 그가 대각국사 의천이다. 고려 영토 안에서는 3년 동안 동물을 죽일 수 없다는 법령이 선포됐다.

송도에는 2,800칸 규모의 사찰이 세워졌다. 이 사찰을 완성하는 데는 12년이나 걸렸다. 승려들이 절에 들어가기 전에 큰 잔치를 벌였는데, 이때 반경 수십 리 이내에 살던 승려들이 찾아왔다. 잔치는 닷새 동안 계속됐다. 왕궁에서 사찰까지 가는 길에는 비단 차양이 드리웠다. 연등을 한데 모아서 산과 나무 모양으로 꾸몄다. 왕은 대사大師가 입는 법복을 입었다. 이 사찰에는 금 64킬로그램과 은 193킬로그램을 아낌없이 퍼부어 만든 탑이 서 있었다.

핏빛으로 물든
고려 조정

인구와 조세의 관계 인구와 조세는 비례한다. 한국 사료에서 인구에 관한 문제가 다뤄진 예는 흔하지 않지만 북방의 가장 먼 지방에서만 거둬들인 조세가 쌀 4만 9천 석이었다는 기록에서 어느 정도 인구에 관한 내용이 다뤄졌다고 볼 수 있다. 이 기록을 통해 북부 지방에 꽤 많은 사람이 살았던 것으로 유추할 수 있다.

토지제도를 변경했다는 기록에는 33평방보마다 일정한 비율로 조세를 걷었으며, 토지가 넓으면 47평방보마다 일정한 금액을 조세로 걷었다는 내용이 있다. 여기서 당시 수학 지식과 관련하여 흥미로운 정보를 얻을 수 있다. 33의 제곱은 1,089이고 47의 제곱은 2,209인데, 2,209는 33을 제곱한 값을 더하면 나오는 근사치이다. 고려 시대에도 기하학 계산법에 관한 지식을 갖추고 있었던 듯하다.

요로 국호를 바꾼 거란 이 시기에 거란은 국호를 요遼로 바꿨다. 거란은 곧바로 고려에 사신을 보내 이 사실을 알렸다. 고려의 대외 관계가 한창 좋던 시대였다. 여진족 도령 고도화가 고려에 찾아와 충성을 맹세했다. 몇 년이 지난 후에는 일본 왕 살마가 고려에 조공을 바쳤고 대마도에서도 조공을 보냈다.

문종 치세 후반에도 거란에게 압록강에 놓인 다리를 끊으라고 종용하긴 했지만, 거란은 '거란 땅은 모두 거란 소유이고 그 땅에 사는 백성도 모두 거란 소유이니 고려를 거란에 묶어둘 다리는 필요 없다.'라는 편지를 보내는 정도에서 그쳤다.

송나라와의 우호적인 관계 1077년에는 송나라 황제가 사신을 보내 거란과 대적하기 위한 지원군을 요청했다. 그러나 고려 왕은 고려가 도와달라고 간청했을 때 송나라가 받아주지 않았으니 이번에는 고려가 거절하겠다고 완곡히 밝혔다. 그러나 별다른 조치를 취하지는 않았다.

송나라와 우호 관계를 회복하는 절호의 기회라 각계각층에서 황제의 요청을 환영했기 때문에, 왕은 아픈 몸을 이끌고 침상에 누운 채 도성 밖으로 실려나가 송나라 사신을 맞이했다. 왕은 송나라 사신을 친히 접대하고 많은 선물을 안겨주었는데, 송나라로 다 실어나르기 힘들 정도였다. 그래도 사신은 선물을 남기고 떠날 생각이 없었는지 물건을 팔아 돈으로 바꿔 갔다.

고려 사람에게는 이 정도로 돈을 탐하는 모습이 낯설었는지 송나라 사신을 비꼬면서 싫은 내색을 보였다. 고려 사람은 자리에서 일어나 경멸의 뜻으로 바닥에 침을 뱉었다. 송나라 황제가 요청한 지원군을 고려가 파견했는지에 관한 기록은 남아 있지 않다. 다만 1079년에 송나라 황제가 고려에 의사와 약을 보내줬다는 기록에서 두 나라 사이에 우호 관계가 유지됐다는 점을 유추할 수 있을 뿐이다.

홍원 사람이 금 3킬로그램과 은 4킬로그램을 캐서 왕에게 바쳤다는 기록에서 고려에서 금을 채굴했다는 언급이 처음 나온다. 왕은 자비롭게 금과 은을 다시 돌려주었다.

1083년에는 문종이 죽고 문종의 장자 훈勳이 왕위에 올랐다. 묘호는 순종順宗이었다. 그러나 얼마 지나지 않아 순종이 죽자 동생 운運이 왕위에 올랐다. 묘호는 선종宣宗이었다. 고려에 새로 왕이 등극했다는 소식을 알리려고 거란으로 향한 사신은 거란의 도읍에 발을 들여놓지 못했다. 거란은 순종이 갑작스럽게 죽은 데는 틀림없이 역모가 있었을 것이라고 주장했다.

일본에서 불교 경전을 들여오다 선종 치세에는 불교가 급속히 성장했다. 선종 1년에는 승과를 실시하여 유교를 기본으로 하던 일반 시험을 대체했다. 드디어 불교가 유교를 누르고 승리했던 것이다. 이때의 타격이 워낙 커서 유교는 고려가 멸망하기 전까지 전처럼 회복하지 못했다. 승과 시험을 시행할 때는 왕이 직접 참관했으며 앞에 불교 경전을 준비해두었다.

선종은 중국에 왕자를 보내 불교 교리를 배우게 했고 왕자가 돌아올 때 친히 나가서 맞아주었다. 왕자는 불교 경전 1천 권을 가져왔다. 훗날 선종은 같은 곳에서 4천 권을 더 들여왔다.

문헌에는 선종이 일본에서도 불교 경전을 들여왔다는 언급이 분명히 기록돼 있다. 이 기록은 일본이 한국에서 불교를 전해 받은 것이 아니었다는 주장을 강력하게 뒷받침해준다. 적어도 일본이 한국을 통하지 않고 중국에서 직접 불교 경전을 들여갔다는 사실이 입증된다. 그렇지 않았다면 고려가 일본에서 경전을 가져왔을 리가 없다.

선종도 여동생과 결혼했다. 압록강에 놓인 다리가 끊어지기는 했지만 얼마 후에 다시 놓였던 것 같다. 1088년에 드디어 압록강 다리가 끊어졌다는 기록이 있으니 말이다.

선종은 불교 발전에 온 힘을 다 쏟고도 부족하게 여겼다. 엄청난 양의 나라 곡식을 빼내서 사찰의 곡물 창고에 쌓아뒀다. 궁 안에 13층탑을 세우기도 했다. 왕의 어머니는 절을 자주 찾았다.

선종이 불교와 상관없이 펼친 정책이라고는 국방을 수호하는 데 쓸 전차를 의주에 세워둔 일밖에 없었다.

한양을 제2의 도읍으로 정하다 1094년에 선종이 죽고 그의 아들 욱昱이 11살의 어린 나이로 왕위에 올랐다. 묘호는 헌종獻宗이었다. 헌종 대신 삼촌인 왕옹이 섭정했지만 왕에게 충성을 다하지 않고 이듬해에 어린 조카를 쫓아내고 스스로 왕위에 올랐다. 묘호는 숙종肅宗이었다. 숙종 치세에 가장 중요한 업적은 지금의 서울인 한양에 제2의 수도를 건립한 일이었다.

도선대사가 어린 왕건에게 전쟁의 이치를 가르치면서 160년 후에 수도를 옮기면 나라가 번창할 것이라는 유언을 남긴 적이 있었다. 숙종 초에 이미 계획을 세웠지만 1104년이 돼서야 한양에 왕궁을 짓기 시작했으며 왕궁을 한양으로 옮긴 것도 오랜 세월이 흐른 뒤였다.

화폐 위조 및 불량 식품 근절 법령 숙종 시대에는 몇 가지 중요한 법령이 공표됐다. 예를 들면, 같은 집안에서 근친결혼을 하면 관직에 오르지 못한다거나, 왕위 계승자를 왕위에 앉히기 전에 거란과 협의를 한다거나, 과거시험을 통과하지 못한 사람은 무관직으로 중용한다는 법령이었다.

1100년에는 최초로 일반 백성들 사이에 동전이 유통되기 시작했다. 불교는 숙종 치세에도 부를 축적하고 국사에 깊이 관여했다. 숙종이 비록 왕위를 찬탈하고 왕이 된 인물이긴 했지만 대체로 매우 바람직한 선정을 베풀었다.

1105년에는 숙종의 아들 우俣가 왕위에 올랐다. 묘호는 예종睿宗이었다. 예종은 즉위하자마자 새로운 문제에 직면했다. 백성들은 아직 화폐 주조는 나라에서 독점하는 일이라는 사실을 몰랐다. 화폐가 유통되기 시작하자 위조하려는 무리가 생겼다. 결국 예종은 화폐를 위조하는 자에게 무거운 형벌을 내리는 법령과 질 낮은 음식을 섞어 불량 식품을 만들지 못하도록 금지하는 법령을 포고했다.

예종 3년에 왕은 가까운 친척과 혼인하고 운진이라는 승려를 스승으로 맞이했다. 불교가 여전히 영향력을 행사하고 있었다는 점을 알 수 있다. 도읍을 옮기는 논의가 활발히 진행되어 평양성에 왕궁을 짓고 왕실 일부를 지정된 장소로 옮기는 쪽으로 결론이 났다.

여진을 정복하다 여진족은 평화를 지키겠다고 약속했다가 약속을 깨기를 반복했다. 여진이 다시 기지개를 펼 기세를 보이자 예종은 여진 문제를 종식시키기로 결정했다. 여진 지역에 강력한 군대를 보내서 4,800명을 죽이고 수천 명을 포로로 잡아들였다. 그리고 이 지역을 네 개의 행정구역으로 분할했다.

1115년에 예종에게는 유별난 취미가 붙었다. 예종은 식물을 광적으로 좋아했다. 전국을 샅샅이 뒤져 진기하고 아름다운 식물을 찾아내서 중국에 보내고 고려에 나지 않는 갖가지 물건들을 들여왔다.

고려 승려의 자손 아골타가 금나라를 건국하다 이제 위대한 왕조 하나가 세워지기 직전까지 와 있다. 새 왕조가 들어선 배경을 설명하기 위해서는 몇 년 전 과거로 거슬러 올라가야 한다. 우선 평양 출신 고려 승려 금준이 어떤 알 수 없는 이유로 여진의 아지고 촌으로 도망친 일이 있었다. 이곳에서 금준은 여진족 여자와 혼인하고 아들을 낳

앉는데 그가 고을태사였다. 고을태사는 활라태사를 낳고 활라태사는 아들을 많이 낳았다. 그중 큰아들이 핵리발이고 둘째 아들이 영가였다. 영가는 매우 총명하고 인기가 많아 부족장으로 추대됐다. 영가가 죽자 형 핵리발의 아들 오아속이 뒤를 이어 족장이 되었다. 오아속이 죽자 아우 아골타阿骨打가 뒤를 이었다. 당시 여진은 거란의 간섭에 휘둘리던 힘없는 작은 부족이었으나, 이제는 천부적인 지도자 아골타의 힘으로 전세가 역전될 판이었다.

1114년에 아직 작은 부족이던 여진은 거란에 대한 충성을 거두고 위대한 지도자 아골타의 지휘하에 독자적으로 부족의 운명을 개척할 태세였다. 거란은 고려에 급히 사신을 보내 여진이 고려 영토에 침범해 들어오면 쫓아낼 대비를 해두라고 지시했다. 그러면서 거란이 곧 완강하게 버티는 여진을 처단할 것이라고 전했다.

이듬해에 아골타는 무엄하게도 스스로 황제라 칭하고 국호를 금金으로 정했다. 자기 이름은 민旻으로 바꾸었다.

거란 황제는 고려에 다시 사신을 보내 군대를 파견하라고 요구했다. 열띤 논쟁 끝에 군대를 파견하지 않고 고려의 국익을 도모하자는 쪽으로 결론이 났다. 거란은 금과 전쟁을 벌이다가 크게 패했고, 다시 고려에 지원을 요청했지만 받아들여질 리 만무했다.

원나라와의 접촉　이듬해인 1116년에는 고려 사신 윤언순이 거란에 갔다가 돌아오지 않자 그 이유를 알아보려고 다시 사신이 찾아갔다. 알아보니 윤언순은 거란 동쪽에서 고영창이라는 사람이 일으킨 원(大元)이라는 새로운 세력에 붙잡혀 있었다. 거란과 금 사이에는 치열한 전쟁이 끊이지 않아 온 나라가 도탄에 빠졌다.

고려의 두 번째 사신도 원 세력에 붙잡혔지만 자기는 고려 왕이 원에 보낸 사신이라면서 선물을 풀어놓은 덕에 간신히 풀려났다. 사신은 고려에 돌아와 왕에게 가지 않고 몰래 자기 집으로 돌아갔고, 왕은 사신이 돌아왔다는 소식을 풍문으로만 들었을 뿐이었다. 왕은 그 소식을 듣고 사신을 불러들여 가벼운 형벌을 내렸다.

원은 첫 번째 사신 윤언순도 풀어줬다. 왕은 윤언순에게도 원에 굴복하여 목숨을 부지했다는 이유로 벌을 내렸다.

송이 거란과 동맹을 맺다　송나라 황제는 고려에 사신을 보내 악기를 선물로 보내주면서 거란에 관해 알아봤다. 고려 왕은 "거란족은 오랑캐 중에서도 가장 고약한 족속입니다."라고 알려줬다. 송나라 신료들은 이 말을 듣고 고려 왕이 송나라를 거란과 떼어놓으려는 술책이라고 주장했다. 고려가 거란의 값진 보물을 독차지하려는 속셈이라는 것이었다. 그리하여 황제는 거란에 사신을 보내 강화를 맺었고 그 결과 값비싼 대가를 치렀다.

금나라가 고려와 화평을 맺으려 하다　거란이 금나라의 압박을 받는 상황에서 거란 장수 야율령은 다른 곳으로 도망쳐 망명하려 했다. 예종은 그에게 구두로 고려에 들어오라고 초청했다. 야율령은 서면으로 초대하지 않으면 고려에 갈 수 없다고 답했다. 고려는 속임수일지 모른다고 염려하여 서면 초대장을 보내지 않았다.

고려는 금나라가 어느 정도 강한지 알아보려고 '보주 지역은 고려 땅이니 그 땅의 영유권을 고려에 넘겨주면 고맙겠소.'라는 교서를 보냈다. 그러자 한시도 지체 없이 '물론이오, 고려의 뜻대로 보주 지역을 가져가시오.'라는 답장이 돌아왔다.

금나라 수장으로서는 송나라를 집어삼킬 원대한 계획을 실행하는 와

중에 작은 땅 하나 때문에 앞으로 어떤 위력을 발휘할지 모르는 고려와 갈등을 빚고 싶지 않았던 것이다.

무희와 불교 연말에 고려 도읍에서 열리는 큰 축제에는 전국 각지에서 무희들이 모여들었다. 무희들이 구름떼처럼 몰려들었다는 기록에서 고려의 사회적 모습을 엿볼 수 있다. 기록이 사실이라면 고려 시대 모든 가정에서 불교를 믿었으면서도 금욕주의를 철저히 실천하지는 않았던 듯하다.

고려가 금나라의 동맹 제안을 거절하다 1117년에는 금나라가 거란을 누르고 여러 차례 승리를 거두었다. 거란 장수 야율령은 배를 타고 도망쳤고, 거란 함대에 불길이 치솟았으며, 두 개 지역이 추가로 고려에 넘어가서 고려의 국경이 다시 압록강까지 올라갔다. 그러나 금나라에서 고려에 다음과 같은 편지를 보낸 것으로 보아 고려에 땅을 넘겨준 것은 다른 의도가 깔린 조치였던 듯하다.

'형의 나라 대금국大金國이 동생의 나라 고려에게 고한다. 금은 작고 약한 부족으로서 거란에 무자비한 취급을 당해왔지만 이제는 거란을 멸하려 한다. 그러니 고려는 우리와 천세 만세 확고한 동맹을 맺을지어다.'

이 편지를 본 고려 관리들은 하나같이 부정적인 반응을 보였다. '금나라는 고려에 큰 해를 입힐지도 모르니 고려는 금의 요구를 순순히 받아들여야 합니다.'라고 주장하는 이가 있었다. 그러나 이 주장은 설득력을 얻지 못했다.

3년 후에 금나라 사신이 선물을 들고 찾아와서 편지를 전해줬는데, 모욕적으로 들릴 만큼 저급한 언사가 적혀 있었기에 고려는 이번에도 거절의 뜻을 밝혔다. 예종은 급히 북방의 여러 성을 정비하고 국경을 가로지르는 장성을 더 높이 올려쌓았다. 금나라 황제는 사신을 보내 장성을 증축하는 사업을 금지시켰다. 그러나 고려로부터 '금이 대체 무슨 상관입니까?'라는 대답을 듣고도 황제는 노여움을 억누르며 더 이상 요구를 강요하지 않았다. 당시 금은 남방의 이웃 나라 고려와 우호 관계를 유지해야 할 처지였다.

네 딸을 왕과 혼인시킨 이자겸의 독살 음모가 탄로 나다

당시 고려 영토 안에서 중요한 사건이 일어나지 않았다고 보긴 어렵다. 안화사安和寺처럼 화려한 사찰이 세워졌고, 송나라에서 사신과 선물을 받았으며, 왕이 평양과 한양을 들르기도 했다. 불교의 위상이 높았는데도 왕은 신하의 질책을 들을 정도로 자주 무녀들을 찾아갔으며 질책한 신하를 귀양 보냈다는 기록도 있다.

1122년에는 예종의 아들 해楷가 왕위에 올랐다. 묘호는 인종仁宗이었다. 예종 때 최고 관직인 문하시중 자리에 오른 이자겸李資謙이 새로 왕위에 오른 어린 왕과 같은 지위라고 자처하고 왕한테 인사를 받으려 하자 다른 대신들이 간섭하여 그를 저지했다. 이자겸은 권력을 강화하고 왕에게 강력한 영향력을 행사하기 위해 네 딸을 왕과 혼인시켰다. 그러자 자연히 대신들의 질시를 샀다.

대신들은 이자겸을 끌어내릴 방도를 찾았으나 성공을 거두지 못하다가, 최후의 수단으로 궁 안으로 병사를 투입하여 이자겸을 살해하려 했다. 그러나 이자겸은 왕을 데리고 사택으로 도망쳤다.

이자겸은 사택에 들어가 자기 마음대로 나라를 운영했다. 그러다 왕이 짐스럽게 여겨지기 시작하자 떡에 독약을 넣어 왕을 제거하려 했으나, 누군가의 귀띔을 들은 왕이 떡을 먹지 않고 창밖으로 던져버렸다.

나중에 보니 그 자리에 까마귀가 죽어 있었다. 그 즉시 왕은 한 장군에게 비밀리에 편지를 보냈고, 얼마 후에 이자겸 일가와 추종자들을 남쪽으로 귀양 보내 더 이상 만행을 저지르지 못하게 했다.

금나라, 거란과 북송을 무너뜨리다　인종 3년인 1124년에는 마침내 금나라가 거란을 무너뜨렸다. 그러나 고려에는 송나라가 금나라를 물리쳤고 금나라 왕이 고려에 망명을 요청하러 온다는 거짓 소문이 돌았다. 일각에서는 이번 기회에 금나라에게 일격을 가해야 한다고 주장했지만 정확한 정보로 확인되기 전까지는 신중을 기해서 기다려야 한다고 주장하는 쪽이 더 많았다. 결국 잘못된 정보였던 것으로 판명났으니, 고려로서는 침착하게 기다린 것이 천만다행이었다.

　1126년에는 거세게 밀고 들어오는 금나라의 위력 앞에 북송北末이 무릎을 꿇었다. 문헌에는 금나라 장군들이 북송의 마지막 황제를 끌어내리고 장방창을 왕으로 옹립하고 국호를 초楚로 바꿨다고 한다. 금나라 황제는 초를 세운 다음에 야율가금 장군을 고려에 보내 명령을 내렸는데, 명령의 내용이 무엇이었는지에 관해서는 기록이 남아 있지 않다.

승려 묘청의 반란을 진압하다　고려에 불교 승려의 입김이 크게 작용한 예가 있다. 평양 승려 묘청이 인종에게 송도에는 '왕의 기운'이 소멸했으니 도읍을 평양으로 옮기면 거란과 금나라, 송나라가 모두 고려에 복종할 것이라고 주장했다. 인종은 묘청의 말을 곧이곧대로 듣고 평양에 왕궁을 지으라고 명령했다. 1년 후에 인종은 금나라에 비굴하게 항복한 뒤 배를 타고 평양으로 들어가려 했으나 어디선가 갑자기 신선한 바람이 불어온 탓에 마음을 바꾸어 급히 송도로 방향을 돌렸다.

　고려 시대에는 해상무역이 활발하게 이루어졌던 것 같다. 홍주항은 수심이 얕아 짐을 많이 실은 배가 지나다닐 수 없어서 왕이 수천 명을 동원해서 수로를 파려고 했으나 아무런 소용이 없었다는 기록이 있다.

유교와 불교의 경쟁은 여전했다. 인종은 불교 승려의 꼭두각시 노릇을 하느라 나름의 정책을 관철시키지 못했다. 왕은 유교 학교를 지원하는 돈을 빼돌려 승려에게 넘겨주려고 했다가 거센 저항에 부딪혀 당장 명령을 거둬들여야 했다.

왕은 승려 묘청의 간언을 잊지 않고 1130년에 기회를 봐서 평양을 방문했다. 교활한 승려 묘청은 왕이 찾아올 날에 대비했다. 그는 호박 초롱 모양으로 옆에 구멍을 뚫은 속이 빈 빵 덩어리를 준비했다. 빵 안쪽에 기름을 발라두었다.

왕이 해질 녘에 평양에 다가오자 빵 덩어리를 개천에 띄웠고 기름이 물에 떠서 석양에 비쳐 무지개 색으로 퍼졌다. 묘청은 왕에게 이것이 용의 입김이라고 말했다. 전에 말한 예언이 사실이라는 것을 입증하기 위한 계략이었다.

그러나 왕의 시중이 의심을 품고 보낸 부하가 물에 떠 있던 빵 덩어리를 가져오자 사기꾼의 정체가 드러났다. 모두가 묘청을 죽이라고 요구했지만 왕은 받아들이지 않았다.

이 일에 실패한 묘청은 새로운 계략을 꾸몄다. 1135년에 계획을 실행에 옮길 준비를 마쳤다. 묘청은 조광과 어울려 평양에 병사들을 배치하고 새 왕국을 세우고 국호를 대위大爲로 정했다. 군대는 하늘이 보낸 충성스런 군대라는 뜻의 천견충의군天遣忠義軍이라는 듣기 좋은 이름으로 불렀다.

그러나 군대가 관군에 쉽게 진압당하자 조광은 계획이 실패할 것을 예감하고 묘청을 죽여 머리를 송도로 가져가서 용서를 구하려고 했다. 그러나 왕에게 용서받은 조광은 평양에 들어가자마자 다시 반란을 일으켰다. 관군은 평양을 포위하다가 성벽 일부를 허물고 성안으로 밀고 들어갔다. 조광은 살아남을 길이 없다는 사실을 깨닫고 집에 불을 지르고 화염 속으로 사라졌다.

김부식이 「삼국사기」를 편찬하다 한편 살인을 금하는 법률을 개정하여 사람을 죽이는 것은 소를 죽이는 것보다 중한 범죄로 규정했다는 흥미로운 기록이 있다. 이듬해에 열린 불교 행사에는 승려 3만 명이 참석했다.

1145년에는 매우 중요한 사건이 일어났다. 신라가 무너진 지 120여 년이 지났지만 아직도 신라, 고구려, 백제의 기록이 정식으로 편찬되지 않았다. 이 해에 삼국의 역사를 총망라한『삼국사기三國史記』라는 역사책이 편찬됐다.

『삼국사기』는 소실된 부분이 많긴 하지만 지금까지 남아 있는 한국 고대사의 보고寶庫이자, 고대 한국사에 관한 후속 연구의 기초가 된다. 이 책을 편찬한 김부식은 고려 시대의 유명한 학자로서 '한국사의 아버지'라 부르기에 손색이 없는 인물이다.

불교계의 꼭두각시, 의종 1146년에 인종의 뒤를 이어 아들 현晛이 왕위에 올랐다. 묘호는 의종毅宗이었다. 의종만큼 비굴할 정도로 불교계에 의존한 왕은 없었다. 백성들은 왕의 처신에 큰 불만을 품었지만 왕은 누구의 조언도 들으려 하지 않았다.

의종이 충실한 불교 신자였다면 차라리 그 편이 더 나았을 것이다. 음주와 노름을 일삼으며 방탕하게 살았던 것을 보면 종교적 열정은 거짓이었으며, 왕은 단지 불교계의 꼭두각시에 불과했던 것이라고 볼 수 있다. 왕이 절을 방문할 때는 대궐에서 절 문 앞까지 차양을 드리워야 했고, 왕이 보이지 않으면 절에 가서 찾았다는 기록이 있다. 의종은 만 백성의 조롱거리였다. 어느 점쟁이가 의종에게 황해도 백주(지금의 배천)에 궁을 지으면 7년 만에 거란과 금을 정복할 수 있다고 말해주었다. 귀가 얇은 의종은 점쟁이 말을 그대로 따랐다. 의종은 방탕한 생활에 국고를 탕진하고 승려에게 높은 관직을 내리고 궁녀를 희롱하는 간악한 무리를 곁에 두었다.

조정 대신들은 왕이 절에 자주 찾아가는 것을 막으려 했다. 어느 날은 왕이 포장된 길을 지나는 사이 왕의 말을 놀라게 해서 뒷다리로 서게 하고, 경고의 의미로 왕 앞에 화살 하나를 떨어뜨려 놓았다.

왕은 누가 자기한테 활을 쏘려 한 것으로 믿고 두려움에 떨면서 급히 대궐로 돌아가 대문을 걸어 잠갔다. 왕은 아우가 데리고 있던 종을 화살을 쏜 자로 지목하고 고문 끝에 거짓 자백을 끌어내어 처형했다.

금나라 백성의 고려 이주 1165년에는 금나라 사람들이 압록강을 넘어와 인주와 정주에 정착했다. 이 지역 지방관들이 왕의 허락을 얻지 않고 사사로이 군대를 일으켜 넘어온 금나라 사람들을 몰아내고 집을 불태웠다. 금나라 황제의 요구에 따라 왕이 다시 금나라 사람들을 받아주었지만 지방관들이 다시 몰아냈다. 그러자 금나라가 군대를 보내 지방관 16명을 붙잡았다.

제주도의 훌륭한 지방관 1168년에 최척경이라는 사람이 제주도의 탐라 현령耽羅縣令이 되었다. 제주도민의 존경을 받던 최척경이 물러나고 다른 사람이 현령으로 부임하자 백성들은 반란을 일으켜 후임자를 쫓아내고 다시 최척경을 보내달라고 요구했다. 왕은 하는 수 없이 최척경을 다시 보내줘야 했다. 사실 제주도민은 다루기 힘든 사람들이었다. 제주도에 지방관을 보낸 것도 의종의 아버지인 인종 때 이르러서야 가능했을 정도였다. 의종은 동해안에 위치한 울릉도에 사절단을 보내 사람이 살 수 있는 곳인지 알아보았다. 그러나 사람이 거주하기 힘들다는 보고가 들어왔다.

무관에게 살육당한 문관이 산처럼 쌓이다　의종이 과도하게 불교에 의탁한 바람에 백성들의 삶은 더욱 피폐해졌다. 왕은 환관을 통해 백성들의 돈을 착취하고, 돈을 갈취해온 환관에게는 관직과 특권을 하사했다. 왕은 연일 잔치를 벌였지만 무신들은 왕의 관심이나 환대를 받지 못했다. 그 결과 엄청난 사건이 일어났다.

1170년에 왕이 도읍 밖으로 나가 절에 가 있을 때 왕이 보는 앞에서 하급 문관이 무관을 때린 일이 있었다. 그 자리에서는 무마됐으나 나중에 장군 몇 사람이 왕궁 수비대를 소집하여 지도자급의 문관 두 사람을 납치하여 살해했다. 한뢰라는 문관은 왕의 침실로 달아나 숨었다. 그러나 무관들이 들어가 그를 끌어내어 죽였다. 그러고는 문관과 환관을 구분하지 않고 무차별적으로 살육하기 시작했다. 기록에 따르면 죽은 자의 시체가 '산처럼' 쌓였다고 한다.

당시에는 무관을 구별하는 징표가 있었다. 무관은 오른쪽 어깨를 맨살로 드러내고 머리에는 복두라는 두건을 썼다. 이 두 가지를 하지 않은 자는 무조건 살육당했던 것이다.

계속된 죽음의 행진　왕은 목숨을 잃을까 봐 두려워하며 무관 최고의 장군인 정중부에게 아름다운 검을 선물로 주어 달랬다. 그는 왕의 선물을 받았지만 죽음의 행진을 멈추지는 않았다. 왕을 다시 도성으로 데려오고, 대궐로 들어가 그 자리에서 문관 지도자 열 명을 칼로 베었다. 그리고 세자의 거처로 들어가 열 명을 더 죽였다. 길거리에 '무릇 문관을 쓴 자는 서리胥吏라도 씨를 남기지 말고 모조리 죽여라.'라는 벽보를 내걸었다. 그 후로도 문관 50명이 더 죽었다. 그리고 환관 20명의 목이 잘려 창에 꽂혔다.

이 일로 의종은 몹시 놀라긴 했지만 방탕한 행각을 그만두지 않았다. 무관들은 왕을 죽여 없애고 싶었지만 반대에 부딪혔다. 그리고 계속해서 문관들을 처형하면서도 다른 이보다 나은 문관 두 명을 살려두고 보호해줬다.

한편 송나라에 갔다가 돌아오던 문관 하나가 무관이 정변을 일으킨 소식을 듣고 지방에서 세력을 결집해 송도로 진군했다. 그런데 어느 고개를 지나다가 길 한복판에서 호랑이 형상의 불길한 징조를 만났다. 불길한 징조가 현실로 드러나 문관이 급조한 군대는 반란군에게 대패했다. 반란을 도모한 정중부는 계속해서 문신의 집을 부수었을 뿐, 가장을 잃은 과부와 고아를 불쌍히 여기는 자들의 충고 따위에는 귀 기울이지 않았다.

정중부가 의종을 쫓아내다 정중부는 왕을 쓸모없는 존재로 보고 경상도 거제도로 쫓아 보냈고, 세자를 진도로 보냈으며 왕족이나 측근들도 추방했다. 그런 다음 의종의 아우 호晧를 왕위에 앉혔다. 묘호는 명종明宗이었다. 1170년에 일어난 일이다.

그 후 모든 관직에 무관이 앉고 임극충이 문하시중에 올랐다. 문관 중에서 살아남은 문극겸은 불만이 없는 것처럼 꾸미고 딸을 무관의 아들과 혼인시켰다. 금나라에 간 사신은 왕이 늙고 병들어 대신 동생이 왕위에 올랐다고 알렸다.

이의방이 이고의 반란을 진압하다　이고 장군은 지인들을 모아 반란을 도모하면서 성공하면 높은 관직을 주겠다고 약속했다. 그리고 소맷자락에 칼을 숨긴 일행과 함께 연회에 참석했다. 그러나 채원 장군이 이상한 낌새를 눈치채고 이의방 장군에게 알리자, 이의방이 이고를 곁방으로 불러내 철퇴로 쳐서 죽였다. 이고를 따르던 무리도 잡아 죽였다.

금나라 황제가 의심을 품다　금나라 황제는 의종이 강제로 폐위됐을 것이라고 의심하며 새로 왕위에 오른 명종을 힐난하는 편지를 보냈다. 사신이 금나라에 찾아가 상황을 설명했다. 그럴듯한 설명을 듣고도 황제는 의구심을 거두지 않고 명종의 편지에 답장을 보내지 않았다. 이에 사신은 그 자리에 주저앉아 식음을 전폐했다. 결국에는 황제의 답장을 받아내서 송도로 돌아왔다.

황제는 조사관을 파견하여 이 문제를 알아보라고 지시했다. 조사관은 송도에서 융숭한 대접을 받으면서 선대왕은 늙고 병들어 멀리 지방에 내려가 있어 만날 수가 없다는 말을 들었다.

무관과 승려 사이의 깊은 감정의 골은 왕궁이 불에 탔을 때 여실히 드러났다. 정중부는 승려들이 불타는 건물 쪽으로 달려가는 모습을 보고 대문을 걸어 잠그고 건물이 완전히 타버리게 했다.

이의민이 갈비뼈를 부러뜨려 의종을 죽이다　그때까지 살아남은 문관들은 무관 일당을 쫓아낼 기회만 엿보았다. 그러다 김보당이라는 무관이 멀리 있는 지방관들에게 편지를 보내 거사를 일으킬 일시를 합의한 사건이 일어났다. 김보당은 급히 군사를 일으키고 거제도에 귀양 가 있던 의종을 앞세워 경주까지 올라왔다. 그러나 계획은 실패로 끝났고, 주모자 김보당은 송도로 끌려가서 처형됐다.

그는 죽기 전에 "나는 모든 문관과 함께 모의했다."고 소리쳤다. 그의 주장이 사실이 아닐 수도 있지만, 어찌됐든 이 말 때문에 무관들은 또 다시 문관 귀족을 맹렬히 공격했고 수많은 문관이 죽어나갔다. 그러다 반발이 일어나자 무관들도 자신들이 지나쳤다고 생각하고 딸을 문관 집안으로 시집보내 사태를 바로잡으려 했다.

바로 이때 한국사의 한 페이지를 장식할 가장 큰 반란 중 하나가 발생했다. 거제도로 쫓겨난 의종이 경주까지 올라왔다는 소식을 들은 정중부는 이의민 장군을 보내 의종을 남몰래 해치우라고 시켰다.

이의민은 호위병 200명과 이들을 이끌던 장군을 무참히 살해한 뒤 의종을 가까운 절로 끌고 들어갔다. 체구가 큰 이의민은 의종을 절 뒤에 있던 연못가로 데리고 가서 양팔로 붙잡고 갈비뼈를 부러뜨려 그 자리에서 죽였다. 그러고는 솥 두 개를 입구끼리 맞대고 거적으로 싼 시체를 안에 넣어서 연못에 던졌다. 파렴치한 이의민은 송도로 돌아와 명예를 얻었다. 나중에 헤엄을 잘 치는 승려가 연못에서 의종의 시체를 건져 장례를 치러줬다.

무신 정권의 전횡이 극에 달한 상황에서도 왕은 불교에 헌신했다. 승려들은 불교의 수호인 의종을 죽인 장본인인 이의민을 반드시 없애고 싶어했다. 그래서 왕궁 앞으로 몰려가 먼저 옆에 있던 집들에 불을 놓고 왕궁에도 불을 질렀다. 그러자 이의민은 막강한 호위병을 이끌고 출동하여 승려 100여 명을 죽였다. 그 후 사찰 다섯 곳을 더 파괴하고 사찰에서 쓰던 그릇과 제기를 몰수했다.

고려에 드리운
몽골의 그림자

서경 유수 조위총이 반란을 일으키다　　야망이 큰 인물이던 서경
유수西京留守 조위총은 야심찬 계획을
실행에 옮길 때라고 판단하고 막강한 군대를 끌어모았다. 서경(평양)
인근 모든 지역이 조위총과 합류했지만 연주성만 왕을 향한 충성을 버
리지 않았다.

　연주 현령 현득수는 조위총의 반란군을 두려워하면서도 중앙군이 평
양으로 진군해오는 중에 보낸 것처럼 편지를 위조했다. 이로써 연주성
백성들은 반란군과 맞서 싸울 용기를 얻었다.

　조위총이 이끄는 반란군은 송도로 진군하여 송도에서 서쪽으로 멀지
않은 곳에 진영을 차렸다. 이의방 장군은 먼저 평양에 머물던 장군을
모조리 붙잡아 죽이고 반란군을 진압하러 나갔다.

　첫 번째 공격에서는 반란군이 전선을 뚫고 달아났다. 이의방 장군은
반란군을 쫓아 대동강까지 올라갔다. 대동강을 건너 평양을 향해 포위
공격을 감행했다. 그러나 겨울이 다가온 탓에 송도로 돌아와야 했다.
그 후 조위총은 왕에게 충성을 다하던 연주성을 정복하려고 두세 차례
포위 공격을 감행했지만 모두 실패로 돌아갔다.

정중부 아들이 이의방을 살해하다 이의방은 인정이라고는 전혀 없는 무자비한 인물로 목적을 달성하는 데 필요하다면 가장 가까운 친구라도 죽일 수 있는 사람이었다. 그래서 정중부도 이의방과 손잡지 않고 이의방의 관직을 파하고 귀양을 보냈다.

정중부의 아들은 승려를 고용해 이의방의 뒤를 쫓다가 기회를 봐서 죽이도록 했다. 마침내 기회가 왔고 이의방 일당이 살해당했으며 이의방의 딸이던 왕비도 폐위됐다.

조위총의 평양성이 함락되다 평양에서 반역을 일으킨 조위총은 서서히 힘을 잃어가면서 금나라 황제에게 도움을 구할 생각에 금나라에 사신 두 명을 보냈다. 그러나 금나라로 가는 길에 두 사람 중 한 명이 다른 한 명을 죽이고 송도로 달아났다. 조위총은 다시 사신을 보냈는데, 이번에는 금나라가 사신을 붙잡아 고려 도읍 송도에 넘겨줬다.

봄이 되자 중앙군이 다시 평양성을 포위했으며 기근마저 들어서 백성들끼리 서로를 잡아먹을 지경이었다. 평양 사람 대다수가 몰래 성을 빠져나오자 중앙군이 기꺼이 받아들였다.

그러자 평양성에 남아 있던 백성들이 모두 밤을 틈타 성을 빠져나왔다. 결국 평양성이 함락되고 조위총은 죽고 그의 부인과 자녀들은 송도로 끌려가 시내 한가운데 매달렸다.

무정부 상태의 고려 조위총의 반란군은 뿔뿔이 흩어졌다가 곳곳에서 다시 뭉쳐 고려 북부 지역을 위협했다. 금나라로 가던 사신들이 이들을 피해 다른 길로 돌아갈 지경이었다. 고려는 온 나라가 무정부 상태였다. 남부 지방에서도 나라에 불만을 품은 세력이 이리저리 배회했다. 황해도에서도 봉기가 일어났다. 평양성에서도 사람들이 들고일어나 지방관을 몰아냈다. 왕은 그릇된 폐해를 바로잡아 달라는 압력을 받았다. 그래서 전국에 사람을 보내 지방관들이 백성들이 어떻게 다스리는지 알아보게 하고 모두 800명의 지방관을 파면했다. 비록 개혁을 시작하긴 했지만 이미 때는 늦었다. 서부 지역에서는 도적떼가 기승을 부리며 백성들을 약탈했지만 이들을 진압하기엔 역부족이었다. 송도에도 도적떼가 들끓었다. 오래된 사찰에도 도적이 들어 제기를 도난당했다.

신앙 치료를 빙자한 강간 이렇게 험난한 시국에도 왕은 쾌락에 빠져 흥청망청하며 스스로 어릿광대가 되어 손님들을 즐겁게 해주려고 춤을 추었다. 사찰 안에서도 이런 행각이 자행됐다. 성스럽게 지켜야 할 사찰에서도 말이다!

명종 12년인 1182년에는 '신앙 치료'라는 이름의 독특한 치료법이 성행했다. 어느 승려가 세상의 모든 병을 치료할 수 있다고 주장했다. 그 승려는 왕 앞에 불려가 이렇게 주장했다. "누구라도 제가 손 씻은 물을 마시면 씻은 듯 병이 낫습니다. 물을 마신 다음에는 부처님께 진실로 기도해야 합니다. 그리고 일어나서 '나는 병이 나았다.'라고 말해야 합니다. 진실로 병이 나았다고 믿으면 병이 낫는 것이지요."

사람들이 치료를 받으려고 그 승려에게 몰려들었다. 승려는 자기를 찾아온 여자들을 유혹하여 농락했다.

최충헌이 이의민을 처단하다 이의민 장군은 왕실의 충복이 되어 모든 고위 관직을 침범하고 젊고 아름다운 처자들을 찾아내 강제로 궁에 들여보내는 역할을 했다. 최충헌 같은 신하는 이 일을 참지 못하고 아우와 힘을 합쳐 대궐을 포위하고 이의민 일가를 죽이고, 이미 승려가 된 왕의 여러 서자들을 쫓아내서 다시는 대궐에 발을 들여놓지 못하게 했다. 모두 1196년에 일어난 일이었다.

1년 후 최충헌은 늙고 빈둥거리던 왕을 끌어내리고 세자를 강화도로 보낸 뒤 왕의 동생인 민旼을 왕위에 앉혔다. 묘호는 신종神宗이었다. 세자와 세자빈을 추방하는 일은 무자비하게 자행됐다. 세자와 세자빈은 당장 궁을 떠나라는 명령을 받고 의관도 제대로 갖추지 못한 채 말을 타고 찬비를 맞으며 급히 강화도로 향했다. 왕이 폐위당한 날에는 무시무시한 폭풍우가 몰아쳐 마치 온 나라가 슬픔에 젖은 듯했다.

최충헌이 동생을 처단하다　당시 사람들이 얼마나 미신에 빠져 있었고, 환관들이 어느 정도로 권력을 농단했는지를 보여주는 말이 있었다. '왕이 다내천에서 물을 길어다 쓰면 환관이 일어나 나라를 농단할 것이다.'라는 말이었다. 결국 이 우물을 매웠다.

당시 권력을 남용하려는 유혹이 얼마나 강했는지를 보여주는 예가 또 있다. 개혁가 최충헌은 지극히 덕이 높은 인물이었지만, 최충헌의 동생 최충수는 지위를 이용해서 딸을 왕비로 만들려고 했다. 그렇게 하려면 기존의 왕비를 폐위시켜야 했다. 왕은 왕비를 마음 깊이 아꼈지만 막강한 권력을 가진 신하의 뜻을 거스를 입장이 못 되었다. 왕비는 눈물을 쏟은 뒤 귀양을 떠났다.

이 일을 모르고 있던 최충헌은 최충수가 무슨 짓을 저질렀는지 알고 몹시 분개했다. 그러나 일단은 화를 억누르고 동생을 연회에 불러서 자기네 집안은 왕가와 사돈을 맺을 만한 집안이 못 된다는 점을 일깨우고, 딸을 왕비로 만들려는 시도를 그만두라고 설득했다.

그러나 이튿날이 되자 제멋대로인 동생은 다시 생각을 바꾸었다. 어머니가 타이르려 하자 어머니를 바닥에 내동댕이쳤다. 이 소식을 들은 최충헌은 호위병을 거느리고 대궐로 들어갔다. 조카딸이 왕비가 되려고 궁에 들어가려던 찰나에 충신 최충헌이 그 앞을 가로막고 동생의 부하와 싸웠다. 최충헌은 이 싸움에서 승리를 거두고 달아난 최충수를 뒤쫓아 처단했다. 그리고 원래의 왕비가 제자리로 복귀했다.

만적, "왕후장상의 씨가 따로 있나" 신종이 왕위에 앉았던 7년 동안 고려는 혼란과 갈등이 끊이지 않았다. 먼저 노비들이 봉기를 일으켰다. 최충헌의 사노 만적은 '지체 높은 분들이라고 어찌 하늘이 정해줬겠는가. 훌륭한 분들은 훌륭한 업적을 세운 사람들이다. 우리도 우리 권리를 위해 싸우자. 최충헌 장군도 우리만큼 천한 신분이었다. 우리도 높으신 양반이 돼보자.'라고 노비들을 부추기며 들고일어났다.

이들 노비들은 흥국사에 결집해서 우선 사전 작업으로 주인들에게 천적賤籍(노비 문서)을 빼앗아 불사르기로 했다. 그러나 최충헌이 이들을 배신하여 노비 백여 명을 붙잡아 목에 돌을 묶어 강에 던져버렸다.

남부 지방에서 약탈을 일삼는 도적떼가 기승을 부리자 왕이 음식과 의복과 땅을 주고 매수했다. 진주에서는 하인이 지방관을 사설 지하 감옥에 가두고 백성들을 불러모아 자기네와 뜻을 같이하지 않는 자를 모두 죽인 일이 일어났다. 이들 무리를 따르지 않았다는 이유로 6,400명이나 목숨을 잃었다. 전국 여러 곳에서 이 같은 봉기가 일어났는데, 특히 제주도와 공주가 심했다.

이 와중에 신종이 죽고 아들 덕悳이 뒤를 이었다. 묘호는 희종熙宗이었다. 이제 얼마 후면 아시아 지역은 거대한 전장이 되고, 유럽 국왕들의 왕좌도 위태로워질 것이었다.

칭기즈칸의 등장 여진의 북쪽에 살던 몽골은 어느 정도 여진과 연결돼 있었다. 그러다 몽골 최초의 위대한 지도자 예수게이가 최초로 반

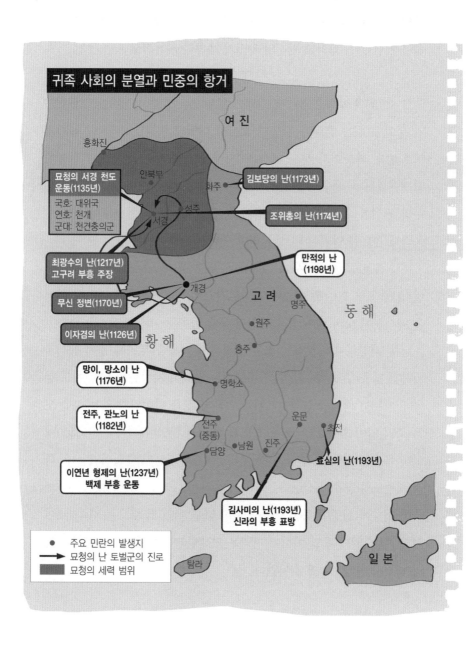

귀족 사회의 분열과 민중의 항거

여진

흥화진

묘청의 서경 천도
운동(1135년)
국호: 대위국
연호: 천개
군대: 천견충의군

안북부

화주

김보당의 난(1173년)

성주

서경

조위총의 난(1174년)

최광수의 난(1217년)
고구려 부흥 주장

만적의 난
(1198년)

무신 정변(1170년)

개경

고 려

명주

이자겸의 난(1126년)

황 해

원주

동 해

충주

망이, 망소이 난
(1176년)

명학소

전주, 관노의 난
(1182년)

전주
(중동)

운문

초전

담양

남원

진주

효심의 난(1193년)

이연년 형제의 난(1237년)
백제 부흥 운동

김사미의 난(1193년)
신라의 부흥 표방

• 주요 민란의 발생지
→ 묘청의 난 토벌군의 진로
■ 묘청의 세력 범위

탐라

일 본

란을 일으켜 몽골을 여진에서 분리시켰다. 예수게이는 키릴토크와 힘을 합쳐 순식간에 북방의 40개 부족을 빼앗아 하나의 깃발 아래 모이게 했다. 예수게이의 아들이 바로 위대한 칭기즈칸인 테무친이었다. 희종 2년인 1206년에 몽골에서는 칭기즈칸이 스스로 황제를 칭하고 몽골제국을 세웠다.

무소불위의 최충헌 한편 최충헌 또한 야망과 권력의 유혹에 완전히 자유롭지 않았기에 백성들의 집을 빼앗고 왕궁 옆에 화려한 저택을 지었다. 최충헌이 집을 지을 때 기둥마다 어린아이를 묻었다는 이야기도 전해진다.

1211년 봄이 되어 금나라로 떠난 사신이 중간에 몽골군 기병에게 붙잡히는 일이 일어났다. 몽골군 기병은 고려와 금나라 사이의 도로를 빼앗으려고 남쪽으로 밀고 내려오던 길이었다. 금나라에서 고려 사신을 구조하여 고려로 돌려보냈다. 막강한 권력을 손에 넣고 사실상 고려의 통치자로 군림하던 최충헌은 무소불위의 권력을 휘두르던 일본 쇼군과 같은 지위를 얻었다. 최충헌을 고려의 쇼군이었다고 표현해도 틀린 말은 아닐 것이다. 왕은 최충헌을 제거하고 싶어서 승려 여럿을 시켜 최충헌을 뒤쫓게 했다.

그러나 승려들이 최충헌의 집에 들어와 하인들을 공격하기 시작하자 최충헌은 몰래 궤짝 속에 숨어들어 들키지 않았다. 최충헌의 호위병들은 최충헌이 궁지에 몰린 것으로 판단하고 대궐로 쳐들어가 닥치는 대로 죽였다.

노련한 장군 최충헌이 나타나 저지하지 않았다면 왕까지 죽였을 것이다. 최충헌은 왕을 강화도로 추방하고 세자를 제물포로 내쫓은 다음 정貞을 왕위에 앉혔다. 묘호는 강종康宗이었다.

금 나 라 가   쇠 락 하 다   강종 치세에 관한 기록이라고는 금나라에서 사신이 찾아와 왕이 드나드는 가운데 대문으로 들어오려 했다는 기록밖에 없다. 금나라 사신은 가운데 문으로 들어가겠다고 고집을 피우다가 '그대가 왕의 문으로 들어가면, 그대의 주인은 대체 어느 문으로 들어가야 합니까?'라는 질문을 듣고 입을 다물었다고 한다.

1213년에는 강종의 뒤를 이어 아들 진曔이 왕위에 올랐으며, 묘호는 고종高宗이었다. 고종은 그때까지 역대 왕들 중 가장 오랫동안, 가장 파란만장한 시대에 나라를 다스린 왕이었다. 46년간 지속된 고종 치세에는 몽골이 대대적으로 쳐들어왔다.

몽골의 맹렬한 공격을 받은 금나라는 두려움에 떨면서 고려에 쌀과 말을 원조해달라고 요청해왔다. 고종은 표면적으로는 거절하는 한편 금나라 사신에게 쌀을 사서 가져가라고 허용해주었다.

고 려 를   위 협 한   거 란   유 민   이번에도 고려의 북쪽 변경에 먹구름이 드리웠다. 몽골이 본격적으로 쳐내려온 것은 아니지만, 거란의 잔여 세력이 몽골과 대적하지 못하고 남쪽으로 고려의 영토까지 밀려왔던 것이다. 처음에 고려는 거란 유민을 막아낼 수 있었다. 그러나 거란 유민은 점점 그 수가 늘어나 고려의 수비벽을 뚫고 황해도까지 밀고 들어와 평양을 근거지로 삼았다.

고려는 거란을 막을 병력이 부족했는지 모든 계층의 백성들과 심지어 승려까지 동원됐다. 그래도 아무런 소용이 없었다. 고려는 그루터기만 남은 나무처럼 힘없이 무너졌고 황주까지 거란에 넘겨주고 말았다. 거란은 송도에서 80리밖에 떨어지지 않은 곳까지 내려왔다. 송도 백성들은 대경실색하여 손에 잡히는 대로 칼이나 온갖 무기를 집어들고 성벽에 둘러섰다.

당시 고려에는 외부의 위험만 있던 것이 아니라 국내 분쟁의 위험이 도사리고 있었다. 승려들이 여전히 오만방자하게 나라를 쥐고 흔들던 최충헌을 공격할 절호의 기회를 잡았다. 그러나 오히려 최충헌 일파가 승려들을 공격해서 300명을 죽였다. 그러고는 재판을 열어 800명을 더 죽였다.

당시 고려는 절박한 처지에 놓였다. 고려의 문 앞에는 막강한 적이 노리고 있었고, 남부 지역에는 반란군이 들끓었으며, 송도에는 '시체가 산을 이루고 피가 강을 이루었을' 정도였다.

승기를 잡은 거란군은 송도를 향해 밀고 내려오다가, 정확히 어떤 이유에서였는지는 몰라도 어쩌면 송도의 수비벽이 탄탄하다는 소문을 들어서였는지 갑자기 방향을 틀어 송도와 지금의 수도인 서울 사이에 흐르는 임진강에 모습을 드러냈다. 거란은 이곳에서도 크게 패하고 다음으로 서울에서도 패했다. 여러 차례 패한 뒤에는 태백산으로 숨어 들어갔다.

거란이 물러나다 한편 여진이 몽골과 동맹을 맺고 압록강을 건너 의주를 함락했다. 그러나 고려는 경계를 늦추지 않으면서 철저히 무장한 병력을 동원해 여진과 몽골 연합군을 기습 공격하여 500명을 죽이고, 더 많은 병졸을 포로로 잡아들였으며 나머지 300명은 압록강 이북으로 쫓아버렸다. 왕은 송도 동쪽 백악산에 궁을 지었다. 그렇게 해야 북방 세력을 저지할 수 있다는 말을 들었던 것이다.

동여진의 면구하가 몽골군에 쫓겨 압록강으로 도망쳐오자 고려 장군 정공수가 그를 붙잡아 몽골 진영에 넘겨주었다. 몽골은 이 일로 크게 기뻐하면서 고려에 '화평을 맺자.'고 제안했다.

몽골은 거란과 전쟁을 치르면서 군대를 고려 영토에 주둔시켰지만 애초에 고려를 넘볼 생각은 없었다. 그러나 합진과 찰라 장군이 병졸 1만 명을 이끌고 거란을 치러왔다. 다시 여진과 연합하여 2만이 되었다. 몽골과 여진의 2만 연합군은 국운을 다하고 쓰러져 가던 거란 유민 5만이 모여 살던 강동으로 진격하던 중에 거센 눈보라를 만났고 군량이 바닥을 드러냈다.

고려는 몽골로부터 부족한 군량을 지원해달라는 요청을 받고 쌀 1천 석을 보내줬다. 고려 입장에서는 아직 몽골의 호감을 사는 편이 유리했다. 그러나 몽골은 야만인에 가까워서 고려와 진정한 우호 관계를 맺지 못했다는 기록이 있다. 고려는 진심으로 호의를 보였으나 몽골은 이를 불쾌하게 받아들였다.

거란을 멸망시키려고 진격하던 군대에는 김취려 장군이 이끄는 고려군도 끼어 있었다. 김취려는 6척 장신의 거구에 턱수염을 무릎까지 길렀다고 한다. 그는 몽골 장군들의 호감을 산 덕에 후한 대접을 받았다.

몽골과 여진 연합군이 강동을 포위하여 맹렬한 공격을 퍼붓자 성안 사람들은 극도의 두려움에 사로잡혔다. 결국 거란군을 이끌던 장수가 싸우기를 포기하고 목을 매 자살하자 5만의 병졸들이 성 밖으로 나와 투항했다. 합진 장군은 투항한 자들 중에서 장수 100명의 목을 베고 나머지는 풀어주었다.

몽골 장수는 송도로 들어가 왕을 만나보려 했지만 군대를 뒤에 남겨두고 자리를 비울 수 없어서 직접 가지 않고 대신 사신을 보냈다. 그리고 고려 장군들에게 푸짐한 선물을 안겨주고 예전에 붙잡았던 고려인 포로 700명을 풀어주었다. 거란과의 전쟁이 끝나자 수많은 거란 포로들이 고려 장군에게 넘어갔고, 그때까지는 들어가지 못했던 북방의 여러 지역이 개방되었다. 그곳을 거란장契丹場이라 불렀다.

안하무인의 몽골 사신, "왕이 나와 영접하라" 얼마 지나지 않아서 몽골 사신이 송도에 찾아왔다. 왕이 신하를 보내 사신을 맞이하자, 몽골 사신은 크게 불만을 품고 "왕이 직접 나와 나를 영접하지 않는 이유가 무엇이냐?"고 호통을 쳤다.

고려는 몽골 사신이 그냥 돌아가지 않게 붙잡으려고 간곡히 설득해야 했다. 사신은 왕을 알현할 때 몽골 고유의 무거운 털옷을 입고 머리에는 털모자를 썼으며 칼과 화살을 들었다. 사신은 왕에게 가까이 다가가 손을 잡고 몽골 황제 칭기즈칸이 보낸 편지를 보여주었다. 이 같은 허물없는 행동에 크게 당황한 왕은 사색이 되었고, 대신들은 이처럼 야만스런 행동을 어느 수준까지 참아줘야 할지 논의했다. 고려의 신하들은 사신에게 돌아가서 고려식 의관을 갖추고 다시 오라고 간곡하게 설득했다. 사신이 의관을 갖추고 다시 나타나자, 왕은 그에게 금, 은, 비단, 아마포와 같은 선물을 안겨주었다.

최충헌의 눈엣가시 조충 조충 장군이 퇴각하는 몽골·여진 연합군과 함께 이동하다가 압록강에 이르러 작별의 인사를 나누고 자신은 고려가 자랑하는 인물이라고 말했다. 몽골 장수 합진은 의주에 부하 40명을 남겨두면서 다시 돌아올 때까지 고려 말을 배워두라고 지시했다. 조충은 평양으로 돌아가 영웅 대접을 받았다.

노장 최충헌은 조충이 언젠가 자기를 밀어낼지 모른다고 두려워하며 차라리 조충을 가까이 두고 항상 감시하는 편이 낫겠다고 판단했다. 그래서 왕이 보낸 것인 양 꾸민 거짓 편지를 보내 조충에게 송도로 돌아오라고 명했다. 조충은 이에 복종했다.

당시 고려와 몽골의 관계가 우호적이었던 듯하다. 그러나 고려는 조만간 무참히 단꿈에게 깨어날 처지에 놓이게 된다. 몽골과 여진 연합군은 명성에 사신을 보내 '고려는 매년 사신을 보내고 경의를 표하라.'라고 지시했다. 워낙 공격적인 발언이라 금방이라도 전쟁이 일어날 태세였다. 고려가 어떤 답변을 보냈는지는 알 수 없지만, 한동안은 평화가 유지됐다는 기록으로 보아 어떤 답변이었을지 충분히 짐작할 수 있을 것이다.

최우가 최충헌의 자리를 이어받다 하늘 높을 줄 모르고 기세등등하게 집권하던 최충헌도 결국 병들어 죽었다. 최충헌이 죽자 왕 몇 사람이 죽은 것보다 더 혼란스러운 소요 사태가 벌어졌다. 최충헌의 장례식은 왕실의 법도에 따라 치러졌다. 최충헌에게는 아들이 여럿 있었는데, 그중에서 최우가 장남이고 최향이 차남이었다. 최향은 대담하고 힘이 넘치는 인물로서 아버지가 죽기 전에 이미 형 최우를 협박했다. 최우는 최충원의 자리를 이어받았다. 앞서 설명했듯이 그 자리는 일본의 쇼군과 같이 막강한 권력을 쥔 자리였다.

몽골이 조공을 요구하다 몽골은 고려와의 허울뿐인 우호 관계에 불만을 품고 1221년에는 고려에 면 5천 킬로그램, 질 좋은 비단 3천 필, 베 2천 장, 큰 종이 10만 장을 조공으로 바치라고 요구했다. 고려는 이처럼 놀라운 내용을 담은 편지를 들고 온 사신에게 넓은 숙소와 맛있는 음식을 대접했다.

그러나 사신은 기둥에 화살을 쏘는 등 지극히 상스럽게 행동하면서 모든 것에 불만을 표시했다. 이런 사람을 감당할 수 있는 인물은 김희조뿐이었다. 김희조는 사신이 의주에서 사람을 죽인 일을 비난하며 감옥에 가두겠다고 협박했다. 사신을 거칠게 몰아붙인 끝에 간신히 말귀를 알아듣게 할 수 있었다. 사신이 무기를 들고 왕을 알현하러 가려 하자 김희조가 무기를 내려놓고 가라고 명했다. 몽골과 여진에서 다른 사신이 올 때도 김희조가 책임지고 불상사가 일어나지 않도록 미연에 방지했다.

몽고의 공격에 대비해 장성을 쌓다 몽골이 언제든지 고려를 공격할 것이 자명해졌다. 이듬해인 1222년에 고려는 압록강 유역 의주에서 화주까지 장성을 쌓았다. 장성을 다 쌓는 데는 40일이라는 짧은 시간밖에 걸리지 않았다고 한다. 이는 고려가 위급할 때 얼마나 강력한 위력을 발휘하는지, 더불어 고려가 장성 쌓는 일을 얼마나 중요하게 여겼는지를 보여주는 위업이었다.

1223년은 1200년대부터 1400년대까지 왜구가 고려를 상대로 저지른 지난한 노략질의 역사가 시작된 해였다. 이 해에 왜구가 경상도 해안에 상륙하여 금주를 유린했다. 금나라는 국운이 다해 망하기 일보 직전이었지만 이후에도 10여 년을 더 버티다가 1234년에 몽골 앞에서 힘없이 무너졌다. 고려는 더 이상 금나라 연호를 쓰지 않았다.

몽골 사신이 죽다 1225년에는 몽골과 고려의 우호 관계도 무참히 깨졌다. 고려로서는 자국의 영토 안에서 질서를 유지하지 못했다는 점 외에 아무런 잘못도 없었다. 북쪽 몽골로 돌아가던 사신이 도중에 고려인 산적을 만나 고려에서 받은 선물을 빼앗겼다. 이 일로 두 나라의 우호 관계가 깨지고 마지막 일전의 날에 한 발짝 다가섰다. 같은 해에 남쪽 해안에는 다시 한 번 왜구가 쳐들어왔다.

1226년에는 몽골 옷을 입고 몽골 세력의 핵심을 이루던 여진이 의주 부근을 공격했다. 의주 현령은 매우 시급한 상황이라 왕의 교지를 기다리지 못하고 급히 병력 1천 명을 보내서 침략군을 몰아냈다. 왕은 교지

를 기다리지 않은 행동은 용서해주었지만, 승리를 거둔 데 대한 포상은
내리지 않았다.

점쟁이의 꼬임에 빠져 왕을 꿈꾼 최우   당시 문하시중이던 최
우는 어느 점쟁이의 꼬임에 넘어가 자기가 언젠가 왕이 될 것이라고 믿
었다. 그러나 어리석게도 김씨 성을 가진 사람에게 속내를 털어놓아 곧
만천하에 알려졌다. 최우는 이 사건에서 벗어나기 위해 김씨와 점쟁이
를 모두 물에 빠트려 죽였다.

왜구의 노략질은 일본 왕실에서 모르는 일이었고, 실상은 일본 왕실
의 뜻을 거스르는 행위였다. 1227년에 사신 박인이 일본에 건너가 왜
구의 노략질에 항의하자, 일본은 고려의 항의를 받아들여 왜구 수천 명
을 잡아들여 처형했다는 기록이 있다.

1227년과 1228년에는 여진이 고려의 북부 지역을 약탈하는 한편 강
화를 제의했다. 그러나 강화조약에 먹물이 마르기도 전에 조약이 깨지
는 사건이 연이어 일어났다.

최우가 최향의 반란을 진압하다   최우는 아버지 최충원의 전철
을 밟았다. 문하시중 자리에 오른 뒤 백성들을 착취하여 집과 땅을 빼
앗고 그 자리에 폭이 200보나 되는 으리으리한 대궐 같은 집을 지었다.
정원에서 연회를 베풀며 전쟁놀이에 심취했다. 모든 비용은 백성들에
게 갈취한 돈으로 충당했다. 백성들은 나라에 낼 세금을 내느라 남는
게 없는 처지였다.

최우의 동생 최향은 오랫동안 귀양을 떠나 있다가 추방당한 왕을 앞
세워 반란을 도모했다. 그러나 최우가 군대를 보내 최향을 끝까지 추격
해서 산속 깊은 곳의 어느 동굴에서 죽였다.

몽골군, 김경손을 피해 남쪽으로 진군하다 칭기즈칸이 몽골의 지도자가 된 뒤부터 줄곧 고려를 압박하더니 1231년에 드디어 일이 터지고 말았다. 봄이 되자 몽골 장군 살리타가 지휘하는 막강한 몽골군이 남하하여 압록강을 건너 의주 근처 함신성을 함락했다. 이어서 철주로 돌격해 들어갔다. 철주 현령은 이미 집을 불태우고 가족들을 모두 죽이고 그 자신과 측근들도 스스로 목숨을 끊은 뒤였다.

고종은 맞서 싸워보지도 않고 굴복할 생각이 없었다. 그래서 박서와 김경손 장군에게 대부대를 맡겨 몽골군에 대적하라고 지시했다. 두 장군은 귀주에서 병력을 모아 귀주성 사대문에 튼튼하게 방책을 쳤다. 몽골군은 남문을 공격하기 시작했다.

승리의 영예는 김경손에게 돌아갔다. 김경손은 멀리까지 몽골군을 추격한 뒤 승리의 함성을 울리며 돌아왔다. 몽골군은 보급로를 확보하지 않은 채 진격하면서 도중에 군량을 조달했다. 몽골은 귀주를 포기하고 후방에 적을 남겨둔 상태로 과감하게 남쪽으로 진군하여 곽주와 선주를 함락했다.

살리타, "강화냐, 죽음이냐" 그 후 살리타는 고종에게 편지를 보내 '화평을 맺읍시다. 몽골이 한신까지 내려왔으니 고려가 몽골과 강화를 맺지 않으면 여진의 지원군을 끌고 내려와 고려를 쳐부술 것이외다.'라고 협박했다.

그러나 이처럼 노골적인 편지를 든 사자는 평주까지밖에 내려오지 못했다. 평주에서 백성들에게 붙잡혀 감옥에 갇혔기 때문이다. 답장을 기다리던 몽골군은 다시 한 번 귀주를 습격했지만 별다른 성공을 거두지 못했다. 승리하지 못한 정도가 아니라 안북성에서는 크게 패하기까지 했다.

몽골이 송도에 이르다 그 후 고종은 북방의 수비를 강화하는 한편, 승려 3만 명을 송도에 불러들여 축제를 열어서 하늘의 기운을 빌어 전쟁을 종식시키려 했다. 그러나 여진의 지원을 받아 사기충천한 몽골은 대동강을 건너 평주까지 휩쓸고 내려왔다. 왕에게 보내는 편지를 들고 온 몽골의 사자가 옥에 갇혀 비참하게 죽어가던 평주를 향해 보복 공격을 감행했다. 몽골은 오밤중에 공격을 감행했다. 평주를 함락해서 완전히 불태우고 평주 현령을 죽이고 개와 가축들까지 해쳤다. 그런 다음 송도로 진군하여 곧 송도의 문전에 도착했다. 몽골 장군 보도, 척거, 당고가 송도 앞에 진을 쳤다.

몽골 장군 살리타는 북쪽에 남아 있었다. 살리타는 고종이 보낸 사자를 통해 휴전을 맺자는 제의를 받고 이런 내용의 답장을 보냈다. '나는 황제다. 끝까지 싸우고 싶으며 와서 싸워라. 그럴 게 아니라면 항복하라. 빨리 결정하라.'

고종은 다시 한 번 사자를 보내 휴전을 맺자는 제안을 되풀이했다. 사자는 몽골 사신 두 사람을 데리고 돌아왔고 얼마 후 몽골 사신 세 사람이 더 찾아왔다. 이들은 곧 왕을 알현할 기회를 얻어 회의를 열었다.

그 후 고종은 송도 앞에 주둔하던 몽골군에 합류한 것으로 보이는 살리타와 다른 여러 장군에게 푸짐한 선물을 보냈다. 어떤 이유에서인지는 몰라도 회의 결과는 기록으로 남아 있지 않다. 몽골로서는 그다지 만족스럽지 않았거나, 만족스러웠다 해도 약탈을 멈출 만큼 흡족한 결과가 아니었던 모양이다. 몽골군이 송도를 떠나 남쪽으로 한반도 중심이자 풍요의 땅인 충청도에 내려가면서 보여준 난폭한 행동으로 짐작할 수 있다. 문하시중 최우는 강화도로 사람을 보내 피난처를 알아보게 함으로써 비겁한 속내를 드러냈다. 하지만 최우가 보낸 사람은 곧 몽골 약탈자의 손에 넘어갔다.

귀주 현령 박서의 완강한 저항　살리타는 다시 북쪽으로 올라가 다른 몽골 부대와 합류한 뒤 다시 한 번 귀주를 공격했다. 살리타는 대포차라는 일종의 투석기를 만들어 귀주를 함락하려 했지만, 귀주 현령 박서 또한 비슷한 기능을 갖춘 투석기를 만들어 공격하는 바람에 성을 포위하던 몽골 병졸들은 멀리까지 달아나 온갖 방어물 뒤로 피신해야 했다. 몽골은 고종이 보낸 것인 양 꾸며서 '내가 항복했으니 너희도 항복해야 한다.'라고 적은 거짓 편지를 보내 세 차례나 박서를 속이려 했으나, 박서는 이같이 단순한 속임수에 넘어가지 않았다.

몽골군은 거대한 성곽 공격용 사닥다리를 놓고 올라가려 했지만, 사닥다리가 놓이자마자 성을 지키던 고려군이 잘라버렸다. 어느 노쇠한 몽골 장군이 귀주를 한 바퀴 돌아보고는 천혜의 요새라는 것을 확인하고는 귀주만큼 완벽한 요새는 본 적이 없다고 감탄했다.

몽골, 일본 정벌을 위해 1백만 병력을 요구하다　이처럼 작은 도시가 무너지지 않자 몽골 장군 살리타는 몽골의 뛰어난 전투력을 과시하기 위해 다른 지역에서 전투를 벌여야 했다. 살리타는 고종에게 편지를 보내 처음 고려에 간 몽골 사자가 감옥에서 죽은 것을 책망했다.

그러고는 고려가 항복하고 옷감 2만 필, 자주색 비단 1만 필, 해달 가죽 2만 개, 말 2만 필, 남자아이 1천 명, 여자아이 1천 명을 보내주고 몽골이 일본을 정벌하는 데 병력 1백만 명과 군량을 지원해주면 화평을 맺어주겠다고 제안했다. 이는 고려가 평화를 유지하기 위해 지켜야 할 조건이었다.

몽골, 끝까지 항전한 박서에게 오히려 상을 주다　이듬해인 1232년이 밝아오자 고종은 장군 두 사람 편에 항복의 뜻을 밝히는 편지

를 보냈다. 더불어 금 30킬로그램, 은 6킬로그램, 외투 1천 벌, 말 170
필을 보냈다. 그리고 지난번 몽골 사신은 고려가 아니라 폭도와 산적들
의 손에 목숨을 잃은 것이라고 해명했다. 또한 몽골군이 지나는 지역을
다스리는 지방 현령에게는 몽골군을 저지하지 말라는 명령을 내렸다.

　그러나 귀주 현령 박서는 완강한 인물로 왕이 항복한 사실을 전해 듣
고도 성을 포기하지 않았다. 엄청난 설전이 오간 뒤에야 마침내 조건부
로 항복했다. 고려는 끝까지 버틴 박서를 처형하려 했지만 오히려 몽골
은 '박서는 훌륭한 사람이다. 그러니 큰 상을 내려라.'고 말했다.

고려, 몽골에 조공국의 예를 갖추다　그리하여 비극적인 역사
의 한 장이 막을 내렸지만 이것이 끝은 아니었다. 송도에 몽골 공관이
세워지고, 몽골에서 파견한 총독이 전국의 요지에 배치됐다. 몽골 총독
은 왕궁에 드나들 때 오직 왕만 드나드는 가운데 문으로 들어가겠다고
요구했지만 이런 요구는 받아들여지지 않았다.

　앞서 설명했듯이 살리타는 고려가 보낸 선물을 받고서 선물이 기대
에 미치지 못하다며 큰 불만을 표시하고 선물을 가져온 사람을 옥에 가
두었다. 고종은 몽골 도읍에 사신을 보내 처음으로 몽골 황제에게 조공
국으로서의 예를 갖췄다.

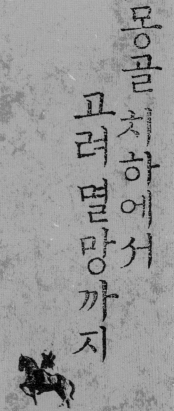

4부

몽골 치하에서
고려 멸망까지

———— **위화도** 압록강 하류에 위치한 섬으로, 고려 시대에는 대마도大麻島라 하여 국방상 요지였다. 1388년(우왕 14) 요동 정벌 때 이성계가 이곳에서 회군함으로써 조선을 여는 계기를 마련한 곳이다. 당시 평양에서 위화도까지 진군하는 데 19일이 걸렸고, 위화도에서 14일 체류하였으며, 회군에 9일밖에 걸리지 않았다는 점을 들어 이성계는 출병 때부터 고의로 병력을 느리게 진군시켰다는 논란이 있다. 또한 회군 시에 "일부러 사냥을 하면서 속도를 늦추었다."라고 말했는데도 출병 때보다 2배 이상 빠르게 왔다는 사실도 논란거리가 되고 있다.

몽골의 발아래 놓인 고려

왕실을 강화도로 옮기다 고종이든 관리든 근심거리가 사라졌다고 믿지 않았다. 전쟁의 소요가 가라앉은 지 얼마 지나지 않아 고려의 조정에는 왕실을 옮기는 문제가 거론됐다. 반대의 목소리도 만만치 않았지만 최우는 반대파 몇 사람을 죽여서 입을 틀어막았다.

고종은 왕실을 옮겨야 할지 확신이 서지 않았다. 하지만 문하시중이던 최우는 막무가내였다. 최우는 왕실의 수레에 짐을 싣고 강화도로 출발했다. 백성들에게도 강화도로 이주하라고 요구하면서 만약 반대하는 사람이 있으면 처형하겠다고 협박하는 방을 내걸었다.

그러나 고려 각지에서는 백성들이 몽골에 저항하기 위한 반란을 일으켜 몽골군을 몰아내려 했다. 그 결과 몽골이 다시 고려를 공격하여 고려는 다시 한 번 도탄에 빠졌고, 고종도 마지못해 최우를 따라 강화도로 들어가기로 마음을 굳혔다.

강화도에서는 왕을 맞이하기 위한 왕궁을 지었고, 고종은 약속된 날에 송도를 출발했다. 그러나 하필이면 장마철이라 길이 엉망이 되어 도저히 나아갈 수 없었다. 왕실의 행렬은 진창길에 발이 묶였고, 비까지 억수같이 쏟아진 바람에 온통 엉망이 되었다.

왕가의 여인들도 머리에 짐을 이고 맨발로 진흙길을 걸어야 했다. 버림받은 백성들이 비통하게 곡하는 소리가 멀리서도 들릴 정도였다. 김중귀 장군은 남아서 송도를 지켰다. 왕실 일행이 강화도에 도착해보니 왕궁은 아직 완성되지 않았다. 신하들이 제 살길을 찾느라 바쁜 사이 왕은 여염집에서 묵어야 했다. 최우는 전국 각지에 사자를 보내 모든 백성에게 육지를 떠나 섬으로 피신하라고 지시했다.

노비 이통, 왕궁까지 약탈하다 송도에 남은 백성들은 극심한 혼란에 빠졌다. 수도는 온통 무정부 상태였다. 이통이라는 노비가 노비들을 끌어모아 봉기를 일으켰다. 송도를 지키던 장군을 쫓아내고 승려들까지 끌고 와 도읍은 물론 왕궁까지 약탈했다. 불교 승려로서 폭도 무리에 끼어 무법자처럼 죄를 저지르는 것이 결코 바람직하지는 않지만 이것이 당시 시대상이었을지 모른다.

고종은 송도에서 일어난 봉기를 전해 듣고 이자성 장군을 보내 봉기를 진압하라고 지시했다. 이자성 장군은 도로를 점거한 노비들을 해산시키고 탈영병 행세를 하며 그날 밤 송도로 들어갔다. 일단 송도에 들어간 뒤에는 봉기를 이끌던 이통을 잡아들이고 나머지는 해산시켰다.

처인성 전투에서 살리타가 활에 맞아 죽다 고려 왕실이 송도를 떠나고 몽골 총독이 쫓겨났다는 소식이 전해지자 몽골에서는 일대 소란이 일어났다. 몽골 황제는 몹시 분개하며 급히 송도로 사신을 보내고 뒤이어 막강한 군대를 보냈다. 몽골은 '도읍을 옮긴 이유가 무엇이냐? 몽골 총독을 쫓아낸 이유가 무엇이냐?'라고 따져 물었다.

고종은 백성들이 모두 도망쳐서 하는 수 없이 도읍을 옮긴 것뿐이라고 밝히며, 비록 강화도로 옮기기는 했지만 몽골과의 우호 관계는 변치 않았다고 확언해주었다. 그러자 몽골은 지극히 몽골다운 반응을 보였다. 말하자면 고려 북쪽 여러 도시에 쳐들어가 닥치는 대로 살육을 자행했던 것이다. 남녀노소를 막론하고 몽골군의 칼에 쓰러졌다.

살리타 역시 처인성을 공격했다. 김윤후가 이끄는 처인성에는 유명한 궁수가 있었다. 뛰어난 활 쏘기 솜씨로 목표물을 명중시키는 인물이었다. 처인성은 궁수의 도움으로 굳건히 버텼고 몽골군은 혼란에 빠졌다. 살리타마저도 뛰어난 궁수의 활에 희생됐다. 왕이 궁수에게 관직을 내렸지만 그가 받아들이지 않았다고 한다.

1233년 봄에 몽골 황제는 다소 화가 누그러져 다시 군대를 보내지는 않고 사신을 보내서 다음과 같이 네 가지 죄를 물었다.

첫째, 고려 사신이 몽골에 찾아와 복종의 뜻을 밝히지 않았다. 둘째, 고려인 산적이 몽골 사신을 죽였다. 셋째, 왕이 송도를 버리고 달아났다. 넷째, 왕이 고려 인구를 거짓으로 보고했다.

여기에 고려가 어떤 답을 보냈는지는 알려지지 않았으나 지극히 비굴한 자세로 답변을 보냈던 듯하다.

반경 10킬로미터에 뒤덮인 반란군과 정부군의 시체 이 같은 무법의 시대에 봉기가 많이 일어나지 않았다면 그 편이 이상할 것이다. 경상도 지방에서 대규모 봉기가 일어났지만 막강한 무력에 진압됐다. 여기서 반란군과 정부군이 맞붙은 결과 반경 10킬로미터나 되는 땅이 죽은 자의 시체로 뒤덮였다는 기록이 있다.

평양에서도 필현보라는 사람이 봉기를 일으켰다. 고종은 정이 장군을 보내 봉기를 진압하라고 지시했다. 정이는 평양 현령을 지내면서 한 차례 봉기를 진압하고 공을 세운 전력도 있었다. 정이 장군은 이 지역에서 두려움의 대상이었다.

평양성에 가까이 다가가자 정이의 종복이 성으로 들어가지 말라고 간청했지만 그는 왕명을 어겨서는 안 된다고 말했다. 정이는 목숨을 걸고 성안으로 들어갔고, 반란군은 그를 자기네 편으로 끌어들이지 못하자 죽여버렸다.

반란군 부대장이 몽골의 길잡이가 되다 문하시중은 정예군 3천 명을 평양성에 보냈다. 이들은 반란군 대장을 잡아 처단하고 잘라진 시체를 왕에게 보냈다. 반란군 부대장이던 홍복원은 몽골로 달아나 몽골인의 환대를 받았다. 그 후 홍복원은 몽골 원정대의 길잡이가 되었다. 홍복원과 같은 반역자는 고려와 몽골 사이에 끊이지 않는 갈등의 원인이었다.

왕은 억지로라도 몽골로 도망친 자의 부모와 친척들에게 호의를 보여줘야 할 정도였다. 같은 해에는 강화도에 두 번째로 성을 쌓았다. 고종은 몽골에 사신을 보내 고려에 주둔하던 몽골군을 소환해달라고 요청했고 이 요청이 받아들여졌다.

1234년, 강화도에 왕궁을 짓다 이듬해인 1234년이 밝자 강화도에 왕궁을 짓는 일에 수많은 백성이 끌려나와 부역을 해야 했다. 이때 불교계에서 각별한 정성을 들였다. 또 도처의 산과 강에 제물을 바치며 하늘의 도움을 구했다. 최우 역시 자기 집을 짓는 데 힘썼다. 과장이 없진 않겠지만 최우도 둘레가 20리가 넘는 대저택을 지었다는 기록이 있다. 또 이 해에는 금나라가 역사의 무대에서 완전히 사라졌다.

1235년이 시작되면서 몽골이 본격적으로 고려를 다스리기 시작했다. 몽골은 고려 북쪽 지역을 차례로 정복하며 각 지방 현령을 잡아들였다. 한편 강화도에서 지내던 고종은 태양숭배자들을 공격하는 적대 행위를 금지시켰다. 당시 관리들이 매일 아침 7시에서 12시까지, 유용하기는 하지만 신성한 권위자는 아닌 태양을 숭배하느라 시간을 허비했던 것이다.

이듬해에 고려의 지위는 한없이 추락해서 다시 올라갈 가망이 없어 보였다. 몽골은 평안도와 황해도에 영구 주둔지 17곳을 설치했다. 몽골군은 남쪽으로 지금의 서울인 한양까지 내려왔다. 그 후 한반도 남단까지 밀고 내려가면서 각지에 주둔지를 설치했다.

몽골, 신들린 장수 손문주에게 시달리다   승승장구하며 밀고 내려오던 몽골군에게 유일하게 역공을 가한 사람이 있었다. 지금의 죽산인 죽주의 현령 손문주였다. 손문주는 북방에서 국경을 지키던 전력이 있어 몽골군의 전술을 익히 알고 있었다. 손문주는 매일 적의 다음 공격 지점이 어디일지를 점쳤고 예상이 늘 적중했다. 그래서 신들린 사람이라는 소리까지 들었다.

그러나 몽골군은 남쪽 지방에 오래 머물지 않았던 모양이다. 이듬해에 나주에서 반란이 일어났고 고종이 보낸 군대가 신속히 진압했다는 기록이 있는데, 몽골군이 가까이 주둔해 있었다면 불가능했을 테니 말이다.

한반도가 유린되다   몽골은 대륙에서 사는 사람들이라 바다에 관해서는 아는 바가 없었다. 강화도와 반도 사이의 좁은 해협조차도 몽골에게는 위협적으로 느껴졌다. 그래서 강화도로 피신한 왕이 막강한 위력을 자랑하던 몽골군에 당당히 맞설 수 있었던 것이다.

1238년에 한반도는 다시 몽골군으로 넘쳐났고 백성들은 산속으로 도망치거나 서쪽 해안에 늘어선 수천 개의 섬으로 피난해 들어갔다. 몽골군의 침입으로 백성들이 받았을 고통은 상상하기 힘들 정도였다.

기록에 따르면 백성들은 집과 땅을 버리고 피난지를 찾아 떠났다. 수십만의 백성들은 피난지를 찾아 도망친 후 어떻게 살았을까? 친구와 친척의 유대가 깨지고 가족은 뿔뿔이 흩어지고 예부터 내려온 삶터를 잃어버렸다. 이런 땅이 충격에서 회복했다는 사실이 놀라울 정도였다.

몽골군은 300년 후에 한반도를 침략하게 되는 일본군보다 훨씬 흉포하고 무자비했을 뿐 아니라, 그 수도 압도적으로 많았다. 노략질이 주된 목적이던 몽골군은 넓은 지역으로 퍼져서 대량 살상을 서슴지 않았지만, 히데요시가 이끌던 일본군은 상대적으로 좁은 대열을 유지하며 행군했다.

몽골군은 일본군과 달리 고려의 저항을 받지 않았다. 몽골군이 국토를 유린하는 사이, 고려가 한때 부패한 조정과 간악한 승려 무리에 신음하던 시대에도 일으킬 수 있었던 20만~30만에 이르는 병력은 다시는 등장하지 않았다. 이때부터 고려의 위력은 바닥으로 추락하여 기껏해야 칼 100개를 차고 온 왜구한테조차 쉽게 유린당하고 말았다.

몽골은 원하는 만큼 실컷 유린하고 자국으로 돌아간 뒤에 고종에게 사신을 보내 북경으로 와서 황제에게 머리를 조아리라고 명했다. 고종은 이 명령을 따르지 않았지만, 대신 전이라는 왕족을 보내 북경까지 가는 험난한 여정을 밟지 않은 죄를 용서해달라는 편지를 전했다.

이듬해에도 몽골에서 같은 주문을 해왔지만 이번에는 그냥 갈 수 없다고 거절했다. 그러자 몽골은 내용을 바꾸어서 고종에게 강화도에서 나와 송도로 돌아가라고 요구했다. 그러나 고종은 송도로 돌아갈 생각이 없었다.

그 이듬해에는 몽골 황실에 순이라는 친척을 보내며 왕자라고 주장했다. 황제는 그 말을 믿고 순을 황실의 일원과 혼인시켰다.

강화도에서의 방탕한 생활 1241년에 몽골 황제 오고타이가 죽은 뒤 5년간 황후가 섭정을 하다가, 1246년에 구유크가 황제가 되었다. 이로써 혼란에 빠져 있던 고려에도 5~6년 동안 짧은 평화가 찾아왔다. 이 기간 동안 고려는 남은 자원을 모두 긁어모아 몽골 조정에 매년 대여섯 번씩 사신을 보내는 데 탕진했다.

전쟁이 임박해오는 순간에도 왕은 자기가 좋아하는 취미를 즐겼으며 나라의 곤궁이 극에 달한 처지에서도 도망쳐온 섬에서 성대한 연회를 열었다. 문하시중도 이에 뒤지지 않을 정도로 쾌락을 탐닉했다. 연회를 한 번 여는 데 악사를 1,300명이나 불렀다고 한다. 그 사이 백성들은 하나둘씩 고향으로 돌아갔다.

구유크는 1246년에 몽골 황제 자리에 올랐고, 이는 다시 고려를 공격하겠다는 신호탄이 되었다. 우선 몽골인 400명이 고려에 들어왔다. 표면상으로는 해달을 잡는다는 이유였지만, 실상은 고려를 염탐하여 북쪽 지역으로 난 고갯길을 조사하기 위함이었다.

고종은 몽골이 다시 쳐들어올 것이라고 생각하지 않아서였는지, 아니면 연회를 즐기느라 여념이 없어서였는지는 몰라도 여하튼 북쪽 지역 수비에 관심을 두지 않았다. 그리하여 몇 안 되는 몽골군의 침입을 받고도 백성들이 혼비백산하여 달아났다. 달아난 백성들 대다수는 평안도의 위도로 피신해 들어가 농사를 짓고 살았다. 이들은 위도 바다에 접한 삼각주에 큰 댐을 쌓아 넓은 경작지를 마련했지만 우물이 부족해서 큰 고통을 받았다.

1248년에 구유크가 죽고 다시 황후가 섭정했다. 고려에도 한동안 평화가 유지되다가 여진의 침입으로 한 차례 혼란에 빠졌지만 여진의 공격이 성공하지는 못했다. 고종은 송도로 돌아가라는 몽골의 명령에 복종하려는 것처럼 보이기 위해 송도에 새로 왕궁을 짓기 시작했다.

몽골 사신, 연회장을 박차고 나오다　　1251년에는 황후의 섭정이 끝나고 몽케칸이 황제가 되었다. 곧이어 몽골은 고려에 사신을 보내고려 왕이 황제의 명령을 따랐는지 알아보고 명령을 수행하지 않은 사실을 전해 들었다. 이듬해에 몽골은 조정에 찾아온 고려 사신을 감옥에 가두고 마지막으로 고려에 사신을 보내 고려 왕실이 송도로 돌아가는 문제를 완전히 해결하라고 요구했다.

왕이 강화도에서 나와 송도로 돌아간다면 백성들은 섬에 남아 있어도 되지만, 왕이 송도로 돌아가지 않는다면 사신이 급히 몽골 조정에 돌아가 당장이라도 전쟁을 선포할 태세였다. 이 사실을 알게 된 일부 대신들은 서둘러 고종을 찾아와 밖으로 나가서 사신을 맞이하라고 재촉했다. 고종은 대신들의 요구를 받아들이지 않았다. 사신이 도착하자 고종은 성대하게 연회를 베풀었다.

한창 연회가 치러지는 중에 사신이 벌떡 일어나 왕이 강화도에서 나와 송도로 돌아가지 않는 이유가 무엇이냐고 큰소리로 물었다. 사신은 답변을 기다리지도 않고 성큼성큼 연회장을 빠져나가 급히 북쪽으로 돌아갔다. 백성들은 두려움에 떨면서 "다시 전쟁이 일어날 거야."라고 탄식했다.

황제의 동생이 1만 명을 이끌다　　1253년에 봄날의 해가 길어지고 북쪽 지방에도 눈이 녹으면서 백성들의 탄식은 현실로 바뀌었다. 고려를 배반하고 도망친 홍복원은 고종이 강화도에 삼중으로 장벽을 둘러치며 섬에서 나올 생각을 하지 않는다고 황제에게 알렸다. 몽골 황제들이 오래도록 일으키고 싶어하던 전쟁이 곧 일어날 태세였다.

우선 황제의 동생이 병사 1만 명을 이끌고 출격했다. 몽골군을 여진을 비롯한 여러 부족과 합세하여 압록강을 건넜다. 다음으로 몽골 장군

아모간과 홍복원이 압록강을 넘어 대동강까지 내려왔다. 마지막으로 야굴이 대장 열여섯 명과 막강한 군대를 이끌고 내려왔다.

고려 사신 순의 항복 권유 앞서 고려 사신 순이 몽골 공주와 혼인한 이야기가 나왔다. 이 순이란 사람이 고종에게 다급하게 편지를 썼다. "폐하께서 황제의 명에 복종하지 않아 황제가 몹시 분개하며 열일곱 왕을 보내 폐하와 맞서게 하겠다고 합니다. 하지만 폐하께서 강화도에서 나와 황제의 명을 받든다면 지금이라도 군대를 다시 불러들이겠다고 합니다. 고려에 평화를 가져올 마지막 기회입니다. 부디 강화도에서 나와 왕자를 황제께 보내고 몽골 사신을 후하게 대접하십시오. 그러면 고려에 큰 복이 내릴 것입니다. 만약 그렇게 하지 않으시려면 제 식솔들을 모두 죽여주십시오."

고종은 사신 순의 마지막 간청에 무서운 협박의 뜻이 담겨 있음을 감지했다. 조정에서 큰 회의가 소집되고 황제의 뜻을 받아들이라는 중론이 일었다. 그런데 반대의 주장을 펴는 이가 한 사람 있었다.

"만족할 줄 모르는 오랑캐한테 얼마나 더 재물을 갖다 바쳐야 하는가. 훌륭한 선비 중에 몽골에 사신으로 갔다가 돌아오지 못한 이가 얼마나 많은가. 지금 당장 폐하를 안전한 이 섬에서 내보내서 죽게 내버려둔다 해도 우리의 안위가 보장되겠는가!"

회의에 참석한 대신들은 이 말을 듣고 번쩍 정신이 들었다. 그때까지 비겁하게 말을 아끼던 대신들은 용기 있는 자의 한마디에 왕이 강화도를 지키며 북방의 오랑캐에 저항해야 한다고 입을 모았다.

몽골의 황해도 공격 몽골 장군 야굴은 황제가 보낸 양 편지를 위조하여 고종에게 보냈다. "나는 해가 뜨는 곳에서 시작해서 해가 지는 곳까지 정복할 것이다. 만백성이 기뻐하는데 오직 너희만 내 말을 듣지 않는구나. 내 너희에게 야굴 장군을 보낸다. 장군을 극진히 맞이하면 평화를 줄 테지만, 환대하지 않으면 그 죄를 용서치 않으리라."

야굴은 군대가 출격하자마자 순식간에 황해도에서 가장 탄탄한 성으로 돌격했다. 이 성은 깎아지른 절벽으로 둘러싸여 있었다. 성을 지키던 장군은 몽골군을 얕잡아보며 성안에서 잔치를 열었다. 그러나 몽골은 한 곳으로 전력을 집중하여 곧바로 통로를 뚫고 불화살을 쏘아 건물에 불을 지르고 성곽 공격용 사다리를 성벽에 대고 안으로 쳐들어갔다. 성을 지키던 장군은 스스로 목을 맸고 고려군 4,700명이 학살당했다. 열 살이 넘은 아이들까지 죽이고 여자를 모두 겁탈했다.

황해도 토산에 머물던 야굴은 고려에서 물러나달라고 간청하는 고종의 편지를 받았다. 야굴은 편지를 가져온 사자에게 이렇게 일러주었다.

"황제께서 고려 왕이 나이가 많아 머리를 조아리지 않는다고 하신다. 내 직접 이 말이 사실인지 알아봐야겠다. 엿새를 줄 테니 왕에게 이곳으로 직접 찾아오라 전하라."

사자는 길이 험해 엿새 안에 오긴 어렵다고 대답했다. 그러자 몽골군은 동쪽으로 진격하여 여러 성을 파괴하고 저장고를 약탈하면서 고종에게 사람을 보내 '고려의 모든 지방관이 서면으로 항복 의사를 전달하면 물러나겠다.'고 알렸다. 이는 당시같이 어수선한 때는 이행하기 어려운 조건이었다. 단지 몽골의 농담이었을 뿐이다.

춘천성의 비극 한편 춘천은 호락호락하지 않은 성이었지만 몽골군은 놀라운 전투력을 과시하며 춘천성을 포위하고 함락했다. 우선 몽골군은 춘천성을 두 겹으로 둘러싼 뒤 목책을 쌓고 한 길 넘게 참호를 파놓고 공격을 감행했다.

오래지 지나지 않아서 성안에 우물이 말라버리자 백성들은 가축을 죽여 피를 마셨다. 백성들의 고통은 이루 말할 수 없었다. 춘천성 현령 조효립은 빠져나갈 구멍이 없다는 사실을 깨닫고 가족을 데리고 불길 속으로 뛰어들어 죽었다. 사력을 다해 싸우다가 불타는 집에 몸을 던졌던 것이다.

남은 병졸들 중에서 힘이 센 무리가 목책의 한 곳을 집중 공략하여 뚫고나가는 데는 성공했지만 그 너머의 참호까지 넘지는 못했다. 몽골 병졸들이 성안으로 쳐들어와 도시를 파괴하고 곡식을 불태우며 여자들을 끌고갔다.

이때 고종은 거세게 밀려오는 전쟁의 포화를 막기 위해 그가 할 수 있는 유일한 방법에 의지했다. 왕은 세상 모든 물건을 숭배하면서 커다란 바위가 있으면 여지없이 그 앞에서 제사를 지냈다. 하늘나라로 간 조상들의 혼령을 몇 차례나 불러냈지만 별다른 도움을 얻지는 못했던 듯하다.

또 한 사람의 반역자 이현이 군대를 일으켜 북방의 여러 지역을 차지했다.

왕이 강화도에서 나와 야굴을 맞이하다　얼마 후 야굴은 충청도 충주성 앞까지 쳐내려왔지만 포위 공격으로 성을 함락하지 못한 채 주력부대를 충주성에 남겨두고 나머지를 이끌고 북쪽으로 강화도 부근까지 올라갔다. 그곳에서 야굴은 이렇게 선포했다.

"고려 왕이 나를 맞이하러 나오면 군대를 이끌고 압록강을 건너 돌아가겠다."

야굴은 장군 열 사람을 왕에게 보내 이 말을 전달하게 했다. 왕은 이 말을 받아들이고 강력한 호위대를 거느리고 바다를 건너 승천부로 나가 야굴을 맞이했다. 야굴과 함께 나타난 몽고대가 이렇게 물었다.

"몽골이 압록강을 건너 고려에 들어온 뒤에 백성들이 매일 수천 명씩 죽어나갔습니다. 이런 판국에 폐하께서 자기 안위만 살피려는 까닭이 무엇입니까? 폐하께서 좀 더 일찍 나왔더라면 많은 목숨을 구할 수있었을 텐데요. 이제 강력한 조약을 맺읍시다."

그러고는 몽골에서 파견한 총독을 각 주에 배치하고, 병사 1만 명을 넷으로 나누어 고려 각지에 배치한다는 조항을 덧붙였다. 왕은 이런 조건으로는 송도로 돌아갈 수 없다고 대답했다. 그러나 야굴은 왕의 대답에는 아랑곳하지 않고 자기 부하를 각 주에 총독으로 앉혔다.

고려 조정에서 벌어지는 논쟁의 주제는 몽골 세력을 어떻게 몰아내느냐는 문제밖에 없었다. 세자를 몽골에 보내 중재하게 하면 어떻겠냐는 대담한 의견을 내는 이도 있었다. 고종은 이 제안을 듣고 몹시 격분했지만 곧 화를 누그러뜨리고 몽골 황실에 둘째 아들 창을 보내고 국고에 남은 마지막 한 푼까지 긁어서 푸짐한 선물을 안겨줬다.

고종은 모든 준비가 완료되면 차차 송도로 돌아가고 강화도의 왕궁을 파괴하겠다고 약속했다. 그러자 몽골은 조약에 따라 퇴각했지만 돌아가는 길에도 노략질을 중단하지는 않았다. 몽골이 돌아가자 고종은 반역자 이현과 그 아들을 잡아들여 처형하고 나머지 일당들도 괴멸시켰다. 이는 매우 위험한 조치였다. 왜냐하면 이현은 몽골의 앞잡이 노릇을 한 인물이라 그를 죽였다고 하면 몽골의 분노를 살 가능성이 있었기 때문이다.

고려가 이현을 처형했다는 소식을 들은 몽골은 급히 사신을 보내 고종 혼자만 강화도에서 나오게 하고, 몽골을 도왔던 이현을 죽인 이유가무엇이냐고 따져 물었다. 고종이 몽골의 항의에 시원한 답변을 주었는지는 알려지지 않았지만 얼마 후 몽골 황제는 새로운 계획을 세웠다.

차 라 대 의 ‘ 살 육 행 진 '　황제는 차라대 장군과 병력 5천 명을 보내 고려를 다스리게 했다. 황제는 차라대가 어떤 인물인지 모른 채 고려로 보냈다. 인간의 탈을 쓴 짐승이라 할 수 있는 차라대는 고려의 국경에 도착하자마자 고려 백성들을 차근차근 학살하기 시작했다. 차라대는 진군하면서 살아 있는 생명체는 모조리 잡아 죽였다.

고종의 즉각적인 항의에 차라대는 이런 답을 보냈다. "모든 고려 사람이 변발을 하지 않으면 학살을 멈추지 않을 것이다." 차라대가 포로로 잡아들인 사람은 남녀를 막론하고 자그마치 20만 6,800명에 달하고 살육당한 사람도 그 수를 헤아릴 수 없었다는 기록이 있다.

이 소식이 전해지자 무자비하기로 유명한 몽골 황제조차도 마음을 움직여 이듬해인 1255년에 차라대를 다시 불러들였다. 차라대는 황제의 소환 명령을 받아들였지만 돌아가는 길에 차후에 쓸 목적으로 북방에 강력한 요새를 쌓았다.

고종이 황제의 조치에 감사의 뜻을 전한 뒤에도 황제는 차라대에게 막강한 병력을 맡겨 다시 고려에 파견했으며 이때 몽골 공주와 혼인했던 사신 순도 함께 보냈다. 고종은 친히 마중 나가 국고를 긁어모아 이들을 환대하여 선물을 주는 데 탕진해야 했다. 당시는 왕의 밥상도 소박하기 그지없을 정도로 고려의 국고가 완전히 바닥을 드러낸 때였다.

겉보기에는 고려와 몽골 두 나라 사이에 평화가 유지되는 듯 보였다. 그러나 차라대는 본래 호전적인 인물이라 전쟁 말고는 달리 할 일이 없었다. 차라대의 군대는 충주성에서 고전을 면치 못하다가 병력 1천 명을 잃었다. 또 동부 지역에서는 차라대의 군대가 크게 패했다.

마침내 차라대는 피비린내 나는 살육의 행진을 멈추고 강화도 근처로 들어와 섬이 보이는 곳에 깃발을 꽂고 강화도에 있던 사람들을 불안에 떨게 했다. 반역자 순은 몽골 장군이 되어 몽골 사람 못지않게 무자비하게 고려를 공격했다.

절망에 빠진 고종은 김수간을 황제에게 보내 마지막으로 다시 한 번 온정을 베풀어달라고 간청했다. 황제는 이렇게 말했다.

"고려 왕이 피난한 강화도에서 나오지 않으면 몽골군을 불러들일 수 없다." 그러자 사신은 훌륭한 답변을 내놓았다. "겁먹은 사냥감은 사냥꾼이 떠나기 전에는 나오지 않으며 언 땅에서는 꽃이 피지 않는 법입니다." 황제는 이 말을 듣고 곧 무자비한 차라대 장군에게 몽골로 돌아오라는 명을 내렸다.

새 문하시중, 최충   최항은 아버지 최우의 뒤를 이어 8년 동안 문하시중 자리를 차지했다. 최항은 지극히 이기적이고 강압적인 정책을 폈다. 충직한 신하들이 최항의 손에 죽어나갔다. 최항에게는 최충이라는 젊고 강인한 아들이 있었다. 최항이 죽자 최씨 일가는 비상사태에 대비해 각지에 무장한 사병을 배치한 후에야 최항의 죽음을 알렸다.

사실 고려 왕에게 문하시중은 달가운 존재가 아니었다. 그래서 왕은 최항이 죽으면 문하시중이라는 직위 자체를 폐지할 기회로 생각했던 듯하다. 이후에 일어난 일련의 사건들이 이런 추측을 입증해준다.

최씨 일가는 모든 준비를 마친 뒤에야 최항의 죽음을 알리고 최충을 문하시중에 앉혔다. 고종은 최충을 문하시중으로 인정하지 않을 수 없었다. 첩비의 자식이던 최충이 문하시중이 된 뒤로 문헌에 어머니가 본처인지 첩비인지를 구분해서 기록하지 않는 관행이 생겼다. 최충이 그의 출생에 관해 조금이라도 입에 올리는 자는 모조리 죽여버렸기 때문이다. 남한테 원한을 품은 사람은 상대방이 최충이 첩비의 자식이라고 떠들고 다녔다고 고발하기만 하면 깨끗이 원한을 풀 수 있었다.

여전히 자행된 몽골의 약탈　당시 고려는 하루가 멀다 하고 재난과 고통을 맞이했다. 강원도에서는 안율이 봉기를 일으켰지만 곧바로 진압됐다. 온 나라에 기근이 들고 나라의 곡식 창고도 동이 났다. 몽골은 명목상으로는 평화협정을 맺었지만 사실상 고려를 합법적인 약탈 장소로 간주하고 한반도를 가로질러 송도 앞까지 내려왔다. 고종은 이응을 보내 큰 연회를 베풀어 안 그래도 비참한 처지에 놓인 고려에서 물러나달라고 설득했다. 그러나 몽골은 설득에 넘어가지 않았다. 몽골군은 남쪽 지방에 관심을 두고 한강을 건너 직산에 이르기까지 노략질을 멈추지 않았다.

고종은 다시 연회를 베풀어주면서 노략질을 중단해달라고 요청했다. 그러자 몽골 장수는 왕이 강화도에서 나오고 세자를 몽골 황실에 보내면 약탈 행위를 중단하겠다고 대답했다. 이때의 몽골 장수는 바로 지난번에 황제의 명에 따라 몽골로 소환됐던 차라대였다.

고종이 어떤 대가를 치르고서라도 차라대를 없애고 싶어한 이유를 짐작할 수 있을 것이다. 결국 고종이 요구 조건을 받아들인 뒤에야 차라대는 연주까지 물러가면서 몽골 병졸에게 노략질을 중단하라는 명령을 내렸다. 고종은 세자를 몽골 황실에 보내지는 않았지만 대신 최충과 함께 둘째 아들을 보냈으니 적어도 약속의 절반은 이행한 셈이었다.

무너지는 최씨 일가　최충은 특유의 기지를 발휘하여 개인의 영달을 도모하면서도 한편으로는 고지식한 면모 때문에 온갖 어려움을 자초하기도 했다. 최충이 저지른 가장 큰 실수는 할아버지 대부터 최씨 집안을 위해 일해왔으며 비록 나이는 들었지만 젊은 사람 못지않게 유능한 부하 김인준을 내친 일이었다.

쫓겨난 김인준은 마치 기생충처럼 최충을 조금씩 갉아먹으며 뼈 속까지 파고들었다. 그는 왕 앞에 나아가 젊은 문하시중이 죽으면 곧바로 다른 사람에게 병력을 맡기라고 조언했다. 복수심에 불타던 김인준은 새로운 힘을 등에 업고 최충의 측근들을 죽이고 이른 새벽에 최충의 집에 들어가 온 집안을 뒤지며 최충을 찾아다녔다.

최충은 오랫동안 쓰지 않던 굴뚝을 통해 집을 빠져나와 도망쳤다. 김인준이 왕에게 이 사실을 알리자 왕은 "네가 날 위해 큰일을 해줬구나."라고 치하하며 눈물을 멈추지 못했다. 그러고는 문하시중 직위를 만든 최충헌의 초상화를 찢고 최씨 일가가 부정으로 축재한 재산을 몰수하여 백성들에게 나눠주었다. 최하층민조차도 쌀 석 섬 이상을 받았다고 한다. 그리고 최씨 집안사람 모두가 추방당했다.

1천 명의 병력으로 왕을 겁박하다 1258년에는 마침내 나이든 고종도 죽음을 목전에 두었다. 여느 해처럼 몽골이 다시 쳐내려왔다. 몽골군은 의주에 성을 쌓고 방어하기 시작했다. 차라대 장군은 병력 1천여 명만 이끌고 황해도 수안까지 내려왔다. 고작 1천 명만 이끌고 고려 영토 깊숙이 내려올 생각을 했다니 당시 고려의 군사력이 얼마나 약했는지를 알 수 있다. 고종은 술책을 써보기로 했다. 고종은 강화도에서 나와 통진포로 들어가 황제의 명령을 이행했다는 것을 보여주려 했다. 차라대는 세자까지 나오라고 요구했다. 그러고는 송도에서 통진포까지 진을 쳤다. 자기의 요구가 관철되는지 지켜볼 심산이었던 듯하다.

몽골군이 가까이 다가오자 고종은 다시 강화도로 들어갔고 이에 몽골은 요구 조건을 두 배로 강화하여 그 어느 때보다 무자비한 조건을 내걸었다. 몽골군 모두가 강화도 인근에 집결하자 좁은 해협을 사이에 두고 고려 왕실과 야만적인 몽골군이 대치하는 위태로운 형국이었다. 하지만 바다는 천혜의 장벽이 되어 주었다.

같은 시기에 산길대가 이끄는 몽골군이 고려 북부와 동부의 여러 지역을 초토화시켰다. 신집평이 이끌던 화주와 그 부근의 열네 개 주 백성들은 저도라는 섬에 피신해 들어가 지내다가 저도도 안전하지 않다는 사실을 깨닫고 다른 섬으로 옮겨갔다. 고려를 배신한 일부 세력이 몽골군을 이끌고 그 섬에 들어가 전복시켰다.

고종의 다급한 간청   그 후 고종은 전술을 바꿨다. 고종은 몽골 황실에 사신을 보내 이렇게 밝혔다.

'그간 황제께 복종하고 싶었지만 대신들의 강력한 저항으로 황제의 명을 따르지 못했습니다. 이제 문하시중이 죽었으니, 황제의 명을 받들어 송도로 돌아가겠습니다. 하지만 몽골의 군대가 우리를 둘러싸고 있어서 움직이기 어렵습니다. 고려는 고양이를 앞에 둔 쥐 신세입니다. 몽골군을 불러들이면 황제의 명을 따르겠습니다.'

한편 북쪽에서는 고려를 배신한 두 사람이 고려 장군을 제압하고 적국으로 돌아간 일이 있었다. 이로써 북부 지역에는 고려군 수비대가 남아 있지 않고, 몽골의 명령을 받는 배신자 두 사람이 그 지역을 독차지했다. 1258년이 저물어가던 시점의 고려의 하늘에는 먹구름이 드리웠다.

고려,
몽골이 되다

몽골에 세자를 보내다　　1259년
에 몽골 황실로 향하던 사신이 산적
들에게 습격당해 약탈당하고 살해되
는 바람에 황제는 고려에 곱지 않은 시선을 보냈다. 당시 몽골은 평양
을 몽골의 영구 주둔지로 삼으려는 목적으로 평양성 인근에 진을 쳤다.
몽골군은 성벽을 보수하고 강가에서 전함을 만들었다.

　고종은 악몽 같은 상황에서 벗어날 길이 없다고 판단하고 몽골 황실
에 세자를 보냈다. 차라대는 그 소식을 듣고 매우 기뻐했다. 좋은 결과
가 나올 듯 보였다. 3월이었으니 다음 달이면 세자가 몽골에 도착할 것
으로 기대했다. 그러나 세자가 4월이 되어서야 출발할 것이라는 소식
을 들은 차라대는 크게 화를 냈다. 그래서 고종은 서둘러 준비를 마치
고 3월 안에 출발하도록 했다. 세자는 수행원 40명을 이끌고 말 300필
에 선물을 가득 실고 떠났다. 세자 일행은 제때에 몽골 황실에 도착했
다. 차라대는 자기 뜻대로 일이 풀렸는 데도 기뻐할 수 없었다. 그즈음
에 병이 나서 죽었기 때문이다.

강화도 왕궁을 파괴하다　　세자가 몽골 황실에 도착했을 때는 황제
가 송나라와 전쟁을 치르기 위해 남쪽으로 원정길에 오른 뒤였다. 세자

는 몽골 도읍을 다스리던 송길이라는 관리에게 자기를 소개했다. 송길은 세자에게 고종이 아직 송도로 돌아가지 않았는지 물었다. 세자는 아직 돌아가지 않았다고 대답하면서도 황제가 명령을 내리면 곧 돌아갈 것이라고 덧붙였다.

송길은 "고려 왕이 강화도에서 나오지 않는데 우리가 어찌 군대를 불러들이겠소?"라고 대답했다. 세자는 이렇게 답했다. "차라대 장군이 내가 몽골에 오면 철군하겠다고 약조하지 않았소. 몽골이 군대를 불러들이지 않는다면 고려 백성들로서는 싸우지 않을 수 없소."

송길은 그 말을 듣고 고려에 파견할 군대를 증원하라는 명령을 취소했다. 대신 강화도에 있는 왕궁을 파괴하라는 명령을 내렸다. 송길의 명령은 즉각 이행됐고 강화도 왕궁이 무너지는 소리가 천둥소리처럼 멀리서도 들렸다고 전해진다. 온갖 영고성쇠를 맛본 노령의 고종은 이처럼 수치스런 일을 이겨내지 못하고 1259년 여름에 숨을 거두었다.

고려의 왕좌가 비었고 세자는 멀리 몽골 황실에 가 있었다. 고려는 세자가 돌아올 때까지 섭정의 형태로 왕실을 꾸려나가기로 결정했다. 처음에는 왕의 둘째 아들이 물망에 올랐으나 고종이 죽으면서 '세자가 돌아올 때까지 손자를 섭정의 자리에 앉혀라.'라는 유언을 남겼기 때문에 세자의 아들인 순이 아버지가 돌아오기 전까지 임시로 왕위에 올랐다.

몽골군에 퇴각 명령이 내려지다　　몽골군이 북부 지방의 약탈 행위를 중단하지 않자 고려는 몽골 황실에 다시 사신을 보냈다. 황제가 아직 남쪽 지역 전쟁에서 돌아오지 않은 터라 사신은 대담하게 황제의 뒤를 쫓아 전쟁터로 내려갔다. 사신은 촉산을 지나 협주에서 황제를 만나 왕의 뜻을 전했다. 황제는 "고려가 늘 화평을 제안하면서 한편으로는 몽골군을 철수하라고 요구하는 까닭이 무엇이냐? 하지만 세자가 몽골 황실에 와 있으니 내 너희 청을 들어주겠다."고 대답했다. 그리하여 몽골군 전원을 고려에서 철수시키라는 명령을 내렸다.

그런데 일부 나서기 좋아하는 신하들이 황제에게 고려는 몽골과의 약속을 지킬 의지가 없다고 고했다. 고려 사신은 급히 송도로 돌아와 고려 백성들이 강화도로 피신해 들어갔다가 다시 자기 집으로 돌아가지 않는 이유가 무엇이냐는 황제의 질문을 전했다. 그러자 세자가 몽골에 볼모로 잡혀 있어서 백성들이 몹시 불안해 하며 설령 세자가 돌아온다 해도 백성들 모두가 원래 살던 집으로 돌아가는 데는 못해도 3년은 걸릴 것이라는 답변을 보냈다. 그즈음에는 고려 백성이 육지로 들어가지 않는 것이 몽골의 가장 큰 불평 요소가 되었다.

한편 북부에서는 어떤 상황이 전개될지 전망이 불투명했을 뿐 아니라 중앙정부의 힘이 약하고 몽골군 수가 아직 많은 탓에 불안감이 커졌다. 백성들은 옆에서 조금만 부추기면 당장이라도 봉기에 가담할 태세였다. 백성들 사이에는 지방관이 마음에 들지 않으면 죽이고 몽골 편에서는 일이 비일비재했다. 중앙정부에서도 이런 백성들을 벌하지 못했다. 자칫 몽골을 자극하여 보복 공격을 초래할 위험이 있었기 때문이다. 당시 남부 지방에서도 문제가 일어났다. 일본과 중국 남부 송나라에서 온 해적이 제주도에 들어가 노략질을 일삼았다. 도읍에서 지방관을 내려보냈지만 백성들에게는 해적보다 지방관이 더 고약해보였다.

고려 세자, 쿠빌라이의 등극을 예견하다 1260년 고려 세자가 몽골 황제를 쫓아 남쪽으로 내려가서 황제가 있던 진영에 도착했을 즈음, 합주라는 도시에서 황제가 죽고 대신 아릭부케 장군이 제멋대로 전횡을 휘둘렀다. 세자는 아릭부케가 제멋대로 권력을 행사하고 있긴 하지만 결국에는 위대한 장군 홀필렬忽必烈(쿠빌라이)이 황제의 자리에 오르리라고 예견하고 남몰래 진영에서 빠져나가 그 길로 강남 지방까지 달려갔다.

강남에서 군대를 지휘하던 홀필렬을 만나 황제가 죽은 소식을 전하고 쿠빌라이를 따라 급히 북경으로 향했다. 세자는 북경에 도착한 뒤에야 고종이 죽었다는 소식을 듣고 급히 상복을 갈아입었다.

세자, 고려로 돌아오다　황제의 자리에 오른 쿠빌라이 칸은 고려 세자에게 큰 상을 내리고 고려로 돌려보냈다. 황제는 세자가 왕이 되면 고려가 더욱 충성스런 조공국이 되어 두 나라 사이에 원만한 관계가 유지될 것이라고 기대했다.

세자는 몽골 장군 두 사람의 호위를 받으며 돌아왔다. 두 장군은 속이개와 강화상이었다. 두 장군은 도중에 고려의 반역자에게서 세자가 도읍을 제주도로 옮겼다는 말을 들었다. 둘은 세자에게 이 말을 전한 고려 사람과 대면하고 사실을 확인해달라고 요청했지만, 세자는 왕족으로서의 품위를 잃지 않고 이렇게 호통을 쳤다. "그런 근본 없는 자를 만나느니 차라리 머리를 깎고 중이 되겠다." 두 장군은 부끄러워하며 이 일을 문제 삼지 않기로 했다.

세자 일행이 강화도에 도착하자 임시로 왕위에 앉아 있던 세자의 아들이 대규모 수행단을 이끌고 제중포로 나가 세자 일행을 맞아서 모두 배에 태워 강화도로 들어갔다. 몽골의 두 장군이 왕에게 송도로 돌아가라고 강력히 촉구하자, 왕은 잠시나마 몽골의 요구를 받아들이는 척하기 위해 여러 대신을 이끌고 송도로 돌아갔다.

그러자 몽골군과 몽골 지방관 모두 고려에서 철수했다. 또 황제는 고려 왕에게 인장, 옷감, 활, 화살, 비단을 비롯하여 여러 가지 값진 물건을 선물로 보냈다. 그때까지 왕은 황제의 요구를 받아들여 강화도에서 나와 멀지 않은 거리에 위치한 통진으로 옮겼다. 여기서 강화도까지는 배로 반 시간밖에 걸리지 않는 가까운 거리였다. 더불어 몽골에 명목상 왕위 계승자를 보내고 선물도 보내줬다. 당시 나라의 국고가 바닥난 지경이라 중신들이 사재를 털어 선물을 보내는 데 보태줬다.

고려가 제시한 가장 중요한 요구 조건은 몽골 황실이 더 이상 고려를 배신한 이들의 말에 현혹되지 말라는 것이었다. 그들의 유일한 목적은 두 나라 사이에 분쟁을 조장하여 서로 으르렁거리게 만드는 것이었다. 황제는 고려의 요구를 받아들였다.

몽골의 계속되는 조공 요구 1261년에 몽골은 고려에 많은 양의 구리와 납을 요구했다. 고려에는 구리가 나지 않았지만 감히 황제의 요구를 거절하지 못했다. 왕은 중국 아도에 사람을 보내 구리를 가져오게 했다. 몽골 황실에 보낼 때는 구리를 어떻게 구했는지 밝히지 않았다.

황제는 왕이 거짓을 고한다고 질책하며 조공국으로서 의무를 다하지 않았다고 비난했다. 더불어 호구조사를 실시하고, 역참 제도를 완비하고, 병졸을 훈련시키고, 군량을 공급할 수 있도록 준비하라는 명령을 내렸다. 왕이 황제의 요구를 따르지 않자 둘 사이에 불화가 생겼으며, 이는 양측 모두에게 불행한 일이었다.

고려를 배반하고 떠난 홍다구로서는 이런 좋은 기회를 놓치지 않고 당시 북경에 머물러 있던 고려 세자가 몽골 세자를 모욕했다고 고발했다. 황제는 홍다구의 말만 믿고 고려 세자가 거두던 세금을 완전히 끊고 눈에 띄게 차갑게 대했다.

그뿐 아니라 홍다구는 고려가 조만간 몽골의 지배에서 벗어나려고 시도할 것이라고 넌지시 알려서 고려를 향한 황제의 태도를 부정적인 방향으로 몰아갔다. 하지만 이듬해에 양국은 다시 우호 관계를 회복했던 것으로 보인다. 고려가 송도에 왕궁을 새로 지으려면 엄청난 비용이 들어가기 때문에 공물을 생략하도록 허락해달라고 요구하자, 황제는 고려의 요구를 들어주었을 뿐 아니라 추가로 양 500마리를 선물로 보냈다.

또 고려는 일본에 사신을 보낸 일에서도 좋은 결과를 이끌어냈다. 사신이 대마도에서 돌아오면서 전에 왜구가 노략질해갔던 많은 양의 쌀과 옷감을 되찾아왔던 것이다.

원종, 북경에 들러다 1263년에 원종元宗은 북경으로 들어오라는 명령을 받았다. 고려 조정에서는 장시간 회의가 열렸으며 대신들은 저마다 다른 의견을 내놓았다. 승려들은 "진즉에 이런 날이 올 줄 알았지."라고 한마디로 잘라 말했다. 오래 전부터 승려들은 불교계에게 호의를 베풀면 북경으로 불려갈 일은 없을 것이라고 경고해온 터였다.

결국 원종은 아들에게 국정을 맡기고 북경으로 떠났다. 앞에서 고려의 귀족으로 몽골 공주와 혼인하여 뼛속 깊이까지 몽골 사람이 된 순이라는 사람에 대해 설명한 적이 있다. 순은 황제에게 고려에는 3만 8천의 병력이 있다고 알리고 몽골에서 사람을 보내 고려 병력을 이끌고 와서 몽골의 세계 정복 전쟁에 투입해야 한다고 부추겼다. 그러자 고려 왕을 따라온 이장용은 이렇게 답했다.

"과거에 고려는 그만한 수의 병력을 보유했으나 지금은 그중 대다수가 죽고 얼마 남지 않았습니다. 믿기지 않으시면 제가 순을 데리고 고려에 가서 고려의 병력을 조사해 정확하게 알아 오겠습니다." 이 대답은 큰 반향을 일으켰다. 순은 일단 고려 영토로 들어가면 채 1시간도 못돼 붙잡힐 게 분명하다고 판단하고 분별력을 발휘하여 일신의 안위를 도모했다. 원종은 그해 12월에 송도로 돌아갔다.

1264년에는 왜구가 고려의 동해안과 남부 지방으로 습격해 들어왔다가 안홍 장군이 이끄는 중앙군에 쫓겨난 일이 있었다.

일본 공격을 위한 발판 1265년에는 몽골이 일본을 공격하기 위한 발판을 마련했다. 고려 사람 조이는 북경으로 건너가 황제의 신임을 얻은 뒤 몽골이 일본을 무력으로 정복하여 속국으로 만들어야 한다고 조언했다. 황제는 조이의 진언을 귀담아 듣고 일본을 정벌하기로 결정했다. 그리하여 흑적과 은홍을 사신으로 임명하고 고려 땅을 지나서 일본으로 가는 길에 고려 사신도 데려가라는 명을 내렸다.

두 사람은 고려에 도착해서 왕과 조정 대신들에게 황제의 명을 전했다. 송군비와 김찬이 고려 측 사신으로 임명되었다. 이들 사절단은 경상도 거제포에서 출항했지만 도중에 풍랑을 만나는 바람에 물러났다. 왕은 사신을 북경으로 돌려보냈다. 황제는 원정의 결과가 마음에 들지 않아 흑적을 고려로 돌려보내면서 다시 일본에 사신을 보내라는 편지를 보냈다. 흑적이 가져온 편지에는 이런 내용이 담겨 있었다.

"몽골은 일본에 나쁜 감정이 없고 우호 관계를 맺기를 바랄 뿐이다. 몽골은 일본의 항복을 강요하지 않으며 일본이 몽골의 보호를 받아들인다면 대몽골제국이 세상을 지배하게 된다." 원종은 일본에 사신을 보내 이 편지를 전달한 뒤 그 결과를 황제에게 보고했다.

김찬이 몽골 사신을 죽이다 한편 몽골에서는 고려를 공격하기 위한 계략을 꾸미던 무리가 황제를 설득했다. 이들은 성공적인 계략을 짠 뒤에 사신을 통해 고려 왕을 공격할 구체적인 조항이 담긴 문서를 전달했다.

첫째, 고려 왕은 몽골 사람을 유혹하여 고려로 끌어들였다. 둘째, 고려 왕은 몽골군이 고려에 주둔해 있을 때 군량을 공급하지 않았다. 셋째, 고려 왕은 끝까지 송도로 돌아오기를 거부했다. 넷째, 고려 왕은 고려에 들어간 몽골 사신에게 염탐꾼을 붙여서 감시했다. 다섯째, 고려는 몽골에서 요구한 만큼 공물을 보내지 않았다. 여섯째, 고려 왕은 일본이 몽골의 제안을 받아들이지 않는 결과를 초래했다. 이런 내용을 받아 본 황제의 의구심은 끝없이 커졌고, 급기야 황제는 우야손달을 고려에 보내 고려에서 가장 영향력 있는 인물인 이창용과 김찬을 비롯한 김찬의 아버지와 아들을 북경에 보내라고 요구하기에 이르렀다.

김찬은 그 소식을 듣고 급히 사신을 죽이고 원종에게는 섬에 들어가서 화를 면하라고 진언했다. 하지만 원종은 김찬의 계획은 자살행위와 다를 바 없다면서 강력히 거부했다. 그리하여 김찬이 직접 우야손달을 죽이고 그 사실을 조정에 알렸다. 원종과 조정 대신들은 김찬의 무모한 행동에 아연실색했지만 감히 김찬을 건드리지 못했다. 그리고 김찬의 성급한 행동으로 인해 엄청난 재앙을 불어닥칠 것이라고 생각했다. 하지만 때마침 중국에 큰 사건이 일어나 황제의 관심이 온통 중국 본토에 쏠린 바람에 고려는 화를 면할 수 있었다.

몽골, 일본 공격을 위한 병력 4만을 요구하다　일본 도읍에 도착한 몽골과 고려 사절단은 몹시 무례한 대접을 받았다. 성안에도 들어가지 못한 채 서대문 밖 다재부라는 곳에서 묵었다. 이들은 불청객 취급을 당하며 이곳에서 다섯 달을 머물렀다. 결국에는 몽골 황제나 고려 왕에게 전할 답변도 듣지 못한 채 쫓겨나고 말았다.

쿠빌라이 칸은 이런 취급을 받고도 가만히 있을 만큼 온화한 인물이 아니었다. 그는 자초지종을 전해 듣고 곧장 고려에 사신을 보내 왕에게 이렇게 전했다. "몽골은 일본에 쳐들어가기로 결정했다. 고려는 당장에 전함 1천여 척을 만들어라. 쌀 4천 석과 병력 4만 명을 제공하라."

고려에서는 역량을 넘어서는 요구라면서 백성들이 모두 달아나 그만한 요구를 들어주기는 어렵다는 이유를 댔다. 그러나 황제는 굳은 결심을 꺾지 않고 다시 사신을 보내 고려가 명령을 이행하는지 알아보고 고려와 일본 사이에 놓인 해협을 조사하라고 명했다. 황제는 일본이 몽골 사신을 홀대했다는 말을 믿지 않고 고려 왕이 꾸민 책략이라고 의심했다. 그래서 흑적을 다시 일본에 보냈다. 이번에는 고려 사신 신사전이 동행했다.

임연이 김찬을 몽둥이로 때려 죽이다   한편 김찬은 몽골 사신을 제멋대로 죽이고도 처벌받지 않게 되자 한층 더 기세등등하고 오만방자해졌다. 김찬의 아들은 왕의 밥상에 오를 야채를 배 두 척분이나 훔쳤다. 이 일로 왕은 몹시 분개했다. 김찬이 마음만 먹으면 몽골 사신을 죽일 수 있겠지만, 왕의 밥상에 오를 재료까지 훔친 상황이라면 뭔가 조치를 취할 필요가 있었다.

고려 조정에는 김찬을 두려워한다기보다 몹시 싫어하는 임연이라는 대신이 있었다. 원종은 임연을 불러 중책을 맡겼다. 원종은 모든 중신을 가까운 사찰로 보내 부처의 복을 기원하는 제사를 지내게 한 뒤, 임연을 시켜 김찬을 몽둥이로 때려 죽이게 했다. 김찬의 형도 같은 날 죽었고 식솔들은 뿔뿔이 흩어졌다. 이로써 왕이 얼마나 무능했으면 역적을 제거하기 위해 교묘한 술책을 꾀해야 했는지 알 수 있다.

원제국을 견학시킨 후 일본 포로들을 돌려보내다   1265년 봄이 된 뒤에도 일본에 간 사신들이 아직 돌아오지 않았다. 고려는 대마도에서 한반도 해안으로 들어온 일본인을 잡아들였다. 이들을 사신과 함께 북경으로 보냈다. 황제는 크게 기뻐하면서 일본 포로를 데리고 다니며 황실 곳곳에 보여주고 몽골의 위용을 자랑했다. 몽골 황실의 훌륭한 모습을 보여준 뒤 포로들을 다시 일본으로 보내면서, 일본 왕에게 가서 그들이 본 원제국의 훌륭한 광경을 들려주고 위대한 원제국과 화평을 맺도록 종용하라고 시켰다.

임연이 원종을 쫓아내다 한편 악명 높은 김찬을 제거하라고 왕이 직접 불러들인 임연은 아무런 보상도 받지 않고 돌아갈 마음이 없었다. 임연은 직접 새로운 왕을 옹립하기 위해 역모를 꾸미기 시작했다. 임연은 원종을 폐하고 자신의 구미에 맞는 사람을 왕위에 앉히고 싶어했다. 우선 역모에 반대하는 사람을 추방하기 시작해서 마침내 말끔히 주변 정리를 끝내고 거사를 일으킬 때가 오자 막강한 호위병을 곁에 두고 조정 신료를 모두 소집했다. 그러고는 원종이 자기를 죽이려 했으나 자기는 조용히 죽음을 받아들이지 않고 사활을 걸고 거사를 일으키기로 결심했다고 선포했다. 임연은 대신들에게 자기와 뜻을 같이하겠느냐고 물었지만 아무도 감히 입을 열지 못했다.

그러자 임연은 갑옷을 입고 왕궁으로 들어가 안경공安慶公 창을 왕위에 앉혔다. 창은 원종의 동생이다. 임연은 또 모든 대신에게 자기 앞에서 고개를 숙이라고 요구했다. 문헌에 따르면 임연의 이런 행동으로 엄청난 광풍이 일었고, 원종은 맨발로 쫓겨났다고 한다. 그 후 임연을 따르던 비천한 무리가 왕궁을 약탈하기 시작했다.

원종이 몽골로 가다 갑자기 왕위에 오른 창은 임연의 주장에 따라 몽골 조정에 사신을 보내 원종이 창에게 왕위를 넘겨줬다고 보고했다.

그즈음 오래 전에 고려를 떠나 몽골 조정에 머물렀던 원종의 아들이 고려에 돌아오려고 출발했다. 그는 한밤중에 압록강 이남의 강둑에 도착해서 밤을 틈타 찾아온 밀사를 만났다. 밀사는 창이 모반을 일으켜 왕위를 찬탈하고 의주에 병력을 주둔시켜 왕자가 오면 죽이라고 명령했다는 사실을 일러주었다. 그러자 왕자는 급히 방향을 돌려 몽골 황제에게 돌아가 사실을 밝혔고, 몽골은 고려의 정당한 왕권을 회복하라고 요구하는 편지를 보냈다.

두 차례나 요청해도 받아들여지지 않자 몽골은 군대를 보내 무력으로 황제의 명령을 관철시키기로 했다. 고려 대신들은 두려움에 떨며 썩 내키지는 않지만 다시 원종을 불러 왕위에 앉혔다. 그리고 황제는 이번 일로 조사할 것이 있으니 원종과 그를 폐위한 임연 모두 몽골로 건너오라는 명령을 내렸다. 원종은 황실에 갔지만 임연은 소환 명령을 거부하고 대신 아들을 보냈다.

원종이 송도로 돌아와 임연을 진압하다 황제는 원종에게 먼저 사건의 전말을 글로 적어 보내라고 명했지만 원종은 고려로 돌아가면 화를 당할까 염려했다. 그만큼 임연이 막강하고 파렴치한 인물이었던 것이다. 원종은 꾀를 내어 자기는 손을 쓰지 못하는 사람이라 글을 쓸 수 없다고 말했다. 하지만 나중에 황제를 직접 만난 자리에서 사건의 내막을 밝혔고, 그 결과 임연의 아들은 감옥에 갇혔다.

원종은 고려로 돌아가기 전에 황제를 만나 자기 아들인 세자를 몽골 공주와 혼인시키고, 고려로 돌아갈 때 호위병을 붙여주고, 평양성에 몽골 총독부를 설치하며, 한반도 북부 지방을 고려가 다스릴 수 있도록 넘겨달라고 요청했다. 황제는 요구 조건을 모두 들어주었지만 마지막 조항은 받아들이지 않았다. 원종이 송도로 돌아와서 크게 반발하던 임연을 순식간에 진압하여 무력화시켰다.

몽골과 고려의 연합군 원종은 송도에 도착해서 사대문 밖에 머무르면서 왕궁 재건이 완공되길 기다렸다. 당시 군대가 백성들을 억압하고 있었다. 이에 원종이 군대를 해산하라는 명령을 내리자 병사들이 힘을 합쳐 배를 타고 전라도로 내려가 반란을 일으켰다. 중앙군이 내려가 반란군을 진도라는 섬으로 쫓아냈다. 반란군은 진도 백성들에게 자기네 편에 서라고 강요했다.

몽골과 고려의 연합군도 진도에 파병됐지만 백성들이 몽골군을 워낙 싫어해서 상황이 더욱 악화되었다. 급속도로 민심 이반이 일어나서 결국에 백성들 상당수가 왕실을 등지기 시작했다. 황제는 이 소식을 듣고 원종이 국정 운영 능력을 갖추지 못한 것으로 판단해, 특사를 보내 송도를 통치하게 했다.

일본 공격을 준비하다 1270년에 황제가 일본에 사신을 보내기로 결정하면서 다시 문제가 불거졌다. 조용필과 홍다구가 이처럼 중요한 임무를 띠고 고려 사신 양윤수와 함께 일본으로 향했다. 이들은 일본의 항복을 받아내라는 다소 위험한 명령을 받았다. 황제는 이번 작전이 성공을 거두리라고 기대하지 않았던 것 같다. 일본에 쳐들어갈 침략군에 군량을 공급하기 위해 고려 봉산에서 논을 개간한 기록을 보면 일본이 쉽게 항복하리라고 기대하지 않은 것으로 추측할 수 있다.

황제는 원종에게 논을 경작할 수 있도록 쟁기 6천 자루와 황소 6천 마리, 그리고 그만큼의 충분한 볍씨를 마련하라고 요구했다. 원종은 고려의 능력으로는 감당하기 힘든 요구라며 이의를 제기했다. 하지만 황제가 끝까지 고집을 부리자 고려 각지에 사람을 보내 무력을 쓰거나 회유책을 써서 황제가 배분한 숫자를 채웠다. 그러자 황제는 비단 1만 필을 보내줬다.

삼별초, 제주도로 가다　고려군은 점점 병력이 줄어들어 백정이나 노비까지 동원해야 할 판이었다. 삼별초 반란군은 진도에서 철수했지만 남은 세력은 아직 탐라국이 번성하던 제주도로 들어갔다. 반란군 중 다수가 진도에서 붙잡혀 원나라에 포로로 잡혀갔다가 원종의 요청에 따라 다시 송도로 호송되어 처벌받았다.

반란군과의 관계에는 매우 미묘한 문제가 얽혀 있었다. 반란군이 강화도로 들어갔을 때 조정 대신들의 부인을 빼앗아 아내로 삼은 일이 있었다. 부인들은 새 남편을 따라 원나라까지 갔다가 다시 송도로 돌아와 옛 남편과 재회했던 것이다. 환영받은 여자도 있었지만 새로 결혼한 부인과 만족한 편이라 환영받지 못하는 여자도 있었다. 원종은 대신들에게 돌아온 부인을 집에 데려가라고 명했다.

백성의 사랑을 받은 몽골 총독　황제는 고려가 엄청난 부를 쌓았다고 부풀리던 일부 고약한 무리에 현혹되어, 다량의 재목을 몽골로 보내라고 고려에 요구했지만, 원종은 과도한 요구라 이행하기 어렵다고 밝혔다. 황제의 명으로 송도를 다스리던 총독은 유능한 인물이라 몽골 사람임에도 불구하고 고려 백성들의 사랑을 받았다. 그러나 중병에 걸려 곧 죽을 지경이었다. 총독은 원종이 보내준 약을 먹지 않았다. 만약 그가 그 약을 먹고 죽으면 황제는 고려 왕이 그를 독살했다고 죄를 물을 것이라고 설명했다.

그 후 병이 심해져서 숨을 거두자 백성들은 비탄에 빠졌다. 고려 백성이 이 몽골인의 선량한 뜻에 감동하는 모습을 보면 얼마나 오랫동안 몽골의 폭정에 시달렸는지 알 수 있다. 몽골 총독의 고매한 정신에 감복하여 몽골 사람에 대한 편견마저 지워졌던 것이다.

삼별초를 소탕하다　　1271년 쿠빌라이 칸은 국호를 원元으로 바꾸었다. 일본에 갔던 몽골과 고려의 사절단은 일본 사신을 데리고 돌아왔다. 원종은 이들을 급히 북경으로 보냈으며, 황제는 이들을 흡족하게 맞이했다. 드디어 일본이 자기 말을 알아들은 것이라고 생각했다. 그러나 고려 왕실에 서둘러 배를 건조하고 군량을 모으라고 명령한 것으로 보아 일본 침략 준비를 늦추지 않았던 듯하다.

　하지만 제주도로 들어가 항거하는 반란군 때문에 모든 계획이 차질을 빚었다. 반란군은 제주도에 튼튼한 성을 쌓고, 이곳을 발판 삼아 남부 지방의 여러 섬과 육지 일부까지 약탈했다. 제주도 반란군이 다시 전라도 해안에 쳐들어가 한 번에 스물 내지 서른 척 정도의 배를 태우고 몽골 병졸들을 포로로 끌고가면서 새로운 문제가 불거졌다. 1273년 봄에는 막강한 몽골과 고려 연합군이 제주도로 건너가 반란군 근거지를 소탕하고 그곳에 몽골군 500명과 고려군 1천 명을 배치했다.

백성들이 왜구의 요구를 들어주다　　당시 고려는 국고가 바닥났고, 백성들은 더 이상 무거운 세금을 낼 수 없었다. 그래서 많은 백성이 무거운 세금을 면하기 위해 고향을 등지고 도망쳤다. 왕조차도 반찬이나 양념도 없이 소박한 밥상을 받아야 하는 날도 있었다고 전해진다.

　고려는 파국으로 치닫는 듯 보였다. 노략질로 악명 높은 왜구가 금주에 도착하자 금주 백성들은 목숨을 잃을까 봐 두려워 왜구를 환대하고 요구 사항을 모두 들어주었다. 그러자 홍다구는 이 일을 부풀려서 고려가 원나라에 대적할 요량으로 일본과 화친을 맺었다고 황제에게 알렸다. 금주 사람들의 처신이 홍다구의 주장을 뒷받침해주는 듯 보였다. 그러자 황제는 고려의 믿지 못할 태도에 의구심을 품었고 이미 도탄에 빠진 고려에 더 큰 고통을 안겨주었다.

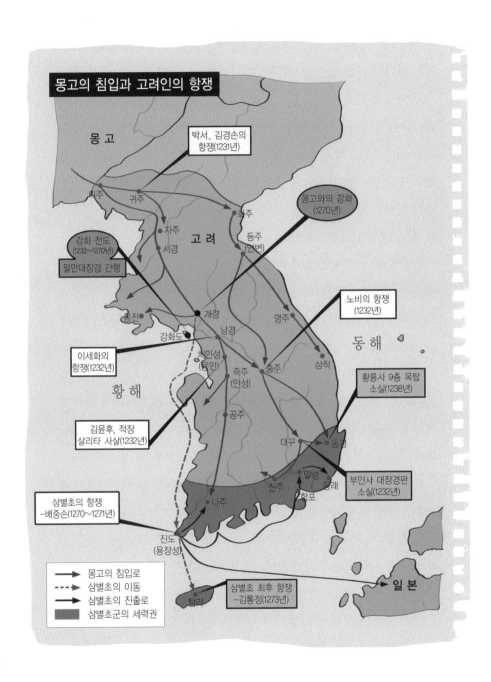

몽고의 침입과 고려인의 항쟁

몽고

박서, 김경손의
항쟁(1231년)

귀주

몽고와의 강화
(1270년)

자주

화주

고려

등주
(안변)

서경

강화 천도
(1232~1270년)

팔만대장경 간행

노비의 항쟁
(1232년)

옹진

개경

명주

남경

동해

강화도

처인성
(용인)

삼척

이세화의
항쟁(1232년)

죽주
(안성)

충주

황룡사 9층 목탑
소실(1238년)

황 해

공주

김윤후, 적장
살리타 사살(1232년)

대구

동경

삼별초의 항쟁
-배중손(1270~1271년)

진주

부인사 대장경판
소실(1232년)

밀성

동래

울포

진도
(용장성)

나주

일 본

몽고의 침입로
삼별초의 이동
삼별초의 진출로
삼별초군의 세력권

탐라

삼별초 최후 항쟁
-김통정(1273년)

여몽 연합군, 일본 정벌에 나서다   1273년은 말도 많고 탈도 많은 해였다. 우선 황제는 고려에 배 300척을 준비하라고 명령하며 노동력뿐 아니라 배를 만드는 데 필요한 자재도 공급하라고 요구했다. 그리고 곧바로 선발대 5천 명을 고려에 보냈다. 아마도 고려가 명령을 즉시 이행하는지 알아보기 위함인 듯했다. 이들은 필요한 물건을 사는 데 쓰려고 비단 3만 3천 필을 가져왔다. 굶주린 고려 백성들이 비단을 구입할 리 만무했지만 강제로 구입해야 했다. 원종은 황제의 명을 받아들인다는 뜻에서 배를 건조하는 데 필요한 목수 3,500명과 그밖에 여러 기술자를 모아 작업에 착수했다.

평양을 다스리던 몽골 총독은 음흉하고 사나운 인물이자 모든 백성에게 두려움과 미움의 대상이었다. 그는 여자들을 요구하며 닥치는 대로 여자를 잡아들였다. 송도에 기근이 들자 황제는 쌀 2만 석을 보내주어 고통을 덜어주었다.

당시로서는 대단한 사건이 아니긴 하지만 고려 세자가 몽골 공주와 약혼한 뒤 북경으로 가서 혼례를 올렸다. 이로부터 얼마 지나지 않아 황제는 일본을 정벌하라며 몽골군을 고려에 보냈다. 황제가 보낸 몽골군은 모두 2만 5천 명이었는데, 용맹스런 섬나라 제국을 얕본 셈이었다.

원종이 죽었을 때 왕자는 치틴에 머무르고 있었다. 황제는 서둘러 왕자에게 국새를 수여하고 고려로 돌려보내 고려를 다스리게 했다. 세자의 이름은 거旺이고, 묘호는 충렬왕忠烈王이었다. 충렬왕의 아내인 몽골 공주는 처음에는 고려에 들어가지 않고 천천히 때를 기다렸다. 충렬왕은 송도에 도착하자마자 호위대를 보내 몽골 공주를 데려오게 했다.

앞에 설명한 일련의 사건들이 연달아 일어났고 오랫동안 준비해온 일본 정벌의 과업이 실현되기 직전이었다. 몽골 침략군은 일본이 마주 보이는 남부 해안에 주둔했다. 원정군은 혼도, 홍다구, 유복형이 이끄는 몽골군 2만 5천 명과 김방경이 이끄는 고려군 1만 5천 명으로 구성 됐다. 병졸들을 실어 해협을 건너기 위해 배 900척을 마련해뒀다. 원정 군은 한반도를 출발하여 일본 본섬 부근의 이키섬으로 향했다. 삼랑포 로 들어가보니 소규모 일본 병력이 지키고 있었다. 김방경과 홍다구가 이끄는 부대가 변방의 쳐서 무찌른 뒤 본대로 돌아왔다. 적병의 머리 1 천 개를 들고 왔다고 전해진다.

그 후 일본 본섬으로 들어가 일본 전역을 정복할 목적으로 몇 군데 거점을 마련했다. 일본군은 격렬히 저항하며 원정군의 침입을 한 발 앞 서 막으려다가 오히려 고려의 박지량 장군에게 저지당했다. 이 일로 박 지량 장군은 몽골군로부터 용감하다는 칭송을 들었다.

가미카제(神風)가 불다　원래 계획대로라면 고려와 몽골 연합군이 얼마 후 퇴각해야 했다. 4만 명이나 되는 병력을 보유하고도 일본에서 는 할 수 있는 것이 아무것도 없었다. 그래서 서서히 배로 돌아갔다. 자 연도 일본 편을 들어주었다. 풍랑이 일어 배 여러 척이 난파당하고 수 많은 병력이 물에 빠져 몽골과 고려 연합군 측 인명 손실이 1만 3천 명 을 넘겼다. 뿔뿔이 흩어졌던 함대는 가까스로 집결하여 고려의 합포로 돌아왔다. 떠오르는 태양의 나라 일본을 정복하려는 첫 번째 시도는 이 렇게 끝났다.

왕이 변발을 지시하다　한편 한반도에서도 이런저런 사건이 끊이지 않았다. 왕은 왕비가 될 몽골 공주를 맞이하러 평양까지 올라갔다. 왕비 를 송도에 데려와서는 왕비의 취향에 맞게 별궁을 지어줬다. 기록에 따 르면 왕비의 처소 문간에 양가죽을 걸어두었다고 한다. 몽골 정서에 맞 는 것이었다. 이전 왕비는 둘째 부인이나 후궁으로 지위가 격하됐다.

몽골식으로 바뀌는 경향이 지나쳐 왕이 대신들에게 변발辮髮을 하라고 주문하기도 했다. 대신들은 장시간 격렬한 논쟁을 벌인 끝에 왕의 명령을 따르지 않기로 했지만, 결국에는 보수적인 인물들이 쫓겨나고 모두가 새로운 양식을 받아들였다. 몽골식 의복도 채택됐다.

"몽골이 여자를 데려가니 첩을 둬야 합니다" 이즈음에 흥미로운 사건 하나가 일어났다. 박유라는 신하가 충렬왕에게 이렇게 상소를 올렸다. "고려에는 남자는 적고 여자가 많습니다. 그래서 몽골이 여자를 많이 데려간 것입니다. 이렇게 가다가는 순수한 고려 혈통이 오랑캐와 섞여버릴 염려가 있습니다. 청컨대 신하들로 하여금 여러 여자를 아내로 맞이하게 허락하고 첩실이 낳은 아들에게 부과되는 제한을 풀어주시길 바랍니다." 이 소식을 들은 여자들은 몹시 분개했다. 적어도 결혼한 부인들은 그랬다. 그리하여 여자들은 남편에게 이 문제는 실현되기 어려우니 곧 사라져버릴 것이라는 설교를 늘어놓았다. 박유가 왕을 모시고 종복들에 둘러싸여 길을 지나는데 여자들이 박유에게 손가락질하며 "첩을 두자고 한 자가 저기 있다."고 소리쳤다.

몽골 황제는 침략 작전에 실패하고도 일본이 자기 뜻을 거역하리라는 사실을 믿지 못하고, 다시 한 번 사신을 보내 일본 왕에게 북경에 와서 예를 갖추라고 요구했다. 강력한 일본 조정에서 황제의 이런 제안을 받고 얼마나 비웃었을지 가히 짐작할 수 있을 것이다.

몽골 지배하의
고려

모든 백성에게 세금을 부과하다

사냥을 좋아하는 몽골 왕비는 고려 사람들에게 경탄과 불쾌감을 동시에 불러일으켰다. 왕비는 왕이 사냥을 나갈 때 동행했는데 무리 중 누구보다도 말을 잘 몰았다.

고려의 재정이 열악했다는 것은 쉽게 짐작할 수 있다. 끊임없이 반복되는 세입 적자를 해결하려면 세제를 개편해야 했다. 그리하여 역사상 최초로 신분 고하를 막론하고 모든 백성에게 세금을 부과하기 시작했다. 이런 세금을 호포戶布라고 하며 '집을 기준으로 포(무명이나 모시)를 거둔다.'는 뜻이다. 과거에는 세금을 포 단위로 냈다. 이런 기록을 통해 동전이 유통된 뒤에도 여전히 물물교환이 주요 교역 수단이었다는 점을 알 수 있다.

흰옷을 입는 습관은 아주 오래 전부터 내려오던 풍습이었던 것이 분명하다. 이때만 해도 나라에서 푸른색이 동쪽을 나타내는 색이라면서 흰옷 대신 푸른색 옷을 입으라고 명했다.

왕 위에 있는 몽골 왕비 몽골 왕비가 왕자를 낳자 고려는 크게 기뻐하며 잔치를 열었다. 모두가 몽골 왕비에게 축하 인사를 건넸고,

태후 자리에서 밀려난 전 왕비까지 찾아와 축하해줬다. 왕이 전 왕비에게 관심을 보이자 몽골 왕비가 몹시 질투했다고 전해진다.

몽골 왕비는 원나라에 편지를 보내 고려에서 푸대접을 받는다고 알리겠다고 왕에게 투정을 부렸다. 조정 대신들은 편지를 보내지 못하도록 왕비를 간곡히 만류했다. 한편 고려는 관직명까지 몽골식으로 바꾸어 한층 더 몽골화돼 갔다.

황제는 일본 정복 계획을 포기하지 않고 고려 남부 해안에서 배를 만들게 하고, 필요한 물자는 고려에서 조달하라고 요구했다. 황제가 조공국인 고려에 원하는 것은 여기서 그치지 않았다. 황제는 고려에 여자와 진주를 보내라고 요구했다. 고려 남자에게서 여자를 빼앗고, 그 여자들에게서 진주를 빼앗아 둘 다 원나라 황실로 보냈다.

몽골 왕비는 지독한 구두쇠여서 돈을 모을 수만 있으면 조금도 망설이지 않고 일을 추진했다. 사찰에 서 있던 금탑을 녹여서 금괴를 만들었다. 금괴는 시장성이 있는 물건이었다.

백성들 밭을 강제로 빼앗아 인삼 재배를 시작해서 왕비 개인 재산을 불렸고, 재배한 인삼을 북경에 보내 좋은 값에 팔았다. 왕비는 이런 식으로 '나름대로 정직하게' 돈을 모았다. 하지만 왕비의 이런 태도는 왕의 귀족적 성향과 어울리지 않았다.

한편 몽골 왕비는 미신을 신봉했다. 그래서인지 고려를 세운 왕건의 기가 세서 왕건의 묘 앞에 갔다가 해로운 병에 걸릴지도 모른다는 말을 듣고 왕이 왕건의 묘를 찾아갈 때 동행하지 않았다.

또 몽골 왕비는 전 왕비가 어디선가 자기 목숨을 노리고 계략을 꾸민다는 소문을 듣고 그 즉시 전 왕비를 잡아들여 고문했다. 만약 대신들이 끼어들어 자비를 베풀어달라고 간청하지 않았다면 전 왕비는 목숨을 잃었을 것이다. 몽골 왕비가 제멋대로 백성들을 핍박하며 재산을 착복한 탓에 수백 명의 백성들이 거리로 나앉아야 했다.

왕비는 몽골의 자기 어머니가 숨을 거두었다는 소식을 듣고도 잔치를 중단하지 않다가 아주 잠깐 의례적인 눈물을 보인 뒤에 다시 잔치를 즐겼다. 고려 백성들 눈에는 왕비의 이런 행동이 몹시 무례하게 비춰졌다. 하지만 몽골 왕비가 왕을 사랑했던 마음은 진심이었다. 왕이 병에 걸렸을 때 왕비가 돈을 흥청망청 써서 왕이 앓아누운 것이라는 말을 듣고는 왕궁 짓는 일을 중단하고 매를 날려보내고 금탑을 원래 자리에 돌려놓았다.

몽골 왕비는 남자가 여자에게 어떻게 대해줘야 하는지에 관해 나름의 생각이 있었던 모양이다. 왕실의 행렬 중에 왕이 왕비보다 앞에 서서 걷자 당장 등을 돌리고 더 이상 걷지 않겠다고 고집을 부렸다. 왕이 달래려고 다가서자 왕비가 지팡이로 왕을 때리며 호되게 꾸짖었다. 한편 왕비는 해달 가죽 사업을 벌이기도 했다. 수많은 사람을 고용하여 해달을 잡아오게 했다. 나중에 이들이 잡은 해달의 절반을 빼돌린 것을 알고 감옥에 집어넣었다.

고려가 몽골화되다 1279년이 되자 무신이든 문신이든 지위 고하를 막론하고 모든 관리가 변발을 하고 몽골식 관복을 입었다. 고려에서 몽골의 영향력이 절정에 달하던 시기였다. 그해 고려 왕실 전체가 북경으로 유랑을 떠나 북경에서 대규모 연회가 벌어졌다. 이로써 고려 왕의 충성심을 의심하던 황제의 마음이 일거에 사그라졌다. 따라서 원나라와 고려 사이를 이간질하던 무리도 할 일을 잃고 말았다.

몽골 왕비는 고려로 돌아오자마자 왕궁 건축을 재개하며 300명이 넘는 백성들의 집을 압류하고 왕궁 건축에 1천 명이나 되는 백성들을 동원했다.

일본이 몽골 사신을 죽이다   한편 일본 왕에게 북경에 와서 경의를 표하라는 무모한 요구를 들고 일본에 찾아간 몽골 사신은 어떻게 되었을까? 사신은 당시의 예상처럼 일본에 들어가자마자 목숨을 잃었다. 원나라 황제는 충렬왕에게서 몽골 사신이 죽었다는 소식을 듣고 다시 한 번 일본을 정벌하기로 결심한 뒤 침략군을 해협 건너로 실어나르기 위한 배 900척을 준비하라고 고려에 요구했다.

고려는 그만한 수의 배를 마련할 여력이 없었다. 고려 왕은 연회를 베풀고 환락을 즐기느라 여념이 없었던 것이다. 왕은 기생과 여자 점쟁이와 여자 노비를 모두 송도로 불러들여 음란한 노래를 부르게 해서 손님들의 흥을 돋우게 했다.

그야말로 왕으로서 전혀 자격이 없는 인물이었다. 이듬해에 고려에 기근이 들어 황제가 쌀 2만 석을 원조한 일은 어쩌면 당연한 결과였다.

충렬왕이 스스로 17만 일본 원정대를 이끌다   충렬왕이 일본 정벌 원정대를 이끌고 싶어하자 황제가 왕을 북경으로 불러 그 문제를 의논했다. 하지만 홍다구가 황제를 설득하여 대장직을 가로챘다. 홍다구는 정규병 4만을 조직했고, 다른 장군은 여러 조공국에서 10만 명을 더 끌어모았다.

반면에 충렬왕은 예속된 부족 출신만으로 병사를 일으키고 병사의 수를 늘려야 한다고 조언했다. 황제가 충렬왕의 의견에 동의하지 않자 왕은 송도로 돌아가 배 900척, 선원 1만 5천 명, 쌀 1만 석을 비롯하여 그밖에 황제가 요구한 물자를 마련하는 데 힘썼다.

게다가 황제가 홍다구를 고려에 보내 준비 과정을 감독하게 했고, 충렬왕은 뒷전으로 밀려나 명령에 복종하는 수밖에 없었다. 충렬왕에게 홍다구는 눈엣가시 같은 존재였다.

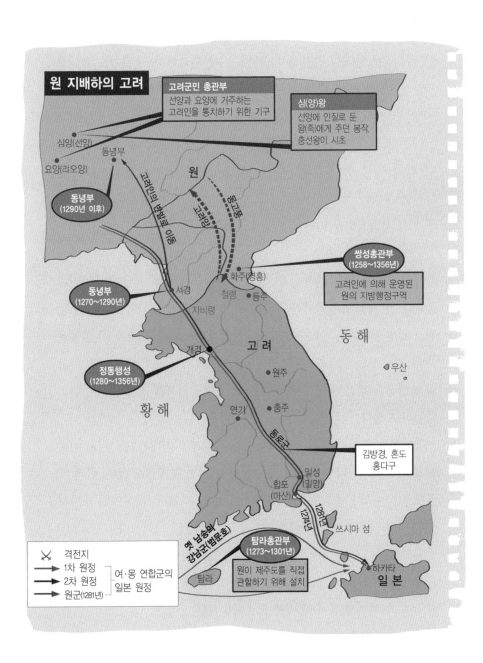

원 지배하의 고려

고려군민 총관부
선양과 요양에 거주하는
고려인을 통치하기 위한 기구

심(양)왕
선양에 인질로 둔
왕(족)에게 주던 봉작.
충선왕이 시초

심양(선양)

요양(라오양)

동녕부

원

동녕부
(1290년 이후)

고려인의 이동

몽고반

쌍성총관부
(1258~1356년)

고려인에 의해 운영된
원의 지방행정구역

화주(영흥)

서경

철령

등주

동녕부
(1270~1290년)

자비령

고 려

동 해

정동행성
(1280~1356년)

개경

원주

우산

황 해

연기

충주

김방경, 혼도
홍다구

밀성
(밀양)

합포
(마산)

1274년

1281년

쓰시마 섬

옛 남송의
강남군(범문호)

탐라총관부
(1273~1301년)

원이 제주도를 직접
관할하기 위해 설치

탐라

하카타

일 본

✕ 격전지
→ 1차 원정
➡ 2차 원정   여·몽 연합군의
              일본 원정
➡ 원군(1281년)

왕은 홍다구를 폐하고 대신 김방경에게 전쟁 준비를 맡겨달라고 황제에게 요청했다. 이 요청은 받아들여졌다. 1281년에 지금의 창원인 합포에 모든 병력이 집결하여 승선 준비를 완료했다. 충렬왕도 군대를 사열하러 송도에서 내려갔다. 배는 모두 1천 척이었다. 고려군이 2만 70명이고, 몽골군이 5만 명이었다.

다른 조공국에서 보내기로 한 병력 10만 명은 아직 도착하지 않았다. 이들 10만 명이 정확히 어디에서 온 사람들인지는 알 수 없다. 중국 강남 지역에서 온 사람들이라는 기록도 있지만, 강남이 아닌 다른 데서 온 사람들임을 나타내는 특징도 기록돼 있다.

또다시 불어닥친 신풍 곧바로 전 함대가 진수하여 일본 원정길에 올랐다. 먼저 대명항에서 일본군과 첫 번째 교전이 일어났다. 처음에는 원정대가 승리하여 일본군 300명이 전사했다. 그러나 일본군이 전열을 가다듬은 뒤로 원정대는 막대한 인명 손실을 보고 퇴각했다. 고려와 몽골 연합군은 진을 쳤다. 연합군 진영에서 몽골군 3천 명이 열병에 걸려 죽었다고 한다.

홍다구는 한시바삐 퇴각하려 했지만 김방경이 반대하고 나서며 이렇게 주장했다. "우리는 석 달치 군량미를 가지고 출발했소. 헌데 아직 한 달도 지나지 않았소. 이대로 돌아갈 순 없소. 지원군 10만 명이 도착하면 다시 공격을 감행할 것이오." 얼마 후 지원군이 도착했다.

원정대는 전열을 정비하고 일본 본섬으로 들어갔다. 본섬에 가까이 다가가자 서쪽에서 풍랑이 일어 배들이 모두 항구로 밀려들었다. 때마침 조수가 거세게 일어 배가 조수에 떠밀렸던 것이다.

배들이 항구의 한 지점에 모여들자 엄청난 재앙이 일어났다. 배들이 앞바다에 몰려들자 병사들의 시체와 깨진 나무판자가 한데 쌓여 단단한 덩어리를 이루었는데, 육지에서 난파선 더미까지 걸어갈 수 있을 정도였다고 한다.

난파선에 타고 있던 여러 부족에서 파견된 병사 10만 명이 끔찍하게 전사했고, 몇 사람만 살아남아 간신히 육지까지 헤엄쳐 들어갔을 뿐이었다. 이들 살아남은 자들은 이렇게 전했다. "우리는 산속으로 도망쳐 두 달 동안 숨어지내다가 일본군의 공격을 받았다. 굶주렸던 우리는 일본군에 투항했고, 건강한 사람은 노비로 팔려갔고 나머지는 살육됐다."

이같이 엄청난 재앙을 맞이하여 고려군 3천 명이 전사했고, 나머지 고려군과 몽골군은 원정대 본대의 끔찍한 최후를 지켜보며 뱃머리를 고려 쪽으로 돌려 항구에 도착할 때까지 계속 노를 저었다.

몽골, 일본 원정의 야망을 접다 처음에 황제는 일본을 정복하려는 계획을 중단하지 않을 생각으로, 고려에 사신을 보내 배를 더 준비하고 '닥쇠'라는 재료 1,500킬로그램을 마련하라고 명령했다.

'닥'이라는 글자는 종이를 만드는 데 쓰이는 나무 종류인 닥나무를 뜻하고, '쇠'라는 글자는 주로 화폐를 주조할 때 쓰는 금속을 뜻한다. 지폐를 가리키는 말이라고 추정하는 의견도 있고, 그냥 금속을 가리킨다고 추정하는 의견도 있다.

고려 사람 유주는 황제 앞에 나아가 다음번에 일본을 침략할 때는 고려군과 강남 사람으로만 이루어진 군대를 파견하고, 고려에 미리 쌀 20만 석을 보내주라고 조언했다. 그리하여 황제는 고려에 쌀 4만 석을 미리 마련해놓으라고 명했다.

그러자 충렬왕은 조정 대신들에게 받는 양을 모두 합해도 고작 1만도 되지 않는 형편에 4만 석이나 떼어놓으라는 명령은 터무니없다고 대답했다. 그러자 황제는 역량이 닿는 정도까지만 비축해두라고 명했다.

마침내 황제의 생각이 바뀌었다. 지난번에 일본을 침략했을 때 병사들이 죽도록 고생한 이야기를 전해들은 데다가, 더 이상 고려에서 짜낼 것이 없다는 사실과 원나라의 복잡한 국내 사정까지 더해져, 황제는 일본 정복의 야망을 접고 고려에 배를 만들고 곡식을 비축해두라고 한 명령을 거둬들였다.

여자를 긁어가다 1284년에는 특기할 만한 사건이 없었다. 고려 왕실은 호위병 1,200명을 거느리고 북경에 가서 여섯 달 동안 머물렀다. 그리고 고려에 돌아와서는 비옥한 경작지를 짓밟으면서 사냥을 즐겼고, 소금과 같이 중요한 물건들을 나라에서 전매할 방법을 찾느라 여념이 없었다.

왕이 한 번 사냥을 나가는 데 병졸 1,500명이 동원됐다. 왕비는 젊은 처자를 붙잡아서 북경에 보내는 기이한 일을 했다. 젊은 여자는 결혼하기 전에 나라에 신고해야 한다는 법령이 포고됐다. 결혼하지 않은 젊은 여자가 어디에 있는지 파악해서 손쉽게 잡아들여 원나라에 보내려는 목적으로 만들어진 법이었다.

어느 대신은 딸이 원나라에 가게 됐다는 소식을 듣고 딸의 머리카락을 자르기도 했다. 그는 이 일로 유배를 떠났고 그의 딸은 심한 매질을 당했다. 고려에서 원나라에 보낸 처자들은 원나라 사람 집에 첩이 아닌 정식 부인으로 들어갔다고 한다.

1289년에는 원나라에 기근이 들어 고려에 쌀 10만 석을 보내라고 요구했다. 고려는 이미 국고가 바닥난 상태라 어찌할 줄을 모르다가 대신들의 갖은 노력과 희생으로 가까스로 쌀 6만 석을 긁어모았다. 이렇게 모은 쌀을 배에 실어 원나라로 보냈지만 도중에 풍랑을 만난 바람에 쌀 6천 석이 소실되고 선원 300명이 물에 빠져 죽었다.

식인종 부족의 약탈　　1290년에는 새로운 위험이 전면에 드러났다. 고려 북쪽 국경 너머 합단이 고려의 변방 마을을 약탈하기 시작했던 것이다. 합단이 고려 땅 깊숙이 길주까지 내려오자 고려가 군대를 보내기는 했지만 당해내지 못했다. 북쪽 합단에서 2만이 넘는 사람들이 떼를 지어 내려와서 함경도 두 개 주를 점령했다.

이들은 인육을 먹었는데 남자는 잡아서 고기로 먹고 여자는 나중에 먹기 위해 살점을 말려 저장했다. 우선 고려군이 이들을 막아섰다. 그리고 황제가 보낸 병졸 1만 3천 명이 고려군을 지원했다.

그 와중에 왕은 합단의 급습을 당할까 봐 강화도로 피신할 궁리를 했다. 이듬해에 합단 무리가 경기도까지 내려오자 관리란 관리는 하나도 빠짐없이 달아났고 백성들도 앞다퉈 도망쳤다.

합단 무리를 처음으로 막아낸 인물은 이름 그대로 원주 사람인 원충갑이었다. 원충갑은 근방에서 강인한 사람들을 모아 합단 무리를 밀어냈다. 그러자 엄청난 수의 합단 무리가 원주를 포위했다.

원충갑은 합단에서 항복을 요구하며 보낸 전령을 죽이고 대답 대신 전령의 목을 보냈다. 합단이 원주를 포위하고 맹렬한 공격을 퍼부었지만 원충갑은 소수의 병력만으로도 도시를 굳건히 지킬 수 있었다. 운 좋게도 공세를 펴던 진영에 유언비어가 퍼져 병졸들이 몹시 당황하면서 충동적으로 자기편 목에 칼을 겨누었다.

원충갑이 원주를 지키는 동안 동료 장군들이 합단 진영을 급습하여 우두머리인 도차도를 붙잡았고 부하 장군 60명을 죽였다. 오합지졸이 된 합단 무리는 부리나케 도망쳤고, 그 뒤로는 감히 큰 도시를 공격할 생각을 하지 않았다.

이 일을 계기로 고려는 두려움을 떨쳐내고 합단 무리에 맞서 싸울 수 있었다. 원나라 지원군 1만 명이 도착해서 합단 무리에 공격을 퍼붓기 시작하여 충청도에서 대승을 거두고 달아나는 적을 쫓았다. 이때 죽은 적의 시체가 30리에 이르렀다고 전해진다.

사냥을 즐긴 충렬왕　원나라군은 본국으로 돌아가서 황제에게 전쟁으로 고려의 농작물이 못쓰게 됐으니 쌀 10만 석을 보내줘야 한다고 알렸다. 황제는 그 제안을 받아들여 쌀을 보내줬지만 조정 대신들과 영향력 있는 사람들끼리 쌀을 나눠가져서 일반 백성들은 계속 굶주려야 했다.

당시 고려의 세자는 아버지 충렬왕이 사냥을 즐기는 것을 몹시 싫어했다. 북경에서 고려로 돌아갈 때가 되자 충렬왕에게 몹시 냉소적인 어조로 편지를 보냈다. '국고를 모두 사냥 대회에 써버린 상황이니 저를 맞이하러 나오느라 추가로 돈을 쓸 필요가 없습니다.' 충렬왕은 부끄럽기도 하고 화가 나기도 했지만 아들을 맞이하러 평주까지 올라갔으며 가는 도중에도 사냥을 즐겼다.

'제주도'라는 이름의 기원　쿠빌라이 칸은 일본 원정에 실패한 후 일본을 정복하려는 야욕을 모두 버렸다. 황제는 고려군이 붙잡아 북경에 보낸 일본인 몇 사람을 다시 일본으로 돌려보냈다. 고려 사신 둘이 일본인 포로를 데리고 일본에 건너간 뒤로 다시 고려에 돌아왔다는 기록이 없는 것을 보면 일본에서 관례를 지키지 않았던 모양이다.

쿠빌라이 칸이 죽자 원나라에 머물던 고려 왕과 왕비는 장례식에 참석했다. 몽골 관례상 외부 사람이 장례식에 참석하는 것을 엄격히 금지했지만 고려 왕과 왕비는 참석했던 것이다.

테무르 칸이 쿠빌라이의 뒤를 이었다. 테무르 칸은 일본을 정복할 생각이 전혀 없었던 모양이다. 그래서인지 일본 원정 목적으로 고려에 비축해둔 쌀 10만 석 중에서 5만 석을 고려 북쪽의 기근이 든 지역에 보냈다. 또 몽골과 고려 연합군이 반란군을 진압한 이후로 줄곧 몽골이 다스려온 제주도를 고려에 넘겨주었다. 이때부터 이 섬에 '바다 건너 영토'라는 뜻의 제주濟州라는 이름이 붙었고, 이후로도 계속 제주도라고 불리게 된다.

고자질쟁이 며느리, 몽골 공주 한편 충렬왕에게 미래를 점치는 역술가들이 찾아와 곧 재앙이 닥치려 한다면서 죽을죄를 지은 죄인을 제외하고 죄수를 모두 풀어주고, 조상들의 묘를 보수하고, 가난한 사람들에게 쌀을 나눠주고, 3년간 세금을 면해주라고 조언했다. 그러나 왕은 백발의 역술가들의 말에 귀를 기울이지 않았다.

왕은 여자들을 희롱하고 호색을 탐하느라 허송세월을 보냈다. 세자는 아버지의 꼴사나운 작태에 곱지 않은 눈길을 보내던 터에, 1297년에 세자의 어머니인 몽골 왕비가 죽자, 어머니의 죽음을 왕의 애첩 중한 사람 탓으로 돌리고 그 애첩을 처형했다. 세자는 원나라에 있을 때 몽골 공주와 혼인했는데 부인이 돌아오라고 요청하자 원나라로 돌아갔다. 한편 부인과 첩을 모두 잃은 나이든 왕은 황제에게 편지를 보내 왕위를 세자에게 넘겨주고 싶다는 뜻을 밝혔다.

황제는 왕의 요청을 받아들여 이듬해에 세자에게 옥새를 수여하고 아버지 충렬왕에게는 '태상왕太上王'이라는 작위를 수여했다. 몽골 공주였던 새 왕비는 송도로 들어와 왕비를 위해 지은 별궁에서 지냈다.

왕은 선대왕의 관례에 따라 후궁을 들였다. 그러나 몽골 왕비가 질투심을 자주 드러내는 바람에 왕이 왕비에게 가졌던 약간의 애정까지도 잃었다. 얼마 후 왕비가 북경에 이 사실을 알리자 곧바로 황제의 칙사가 와서 후궁과 그 아버지를 감옥에 가두었다. 그 후 다른 칙사가 찾아와 두 사람을 원나라로 호송했다.

그 후 고승이 찾아와 왕과 왕비를 중재하려 했다. 그래도 소용이 없자 황제는 왕과 왕비 모두 북경으로 건너오라는 명을 내렸다. 그리하여 옥새는 다시 충렬왕에게 넘어갔다. 왕자와 불행한 왕자 비는 10년간 원나라에 머물렀다.

몽골 총독, 노비 제도 폐지를 시행하다 1200년대가 끝날 무렵 충렬왕이 노망이 들어 나라를 돌볼 능력을 잃자, 황제는 왕이 협잡꾼과 여자들에 둘러싸여 허송세월하는 사이 나라를 대신 돌볼 사람을 보내야 했다. 기록에 따르면 노망난 충렬왕에게서는 전혀 왕의 모습을 찾을 수 없었다고 한다.

황제가 섭정하라고 보낸 인물은 활리길사였다. 그는 고려에 도착하자마자 노비 제도를 폐지하는 제안을 냈다. 그러나 노비 제도를 없애면 노비가 관직에 올라 과거의 주인에게 보복할지 모른다는 이유에서 반대의 목소리가 일었다. 그리하여 해방 노비의 8대 자손부터 관직에 오를 수 있다는 법이 추가로 선포됐다.

충렬왕, 소박맞은 몽골 며느리 집에 머물다 1301년에는 고려 사신이 북경에 찾아가 세자 비를 총이라는 고려 관리에게 부인으로 주자는 대담한 제안을 했다. 고려 대신들은 세자빈이 총이라는 신하와 부적절한 관계를 맺었다고 보고 세자가 돌아오기를 간절히 바랐다.

황실의 어느 관리는 차라리 총에게 세자 비를 주고 총을 왕위에 앉히자는 의견을 냈다가 감옥에 갇혔다. 그 후 충렬왕이 원나라에 사신을 보내 세자를 돌려보내 달라고 간청했다. 황제가 청을 들어주지 않자 충렬왕이 직접 북경에 찾아가 아들 집에서 묵다가 말다툼하고 쫓겨나, 소박맞은 몽골 며느리 집에서 지냈다. 황제는 아버지와 아들을 화해시키려고 시도했지만 아무런 효과가 없었다.

그 후 황제는 충렬왕을 고려에 돌려보내려고 했다. 그러나 충렬왕은 고려에 돌아가지 않을 요량으로 약을 먹고 몸져누워 먼 길을 떠날 수 없게 됐다. 고려까지 가는 길에 아들이 보낸 자객한테 암살당할까 봐 두려웠던 것이다.

아버지보다 더 방탕한 충선왕　　1307년에 원나라 테무르 칸이 죽고 카이산 칸이 뒤를 이었다. 젊은 카이산 칸은 고려 세자와 친분이 두터웠던 터라, 충렬왕을 감옥에 가두고 왕의 측근들을 죽이거나 추방했다. 세자에게는 원나라 조정에서 높은 관직에 오르게 해주고 세자의 측근 180명에게 관직을 내려줬다. 그런데 정작 카이산 칸이 고려로 돌려보낸 사람은 충렬왕이었고, 세자는 심양왕瀋陽王에 봉했다.

하지만 기록에 따르면 비록 고려의 도읍인 송도에서 멀리 떨어져 있긴 했어도 실제로 고려를 다스린 사람은 세자였다고 한다. 얼마 후 충렬왕이 죽자 세자는 곧바로 송도로 들어가 1308년에 다시 왕위에 올랐다. 묘호는 충선왕忠宣王이었다.

충선왕은 오랜 세월을 고려에서 떠나 있었기 때문에 잃어버린 세월을 메우느라 혈안이 됐고 향락과 방탕한 생활을 즐기는 면에서는 아버지인 충렬왕과 우열을 가리기 어려웠다. 참다못한 어느 대신은 도끼를 들고 대궐에 들어가 왕에게 자신을 죽여달라고 간청했다. 왕은 부끄러움을 느꼈지만 그 뒤로 행실을 고쳤는지는 알려지지 않았다.

충선왕은 왕위에 오른 지 2년 만에 소금 전매제도를 단행하여 소금으로 거둔 수익을 왕실 재산으로 돌렸다. 그때까지는 일부 사원과 권문세가에서 소금을 독점하여 폭리를 취했다.

저절로 굴러간 나라, 고려　몽골 공주는 왕을 설득하여 백두산에서 나무를 베어서 압록강에 띄우게 했다. 사찰을 짓는 데 필요한 재목을 구하기 위함이었다. 모든 경비는 왕이 부담해야 했다.

그즈음 왕은 북경에서 지냈다. 고려 대신들은 왕에게 송도로 돌아와 달라고 간청했지만 왕은 돌아오지 않으려 했다. 고려에서 환관과 기생들이 줄기차게 북경으로 찾아왔으니 왕에게 버림받은 나라로서 이보다 더 절망적인 처지는 상상할 수 없을 것이다. 어떻게 나라를 다스렸는지 상상이 가지 않는다. 나라가 저절로 굴러갔던 것 같다.

몽골군 때문에 초토화되어 백성들이 버리고 떠났던 농촌 지역에는 하나둘씩 사람들이 들어와 살기 시작했다. 백성들로서는 송도에서 일어나는 일에 관해서는 모르는 게 약이었다.

왕위에 오른 지 3년 뒤 충선왕은 왕자가 자기를 끌어내리려고 역모를 꾸민다는 간신배의 말을 듣고 왕자를 죽였다. 친아들을 가장 큰 정적으로 의심한 것을 보면 왕실이 얼마나 절망적인 상태로 추락했는지 짐작할 수 있다. 황제는 특정한 환관들을 왕자로 삼으라는 명령을 줄기차게 해왔고, 고려로서는 황제의 명령을 무시할 수는 없었다.

황제가 거론한 환관들은 북경에 머물면서 몽골의 이익에 헌신하는 자들이었다. 당시 충선왕은 줄곧 북경에 머물렀는데 원나라 황실에서는 그의 존재를 귀찮게 여기기 시작했다. 황제의 어머니인 몽골 왕비는 충선왕에게 고려로 돌아가라고 재촉했다. 충선왕은 이듬해 가을에 돌아가겠다고 약속했지만 가을이 되자 생각을 바꾸어 둘째 아들에게 왕위를 물려주었다.

충선왕, 둘째 아들에게 왕위를 물려주다　1313년에 왕위에 오른 새 왕은 이름이 도燾이고 묘호가 충숙왕忠肅王이었다. 충숙왕은 왕위에 오르자마자 호구조사를 실시했다. 안타깝게도 호구조사 결과는 남아 있지 않다. 충숙왕은 세제를 개편하여 세금을 좀 더 효율적으로 거둬들이려는 목적으로 경작지를 측량하는 새로운 방법을 도입했다. 은 70킬로그램을 북경에 보내 불경 1만 800권을 사 모은 것으로 보아 충숙왕 역시 불교에 열성이었던 듯하다. 황제도 서적 4,070권을 보내줬다. 서적은 물론 불경이었다. 오늘날 한국 사찰에 보관돼 있는 산스크리트어와 티베트어로 된 불경 중 대부분이 고려 시대에 들어온 판본일 가능성이 높다.

왕위에서 물러난 충선왕은 아들과 함께 고려로 돌아와야 했다. 충선왕이 왕위에서 물러난 유일한 이유는 죽을 때까지 북경을 떠나고 싶지 않아서였으니 안타까울 따름이다. 충선왕은 불교 행사에 참석하느라 여념이 없었으며 송도의 고려 왕궁이 몰락해가는 이유를 간파하고는 이렇게 한탄했다.

'내 아비가 연회를 덜 베풀었다면 왕궁 형편이 나았을 텐데.'

충선왕은 얼마 후 원나라로 돌아가서 서적을 수집하는 데 전념했다. 황제는 충선왕에게 원나라 총리의 직위를 내리겠다고 제안했지만 그는 받아들이지 않았다. 그리고 고려의 학문 발전이 이루어지지 않은 것을 한탄하면서 고려를 이 지경으로 만든 원인이 바로 불교라는 사실을 깨달았다. 그는 심양왕으로 책봉된 뒤, 훗날 황제를 돕는 총리의 자리에 올랐다.

돌아온 충숙왕과 몽골 왕비 충숙왕은 1317년에 북경으로 들어가 몽골 공주와 혼인한 뒤, 아버지 충선왕과 마찬가지로 고려에 돌아오기를 몹시 꺼렸다. 왕으로서는 송도에 머무르면 승려 세력에게 휘둘릴 게 자명했기 때문에 원나라 황실에 머무르는 편이 나았던 것 같다. 또 고려는 치열한 전투가 벌어진 이후에 극도로 궁핍했기 때문에 북경에 머무르면서 풍요로운 삶을 누리는 편이 더 매력적으로 느껴졌을 것이다.

하지만 그해가 끝날 무렵에 충숙왕과 왕비가 송도로 돌아왔다. 고려는 왕을 불러들이기 위해 점쟁이를 매수해서 왕이 송도로 돌아오지 않으면 전쟁이 일어날 것이라는 거짓 점괘를 알려주게 했다고 한다.

왕은 송도에 도착하자마자 결혼하지 않은 처자를 찾아 북경으로 보내기 시작했다. 원나라 황실을 위해 중매쟁이 노릇을 했던 것이다. 귀족들은 제 자식을 잃을까 봐 두려워하여 딸을 꼭꼭 숨기고 딸이 없는 집처럼 행세했다. 왕은 원나라 황실에서 지내던 시절 몸에 익었던 생활 방식을 버리지 않고 낮에는 사냥을 하고 밤에는 술 마시고 흥청거렸다.

황제가 충선왕을 유배 보내다 충숙왕의 아버지 충선왕은 심양왕으로 봉해진 후 불교 행사에 참석하기 위해 원나라 남부 지방의 절강성 보타산까지 유랑을 떠났다. 2년 후에도 다시 참석하게 해달라고 요청하여 황제의 허락을 받아냈다. 그러나 갑자기 북경으로 불려 들어가 당장 고려로 떠나라는 황제의 명을 받았다. 충선왕은 이 명령에 복종하지 않았지만 황제가 강요하자 머리를 깎고 중이 되었다. 그 후 황제는 충선왕을 서쪽 변경의 토번, 곧 살사결로 유배를 보냈다.

충선왕을 쫓아내기까지 했던 데는 나름의 이유가 있었다. 북경에 머물던 환관 중에 원래 고려 사람이지만 충선왕을 싫어하던 환관 하나가 충선왕이 원나라에서 반란을 일으킬 계략을 꾸미고 있다고 밀고했기 때문이다.

당시 고려에는 작은 호리병 모양의 은화가 유통됐는데 대부분 구리를 다량 섞어서 만든 것이었다. 왕이 내놓은 은화 30개와 중신들이 내놓은 여러 개를 모아서 공자 형상을 만들었던 것으로 보아 고려에서 미약하나마 불교에 반발하는 모습을 엿볼 수 있다.

1322년에 황제는 고려 왕의 사촌이 왕으로 책봉되려고 꾸며낸 거짓 보고에 속아 충숙왕을 북경으로 불러들였다. 왕은 황제의 부름을 기쁘게 받아들였지만 대신들이 길을 막아설까 봐 야밤에 길을 떠나야 했다.

북경에 도착하자 황제는 왕에게서 옥새를 뺏고 북경에 머무르라는 명령을 내렸다. 물론 왕은 이런 조치를 마다할 이유가 없었다. 고려 대신들이 일제히 황제에게 편지를 보내 왕을 보내달라고 간청했지만 아무런 소용이 없었다. 그러다 1323년에 황제가 죽고 후계자가 대사면을 선포하자, 나이든 고려 왕도 서쪽 변방 유배지에서 북경으로 돌아올 수 있었다.

왕과 왕비는 이듬해에 고려로 돌아갔다. 그들은 왕궁으로 돌아가 짐을 풀자마자 한강으로 유랑을 떠났다. 그러나 한강 유랑은 비극으로 끝나고 말았다. 왕비가 유랑을 떠나던 도중에 아들을 낳다가 죽고 말았던 것이다. 이 사건만 보아도 고려 왕실이 얼마나 사냥에 빠져 있었는지 엿볼 수 있다.

왕조 몰락의
전조들

고 려 왕 의 무 절 제 한 생 활   1329
년이 시작되자 지면에 옮기기 어려울
정도로 많은 일이 연이어 일어났다.
로마가 몰락할 때조차도 고려처럼 후세의 조롱거리가 될 정도로 무시
무시한 광경이 연출되지는 않았다. 충숙왕의 사촌은 심양왕에 봉해졌
으나 고려 왕이 되고 싶은 야욕을 버리지 못하고 황제에게 늘 충숙왕을
모함했다.

한편 충숙왕은 끊임없이 산을 쌓고 연회장을 만들면서 낮에는 사냥
꾼과 어울리고 밤에는 여자들을 끼고 살았다. 충숙왕의 아들은 북경에
서 원나라 황실의 법도를 배우면서 아버지 못지않게 방탕한 성품을 드
러내기 시작했다.

1330년에 황제는 충숙왕의 요청에 따라 왕자를 왕으로 책봉했다. 왕
자는 처음에는 국사를 돌보기 시작하면서 방탕한 생활을 줄인 듯했다.
왕자의 이름은 정禎이고, 묘호는 충혜왕忠惠王이었다.

충혜왕은 송도로 들어가고 아버지 충숙왕은 북경으로 돌아갔다. 충
혜왕이 아버지를 몹시 싫어했기 때문에 오히려 잘된 일이었다. 충혜왕
은 아버지보다 열 배나 더 심각한 폭정을 일삼았다. 권력을 오직 저급
한 욕망을 충족시키는 데만 이용했고, 1년밖에 지나지 않았는 데도 무

절제한 폭정이 최악으로 치달았다. 그러자 황제는 충혜왕을 강제로 소환하고 대신 상왕인 충숙왕을 고려에 보내 국사를 맡겼다. 상왕을 미워하던 충혜왕의 증오심에 기름을 부은 격이었다.

다시 고려의 왕궁에 들어앉은 충숙왕은 예전처럼 무책임하게 국사를 운영했을 뿐 아니라, 더불어 변명의 여지가 없는 죄악을 저질렀다. 여러 차례 혼례를 중단시키고 신부를 빼앗아 후궁으로 삼았던 것이다. 백성들이 이처럼 파렴치한을 내쫓지 않았다는 사실이 놀라울 따름이다. 1336년에 충숙왕이 북경으로 유랑을 떠났다가 돌아왔을 때 황제는 왕자를 고려로 데려가라고 명했다. 왕자가 북경에서도 구제불능의 망나니짓을 일삼았던 것이다.

이듬해에 원나라 황제는 이유를 알 수 없는 기괴한 명령을 내렸다. 고려의 모든 가정에서 칼이나 활을 비롯한 온갖 무기를 없애고, 어느 누구도 말을 타지 말고 걸어서 다니라는 명령을 내렸던 것이다. 무기를 다루거나 말 타는 기술을 익히지 못하게 해서 앞으로도 고려가 중국을 공격하지 못하게 하기 위한 예방 조치였던 셈이다.

충혜왕이 아버지의 후궁을 범하다 1339년에 충숙왕이 죽자 비록 2년 동안이지만 왕권을 농락했던 천하의 난봉꾼인 왕자가 왕위에 오를 판이었다. 조적이라는 중신이 아직 황제로부터 공식으로 책봉 받지 않은 충혜왕을 제거할 목적으로 군대를 이끌고 왕궁을 포위했고, 한편으로는 심양왕으로 있던 충숙왕의 사촌에게 편지를 보내 급히 송도로 들어오라고 요청했다.

충혜왕은 성미가 고약하긴 했어도 따르는 무리가 많아서 치열한 전투가 벌어졌으며 충혜왕 자신도 싸우다가 어깨를 다쳤다. 결국 조적의 반란군이 패했고 조적도 관군에 붙잡혀 처형당했다. 충혜왕과 적대적인 무리를 통해 이 사건을 전해들은 황제는 왕자를 북경으로 불러들여 심양왕과 친분이 두터운 조적을 죽인 일을 책망했다.

그러나 얼마 후 사건의 전말이 드러나자 황제는 충혜왕의 무고함을 알고 고려 왕으로 책봉한 뒤 송도로 돌려보냈다. 충혜왕은 아버지나 할아버지와 달리 몽골 공주와 혼인하지 않고 고려 여인을 왕비로 맞이했다. 그리고 선왕들처럼 후궁을 여럿 두었다. 그러나 여기서 만족하지 못하고 아버지의 후궁 중 두 명과 부정을 저질렀다.

어느 날 충혜왕이 술에 취한 척하면서 아버지 충숙왕 후궁의 처소에 들어가 후궁을 겁탈했다는 믿지 못할 기록도 있다. 충숙왕의 후궁들이 원나라로 달아나려 하자 충혜왕은 그들이 말을 타지 못하게 막아섰다.

한마디로 충혜왕은 고려의 저주였다. 쾌락을 얻기 위해서라면 끔찍하고 극악무도한 짐승 같은 짓을 서슴지 않았다. 당시 고려는 옷감 2만 필과 금과 은을 주고 바다 건너에서 물건을 들여왔지만 어떤 물건을 들여왔는지는 기록에 남아 있지 않다.

아무 집에나 들어가서 여자를 겁탈하다 왕이 즐겨 하던 놀이 중에는 나무공을 던져 과녁을 맞히는 놀이가 있었는데, 놀다가 흥미가 떨어지면 과녁 대신 사람을 세워놓고 맞히면서 놀았다. 백성들은 나날이 도탄에 빠져들었다. 굶어 죽는 이도 많고 왕의 폭정을 피해 멀리 달아나거나 머리 깎고 중이 되는 이도 많았다. 아이들은 늙은 부모를 봉양하기 위해 머리카락을 잘라 팔았다. 감옥은 죄인들로 넘쳐났다. 날마다 스스로 목숨을 끊는 사람이 나왔다.

충혜왕이 인삼을 세금으로 거두려고 강릉에 사람을 보냈다. 그러나 세금을 거둘 백성들이 부족하자 부유한 귀족에게까지 세금을 물었다. 세금이 잘 걷혔는지, 왕은 세금을 거두는 범위를 넓혔다. 그 결과 지방도 송도만큼 살기 힘든 곳이 되었다. 왕은 세금을 매길 수 있는 것은 모두 강제로 징수했다. 왕의 끝없는 탐욕으로 나라의 산업이 붕괴하기에 이르렀다.

왕은 흥미가 떨어지면 수단과 방법을 가리지 않고 새로운 흥밋거리를 찾았다. 왕은 밖에 나가서 북을 치며 백성들이 왕궁을 짓는 소리에 장단을 맞췄다. 대궐에는 철제문과 창문을 달고 철제 지붕을 얹었다.

아름다운 여자 노비가 있다는 소문이 들리면 왕의 심부름꾼이 어디든 달려가서 왕 앞에 대령했다. 잡혀온 노비는 왕궁에 갇혀 '성은聖恩'을 입은 비슷한 처지의 다른 여자들과 함께 평생토록 베를 짜며 살아야 했다. 또 왕은 밤이 되면 도성 밖을 배회하다 아무 집에나 들어가서 집 안에 있던 여자를 겁탈하기도 했다.

황제, "네 놈의 피를 개에게도 줄 수 없다" 이 사실을 전해 들은 황제는 불같이 화를 냈다. 황제는 송도에 사신을 보내 불한당 같은 왕을 북경으로 데려오라는 명을 내렸다. 사신은 마중 나온 충혜왕에게 발길질을 해서 바닥에 내동댕이쳤다. 그리고 왕을 결박하여 감옥에 가두었다가 송도의 상황이 어느 정도 진정되자 왕을 북경으로 끌고가서 황제 앞에 대령했다. 왕의 측근 여럿이 죽고, 목숨을 부지하려는 이들은 달아났다. 120명이나 되는 후궁이 풀려나 집으로 돌아갔다.

황제는 끌려온 충혜왕을 보고 이렇게 호통을 쳤다. "어찌 네 놈이 왕이란 말이냐? 고려를 네게 맡겼더니 백성들을 도탄에 빠트렸구나. 네 놈을 죽여 그 피를 개들에게 마시라고 준대도 시원치 않을 것이다. 하지만 나는 누구도 죽일 마음이 없다. 네 놈을 멀리 귀양 보내서 한동안 돌아오지 못하게 하겠다."

그리하여 왕은 치욕의 상징인 관대에 실려 '2만 리 떨어진' 게양으로 보내졌다고 한다. 함께 간 사람은 모두 관대를 짊어져야 했다. 왕은 죽은 시체처럼 관대에 실려 마을에서 마을로 이동했다. 왕은 유배지에 도착하기 전 악양으로 가는 길에 숨을 거두었다.

고려 백성들은 충혜왕이 죽었다는 소식을 듣고 크게 기뻐했다. 백성들 사이에 '아야阿也 마고지나麻古之那 종금거하시래從今去何時來(아아 마고의 옛 나라 이제 떠나가면 언제 돌아오려나)'라는 노래가 유행했다. '아야'는 충혜왕이 죽은 악양을 가리키고, '마고지'는 대충 번역하면 '저주받은'이라는 뜻이 된다.

과거에서 논술 시험을 치르다 고려의 왕위 계승자는 여덟 살 난 왕자였다. 황제가 어린 왕자에게 "너는 네 아비처럼 될 테냐, 어미처럼 될 테냐?"라고 묻자, 왕자가 "어머니처럼 될래요."라고 답한 덕에 고려 왕으로 책봉됐다고 한다. 묘호는 충목왕忠穆王이었다.

황제는 송도에 충혜왕을 받들던 신하와 중신을 모두 내쫓고 백성들에게 저지른 악행을 중단하라는 명령을 내렸다. 철로 지은 왕궁을 학교로 개조했다. 또한 과거제를 개편했다.

그때까지 과거제는 응시자의 고전 지식을 확인하는 정도에 지나지 않았다. 이제는 난해한 문장을 해석하고 서법書法을 보여주는 시험도 포함됐다. 그리고 '현재 가장 중요한 사안이 무엇인가'와 같은 시제試題를 받고 논술을 작성하는 시험도 치러졌다. 또 '정치도감整治都監'이라는 새로운 기관도 설치됐다.

원나라 황후는 고려 여인 당시 원나라 황후皇后는 고려 여인이었는데, 황후의 일가친척들이 고려 송도에 거주하며 국사를 농단했던 듯하다. 그러나 새로 설치된 정치도감에서 이들 황후의 일가친척들을 붙잡아 감옥에 가두었고 그중 많은 사람을 처형했다. 그러자 황후가 급히 전령을 보내 자초지종을 알아보았다. 더 이상 별다른 언급이 없었던 것으로 보아 일가친척을 잡아들인 이유가 합당했던 모양이다. 충목왕은 아직 어린 나이라 직접 국사를 돌보지 못했다. 그러나 누가 어떻게 섭정했는지에 관해서는 알려진 바가 없다.

1348년에 충목왕이 어린 나이에 죽자 후계자로 누구를 정할 것인지에 관한 논의가 일었다. 왕의 동생인 저眠는 고려에 있었던 반면, 27대 충숙왕의 아들 기祺는 원나라에 있었다. 고려 중신들은 기가 왕위에 오르기에 적당한 나이라는 이유로 기를 왕으로 옹립하고 싶어했으나 황제가 받아들이지 않아 이듬해인 1349년에 열두 살이던 저를 왕으로 책봉했다. 묘호는 충정왕忠定王이었다. 한편 왕위에 오르지 못한 기는 몽골 공주와 혼인하는 것으로 실망스런 마음을 달랬을 것이다.

100척이 넘는 해적선 1350년부터는 고려 해안에 왜구가 출몰해 노략질하기 시작했으며, 이때부터 이후 50여 년간 왜구의 노략질이 끊이지 않았다. 무모하고 잔인한 왜구는 서유럽에 출몰하던 고대 스칸디나비아 해적들과 비견할 만했다.

왜구는 충정왕 2년에 고려에 쳐들어왔다가 300명을 잃고 쫓겨났다. 얼마 후에는 보복 전쟁이라도 일으키려는 듯이 100척이 넘는 해적선을 이끌고 경상도 해안으로 들어와서 나라의 곡식을 빼앗고 여러 마을에 마구잡이로 불을 질렀다.

같은 해에 운남왕雲南王이 고려에 선물과 사신을 보냈다. 1351년에 왜구가 다시 쳐들어와 전라도 해안의 섬들을 유린했다. 왜구는 고려 내부의 변화에는 아랑곳하지 않고 오로지 노략질만을 노리고 서해안을 따라 서서히 올라오고 있었다.

이색, 공민왕에게 개혁을 제안하다   황제는 어떤 이유에선지 사위가 된 기를 고려 왕으로 책봉하기로 결정했다. 따라서 기는 원나라 황실에서 왕으로 책봉되어 송도로 출발했다. 고려 대신들도 바라던 바였기 때문에 나이 어린 충정왕은 별 수 없이 왕위에서 내려와야 했다. 충정왕은 강화도로 달아났다가 이듬해에 독살됐다. 그러나 누구의 사주로 독살됐는지는 알려지지 않았다. 새 왕의 묘호는 공민왕恭愍王이었다.

고려 학자 이색李穡은 학식이 풍부한 인물로, 원나라에서 과거에 급제한 뒤 고려로 돌아와 공민왕에게 토지제도 개혁, 왜구를 물리치기 위한 국방 정비, 무기 제조, 학문 장려, 불교 억제 등의 다섯 가지 사항을 건의했다.

왕조 몰락의 전조   공민왕 치세 내내 왕조가 몰락할 징조와 조짐이 나타났다고 한다. 지진, 월식이나 일식, 혜성이 나타났고, 벌레가 송도의 솔잎을 먹어치웠다고 한다. 소나무는 고려의 상징이니 이는 왕조의 몰락을 암시하는 자명한 징조였다. 또 붉은 개미와 검은 개미가 무리를 지어 싸웠고, 송도의 우물 하나에서 우물물이 뜨겁게 끓어올랐으며, 하늘에서 피가 소나기처럼 퍼부었고, 안개가 땅을 뒤덮은 붉은 불길처럼 여러 날 동안 걷히지 않았으며, 태양 안에 흑점이 나타났고, 손가락 한 마디나 되는 백마털이 비 오듯 쏟아졌으며, 사람 손바닥 만한 눈이 내렸다. 지금의 서울 근처 북산에서 엄청난 눈사태가 일어났다고 한다. 이처럼 과거의 일을 소급해 예언하는 데서 동양 특유의 풍부한 상상력을 엿볼 수 있다.

조일신이 반란을 일으켜 문하시중에 오르다   고려에서 유교가 어느 정도 자리를 잡긴 했어도 불교로서는 아직 국사를 좌우하던 권력을 유교에 내줄 생각이 없었다. 공민왕 2년에 왕은 불교 국사國師를 스승으로 삼고 스승의 가르침에 따라 나라를 다스렸지만 급속도로 몰락의 길을 걷기 시작했다.

공민왕은 승려에게 높은 관직을 하사하고 다른 대신들의 충언은 귀담아 듣지 않았다. 그러다 적대적인 감정이 분출한 사건이 일어났다. 조일신이 군사를 일으켜 왕궁을 포위하고 왕비였던 몽골 공주의 친척들과 합세해 집권 세력의 좌장들을 죽이고 스스로 문하시중 자리에 올랐던 것이다.

조일신은 왕 앞에 나아가 자기는 반란을 일으킨 주동자가 아니라면서 다른 두 사람을 밀고했다. 그리고 자신의 주장을 뒷받침하기 위해 진실한 친구 두 사람을 처형하기까지 했다. 하지만 자기 능력을 과대평가했던 모양이다. 왕은 얼마 후 은밀히 내사하여 사건의 전말을 파악한 후 조일신의 목을 잘랐다. 같이 일을 꾸민 열두 명도 함께 처형했다.

비단 5,100필로 만든 조화　원나라 황후가 고려 여인이었으니 원나라 세자의 외할머니가 고려 여인이었던 셈이다. 황후의 어머니가 송도에 살았기 때문에 북경에 머무르던 손자가 외할머니를 만나러 고려에 찾아왔다. 이처럼 흔치 않은 행사를 기념하기 위해 비단 5,100필을 들여 조화를 만들었다고 전해진다. 북경에서는 종종 열렸지만 고려에는 한 번도 열린 적이 없는 성대한 축제였다.

소외된 한족의 불만이 터져 나오다　1355년에 원나라에서 큰 반란이 일어났다. 1341년에서 1368년 사이의 중국은 혼란의 소용돌이에 휘말렸다. 원나라 마지막 황제 토곤 테무르는 1333년에 황제의 자리에 오른 뒤 쾌락과 사치에 빠져 지냈다. 학문을 중시하는 전통적인 관례에 따라 관직을 구성하지 않고 단지 몽골 사람이라는 이유만으로 높은 자리에 앉혔다. 이 때문에 한족들 사이에 불만이 커지고 몽골 왕조가 몰락하기 시작했다. 1355년에는 신분은 비천하지만 뛰어난 지도자였던 주원장朱元璋이 반란군을 이끌고 양쯔강을 건너 남경을 차지했다. 고려 문헌에도 기록됐을 만큼 대단한 사건이었다. 얼마 후 원나라가 고려에 군대를 보내달라고 요청했다. 무리한 요구였지만 고려는 2만 3천 명의 병력을 보냈다.

1356년에는 몽골 사신이 향을 가져와 고려의 모든 사찰에서 그 향을 피우게 했다. 새로 부상하는 명나라를 저지하기 위한 일종의 미신 행위였다. 한편에서는 왜구가 전보다 더 기승을 부린 탓에 나라가 혼란에 빠졌다. 왜구가 순식간에 경상도 전역을 휘저으며 배 200척 분량의 쌀을 약탈해가기도 했다. 같은 해에 명나라 세력이 북경으로 밀고 올라가 몽골 세력을 몰아내기 시작했다.

몽골과 함께 쇠퇴한 고려   몽골이 쇠퇴하면서 고려 왕조도 함께 몰락해갔다. 고려 백성들에게는 이때만큼 몽골의 지배가 느슨해진 적이 없어서 몽골이 몰락해가는 시대적 현상을 반갑게 받아들였다.

몽골 사신이 향을 들여와 고려 각지의 사찰에서 피우게 하는 과정에서 몽골 지배가 허물어져가는 모습을 엿볼 수 있다. 몽골 사신은 어디를 가든 백성들을 비천한 노비처럼 취급하며 백성들의 권리를 짓밟아 반감을 샀다.

전라도에 이르자 지방 현령이 사신을 감옥에 가두고 사신의 아들을 죽였다. 북경의 몽골 세력은 본토에서의 골치 아픈 문제 때문에 이런 일로 고려를 나무랄 여력이 없었다. 이런 일로 몽골의 저지를 받지 않고 그냥 넘어가는 상황이 지속되자 반몽골 감정은 한층 더 달아올랐다.

이성계의 조상 같은 해인 1356년에는 조만간 온 나라를 휩쓸며 오랫동안 곪아온 부패 세력을 척결하게 될 무리가 일어나기 시작했다. 조선을 건국한 태조 이성계李成桂의 아버지가 자리 잡고 있던 도시에서 일어난 무리가 고려의 잔해를 휩쓸게 된다. 이 사람의 이름은 이자춘李子春이며 조선이 건국된 이후에 추존하여 붙은 묘호는 환조桓祖였다.

아들인 이성계가 조선 왕조를 세웠으므로 환조의 선조들에 관해 간략히 알아볼 필요가 있다. 이자춘의 증조부 이안사李安社는 고려 시대에 관리를 지낸 사람으로 1274년에 죽었고 묘호는 목조穆祖다.

이안사의 아들 이행리李行里는 함경도 덕운에서 태어났으며 원나라에서 억지로 관직을 하사받고 북부 지역을 봉토로 받았는데, 묘호는 익조翼祖였다.

이행리의 아들 이춘李椿은 함경도 함흥에서 태어났으며 1340년과 1345년 사이에 고려에서 관직을 받았다. 묘호는 도조度祖였다.

이춘의 아들인 이자춘이 바로 이성계의 아버지다. 이자춘은 1315년에 태어났으며 1356년 당시에는 함경도 쌍성에서 현령을 지냈다. 쌍성은 고려에 정복된 이후 줄곧 몽골의 지배를 받다가 몽골 세력이 약화되면서 고려 사람 손에 넘어갔고 공민왕이 서둘러 재정비한 지역이었다.

황후 일가, 이자춘에게 역모를 부추기다 몽골 황후 일가는 아직도 북경에서 강력한 세력의 비호를 받으며 고려를 마음대로 주무를 수 있다는 착각에 빠져 있었다.

그러나 오래지 않아 자기네도 죄를 저지르면 남들처럼 형벌을 받는다는 사실을 알고 스스로 헛된 망상에 빠져 있었다는 사실을 깨달았다. 황후 일가는 급변한 처지에 격분하며 반란을 꾀해 고려가 새로 획득한 쌍성 지방이 자기네 계획에 적극 동참해줄 것이라고 믿었다.

그리하여 쌍성 사람들과 협상을 벌이기 시작했다. 그러자 왕은 환조를 송도로 불러들여 이 같은 역모를 경고했다. 황후 일가는 쌍성 사람들에게 몽골 세력이 비호해줄 테니 들고 일어나라고 종용했다. 당시 몽골의 위신은 땅에 떨어지고 있었다. 황후 일가는 그 즉시 붙잡혀 처형당하고 재산까지 빼앗기자 몽골이 고려에서 어떤 취급을 받고 있는지 깨달았다.

다음 단계는 몽골인 '총독'을 돌려보내는 일이었다. 그런 다음 과거 고려 영토였던 압록강 이북으로 원정대를 보냈다. 하지만 공민왕은 지나치게 성급한 처사가 아닌가 걱정하며 황제에게 사신을 보내 이번 보복 공격은 북쪽 변방의 지방관이 일방적으로 저지른 일이며, 고려 왕실에서 추진한 일이 아니라고 해명했다. 그러면서도 한편으로는 새로 획득한 변경에 군대를 주둔시키고 밭을 경작해 군량미를 준비했다.

천도를 논의하다 그 후 얼마 지나지 않아 화폐제도에 관한 중요한 문제가 제기됐다. 앞서 살펴보았듯이, 고려 시대의 화폐는 작은 호리병 모양의 동전이었는데, 동전 하나의 가치가 컸기 때문에 큰 거래에만 쓸 수 있었다. 동전 하나가 옷감 100필에 해당하는 가치를 지녔다. 그리하여 기존 화폐제도를 개혁하여 옷감 여덟 필의 가치를 지닌 은화를 만들었다. 한반도에서는 기원전 1000년 고조선 시대부터 금속화폐를 써왔지만 작은 거래에서는 주로 물물교환이 이루어졌던 듯하다.

도읍을 지금의 서울인 한양으로 이전하는 문제가 다시 불거졌다. 왕실의 조상을 모시는 사당에 도읍을 옮기는 문제를 물어봤다. 그러나 조상의 혼령이 답을 내려주었는지의 여부와 어떤 답이었는지에 관해서 알려진 바가 없다.

당시 고려에서는 그릇과 기구, 기와를 모두 검은색으로 만들었다. 한반도는 삼면이 바다로 둘러싸여 있고, 중국인과 한국인의 관념에서 검은색은 물을 나타내는 색이었기 때문이다. 당시에는 과거에 자주 입던 푸른 계열의 옷 대신 검은 옷을 입었고, 남자든 여자든 승려든 누구나 검은색 옷을 입었다.

마침내 도읍을 옮기기로 결정된 뒤 새 도읍에 왕궁을 지으라는 명령이 내려졌다. 당시 왕궁은 지금의 서울 남대문 밖에 지어졌던 것 같다.

공민왕은 도읍을 옮기는 문제를 결정할 때 주로 점괘에 의존했다. 당시에는 점을 칠 때 붓으로 아무렇게나 휘갈겨 쓴 다음 가장 비슷한 모양의 한자를 찾아냈다. 처음에는 도읍 이전을 옹호하는 점괘가 나오지 않다가 몇 번 시도한 끝에 긍정적인 점괘를 얻어냈다.

이성계에게 무릎 꿇은 이달중, "이 아이는 우리와 다르다"
1359년에는 왜구가 무서운 기세로 다시 쳐들어왔다. 이번에는 각산에 들어가 고려 배 300척에 불을 질렀다.

고려 북동쪽 너른 지역에 이달중이라는 신하가 파견됐다. 이달중은 쌍성 현령인 환조와 친분이 있던 인물이었다. 이달중이 쌍성에 찾아오자 환조는 아들 이성계를 데리고 직접 마중 나갔다.

이달중은 환조가 건넨 술은 선 채로 마셨지만 환조의 아들인 이성계가 건넨 술은 무릎을 꿇고 마셨다고 전해진다. 환조가 자기 아들에게 무릎을 꿇는 이유가 무엇이냐고 묻자, 이달중은 "이 아이는 우리와 다른 사람입니다."라고 답하고는 이성계를 향해 이렇게 말했다고 한다. "내가 죽더라도 자네는 항상 내 후손들과 한편이 돼야 하네."

몰락하는 몽골, 발흥하는 왜구 한편 왜구의 약탈 행위가 심각한 수준에 이르자 고려는 송도 주변에 새로 장성을 쌓았고, 해안에 있던 나라의 곡물 저장소는 왜구의 손길이 닿지 않는 내륙 지방으로 옮겼다. 왜구는 자연히 배를 두고 멀리 내륙으로 들어가지 않으려 했기 때문이다.

몽골의 몰락은 몽골의 해양 땅을 지키던 수비대 1,800명이 고려에 들어와 투항한 사건에서 이미 예견된 일이었다. 그토록 강력한 제국이 몰락한 것이다. 전 세계가 '황금 군단(13세기 유럽을 원정한 몽골의 군단)'의 말발굽 아래 벌벌 떨어야 했던 때가 불과 80여 년 전이었다.

고려에는 방국진方國珍이라는 북방 민족이 투항해오고, 몽골 반란군이 선물과 사신을 보내왔다. 남쪽에서는 왜구가 남서부 해안으로 거침없이 밀고 올라왔다. 참으로 기이한 광경이 아닐 수 없다. 같은 나라인데 과거 조공을 바쳐야 했던 몽골에서는 사신을 맞이하고 미개한 왜구한테는 무참히 짓밟히다니 말이다.

북쪽 변방에는 '붉은 수건을 두른 도적단'이라는 뜻의 홍건적紅巾賊이 일어나 고려를 위협했지만 고려가 군대를 보내 홍건적의 침입을 막았다. 남쪽에서는 왜구가 다음에 어느 지역을 칠지 종잡을 수 없었다.

고려는 어느 정도 군사력을 갖추고 있었기 때문에 중간에서 왜구의 진격을 끊거나 대규모 전투를 벌일 수 있었다. 그러나 왜구가 송도까지 위협하려 들자 왕은 도읍을 황해도 수안으로 옮기고 싶어했다. 실제로 수안 지역을 조사하여 보고하라고 사람을 보내기도 했다.

공민왕은 첫 번째 왕비에게서 후사를 보지 못하고 1360년에 두 번째 왕비를 맞이했는데, 두 번째 왕비가 끊임없이 반목과 분란을 일으켰다.

홍건적에 합세한 모거경, 고려를 침략하다   홍건적은 관선생과 파두반이라는 인물이 이끌었다. 두 사람은 심양을 차지한 후 요동에 들어가 공민왕에게 편지를 보냈다. '우리는 세력을 모아 다시 송나라를 일으킬 것이다.'는 내용이었다.

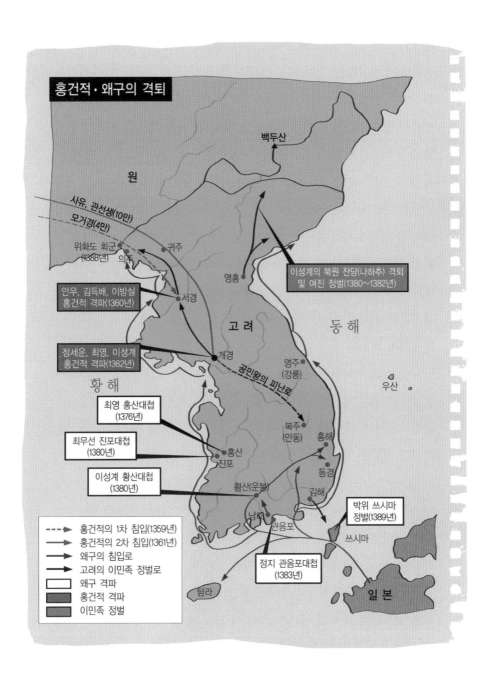

홍건적 · 왜구의 격퇴

백두산

원

사유, 관선생(10만)

모거경(4만)

위화도 회군
(1388년) 의주

귀주

영흥

이성계의 북원 잔당(나하추) 격퇴
및 여진 정벌(1380~1382년)

안우, 김득배, 이방실
홍건적 격파(1360년)

서경

고 려

동 해

정세운, 최영, 이성계
홍건적 격파(1362년)

개경

공민왕의 피난로

명주
(강릉)

우산

황 해

최영 홍산대첩
(1376년)

복주
(안동)

흥해

최무선 진포대첩
(1380년)

홍산
진포

동경

이성계 황산대첩
(1380년)

황산(운봉)

김해

박위 쓰시마
정벌(1389년)

낙하

쓰시마

관음포

정지 관음포대첩
(1383년)

탐라

일 본

- - - ▶ 홍건적의 1차 침입(1359년)
──▶ 홍건적의 2차 침입(1361년)
━━▶ 왜구의 침입로
━━▶ 고려의 이민족 정벌로
☐ 왜구 격파
☐ 홍건적 격파
☐ 이민족 정벌

몽골은 양쪽으로 공격받으며 이러지도 저러지도 못하는 처지에 놓인 셈이었다. 홍건적 무리 3천 명이 고려 국경을 넘어 변경의 여러 마을을 공격하여 백성들을 학살했다. 그러자 몽골 장군 한 사람은 몰락해가는 몽골을 버리고 홍건적에 합세했다. 그 장군의 이름은 모거경이었다. 모거경은 병사 4만을 모아서 압록강을 건넜다. 먼저 의주를 함락하여 지방관과 백성 1천 명을 학살했다. 이어서 정주를 함락하고 인주까지 가서 성을 포위했지만 인주에서는 거센 저항에 부딪혔다.

안우라는 사람은 북쪽 변경 지방의 일개 지방관일 뿐이었지만 모거경이 이끄는 침략군을 두려워하지 않았다. 안우는 침략군을 우습게 여기고 신속히 후퇴하며 교묘한 술책을 부려서 침략군을 정주로 돌려보냈다. 한편 평양에서는 이안 장군이 파견됐다. 그러나 전세가 역전되어 모거경의 침략군이 전력을 다해 평양으로 질주했다. 전쟁 대책 회의가 열렸으며 회의에 참석한 장군들은 모두 겁에 질린 모습이었다. 고려는 막강한 병력을 보유해서 평양을 굳건히 지킬 수 있으면서도 어떻게 하면 효과적으로 퇴각할 수 있을지를 두고 고심했다.

일각에서는 퇴각하면서 남아 있는 것을 모두 불태우자고 주장했다. 하지만 이안은 평양 안에 군량을 풍족하게 남겨두자는 주장을 내놓았다. 군량이 충분히 남아 있으면 적이 진군을 멈추고 군량이 모두 떨어질 때까지 지체할 테니, 고려군으로서는 전열을 가다듬을 시간을 벌 수 있다는 것이었다. 하지만 이안의 주장은 나중에 어리석은 생각으로 밝혀졌다. 사실 침략군은 고려에 맞서 싸울 준비가 전혀 되어 있지 않았다.

어찌됐든 이안의 주장이 관철되어 고려군은 황해도로 퇴각하고 평양성은 고스란히 적에게 넘겨주었다. 이 일로 송도는 대경실색하여 백성이 모두 무기를 들었다. 공민왕은 당장 사람을 보내 중대한 과실을 저지른 이안을 파면하고, 그 자리에 이성계를 앉혔다.

공민왕이 도망치는 연습을 하다 침략군이 평양에 들어가 잔치를 벌이는 사이 송도의 공민왕과 왕비는 도성을 떠나야 할지도 모른다는 두려움에 말타기 연습에 매진했다. 겨울이 시작되고 찬바람이 불었다. 고려 병졸들이 수백 명씩 죽어나갔고 백성들도 홍건적의 사냥 놀이의 사냥감이 되어 무참히 죽어갔다. 기록에 따르면 홍건적이 지나간 자리에는 시체들이 '산더미처럼' 쌓였다고 한다.

홍건적을 몰아내다 고려군은 평양으로 올라가 침략군에 맞서 싸워야 했다. 처음에는 침략군이 우세하여 고려 병졸 1천여 명이 침략군의 말발굽 아래 짓밟혔다. 그러나 결국에는 고려가 홍건적을 물리치고 멀리 함정까지 추격했다.

홍건적은 함정에서 전열을 가다듬고 다시 역공을 펼치려고 했지만, 승기를 잡은 고려가 맹렬한 기세로 공격하는 바람에 홍건적은 참호를 쌓고 수비에만 힘써야 했다. 고려는 참호를 에워싸고 맹렬한 공격을 퍼부으며 성을 뚫고 들어가 안에 있던 2만 명에 달하는 홍건적 병졸을 학살하고 적장 황지선을 생포했다.

홍건적 잔당들은 압록강을 건너다가 발밑에 얼음이 깨지는 바람에 2천 명이 물에 빠져 죽었다. 몇 안 남은 생존자가 산으로 들어가 저항하다가 굶주림에 못 이겨 포기하고 압록강을 건너 달아나다가 수백 명이 강에 빠져 죽고 오직 300여 명만 무사히 강을 건넜다.

그리고 얼마 지나지 않아서 배 70척을 타고 온 홍건적 무리가 평주로 들어갔고, 곧이어 배 100척을 타고 온 무리가 안악에 내려 주변 지역으로 밀고 들어갔다. 그러나 고려의 이방실 장군에 쫓겨 모두 달아나고 말았다. 이방실은 이 작전으로 왕에게 두둑이 포상을 받았다.

이 무렵 몽골의 왕위를 노린 장사성이 고려에 사신을 보냈다. 공민왕은 답례로 사신을 보냈는데, 이는 고려가 몽골의 지배에서 벗어나 있었음을 보여준다. 고려는 중국에서 일어난 혼란이 어떤 방향으로 전개될지 갈피를 잡지 못한 듯했다. 고려는 황실이든 반란군이든 몽골 세력이 중국 대륙에서 주도권을 잡기를 바라며 명나라와는 화평을 맺지 못했던 듯하다. 그리하여 앞으로 살펴보겠지만 명나라는 한반도에서 고려가 무너지고 조선이 건국된 것을 반기는 듯했다.

왜구가 경기도까지 밀고 올라오다　고려에 왜구가 자주 출몰하고 점점 과격해져서 이를 경계하는 목소리가 커지자 뛰어난 장군이던 환조의 군사력이 막강해졌다. 환조는 조선 왕조를 건국한 이성계의 아버지다. 환조는 서강병마사西江兵馬使로 임명되어 왜구를 물리치라는 임무를 받았다. 왜구가 무서운 기세로 가까이 쳐들어오는 상황에서 왜구를 진압하라고 보낸 군대가 모두 패하자, 송도 사람들은 절망에 빠졌다. 문관이면서도 직접 군사작전에 참여하여 나라를 지키려는 사람이 속출했다.

그즈음 왜구는 경기도까지 밀고 올라왔다. 1360년에는 강화도에 들어가 주민 300명을 죽이고 쌀 4만 석을 약탈해갔다. 온 나라에 가족을 잃은 사람이 많아진 바람에 왕은 상복을 입는 기간을 3년에서 며칠로 줄여야 했다. 한편 한양에 짓던 왕궁이 완공되어 왕은 한양으로 거처를 옮겼다. 한양이 바다에서 멀리 떨어져 있어서 왜구가 접근하기 어렵다는 지리적 이유 때문이었던 듯하다.

이성계의 활약과
신돈의 장난

이성계, 북동의 별로 떠오르다

1361년이 시작되면서 환조는 북부와 북동부 전 지역의 군대를 지휘하는 장군으로 임명됐다. 환조가 북동 지역 출신이라 환조에게 이 지방 군대를 맡기면 불행한 사태가 일어날지 모른다고 우려한 대신이 있었다. 하지만 공민왕은 이런 우려에도 불구하고 환조에게 군대를 맡겼다. 당시 공민왕에게는 환조만큼 충성을 다하는 신하가 없었다. 왕은 환조를 북동 지역 장군으로 임명하며 연회를 베풀어주고 자기는 송도로 돌아왔다.

얼마 후 왜구가 남해안 일대에 쳐들어와 무차별 공격을 감행하여 약탈해가고 있다는 소식이 전해졌다. 특히 남해, 고성, 거제, 울주 등지에서 약탈 행위가 심했고, 부산에서는 배 여러 척이 왜구의 손에 넘어갔다. 이런 긴급사태에 대비해서 남부 지방에는 정규군이 주둔해 있었지만 이들 정규군은 동시에 여러 가지 임무를 띠고 있어서 한 가지 일에 집중하지 못했다.

그래서 일반 백성 중에서 징집하여 부대를 구성했다. 이렇게 구성된 임시 부대를 연호군煙戶軍이라 했다. 연기가 나는 집에서 징집해서 구성한 군대라는 뜻이다. 전라도 지방관이 역참 제도를 설치하자고 제안했지만 받아들여지지 않았다.

한편 환조가 주둔지에서 죽는 바람에 맡은 임무를 완수하지 못하게 됐다. 그래서 태조라는 이름으로 더 유명한 환조의 아들 이성계가 아버지의 자리를 대신했다. 이성계는 처음 지휘권을 잡으면서부터 훗날 일국의 왕이 될 면모를 보여줬다.

박의라는 사람이 반란을 일으킬 때가 왔다고 판단하고 반란을 꾀하는 작업에 착수했다. 그러나 공민왕이 젊은 장군 이성계를 파견하여 반란의 불씨는 꺼트렸다. 이로써 이성계는 북동 지방 군대에서 요직을 차지하고 엄청난 대군을 휘하에 두었다.

홍건적, 송도를 함락시키다 고려는 다시 한 번 치명적인 공격을 당하여 피를 흘리게 됐다. 홍건적이 빠른 시일 안에 근거지를 확보하고 지난번의 처참한 패배를 갚아줄 준비를 마쳤던 것이다. 반성, 사유, 관선생이 홍건적 20만을 이끌고 압록강을 건넜다. 공민왕은 급히 이방실을 보내서 병력을 최대한 증강했다. 조정 대신과 승려와 그밖에 여러 사람들이 말과 식량을 가져오고 송도를 철저히 방어했다.

홍건적과 맞붙은 첫 번째 전투에서 고려군은 처참하게 무너지며 장군도 한 명 잃었다. 홍건적은 공민왕에게 이런 편지를 보냈다. '우리에게는 천만 대군이 있다. 고려는 당장 항복하는 것 외에 빠져나갈 길이 없다.'

태풍이 지나간 자리처럼 고려의 북부 지방이 초토화되고 송도가 혼란에 빠졌던 것을 보면 홍건적의 편지가 단순한 허풍은 아니었던 듯하다. 전투가 불가피한 듯했다. 왕실의 여자와 아이들이 먼저 대피하고 공민왕이 도망칠 준비를 마친 순간, 전투에서 패한 이방실이 급히 송도로 돌아와 왕에게 달아나지 말고 백성들을 불러모아 포위 공격에 대적해달라고 간청했다.

공민왕은 송도의 중심인 종로에 나가서 백성들에게 어서 모여달라고 호소했다. 단 두 사람만 나타났다. 이로써 이방실의 계획은 무산되고 공민왕과 왕비는 말에 올라타 남대문으로 빠져나갔고 노인과 여자와 아이들이 울면서 뒤를 따랐다. 모두 혼란에 빠져 부모는 자식을 잃고 가족들이 뿔뿔이 흩어졌다. 공민왕을 지키는 호위병은 열 명뿐이었다. 왕은 임진강변에 다다르자 각지에 전령을 보내 관군을 모두 불러모았다.

홍건적은 왕이 떠나고 없는 송도까지 휩쓸고 내려와 왕궁에 들어앉아 호사를 누렸다. 마소를 잡아 잔치를 열고, 마소의 가죽을 성벽에 걸고 그 위에 물을 부어 얼려서 백성들이 성 밖으로 몰래 빠져나가지 못하게 했다.

공민왕이 두려움에 떨며 달아난 바람에 백성들은 홍건적이 바짝 다가온 줄 알고 사방으로 흩어져 달아났다. 몹시 기분이 상한 왕은 충청도의 중심 도시에 도착해서 지방관을 감옥에 가두었다. 왕은 충청도를 급히 출발하여 지금의 안동인 경상도 복주까지 달아났다.

송도를 차지하고 먹고 마시며 법석을 떨던 홍건적은 나날이 야만적인 근성을 드러냈다. 심지어 어린아이를 잡아먹고 여자들 가슴을 도려내 요리해 먹었다는 말도 전해진다.

10만 홍건적의 시체가 산처럼 쌓이다 고려가 한창 혼란에 빠진 시기에 공민왕은 정세운을 고려군 총병관摠兵官으로 임명했다. 정세운은 현명하고 충성스런 신하로 줄곧 홍건적을 물리칠 방법을 강구했다. 정세운은 공민왕에게 교서를 내려 백성들의 사기를 진작시키고 병졸을 모두 집결시켜 나라를 수호하는 데 힘쓰라고 조언했다. 대신들도 기운을 얻어 대의명분을 위해 최선을 다해야 한다고 믿기 시작했다.

장군에게는 사력을 다해 싸우고 만약 불충을 저지를 때는 죽음을 감수해야 한다고 협박을 가했다. 그리하여 마침내 전쟁이 시작됐다. 홍건적은 송도 주변 지역을 휩쓸며 노략질하고 원주를 함락하여 지방관을 죽였다. 또 북쪽으로 함경도 안변에서는 백성들이 항복하는 척하면서 홍건적에게 술을 먹여 정신을 잃게 한 뒤 죽였다. 강화도에서도 같은 작전을 써서 성공을 거뒀다.

정세운은 20만 병력을 이끌고 송도 문전에 당도했다. 20만이라는 기록은 분명 과장된 수치일 것이다. 당시 고려가 그만한 병력을 전투에 투입할 수 있었을지 의문이다. 겨울이라 눈과 비까지 내려 상황은 더욱 심각해졌다.

염탐꾼이 돌아와 적군이 남대문 쪽에 집결해 있으니 정예군을 선발해서 성안으로 들어가 적의 후방을 치면 손쉽게 승리할 수 있을 것이라고 전했다. 한밤중에 정예 기마병이 송도 뒤편으로 돌아가 성을 지키던 적군을 맹렬히 공격했다. 본진은 남대문을 공격했다. 홍건적은 앞에서 공격해오는 고려군의 규모도 파악하지 못한 채 후방까지 급습을 당하자 혼란에 빠져 우왕좌왕하며 도망치려 했다.

이성계는 홍건적을 이끌던 관선생을 쫓아가 생포하는 큰 공을 세웠다. 놀라서 달아나던 적은 수백 명씩 뒤엉켜서 아군을 공격하기 시작했다. 송도 한가운데 적의 시체가 산더미처럼 쌓였다. 과장된 수치일지는 몰라도 이날 밤 10만 명이 처참하게 죽었다고 전해진다. 이날 밤 전투에서 고려는 지난번에 홍건적이 원나라와 손잡고 쳐들어왔을 때 빼앗긴 몽골 인장 몇 개를 되찾았다.

이성계, 창에 찔린 채 적진을 누비다　　장군 중에는 홍건적 잔당들을 살려두라고 주장하는 사람도 있었다. 그리하여 숭인문과 탄현문을 열고 파두반 일당을 내쫓아 압록강까지 밀어붙였다.

격전이 벌어지던 날 밤에 고려군 본대가 적과 충돌하여 동대문 근처에서는 적군이 자기네끼리 서로를 짓밟았다. 그 자리에 있던 이성계는 등에 창이 찔렸다. 궁지에 몰린 이성계는 칼을 뽑아들고 적진 사이로 달려서 말 안장에 앉은 채로 성벽을 뛰어넘었다. 지켜보던 이들의 눈에는 이성계가 귀신처럼 보였다. 이성계의 훌륭한 업적에 관해서는 무수히 많은 이야기가 전해지지만 그중 대부분은 조선 왕조 건국의 아버지를 미화하기 위해 후대에 상상으로 지어낸 이야기다.

훌륭한 장군이던 정세운은 최후를 맞이했으며 이는 고려의 멸망을 초래하는 치명적인 사건이었다. 질투에 눈이 먼 김용은 정세운을 죽이라는 어명을 거짓으로 꾸며서 안우 장군에게 전달했고 안우는 이 명을 따랐다.

공민왕은 이 사실을 알고 모반 행위라고 생각했다. 그러나 얼마 후 다른 장군들까지 합세해 상소를 올리며 죽은 정세운이 반역자였다고 호소했다. 공민왕은 여러 장군의 주장을 곧이곧대로 믿고 정세운을 살해한 세력에게 상까지 내렸다.

두만강 유역의 쌍성은 오랜 세월 몽골 지배하에 있다가 고려의 반역자 조휘가 차지한 뒤로 자자손손 조휘 집안에 세습되던 지역이었다. 쌍성이 다시 고려에 넘어가자 당시 쌍성을 통치하던 조소생은 심양으로 달아나서 나하추가 이끄는 무리를 끌어들여 고려에 쳐들어왔다.

이들은 압록강을 건너 북청과 홍원까지 내려왔다. 조소생의 무리는 고려에 심각한 위협이 될 듯했으나, 고려로서는 대담하게 남부 지방을 습격한 왜구가 열 배는 더 골치 아픈 존재였다. 공민왕은 송도로 돌아가는 길에 고려가 남북으로 공격받고 있다는 보고를 들었다.

안 그래도 빠져나갈 구멍 없이 암담한 상황이었는데, 김용마저 정세운을 살해한 주범은 안우 장군이라면서 왕에게 안우를 죽이자고 주장했다. 김용은 자기 친형까지 죽이고, 더 나아가 고려에 남아 있던 장군 중 가장 훌륭한 이방실과 김득배마저 죽음으로 몰아넣었다. 이성계가 살아남은 것이 놀라울 따름이었다.

공민왕은 송도의 치안 상태가 나빠서 역사 문헌이 소실되거나 파괴될까 봐 크게 걱정했다. 그래서 역사 문헌을 찾아내서 안전한 장소에 보관하라고 명령했다.

이성계, 나하추를 물리치다 첫 번째 공격에서 큰 승리를 거둔 원나라 장수 나하추는 다시 한 번 고려 영토로 넘어왔다. 고려군은 이들의 진격을 막지 못했다. 고려군을 이끌던 장군은 이성계였다. 나하추의 군대는 함경도 홍원에 진을 쳤다. 이성계가 홍원을 공격하여 적을 무찌르는 과정에서 적병 1천 명이 전사했다.

적은 함흥에서 저항하면서 사력을 다해 싸웠지만 얼마 후 다시 달아나야 했다. 이성계의 정예 기병 600명이 차령산맥까지 뒤쫓아 다시 한 번 승리를 거뒀다. 적군 중 오직 적장 한 사람만 잘 싸웠다. 적장은 이성계와 맞서서 용감히 싸워 이겼다. 이성계는 퇴각하는 척하다가 갑자기 뒤돌아서서 백중백발인 활 솜씨로 적장을 명중시켰다.

침략군 진영을 따르던 여자들은 남자들에게 이렇게 비아냥거렸다. "지금까지 승승장구하다가 이들 고려 사람들 앞에서 무너지는군요. 이들은 정복할 수 없어요. 후퇴해서 집으로 돌아가는 수밖에 없어요."

나하추는 이성계에게 휴전을 요청하며 고려는 공격하지 않고 홍건적만 공격하겠다고 약속했다. 그러나 단지 시간을 벌기 위한 술책일 뿐이었다. 이성계는 그 사실을 꿰뚫어보고 화살 하나를 뽑아서 적장의 머리를 겨냥했다. 그리고 마침내 궁사들에게 적이 탄 말을 쏘라고 명령했다. 이로써 승패가 결정되고 나하추는 화평을 간청했다.

공민왕은 이성계의 공로를 인정해서 북부 지역 전군의 총병관으로 임명했다. 이성계는 더 나아가 북부 지역 전역에서 나하추가 지배하던 속국과 정착촌을 함락하여 원래 살던 지역으로 돌려보내면서 고려와 끈끈한 강화를 맺는 것이 유일한 살길이라고 각인시켰다. 이들은 이성계의 강화 제의를 기꺼이 받아들였다.

공민왕이 천천히 송도로 돌아가던 중에 고려의 대신들은 송도가 도읍으로는 너무 작고 바다에 가까워 왜구의 침입을 방어하기 힘들다고 왕을 설득했다. 대신들은 잠시 청주에 머무르자고 요구하면서 공민왕의 허락을 받아냈다.

한편 생뚱맞은 이야기이긴 하지만 3년 동안 제주도에 주둔하면서 말을 기르던 탐라 목사 호고독불화는 제주도민을 선동하여 혼란스러운 고려의 지배에서 벗어나 명목상이기는 하지만 원나라 밑으로 들어갔다.

공민왕은 북방에서 훌륭한 업적을 세운 병졸들에게 포상하기 위해 백성들에게 세금을 거두다가 '명분 없는 세금'이라는 원성을 들었다.

"하늘의 해가 둘일 수는 없다" 1362년에 원나라 황제는 고려에 사는 친척들의 입지를 강화하려는 황후의 설득에 넘어가 공민왕의 친척 중에 덕흥군德興君이라는 인물을 왕으로 옹립했다. 그러나 고려는 옛 몽골 세력이 몰락하는 추세였기 때문에 황제의 명령에 저항해야 한다고 믿었다.

1363년 초 마침내 공민왕은 그동안 버려두고 떠났던 송도에 다시 입성했다. 그 후 북쪽으로 막강한 병력을 보내 왕위를 넘보는 무리를 물리치게 하고 북경에 사신을 보내 고려에 왕이 둘인 이유가 무엇이냐고 물었다.

황제는 새로 책봉한 왕이 진정한 고려 왕이며 고려는 덕흥군을 왕으로 받아들여야 한다고 대답했다. 이에 사신은 "황제께서 절 죽여 제 피가 옷에 튀더라도 왕위를 넘보는 자를 고려로 데리고 갈 수 없습니다." 라고 답했다. 황제는 사신의 기백을 높이 사서 더 이상 새 왕을 받아들이라고 강요하지 않았다.

공민왕을 죽이려던 김용의 사지를 전국에 보내다 앞서 온갖 악행이 소개됐던 김용은 이번에는 공민왕을 죽이고 덕흥군을 불러올 계략을 꾸몄다. 환관 안도적은 김용의 계략을 간파하고 거사일 밤에 왕처럼 꾸미고 있다가 자객의 손에 희생당했다.

역모를 꾸민 김용은 곧 붙잡혀 능지처참 당했고, 다른 불평분자들에게 경고하는 의미로 김용의 잘린 사지는 전국 각지에 보내졌다. 황제는 고려로부터 덕흥군을 포로로 보내라는 요구를 받았으나 거부했다. 거부했을 뿐 아니라 공민왕에게 국새를 북경으로 보내라는 명령까지 내렸다. 공민왕은 이를 거부하고 원나라가 침입해올 때를 대비해 국방에 힘썼다.

얼마 후 1364년이 시작될 무렵에 막강한 원나라군 1만 명이 압록강을 건너 의주를 포위했다. 의주를 지키던 고려군은 모두 패주했다. 고려의 열세가 지속되다가 안우경이 용맹을 떨치며 압도적인 열세를 극복했지만, 고려군은 혼란에 빠져 우왕좌왕하며 안주로 퇴각했다. 안주 백성들은 과거에 몽골군이 무섭게 몰려들던 기억을 떠올리며 공포에 사로잡혔다.

합세한 장수들, 청주 전투에서 승리를 거두다 공민왕은 최영 장군에게 막강한 병력을 맡겨 안주에 파견했다. 최영은 안주에 도착해서 휘하 모든 장군에게 목숨을 다해 진영을 지키겠다는 맹세를 받아냈다. 최영은 군영을 이탈하면 즉시 처형해서 다른 병졸에게 실례를 보여주는 방식으로 고려군 진영 안에서 지휘 체계를 유지했다.

이성계는 병력 1천 명을 이끌고 안주 북동쪽 지역으로 이동하라는 명령을 받았다. 이순과 우제와 박춘도 같은 지역으로 파견된 바람에 한 지점에 모인 군대가 엄청난 대군을 이루었지만, 병졸들을 입히고 먹일 물자가 눈에 띄게 부족한 상황이라 죽어나가는 병졸이 많았다. 진영을 이탈하는 병졸도 속출했다.

이성계가 북동 지역을 떠날 때 일어난 소요로 미루어보아, 이성계가 북동 지역에서 어느 정도 막대한 영향력을 떨치고 있었는지 짐작할 수 있다. 삼선과 삼개가 이끌던 여진족이 북동부 전역을 차지하자 백성들은 이성계가 돌아오길 간절히 바랐다. 삼선과 삼개는 이성계의 사촌이지만 국경을 넘어 여진족에 합류한 사람들이었다.

여러 장군이 합세하자 고려군의 사기가 높아졌고 정주에서 벌어진 전투에서는 원나라군을 크게 물리쳤다. 몽골 장군이 이끌던 군대가 궤멸당해 각지로 흩어지는 모습을 보고 백성들은 이제 오랜 고통도 끝나기 시작했다고 믿었다.

이성계, 원나라군을 압록강 밖으로 몰아내다 이성계가 다른 장군들에게 뒤를 엄호해주지 않았다고 비난하자, 장군들은 화를 내면서 "장군이 그렇게 용감하다니 혼자서 해보시지요."라고 비아냥거렸다.

바로 다음날 이성계는 군대를 이끌고 나가 해안가에 위치한 수주에서 원나라군을 포위하여 큰 승리를 거뒀다. 그날 밤 원나라 병졸들이 압록강으로 달아났다. 이성계가 그 뒤를 끝까지 추격했는데, 한반도의 루비콘 강인 압록강을 무사히 건넌 병졸은 열일곱 명밖에 되지 않았다고 전해진다. 원나라군을 모두 내쫓은 뒤 이성계는 북동부 지역으로 돌아와 그가 없는 틈을 타서 세력을 키우기 시작하던 여진 세력을 소탕했다.

이성계는 서서히 세력이 커졌지만 현명하게도 왕건처럼 왕에게서 최대한 멀리 떨어졌다. 공민왕은 이성계에게 밀직부사密直副使라는 관직을 내렸다.

왜 구 때 문 에 세 금 을 걷 지 못 하 다　왜구가 끊임없이 출몰했다. 왜구는 1년 동안 배 200척을 타고 들어와 남해안 일대에서 노략질하면서 갈도라는 섬에 들어가 섬 전체를 휩쓸었다. 이로써 이 일대에서 세금이 걷히지 않았다. 왜구가 쳐들어온 바람에 세금을 걷지 못해 송도가 큰 혼란에 빠졌다니 개탄스러운 일이 아닐 수 없었다.

송도에서 이 지역에 군대를 파견하고 해안 경비를 강화하고 세금으로 거둔 쌀을 안전하게 호송하도록 전함 80척을 보냈는데, 도중에 왜구의 함대를 만나 모두 섬멸당했다. 이 일로 강화도와 교동도 백성들은 큰 두려움에 사로잡혔다. 전라도 현령도 세금으로 거둔 쌀을 안전하기 이송하기 위해 군대를 이끌고 올라가다가 중간에 왜구를 만나 쌀을 모두 빼앗기고 병력의 절반을 잃었다.

이 공 수 ,　" 내　도 리 를　다 할　뿐 이 다 "　같은 해인 1364년에는 원나라 대신 한 명이 황제에게 공민왕을 계속 왕위에 앉혀야 한다고 주장했고 황제는 그의 주장에 귀를 기울였다. 고려를 배반하고 원나라에 투항한 최유는 고려에 호송되어 감옥에 갇혔다가 처형당했다.

고려 사신 이공수도 북경에서 돌아왔다. 이공수에 관한 짤막한 일화가 전해진다. 이공수는 아무도 살지 않는 들판을 지나다가 아직 추수하지 않은 보리밭에서 가축을 먹이게 됐다. 그는 자리를 떠나면서 옷감 한 필에 '보리 값이오.'라고 써서 보리밭에 남겨두었다. 옆에 있던 하인이 "보리밭 주인은 옷감을 받지 못할 거예요. 그 전에 누가 훔쳐갈 테니까요."라고 말했다. 그러자 이공수는 "그건 내 알 바 아니다. 내 도리를 다하면 그뿐이다."라고 대답했다.

공민왕은 황제에게 태자를 고려에 보내달라고 요구했지만 받아들여지지 않았다.

왜구는 새로운 원정대를 보내 조금씩 송도로 밀고 올라왔다. 왜구는 왕가의 조상을 모시는 사당에 들어가 왕의 초상화를 약탈했다. 고려에서 왜구를 몰아내기란 무척 어려웠다.

공민왕, "오직 신돈 네 말만 들을 것이다" 1365년에 왕비가 해산할 때가 되자, 공민왕은 승려들에게 각지의 산꼭대기와 사찰에서 왕비의 순산을 기원하는 제사를 지내라고 명했지만 효과를 거두지는 못했다. 왕비가 아기를 낳다가 죽자 공민왕은 큰 시름에 잠겼다. 그 후로 3년 동안 왕은 음식을 입에 대지 않았다.

이 해에 공민왕은 파국적인 결말을 예고하는 꿈을 꾸었다. 누군가 자기를 칼로 찌르려 하는데 어디선가 승려가 나타나 목숨을 구해준 꿈이었다. 꿈속에 나타난 승려의 얼굴이 머릿속에 각인됐다. 얼마 후 공민왕은 꿈에서 자기를 구해준 인물과 똑같이 생긴 신돈이라는 승려를 만났다.

신돈은 옥천사 노비의 아들로, 다른 승려들에게 업신여김을 당하던 인물이었다. 공민왕은 신돈을 자기 사람으로 받아들여 높은 관직에 앉히고 재물과 명예를 아낌없이 주었다. 사실 신돈은 파렴치하고 방자하며 교활한 자였지만, 공민왕 앞에서는 항상 고고한 철학자인 양 행세하며 오랜 세월 왕을 농락했다.

　다른 대신들이 간언했지만 소용이 없었다. 대신들이 신돈을 인간의 탈을 쓴 짐승이라고 고해바쳐도 소용이 없었다. 공민왕은 신돈을 영적으로 뛰어난 인물이라고 굳게 믿으며, 반대 세력이 생긴 것은 다 시기심 때문이라고 굳게 믿었다. 그러면서 외부 인물을 조정에 들여앉혀 놓고, 반대하는 대신들에게 관직과 명예가 세습되기만 하는 것이 아니라는 사실을 보여줬다.

　왕의 총애를 받게 된 신돈은 여러 대신을 쫓아내라고 왕에게 간청했고 왕은 신돈이 시키는 대로 했다. 상황이 이쯤 되자 신돈을 내쫓자는 분위기가 무르익었고, 왕은 신돈의 목숨을 구하기 위해 한동안 궁에서 내보내야 했다.

　신돈이 대궐 밖에 머무르는 동안 왕은 신돈의 가장 큰 정적을 제거했다. 그리고 다시 신돈을 불러들였다. 그러자 이 교활한 인물은 이렇게 답했다.

　"저는 대궐에 들어갈 수 없습니다. 제가 관직에 오르는 것은 옳지 않습니다." 왕이 다시 사람을 보내 궁으로 들어오라고 재차 요청하자 신돈은 이렇게 답했다.

　"폐하께서 저들의 말을 들을까 두렵습니다." 이에 왕은 이렇게 대답했다.

　"태양과 달과 별과 천지신명에게 맹세한다. 내 오직 네 말만 들을 것이다." 그러자 약삭빠른 신돈은 대궐로 돌아왔고 이때부터 왕을 손아귀에 쥐고 마음대로 흔들었다.

　신돈은 반대파의 잘못을 크게 부풀려 하나둘씩 쫓아내고 그 자리에 자기편을 앉혔다. 신돈은 무덤처럼 음습한 방을 만들고 그 안에서 믿기지 않을 정도로 음탕한 짓에 빠져 지냈다고 한다. 그는 자기한테 불임을 치료하는 능력이 있다고 주장하며 부정한 짓을 저질러 백성들의 원성을 샀다. 오직 공민왕만이 신돈에게 불만을 갖지 않았을 뿐이었다. 왕은 신돈이 세상에서 가장 위대한 존재라고 믿었다.

공민왕, 신돈의 아들을 양자로 들이다 원나라가 몰락해가던 시대라 고려에서 보낸 사신은 북경까지 들어가지 못하고 중간에 돌아와야 했다. 고려가 몽골을 몹시 싫어하면서도 마지막 순간까지 몽골과 긴밀한 관계를 유지했다는 사실은 주목할 만하다.

공민왕에게 후사가 없어서 왕과 왕실은 대를 이을 후계자를 찾는 문제로 걱정이 많았다. 기록에 따르면 공민왕은 간절히 아들을 얻고 싶은 마음에 문명 세계건 야만 세계건 인간의 역사에서 그 유래를 찾을 수 없을 만한 파렴치한 짓을 저질렀다. 공민왕은 줄곧 문란한 생활에 빠져 지내다가 일찍 늙어버린 탓에 젊은 남자들을 궁에 불러들여서 왕비의 처소에 들게 하여 후사를 보려고 했다.

어느 날 왕은 총애하는 신돈의 집을 지나다가 신돈이 첩에게서 아들을 낳은 것을 알았다. 왕이 아기를 보고 매우 기뻐하자 신돈은 왕에게 아들을 양자로 들이라고 요구했다. 왕은 크게 웃었지만 싫어하는 기색이 아니었다. 왕은 궁으로 돌아와 대신들을 불러모아 한동안 신돈의 집에 자주 드나들다가 그 집 여인에게서 아들을 낳았다고 발표했다. 신돈의 아들을 양자로 삼는다고 말하면 대신들이 들고일어나리라는 사실을 알았기 때문에 이런 꾀를 낸 것이었다. 물론 이 기록이 진실인지 확인할 방법은 없다. 조선이 고려를 전복시키고 세워진 나라이기 때문에 새 왕조의 정당성을 입증하기 위해 조선의 역사가가 조작한 이야기일지도 모른다. 명나라 문헌에는 공민왕의 아들이며, 신돈의 아들이 아니라고 기록돼 있다.

신돈, 권문세가의 재산을 백성에게 나눠주다 1366년에는 신돈에 반대하는 무리가 늘어났고 공민왕은 신돈을 쫓아내든지 죽이든지 하라는 상소문에 파묻힐 지경이었다. 왕이 상소를 올린 자를 유배 보내거나 죽이려 하자 드러내놓고 신돈을 비난하는 여론은 잠잠해졌다.

신돈은 자기 지위를 계속 누리려면 왕이 베풀어줄 수 있는 수준 이상의 무엇이 필요하다고 판단하고, 권문세가의 토지와 재산을 몰수하여 백성들에게 나눠주어 그들의 환심을 샀다. 그러자 권문세가는 더욱 거세게 저항하며, 후세가 공민왕의 치세를 조롱거리로 삼을 것이라고 주장했다.

그래도 왕이 신돈을 내칠 기미를 보이지 않자 권문세가들은 더욱 냉담해졌다. 신돈은 사태가 생각보다 심각한 것을 깨닫고 권문세가에게서 빼앗은 토지를 돌려줌으로써 사태를 무마하려고 했다. 신돈은 노비를 해방시키기도 했다.

왜구의 만행을 방치하다 당시 왜구는 쉴 새 없이 고려를 노략질하고 파괴했다. 강화도 인근 섬에 들어가 성을 쌓고 영구적인 근거지로 삼으려 했다. 왜구는 아무 데나 마음 내키는 대로 쳐들어가서 파렴치한 짓을 저지르고도 진압당하지 않았다.

고려군은 몹시 열악한 상황이었다. 군복도 입지 않고 무기도 엉성하며 규율도 제대로 갖춰지지 않았다. 왜구와 싸워서 승리할 수 있는 데도 공격하지 못했다. 여러 장군이 왕에게 왜구를 저지할 전략을 제안했지만, 왕은 비용이 많이 든다는 핑계를 들어 장군들의 제안을 받아들이지 않았다. 왕이라는 자가 자기 재산을 지키는 데만 관심을 두었던 것이다.

'호랑이'로 불린 신돈　　공민왕은 자기 어머니에게까지 신돈을 존중하라고 요구하지는 못했다. 왕이 모후에게 신돈을 나라의 기둥이라고 소개하자, 모후는 신돈을 천박하고 야망이 큰 인물이라고 비난하며 함부로 대했다. 이때부터 모후는 왕의 총애를 입던 신돈과 대립하기 시작했으며, 신돈은 왕과 모후를 이간질시키기는 데 몰두했다.

신돈은 높은 관직에 앉은 사람이면 누구에게나 의심을 품고 여러 대신을 죽음으로 몰아넣었다. 다들 신돈을 '호랑이'라고 불렀다.

같은 해에 공민왕이 절에 가서 부처에게 기근을 끝내줘서 감사하다는 예를 올렸다. 신돈을 곁에 둬서 나라에 좋은 일이 생긴 것이라고 믿은 것으로 보아 공민왕이 얼마나 신돈에게 빠져 있었는지 알 수 있다.

한편 공민왕이 싫어하는 일을 공개적으로 시킨 것을 보면 신돈이 어느 정도로 무소불위의 권력을 누렸는지 알 수 있다. 신돈은 위험한 장난을 쳤던 것이다.

왕에게 상소를 올려 신돈이 술에 절어 방탕하게 지낸다는 소문이 사실이냐고 묻는 이들이 속출했다. 그러나 아직 왕은 진실에 눈뜨지 못한 채 오히려 상소를 올린 사람들에게 무거운 형벌을 내렸다.

뜨는 명과 지는
몽골 사이에서

신돈, 평양 천도를 주장하다

1368년에도 고려의 중추부를 좀먹는 고질적인 문제가 드러났다. 신돈은 새 황제가 등극했다는 소식을 전하는 황제의 편지를 함부로 내동댕이치는 등 황제까지도 업신여겼다. 공민왕은 자주 찾는 절에서 열리는 불교 행사에서 허드렛일을 하면서 스스로를 낮추었다.

신돈은 시중에 떠도는 여러 가지 주장을 근거로 흙 점占의 힘까지 강조하며 공민왕에게 도읍을 평양으로 옮기라고 요구했다. 신돈은 도읍을 이전해도 될지 알아보라는 명령을 받아들고 평양으로 가다가 도중에 폭풍을 만나 소스라치게 놀라며 평양 천도 계획을 포기했다.

신돈은 송도로 돌아온 뒤에도 여독이 풀리지 않았다는 핑계를 대며 나흘이나 왕을 만나지 않았다. 신돈은 나날이 오만방자해져서 왕을 만나러 갈 때도 정식 의관을 갖추지 않고 귀족들이 평소에 입는 옷을 입고 나와서는 사관史官에게 자기 옷차림을 기록하지 말라고 명령했다.

원나라 황제가 제주도로 피신할 계획을 세우다

제주도에서는 몽골의 말을 기르는 사람들이 일으킨 대규모 반란이 아직 잠잠해지지 않았고, 중앙에서 내려보낸 탐라 현령까지 쫓겨날 판이었다. 그리하여 반란을 진압하기 위한 병력이 제주도에 파견됐고 얼마 지나지 않아 반란이 진압됐다.

한편 황제는 제주도 사태에서 강렬한 인상을 받았다. 당시 원나라는 궁지에 몰려 있어서 거센 명나라 세력에 맞서 오래도록 북경을 지키지 못할 처지였다. 그리하여 황제는 제주도로 피신할 계획을 세웠다. 그 계획에 따라 많은 양의 보물과 온갖 생필품을 제주도로 보냈다. 그리고 송도에 사신을 보내 제주도 영유권을 넘겨줬다. 조만간 고려의 도움이 필요할 것이라고 판단하여 미리 고려의 호의를 얻어내려 했던 것 같다.

공민왕은 황제의 의중을 꿰뚫어보지 못한 채 제주도에 병력을 보낸 일로 훗날 문제가 일어날까 봐 걱정했다. 그래서 급히 황제에게 사신을 보내서 제주도에 병력을 파견한 이유는 몽골 세력을 치려는 것이 아니라 왜구를 몰아내기 위함이라고 알렸다. 과거 제주도 현령들은 가혹하게 통치하며 온갖 구실을 대면서 백성들의 피땀을 갈취했다. 그러나 새로 부임한 현령은 전혀 다른 통치 방식을 보여주기로 했다. 그는 물 한 모금일지라도 제주도 물을 축내지 않고 육지에서 물통을 가져와서 마셨다. 적어도 문헌에는 그렇게 기록돼 있다. 자연히 백성들은 새 현령을 우상화했다.

몽골제국의 몰락 1368년은 몽골제국이 멸망한 해였다. 몽골은 불과 한 세기 전에 세워져 급속도로 성장하여 동부 세계 전체를 호령했다. 몽골이 쇠락해가는 속도는 성장한 속도만큼 빨랐다. 몽골은 고도로 문명화된 세계를 정복하며 문명의 유혹을 뿌리치지 못했다. 명나라는 원나라 황실을 북경에서 몰아냈고, 쫓겨난 황제는 북쪽의 사막지대로 달아났다.

같은 해에 일본에서 찾아온 사신이 고려 왕에게 선물을 전달했다. 고려로서는 일본 왕실과 힘을 합쳐 고려 해안에 자주 출몰하여 노략질을 일삼는 왜구를 소탕할 좋은 기회였다. 사신을 극진히 대접해주고 약간의 외교술만 발휘하면 왜구 때문에 겪는 이루 말할 수 없는 고통을 없앨 수 있었다.

그러나 비천한 신분으로 왕의 총애를 입어 절대 권력을 휘두르게 된 신돈이 자기가 중요한 인물이라는 점을 과시하며 사신을 호되게 꾸짖는 바람에 사신은 곧바로 일본으로 돌아가버렸다. 심지어 사신 일행에게 격식에 맞게 음식을 차리지도 않았고 말도 함부로 했다. 같은 해에는 신돈이 왕을 부추겨 과거제도를 폐지했다.

명에서 온 황제의 편지　1369년에 명나라에서 처음으로 설사라는 사신이 황제의 편지를 가져왔다. 편지의 내용은 아래와 같다.

'우리는 송나라가 망하고 100년이란 세월이 흐른 지금까지도 타격에서 벗어나지 못했다. 그러나 술에 취한 방탕한 족속인 몽골이 하늘의 미움을 산 덕에 열여덟 해 동안의 전쟁을 치른 끝에 우리의 노고가 결실을 맺었다. 처음에는 몽골군에 들어가서 몽골 치세의 해악을 지켜보았다. 다음에는 하늘이 도우셔서 서쪽으로 한주까지 가서 진유량을 무너뜨렸다. 그리고 몽골에 맞서 봉기를 일으켰다.

동쪽으로는 장사성의 난을 진압하고 남쪽으로는 민월국을 멸망시켰다. 또한 북쪽 호인胡人이 우리 앞에 무릎을 꿇으니 중국의 모든 백성이 우리를 황제라 부르게 되었다. 국호는 명明이며 상서로운 해의 연호는 홍무洪武다. 이제 고려도 우리에게 충성을 맹세해야 한다. 옛날에 고려는 우리와 매우 가까운 사이였다. 그래야 고려가 백성들의 안녕을 도모할 수 있다.'

명나라에서 보낸 사신은 매우 중요한 인물이라 공민왕은 친히 나가서 사신을 맞았다. 왕이 사신에게 푸짐한 선물을 내렸으나 사신이 받지 않았다. 고려는 황제가 보낸 편지에 따라 몽골 연호를 공식 폐지하고 대신 명나라 연호를 채택했다. 그리고 당장 명나라에 사신을 보내 축하 인사를 전하고 조공국으로서의 의무를 다했다. 이에 대한 답례로 명나라 황제는 원나라 시대에 포로로 잡혔던 고려 백성을 모두 돌려보냈다.

일본인에게 남해를 주거지로 내주다 좋은 뜻으로 찾아온 일본 사신을 쫓아내며 좋은 기회를 놓친 일이 이제는 쓰디쓴 열매를 맺게 되었다. 고려 남쪽 지방에는 일본 사람이 들어와 정착해 살았으며, 고려는 이들에게 경상도 남해를 주거지로 내주었다. 그런데 이들이 고려에 충성을 다한다는 약속을 깨고 봉기를 일으켜 남해안 일대를 헤집으면서 노략질하기 시작했다.

원나라 황제가 북쪽으로 달아나서 당초 제주도로 피신하려던 계획이 무산되자, 제주도에서 말을 키우던 몽골인들은 민감하게 주위를 경계했다. 한편으로는 봉기를 일으켰다가 항복하기를 반복하면서 고려 왕실에 큰 골칫거리를 안겨줬다.

1369년 후반에 고려는 다시 한 번 토지조사를 실시하여 왕실에 들어오는 조세를 다시 평가했다. 토지조사를 마친 결과, 그간의 혼란 속에서도 일정한 수준의 발전이 이루어졌고 언덕으로 약간 올라간 땅뿐만 아니라 황무지까지 경작지로 개간됐다. 이런 기록만으로 추측해보아도 일반 백성의 삶을 조금이라도 엿볼 수 있다. 사실 동양의 역사 문헌에는 일반 백성의 삶이 거의 기록돼 있지 않다.

이성계, 신돈을 피하다 그즈음 공민왕이 신돈에게 국사를 완전히 넘겨줬기 때문에 고려의 실질적인 통치자는 신돈이었다. 이성계는 현명하게도 송도에서 가능한 멀리 떨어져서 신돈의 눈에 띄지 않으려 했다. 이성계는 북동 지방의 군대를 지휘하는 총병관으로 임명됐고, 북서 지방은 이인임이 맡았다.

고려는 몽골 유민이 국경을 넘어 피난해 들어올까 봐 두려워했다. 군대의 주된 임무는 국경에 뚫린 모든 진입로를 지키며 몽골 유민을 쫓아내는 일이었다. 이듬해인 1370년에 이성계는 압록강을 건너 당시 여진 영토였던 지금의 삼수 부근까지 올라가서 소 2천 마리와 말 100마리를 빼앗아 농사일에 쓰라고 백성들에게 나눠줬다.

명나라가 새 국새를 내리다　명나라의 기틀이 잡히자 명나라 황제는 고려로 눈을 돌렸다. 황제는 공민왕에게 새로 국새國璽를 내리고 명나라식 관복을 보내줬다. 악기와 명나라 연호도 보내줬다. 왕은 기꺼이 황제가 보낸 선물을 받고 황제의 명령에 따랐다. 대신들도 명나라 의관을 갖춰 입었고 백성들까지 명나라 복식을 받아들였다.

명나라 복식은 훗날 조선 시대에 유행했지만 정작 중국에서는 훗날 중국을 정복하게 되는 만주식 복식을 따랐다. 결국 조선 시대 한국인은 중국인보다 더 중국인 같은 모습이었다.

이성계, 압록강 이북을 공략하다　1371년이 시작되자 이성계는 군대를 이끌고 압록강을 건너 올자성을 쳤다. 당시 압록강과 만리장성 사이의 영토는 여진이나 몽골에서 떨어져나온 무리가 차지했다. 명나라는 아직 이 지역을 넘보지 않았기 때문에 고려의 침입을 심각한 배반 행위로 받아들이지 않았다.

올자성을 치기 직전에 원래 고려 사람이었지만 오랫동안 몽골 편에서 싸워온 장군 한 명이 고려군에 투항했다. 이인복이라는 인물이었다. 이성계는 이인복을 송도로 보냈고 왕은 그를 높은 관직에 앉혔다. 압록강에 다리가 놓여 있어서 병사들이 안전하게 건널 수 있었지만, 나중에 엄청난 폭풍이 몰아친 바람에 병졸들이 큰 혼란에 빠졌다.

압록강 이북을 침략한 일로 하늘이 크게 노했다는 경고일지 모른다고 두려워했던 것이다. 강인한 정신력을 갖춘 한 장군이 하늘의 용이 만물을 뒤흔들어 승리를 예언하는 상서로운 징조라고 외쳤다. 그러자 병졸들도 두려운 마음을 가라앉히고 올자성을 공격하여 큰 승리를 거뒀다. 그 후 이성계는 군대를 이끌고 요동성으로 향했는데, 군 장비를 후방에 남겨두고 이레 동안 먹을 양식만 들고 사흘간 진군했다.

선발대 3천 명이 요동성에 먼저 도착하여 본대가 올 때까지 기다리며 기습 공격을 감행했다. 요동성을 지키던 수비대는 고려에서 대군이 몰려오는 것을 보고 겁에 질렸지만 장수들은 고려에 맞서 싸우기로 결정했다. 성벽 위에 올라선 적의 장수가 이성계의 제안을 거절하자 이성계는 활을 꺼내 활시위를 당겼다. 활이 적장의 투구에 꽂히자 이성계는 큰소리로 "항복하지 않으면 다음엔 네 얼굴을 맞힐 것이다."라고 소리쳤고, 이에 적장은 곧바로 항복했다.

이성계, 요동성을 함락하다 이성계는 요동성을 함락하여 수비대를 무장해제하고 군수품을 모두 불태운 뒤 다시 고려로 발걸음을 돌렸다. 군량이 부족해서 짐을 나르는 짐승을 잡아먹어야 했다. 뒤에서 추격하는 적병을 따돌려야 하는 위험을 안고 있었지만 이성계는 뛰어난 지략을 발휘하여 적병과 안전한 거리를 확보했다.

이성계는 진영을 꾸릴 때마다 정성껏 준비하게 했으며, 심지어 축사와 수세식 변소까지 따로 짓게 했다. 나중에 적이 버려진 막사를 발견해서 쾌적한 환경에 감동하여 공격할 의지를 잃게 하려는 작전이었다.

이런 식으로 모든 병졸이 무사히 안주까지 돌아왔다.

한편 왜구는 고려에서 노략질을 해도 아무런 저항을 받지 않자 점점 대담해져서 북쪽으로 송도까지 올라온 뒤 황해도 해주까지 공격했으며 고려의 배를 40척이나 불태웠다. 그러자 이성계는 왜구를 쫓아내라는 명령을 받고 왜구를 소탕했다.

신돈의 역모가 발각되다 한편 왕의 총애를 한 몸에 받던 신돈은 온갖 범죄 행각을 벌이며 서서히 파멸로 치달았다. 신돈에게 푹 빠진 공민왕을 제외하고 신돈은 모두에게 악명 높은 존재였다. 그러나 신돈은 스스로 머지않아 파멸하게 되리라는 사실을 깨닫기 시작했다. 얼마 후면 공민왕까지도 그가 저지른 악행을 눈치챌 것이라고 생각했다.

그리하여 신돈은 얼마 남지 않은 세력을 끌어모아 국가 전복을 꾀하기로 마음먹었다. 신돈이 구체적으로 어떤 계획을 세웠는지는 알려지지 않았지만, 계획이 꽃을 피우기도 전에 왕에게 발각되어 공모자들과 함께 체포당했다.

왕은 신돈을 고문하면서 한때는 이 세상 사람이 아닌 것처럼 훌륭하다고 믿었던 사람의 정체가 무엇인지 깨달았다. 왕은 극도의 불쾌감에 사로잡혔다. 처음에는 신돈을 수원으로 유배를 보냈다가 조정 신료들의 간청에 따라 사형 집행인을 유배지로 보내 처형했다. 신돈을 처형하라는 명을 받은 신하는 어명이 적힌 서찰을 들고 갔다. 서찰에는 이런 내용이 적혀 있었다.

'절대로 네게 등을 돌릴 일이 없을 것이라고 맹세했지만, 네가 이런 죄를 지었으리라고는 꿈에도 생각지 않았다. 첫째, 너는 역모를 꾀했다. 둘째, 너는 혼인하지 않은 승려이면서도 자식을 여럿 두었다. 셋째, 내 도읍 안에 네 궁을 지었다. 나는 이런 행위에 동의한 적이 없다.' 그리하여 신돈은 두 아들과 함께 형장의 이슬로 사라졌다.

신돈은 사냥개를 몹시 무서워해서 잔치를 열 때는 검은 가금류나 흰 말고기를 먹겠다고 고집을 부렸다고 전해진다. 그래서 신돈이 사람이 아니라 사람 탈을 쓴 여우라고들 했다. 한국에는 짐승이 20년 동안 사람 해골에 담긴 썩은 물을 마시면 제멋대로 사람이나 다른 짐승으로 둔갑할 수 있지만, 사냥개가 둔갑한 사람 얼굴을 들여다보면 원래 모습으로 돌아간다는 전설이 있다.

왜구가 한양 근교까지 출몰하다 1372년이 시작되자 여러 가지 악재가 겹쳤다. 몽골군을 이끌던 나하추가 몽골과 여진 용병이 섞인 군대를 이끌던 고간과 합세하여 압록강을 건너 고려 북쪽 변방 지역을 약탈하기 시작했다. 고려에서는 지윤 장군에게 도적떼를 진압하라는 명을 내려 이 지역에 파견했다.

한편 제주도에서 말을 기르던 사람들이 다시 봉기를 일으켰다. 공민왕이 황제의 명에 따라 제주도에 사신을 보내 말을 명나라에 공물로 바치라고 명했는데 반란군의 손에 사신이 죽고 말았다.

그러나 제주도의 일반 백성이 민병대를 조직하여 스스로 반란군을 진압했다. 왜구도 여전히 기승을 부렸다. 왜구가 다시 동해안에 출몰하며 노략질을 일삼고 북쪽으로 안변과 지금의 함흥인 함주까지 올라갔다. 또한 왜구는 한양 근교의 남한도 공격했지만 양쪽에서 모두 패하고 달아났다.

공민왕이 학교까지 설립해 남색을 채우다 공민왕은 남색男色을 밝혀서 궁 안에 사내아이들의 '학교'를 마련해두고 욕정을 채웠다고 전해진다. 백성들은 크게 분개하여 이런저런 말들이 많았지만 왕은 신성불가침한 존재라 왕의 잘못을 비난하지 못했다. 따라서 왕이 악행을 저질러도 바로잡을 길이 없었지만, 공민왕 스스로 왕조가 뒤엎어질 날을 앞당겼다.

이 해 하반기에 고려는 명나라에 말 50필을 선물로 보냈다.

1373년 봄이 시작되자마자 북방의 몽골 유민이 사신을 보내 '명나라에 막강한 군대를 보내 파멸시킬 계획이니 고려도 힘을 보태라.'고 요구했다. 왕은 이런 달갑지 않은 요구를 전해온 사신을 곧장 감옥에 가두었다가 나중에 신료들의 권고로 풀어주고 북쪽으로 돌려보냈다.

왜구가 한양을 급습하다 왜구가 고려 해안에 쳐들어와 노략질한 사례를 일일이 열거하기란 불가능할 정도지만, 그중에서 특기할 만한 사건이 일어났다. 왜구가 작은 배를 타고 한강을 거슬러 올라와 조선 시대의 수도인 한양을 급습한 사건이 벌어졌다. 끔찍한 학살이 자행되고 온 나라와 특히 당시의 고려 도읍이던 송도가 근심에 사로잡혔다. 왜구는 전리품을 잔뜩 챙겨서 강화도에서 약간 떨어진 교동도로 들어가 섬 주민들을 죽이고 노략질했다.

공민왕이 왕자라고 주장했지만 실제로는 신돈의 아들이라고 알려진 소년의 이름은 모니노였다. 모니노는 성인이 되어 우禑라는 이름을 받고 '왕 가까이 있는 왕자'라는 뜻의 강령군으로 봉해졌다. 신돈이 죽은 뒤 공민왕은 김흥경을 총애했다.

걸생이라는 장군이 왜구를 물리치라는 명을 받고 파견됐지만 왜구에게 패한 수하의 장군을 내치지 못해서 성미 급한 왕에게 처형당했다. 그러자 최영 장군이 대신 책임을 맡아 함대를 준비하여 왜구를 몰아내기 위해 내려갔다. 최영은 어처구니없는 실수를 많이 저질러 백성들의 웃음거리로 전락한 인물이었다.

정몽주, 명나라에 사신으로 파견되다　명나라 도읍은 남경이어서 고려에서 사신을 보내기가 여간 힘들지 않았다. 남경까지는 배로 가야 했는데 당시에 타던 소형 선박으로 해안선을 따라 항해하기란 매우 위험했다. 고려에서 몇 안 되는 훌륭한 인물 중 한 사람인 정몽주가 사신 자격으로 명나라 황실에 들어가자, 황제는 앞으로는 사신을 3년에 한 번만 보내라고 명했다.

그러자 고려 왕이 때에 따라서 사신을 육로로 보낼 수도 있다고 답변을 보냈는데, 황제는 북쪽에는 몽골 유민이 있어 위험해서 안 된다면서 육로로 보내지 못하게 금지했다.

말로 설명할 수 없는 왜구의 만행　다사다난한 1374년이 시작됐다. 이현 장군은 수군水軍을 갖추지 않으면 왜구를 물리치지 못할 것이라고 왕에게 상소했다. 이현은 직접 짠 계획을 왕에게 알렸다. 왕은 이현의 계획을 마음에 들어 하며 당장 실행에 옮기라고 명령했다. 하지만 이현은 육지 출신만으로는 수군을 구성할 수 없으니 섬사람 중에서 선발한 뒤 오랫동안 시간을 들여 수군 전술을 가르치자고 주장했다. 그렇게 하기 위해 쓸모없는 군대를 해산해달라고 촉구했다. 왕은 이현의 요구를 모두 들어줬다.

왜구를 물리치기 위해 경상도로 내려보낸 군대가 펼친 작전을 보면 고려군의 수준을 알 수 있다. 고려군은 왜구만큼 심각한 수준으로 파괴와 약탈 행위를 일삼았다. 마침내 고려군은 왜구와 맞붙어 싸우다가 병력 5천 명을 잃고 패주했다. 한편 왜구는 송도의 북서쪽의 황해도 일대를 제멋대로 유린했다. 당시 문헌에도 워낙 처참한 결과라 구체적으로 언급하지 못하고, 그 결과를 말로 설명하기 힘들다고 적었을 뿐이다.

명나라가 제주도 말을 요구하다　　명나라 황제는 제주도 말 2천 필을 차출할 생각으로 고려 왕에게 제주도에 사람을 보내 말을 구해달라고 끈질기게 요구했다. 아직 제주도에는 몽골인이 말을 기르고 있었는데 이들을 이끌던 지도자 네 사람은 "우리는 몽골 사람이다. 그런데 우리가 왜 명나라 황제에게 말을 바쳐야 하는가?"라고 반박했다. 그래서 말을 300필만 보냈다.

황제는 2천 필을 다 보내달라고 요구했고 왕은 마지못해 최후의 수단을 강구했다. 왕은 배 300척으로 구성된 함대에 병력 2만 5천 명을 태우고 제주도로 보냈다. 도중에 풍랑을 만나 배 여러 척이 가라앉기는 했지만 아직 많은 병력이 이튿날 '밝은 달'이라는 뜻의 명월항에 도착했다. 하지만 병졸 3천 명이 반발하며 배에서 내리길 거부했다.

교전이 시작되자 반란군이 크게 패하여 30리를 쫓기다가 다시 제주도 남쪽 호도에 집결하여 저항했다. 하지만 반란군은 이곳에서 포위당해 항복하고 말았다. 반란군을 이끌던 답치는 허리가 잘려 몸이 두 동강이 났고 다른 반란군은 스스로 목숨을 끊었다. 나머지 수백 명은 끝까지 저항하다가 참형됐다. 관군을 이끌던 상군들은 어디를 가든 백성들을 보호하고 무법 행위를 엄격히 금했다고 전해진다.

공민왕이 환관에게 어이없이 살해당하다　　공민왕에게도 최후의 순간이 다가왔다. 왕은 무고한 사람을 무수히 죽이고 자기도 처참하게 죽었다. 왕이 술에 취해 자는 동안 총애하던 한 환관이 칼로 찔렀던 것이다. 이 사실은 제일 먼저 모후의 귀에 들어갔지만 모후는 사건을 은폐하고 급히 조정 신료 두 사람을 불러들여 살인자를 찾아낼 방법을 의논했다.

공교롭게도 환관의 옷에 피가 묻은 것이 발각되어 살인자가 밝혀졌다. 환관은 고문 끝에 죄를 털어놓고 공범이 누구인지 폭로했다. 환관이 왕을 살해한 이유는 다음과 같다.

왕의 후궁 하나가 아이를 가졌다. 왕에게 그 사실을 알리자 왕은 몹시 기뻐하며 아이 아버지가 누구냐고 물었다. 환관은 왕이 총애하는 홍문이라는 자가 아이 아버지라고 알려줬다. 왕은 홍문을 죽여 아이가 왕족이 아니라는 사실을 감추자고 했다. 환관은 자기도 연루된 일이라 자기도 곧 죽게 되리라고 생각했고, 그래서 급히 홍문을 찾아가 함께 왕을 암살할 계략을 꾸몄던 것이다.

황제가 우왕을 인정하지 않다 공민왕이 아들이라고 주장한 우왕禑王이 왕위에 올랐다. 고려는 명나라에 사신을 보내 우왕이 왕위를 계승한 사실을 알렸는데, 황제는 새로 왕위에 오른 우왕을 인정하지 않았다. 공민왕의 죽음을 석연치 않게 여겼거나 누군가 우왕이 적출이 아닐지 모른다고 귀띔해준 모양이었다.

설상가상으로 명나라 사신이 공물로 받은 말 200필을 끌고 가는 길에 고려를 배반한 무리의 습격을 받았다. 이들 무리는 말을 빼앗고 멀리 북쪽으로 달아났다. 이 소식이 남경에 전해지자 고려 사신은 서둘러 남경을 빠져나왔다.

그 후 고려 수도 송도에서 회의가 열렸다. 명나라의 심기를 건드린 정도가 수습할 수 있는 수준을 넘어섰으니 아직 북쪽에 잔류하던 몽골 세력을 공격하자는 쪽으로 결정이 났다. 그러나 정몽주가 간곡히 만류한 덕에 몽골을 침략하기로 한 계획은 무산되고, 남경에 사신이 가서 이 문제를 가급적 상세히 설명했다. 고려는 공민왕을 죽인 환관 일당을 처형하고 그 사실을 명나라에 알렸던 것이다.

고려 대신들이 일제히 우왕이 왕실의 적통이 아니라며 불만의 목소리를 높이면서 다시 몽골과 손잡자는 주장을 펼쳤다. 그즈음 몽골 사신이 찾아와 우왕이 누구의 아들인지 물었다. 몽골은 자기네와 돈독한 사이인 심양왕을 왕위에 앉히고 싶어했다.

고려 조정은 몽골파와 명나라파로 나뉘어 치열한 논쟁을 벌였고 결국 몽골파가 승리했다. 그러나 심양왕과 고려를 배반한 무리가 고려 국경으로 밀고 내려오며 벌써부터 넘겨주려고 했던 지역을 무력으로 빼앗으려 한다는 소식이 들려오자, 고려 조정에서 거센 반발이 일어나 이들을 저지할 군대를 보냈다. 1376년에 일어난 일이며, 그 사이 왜구는 남쪽 지방에 쳐들어와 거침없이 약탈했다.

우왕의 생모가 나타나다 반야라는 여자가 나타나 우왕의 생모라고 주장하는 일이 일어났다. 공민왕의 후궁이던 한씨가 반야의 주장을 가벼이 여기면서 나중에는 모후라는 자리에서 누릴 수 있는 권력을 포기하지 않으려 했다. 그리하여 반야를 붙잡아 감옥에 가두었다. 반야를 죽이기로 하고 강물에 빠뜨리려던 순간에 반야가 이렇게 소리쳤다. "내가 무고하고 내 말이 진실이라는 것을 알리는 징표로 내가 죽을 때 대궐문 하나가 떨어질 것이다." 반야가 강물에 가라앉자 그 말대로 문이 떨어져서 반야가 왕의 생모라는 사실이 세상에 알려졌지만 때는 이미 늦었다.

최영이 입에 화살을 맞고도 왜구를 공격하다 왜구가 다시 충청도까지 올라와 공주를 침략했다. 박인계가 이끄는 고려군은 왜구에 패해 달아났고 박인계는 말에서 떨어져 죽었다. 그 후 최영의 군대가 홍산에서 왜구와 맞붙었다. 최영은 앞장서서 달리며 왜구를 공격하다가 입에 화살을 맞았지만 멈추지 않고 계속 전투에 임했다. 결국 승리의 영광은 고려에 돌아갔고 왜구는 전멸했다.

　그로부터 얼마 전에 우왕이 나흥유를 일본에 사신으로 보내 일본 왕실에 왜구를 진압해달라고 요청하자, 일본 승려 양유가 답장을 전해줬다. 편지에는 이렇게 적혀 있었다.

　'왜구는 일본 서부의 규슈 지방에 사는 사람들로 20여 년간 일본 왕실에 저항해온 무리입니다. 왜구가 고려에 끼친 해는 우리 탓이 아닙니다. 조만간 군대를 보내서 규슈만 함락하면 왜구를 소탕할 수 있을 것이라고 장담합니다.'

　그러나 그 사이 왜구는 강화도를 침략하고 전라도 대부분의 지역을 손에 넣었다.

고려의 네로 우왕과
카이사르 이성계

몽 골 의 제 안 을 거 부 하 다 1377
년이 저물 무렵, 몽골 족장 인북원이
고려에 편지를 보내 이렇게 요구했
다. '몽골과 고려가 군대를 병합하여 명나라를 칩시다.' 그러면서 오랫
동안 포로로 잡아두던 고려 사람을 모두 돌려보냈다. 고려는 대단히 외
교적인 답변을 보냈다. '먼저 심양왕을 포박하여 보내시오. 그러면 우리
도 군대를 보내겠소.' 고려의 요구가 받아들여지지 않았음은 자명하다.

왜구는 남해안 일대로 퍼져나가며 노략질을 일삼았다. 남쪽 지방을
수비하기 위해 파견된 장군은 기녀들과 어울려 잔치를 벌이며 허송세
월을 한 탓에 수하의 여러 장군과 함께 '난봉꾼'이라 불렸다. 이들의 목
적은 전쟁에서 이기는 것이 아니었다. 왕은 그 사실을 알아채고 장군을
외딴섬으로 귀양 보냈다.

송도의 상황도 나쁘기는 마찬가지였다. 송도에는 관리가 많아 집집
마다 하나씩 관리가 살 정도여서 다시 '연호관煙戶官'이라는 말까지 나
돌았다. 부정 수단으로 관직을 사고 왕 모르게 친인척 이름을 관직에
슬쩍 끼워넣은 결과였다. 부정한 짓을 저지른 사람들은 이를 '비밀 목
록'이라 불렀다.

몽골을 상대로 외교술을 펼친 노력이 결실을 맺었다. 1378년 초 몽

골은 고려 왕을 책봉하고 고려는 몽골의 연호를 채택했다. 이 일로 몽골이 크게 기뻐하면서 고려의 지원으로 중국에 다시 제국을 세울 수 있을 것이라고 기대했다는 기록이 있다.

이성계, 왜구를 무찌르다　왜구가 충청도 일대를 제멋대로 유린하면서 강화도에서 1천 명을 죽이고 배 50척을 불태우자 왕은 뒤늦게 대책을 마련했다. 이성계를 고려군 총병관으로 임명했던 것이다. 이성계는 진지하게 임무를 수행하며 여러 승려를 불러모아 해상 경비에 쓸 함선 만드는 일을 돕게 했다.

당시 왜구는 동부 지역과 남부 지역을 유린하며 송도로 올라오고 있었다. 우왕은 송도를 버리고 달아나고 싶은 마음이 굴뚝같았지만 대신들의 간곡한 만류로 그만두었다.

왜구는 경상도 지방에서 힘을 키웠다. 이성계는 전라도 지리산에서 처음으로 왜구와 부딪혀 큰 승리를 거두었다. 언제나 그렇듯 한국인은 훌륭한 지도자를 만나기만 하면 뛰어난 군대로 탈바꿈한다는 사실을 다시 한 번 입증해줬다.

고려군이 200보 뒤에서 바짝 추격하자 어느 건장한 왜구가 날듯이 달아나며 동료를 뒤로 한 채 사라지려 했다. 이성계는 석궁을 꺼내들고 첫 발에 그 왜구를 쓰러뜨렸다.

그 후 왜구는 지리산으로 숨어들어 고슴도치 모양의 튼튼한 요새를 쌓고 저항했다. 이성계는 적진 깊숙이 들어갈 방법을 찾아내서 왜구를 살육했다. 그러나 이성계라 해도 한 번에 여러 지역에서 군대를 지휘할 수 없었기에 당시 강화도는 고통에 신음하고 있었다. 다음으로 이성계는 황해도 해주로 들어가 싸우며 왜구가 세워둔 목책에 불을 지르며 무차별적으로 살육했다.

정몽주가 일본을 설득하다 당시까지 일본 왕실은 왜구를 진압할 능력이 없었다. 일본에서 신홍이라는 승려가 찾아와 선물을 주면서 일본은 왜구의 무리가 아니며 왜구를 소탕하기란 매우 어려운 일이라고 해명했다. 왜구는 동에 번쩍 서에 번쩍하며 끊임없이 출몰했다.

고려는 일본 쇼군 패거대에게 사신을 보내 왜구를 소탕하는 데 동참해달라고 요청했지만, 쇼군은 고려 사신을 감옥에 가두고 죽기 직전까지 굶겨서 고려로 돌려보냈다. 우왕은 다시 사신을 보내려 했지만 조정 신료들이 모두 두려움에 사로잡혔다.

대신들은 모두 현명하고 학식이 풍부한 정몽주를 미워했기에 왕에게 정몽주를 사신으로 보내라고 요구했다. 정몽주는 기꺼이 사신의 임무를 받아들고 쇼군의 대궐에 당도해서 일장 연설을 했는데, 고려와 일본 사이에 조성된 우호 관계를 하나씩 늘어놓으며 좋은 인상을 심어줬다. 쇼군은 물론 그의 신하들까지도 정몽주에게 호감을 느꼈고 정몽주가 고려로 돌아갈 때는 추망인 장군을 호위대장으로 붙여주었으며, 예전에 포로로 잡힌 고려 사람 200명을 돌려보냈다. 또 삼도에 위치한 왜구의 근거지를 소탕하라는 우왕의 요청을 받아들였다.

이성계가 최영을 구하다 임선무가 몽골군에게서 화약 만드는 법을 배운 뒤 화약 제조를 관장하는 관청이 설치됐지만 아직 화기火器는 없었다.

1379년에는 상황이 전보다 악화됐다. 왜구가 충청도와 강화도 일대에 들끓기 시작했던 것이다. 우왕은 왜구를 몹시 두려워하며 송도의 수비를 강화했다. 송도는 최영 장군이 지켰다.

왜구는 송도까지 가는 길에 최영의 군대만 지키고 있는 것을 알고 맹렬한 공격을 퍼부어 달아나게 했다. 그런데 때마침 이성계가 기병을 이끌고 나타나 도망치던 고려군을 다시 불러모아 왜구에게 맹렬한 공격을 퍼붓자 순식간에 패배가 빛나는 승리로 탈바꿈했다. 그 시각 앞서 출발한 전령이 숨 가쁘게 달려 송도 문전에 도착해서는 최영 장군이 패했다고 전했다. 그 순간 송도는 일대 혼란에 빠졌다. 우왕은 귀중품을 싸들고 당장이라도 달아날 기세였다. 바로 그 순간, 첫 번째 전령에 뒤이어 다른 전령이 달려오며 이성계 장군이 전세를 역전시켜 승리를 쟁취했다고 알렸다.

왜구 때문에 도읍을 옮길 생각을 하다　이번에는 일본 측에서도 호의를 보였다. 일본 서부 지방 현령이 승려 신홍에게 병졸 60명을 주고 고려가 왜구를 진압하는 데 일조하게 했다. 신홍의 군대는 왜구를 진압하다가 얼마 후 당초 계획보다 많이 싸웠다고 판단하고 일본으로 돌아갔다.

왜구가 서해안을 따라 노략질하면서 북쪽으로 평양까지 올라오자 우왕은 전적이 좋은 나세와 심덕부 장군을 보냈다. 이들은 불화살을 쏘아 진포에서 적의 함선 여러 척을 불살랐고, 달리 빠져나갈 구멍이 없던 왜구는 고스란히 포로로 붙잡혔다.

우왕은 명나라를 어떻게 대할지 갈피를 잡지 못했던 것으로 보인다. 한 번은 몽골 편에 섰다가 다음에는 명나라 편에 섰다. 1년 전에는 몽골 연호를 채택했다가 1년 후에는 태도를 바꾸어 명나라 연호를 채택하는 식이었다. 우유부단한 태도로 조공국의 책임을 제멋대로 방기하자 명나라는 고려에 대한 호의를 잃고 고려가 몰락하기를 기다렸다.

1379년 늦가을, 왜구가 다시 송도에 접근해오자 우왕은 안전한 곳으로 피신하고 싶어했다. 흙 점의 점괘에는 북소산이 '지세가 좁아 왕이 거하기에 좋다.'고 나왔지만, 조정 신료들은 일제히 반대했다. 각지에서 세금으로 거둔 쌀을 배로 실어 날라야 하는데 북소산 근처에는 큰 강이 흐르지 않는다는 이유를 들어 반대했던 것이다. 그래서 도읍을 옮기는 계획은 좌절됐다.

몽골군이 요동에 나라를 세우다 　몽골군에서 고가노라는 장군은 몽골군 본대에서 떨어져나와 요동 지방에 별도의 정부를 세웠다. 고가노는 한편으로는 몽골과 연결된 원래의 끈을 놓지도 못하고, 다른 한편으로는 명나라의 국운이 일어날 기세라는 판단 사이에 갈팡질팡했다. 결국에는 병력 4만을 이끌고 고려에 찾아와 합류하게 해달라고 요청하며 중도적인 방법을 택했다. 문헌에는 고가노의 요청이 받아들여졌는지 기록되어 있지는 않았지만 받아들여졌을 가능성이 높다.

황제가 변덕스런 우왕을 꾸짖다 　1380년에 일본은 박거사 장군에게 병졸 180명을 보내서 고려에서 왜구를 축출하는 데 일조했다. 이처럼 왜구가 끊임없이 위협하는 와중에도 고려 조정은 신료들 사이의 질투심에 멍들어 있었다. 이성계와 친분이 두터운 양백연이라는 장군이 조정 신료들의 모함으로 귀양을 떠났다가 유배지에서 살해당한 일도 있었다. 이성계처럼 명망 있는 장군이 살해당하지 않고 살아남은 것이 놀라울 정도였다.

　명나라 황제로서는 당연한 얘기지만 우왕을 매우 변덕스런 인물로 받아들이고 원칙을 정하지 않고 그때그때 사안에 따라 입장이 바뀌는 이유가 무엇이냐고 묻는 편지를 보냈다. 우왕이 어떤 답을 보냈는지는 기록에 남아 있지 않지만 전보다 더 무절제한 습관에 빠져든 것으로 보아 황제의 훈계를 진지하게 받아들이지 않았던 것이 분명하다.

　우왕이 시도 때도 없이 사냥을 나가고 음주와 가무를 즐기는 것을 백성들은 좋지 않은 눈으로 바라봤다. 백성들은 왕이 멧돼지나 사슴이 아니라 왜구를 잡아야 할 때라고 생각했다.

왜구가 충청도 일대를 유린할 때도 왕은 경작지를 짓밟으며 사냥감을 쫓아다녔다. 왕은 필요할 때면 언제나 백성들에게 소와 말을 강탈하고, 예쁜 여자를 보면 무슨 수를 써서라도 자기 여자로 취했다. 기질로 보나 성정으로 보나 신돈의 아들임이 분명했다.

이성계의 눈부신 활약　같은 해에 왜구는 전보다 훨씬 과격한 모습이었다. 왜구는 남부 지방을 벌집 쑤시듯 헤집어놓았다. 고려군의 배극렴과 정지 장군이 파견됐지만 진압하지 못했다. 마침내 왜구는 조만간 송도로 들어가겠다고 큰소리쳤다.

때마침 이성계가 나타나 전투를 지휘하지 않았다면 실제로 왜구가 송도까지 쳐들어갔을지 모를 일이었다. 이성계는 전투에 투입할 수 있는 병졸을 모아 급히 남쪽으로 출발하여 전라도 우방까지 내려갔다. 이성계는 왜구의 진영에서 10킬로미터 정도 떨어진 정산에 올라갔다. 산 위에 올라가서 적진으로 들어가는 길이 두 개 있는데, 하나는 넓고 평탄한 길이고 다른 하나는 좁고 험난한 길이라는 것을 알아냈다.

이성계는 현명하게도 왜구가 좁은 길을 택할 것이라고 판단하고 왜구가 후퇴하기만을 기다렸다. 그리하여 본대를 넓은 길로 보내고 믿을 만한 병력을 소수 정예로 선발하여 좁은 길에 매복시켰다. 왜구는 정확히 이성계의 예상대로 움직였다. 고려군이 몰려온다는 소식을 듣고 좁은 길로 성급히 달아나려 하다 매복에 걸려 처참하게 공격당했다. 여기서 50명이 전사했다. 나머지는 산으로 달아났다가 다시 평지로 내려왔다.

고려군 전체가 한곳에 집결하여 왜구가 주둔하던 지점에 공격을 퍼부었다. 고려군은 가파른 경사면을 타면서 공격해야 했다. 이성계가 탄

말 두 필이 화살을 맞고 쓰러졌고 이성계 자신도 다리에 화살을 맞았지만 화살을 뽑아내고 계속 싸움에 임했다.

왜구의 무리 중에 군계일학으로 튼튼하고 건장한 사람이 있었다. 그는 창을 들고 이리저리 뛰어다니며 동료들을 독려했다. 그는 온몸을 갑옷으로 감싸고 머리에는 청동 투구를 썼다. 화살이 뚫고 들어갈 틈이 없었다. 그러자 이성계는 이두란이라는 부하에게 이렇게 말했다. "활 쏠 준비를 해라. 내가 저 자의 투구를 맞춰 떨어뜨릴 테니 너는 얼굴을 겨냥해라." 이성계가 조심스럽게 활을 겨냥해서 왜구의 투구를 쏘아 떨어뜨리자마자 이두란이 약간 아래를 겨냥해서 쏜 화살이 날아갔다. 그러자 왜구는 와해되어 곧 뿔뿔이 흩어졌다. 인근의 개천은 며칠 동안이나 피로 물들었다고 한다. 이때 빼앗은 말이 1,600필이었고 무기를 비롯하여 전리품도 다량으로 획득했다.

이성계는 승리를 거두고 당당하게 송도로 돌아가 금 50냥과 상을 하사받아 수하들에게 나눠줬다. 이때부터 남해안에 왜구가 쳐들어왔다는 소식만 들어오면 "이성계 장군은 어디 있나?"라는 말이 여기저기서 터져나왔다고 한다.

고 려 의 네 로 황 제 , 우 왕   우왕의 변덕스런 태도를 견뎌온 명나라 황제는 급기야 왕이 제정신을 차리도록 하려고 약간의 부담을 안겨주기로 했다. 황제는 우왕에게 매년 말 1천 필, 금 50킬로그램, 은 5천 냥, 옷감 500필을 조공으로 바치라고 요구했다. 그러나 이는 우왕의 역량을 넘어서는 요구였기에 왕은 결국 금 10킬로그램, 은 100킬로그램, 말 450필, 옷감 4,500필만 보낼 수 있었다.

고려는 이처럼 엄청난 양의 공물은 요동군 현령의 손을 거쳐 명나라 황실로 전달하기로 했다. 그러나 요동 현령은 이것은 단순한 공물이 아니라 벌금의 의미도 갖는 것이니 적게 가져오면 받을 수 없다고 엄포를 놓고는 사신을 쫓아버렸다.

1382년에 고려 조정에서는 해안 수비 문제를 해결할 새로운 대책을 마련했다. 규모가 큰 항구에는 대규모 병력을 지휘하는 장군을 빠짐없이 배치하고, 규모가 작은 곳에는 규모에 비례해서 수비대를 배치하기로 했다. 군대가 끊임없이 이동하면서 백성들의 자원을 축냈지만 달리 해결할 방도가 없었다.

왜구의 공격이 자주 일어나서 일일이 열거하기도 어려울 정도다. 왕이 조금이라도 용감한 태도를 보였다면 백성들로서 견디기가 한결 수월했겠지만 왕의 향락과 타락은 그칠 줄 몰랐다. 왕은 사냥하다가 술에 취해 말에서 떨어지는 때도 많았다. 왕궁을 무희들로 채웠으며, 왕은 '로마가 불타는 동안에도 향락을 즐긴' 네로 황제 같은 존재였다.

왕이 팔뚝에 매를 앉히고 사냥에 나서면 환관이 뒤따르면서 음란한 몽골 노래를 불렀다. 온갖 놀이가 다 지겨워지자 왕은 모의로 전쟁을 일으켜 돌을 던지며 놀았다. 한국의 전통 놀이인 돌싸움이 여기서 유래했다고 보는 이가 많다.

한번은 왕궁 뒤뜰에서 한 신하를 산 채로 땅에 묻는 놀이를 하다가 그 신하가 기절할 듯 겁에 질려서 저항하는 모습을 보고 몹시 즐거워했다. 또 그 신하가 쓴 관모를 과녁으로 내놓으라고 요구했는데, 이는 대단히 모욕적인 행동이었다. 한국에서 관모는 관직을 나타내는 징표라서 대소변을 볼 때 관모를 벗어놓을 정도로 소중하게 간수하는 물건이었다.

한양으로 도읍을 옮기다　명나라 황제가 조공을 바치라고 압력을 가해오자 1383년에 우왕은 금 50킬로그램, 은 1천 냥, 옷감 1만 필, 말

1천 필을 보냈다. 문헌에는 공물이 요구에 미치지 않아 황제가 받아들이지 않았다고 기록돼 있다. 공물을 돌려보낸 것이 아니라 요구한 공물을 모두 받았다는 증서를 써주지 않았던 것 같다.

같은 해인 1383년에는 도읍을 한양으로 옮겼다. 고려에 자꾸 안 좋은 일이 생기자 도읍의 지세가 좋지 않아서라고 판단하여 천도했다고 한다. 게다가 송도에 들짐승이 자주 들어오는 것이 흉조로 여겨졌다. 우물물이 뜨겁게 끓었고 물고기가 맞붙어 싸웠다는 등 갖가지 꾸며낸 이야기가 떠돌았으며, 모두 도읍을 이전하라는 의미를 담고 있었다. 결국 큰 반대를 무릅쓰고 도읍을 옮기기로 했던 것이다. 한편 왜구는 여전히 남쪽 지방에서 노략질을 일삼았다. 이성계가 북쪽에서 여진을 격퇴하고 있었기 때문이다.

도읍을 다시 송도로 옮기다　　고려는 명나라에 조공을 바치면서도 몽골과 화평을 맺었다. 1384년에는 몽골 족장 나하추가 선물을 들고 찾아왔고 두 나라 사이에 사신도 자주 오갔다. 고려는 어느 한 편에 서지 않고 미적지근한 태도를 취하다가 결국 명나라로부터 내침을 당했다.

한편 변덕스런 우왕은 도읍을 다시 송도로 옮기는 바람에 고려의 대신들을 헛되이 고생시켰다. 조정 대신들은 왕과 함께 송도로 떠나면서 다시 한양에 돌아오지 못하도록 집들을 불태웠다.

우왕의 파렴치한 행동 중에는 아버지의 후궁을 첩으로 삼으려 했던 일도 있었다. 어느 날 우왕은 아버지의 후궁을 만나 미모를 칭송하며 자기 후궁들보다 훨씬 아름답다고 말했다. 그리고 오밤중에 후궁의 처소에 들어가려 했지만 어떤 이유에서인지 들어가지 못했다. 한 신하가 왕의 부정한 행위를 탓하자 우왕은 그를 화살로 쏘려고 했다.

이성계가 여진족을 격퇴하다 이성계는 북쪽에서 여진을 격퇴하느라 분주히 돌아다녔다. 여진 세력을 이끌던 장수는 호바투였다. 호바투는 2킬로그램이나 나가는 투구를 썼다. 그는 붉은 갑옷을 입고 검은 말을 탔다. 그는 말을 타고 달려오면서 큰소리로 이성계를 모욕하는 말을 퍼붓고 결투를 신청했다. 이성계가 결투를 받아들이자 곧바로 둘 사이에 보통 사람이라면 살아남기 힘들 정도의 격렬한 싸움이 벌어졌다. 팽팽한 접전이 지속되다가 우연히 호바투의 발이 휘청거리자 이성계가 그 틈을 놓치지 않고 호바투의 목에 화살을 쏘았다. 그러나 투구 덕에 심한 상처는 입지 않았다. 이어서 호바투의 말을 쏘았다.

그 뒤 호바투의 병졸들이 달려오고 이성계의 병졸들도 달려와서 전투가 시작됐다. 결과는 고려의 압도적인 승리였다. 그러나 조선 왕조를 건국한 이성계의 훌륭한 업적을 찬양하는 기록은 새 왕조의 영웅 만들기의 방편일 가능성이 농후하기 때문에 이성계에 관한 기록은 반드시 부풀려졌을 가능성을 감안하고 받아들여야 한다.

정몽주가 명에 화평을 제안하다 명나라에서는 고려가 몽골과 내통한 사실을 알고 큰 화를 면치 못할 것이라며 경고하는 편지를 보냈다. 겁에 질린 우왕은 명나라에 급히 사신을 보내 사태를 바로잡으려 했지만 황제는 사신을 감옥에 가두고 한번에 5년치 공물을 바치라고 요구했다. 이 요구는 받아들여지지 않았을 것으로 보인다.

일본이 고려를 보는 시각은 두 가지였다. 포로로 잡아두던 고려 사람 200명을 돌려보내면서도 한편으로는 강원도 강릉 일대로 쳐들어가 노략질하면서 멀리 낭천까지 올라가기도 했다.

우왕은 1385년 봄에 황제의 요구 중에서 일부를 받아들여서 말 2천 필을 보냈다. 명나라에 화평을 제안하러 떠난 사람은 충신 정몽주였다.

황제는 정몽주가 남경에 도착한 날짜를 보고 급히 파견돼 온 것임을 알아챘다. 덕분에 황제는 다소 화가 누그러져서 정몽주를 후하게 대접했고, 신중하고 사리 분별력이 뛰어난 정몽주는 이 기회를 잘 활용하여 명나라와 고려 사이에 돈독한 우호 관계를 다졌다.

갓 난 아 기 가   급 제 하 다   당시 고려는 이루 형용하기 힘들 정도로 열악한 상황이었다. 중요한 문과시험인 과거에서 아직 엄마 젖을 먹는 갓난아이까지 급제시키는 일이 종종 있었다. 사람들은 이런 관행을 비꼬아 '갓난아기 급제'라고 불렀다.

우왕은 명나라에 밀린 조공을 갚으려고 백방으로 노력했지만 황제가 요구한 말의 수를 채우지 못했다. 그래서 말 대신 은과 옷감을 대량으로 보냈다. 한편 몽골의 경우 상황이 역전되어 몽골 사신이 고려 왕을 알현할 기회를 얻지 못했다.

이듬해인 1386년에는 명나라 황제가 우왕을 공식으로 책봉했다. 고려 조정에서는 이 일에 크게 기뻐했다. 그러나 우왕이 그 후에 더욱 쾌락을 탐닉한 것으로 보아 왕으로서의 위엄을 되찾지 못했던 모양이다.

우왕은 이미 다른 사람과 약혼한 신하의 딸을 강제로 붙잡아 후궁으로 삼았다. 동양 문화에서 약혼한 여자는 결혼한 여자와 동일하게 생각하기 때문에 우왕의 이런 행위는 범죄에 해당했다.

이 성 계 , 약 조 를 어 기 고 항 복 한 왜 구 를 몰 살 하 다   이쯤에서 이야기의 방향을 돌려 이성계가 왜구를 무찌르고 고려를 구하는 장면을 살펴보자. 이성계가 북동 지방에 주둔할 당시 왜구는 두만강 하구로 쳐들어와 이성계의 주둔지 근처로 다가왔다. 그러다 왜구는 이성계가 가까이 있는 것을 알고 달아나려 했지만 이성계가 강력히 밀어붙인 바람에 맞서 싸우거나 항복하거나 둘 중 하나를 선택해야 했다.

이성계는 당장 항복하지 않으면 살아남지 못할 것이라고 으름장을 놓았다. 왜구는 이성계의 말처럼 항복만이 살길이라고 판단하고 무장을 해제했지만, 이성계가 공격을 멈추지 않아 평야가 주검으로 뒤덮여 발 딛을 틈이 없었다고 한다.

문헌에서는 위대한 장군 이성계의 신뢰성 없는 행동을 감추거나 변명하지 않고 그대로 드러낸다. 아직 윤리를 중시하던 때가 아니었다. 왜구 역시 고려에 정식으로 전쟁을 선포하지도 않았고 힘없는 부녀자를 죽이고 집을 불태웠다. 왜구의 유일한 목적은 노략질이었고 군대의 명예에 관한 규약 따위는 알 턱이 없었다.

온갖 범죄를 저지르고도 무사한 우왕　　우왕의 변덕스런 태도는 이제 새로운 양상으로 나타났다. 우왕은 하룬 알 라시드(아바스 왕조의 5대 칼리프)처럼 밤에 변장을 한 채 후궁과 환관을 거느리고 거리를 배회하기도 했다. 이루 형용하기 힘든 온갖 범죄를 저질렀는데, 백성들을 그 자리에서 죽이는 짓을 저지르고도 무사히 넘어갔다. 왕으로서 체통 따위는 중요하지 않았다. 더군다나 다른 고약한 무리들이 가면을 쓰고 돌아다니며 왕의 이름을 사칭하여 구체적으로 언급하기도 힘든 폭력을 자행했다.

왕은 사냥터에서 남장을 한 매춘부와 후궁들을 거느리고 앞장서서 달렸고, 왕이 가는 곳마다 왕의 일행이 마음에 들어 하는 말과 소와 갖가지 물건이 없어졌다. 제주도에서 말 키우는 사람들의 반란이 끊이지 않자 왕은 마침내 이행 장군에게 제주도 말을 모두 가져오고 말 키우는 사업을 완전히 폐지하라고 지시했다. 왕의 명령대로 시행됐고 제주도에 다시 평화가 찾아왔다.

한국인이 명나라 전통을 따르다   1387년이 시작되자 고려와 명나라의 관계는 더욱 긴밀해졌다. 명나라 황제는 비단 5천 필을 보내주고 말을 구입했는데 남경에 실려온 말의 상태가 좋지 않은 것을 보고 우왕을 믿지 못할 인물이라고 비난했다.

고려의 관리는 모두 명나라의 의복과 예법을 따랐다. 전에도 명나라 복식을 채택했다가 다시 몽골 복식으로 돌아간 적이 있었다. 이때부터 조선 시대까지 한국인의 복식은 줄곧 명나라 전통을 따랐다.

이성계,
루비콘 강을
건너다

왕이 요동 정벌을 결정하다　고
려는 거대한 소용돌이의 끝자락에 위
태롭게 선 채로 금방이라도 소용돌이
속으로 빨려 들어갈 판국이었다. 연회와 사냥만 일삼고 반드시 해결해
야 할 대외 문제에 관여하지 않던 왕이 1388년이 시작되면서 요동을
침략하기로 마음먹었다면, 상식이 있는 사람에게는 터무니없게 여겨져
손가락질당할 일이었다. 한마디로 무모한 생각이었다.

첫째, 왜구가 항상 쳐들어와 남해안의 경계 태세를 늦추지 말아야 할
상황에서 병력을 영토 밖으로 내보내려는 조치는 왜구에게 다시 쳐들
어와도 저항하지 않겠다는 뜻과 다름없었다.

둘째, 고려는 언뜻 보기에도 막강한 새로 건국한 명나라와 맞붙을 생
각을 해서는 안 됐다. 안 그래도 고려가 본래 몽골과 밀접한 관계라서
막다른 길에 몰린 상황이었다.

셋째, 명나라가 요동에서 확고한 발판을 마련한 상황에 요동을 침략
하는 행위는 궁극적으로 명나라에 선전포고하는 것과 같았다.

넷째, 나라의 재정이 파탄 나서 전쟁을 일으키기 위해 별도로 세금을
거둬야 한다면 백성들의 지지를 끌어내지 못하고 병졸들이 달아나 병
력이 크게 약화될 것이 불 보듯 뻔했다.

그러나 이 같은 자명한 이유에도 불구하고 우왕은 고집을 꺾지 않고 먼저 예비 조치로 한양에 성을 쌓아 부녀자들을 안전하게 피신시켰다. 우왕도 이 작전이 얼마나 위험한지 인식하고 있었던 셈이다. 우왕의 행동은 다른 오락거리에 흥미를 잃고 쾌락을 얻기 위해 전쟁에 뛰어든 것처럼 보였다.

　명나라 황제는 우왕의 계획을 알았던 것으로 보인다. 이는 황제가 사신을 보내 '철령 이북의 땅은 몽골이 차지하고 있다. 그러니 고려와 몽골 사이에 경계를 세우려 한다.'고 전한 데서 드러난다. 사신이 송도에 도착하자 우왕은 병이 났다는 핑계를 대며 사신을 만나지 않으려 했다. 대신 서면으로 '철령 이북에서 쌍성까지 모두 고려 소유이니, 그곳에 경계를 세우지 말라.'고 알렸다. 그러고는 각지의 모든 군대를 불러모아 침략 전쟁을 준비했다.

　백성들이 진짜 이유를 알게 되면 크게 저항할까 봐 겉으로는 평안도에 사냥하러 가는 것처럼 꾸몄다. 왜구가 남부 지방을 유린하고, 백성들은 한양을 보수하는 데 들어가는 비용을 충당하느라 강제로 징수한 세금으로 신음했으며, 밭에 씨도 뿌리지 못해 백성들이 크게 상심했다고 한다.

이성계의 4대 불가론　우왕은 최영을 요동 원정군 총병관으로 삼았고, 최영은 군대를 이끌고 지금의 평산 땅인 평주까지 올라갔다. 최영은 병사들에게 요동을 치러가는 길이라고 사실대로 밝히면서 용감무쌍하게 주어진 임무를 수행하라고 명했다. 이성계는 중대장으로 선발되어 최영과 긴밀히 연계했다. 이성계는 전쟁을 필사적으로 반대했으며 그가 내세운 반대 이유가 지금까지 전해진다.

　첫째, 작은 나라가 큰 나라를 거스르는 일은 옳지 않다. 둘째, 여름철에 군사를 동원하는 것은 부적당하다. 셋째, 요동을 공격하는 틈을 타서 남쪽에서 왜구가 침범할 우려가 있다. 넷째, 무덥고 비가 많이 오는 시기라 활의 아교가 녹아 무기로 쓰기 힘들고 병사들도 전염병에 걸릴 염려가 있다.

이성계가 거론한 전쟁 반대 이유를 들은 우왕은 이미 멀리 왔으니 돌아갈 수 없고 계획대로 밀고나가라고 명했다. 이성계는 목숨을 걸고 반대 의사를 밝혔고, 이런 태도에는 왕조를 전복시킬 가능성이 내포돼 있었다. 왕은 몹시 분개하며 "이번 전쟁에 반대하는 자가 또 나타나면 단칼에 목을 베겠다."고 호통을 쳤다. 논쟁은 끝나고 전쟁 회의가 해산되면서 이성계가 흐느껴 우는 모습을 본 대신들이 왜 우냐고 묻자, 이성계는 "고려가 멸망할 것이라 웁니다."라고 대답했다.

4대 가론 이성계의 4대 불가론은 역성혁명의 당위성을 뒷받침하기 위해 나온 것일 수도 있다. 당시 역전의 맹장이었던 최영이 터무니없이 요동 정벌론을 내세웠을 리 없다는 주장도 제기되고 있다. 그래서 나온 것이 최영의 4대 가론이다.

첫째, 명나라가 큰 나라이기는 하나 신생국이고, 주변국의 공격을 받고 있는 혼란 상태로 인해 요동에 신경 쓸 여력이 없다. 어떤 의미에서 요동은 무주공산이다. '부당한 요구를 하더라도 큰 나라이기 때문에 칠 수 없다.'는 주장은 사대주의, 분당주의, 역모의 합리화 등 부정적인 모습을 드러내는 말이라고 할 수 있다.

둘째, 이미 농번기 때 군량을 확보했으므로 초기의 우호적인 날씨와 상황을 십분 활용해 머뭇거리지 말고 홍인주가 요동을 급습했던 것처럼 대대적으로 한반도 쪽 요동으로 밀고 들어가 미리 접수한다면, 오히려 장마를 역이용할 수도 있다. 당 태종이 요동에 요지부동으로 갇혔던 과거의 예를 생각할 수 있다. 아쉬운 점은 홍인주라는 인물에 대해 국사에서 거의 다뤄지지 않고 있다는 것이다.

셋째, 왜구의 후방 침입은 최영과 박위가 이미 대비하고 있었다.

넷째, 한 나라의 장수가 실제 발생할지 안 할지도 모르는 전염병을 이유로 철군을 주장하는 것은 어떤 전쟁사에도 없는 일이다.

따라서 최영의 입장에서는 무주공산을 접수할, 다시는 올 수 없는 절호의 기회가 날아가버린 셈이 됐다. 그 이후 한국은 고토 회복을 꿈조차 꿀 수 없게 됐다. 고토를 회복한 후 조공국이 되는 것과 고토를 상실한 후 조공국이 되는 것은 천양지차다.

헐버트는 조선의 사료에 근거해 한국사를 썼기 때문에 최영의 입장에 대한 서술은 빠질 수밖에 없었다. 조선의 사료가 필연적으로 이성계를 미화하고 우왕, 최영, 조민수 등을 격하한 부분이 없지 않다는 것을 감안해야 할 것이다('4대 가론'은 편집자 씀).

4만 대군이 출병하다　압록강에는 금세 다리가 놓였고, 이성계는 부하 장군 하나를 거느리고 기병 2만 1천 명을 포함하여 병력 3만 8,600명을 이끌고 평양 북쪽에서 출발했다. 당시 우왕은 명나라 연호와 의관을 폐지했다. 다시 몽골식 의관을 채택하고 머리를 변발로 자르게 했다. 왜구는 고려 병력이 북쪽으로 이동한다는 소식을 접하고 아무도 지키지 않는 고려 영토로 들어와 순식간에 40개 주를 정복했다.

한편 명나라를 치러 떠난 원정군은 어떻게 되었을까? 이성계는 압록강에 도착한 뒤로 왕의 명령에 따르지 않았다. 무엇보다도 이성계는 명나라를 정벌할 생각이 없었다. 그래서 압록강 하구의 위화도로 들어가 진을 쳤다. 병졸 수백 명이 탈영하여 집으로 돌아갔다. 그중 일부는 관군에 붙잡혀 처형당했다. 그래도 탈영이 그치지 않았다.

홍인주, 요동을 급습하다 위화도에 머무르던 홍인주라는 장군이 요동을 급습하여 우왕에게 칭찬을 받았다. 그러나 이성계는 여전히 냉담했다. 이성계는 우왕에게 편지를 보내 이치理致에 귀를 기울여 어서 군대를 불러들이라는 상소를 올렸다. 이성계는 왕에게 홍수나 왜구의 침입과 같은 중대한 국사에 관심을 두라고 간청했다. 그러나 왕은 고집을 꺾지 않았다. 이성계가 진영을 이탈했다는 소문이 돌아 다른 장군이 소문의 진상을 확인하러 갔더니 이성계는 줄곧 자기 진영을 지키고 있었다. 두 장군은 가망 없는 현실을 애통해 하며 눈물을 흘렸다.

마침내 둘은 병사들을 불러모았다. "이 섬에 남아 있다가는 우리 모두 홍수에 쓸려갈 것이다. 임금은 합당한 명분에 귀 기울이지 않을 것이다. 백성들을 모두 죽지 않게 하려면 무엇을 해야 하는가? 우선 평양으로 돌아가 터무니없이 명나라를 치자고 건의한 최영 장군을 폐해야 하지 않겠는가?" 이에 병사들은 환호성을 올렸다. 병사들에게는 이보다 더 반가운 소식이 없었던 것이다.

이성계, 루비콘 강을 건너다 이성계는 흰말에 올라타고 붉은 활과 흰 화살을 들고 흙무더기 위로 올라가 한 점 흐트러짐 없이 서서 병사들이 왕의 명령을 거스르며 압록강을 건너 다시 고려로 돌아가는 모습을 지켜보았다. 로마의 지도자에게 충성을 다하며 루비콘 강을 건너던 병사들을 지켜보는 카이사르의 모습이 떠오른다.

이성계에 견주면 카이사르는 비교도 안 된다. 카이사르는 로마를 보호하고 로마인의 희생을 막기 위해서가 아니라 개인의 야망을 끝까지 관철시키기 위해 루비콘을 건넜을 뿐이다. 그러나 이성계는 다시 한 번 왕에 맞서고 어처구니없는 실수를 저지르지 못하도록 막기 위해 위험을 무릅쓰고 압록강을 건넜던 것이다. 그 후 이성계가 개인의 목적이 아니라 왕에 충성을 다하며 권력을 쓰는 행적이 드러난다. 물론 주위의 권유로 왕위에 오르게 되기 전까지 말이다.

문헌에 따르면 이성계가 강을 건너자마자 산에서 흘러 내려오는 개천이 거센 파도를 이루어 계곡으로 흘러내려 위화도를 휩쓸었다고 한다. 백성들은 이 일을 하늘의 계시라고 받아들이고 '나무의 아들이 왕이 된다.'는 후렴구가 붙은 노래를 지어 불렀다. 이는 이씨 성의 이李라는 한자를 가리키는 말이다. '李'라는 한자는 나무를 뜻하는 '木'과 아들을 뜻하는 '子'가 결합된 글자다. 그리하여 이성계는 전 병력을 이끌고 송도를 향했다.

북부 지방의 어느 관리는 왕에게 전갈을 보내 군대가 송도를 향해 전력으로 진군한다고 알렸다. 왕은 이번에는 평양 북쪽의 송천에 있었다. 요동 정벌을 반대하는 세력이 많다는 사실을 알았기 때문에 직접 전장 가까이에 가 있으면 자기 말을 따를 것이라고 판단하고 북쪽으로 올라가 있었던 것이다.

우왕은 이처럼 놀라운 소식을 듣고 곧바로 최유경 장군과 남은 병력을 끌어모아 이성계의 군대를 막아섰다. 이성계의 부하 장군은 전속력으로 돌진하여 왕을 붙잡자고 재촉했지만, 이성계는 반역자가 아니라고 강조하며 "우리가 서둘러 달려가 같은 고려군과 맞붙으면 고려 백성들이 죽게 된다. 누구라도 폐하께 손끝 하나라도 건드리면 내 가만히 두지 않겠다. 고려 백성 하나라도 해를 입으면 내 용서치 않으리라."라고 소리쳤다. 그리하여 이성계는 속도를 늦추어 남쪽으로 내려왔고, 일국의 왕이 되는 과정도 서서히 진행됐다. 마침내 송도에 도착하자 완강하게 저항하던 반란군도 하나둘씩 뒤를 따랐다. 백성들은 이들을 나라를 구원해줄 세력으로 반기며 영토를 넘겨주고 보급품을 제공해주어 부족한 것이 없게 했다.

이성계, "최영을 처형하게 해달라"　　이성계는 송도 부근에 도착해서 왕에게 편지를 보내 '최영 장군은 백성들의 안위에 관심을 두지 않았으니 죽어 마땅합니다. 최영을 제게 보내 처형할 수 있도록 허락해 주십시오.'라고 요구했다.

그러나 최영은 아무리 궁지에 몰려 있다 해도 저항해보지도 않고 투항할 생각이 없었다. 그리하여 남은 군대를 이끌고 송도로 들어갔다. 최영으로서는 필사적인 행동이 아닐 수 없다. 결과가 어땠는지는 누구나 알고 있다. 낙오한 병졸 수백 명이 이성계 진영에 다시 모여들었다.

공격이 시작되자 이성계는 남문을 치고 유만수는 서문을 친 후 곧바로 성안으로 밀고 들어갔다. 송도로 들어간 뒤에는 유만수가 이끄는 병력만 관군을 공격했다가 물러났다. 이성계는 이 소식을 듣고 당황하는 기색 없이 말 등에 올라앉아 말이 길가에서 풀을 뜯어 먹는 동안 기다렸다.

얼마 후 이성계는 간단히 요기를 한 후 천천히 일어나 군대를 정렬시키고 모든 병졸이 지켜보는 가운데 100보나 떨어진 곳에 서 있던 작은 소나무에 화살을 쏘았다. 화살이 똑바로 가서 꽂히자 백성들은 승리의 신호로 받아들이고 환호성을 올렸다. 소나무는 고려의 상징이었던 것이다. 그리하여 이성계가 이끄는 무리가 왕궁으로 향했다. 노인과 사내 아이들은 성벽 위로 올라가 수도를 침략해 들어오는 군대에 갈채를 보냈다.

이성계가 직접 공격을 지휘하지 않았지만 이성계의 부하 장군이 최영의 공격으로 크게 패했다. 그러자 이성계는 노란 깃발을 손에 들고 선죽교를 건너 남산에 올라 왕궁 안이 한눈에 내려다보이는 지점에 올라섰다. 최영과 왕은 군대를 거느리고 왕궁 앞마당에 진을 치고 있었다. 이성계는 산에서 내려와 군대를 이끌고 온갖 장애물을 뚫고 왕궁에 들어가 최영의 군대를 포위했다. 최영에게 밖으로 나와 항복하라고 요구했지만 아무런 대답이 없었다.

최영, 고양으로 유배가다 왕궁 정원으로 들어가는 문을 열어젖히자 왕이 최영의 손을 꼭 붙들고 서 있었다. 살아남을 가망이 없다는 것을 깨달은 왕은 눈물을 머금고 최영을 이성계의 군대에 넘겨줬다. 이성계는 앞으로 나와서 이렇게 말했다.

"이렇게까지 할 생각은 없었습니다. 하지만 명나라와 싸우자는 주장은 가당치도 않습니다. 아무런 이득이 없을 뿐 아니라 멸망을 자초하는 일입니다. 이렇게 송도로 돌아온 이유는 달리 방도가 없었기 때문입니다." 이성계는 최영을 고양으로 유배 보내면서 울면서 "평온히 가시오."라고 말했다.

문헌에 따르면 이인문은 이미 오래 전부터 최영에게 언젠가는 이성계가 왕이 될 것이라고 말했는데 최영이 웃어넘겼다고 한다. 이제 최영은 이인문의 예견이 현실로 들어나는 상황을 지켜보아야 했다. 당시 백성들 사이에는 후렴구가 다음과 같은 노래가 유행했다.

> 평양성 밖에는 붉은빛이 있다네,
> 안주성 밖에는 뱀이 있다네.
> 둘 사이에는 전사 이가 있다네.
> 우리를 도우소서.

이성계, "이제 명나라 옷을 입어야 합니다" 이성계는 최영을 제거한 후 우왕에게 이렇게 말했다. "요동 정벌은 실현 불가능한 일이었습니다. 돌아와서 그런 얼토당토않은 조언을 한 사람을 내쫓고 사태를 바로잡는 수밖에 없었습니다. 지금 우리는 명나라와 우호 관계를 확고하게 다져야 합니다. 다시 명나라 복식을 채택해야 합니다." 고려의 요동 정벌 작전을 전해 들은 황제는 요동 지역에 막강한 군대를 파견했다가 고려군이 돌아갔다는 소식을 듣고 다시 군대를 불러들였다.

고집을 꺾지 않고 끝까지 자기 뜻을 관철시키려던 우왕이 이성계를 얼마나 싫어했을지는 짐작하고도 남을 것이다. 왕은 기회를 틈타 가장 믿음이 가는 환관 80명을 불러모아 칼로 무장하고 무례한 독재자를 죽이라는 명을 내렸다. 그러나 워낙 방비가 철저해서 암살 시도를 포기해야 했다.

우왕, 역사의 무대에서 사라지다　우왕은 신돈의 아들이며 왕족이 아니라는 소문을 기억할 것이다. 그즈음 윤소종이라는 대신이 이성계에게 왕씨 가문의 자손으로 진정한 왕가의 후손을 찾아 왕으로 옹립하자고 제안했다. 이성계는 윤소종의 제안을 받아들였다.

첫 조치로 왕궁에서 모든 무기를 없앴다. 우왕에게는 전혀 힘이 없었다. 원래 승려의 몸종이던 후궁을 내보내라는 요구를 받고 왕은 "그 애를 내보내면 나도 나간다."고 답했다. 여러 장군이 모여 왕궁에 찾아와 우왕에게 수도를 떠나 강화도에 은신하라고 요구했다. 왕위에서 물러나라는 뜻을 정중하게 표현했던 것이다. 왕은 이미 밤이 깊었으니 날이 샐 때까지만 기다려달라고 간청했다. 그러고는 나라보다 더 사랑한 후궁을 데리고 역사의 무대에서 사라졌다. 아버지 공민왕 다음으로 고려의 몰락을 앞당긴 인물이 바로 우왕이었다.

'창'이 옹립되다　1388년에 이성계는 왕씨 집안의 직계 후손을 왕위에 앉히려 했지만 전부터 이 문제를 거론해온 조민수는 우왕이 양자로 삼은 창昌을 왕위에 앉히려 했다. 이성계는 조민수의 계획에 이의를 제기했지만 유명한 학자 이색마저 찬성하자 더 이상 반대하지 않았다.

어린 창은 이성계에게 높은 관직을 내리고 싶어했다. 그러나 이성계는 받아들이지 않다가 왕의 강권으로 마지못해 받아들였다. 문헌에는 이렇게 적혀 있지만 여기에는 새 왕조를 건국한 인물을 영웅으로 만들고 업적을 돋보이게 하기 위해 당시에 일어난 여러 가지 사건을 그럴듯하게 표현했던 것일 수 있다.

창은 황제의 인정이나 왕에게 수여하는 국새를 받지 못했기 때문에 고려 시대 왕의 계보에 이름을 올리지 못했다. 양아버지였던 우왕과 함께 창왕도 묘호를 받지 못했으며, 아버지는 신우辛禑, 아들은 신창辛昌이라는 이름으로 알려져 있다. 남경에 사신이 찾아가서 우왕이 추방되고 후계자가 지정됐다는 소식을 알렸다. 창왕을 왕으로 옹립한 조민수는 문헌에 기록되어 우리에게 전해지는 이성계의 모습처럼 온화한 성품을 지니지 않았다. 조민수는 그 후 무소불위의 권력을 휘둘렀다. 권력을 손에 쥔 사람들이 그렇듯이 조민수도 권력을 전횡하며 사치를 부리다 오래지 않아 쫓겨나고 말았다.

최영, "내가 충신이면, 내 무덤에 풀이 나지 않을 것이다"
이제 개혁을 단행할 때가 왔다. 우선 고려는 쫓겨난 우왕 시절에 횡행하던 잘못된 관리 임명 방식을 개혁했다. 토지 분배에 관한 법이 바뀌어 백성들이 안전하게 재산을 소유할 수 있게 됐다. 남쪽 지방 수비에도 관심을 기울였다. 정지 장군이 막강한 병력을 이끌고 남쪽으로 내려가 남원에서 왜구를 소탕하고 승리를 거뒀다.

이성계는 고려군의 총병관이 되었다. 그는 우왕의 유배지를 더 멀리 여흥으로 옮겼다. 또한 최영을 사형에 처했다. 최영은 한 점 흐트러짐

없이 꼿꼿한 자세로 일흔 살의 나이로 세상을 떠났다. 최영은 사치에 물들지 않고 훌륭한 성품을 지닌 인물이었지만 학식이 짧고 고집스러웠으며 명나라를 공격하겠다고 고집을 부린 탓에 죽음에 이르렀다.

문헌에 따르면 최영은 처형되면서 "내가 충신이면, 내 무덤에 풀이 나지 않을 것이다."라고 말했다고 한다. 고양에 위치한 최영 무덤은 지금도 풀이 나지 않는다고 해서 '홍묘紅廟'라고 불린다.

이색이 방원을 데리고 명에 가다　　고려의 왕이 바뀌자 황제의 의구심이 다시 고개를 들었다. 그러자 유명한 학자 이색이 명나라에 가서 문제를 해결하겠다고 자청했다. 이성계는 이색의 충정 어린 행동을 높이 평가하고 명나라에 사신으로 보냈다. 이색은 훗날 태종太宗이 되는 이성계의 다섯째 아들 방원芳遠을 데리고 떠났다. 이방원은 조선 왕조의 3대 왕이 되는 인물이다.

이색이 이방원을 대동하고 떠난 이유는 명나라에 가 있는 동안 이성계가 왕위를 찬탈하지 못하도록 인질로 잡아두기 위해서였다. 이색과 정몽주는 고려가 몰락할 당시 고려의 훌륭한 충신이었다. 두 사람 모두 학식이 높고 연륜이 있으며 무엇보다도 고려 왕조에 충정을 다하는 인물이었다.

앞서 설명했듯이 온갖 해괴한 일이 벌어진 고려지만 두 사람은 고려에 대한 충정을 버리지 않았다. 그러나 두 사람은 몽골이 아시아 여러 나라의 내정을 간섭하던 정책을 포기한 뒤에도 몽골 편에 서는 엄청난 실수를 저질렀다. 이색이 명나라에 간 이유는 고려를 도와달라고 요청하기 위한 것이 아니라, 이성계를 궁지에 몰아넣을 방법을 찾기 위해서였다. 그러나 이색으로서는 안타까운 일이지만 황제는 고려의 독재자로 군림하던 이성계에 관해 성토할 기회를 주지 않았다.

이색은 황제의 질문에 답하느라 정작 하려던 말을 꺼낼 기회조차 잡지 못했던 것이다. 이색은 억울한 마음에 고려로 돌아와서 황제를 비하하는 발언을 하여 황제의 심기를 건드렸다. 창왕이 직접 남경으로 가서 황제에게 사의를 표하려 했지만 그 뜻은 받아들여지지 않았다.

이성계가 공양왕을 옹립하다 1389년에는 몇 가지 흥미롭고 중요한 사건이 일어났다. 우선 이성계가 왜구를 정벌하기로 마음먹고 함선 100여 척을 띄웠다. 정벌군은 맨 먼저 대마도에 들어가서 배 300여 척과 집 300여 채를 불태우고 포로 100명 이상을 풀어줬다.

둘째, 창왕이 남경에 들어가 인사를 올리겠다고 요청하자 황제는 이런 답변을 보내왔다. '왕을 사칭하는 짓은 잘못이다. 고려가 진정한 왕족을 왕위에 앉히기만 한다면 앞으로 20년간 명나라 황실에 사신을 보내지 않아도 된다.'

이성계는 황제의 뜻을 받아들이는 모습을 보여주기 위해 유배지의 우왕에게 사절단을 보내 생일잔치를 베풀어줬다. 류큐제도(琉球諸島)의 왕이 송도에 사신과 선물을 보내며 고려에 충성을 다하겠다고 알렸다. 더불어 류큐 왕국에 억류돼 있던 고려인 포로를 돌려보냈다.

이성계는 고려 왕조를 지속시키려면 왕실의 직계 후손을 왕으로 옹립해야 한다고 결론을 내렸다. 당시에 권력을 쥐고 있던 이성계는 왕위에 오른 지 1년밖에 되지 않고 황제의 공식 승인도 받지 않은 어린 창왕을 강화도로 보내고 고려 20대 왕인 신종의 7대손인 요瑤를 왕위에 앉힐 생각이었다. 훗날 묘호가 공양왕恭讓王인 인물이었다. 당시 그의 나이 마흔다섯이었다. 이성계는 명나라 황실의 단호한 주장을 받아들이기 위해 이런 조치를 감행했던 것이다.

이때 강시라는 모사꾼은 공양왕에게 이성계가 공양왕을 왕으로 옹립

한 이유는 고려 왕조를 걱정해서가 아니라 명나라 황실을 두려워해서
라고 말했다. 이 사실을 알게 된 이성계는 강시를 귀양 보내라고 주장
하긴 했지만 끝까지 주장을 관철시키지는 않았다. 공양왕은 우선 적통
왕족이 아닌 창왕을 왕으로 옹립했던 이색과 조민수를 귀양 보냈다. 더
불어 명나라에 사신을 보내 왕씨 가문의 후손이 고려 왕이 되었다는 사
실을 알렸다.

우왕과 창왕, 유배지에서 처형당하다   대신들은 귀양 가 있는
두 왕을 죽이라고 요구했지만 이성계는 좀 더 포용력 있는 정책을 내세
우며 '유배지에 갇혀 있으니 더 이상 나쁜 짓을 하지 못할 것이다. 쓸데
없이 피를 뿌려서 좋을 것이 없다.'고 주장했다. 그러자 공양왕이 '저
자들 때문에 선량한 사람들이 죽었으니 죽여 마땅하다.'고 받아쳤다.
그리하여 우왕과 창왕은 유배지에서 처형당했다.

우왕의 부인은 죽은 남편의 시신을 품에 안고 이렇게 울부짖었다고
한다. "이게 다 내 아비의 잘못입니다. 내 아비가 명나라를 공격하자고
주장한 탓입니다." 문헌에 따르면 부인은 열흘 동안 먹지도 않고 죽은
우왕의 시신을 끌어안고 잤다고 한다. 또 쌀을 구걸하여 왕의 시신 앞
에 제사를 지내기도 했다고 한다.

천지조화로 이색이 풀려나다   1390년에는 이성계를 암살하려는
위험한 모의가 있었지만 제때 발각되어 많은 사람이 죽고 더 많은 사람
이 고문을 당했다. 이색과 조민수는 유배지에 발이 묶인 처지에서도 어
떤 식으로든 이 모의에 가담했다. 이 두 사람을 죽이라는 주장도 나왔
지만 우선은 고문한 뒤 감옥에 가두었다.

그런 뒤 먼저 조민수를 처형하고 사형 집행인이 이색의 유배지로 이

동할 때 우레와 같은 천둥소리가 들리고 큰 비가 퍼부어 이색이 갇혀 있던 마을 일부가 휩쓸려 내려갔다고 한다. 그러자 공양왕은 감히 이색을 죽이지 못하고 풀어줬다고 한다.

신하인 이성계가 징병제를 채택하다 이성계는 군대를 재정비하고 모든 백성에게 강제로 국방의무를 지우는 징병제徵兵制를 채택했다. 왕씨 집안의 피를 이어받은 공양왕은 불교를 숭상하고 승려를 스승으로 삼았다. 그러자 조정 신료 모두가 반대하며 승려를 왕궁에서 내쫓자고 결의했다.

백성들이 고통에 신음하는 동안에도 공양왕은 도읍을 한양으로 옮기기로 결정하고 곧바로 추진했다. 하지만 도읍을 한양으로 옮긴 지 얼마 지나지 않아 다시 송도로 돌아갔다. 여자는 절에 가지 못하게 하는 법령이 공표됐다. 승려의 윤리 의식이 해이해져서 양갓집 규수가 절에 가면 불미스런 일이 벌어지곤 했던 것이다.

모든 백성이 이성계를 고려의 수호자로 여기면서 이성계가 왕위에 오르기를 바라는 분위기가 고조됐다. 이성계 일파는 이 문제를 수면 위로 끌어올리려고 시도했지만 고려의 충신 정몽주가 무너져가는 고려를 끝까지 버리지 않고 저지하는 바람에 좌절됐다.

선죽교에 남은 정몽주의 붉은 선혈 정몽주는 청렴결백한 충신으로 정치적 입장 차이에도 불구하고 이성계가 존경하던 인물이었다. 정몽주는 고려를 수호하려면 이성계를 몰아내야 한다고 굳게 믿고 늘 이성계를 몰아낼 방도를 강구했다.

세자가 사신으로 갔던 남경에서 돌아오자 이성계는 세자를 마중하러 나갔다. 이성계는 멀리 황주까지 나갔다가 말에서 떨어지는 바람에 한

동안 제대로 걷지 못했다. 정몽주로서는 좋은 기회였다. 정몽주는 이성계 일파를 재빨리 제거할 생각으로, 공양왕에게 그들의 행적을 고발하고 여섯 명을 귀양 보냈다.

이성계의 아들 이방원은 해주에 머무르던 이성계에게 급히 달려가 당시 상황을 전해줬다. 이성계는 그다지 개의치 않았지만 혈기 왕성한 이방원은 이 같은 중대사를 어떻게 처리하느냐에 따라 집안의 운명이 결정된다고 판단하고 이성계를 부하들 등에 업고 송도로 돌아왔다.

이들이 송도로 돌아올 즈음, 귀양 가 있던 여섯 명이 처형될 위기였지만 때마침 이성계의 등장으로 처형이 중단됐다. 이방원은 가문의 명예를 되찾기 위해 당장 조치를 취해야 한다고 주장했지만, 이성계는 극단적인 방향으로 흐르기를 원하지 않았다. 모든 일의 책임은 이방원에게 넘어갔다. 이방원은 아버지가 왕이 되려면 누군가가 나서서 아버지를 왕위에 앉혀야 한다고 생각했다. 우선 정몽주부터 제거해야 했다. 정몽주를 제거하지 않고서는 아무 일도 할 수 없었기 때문이다.

그런데 이성계의 조카가 이성계를 배신하고 정몽주에게 위험을 알렸다. 당시 이성계는 대신들에게 저녁 식사를 대접하는 자리에 정몽주를 초대했다. 정몽주는 초대에 응하기로 하고 이성계를 직접 만나 자기를 죽이려 한다는 소문이 사실인지 판단하기로 했다.

이방원은 정몽주가 만찬에 참석한 것을 보고 작전을 개시하기로 하고 정몽주가 집으로 돌아가는 길에 있는 선죽교에 장정 다섯 명을 매복시켰다. 장정들은 다리에 매복해 있다가 정몽주를 덮쳐 돌로 쳐서 죽였다.

현재 선죽교는 고려 왕조의 유물로 난간을 둘러 보존하고 있다. 다리 한가운데 돌에는 커다란 갈색 얼룩이 남아 있으며, 비가 내리는 날에는 갈색 얼룩이 탁한 붉은색으로 변한다. 충신 정몽주의 피가 지금도 남아서 자기를 죽인 자들에게 말없이 나무라는 것이라고 전해진다.

이방원, 반대파를 제거하다 이방원은 정몽주를 죽인 뒤 삼촌 이화와 앞일을 의논했다. 그들은 훗날 묘호가 정종定宗이 되는 이성계의 둘째 아들을 공양왕에게 보내 이성계 일파 중에서 유배당한 사람들을 다시 불러들이라고 요구했다. 왕은 이런 요구를 거부할 처지가 못 되어 그들을 다시 불러들였다.

이성계는 평소에 정몽주를 충직하고 믿을 만한 인물로 존경해온 터라 그가 죽자 진심으로 몹시 슬퍼했다. 그러나 아들 이방원은 당장 정몽주 일가를 모두 제거하자고 주장했다. 이성계의 정적과 한편이 된 공양왕의 두 아들도 유배당했다.

이성계는 정몽주 일가를 처형할 수 있도록 허락해달라는 요청을 받았지만 단호히 거절하면서 매질도 못하게 했다. 이성계 일파는 이색을 다시 더 멀리 유배시키고 정몽주의 재산까지 몰수하여 마침내 모든 반대파를 제거했다.

고려의 멸망 다음으로 패기 넘치던 이방원은 공양왕을 찾아가 영원히 이성계 편이 되겠다고 서약하라고 강요했다. 대신들은 왕족이 일개 신하에게 서약하는 것은 옳지 않다면서 반대의 목소리를 높였지만 이방원에게 설득당한 공양왕은 요구에 순순히 응했다.

이성계는 왕에게 직접 서약을 받는 것을 몹시 꺼렸기 때문에 결국에는 왕이 직접 참석하지 않고 대리인을 통해 서약하는 쪽으로 결정됐다. 공양왕이 이성계에게 한 서약 내용은 다음과 같다.

'그대가 아니었다면 내가 어찌 왕이 되었겠는가. 그대의 선의와 충정을 결코 잊지 않겠네. 만세萬歲의 하늘과 땅이 증명할 것이네. 서로에게 해를 입히지 않도록 하세. 이 서약을 잊는다면 배신 행위가 될 것이네.'

그러나 얼마 지나지 않아 공양왕은 스스로 우스운 처지에 놓였다는 사실을 깨닫기 시작했다. 왕자들이 추방당했고, 공양왕 자신도 권력을 잃었으며, 백성들은 이성계를 왕으로 옹립하자고 목소리를 높이기 시작했던 것이다. 주위의 압력이 커지던 어느 날 불운한 왕은 국새를 태조 이성계에게 넘겨줌으로써 왕씨가 이끌던 고려 왕조의 막을 내렸다. 공양왕은 먼저 원주로 내려가서 간성으로 옮겼다가 마지막에는 삼척에 머물다가 왕위에서 물러난 지 3년 만에 죽음을 맞이했다. 고려 왕조는 총 475년간 지속됐다.

5부

조선 천기

────── **경복궁** 1395년(태조 4)에 창건하였다. '경복景福'은 '시경詩經'에 나오는 말로 왕과 그 자손, 그
리고 온 백성들이 태평성대의 큰 복을 누리기를 축원한다는 의미를 지니고 있다. 풍수지리적
으로도 백악산(북악산)과 삼각산(북한산)을 뒤로하고, 좌우에는 낙산과 인왕산으로 둘러싸여 있
어 길지의 요건을 갖추고 있다. 1592년 임진왜란으로 인해 모든 건물이 불탄 이후 1865년(고
종 2)에 흥선대원군의 명으로 중건되었다. 일제 강점기에는 일본이 조선 총독부 건물을 짓는
등 많은 전각들이 훼손되었다. 하지만 경복궁 건물들 중 가장 아름다우면서도 위엄이 있는 근
정전, 경회루, 향원정, 아미산 굴뚝 등은 훼손되지 않고 그대로 남아 있다

태조, 정조, 태종, 세종, 문종

'아침의 신선함'인가, '평화로운 조화'인가   1392년 7월 6일, 이성계가 고려의 왕이 되었다. 아니, 더 이상 고려라는 나라는 존재하지 않았다. 이성계는 이미 고령의 노인이라 새로운 왕국을 다져야 할 상황에 필요한 치열한 '집안 청소'를 직접 지시할 수 없었다. 이성계는 자기한테 충성하는 신하를 모두 불러들여 요직에 앉혔다. 이성계의 입신양명에 기여한 사람들은 제각각 보상을 받았고, 도읍에는 개국공신의 업적을 세긴 비석이 세워졌다. 이성계는 고려 왕조에 반대했다는 이유로 감옥에 간힌 사람들을 풀어주고 귀양 가 있던 사람들을 불러들였다.

얼마 후 황제가 다음과 같은 편지를 보냈다.

'하늘의 명령을 받은 자만 왕이 될 수 있다. 그런데 삼한의 백성들은 어찌 이성계를 왕으로 옹립했는가?'

그러자 태조는 급히 사신을 보내 황제에게 자초지종을 설명하고 아침의 신선함이라는 뜻의 조선朝鮮이나 평화로운 조화라는 뜻의 화령和寧 중에서 어느 이름이 국호로 좋을지 물었다. 황제는 한반도에는 평화로운 조화보다는 아침의 신선함이 더 잘 어울린다고 생각했던 모양이다. 좌우간에 황제는 조선을 국호로 정해주었다.

상대에게 큰 일의 결정권을 줌으로써 이성계는 황제의 권위와 체신을 높여주었다. 탁월한 처세술이 아닐 수 없다. 고려 왕조가 명나라 황제에게 불신을 산 덕에 조선의 태조로서는 황제의 불편한 심기를 달래주기가 수월했다. 명나라는 고려의 국새를 돌려받고 조선에 새 국새를 내렸다.

무학대사, "목멱산을 향해 왕궁을 지어라" 새로운 왕조를 시작하려면 도읍을 새로 정해야 한다는 불문율에 따라 태조는 도읍으로 적합한 도시를 물색하기 시작했다. 처음에 태조는 충청도 계룡산 자락에 도읍을 건설하기로 마음을 굳히고 직접 내려가 도읍을 세우는 일에 착수했다. 그러나 신라 시대 유명한 승려 도산대사가 언젠가 이씨의 시대가 오면 한양에 도읍을 정할 것이라고 예언한 바 있었다. 그리하여 고려 시대의 한 왕이 한양에 오얏나무(李) 여러 그루를 심어놓고 나무가 자라는 대로 족족 잘라내서 이씨 가문의 운명에 해를 입히려 해온 터였다. 이씨의 한자인 이李는 오얏나무를 뜻한다.

전하는 이야기에 따르면 태조의 꿈에 혼령이 나타나 계룡산은 정鄭씨 성을 가진 자가 왕국을 세울 것이라고 전했다고 한다. 그리하여 태조는 대신 둘을 한양에 보내 왕궁을 짓기에 적합한지 알아보게 했다.

두 사람은 한양으로 가던 길에 무학대사를 만났다. 무학대사는 백악산(북악산)과 목멱산(남산)을 향하게 왕궁을 지어야 한다고 말해줬지만 두 사람은 남향을 고집했다. 그러자 무학대사는 이렇게 답했다. "좋소. 내 말을 듣지 않으면 앞으로 200년 후에 후회할 날이 올 것이오."

결국 무학대사의 말을 무시했고 정확히 200년 후인 1592년에 히데요시가 이끄는 일본군이 한반도 남쪽 해안으로 쳐들어왔다. 이는 한국인 특유의 현상으로 예언을 과거로 소급해 적용하는 관습의 한 예다.

왕 씨 일 가 를 바 다 한 가 운 데 빠 뜨 리 다　조정 신료들은 태조에게 고려 왕조의 일가친척을 모두 척결해야 후일의 화를 면할 수 있다고 주장했다. 태조는 중신들의 주장이 일리가 있다고 생각하고 고려 왕씨 일가 잔여 세력을 배에 싣고 바다 한가운데 내다버렸다. 태조는 상황이 심해지기 전에 마음을 고쳐먹고 왕씨 일가를 살해하는 짓을 중단하라고 명했지만 이미 엎지른 물이었다. 역성혁명이란 것을 감안할 때, 이 같은 살해 행위는 태조 왕건이 철천지 원수인 견훤을 받아들여 식읍까지 내어주었던 것과는 매우 대비된다.

　명나라에서 아직 한반도의 새 왕조에 의구심을 품고 있던 상황이라 태조는 둘째 아들을 기꺼이 사신으로 보내 황제의 의구심이 풀릴 때까지 자초지종을 설명하게 했다.

　당시 흥미로운 예언이 떠돌았다고 한다. 태조는 암탉이 누에고치를 삼키는 꿈을 꾸었다. 이 꿈이 무슨 뜻인지 알아낸 사람이 없던 터에 신중하기보다는 상상력이 풍부한 어느 신하가 이는 계룡이 잠두를 삼키는 꿈이라고 단언했다. 여기서 계鷄는 암탉을 뜻하고 잠두蠶頭는 '누에고치 머리'를 뜻한다.

　그러나 도산대사의 예언에 따르면 계룡은 다음 왕조의 도읍이 될 장소였고, 누에고치 머리는 서울 남산 지맥 중 한 곳의 이름이었다. 따라서 새 왕조가 무너지고 정씨 성을 가진 자가 계룡에 새로운 왕조를 세운다는 뜻으로 해석되는 것이다.

조 진 이 새 도 읍 을 건 설 하 다　새로운 도읍을 건설하는 책임은 조진이라는 사람에게 맡겨졌다. 조진은 도읍에 성벽을 세우기 위해 1391년 봄에 평안도와 황해도에서 일꾼 11만 9천 명을 끌고와 두 달 동안 쉬지 않고 성벽을 쌓았다. 가을에는 강원도와 전라도, 경상도에서 8만

9천 명을 더 끌어오고 한 달 넘게 작업한 끝에 한양을 두르는 성벽을 완성했다. 성벽의 둘레는 9,975보였다. 1보는 1.5미터니까 9,975보는 지금으로 치면 15킬로미터에 해당한다.

한양성에는 문이 여덟 개가 나 있다. 남대문(숭례문), 동대문(흥인문), 서대문(돈의문), 서소문(소의문), 북동문(창의문), 수구문(광희문)이 있고, 숙장문은 위급한 상황에 왕이 북한산성으로 빠져나가기 위한 문으로 북쪽으로 나 있다. 시신을 한양 밖으로 옮길 때는 서소문이나 수구문만 이용해야 한다는 법령이 정해졌다. '죽은 자가 드나드는 문'에도 처음에는 지붕이 덮여 있었으나 지금은 아치형 기둥만 남아 있다.

성벽을 다 쌓은 뒤 곧바로 송도에서 한양으로 왕실을 옮겼으며 새 왕궁의 이름을 경복궁이라고 지었다. 이즈음 한반도에 새 왕조가 들어섰다는 소식이 퍼져나가서 일본 류큐 왕국과 남쪽의 삼나국에서도 사신이 찾아왔다.

함 경 도 지 방 을 편 입 하 다　　몽골이 한반도 북부 지역에서 특히 함경도 지방을 복속한 사실을 기억할 것이다. 이 지역은 한 번도 완전히 고려 영토였던 적이 없었으며 새로 들어선 조선 왕조도 북으로 마천령 이북으로는 뻗어나가지 못했다. 마천령과 두만강 사이에는 여진이 살고 있었다. 태조는 이두란을 보내 여진족에게 고려에 새로 조선이 들어섰다는 소식을 알리고 뛰어난 외교술을 발휘해서 이 지역 전체에 준準자치주를 설치하고 시간이 흐르면 자연스럽게 조선에 편입되도록 조치를 취해놓았다.

도 마 에 오 른 불 교　　고려 왕조는 승려의 지략에 좌우되던 전통이 있었지만, 새로운 임금인 태조는 이런 전통을 탐탁지 않아 했다. 승려들은 조정의 뜻을 존중하지 않은 채 백성들을 제멋대로 지배했다. 사찰이 계속 세워졌고 승려들은 부당하게 획득한 권력을 농단했다.

당시의 승려는 오늘날과 같은 탁발승과 전혀 달랐다. 절마다 노비를 두고 온갖 궂은일을 시켰으며, 노비의 손자는 자유의 몸으로 풀려난다는 법령도 사문화死文化된 지 오래였다. 사실 승려가 마땅히 지켜야 할 제약 사항 가운데 첫 번째로 지켜야 할 일은 노비 신분이 세습되지 않게 하는 법령을 확인하고 시행하는 것이었는 데도 말이다.

태조는 왕위에 오르기 전에 일시적이나마 왜구를 진압하는 데 성공했다. 그는 육군과 수군의 고위급 장군을 남해안의 모든 항구에 배치하여 백성들을 보호했다. 또 제포, 염포, 부산포의 삼포를 일본 사신이나 장사치가 머물 수 있도록 해줬다. 삼포에는 일본에서 온 손님을 접대하기 위한 여관을 지었다.

왕자들의 모반　태조에게는 자식이 많았다. 첫째 왕비 한씨에게서 아들을 여섯 낳았고, 그중 둘째와 다섯째 아들이 훗날 왕위에 올랐다. 묘호는 각각 정종과 태종이었다. 둘째 왕비 강씨에게서 아들을 둘 낳았다. 둘 다 세자가 되기를 갈망했지만 꿈을 이루지 못했다. 이름은 각각 이방번과 이방석이었다.

두 사람은 야망에 사로잡혀 스스로 멸망을 자초하고 말았다. 태조 7년에 세자에 책봉되기 위해 이복 형 둘을 살해하려는 모반을 꾀했던 것이다. 자객까지 확보해뒀지만 중간에 계획이 어긋나는 바람에 둘 다 목숨을 잃을 위기에 처했다. 두 아들이 이 모의의 주동자라는 사실을 안 태조는 두 왕자에게 처형당하지 않도록 보호해주지 못하니 서둘러 도망치라고 충고해줬다. 그러나 둘은 달아나다가 서대문에서 붙잡혀 처형당했다.

송도 향수병　조정 대신들은 하나같이 송도를 잊지 못해 향수병에 걸렸고 태조 자신도 송도에서 지내던 즐거운 한때를 그리워했다. 한양에는 아직 상인들이 다 내려오지 않았고 가옥의 수도 송도에 비해 적었다.

왕조가 바뀌어도 옛 도읍에 살던 백성들은 몰락한 왕조에 충성하는 것을 당연하게 여겨서 송도 사람들은 한양으로 이주하지 않았다. 한양에는 새 왕조를 옹호하는 사람들만 살 수 있었다. 그 후로도 송도는 다른 도시보다 조선 왕조에 대한 충성심이 적은 곳으로 간주되어 송도 출신은 국가 요직에 앉지 못한다는 법령도 제정됐다. 그러나 한양은 송도만큼 살기 좋은 곳이 아니라서 태조는 한동안 왕궁을 송도로 옮기라는 명령을 내렸다.

함흥차사　태조는 아들들 사이의 갈등이 끊이지 않는 데 신물이 난 나머지 왕권 계승자를 지목해 정권을 넘겨주고 고향인 함흥으로 내려가기로 마음을 굳혔다. 후계자는 둘째 아들인 영안군永安君으로, 정종공정대왕定宗恭靖大王이라는 묘호로 더 유명한 인물이다.

병사들과 백성들 모두가 태종이라는 이름으로 더 유명한 다섯째 아들 정안군靖安君을 왕으로 옹립하고 싶어했다. 정안군은 아버지를 왕위에 앉히는 데 결정적인 역할을 한 데다, 다소 우둔한 형에 비해 열정적이고 패기 넘치는 인물이라 다들 정안군이 왕으로 적격이라고 믿었던 것이다. 백성들은 자기네 바람대로 이루어지지 않았다는 소식을 듣고 분노에 휩싸여 왕궁으로 몰려가 소란을 피웠다. 그러자 일선에서 물러난 태조는 당분간 정종에게 왕권을 맡긴 후 백성들이 따르던 태종에게 왕위를 물려주라고 조언했다.

왕위에 오른 정종이 처음 한 일은 지극히 정치적인 행동이었다. 정종은 대신들 중에서 봉토를 받는 권문세가를 해체하라고 명했다. 권력 침해라고 반발한 일부 사람들은 곧바로 유배당했고 나머지는 순순히 명령을 받아들였다. 한반도에서 봉건제도가 일격을 당했던 것이다.

그 후로 가까운 일본과 달리 한반도에는 봉건제가 깊이 뿌리를 내리지 못하고 꽃도 피워보지도 못한 채 사라졌다. 고려 왕조의 가장 큰 문제는 대신들 하나 이상이 수하에 사람들을 불러모아 왕을 위협하여 꼭두각시로 만들어버린 데 있었다. 그러나 새로운 왕조는 상황이 전혀 달랐다. 정종은 한 가지 법령을 포고함으로써 그런 일이 벌어지지 않도록 확고히 다져놓았던 것이다.

왕위에서 물러난 태조는 고향에 파묻혀 지내기로 작정한 모양이었다. 아들들이 사람을 보내 한양으로 돌아와 정사를 도와달라고 간청했지만 아들이 보낸 사람을 죽이는 것으로 대답을 대신했다. 함흥으로 보낸 사람들이 돌아오지 않았다 해서 함흥차사라는 말이 생겼다. 이성계는 나중에 마음을 누그러뜨리고 한양으로 돌아왔다.

태조의 넷째 아들 이방간은 정종의 후계자로 동생 이방원이 선택된 데 분개하여 이방원을 제거하기로 결심했다. 박포라는 사람과 공모하다가 모의 사실이 발각되자 박포는 처형당하고 이방간은 황해도 토산으로 유배당했다.

태종, 개혁 정책을 단행하다 후계자로 선정된 다섯째 아들 이방원은 왕위에 오르기까지 몹시 초조해 했던 듯하다. 정종의 왕비가 태종의 변덕스런 표정을 보고 정종에게 해를 입을지 모르니 주저하지 말고 왕위를 물러주라고 조언했던 데서 알 수 있다. 그리하여 정종은 이방원을 불러 국새를 넘겨주고 '상왕上王'이라는 호칭을 얻고 일선에서 물러났다.

1400년에 묘호가 태종공정대왕太宗恭定大王이고 줄여서 태종이라고 불린 인물이 왕권을 계승했다. 태종은 불굴의 의지와 지치지 않는 열정과 뛰어난 능력을 갖춘 위인이었다. 꾸준히 개혁 정책을 단행한 인물도 바로 태종이었다. 아버지 태조는 나이가 많았고, 형 정종은 유약했다.

1401년에 태종은 개혁 정책을 단행할 기회를 얻었다. 백성들이 기근에 시달리는 것을 보고는 "술을 만드는 데 곡식을 낭비하는 이유가 무엇이냐? 당분간 주조酒造를 금지한다."고 명했다. 백성들이 명령에 따르지 않자 "내가 술을 끊지 않아서 그런가 보구나. 당분간 왕궁에 술을 들이지 말라."라고 명했다. 이처럼 왕이 몸소 실천하면서 호소하자 백성들도 더 이상 술을 주조하지 않았다.

예부터 가뭄이 들면 승려들이 모여 제사를 지내는 전통이 있었는데 태종은 일필휘지로 이런 관습을 금지하는 법령을 만들어 승려의 특권을 제한했다. 또 사찰 소유의 땅을 빼앗아 백성들에게 나눠주기도 했다. 태종은 왕궁 입구에 신문고를 설치하여 억울한 사연이 있는 사람이 왕에게 직접 호소할 수 있도록 해주었다. 누구라도 북을 울리면 곧바로 왕에게 하소연할 수 있었다. 그러나 실제로 신문고를 울린 예는 거의 없었다. 조사해서 억울하지 않은 사람이 신문고를 울린 것으로 판명되면 가혹한 형벌을 받았기 때문이다.

최초의 금속활자   수십 년 동안 한반도에 학문이 쇠퇴하는 모습을 지켜보던 태종은 문자를 되살리겠다는 취지에서 구리로 주형을 만들게 하고, 중국의 중요한 서적에 새로운 문자가 등장하자마자 곧바로 주조하여 활자로 만들었다. 이를 계미자癸未字라고 한다. 이 기록이 사실인지 여부에는 의문의 여지가 없다. 국가 기록이든 개인 기록이든 모든 역사서에 남아 있기 때문이다. 이렇게 만든 활자는 파손되지 않아 대부분 현재까지 남아 있으며 유용하게 활용되고 있다. 이런 증거를 받아들인다면 목판 인쇄술은 오래 전부터 성행했지만 금속활자로는 태종 시대에 만든 것이 최초라 볼 수 있다.

(고려 인종 때의 학자 최윤의가 왕명을 받아 만든『고금상정예문』50권이 세계 최초의 금속활자본으로 추정된다. 지금은 전하지 않지만 고려 고종 때의 학자 이규보가 엮은『동국이상국집』에 고종 21년인 1234년에『고금상정예문』을 금속활자로 찍어냈다는 기록이 있다. 지금 남아 있는 것으로 가장 오랜 것은『직지심체요절』이다. 조선 시대에는 고려의 인쇄술을 이어받아 발전하여 개량했다. 태종 3년인 1403년에 조선 최초의 구리 활자인 계미자가 탄생했다. ─편집자 주)

태종, "불교는 헛된 종교다"　　1406년에 황제는 사신을 보내 제주도에 있던 구리 부처상을 서울로 가져와 왕에게 부처상에 경의를 표하고 명나라에 돌려보내라고 요구했다. 그러나 왕은 부처상 앞에 머리를 숙이지 않았다. 같은 해에 죄수를 장기간 감옥에 가둬놓는 형벌을 금지하는 법령이 만들어졌다.

한편 왕비의 형제를 모두 처형하는 사건도 일어났다. 이들을 처형한 이유는 밝혀지지 않았으나 역모에 가담한 게 원인이었던 듯하다.

1409년에는 원도진이라는 일본인이 조선에 찾아와 일본 군주가 보내는 충성의 뜻을 전했다.

고려 시대에는 황해도의 넓은 지역을 사냥터로 지정했다. 태종은 이 땅을 백성들에게 돌려주고 경작지로 활용하라고 명했다. 1413년에는 이 땅에 극심한 가뭄이 들자 대신들은 승려와 무당과 점쟁이를 불러들여 기우제를 지내자고 제안했다. 그러나 태종은 이렇게 답했다.

"불교는 헛된 종교이고, 무당과 점쟁이는 쓸모없는 종자이다. 내가 훌륭한 임금이라면 하늘이 비를 내려주실 것이다." 그러고는 온갖 마법사와 점쟁이, 무당과 흙 점쟁이들에게 주술서를 모두 가져오게 해서 왕궁 앞에서 불태웠다.

한국의 크롬웰, 태종　　태종의 가장 큰 근심은 세자로 책봉한 아들 양녕대군讓寧大君으로 인해 비롯된 것이었다. 양녕대군은 방종하고 타락한 인물이었다. 그는 공부도 하지 않고 사냥과 놀음을 비롯한 온갖 나쁜 짓에 시간을 허비했다. 백성들의 원성이 나날이 커졌으며 양녕대군을 왕으로 섬기고 싶지 않다고 아우성쳤다. 아버지 태종은 백성들의 불만이 정당하다는 것을 알고, 양녕대군을 광주로 유배시키고 셋째 아들 충녕대군忠寧大君을 세자로 책봉했다.

1418년에는 태종이 물러나고 아들 충녕대군이 왕위에 앉았다. 묘호는 세종장헌대왕世宗莊憲大王이었다.

태종은 급진적인 개혁가로서 영국의 크롬웰처럼 한국인의 삶에 일대 지각 변동을 일으켰다. (찰스 1세를 쓰러뜨리고 영국의 지배자가 된 급진 개혁가 크롬웰은 왕위에 앉기를 바랐지만, 주위에 반역자가 있는 것을 알고, 대관식 날에 왕관을 거부함으로써 오히려 군중의 칭송을 받았다. 그러나 그는 왕관에 대한 집착을 버리지 못했다. 태종이 형 대신에 왕위에 앉은 개혁가라는 사실을 빗대고 있다. —편집자 주)

박수 받을 때 떠난다 – 상왕 제도　　태종의 뛰어난 면모는 다음과 같은 세 가지 점에서 드러난다.

첫째, 태종은 조선 시대 최초로 과감하게 과거와의 고리를 끊은 왕이었다. 둘째, 단번에 급진적인 개혁 정책을 단행하지 않고 20여 년에 걸쳐 차근차근 실행할 정도로 지혜로웠다. 셋째, 왕은 백성을 섬기는 존재라는 사실을 인식했다.

동양에서는 왕이 죽기 전에 후계자에게 왕위를 넘겨주는 독특한 풍습이 있다. 그러면 이런 전통의 장점을 살펴보자. 왕위에서 물러난 임금은 새 임금의 스승 노릇을 한다. 젊은 나이에 왕이 되면 실용적인 정책을 제시하고 막대한 영향력을 발휘할 수 있다. 따라서 정권이 바뀔 때마다 흔히 나타나는 혁명이나 반란의 위험을 없앨 수 있다.

새 왕이 무능하거나 만족스럽지 못하면 아버지인 상왕이 영향력을 행사하여 후계자를 바꿀 수 있다. 다시 말해서 상왕과 백성들이 새 왕을 마음에 들어 하는지 시험해볼 기회를 얻을 수 있다. 이는 정책을 유지하는 데 큰 도움이 된다. 이 경우에 상왕은 살아 있는 동안 자기 아들이 정권을 물려받는다는 사실을 알기 때문에 새 왕에게 조정의 은밀한 정보를 알려주고 자기와 같은 정책을 관철시키지 못하더라도 하나의 정책에서 다른 정책으로 순조롭게 넘어갈 수 있도록 조율할 수 있다. 이는 태종이 남긴 가장 훌륭한 업적이다.

태종은 한참 성공 가도를 달리던 중에도 멈춰서야 할 때를 알고 몇 년 동안이나 후계자에게 더 큰 성공을 이루는 법을 가르쳤다. 그러면 태종의 여러 정책이 새로 왕으로 등극한 세종에게 어떤 영향을 미쳤는지 살펴보자.

태종의 아들인 세종은 모든 중요한 국사를 아버지와 의논하며 온건한 태도를 보였다. 태종은 가까운 곳에 거처를 두고 항상 세종을 만나면서 국사의 대부분을 파악하고 있었다. 세종은 성정이 온화하고 기민하며 불굴의 성실성을 자랑하는 인물이었다. 세종은 매일 이른 새벽에 잠자리에서 일어났다고 한다.

세종, 청탁하는 후궁을 내치다 세종은 편종編鐘이나 편경編磬과 같은 악기를 만들라는 명을 내렸다. 측우기 만드는 과정을 직접 관장하고 천문학 서적을 편찬했다. 또 『오례의五禮儀』, 『삼강행실三綱行實』, 『치평요람治平要覽』에 관한 저작을 직접 준비하고 군사 전술에 관한 서적도 편찬하게 했다. 희귀한 꽃과 나무를 수집하여 왕궁 안에서 기르던 풍습을 없애고 백성의 혈세를 함부로 낭비하지 말라는 법령을 선포했다. 세종은 왕궁 옆에 이엉을 엮은 작은 초가집을 짓고 대신들에게 그 안에서 회의를 열라고 명했다. 세종은 후궁과 환관이 국사를 농단하는 고약한 구습을 없앴다. 후궁 하나가 친척에게 관직을 내려달라고 요청하자 즉시 왕궁에서 쫓아냈던 일도 있었다.

세종 2년인 1420년에 세종은 학문을 숭상하는 정책의 일환으로 대학을 세워 조선에서 가장 훌륭한 학자 열세 명을 초청하여 학문을 연구하게 했다.

이종무의 대마도 정벌　1419년 초여름에는 왜구가 한반도 해안에 무서운 기세로 몰려왔다. 충청도 비인 땅으로 들어온 왜구는 지방군을 손쉽게 물리치고 북쪽으로 향하여 황해도 해안까지 올라갔다. 이곳에서 왜구는 조선을 침범할 생각이 없으니 명나라로 들어갈 길을 내달라고 요구했다. 군량이 부족한 터라 국경을 넘어 명나라로 건너갈 때까지 조선이 쌀만 충분히 대준다면 곧장 떠나겠다고 약속했다. 그리하여 쌀 40석을 건넸고 이 소식을 전해들은 세종은 불편한 심기를 드러내며 "저들이 돌아오면 쳐부숴야 한다."고 말했다.

남부 지방은 방어 태세에 돌입했고 이종무 장군이 정벌군을 이끌었다. 함선 227척과 병력 10만 7,285명이 마산항에 집결했다. 이들에게는 두 달치 식량이 지급됐다. 막강한 함대가 마산항을 출발하여 이내 대마도에 닿았다. 대마도에서 왜구의 함선 129척과 주택 1,939호를 불태웠다. 100명이 넘는 왜구가 죽었고 21명이 포로로 잡혔으며 왜구에게 포로로 잡혔던 중국인 131명과 조선인 여덟 명이 풀려났다.

그 후 다시 출항하여 일본 본섬으로 향했다. 문헌에 따르면 조선은 병력 120명을 잃고 사기가 떨어졌다고 한다. 이로써 처음에 밝힌 병력이 과장이었다고 짐작할 수 있다. 10만 대군이었다면 고작 120명이 전사했다고 해서 사기가 떨어져 원정을 포기할 리가 없었을 것이다.

태종이 죽어서 비를 내리다 명나라 황제는 조선에 사신을 보내 고승高僧이 입적할 때 남긴다는 네 가지 보석을 보내라고 요구했다.

네 가지 보석은 송도 흥천사에서 보관한다고 알려져 있었다. 세종은 조선 땅에는 그런 보석이 없다고 일언지하에 거절했다. 세종은 왕의 무덤에 절을 짓는 풍습을 없애고 백성들에게 왕이 아닌 부처에게 절하지 말라고 명했다. 왕의 석관을 덮는 커다란 돌덩이를 구하는 데는 엄청난 비용이 들어갔기 때문에 세종은 큰 돌덩이를 없는 대신 작은 돌 네 개를 없는 방식으로 매장 방식을 바꿨다.

세종이 취한 가장 정치가 다운 행동은 사형을 언도받은 사람은 누구나 세 번 심문받을 기회를 얻어야 하고, 구체적인 심문 내용은 왕에게 제공해야 한다는 법령을 선포했던 것이다.

세종 4년에 아버지 태종이 목숨을 거뒀다. 태종이 죽던 해에 심한 가뭄이 들자 태종은 침상에 누워서 "내가 죽으면 하늘에 가서 비를 내려 달라고 하겠다."고 큰소리쳤고, 실제로 태종이 죽은 날 기다리던 비가 내렸다는 전설이 있다. 오늘날에도 5월 10일에는 반드시 비가 내리고 이 비를 '태종우太宗雨'라고 한다.

세종은 아버지 태종의 가르침에 따라 개혁을 단행했는데, 이 개혁은 단지 시작에 불과했다. 환관은 어떤 식으로든 국사에 관여해서는 안 되었다. 지방관이 자주 바뀌면 백성들에게 부과되는 비용이 커지기 때문에 지방관의 임기가 늘어났다.

흙 점쟁이가 지세 좋은 묏자리를 찾지 못했다면서 매장을 늦추는 행위를 죄로 정했고 흙 점쟁이 서적을 모두 불태웠다.

남자 어른은 누구나 자기 이름이 적힌 나무로 만든 호패號牌를 들고 다녀야 했다. 호패법號牌法은 세금을 기피하고 부역의 의무를 방기하는 사람을 색출하려는 의도에서 나온 정책이었다. 이런 법령이 엄격히 지켜진 적은 없다고 보는 편이 맞을 것이다. 한반도는 항상 서류로만 존재하는 군대 때문에 고통을 받았기 때문이다.

세종은 농업 관련 서적을 편찬하여 어느 지역과 어느 토질에서 곡식이나 야채가 가장 잘 자라는지 알려주었다.

세종은 형법刑法에도 관심을 두었다. 태형을 내릴 때는 등이 아니라 다리를 때렸고, 나이가 일곱 살 이상 열다섯 미만이면 살인을 저질러도 감옥에 갇히지 않았다. 여덟 살 이상 열 살 이하인 아이들은 회초리를 맞았으며 왕의 친척이라도 죄를 지으면 마땅히 벌을 받아야 했다.

세종은 왕위에 오른 후 줄곧 이와 같은 중요한 개혁 정책을 펼치느라 여념이 없었다. 그러다 1432년에 북쪽 국경에 전쟁이 일어났다. 이때 압록강을 건너 내려온 북방 민족을 통칭하여 야인野人(여진)이라고 불렀다. 야인은 국경을 넘나들며 싸움에서 이기기도 하고 지기도 했다. 세종은 생명과 재산을 내주고라도 북방의 평화를 지켜야 한다고 판단했다.

4군 6진 설치 1433년 초 최윤덕 장군이 이끄는 원정군이 압록강을 건너 1천여 명이 거주하는 지역에 4군을 설치했고 김종서는 6진을 설치했다. 이 공격에 성공하여 적군 176명을 죽이고 236명을 포로로 잡아들였으며 소 270마리를 차지했다. 최윤덕 측에서는 단 4명만 전사했다.

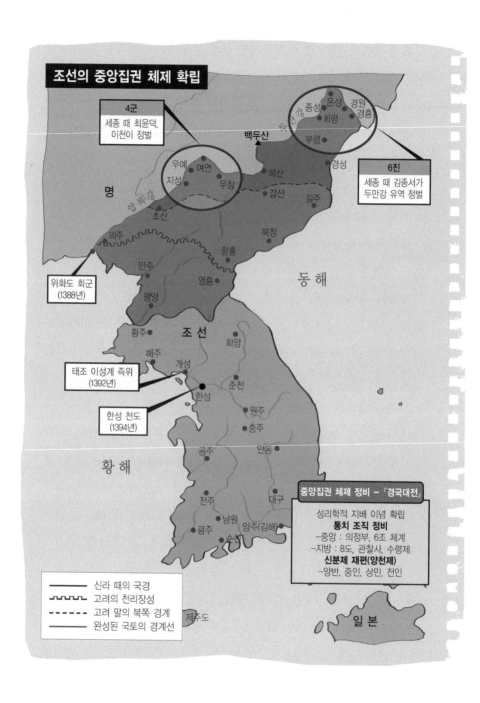

조선의 중앙집권 체제 확립

4군
세종 때 최윤덕,
이천이 정벌

6진
세종 때 김종서가
두만강 유역 정벌

백두산

두만강

종성 온성
회령 경원
경흥
부령
경성

명

우예 여연
지성 무창

혜산
갑산
길주

압록강

조산
의주
북청
안주
함흥

위화도 회군
(1388년)

영흥

평양

동 해

황주
해주
개성
한성

조 선

회양
춘천
원주
충주

태조 이성계 즉위
(1392년)

한성 천도
(1394년)

공주
안동

황 해

전주
대구

남원 양주(김해)
광주
순천

중앙집권 체제 정비 -『경국대전』

성리학적 지배 이념 확립
통치 조직 정비
-중앙 : 의정부, 6조 체계
-지방 : 8도, 관찰사, 수령제
신분제 재편(양천제)
-양반, 중인, 상민, 천인

──── 신라 때의 국경
ᴖᴖᴖᴖ 고려의 천리장성
- - - - 고려 말의 북쪽 경계
──── 완성된 국토의 경계선

제주도

일 본

함경도 북부 지역에는 아직 정착촌이 제대로 형성되지 않았다가 명나라 사람들이 대거 몰려와 정착촌을 이루었다는 기록이 있다. 세종은 조선의 권리를 내세우기 위해 뭔가 조치를 취할 필요가 있다고 생각했다. 이 지역을 식민지로 삼을 계획으로 남부 지방 백성들을 북쪽으로 이주시켰다.

그러나 두만강 너머에는 끊임없이 국경을 넘나들며 백성들을 괴롭혔던 막강한 야인 우두머리 두 사람이 있었다. 바로 올량합과 홀자온이었다. 이들은 1436년까지 조선의 골칫거리였다가 조선에 여러 차례 크게 패한 뒤로는 잠잠해졌다. 그 사이 남부 지방 백성 수천 명을 북쪽으로 이주시키고 땅을 주었다.

대마도 주민이 삼포에 와서 살다　이 시기 무렵에 대마도주는 종정성宗貞盛이었다. 그가 조선에 배 50척을 보내면서 왜구의 방해로 오랫동안 끊어졌던 양국의 교역이 되살아났다. 조선은 이들 일본인에게 쌀과 콩 200석을 선물로 보내줬다.

대마도 주민 60호가 조선의 제포, 염포, 부산포의 삼포에서 살게 해달라고 요청했다. 세종은 이들의 요구를 받아들였고, 이때부터 간헐적인 공백기를 제외하고는 일본인이 삼포에 들어와 거주했으며 삼포 중에서도 특히 부산포에 가장 많이 들어와 살았다.

1443년에는 대마도주에게 매년 곡식 200석을 선물로 주는 관례가 시작됐다. 조선은 조선으로 들어오는 무역선의 수를 50척으로 엄격히 제한했고 왜구의 침략이나 그밖에 다른 이유로 인해 피치 못할 사정이 생긴 경우에는 그 수를 늘릴 수 있었다. 이런 관례는 1510년까지 끊이지 않고 유지됐다.

'한글과 견줄 문자는 세계 어디에도 없다' 세종의 가장 획기적인 업적이자 후대에 길이 영향을 미치는 중요한 업적은 순수 음성문자를 발명한 일이었다. 단순하고 음성학적 기능을 갖췄다는 점에서 세종이 만든 문자와 견줄 만한 문자는 세계 어디에도 없었다. 한자를 완전히 익혀야 글을 읽을 수 있었던 백성들의 고충을 이해한 사람이 세종이 처음은 아니었다.

앞서 살펴보았듯이 신라 시대 학자 설총은 한자에 특수 발음 구별 부호를 삽입하여 어미를 나타내는 기호를 개발했다. 물론 이런 방식은 매우 조잡해서 아전이라고 부르는 하급 관리만 능숙하게 활용했다. 고려 시대 말엽에도 이와 비슷한 시도가 있었지만 일반 백성들에게 널리 알려지지는 않았다.

세종은 백성들의 고충을 충분히 이해하고 한자를 변형하는 방식이 아니라 전혀 새로운 문자인 음성문자를 처음으로 창제했다. 세종이 이미 음성문자의 존재를 알았을 가능성이 있기 때문에 카드모스(Kadmos, 그리스 신화에 나오는 인물. 카드모스가 여신 아테나에게 바친 세발 솥에 페니키아 문자가 적혀 있어 그가 그리스에 문자를 맨 처음 들여왔다고 전해진다.―편집자 주)의 재능을 갖추었다고 말하기는 어렵다. 그러나 한반도에서는 한자를 신성시하고 2천 년 넘게 한자만 사용해왔다는 점으로 미루어보아 세종을 위대한 카드모스와 같은 반열에 올려놓아도 무방할 것이다.

한글의 유래 한국사를 살펴보면 세종이 만든 문자가 산스크리트어와 중국 고대 서체인 전자篆字에서 유래한 것임을 알 수 있다. 그러면 세종은 어떻게 산스크리트어를 접했을까? 세종이 보낸 사신이 명나라 황실에서 산스크리트어를 접했을 것이라는 주장도 있다. 전혀 일리가 없지는 않지만 이런 방식으로는 새로운 문자를 발명할 만한 충분한 지식을 얻었다고 보기는 힘들다. 반면에 한국 사찰에는 산스크리트어나 티베트어(티베트어 역시 산스크리트어에서 파생된 문자)로 된 서적이 가득하다. 일각에서는 조선 초기에 불교를 혁파한 정책은 큰 잘못이었다고 주장한다.

불교가 쇠퇴하기 시작했지만 세종 시대가 끝나고 한참 뒤까지도 불교는 조선 사회를 지배하는 중요한 종교로 군림했다. 대신들 대부분은 왕의 명령에 따라 불교를 믿지 않았지만 일반 대중은 그 어느 때보다 독실한 불교 신자가 되었다. 따라서 산스크리트어가 수백 년 동안 한국인의 종교 생활에 중요한 요소였을 가능성이 농후하다.

한글과 산스크리트어를 비교해보면 한글 자음은 산스크리트어 자음을 단순하게 바꿔놓은 형태일 뿐이라는 사실을 알 수 있다. 반면에 한글 모음과 산스크리트어 모음은 전혀 유사하지 않다. 세종의 뛰어난 능력은 언어에서 모음이 발음을 뚜렷하게 구분해주는 근간이 된다는 사실을 인식한 데 있으며, 이런 이유로 한글이 아시아의 다른 음성문자보다 고도로 발전된 형태로 인정받는 것이다.

한글에서 음절 하나는 '모자母子'로 이루어져 있으며, 여기서 어미는 모음이고 자식은 자음이다. 중국 고대 글씨인 전자에서 한글 모음 기호의 유래를 찾아보면, 얼핏 보아도 한글 모음이 전자의 가장 단순한 획으로 구성됐다는 사실을 알아챌 수 있다. 한글 모음은 모두 단순한 한자 부수에 들어 있다. 한국 역사서의 내용이 맞는다는 것을 입증하는 데 무슨 증거가 더 필요하겠는가? (이 책은 1940년 『훈민정음訓民正音』 해례본이 발견되기 전에 쓰인 책이라 앞의 두 문단에서 밝히는 한글 창제의 원리는 검토의 여지가 있다.─편집자 주)

세종은 한글을 창제하면서 신숙주와 성삼문이라는 뛰어난 학자 두 사람을 중용했다. 성삼문은 열세 차례나 요동에 가서 그곳에 유배 중인 유명한 명나라 학자 황찬과 의견을 나누었다. 한글을 창제하기 위한 작업이 점점 커지는 것을 고려해 대궐 안에 새로 건물을 세웠다. 이곳에서 언문諺文이라는 새로운 글자로 구성된 한글 사전을 편찬했다. 이 사전이 유명한 『훈민정음』이다.

유교가 문종을 죽이다　1450년에 세종이 죽자 아들 향珦이 왕위를 계승했다. 묘호는 문종공순대왕文宗恭順大王이었다. 문종이 통치한 2년이라는 짧은 시간은 지나치게 유교에만 집착하면 어떤 결과가 초래되는지 단적으로 보여주는 예였다.

문종은 아버지 세종이 죽자 편안히 지내길 거부하고 제 몸을 돌보지 않았다. 몇 날 며칠 밤을 추운 바깥에서 지냈고, 그렇게 해야 아버지를 기리는 효심을 보여줄 수 있다고 믿었다. 음식도 먹지 않고 슬픔에만 빠져 지낸 나머지, 얼마 지나지 않아서 건강이 몹시 상해 회복 불가능한 상태가 되었다. 이로써 중신과 백성들 모두 큰 불안에 사로잡혔다.

문종 다음에 대를 이을 세자는 아직 어린데, 문종의 동생인 수양대군首陽大君은 패기 넘치고 야망이 큰 인물이었기 때문이다. 문종은 아들이 몹시 걱정되어 죽기 직전에 조정 대신들을 모두 불러모아 무슨 일이 있어도 아들을 지켜달라고 부탁한 뒤 고개를 벽으로 향하고 숨을 거두었다.

단종, 세조, 예종, 성종

2장

단종, 숙부에게 목숨을 간청하다

1452년에 문종이 죽고 아들 홍위弘暐가 왕위에 올랐다. 묘호가 단종공의대왕端宗恭懿大王인 홍위는 한국의 역대 왕 중에서 가장 심금을 울리는 운명을 타고난 임금이었다.

단종의 숙부인 수양대군은 대담하고 비도덕적이면서 인간 본래의 애정을 전혀 지니지 않은 인물이었다. 수양대군이 조정 내의 막강한 당파의 수장이었는 데도 어린 조카가 왕위에 오른 것은 오직 좌의정 김종서의 질투 어린 경계심 때문이었다. 어린 단종이 왕권을 확보하려면 먼저 '호랑이'를 없애야 한다고 모두가 입을 모았다.

수양대군은 단종을 비호하던 세력을 제거한 다음에야 왕권을 손에 넣을 수 있을 것이라고 판단했다. 그리하여 권람과 한명회를 비롯한 삼십여 명과 일을 꾸몄다. 불굴의 의지로 어린 단종을 보필하던 좌의정 김종서가 첫 번째 공격 대상이었다.

수양대군은 임운과 함께 철퇴로 무장하고 김종서의 집으로 가서 관모에서 사슴뿔이 떨어졌다며 김종서에게 하루만 빌려달라고 부탁했다. 김종서는 부탁을 거절할 수 없어서 어린 아들에게 뿔 하나를 가져오라고 했는데, 아들이 돌아오기도 전에 임운이 철퇴를 내려쳐 김종서는 싸늘한 주검으로 변해 있었다.

수양대군은 곧바로 대궐로 가서 어린 단종에게 정승 김종서가 역모를 꾸며서 단죄할 수밖에 없었다고 전했다. 단종은 아직 어린 나이였지만 수양대군의 거짓을 꿰뚫어보고 이렇게 말했다. "대군께 제 목숨을 살려주십사 간청합니다."

이때부터 단종은 왕권을 잃었고 수양대군이 조선의 사실상의 군주가 되었다. 수양대군은 대궐 출입문마다 호위병을 세워두고 단종의 측근들을 소환했다. 그러고는 측근들이 궐문 안으로 들어서는 족족 칼로 베어 죽였다. 황보인, 조극관, 이양 등이 죽었다. 그밖에도 수많은 사람을 유배시켜 조정에 단종을 지지하는 세력이 거의 남지 않았다.

다만 덕망이 높아 온 백성의 존경을 받았기에 수양대군조차 건드리지 못했던 노령의 성삼문만이 대궐에 남아서 단종을 비호했다. 그 후 수양대군은 독재자가 되어 고위 관직에 있던 중신들을 모두 불러모아 관직을 나눠주고 자기 마음대로 국사를 운영했다. 함경도 관찰사 이징옥은 비록 멀리 떨어져 있었지만 단종을 적극 지지하는 바람에 자객에게 무참히 살해당했다.

짧고 불운했던 단종이 왕으로서 이룬 유일한 업적은 양잠을 장려한 일이었다. 단종은 많은 양의 누에를 전국 각지에 보내고 누에치기를 잘한 자에게는 상을 내리고 실패한 자에게는 벌을 내렸다.

단종, 왕위를 숙부에게 넘기다 한편 수양대군은 단종에게 왕위에서 물러나라고 재촉했다. 하지만 수양대군이 어떤 협박과 회유를 썼는지는 알 수 없다. 그러나 1455년에 보필했던 세력이 멀리 유배지로 떠나고 없는 와중에 아직 열다섯 살도 안 된 어린 소년 단종은 아는 사람 하나 없는 곳에서 냉정한 숙부의 협박을 받아 결국에는 조정 회의를 소집하여 다음과 같은 교지를 내렸다. 물론 수양대군이 시킨 것이 분명한 교지였다. "나는 아직 어려 나라를 제대로 다스릴 수 없다. 그러니 통치권을 숙부 수양대군에게 넘겨주겠다."

대신들은 형식적으로 신하된 도리를 다하여 반대의 뜻을 표했지만 입장을 굳건히 정한 단종은 국새를 수양대군에게 넘겨주라고 명했다. 이 모든 과정을 탐탁지 않게 여기던 신하가 둘 있었다. 바로 박팽년과 성삼문이었다. 박팽년은 자기가 대신 국새를 수양대군에게 전해주겠다고 자청하고는 국새가 자기 손에 들어오자 문밖으로 뛰쳐나가 연못에 몸을 던지려 했다. 성삼문이 박팽년의 옷자락을 거머쥐고 나지막이 속삭였다. "잠깐만요, 이 모든 것이 정당한 과정입니다. 끝까지 살아남아서 어떻게 되는지 지켜봐야 해요."

그리하여 어린 단종은 왕좌에서 물러났다. 왕권을 찬탈한 수양대군의 묘호는 세조혜장대왕世祖惠莊大王이었다.

단종은 왕위에서 내려온 뒤에도 대궐에서 엄격한 감시를 받았기에 사실상 유배 생활과 다름없었다. 백성들이 한양 한가운데 있는 종각에 운집하여 이처럼 무시무시한 사건을 개탄하며 통곡했다고 한다.

사육신 그러나 왕위에서 물러난 단종을 도와주는 세력이 전혀 없었던 것은 아니었다. 대신 여섯 명이 명나라 사신에게 베푸는 만찬에서 수양대군을 암살할 계획을 짰다가 누군가의 배신으로 붙잡혀서 뜨겁게 달군 쇠로 고문을 당하고 목이 매달리며 사지가 잘리는 사건이 있었다. 이들 여섯 사람은 박팽년, 성삼문, 이개, 하위지, 유성원, 유응부였다. 이들 사육신의 부인과 부모와 자녀도 모두 처형됐다.

수양대군 세조의 편에 선 인물 중에 정인지는 세조에게 다음과 같이 아뢰었다. "선대왕을 둘러싸고 여러 가지 사건이 일어났습니다. 그러니 선대왕을 처형해야 합니다." 세조조차도 감히 생각지도 못한 과감한 주장이었다. 세조는 단종을 강원도 영월로 귀양 보냈다. 단종의 숙부인 이유도 유배 보냈다.

죽 은 단 종 이 산 자 를 함 께 데 려 가 다   마침내 세조가 어느 정도 자리를 잡자 단종의 또 다른 숙부가 앞장서서 유배지의 조카를 죽여야 중신들의 역적모의가 근절될 것이라고 주장했다. 세조는 겉으로는 반대하면서도 왕방연 장군을 시켜 단종에게 사약을 내려 보냈다. 그러나 유배지에 도착한 왕방연은 마음이 약해져서 단종에게 사약을 내리지 못하고 그 앞에 무릎을 꿇었다. 단종이 왕방연에게 "여긴 어인 일이냐?"고 묻고는 미처 대답을 듣기도 전에 공상이라는 자가 불쑥 나타나 끈으로 단종의 목을 졸라 죽였다.

왕방연은 개울가에서 앉아서 다음과 같은 구슬픈 노래를 지어 불렀다고 한다.

천만 리 머나먼 길 고운 님 여의옵고
이 마음 둘 데 없어 냇가에 앉았으니
저 물도 내 안 같아야 울어 밤길 예놋다.

전설에 따르면 공상은 방에서 나가려다가 귀와 눈과 코와 입에서 피를 쏟으며 단종 옆에 쓰러져 죽었다고 한다. 단종을 따르던 일행 중에서 몇 안 남은 궁녀들도 강물에 몸을 던져 죽었다.

단종의 시신은 땅에 묻히지 못하다가 엄흥도라는 사람이 어린 나이에 죽은 단종을 불쌍히 여겨서 동을지산 기슭에 묻어줬다.

단종이 죽던 날 밤에 세조는 단종의 죽은 어머니인 현덕왕후를 꿈에서 보았다. 단종의 어머니는 무덤에서 나와 세조의 침상 옆에 서서 이런 저주를 내렸다. "너는 왕권을 찬탈하고 내 아들을 죽였다. 그러니 네 아들도 죽어 마땅하다." 잠에서 깨어나 보니 현덕왕후의 예언처럼 정말로 세조의 아들이 죽었다는 전설이 있다. 그리하여 세조는 고약한 저주를 퍼부은 단종 어머니의 무덤을 파헤쳐 흐르는 강에 뿌렸다.

전설에 따르면 그때 이후 사악한 살인이 자행된 영월 지방에 부임한 관찰사 일곱 명이 도착한 첫날 밤에 연이어 비명횡사했다고 전해진다. 여덟 번째 관찰사는 영월에 도착하자마자 단종의 묘를 찾아가 제사를 지내주고 슬픈 노래를 지어 불렀다. 그리하여 여덟 번째 관찰사부터는 아무런 해를 입지 않았다고 한다.

금욕주의자 세조   세조가 부당하게 왕권을 찬탈했다고 해서 평판이 나빠지는 않았다. 왕권을 쥐는 과정에서 씻을 수 없는 죄를 저질렀기 때문에 선정을 베풀지 못했을 것이라고 예상할지 몰라도, 실제로 조선 시대 왕 중에서 세조만큼 백성의 이익을 높이기 위해 힘쓴 임금도 없었다.

어린 시절에 세조는 활쏘기 재주가 뛰어나 세인의 존경을 받았으며 남들은 눈 뜨고도 못 오른 산을 눈을 가린 채 올랐다고 한다. 또 전해지는 이야기에 따르면 세조가 사신을 이끌고 명나라에 들어가서 황실 문 앞에 당도하자 코끼리 여덟 마리가 세조 앞에 무릎을 꿇어 장차 훌륭한 사람이 될 것이라는 사실을 보여주었다고 한다. 세조는 금욕적인 사람으로 사치스런 생활과 우유부단한 태도를 싫어했다. 탁자에 금을 쓰지 못하게 했으며 어린 아들이 은수저를 달라고 보채도 내주지 않았다.

세조는 5년 전에 아버지 세종이 기틀을 잡아놓은 바로 그 지점을 시작으로 개혁을 추진했다. 세조는 류큐제도와 북방에 사신을 보내 각별한 관심을 표현하고 우호 관계를 맺었다. 상대가 우호 관계를 완강히 거부하면 무력으로 정벌했다. 완강히 저항한 세력 중에 이만주라는 사람은 원래는 서울에 살다가 조선 여자와 결혼한 뒤 나중에 여진으로 들어가 세력을 키운 인물이었다. 조선의 장군들은 이만주의 세력을 두려워했지만 신숙주가 군대를 이끌고 나가 무찔렀다.

세조는 사전에 황제의 허락을 받지 않고 만주의 금주족 사람에게 관직을 내려서 황제와 심각한 갈등을 빚을 뻔했지만 처음 있는 일이라서 유야무야 넘어갔다. 그러나 황제는 다시 한 번 이런 일이 일어나면 큰 화를 면치 못할 것이라고 으름장을 놓았다. 북방 국경 지역에는 중앙정부의 힘이 미치지 못했기 때문에, 세조는 이 지역에 각별히 관심을 기울이며 북동 지역 국경선을 따라 행정구역을 설치했다. 이런 적극적인 정책의 결과로 이듬해에는 여진이 찾아와 조선에 충성을 맹세했다.

세조의 치적 세조 초기에 실시한 개혁 정책 중에는 다음과 같이 세조의 열정과 지혜를 보여주는 예가 있다. 우선 왕궁 안에 과실수를 심어 백성들이 철마다 왕에게 과일을 진상하는 부담을 덜어주고자 했다. 조정의 여러 건물과 왕궁에도 빈 공간마다 뽕나무를 심어 왕실의 여인도 궁녀들과 함께 길쌈에 힘쓰게 했다. 복식도 개혁해서 여자들 치맛단을 줄여 길거리에서 남자들과 쉽게 구분되도록 했다. 중국말을 가르치는 학교도 설립했다. 죄를 다스리는 관청에서는 매월 왕에게 직접 서면으로 경과를 보고해야 했다. 세조는 업무상 서울에 올라온 관리를 친히 만났다. 백성들에게 약을 나눠주는 관청도 세워졌다.

하지만 세조의 본격적인 개혁 정치는 아직 시작되지도 않았다. 세조는 백성을 탄압하는 지방관을 일거에 100명도 넘게 처벌한 적도 있었다. 나라에 기근이 들 것 같으면 왕실 사유지에 곡식을 심었다. 세조 치세에 관해서는 먼저 조선 시대 왕실의 공식 기록인 『국조보감國朝寶鑑』

을 참조할 수 있다. 현재 서울 한가운데 설치된 종은 세조 때 만들어졌는데, 원래는 남대문 외곽에 걸려 있었다. 의료 기관이 세워지고 의학 서적이 발간됐다.

세조는 군사 문제에 각별한 관심을 갖고 55킬로그램 무게의 활을 다룰 수 있는 병사들을 모집했다. 북방 민족이 조선 영토에 쳐들어올 것을 대비한 조치였다. 병력을 파악할 목적으로 호구조사를 실시했으며, 세조 통치 기간 내내 왕실 사유지와 도성 밖에서 모의 전투 훈련이 실시됐다.

불교에 대해서는 적대적인 태도를 견지했다. 세조가 초기에 발표한 칙령에는 승려는 장례식에 참석하거나 장례식을 진행할 수 없다는 조항이 들어 있었다. 한편 세조는 쪼개진 대나무 조각으로 전장에 나간 장군과 소통하는 징표로 활용하는 방식을 발명했다. 대나무를 쪼개서 왕이 절반을 보관하고 전장의 장군이 나머지 절반을 보관하여, 왕이 전령을 보낼 때 대나무 조각을 같이 보내 장군이 꼭 맞는 대나무 조각을 내보이면 그 전령을 믿을 수 있었다.

세조는 백성들의 안녕에 큰 관심을 둔 군주였다. 그래서인지 세조 4년에는 양잠에 관한 책을 편찬하여 백성들에게 널리 배포했으며 아울러 병참 관련 서적과 여자로서 지켜야 할 예법에 관한 책도 편찬했다.

태조 이성계가 조선을 건국하면서 후대 왕에게 남긴 훈계를 철저히 따른 왕은 세조가 처음이었다. 다시 말해서 세조는 태조 이후 처음으로 군대를 돌보는 데 힘썼다. 세조는 군대의 사기를 진작시키기 위해 북방을 지키는 병사들에게 많은 양의 약을 나눠주고 토지를 하사했다. 세조가 추진한 정책은 대부분 성공을 거두었다. 올량합이 무너지고, 이만주, 올적합, 얀바간이 찾아와 충성을 맹세했다.

세조 5년에는 법령을 성문화하여 편찬했다. 또 의학 연구에 힘써서 수의학 수술에 관한 서적도 편찬됐으며, 천문학, 지질학, 음악, 작문, 시대별 징조, 농업, 가축, 대외 관계, 산술에 관한 서적도 편찬됐다. 요컨대 다재다능한 세조는 군사, 정치, 사회, 과학, 예술에 진지한 관심을 보이며 각 주제에 관한 서적을 편찬하여 백성들을 계몽하려 했던 것이다.

서 있는 부처님이 등장하다 1465년에 세조는 서울에 사찰을 세우게 했는데 불상은 좌상이 아니라 입상으로 만들게 했다. 세조는 졸린 눈으로 앉아서 양손을 포개고 허송세월하는 모습의 불상을 좋아하지 않았던 모양이다. 세조는 살아 있는 듯한 불상을 원했다. 그래서 부처를 두 발로 서게 했던 것이다.

정기적으로 열리는 거리의 불교 행사에서 새로운 불상을 선보였고 불상 뒤에는 악사와 승려들이 따랐다. 일본에서 온 사신은 이처럼 불경스러운 장면을 보고 겁을 집어먹으며 화를 면치 못할 것이라고 예언했다. 사신의 예언은 현실로 드러났다. 사실 불상이 두 발로 선 것 자체는 문제가 아니었다. 왕실이 먼저 불교에서 벗어나자 백성들도 불교의 굴레에서 스스로 벗어나는 법을 배워갔다. 선 자세의 불상을 만들고 가끔씩 불교 행사를 여는 것은 진지한 종교적 의식이라기보다는 일종의 오락이었으며 이 일을 계기로 불교가 급속도로 몰락했던 듯하다. 행사가 주는 신선함이 곧 사라져버렸다.

1467년에 세조는 신미와 죽헌이라는 승려에게 나무를 깎아서 목판 『대장경大藏經』을 만들라고 주문했다. 대장경이 총 888만 8,900장으로 이루어졌다는 기록에는 한국 특유의 과장법이 드러난다. 역사가가 잘못 계산했던 것이 분명하다. 8만 대장경이라면 50권 각 권에 16만 7,778장이 필요하다.

허종이 소나무를 뽑아 이시애 일당을 쓸어버리다　1467년에 함경도는 일대 혼란에 휩싸였다. 이시애라는 사람이 막강한 군사를 일으키고는 왕실에는 북방 오랑캐의 침입에 대비하기 위한 조치라고 전갈을 보냈다. 함경도 관찰사가 직접 조사하러 갔다가 이시애 일당에게 살해당하는 사건이 일어났다. 관찰사와 한 방에 있던 기생이 캄캄한 밤중에 창문을 열어놓아 이시애 일당이 손쉽게 안으로 들어올 수 있게 해주었다.

그 후 설경신이란 사람이 한양에 찾아와 그 지방 관찰사가 역모를 꾸며서 죽인 것이라고 주장했다. 그리고 이시애를 북동 지방 장군으로 임명해달라고 요구했다. 게다가 설경신은 의정부 삼정승 모두가 역모에 가담했다고 주장했다. 세조는 설경신의 주장에 의심이 들지 않는 것은 아니었으나 조사하지 않고 넘어갈 수는 없는 노릇이었다. 그래서 삼정승을 감옥에 가두고 막강한 병력을 북쪽으로 보내서 야심이 큰 이시애를 공격하라고 명했다. 군대는 이준, 조석문, 허종 장군 등이 이끌었다. 특히 허종은 한국 역사상 가장 뛰어난 전사 중 한 사람이었다. 전하는 말에 따르면 6척 장신인 허종은 하루에 쌀 한 말을 먹고 술을 술통째 들이켰다고 한다. 적어도 먹는 데 있어서는 배포가 이만저만이 아니었던 모양이다. 허종의 얼굴만 보면 건장한 적까지 두려움에 떨었다고 하니 전장의 무훈과 왕성한 식욕이 비례했던 모양이다.

세조가 보낸 군대는 함흥에 못 미쳐서 함경도 관찰사를 죽인 이시애 일당과 맞닥뜨렸다. 관군은 곧바로 길을 재촉하여 마침내 만양산 해안에 당도했다. 이 산은 바다로 뻗어나가 있어서 육지에서 공격하기 어려운 난공불락의 요새였다. 관군 일부는 배를 타고 바다에서 침투하고, 다른 일부는 육지에서 반란군과 맞붙었다. 그 결과 반란군을 이끌던 이시애가 붙잡혀 한양으로 호송됐다. 이 전투에서 허종 장군은 칼이 너무 작다며 집어던지고 둘레가 30센티미터인 소나무를 뿌리째 뽑아서 휘두르며 눈앞에 보이는 모든 것을 쓸어버렸다. 세조는 삼정승을 풀어주고 자신의 실수를 인정했다.

황제가 압록강 이북의 금주족을 치는 데 원군을 보내달라고 요구하자, 세조는 대규모 병력을 보내 명나라의 도움 없이 혼자 힘으로 금주족을 정벌했다. 조선군을 이끌던 장군은 금주족을 정벌한 후 넓은 소나무 지대를 벌목하여 너른 공터를 만들고 그 위에 승리한 사실을 새겼다. 황제는 몹시 기뻐하며 전투에 참여한 여러 장군에게 큰 상을 내렸다.

세조는 아들에게 왕위를 물려주고 별궁으로 들어가 관심 있는 학문을 연구하는 데 몰두했는데, 특히 육안으로 거리를 측정하는 기술을 개발했다. 군사 기술자라면 누구나 중요하게 여기는 주제이자 나폴레옹 보나파르트가 숙달했던 기술이기도 하다. 그러나 세조는 해를 넘기지 못하고 죽음을 맞이했다.

예종, 「경국대전」을 완성하다   세조의 뒤를 이어 왕위에 오른 해양대군海陽大君의 묘호는 예종양도대왕睿宗襄悼大王이었다. 왕위에 오를 당시 아직 어린 나이여서 어머니가 수렴청정했다. 예종 1년인 1469년에는 한양에 큰 종을 들여와서 중심부인 종로에 매달았다.

예종은 '수결手決'이라는 도장이나 징표를 제시하는 경우를 제외하고는 밤에는 대궐문을 열지 못하도록 금하는 법을 만들었다. 수결이란 두께가 1센티미터 정도이고 지름이 8센티미터 정도인 둥근 상아조각으로, 위에는 '선전宣傳'이라고 적혀 있고 밑에는 왕의 친필 서명이 새겨져 있었다. 또한 사슴가죽 띠가 달려 있었으며 왕이 신하에게 특정한 임무를 맡길 때 사용했다. 수결을 보여주기만 해도 왕의 명령으로서 효력을 가졌다. 흔히 수결을 '믿을 만한 징표'라는 뜻의 '표신'이라고도 불렀다.

예종 치세에는 한양을 동쪽, 서쪽, 남쪽, 북쪽, 중앙 구역으로 나누었다. 나라를 다스리는 큰 법전이라는 뜻의 『경국대전經國大典』도 완성했다. 『경국대전』에 담긴 법체계는 조선 왕조 건국 당시부터 시작됐지만 예종 대에 이르러서야 처음으로 모든 관직의 지침으로 채택되고 온전히 문서로 기록됐다. 『경국대전』에서는 관직 사회를 여러 개의 부서로 세분하여 각 부서마다 감독을 두도록 했다.

성종, 열세 살에 왕위에 오르다 같은 해인 1469년에 아직 어린 나이였던 예종이 죽자 어머니가 중신들을 불러모아 예종의 조카인 자산대군者山大君에게 왕위를 물려주었다. 자산대군은 아직 열세 살밖에 되지 않았기 때문에 처음 몇 년간은 대비가 수렴청정했다. 자산대군의 묘호는 성종강정대왕成宗康靖大王이었다.

대비가 수렴청정하면서 처음으로 실시한 정책은 태종이 제정한 법령으로 백성들에게 나무로 만든 표식인 호패를 들고 다니게 하는 호패법을 폐지한 일이었다. 당시 호패법은 형식만 남아서 탈세나 부역을 근절하려는 애초의 목적을 실현하는 데는 도움이 되지 않았다.

성종은 적극적으로 대외 관계 활동에 힘썼다. 우선 제주도에서 사신이 와서 진주를 선물로 주었다. 일본 관서 지방과 대마도에서도 사신이 왔다. 류큐제도에서도 사신이 원숭이를 선물로 들고 찾아왔다. 일본 살마섬에서는 고추와 향료, 생명주生明紬를 선물로 보내며 불경을 달라고 요구했지만 거절당했다. 북방의 야인들도 사신을 보내 조선에 충성을 맹세했다.

1472년에는 한양에서 무당과 점쟁이, 승려들이 모두 쫓겨나 다시는 한양에 발을 들여놓지 못했다. 이듬해에는 일본에서 사신이 건너와 '세조대왕 시절에 임금님의 초상화를 그려 일본으로 가져갔는데 밤중에 초상화 용안에서 큰 빛이 흘러나왔습니다. 그래서 그림을 다시 가져와 전라도 제포에 두었습니다.'라고 전했다. 성종은 급히 전라도 관찰사에게 제단을 세우고 초상화를 불태워 일본이 가져가지 못하게 하라는 전갈을 보냈다.

제도의 정비　성종은 과거시험에 각별히 관심을 가졌다. 각 지방 관찰사에게 예비시험을 시행하게 하고 예비시험에서 통과한 사람을 3월 3일과 9월 9일에 한양으로 보내 본시험을 치르게 하라고 지시했다. 한 지방에서 합격자 세 사람만 올려보내고, 경상도, 전라도, 충청도에서는 다섯 명씩 보내도록 했다. 당시도 지금처럼 한반도 인구의 대다수가 남쪽 지방에 거주했던 모양이다.

형벌 제도에도 큰 변화가 일어났다. 학자 중에서 법을 어긴 자는 일반 법정이 아니라 학자들이 모인 대학에서 심문받도록 했다. 이를테면 일반 백성과 양반 사이에 새로운 장벽을 세운 셈이었다.

성종은 학문을 후원하여 '왕의 청명한 거울'이라는 뜻의 『제왕명감』과 '다섯 가지 예법'이라는 뜻의 『오례의』를 편찬했다. 도서관을 지어 다양한 종류의 서적을 수집하기도 했다. 성종은 불교를 배척하여 승려를 내쫓은 뒤에는 한양에 있던 사찰을 부수어 지방으로 옮기게 했다. 당시 한양에는 사찰이 스물세 개가 있었다.

성종, 불교 혁파 작업을 꾸준히 추진하다　1476년에는 대비가 수렴청정에서 물러나고 성종이 권력을 넘겨받아 불교 혁파 작업을 꾸준히 추진했다. 성종은 용산에 있던 사찰을 몰수하여 불상을 내다버리고 학교를 세웠다. 성종은 도덕을 중시하는 개혁가였던 듯하다. 무희를 없애는 법을 제정하여 사내아이들에게 춤을 가르쳐 무희를 대신하게 했다.

그때까지 임금의 생일에 절에서 나라의 안전과 평화를 기원하는 법회를 열었는데 "부처가 뭘 알겠느냐? 쓸데없는 행사는 중단해라."라는 성종의 말 한마디에 이 또한 폐지됐다. 그뿐 아니라 성종은 지방에 있던 승려들에게 아비가 자식을 살려달라고 낸 돈을 모두 돌려주라고 명했다. 아들이 죽자 아비는 기도가 이루어지지 않았다며 승려를 고발했고 성종은 아비의 편을 들어줬다.

살육의 불씨, 연산군 1476년에 왕비가 죽자 후궁이던 윤씨가 왕비가 되었다. 이는 조선에 무서운 재앙을 초래한 불행의 씨앗이었다. 윤씨는 질투심이 많고 성격이 포악한 여인으로 다른 후궁들을 시기하며 자주 분란을 일으켰다. 한번은 임금과 말다툼을 하다가 화가 머리끝까지 치밀어 임금의 얼굴을 심하게 할퀸 적도 있었다.

임금은 왕비의 죄를 너그럽게 용서해주려 했지만, 대신들의 반대로 윤씨를 대궐 밖으로 내보낼 수밖에 없었다. 윤씨는 아들 한 명을 낳았는데 훗날 연산군燕山君이라고 알려진 인물이다. 폐비 윤씨는 죽어가면서 아들이 왕이 될 것이 분명하니 왕위에 오르면 반드시 어미의 한을 풀어달라는 유언을 남겼다.

성종의 사회제도 개혁 성종 치세에는 여러 가지 사회제도도 개혁됐다. 밭을 일구는 데 방해가 될 만한 곳에는 묘를 쓰지 못하게 하는 법령이 포고됐다. 나라가 번창하던 시대라서 인구가 급증해 경작지를 늘려야 했던 사정을 엿볼 수 있다. 백성들은 여러 해 동안 평화로운 시절을 보내면서 훌륭한 정부가 제공하는 혜택을 누렸다. 성종과 백성들 사이의 관계를 보여주는 가장 좋은 예는 가난해서 배필을 얻지 못하던 백성들에게 혼인할 수 있도록 도와주는 정책을 추진한 일이었다.

성종 치세에는 관혼상제冠婚喪祭라는 네 가지 주제를 다룬 책만 편찬됐다. 성종은 철저히 유교를 숭상한 인물이었던 듯하다. 특히 과부가 재가하지 못하도록 금지한 일을 보면 알 수 있다. 이런 한국인 특유의 풍습은 성종 시대부터 시작됐다. 이전에는 이에 반하는 정서가 있었지만 성종 이후부터 지금까지 상류층 부인들에게까지 널리 통용됐다. 일본 사신에게 불경을 주지 않은 예에서도 성종이 유교를 숭상하는 인물이었다는 사실을 알 수 있다.

성종 치세에 조선이 명나라를 어떻게 대했는지에 관해서는 알려진 바가 없다. 그러나 당시 여진이 명나라 북부 지방 주민들을 괴롭혀서 황제가 오만방자한 여진을 치는 데 힘을 보태달라고 조선에 요청한 일이 있었다. 선대왕들의 군사정책 덕분에 어느 정도 군사력을 갖추었는지 성종은 곧바로 막강한 군대를 파견하여 순식간에 여진을 정벌했다. 황제는 몹시 기뻐하며 성종에게 비단과 금실, 면포를 선물로 보냈다.

서거정의 「동국통감」   성종 치세 후반에는 당시까지 기록된 『국조보감』을 편찬하고 북방 야인들의 침입을 막아냈다. 성종이 마지막으로 한 일은 노래와 시에서 불순하고 외설스런 내용을 삭제하라고 명령한 것이었다.

1482년에 성종은 압록강 유역의 강계 부근에 성 두 곳을 설치했다. 압록강 이북에 사는 부족들이 전쟁을 일으키겠다고 위협했기 때문이다. 1484년에는 한양 동쪽에 지금은 '옛 왕궁'으로 알려진 창경궁을 지었다. 1485년에 한국에서 가장 유명한 역사 문헌인 『동국통감東國通鑑』

이 편찬됐다. 『동국통감』은 고려 말까지의 한반도 역사를 담은 책이다. 이 책의 저자는 서거정으로 그는 한국사에 능통한 역사학자였다.

효도보다 억불을 우선하다 1486년에 기록된 성종의 행적에서 어렴풋이나마 성종의 성품을 엿볼 수 있다. 1486년에 왕릉에 벼락이 치자 성종은 겁에 질려서 대신들을 불러모아 하늘의 심판을 면하기 위해 자기가 고쳐야 할 과오를 지적해달라고 요구했다. 그러자 어느 대신이 네 가지 과오를 지적했다. 첫째, 재물을 좋아한다. 둘째, 돈을 받고 관직을 판다. 셋째, 죄수를 무자비하게 때린다. 넷째, 비난을 들을 자세가 돼 있지 않다.

그로부터 2년 후 성종은 함경도에서 토지를 다시 측량하라고 지시했다. 그곳에 세금을 거둘 만한 땅이 많다고 판단했던 것이다.

1489년에는 역병이 돌아 대신 하나가 성종에게 부처님께 불공을 드려 역병을 막아달라고 조언했다. 성종은 그 신하를 당장 유배시켰다. 그 신하는 대비가 독실한 불교 신자이니 불공을 드리라고 조언해도 벌을 받지 않게 될 것이라고 생각한 모양이었다. 그러나 자식 된 도리로 인해 불교를 배척하려는 확고한 의지가 꺾이지 않던 때였다.

1490년에는 권주라는 인물이 성종에게 조선에서 쓰는 악기는 부도덕한 신돈이 만든 악기이니 없애달라고 건의했다. 권주의 건의에 따라 악기를 없애고 새로 악기를 제작했다. 음악의 형식도 바뀌어 좀 더 순수하고 진지해졌다. 한편 전쟁 무기로 '쇠뇌'라는 일종의 투석기가 제작되기도 했다. 1491년과 1492년에는 함경도 국경 지대에 전쟁이 일어났다. 허종 장군이 마침내 북쪽 접경 지대를 정벌했다. 성종은 1494년에 숨을 거두었다.

연산군, 중종,
인종, 명종

포악한 성품의 연산군　앞에서
설명했듯이 연산군은 폐비 윤씨의 아
들이었다. 어머니의 포악한 성품을
그대로 물려받은 연산군은 어머니의 이름을 욕되게 한 오명을 씻어주
겠다고 맹세했다. 열아홉 살이던 연산군은 한 나라의 임금이 되기에는
유약한 인물이었다.

성종이 죽기 얼마 전에 아들을 데리고 대궐 안마당을 산책하던 중에
온순한 사슴 한 마리가 다가와 코를 비비며 왕의 품에 안겼다. 잔인한
왕자는 사슴을 거칠게 발길질하다가 아버지에게 크게 꾸중을 들었다.
훗날 왕위에 오른 왕자는 무고한 짐승을 잡아들여 직접 창을 꽂았다.
이런 악의에 찬 행동과 그 이면에 잠재된 사악한 성정을 간파한 박영이
라는 신하는 급히 대궐을 떠나 초야에 묻혔다.

다음으로 연산군은 옛 스승이던 조지서의 목을 벴다. 조지서는 충실
한 스승으로서 연산군이 어렸을 때 포악한 심성을 바로잡으려고 노력
하다가 미움을 산 인물이었다.

1496년 초에는 전라도 지방에서 세금을 더 많이 거둬들일 요량으로
경작지에 대한 토지조사를 다시 실시했다.

피 묻은 명주 적삼　연산군의 어머니는 죽으면서 자신이 입었던 피 묻은 명주 적삼을 남기며 '내 아들이 왕이 되면 이것을 전해주고 어미의 억울한 죽음을 잊지 말라고 전하라.'는 유언을 남겼다. 어린 왕은 어머니의 유언에 따라 폐비 윤씨 사사 사건에 어떤 식으로든 연루된 사람들, 즉 사건을 기록한 사람과 부당한 명령을 전달한 사람까지 한 명도 남김없이 불러들였다. 모두 합치면 수백 명이 넘었다. 연산군은 이들의 목을 베고 사지를 절단했다.

그뿐 아니라 사건에 연루된 사람 중에 이미 죽어 땅에 묻힌 사람까지 무덤을 파헤쳐 뼈를 조각내서 강물에 던지거나 가루로 빻아서 바람에 날렸다. 연산군은 조상을 모신 사당에 폐비 윤씨의 초상화를 걸고 모든 대신들에게 예를 올리게 하자 모두 초상화에 예를 올렸다. 단 세 사람만 거부하며 "폐비는 죄인으로 치욕스런 죽음을 맞이했습니다. 왕실의 사당에 폐비의 초상화를 거는 것은 옳지 않습니다."라고 주장했다. 이에 화가 치민 연산군은 당장 세 사람을 죽이라고 명했다. 세 사람의 가족도 죽이고 집을 불태워 잿더미로 만들었다.

줄어들 줄 모르는 연산군의 폭정　한 해 두 해 세월이 흘러도 연산군의 폭정은 줄어들 줄 몰랐다. 왕실에서는 방탕한 삶과 억압과 도둑질이 일상적으로 자행됐고, 백성들은 극빈한 처지로 추락했다. 극심한 가난에 허덕이던 백성들은 급기야 1504년에 한글로 연산군의 천박함을 적은 글을 써서 한양 곳곳에 붙였다. 연산군은 벽서를 보고 "필시 내가 쫓아낸 자들의 가족들 소행일 것이야."라고 분개했다. 그리하여 유배지로 보낸 사람들을 다시 불러들여 목을 베거나 사약을 내리거나 때려 죽였다. 팔도의 백성들은 연산군에게 이런 비극의 발단이 된 한글 벽서를 없애달라고 탄원을 올렸다.

연산군은 아직 살아 있던 성종의 후궁 두 사람에게 어머니를 죽음에 몰아넣은 죄를 뒤집어씌우고 두 사람을 불러들여 그 자리에서 죽였다. 성종의 정실부인이던 대비가 이 일을 두고 책망하자 연산군은 물불을 가리지 않고 곧바로 대비가 거처하는 처소로 쳐들어가 대비를 머리로 들이받으며 바닥에 쓰러뜨렸다. 대비는 죽일 테면 죽여보라면서 자기는 무서울 게 없다고 소리 지르며 맞붙었다.

신하의 부인을 취하다 한편 연산군은 황윤헌이란 사람의 아름다운 부인을 빼앗았지만 부인을 억지로 웃게 만들 수는 없었다. 그래서 "부인의 남편이 아직 살아 있어서 그런 게야."라면서 사람을 보내 황윤헌을 죽였다.

연산군은 전국 369개 주에 무희를 두었고 그중에서 가장 아름다운 무희 300명을 대궐로 불러들였다. 무희를 위해 화려한 누각을 짓고 무희가 아플 때 치료하기 위한 별도의 병원도 지었다. 개와 매를 길렀고 올가미와 같은 사냥 도구를 보관하는 별채도 지었다. 현재 미국 공사관이 있는 정동에는 왕실의 마구간을 설치했다. 전국 각지에 사람을 보내 예쁜 여자와 날렵한 말을 찾아오게 했다. 백성들에게 사람을 보내 특별세를 짜내기도 했다.

숙모까지 능멸하다 연산군은 대신들이 뒤에서 자기 험담을 한다고 믿고 다음과 같은 말이 적힌 나무판을 주었다. '입은 고통으로 이끄는 지름길이다. 혀는 몸에 꽂히는 칼이다. 입을 경계하고 혀를 붙들어라. 그러면 안전하게 보전하리라.'

연산군은 공자를 모시던 사당을 놀이터로 만들고 기숙사에서 유생들을 쫓아내고 그 자리에 점쟁이와 무당을 들여앉혔다. 연산군이 할머니의 죽음을 맞고도 곡을 하지 않자 대신 두 사람이 용기를 내서 곡을 해야 한다고 조언하자 그들을 죽여버렸다. 연산군은 고양, 파주, 양주 세 지역을 쓸어버리고 사냥터로 만들어 아무도 들어와 살지 못하게 했다. 왕명을 어기고 이곳에 들어온 자는 죽음을 면치 못했다. 이곳 사냥터에는 온갖 들짐승을 들여놓았다.

백성들이 이동할 때 타는 배를 빼앗아 대궐 연못에 띄우고는 백성들한테는 배 하나만 이용해서 강을 건너게 했다. 교통수단이 줄어들자 한양에 사는 백성들의 고충이 이만저만이 아니었으며 주막을 운영하는 사람들도 큰 손해를 입었다. 나이든 환관이 직언을 올리자 연산군은 그 자리에서 활을 집어들고 활시위를 당겼다. 남부 지방에서는 백성 한 사람에 면 한 필씩을 세금으로 거두려 하자 백성들은 입는 옷을 잘라 기워서 낼 수밖에 없었다. 대신들의 부인을 연회에 초대하고는 가슴에 남편 이름을 달게 했다. 그러고는 부인을 범하고 남편의 관직을 폐했다. 숙모까지도 연산군에게 능멸당한 뒤 스스로 목숨을 끊었다.

이상은 타락한 군주의 만행 중에서 몇 가지만 설명한 것이다. 연산군의 형편없는 작태를 재차 말할 필요는 없다. 연산군 치세 내내 살인과 욕망과 억압이 끊이지 않았다. 탐욕스런 연산군에게 백성이란 왕실의 금고를 채우는 데 이용하는 도구에 지나지 않았다.

진성대군을 옹립하다 연산군 12년인 1506년에 백성들은 드디어 인내심의 한계를 드러냈다. 성희안, 박원종, 유순정 세 사람이 모의하여 연산군을 몰아내는 수밖에 별다른 도리가 없다는 결론을 내렸다. 이들은 폭군 연산군을 몰아내고 성종의 둘째 아들 진성대군晉城大君을 왕위에 앉혔다.

이들은 한밤중에 동대문 근처의 훈련원에서 모반을 알고 온 여러 사람들과 만났다. 칠흑 같은 어둠 속에서 작전을 개시할 준비를 마쳤다. 믿을 만한 무사들로 소규모 정예부대를 구성하여 대궐 앞에 대열을 만들었다. 정승 두 사람이 합류하자 얼마 후 군중이 몰려들었다. 철퇴를 든 장정들이 대궐 문 안으로 밀고 들어가 연산군의 측근 여섯 명을 붙잡아 목을 벴다. 다음으로 감옥 문을 열고 무고한 사람들을 풀어줬다.

성난 군중은 복수하길 원했고 잡히는 대로 무기를 들고 반란군 대열에 합류했다. 얼마 후에는 연산군의 측근조차도 왕의 극악무도한 작태에 아연실색한 터라 반란군을 막아서지 않았던 모양이다.

반란군은 연산군이 함부로 대했던 계모인 대비가 거주하던 경복궁으로 들어가 이렇게 말했다. "임금은 구제 불능의 난봉꾼입니다. 백성들이 뿔뿔이 흩어졌습니다. 종묘사직이 위태롭습니다. 백성들은 대비마마의 아드님을 왕으로 옹립하고 싶어합니다."

대비는 완곡하게 거절하며 "내 아들이 어찌 왕이 되겠느냐? 임금의 아들이 왕위를 물려받을 나이가 되지 않았느냐?"라고 물었다. 그러자 일제히 큰소리로 반대하며 대비의 아들을 왕위에 앉히는 데 동의해달라고 요구했다. 마침내 대비가 동의하자 대비의 아들이 불려나왔다. 군중이 모두 진성대군 앞에 절을 하며 충성을 맹세했다. 진성대군을 왕위에 앉혀 대궐로 데려갔다. 폐위된 연산군은 아들과 함께 교동도로 쫓겨났다. 연산군에게는 묘호를 붙이지 않고 그냥 '연산주燕山主'라고 불렀다.

중종, 사랑하는 왕비를 내보내다 온 나라에 축제가 벌어졌다. 묘호가 중종공희대왕中宗恭僖大王인 새 왕은 이런 연설을 했다.

"나라의 근간은 바로 백성이다. 백성이 번창하면 나라도 번창한다. 백성이 힘들면 나라도 어려워진다. 패주 연산은 잔인한 무법자였다. 그리하여 과인이 백성의 뜻에 따라 왕이 되었다. 과인은 온 나라에 만연한 폐습을 타파하고 모든 권력을 백성을 위해 행사할 것이다. 그러니 온 백성은 기뻐할지어다."

그러나 안타까운 사건이 일어나는 바람에 중종의 행복에도 금이 갔다. 왕비의 아버지가 폐위된 연산군과 가까이 지냈다는 이유로 유배지로 쫓겨난 첫날 처형당했던 것이다. 그러자 대신들은 왕비를 쫓아내고 새로 왕비를 간택하라고 주장했다.

그러나 왕비는 아무런 죄를 짓지 않았기에 중종은 "왕비는 내 청춘을 바친 부인이니 내쫓을 수 없다."고 거절했다. 그래도 대신들이 주장을 굽히지 않자 중종은 하는 수 없이 눈물을 머금고 왕비를 떠나보냈다.

삼포 지역에 거주하던 일본인이 봉기를 일으키다 중종이 왕위에 올라 처음 한 것은 사냥 도구를 관장하던 부서를 없앤 일이었다. 후궁을 물색하는 일을 관장하던 부서도 없앴다. 강제로 빼앗은 집은 원래 주인에게 돌려줬다. 형사재판 과정을 기록한 보고서를 열흘마다 왕에게 제출하는 법도 부활시켰다.

이전의 세종 치세에 왜구에게 제포, 염포, 부산포의 삼포에 정착하도록 허락해준 일이 있었다. 그런데 이곳 삼포의 지방관들이 백성들을 억압하여 녹봉도 주지 않고 노동력을 착취하며 생선과 사냥감을 빼앗았다. 백성들은 더 이상 견딜 수 없었다. 이들 중에서 오바리시(大趙馬道)와 야스코(奴古守長)라는 사람은 대마도로 건너가 가렴주구를 일삼는 지방관에 맞서 싸울 군사를 일으켰다.

배 200여 척이 군사를 태우고 해협을 건너 부산으로 들어와 지방관을 죽였고, 제포에서는 지방관을 산 채로 잡아들였다. 이들은 삼포 지역에서 봉기를 일으켰다. 또 웅천과 동래에서도 지방관을 습격했다. 중종은 육로와 해상으로 막강한 군대를 내려보내 침략군의 퇴로를 차단하고 습격했다. 곧 3천여 병력이 전투력을 잃었고 수백 명이 바다로 쫓겨나 물에 빠져 죽었다.

1512년부터 1592년까지 일본과의 대외 관계는 가끔씩 사신이 오가는 경우를 제외하고는 사실상 중단되고 말았다. 그 사이에도 일본의 무역선 몇 척 정도는 삼포에 드나들 수 있었다. 그러나 일본 사람이 대궐에 접근하는 것은 엄격히 금지됐다.

불상을 녹여 무기를 만들다　중종은 아버지와 할아버지처럼 과감하게 개혁 정책을 펼쳤다. 무자비한 도적떼의 만행을 근절시켰다. 죄인을 심문할 때 쓸 수 있는 매질의 횟수를 제한했다. 2,940권짜리 『삼강행실三綱行實』을 편찬하여 효행에 관한 다른 책과 더불어 백성들에게 배포했다. 중종은 고아원을 설립하거나 버려진 아이에게 식량을 배급했다. 짧고 굵은 몽둥이로 다리를 때리는 형벌이 사라졌는데 자칫 잘못하면 뼈가 부러질 수 있는 형벌이었다.

중종 치세 7년인 1512년에는 군사를 돌보면서 무기를 정비하여 긴급 상황에서 곧바로 쓸 수 있게 하라고 명했다. 중종이 정벌군을 일으킬 생각이었는지, 아니면 외부 세력의 침입을 막아내기 위해서였는지는 알 수 없다. 중종의 목적이 무엇이었든지 간에 중종 치세에는 공격이든 방어든 전투가 일어난 적이 없었다. 중종의 군사정책은 선대왕이 군사를 정비하며 현명하게 시작한 정책을 착실히 실행에 옮기는 정도였다.

중종은 한때 신라의 도읍이던 경상도 경주까지 사람을 내려보내 거대한 청동 불상을 가져오게 했다. 그리고 불상을 깨트려 녹인 쇠로 무기를 만들었다. 당시 사람들은 불상에 불공을 드리면 불임을 치료할 수 있다고 믿었다. 이런 불상을 깨트리자 백성들의 원성이 자자했지만 중종은 이렇게 대꾸했다. "걱정하지 말거라. 모든 화는 과인이 받을 것이다."

불교의 위상이 어땠는지 분명히 보여주는 예다. 당시의 불교는 최악의 수준으로 추락했다. 오늘날에도 불교의 위상이 다시 올라갔다고 보기는 어렵지만 지금의 왕이라면 무슨 일이 있어도 불상을 깨트리지는 않을 것이다. 중종 치세에는 여러 차례에 걸쳐서 심각한 소란이 일어났다. 중종 13년인 1518년에는 큰 지진이 발생해 나흘간 지속되어 막대한 인명과 재산 피해를 입었다.

한국의 공자, 조광조　중종 시대는 학문의 중흥기였다. 다양한 서적을 편찬하도록 명하고 한양에 일종의 중앙 기록보관소인 서적관리국을 설치했다. 중종 시대의 대외 관계는 거울을 선물로 가져온 일본 사신을 받아준 일이 전부였다.

1518년에 명나라에서 들여온 역사책에는 태조가 환조의 아들이 아니라 반역자 이인임의 아들이며 새로 나라를 건국한 것은 고려를 배반한 행위라고 적혀 있었다. 중종은 곧바로 명나라 황실에 사신을 보내 서적의 오류를 바로잡아 달라고 요청했다. 황제는 다음에 편찬할 때 수정해서 싣겠다는 답변을 보내왔다.

중종의 스승은 '한국의 공자'라고도 불리는 조광조라는 인물이었다. 조광조는 중종에게 불교와 무속은 하나같이 쓸모없는 것들이니 점쟁이와 무당의 소굴을 소탕하라고 조언했다. 중종은 조광조의 조언을 실행에 옮겼고 조광조에게는 대사헌大司憲이라는 관직을 내렸다.

도덕성을 꽃피운 시대　이 시기는 한국인의 도덕성이 꽃핀 시대였다. 폐위된 연산군의 무절제한 폭정에 반하여 일어난 백성들은 지극히 수수하게 생활했다. 길에서도 남녀가 내외하여 걸었다. 길에 물건이 떨어져 있으면 아무도 건드리지 않고 물건 임자가 찾아가게 내버려두었다. 밤에도 대문을 걸어 잠그는 집이 없었다.

북방의 야인이 쳐들어오자 누군가 병사들을 일꾼으로 위장시켜 야인을 정벌하자고 제안한 일이 있었는데, 중종은 속임수를 쓰는 것은 나라의 위신을 떨어뜨리는 일이라면서 정식으로 군대를 보냈다. 과거제도와는 다른 천거제에 의거해 치러지는 현량과라는 중요한 시험이 신설됐다. 당시에는 흰옷을 흔히 입지 않았다. 1800년경까지 조선 시대에 흰옷을 입는 전통이 없었다. 대부분 파란색, 붉은색, 검은색 옷을 입었다. 중종은 종묘제례에 연푸른색 옷을 입고 참석하는 예법을 만들었다.

바늘 화살 중종 치세에는 몇 가지 분야에서 눈에 띄는 발전이 이뤄졌다. 두 발로 활을 고정시키고 두 손으로 활시위를 당기는 활이 만들어졌다. 남자들이 없으면 여자들이 성벽을 방어해야 했다. '바늘 화살'이라는 이름의 금속 화살을 쏘는 작지만 위력이 대단한 활도 개발됐다. 바늘 화살은 일반 화살보다 네 배나 많이 들고다닐 수 있었고, 화살 하나로 세 사람을 관통할 수 있었다. 폭탄도 개발됐다. 폭탄은 투석기처럼 생긴 기계로 쏘았던 것 같다. 무게가 55킬로그램이나 나가는 용수철 덫도 만들어졌다.

1524년에는 평양에 역병이 돌아 많은 사람이 죽었다. 죽은 사람의 수가 7,700명에 달했다고 전해진다. 이듬해에는 남경에 간 이순이라는 사신이 처음으로 조선 땅에 나침반을 들여왔다.

후궁이 죽은 쥐에 세자 이름을 적어서 묻다 1532년에는 후궁 하나가 세자 대신 자기 아들을 왕위에 앉히려고 계략을 꾸몄다. 후궁은 세자를 없애기 위해 죽은 쥐를 잡아서 배에 세자의 이름을 적고 세자의 처소 밑에 넣어두었다. 무속의 힘을 이용해 정적을 없애려 할 때 흔히 쓰던 방법이었다. 후궁은 이 같은 음모를 꾸미다 발각되어 아들과 함께 처형됐다.

무적함대를 잉태한 모의 해전 약 3년 후에는 강에서 대규모 모의 해전이 벌어졌고 왕이 친히 나가서 관람했다.

이듬해에는 의복으로 양반을 상민과 구분하도록 명하는 중요한 법이 제정됐다. 그때까지는 양반, 상민 구분 없이 같은 옷을 입었지만 이때부터는 상민들은 소맷자락이 긴 도포를 입지 못했다.

조선 학문 발전의 대사건, 「옥편」 발간 1543년에는 경상도 지방의 유명한 학자 주세붕이 고려 시대에 이 지방에 살았던 안향이라는 유명한 학자를 기리며 백운동 서원을 세웠다. 주세붕은 이곳의 토대를 파다가 140킬로그램 정도 나가는 구리막대를 찾아냈다. 막대를 팔아서 서원의 서재에 비치할 서적을 구입했다.

중종이 마지막으로 시행한 정책은 다른 모든 업적을 무색하게 만드는 동시에 백성의 삶을 함축적으로 보여주는 일이었다. 바로 한자의 부수에 따라 배열한 한글-한자 사전인 『옥편玉篇』[『운회옥편』, 1536년(중종 31) 한국 사람(최세진)이 만든 최초의 옥편]을 편찬한 일이었다. 옥편을 편찬한 일은 모든 학문에서 처음으로 중대한 발전이 이뤄졌다는 뜻이다. 학계에서 사전 편찬에 대한 요구가 지속적으로 표출되다가 결국에는 반드시 필요하다는 인식이 팽배해졌다.

한편 이견의 여지가 없지는 않지만 『옥편』 편찬은 한국 고유의 문자가 백성들에게 단단히 뿌리를 내리고 중요한 성과를 거두기 시작했다는 점을 보여주기도 한다. 분명한 사실은 당시 한자를 음역하는 기준이 필요해졌고, 여기에는 한글이 광범위하고 지속적으로 사용됐다는 배경이 크게 작용했다는 점이다. 『옥편』을 편찬한 일은 조선의 학문 발전에 큰 획을 긋는 사건이었다.

한글은 백성들 사이에 단단히 뿌리내려 무시하거나 외면하지 못할 중요한 문자로 자리매김했다. 한자는 지금도 한국인이 애용하는 문자이긴 하지만 라틴어가 영어에 자리를 내주고 영국에서 사라졌듯이 한자도 한글에 자리를 내주고 물러날 것이다.

인종, "나를 죽이고 아버지를 살려달라"　1544년에 중종은 왕으로 살았던 파란만장한 시간을 마감했다. 중종은 40년간 왕위에 앉아서 과거 연산군이 만들어놓은 진창에서 분연히 떨쳐 일어나 도덕과 학문과 문화를 최고의 경지로 끌어올렸다. 중종의 뒤를 이어 아들 호峼가 왕위에 올랐다. 묘호는 인종영정대왕仁宗榮靖大王이었다.

인종 치세에는 유교가 극단적인 형태로 드러났다. 인종은 중종이 죽은 후 엿새 동안 음식을 입에 대지 않아 몹시 쇠약해져서 신하의 도움 없이는 혼자 서 있기도 힘들 정도에 이르렀다. 인종은 계속해서 음식을 거부하고 아버지의 죽음을 애도했다.

한겨울인 데도 밤새도록 맨땅에 앉아 자기를 죽이고 아버지를 살려달라고 하늘에 빌었다. 자기 병은 약으로 치유할 수 없는 병이라며 약도 거부했다. 죽음을 목전에 둔 인종은 이복동생인 경원대군慶源大君에게 왕위를 이어달라고 부탁했다. 인종이 죽자 온 나라에 곡소리가 끊이지 않았다. 단 하루 만에 마을에서 마을로 곡소리가 퍼져나가 멀리 변방 지역까지 소식이 전해졌다.

소윤이 대윤을 인두로 지져서 죽이다 새 왕의 묘호는 명종공
헌대왕明宗恭憲大王이었다. 왕위에 오른 명종은 아직 열두 살 어린 나이
라서 어머니가 수렴청정했다. 그러나 명종의 어머니는 몹시 사악한 여
인으로 명종이 왕권을 행사할 만한 나이가 되기도 전에 나라를 도탄에
빠트렸다.

명종의 어머니에겐 윤원형이라는 동생이 있었는데 무엄하고 음흉하
기가 누이 못지않았다. 당시에는 인종의 외삼촌 윤임이 정승으로 국사
를 돌보았다. 윤임은 충직한 인물이었다. 윤임은 인종의 어머니의 오빠
로서 명종 어머니의 남동생인 윤원형과는 성품이나 도덕적인 면에서
대조적인 인물이었다. 윤원형의 형 윤원로 역시 궤변을 늘어놓는 데 있
어서는 동생 못지않았다. 따라서 윤씨 형제는 서로 대립할 수밖에 없었
고 동생 윤원형은 형 윤원로를 남쪽 지방의 해남으로 내쫓았다.

중종이 죽을 당시부터 대표적인 책략가이자 정치가로 활약하던 윤원
형과 윤임 세력이 대립하여 주도권 다툼을 벌였다. 윤임은 '대윤大尹',
윤원형은 '소윤小尹'이라 불렸다.

백성들이 지도자를 옳게 평가하는 경우는 드물지 않다. 인종이 왕위
에 앉은 짧은 기간 동안에는 윤임 일파가 정권을 잡고 윤원형을 비롯한
온갖 교활한 무리를 대궐에서 쫓아냈다. 그 후 윤원형이 권력을 손에
쥐자 처음에는 권력의 단맛을 보려는 무리가 붙었고, 다음으로는 복수
의 단맛을 보려는 불만 세력이 몰려들었다. 인종이 죽기 전에 '소윤' 윤
원형은 왕위 계승자인 경원대군의 어머니 문정왕후에게 '대윤' 윤임을
내치라고 설득하면서 윤임 일당이 경원대군을 왕위에 오르지 못하도록
모의를 꾸미고 있다고 주장했다.

명종이 즉위하고 문정왕후가 수렴청정을 시작하면서 윤원형에게
'대윤' 일파를 처형하라고 지시했다. 윤원형은 포도대장을 불러 문정왕

후의 명을 전달했다. 윤원형은 워낙 용의주도한 인물이라 처형할 대상인 대윤 일파는 청렴결백한 사람들이며 자신은 이 일과 아무 상관이 없다고 덧붙였다. 그러고는 명종을 직접 알현하여 윤임을 처형하라고 주장하자 문정왕후가 그의 주장에 동조했다.

이에 대신들은 말도 안 되는 소리라면서 명종이 별다른 문제없이 왕위에 오른 이상, 윤임을 처형해서는 안 된다고 주장했다. 그러자 문정왕후는 노발대발하며 "여기 앉아 있는 내 아들을 죽게 내버려둘 셈이냐? 불속에 꿈틀대는 뱀처럼 윤임 일파를 반드시 죽여야 한다."라고 소리를 질렀다. 그러고는 대신들에게 물러나라고 명하고 '대윤' 일파에게 사약을 내렸다.

더불어 문정왕후에게서 대신들이 경원대군 대신 왕으로 옹립하려 한다고 의심받은 왕족 하나가 서광사로 달아나 굴속에 숨어지내다가 붙잡혔다. 그는 한양으로 끌려와 벌겋게 달군 쇠에 지져 죽이는 형벌을 받았다. 그 후 윤원형은 명종과 문정왕후의 신임을 얻은 뒤 소윤 일파가 관직에 오르는 데 반대하는 대신들을 각지로 내쫓거나 처형했다.

앞에서 중종 시대에 삼포에 정착해 살던 일본인이 쫓겨난 일을 설명한 바 있다. 일본에서 다시 사신이 찾아와 삼포의 반란은 일본인 정착민이 일으킨 것이 아니라 섬에서 온 왜구의 소행이었으니 다시 두 나라 사이에 예전의 화평 관계를 회복하자고 청해왔다. 조선은 사신의 청을 들어주고, 매년 두 차례씩 대마도에서 부산에 조공을 보내라는 조건을 달았다. 사절단을 이끌고 온 일본인 이름은 소이전사고 이 일은 1548년에 일어난 일이었다.

같은 해에 중국 역사를 다룬 『강목綱目』과 『속강목續綱目』이 나왔고, 군사를 다룬 책으로 『팔명강의』와 『무경절요武經節要』가 편찬되어 온 나라에 보급됐다. 이들은 조선 시대 편찬된 가장 유명한 서적에 속한다.

백성들은 왕의 측근이던 윤원형을 몹시 싫어했고 문정왕후의 수렴청정에 분노했다. 급기야 아래와 같은 내용이 적힌 벽서까지 나붙기 시작했다. "한갓 아녀자가 이 나라를 다스리고 있다. 땅에서 거둔 세금은 대비의 앞잡이들 배를 채우는 데 들어간다. 나라가 망할 징조로다."

문정왕후는 백성들의 성토를 듣고 뉘우치기는커녕 '대윤' 일파를 완전히 소탕하지 않아 생긴 일이라며 분개했다. 그러고는 일흔 명 이상의 충직한 신하들을 잡아들여 죽였다.

재난의 전조 명종 시대에는 기근과 역병을 비롯하여 온갖 재난이 일어나 백성들이 큰 고통을 감내해야 했다. 이는 다음 왕대에 왜군의 침입으로 온 나라를 휩쓴 무시무시한 정치적 격변을 미리 알리는 전조였다. 다음 왕이 왕위에 오른 첫해에 함경도 일대에 역병이 돌면서부터 재난이 시작됐다. 같은 해에 한양 뒤편 삼각산에서 엄청나게 큰 바위가 굉음을 내며 떨어지는 바람에 그 소리가 온 나라로 퍼져나갔다. 뒤이어 여기저기에서 홍수가 일어나 수천 명이 물에 휩쓸려가고 재산 피해도 이만저만이 아니었다. 평양만 해도 가옥 720채가 무너지고 209명이 죽었다.

1548년에는 선기옥형璇璣玉衡(혼천의渾天儀)이라는 천문 기구가 만들어졌다. 혼천의가 정확히 어떤 기구였는지는 알 수 없지만 그 당시 이미 상당 수준의 천문학 연구가 이루어졌으며 한국에서 보기 드문 경우지만 과학 연구를 추구하는 경향이 있었던 것으로 보인다.

여느 양반집 부인과 마찬가지로 문정왕후 역시 독실한 불교 신자였다. 문정왕후는 불교를 중흥시키기 위해 1550년에는 승려가 될 때 나라의 허락을 받게 하는 법을 만들고 승과 시험을 부활시켰다. 품성이 사악했지만 지략이 뛰어난 승려 보우가 조정에 엄청난 영향력을 발휘했다. 대신들은 명종에게 보우를 쫓아내라고 간청했지만 아직은 문정왕후의 힘이 막강한 상황이었다.

15세 남아가 3년간 군에 복무하다　이듬해에는 징병으로 군대를 구성하는 징병제가 시작됐다. 따라서 열다섯 살이 넘은 남자는 모두 2~3년간 복역해야 했다. 그러나 징병제는 성공을 거두지 못했다. 고구려가 멸망한 이래로 한반도에서 군대의 사기가 높았던 적이 없었다. 백성들은 줄곧 군인이라는 직업을 하찮게 여겼으며 달리 생계를 꾸릴 방도가 없는 사람이 아니면 가급적 군대를 멀리했다.

오래지 않아 징병제 법령이 수정되어 1년에 150냥 정도의 돈만 내면 병역을 면제받을 수 있었다. 이렇게 모인 돈이 나중에는 1만 냥도 되고 심지어 2만 냥에 이르는 때도 있었으며, 그중에는 관리들이 부당하게 착복한 돈도 상당히 포함돼 있었다.

북쪽과 남쪽에서 외적이 침략하다　문정왕후는 명종이 스무 살이 되던 1553년에 수렴청정을 거두었다. 이때부터 상황은 더욱 복잡하게 전개됐다. 문정왕후 일파는 권력을 잃고 물러났지만 이들이 떠난 자리에 다른 문제가 발생했던 것이다. 북방 민족인 골간벌족이 넘어와 국경 지대 촌락들을 침략했다. 명나라로 쳐들어갔던 왜구가 전리품을 잔뜩 싣고서 조선의 해안에 정박했다가 붙잡혀서 남경으로 돌려보내졌다. 이듬해에는 왜구가 탄 배 70척이 전라도 해안에 정박하여 지방 관리 일곱 명을 죽였다. 그러나 그 지방 관찰사가 군대를 이끌고 왜구를 몰아냈다. 왜구 120명이 죽고 무장해제당했다.

1555년에는 조선이 왜구와 대적하여 큰 승리를 거두었다. 1천 명이 넘는 왜구가 전라도 달량포로 들어와 마을을 침략했다. 왜구를 무찌르기 위해 정부군이 내려왔지만 큰 손실만 입고 물러났다. 어란이 함락됐고, 장흥과 강진이 적에게 무참히 유린당했다. 전라도 병마절도사 원적과 장흥 부사가 왜구의 침입을 막아서다 크게 패했다.

전주 부윤 이윤경이 왜구를 물리치다 전주 부윤 이윤경은 2천 명의 병력을 끌어모아 전장으로 향했다. 어느 노련한 장군이 이윤경에게 패배할 게 자명하다고 경고하자 이윤경은 '내 목이 달아나도 좋소.'라고 응수했다. 이윤경은 자기가 거느린 병사들에 대한 믿음이 굳건하여 병졸 하나라도 이탈하면 자기 목을 내놓겠다는 내용을 글로 적어 맹세했다.

그는 서둘러 진군하였는데 향교에서 왜구를 만나자 급히 가슴 높이의 장벽을 쌓았다. 형의 지원을 받기로 했지만 형이 급히 전갈을 보내 상황이 여의치 않으니 어서 퇴각하라고 전했다. 이윤경은 전령의 목을 베고 혼자 힘으로 공격을 감행했다. 병사들에게도 제일 먼저 달아나는 자는 목이 달아날 것이라고 으름장을 놓았다.

왜구를 이끌던 적장은 튼튼한 백마에 올라타 노란 깃발을 손에 쥐고 무시무시한 함성을 지르며 검으로 깃대를 쳤다.

이윤경은 공격을 개시하면서 처음부터 적장을 겨냥하지 않고 왜구 무리와 쌓아놓은 짐을 향해 화살 다섯 발을 쏘았다. 그러자 왜구가 흥분하여 우왕좌왕했고 그 틈에 적장을 찾아내 저 유명한 '바늘 화살' 한 발을 쏘아 떨어뜨렸다. 왜구는 곧바로 전면 퇴각하다가 높이 솟아오른 바위를 만나 바닷가로 내몰렸다. 여기서 1,800명이나 되는 적병이 전사했다고 전해진다.

이는 지도자만 잘 만나면 막강한 군대로 거듭나는 한국 백성들의 모습을 보여주는 또 하나의 예다. 뛰어난 지도력을 발휘한 젊은 장군 이윤경은 이 지방 지방관으로 임명됐다. 달아난 왜구의 잔당들은 바다 건너 제주도로 들어가서 무기를 달라고 요구했다. 제주도 지방관은 전투에서 패하고 쫓겨온 자들의 요구를 들어주지 않고 거대한 철퇴를 휘두르며 공격했다. 전투가 끝나자 제주도 들녘이 왜구의 시체로 뒤덮였다.

명종은 왜구를 물리쳤다는 소식을 듣고 그 지방 지방관이 거둬야 할 세금을 면제해줬다.

소윤이 쫓겨나다 1563년에는 대규모 반란이 일어났다. 양주의 임고중이라는 백정이 노상강도를 끌어모아 양주와 인근 지방에서 노략질하며 불을 지르기 시작했다. 반란군은 구월산까지 쫓아온 관군을 속이려고 신발을 거꾸로 신고 도망쳐서 관군을 교란시켰다. 그러나 관군이 산을 빙 둘러 포위하여 조금씩 위로 올라가서 마침내 도적떼를 고립시켜 모두 죽였다.

1565년에 문정왕후가 죽었다는 소식이 공표되기가 무섭게 문정왕후의 측근인 승려 보우가 제주도로 쫓겨나 맞아죽었다. 그 후 대신들은 윤원형을 죽이라고 요구했다. 명종은 외숙부를 죽일 수 없다고 버티면서 윤원형의 관직을 빼앗고 한양에서 내쫓았다.

6부

임진왜란

진주성 촉석루 경남 진주 남강의 의암義岩 위에 장엄하게 솟아 있는 영남 제일의 누각으로, 임진왜란 시기에는 지휘 본부로 사용되었다. 1593년 7월 29일 왜군의 파상적인 공격으로 진주성 동문이 무너지자, 이곳에 모여 결사 항전했던 김천일, 최경회, 이종인 등은 모두 전사하거나 남강에 뛰어들어 자결했다. 1948년에 국보로 지정되었지만 한국전쟁 때 불탄 것을 1959년에 시민의 성금으로 새로 복원하였다. 촉석루 앞쪽에는 논개가 왜장 게야무라 후미스케毛谷村文助를 껴안고 남강으로 뛰어내린 의암으로 내려가는 계단이 있고, 뒤쪽에는 논개의 넋을 기리는 의기사가 있다.

전운이
감돌다

선조가 왕위에 오르다 1567년
에 명종이 위독해지자 왕비인 인순왕
후가 대신들을 불러 왕위 계승 문제
를 의논하려 했지만 대신들이 모두 모이기 전에 명종이 숨을 거두고 말
았다. 대신들은 인순왕후에게 후계자를 정하라고 요청했고 명종의 조
카인 열여섯 살의 하성군河城君이 낙점됐다. 하성군의 묘호는 선조소경
대왕宣祖昭敬大王이었다. 인순왕후는 선조 즉위 이듬해까지 수렴청정을
했다.

선조 시대는 조선 왕조 중에서 가장 주목할 만한 시대다. 선조 재위
기간에 왜구가 침략해 들어와 나라를 초토화시켰다. 향후 한국인이 일
본을 바라보는 시각을 완전히 바꿔놓은 사건이었다.

선조는 왕위에 오른 뒤 처음 몇 년 동안 '소윤'이 남긴 폐해를 바로잡
고 소윤의 힘으로 관직에 오른 사람들에게서 관직을 빼앗았다. 왕조 전
체가 발 벗고 나서 소윤 일파가 빠져나간 공석을 메울 현명하고 학식이
뛰어난 인재를 물색했다. 백성들을 훈육하고 발전시키기 위한 서적이
편찬되어 널리 배포됐다.

북방에서는 야인이 압록강을 건너 강계 근처 조선 영토를 차지했지
만, 선조는 관군을 보내 야인을 몰아냈다. 야인은 궁지에 몰리다가 반

격을 펼쳤다. 그러자 관군은 혼비백산하며 모두 흩어져 달아났다. 2차 공격에서는 야인을 쫓아 마을로 들어가 불태웠다.

일본인을 부산포에서만 살게 허락하다 1572년에는 정승 이준경이 죽었다. 이준경은 죽기 전에 역사적으로 의미심장한 예언을 남겼다.

"인간의 마음을 살펴보니 서로 대적하는 당파가 일어나고 각자의 대열에 큰 적이 뒤따른다. 임금은 어느 당파도 편애하는 우를 범하지 않도록 각별히 노력해야 한다. 당파가 일어나면 가차 없이 물리쳐야 한다."

이 해 일본과의 관계는 다음과 같았다. 중종 5년에 삼포왜란이 일어난 이후 조선과 일본 사이에 대화가 거의 없었지만 조선은 일본인 일부를 삼포에 들어와 살도록 허락해주는 관용을 베풀었다. 그런데 이제 일본이 옛 관계를 회복하자는 우호적인 전갈을 보냈다. 조선은 일본의 요청을 받아들여 부산포에서만 활동할 수 있도록 허락해주었다. 정확히 말하면 부산포 아래 3리에 해당하는 지역으로 현재의 부산시와 해안 사이의 중간쯤에 해당하는 지역이다. 이때부터 과거의 우호 관계가 회복되긴 했지만 아직도 조선에서 일본으로 사신을 보내지는 않았다.

조정에서는 일본 사람이 부산 이외에 다른 지역에 들어가면 왜구로 간주하고 처벌할 것이라는 포고령을 내렸다. 조선의 관리는 일본 사람을 철저히 감시하고 이들이 엄격한 규제를 어기지 않는지 지켜보았다.

조선에는 왕족이 죽을 때 백성들이 상복을 입는 전통이 없다가 1575년에 인순왕후가 서거했을 때부터 이런 전통이 생겨서 백성들 모두가 흰 갓과 허리띠, 신발을 신었다.

당파가 형성되다 같은 해인 1575년에는 또 하나의 중요하고 후대에 강력한 영향을 미치는 사건이 발생했다. 대신들 사이에 막강한 세력을 가진 당파가 형성되었던 것이다. 처음에는 당파가 동서 둘로 나뉘었으나 얼마 지나지 않아 노론老論, 소론少論, 남인南人, 북인北人의 넷으로 나뉘었다. 당파의 명칭은 각 당파의 구성 취지를 설명하는 것이 아니라 지엽적인 사정 때문에 붙은 이름일 뿐이었다.

각 당파가 특정한 원칙을 대변하는 것도 아니었다. 특정한 정치적 원칙을 중심으로 모인 것이 아니라 임금의 총애를 입어 관직과 특혜를 얻기 위해 모인 정치적 계파일 뿐이었다. 각 당파가 형성된 과정을 살펴보면 당파를 형성한 이유가 얼마나 사소했는지 알 수 있고, 또 조선 시대 문헌을 살펴보면 이들 당파 때문에 조선 사회가 얼마나 피폐해졌는지 알 수 있다.

명종 시대에 '소윤'이 득세하던 시절에 심의겸이라는 사람이 만인의 미움을 받던 소윤의 사랑방에 있던 이불을 보고 누구의 것인지 물었다. 담요가 김효원의 것이라는 말을 듣고는 "김효원은 훌륭한 선비인데 어찌 소윤과 같은 이의 집에서 잠을 잘 수 있단 말인가."라고 호통을 쳤다. 그리하여 심의겸은 김효원을 적대시하고 또 김효원은 심의겸을 적대시했다. 이 일이 화근이 되어 집안끼리의 싸움으로 번졌고 훗날 두 개의 당파가 대립하게 되었던 것이다.

서인과 동인　하나는 당파의 수장이 한양의 서쪽에 산다고 해서 '서인西人'이라 하고, 다른 하나는 수장이 한양의 동쪽에 산다고 해서 '동인東人'이라 했다. 처음 분쟁을 일으킨 두 사람은 정치권에서 물러나고 나중에는 박순이 서인을 이끌고 허엽이 동인을 이끌었다. 관직을 공평하게 나눠주는 전통이 사라진 것은 이때부터였다고 한다. 옳고 그름을 떠나서 서인은 서인을 끌어주고 동인은 동인을 끌어주기 시작했던 것이다.

그러자 곧바로 기나긴 싸움이 시작됐다. 황해도의 노비가 살인을 저지르고 감옥에 갇혀 당시 서인의 수장이던 박순의 처분을 기다리던 사건이 일어났다. 박순은 노비가 유죄라고 생각하지 않아 판결을 미뤘다. 반대파의 수장이던 허엽은 이 일을 기회 삼아 의무를 방기했다면서 박순을 고발했다. 그러자 양 당파의 수장뿐 아니라 당파를 이루던 사람들 사이에 공격과 반격이 난무하는 당쟁이 일어났다. 첫 번째 당쟁은 조만간 소론이라 불리게 되는 동인의 승리로 끝이 나고 두 당파도 해체됐다.

당시 어느 정승은 이런 당쟁이 백해무익한 싸움이며 끝없는 갈등만 불러일으킬 뿐이라고 주장했다. 선조는 당쟁의 뿌리를 근절하자는 의견을 받아들여 갈등의 싹을 잘라내기로 했다. 그리하여 처음 당파를 만든 김효원과 심의겸을 귀양 보냈다. 그러나 이런 조치는 실효를 거두지 못하고 나중에는 더욱 세분화된 당파가 형성되어 상황은 더욱 악화됐다.

"죄지은 자에게도 편을 들어줄 것입니다" 1579년 백인걸은 선조에게 '온 나라가 무의미한 당쟁에서 어느 한쪽 편을 들어 싸우고 있으니 죄지은 자라 해도 그의 편을 들어줄 사람이 많습니다. 이는 결국 나라가 망할 징조이니 전하께서 당쟁을 조정하셔야 합니다.'라는 상소를 올렸다. 다른 대신들도 왕 앞에 나가 같은 주장을 펼쳤지만 당쟁은 이미 왕이 손쓸 수 있는 범위를 벗어나 있었다.

선조 15년인 1582년에는 학문을 적극 장려했다. 선조는 조선에 당쟁이 일어난 원인은 고전을 소홀히 한 데 있다고 판단했다. 그리하여 『심경心經』, 『유선록儒先錄』, 『매월당집梅月堂集』을 편찬하도록 명했다. 대규모 학자 모임을 만들어 함께 고전 연구에 힘쓰게 했다.

북 방 민 족 의 침 입　1583년에는 본호가 이끄는 북방 민족이 맹렬한 기세로 쳐들어왔다. 우선 함경도 경원 땅이 적에게 넘어갔다가 온성 부사 신립의 지원을 받아 적의 후방을 치며 치열한 격전 끝에 적을 두만강 이북으로 쫓아내고 적의 마을을 불태웠다.

변경 지역에서는 병졸을 징집하기 위한 새로운 방법이 채택됐다. 당시까지 법에 따라 첩비의 자식은 공직에 나갈 수 없었지만 이때부터는 나라에 일정한 양의 쌀을 내거나 3년 동안 압록강이나 두만강 유역에서 군역을 치르면 공직에 오를 수 있게 되었다.

북방 민족의 족장인 율보리와 니탕개가 1만 명의 무리를 이끌고 양쪽으로 나뉘어 종성에 이르렀지만 수비대 100여 명이 굳건히 지키던 종성을 함락하지 못한 채 포위를 걷고 방향을 돌려 방원을 쳤다. 다행히 관군이 제때 도착해서 침략군을 몰아냈다.

병조판서는 준비를 마치는 대로 진군할 계획이었지만 사소한 절차를 무시했다는 이유를 들어 반대하는 세력에 밀려 곧 작전을 포기하고 불명예스럽게 자리에서 물러났다. 선조가 영의정에게 이 문제에 관한 의견을 묻자 신중한 정승이 자기 체면이 깎일까 봐 걱정하며 명확한 답변을 내놓지 않자 선조가 이렇게 말했다. "정승이란 자가 솔직하게 의견을 내놓지 않는다면 물러나야 할 것이다." 그리하여 정승은 관직도 잃고 임금의 신임도 잃었다.

조 선 이 유 약 했 다 는 비 난 은 근 거 가 없 다　그즈음 일본이 조선을 침략하는 정도가 심각한 수준에 이르렀기에 잠시 방향을 돌려 일본 국내 사정을 살펴보고 일본과 조선을 비교해보면서 일본이 처음에는 승리를 거뒀다가 곧이어 패배한 이유를 알아보자.

조선과 일본은 발전 방향이 전혀 달랐다고 볼 수 있다. 우선 조선은 줄곧 명나라와 화평 관계를 유지했다. 고려 시대의 몽골이나 후대의 만주 정권과 달리 명나라는 북방 민족이 세운 나라가 아니라서 조선과 북쪽 국경에서 충돌할 일이 없었다. 명나라는 중국 본토의 한족漢族이 세운 나라로 몽골이나 만주족과 같은 북방 민족이 아니었다.

따라서 조선이 우호적인 태도를 견지하고 무력 도발을 일으키지 않는 한 명나라는 조선에 큰 관심을 두지 않았다. 조선 시대 말기까지도 조선은 명나라를 진정한 후원자로 생각하고 만주족이 세운 청나라를 멀리했다. 조선은 건국 초기 왕들의 막강한 권력으로 통일된 이래로 조선 말기에 이르기까지 가끔씩 야인의 공격을 받거나 바다 건너 왜구의 노략질에 피해를 본 정도를 제외하고는 특별히 외부의 위협에 두려움을 느끼지 않았으며 국방 문제로 불안해 하지도 않았다.

조선이 군대를 양성한 유일한 이유는 야인과 왜구의 침략을 막기 위해서였다. 평화 시대가 도래해 온 나라가 화평했기에 일각에서 주장하듯 조선이 유약한 나라였다고 믿을 만한 근거는 없다.

오히려 강력한 국가였다고 볼 만한 근거가 충분하다. 일본의 침략을 받던 바로 그해까지 조선은 세종의 개혁 정책을 고수해왔고 그 후의 호전적이지 않은 임금들은 학문, 예술, 윤리를 발전시키는 데 힘썼다.

역사를 통틀어보아도 백성들을 도탄에 빠트리며 나라의 중요한 자원을 향락과 사치에 써버린 군주가 도덕, 과학, 사회, 문학 연구에 힘쓴 예는 없다. 그러나 당시 조선의 왕들은 온 나라가 일본의 침략으로 신음할 때까지도 학문 연구에 매진했다. 폭정에 시달리던 백성이 왕으로서 자격이 없던 연산군을 끌어내리고 묘호를 부여하지 않은 일이 있은 지 채 100년도 지나지 않은 때였다. 그 뒤 왕위에 오른 중종은 윤리와 도덕을 강화하여 청렴을 제일의 가치로 삼았고 누구보다 학문과 예술을 장려했다. 중종의 가장 큰 업적은 백성들 학문 생활에 새로운 장을 열어준『옥편』을 편찬한 일이었다.

중종의 뒤를 이은 인종은 학문 장려 정책을 유지해나갔으며 여러 가지 업적 중에서도 복잡한 천문 기구를 만든 것이 특기할 만하다. 그리고 그 다음 시대에 외부의 침략을 받은 것이다. 편견 없는 눈으로 보면 일본 역사가나 한국의 사료를 접하지 않은 사람들이 흔히 주장하듯이 당시 조선이 최악으로 타락의 길을 걸었다고 볼 수 없다.

한편 조선 임금의 업적은 인정한다 해도 그 노력이 일반 백성한테까지 영향을 미치지 않았다는 주장도 있다. 이 또한 정확한 설명은 아니다. 한국인만큼 중앙정부의 영향을 직접적으로 받는 민족도 없기 때문이다. 왕이 유약했던 시대에는 백성들도 힘이 없었고 왕이 진실했던 시대에는 백성들도 정직하게 살았다. 따라서 일부 학자들의 비방에 가까운 평가에 맞서서 한국 측 사료를 충분히 검토해볼 필요가 있다.

물론 왕실의 지시로 작성된 사료 말고 개인이 쓴 왕조사나 유명한 역사책과 같이 신뢰할 만한 사료를 참조해야 한다. 조선은 국경 지대에서 몇 차례 야인들의 침략을 받은 일을 제외하고는 수백 년 동안 평화를 누리고 살았기 때문에 점차 평화를 유지하는 능력이 무력을 쓰는 능력을 대체해왔다. 어떤 사람이 무력을 쓰지 못한다는 이유만으로 경멸해서는 안 된다. 힘을 쓰지 못한다고 업신여긴다면 토탄土炭으로 불 때고 살던 원시시대로 돌아가는 것과 다를 바 없다.

조선 파멸의 원인은 붕당정치　임진왜란 당시 조선이 일본군의 침략을 막지 못한 이유가 잘못 알려져왔다고 설명했다. 이번에는 다른 측면으로 설명해보겠다. 좀 더 쉽게 설명할 방법이 있다. 세 가지로 살펴보자.

첫째, 조선의 백성들은 대규모 상비군에 들어간 적이 없으며 대단위로 군대에서 훈련을 받아본 적이 없었다.

둘째, 일본군은 조총鳥銃으로 무장한 반면 조선군에게는 아무것도 없었다. 조선에 처음으로 들어온 조총은 임진왜란이 일어나기 직전에 일본에서 보낸 사신이 선조에게 선물한 것이었다. 이것만으로서 조선이 일본군에 적절히 대처하지 못한 이유가 밝혀진다.

셋째, 붕당정치로 말미암아 누구라도 공적을 인정받기 시작하면 반대파의 질시로 인해 끌려 내려와 파멸에 이르고 마는 정치 상황도 한 가지 원인이었다. 사실 붕당정치를 조선이 취약하게 된 주된 원인으로 볼 수 있다.

이후 몇 쪽에 걸친 설명에서는 이런 시각이 올바른 관점인지 아닌지 밝혀질 것이다. 요컨대 조선을 파멸에 이르게 한 원인은 붕당 간의 반목이었지 백성들이 나약하고 우유부단해서가 아니었다.

일본 발전의 원동력, 봉건제 그럼 이번에는 일본으로 방향을 돌려 조선을 침략한 왜군이 어떤 사람들이었는지 알아보자. 조선과 달리 일본의 백성은 성향이 비슷했던 적이 없었다. 봉건제가 일본인의 삶에 특징적인 요소였다. 일본이 하나의 국가로 통일된 지는 30년밖에 되지 않았다. (이 글을 쓸 당시는 1905년이었음을 참작해야 함—편집자 주)

일본이 지난 30년간 눈부신 발전을 이룰 수 있었던 데는 봉건제와 그로 인한 자유로운 정신(봉건제는 초기 형태의 자유주의를 뜻한다.) 덕분이다. 따라서 일본의 봉건제 자체를 깎아내릴 필요는 없으며 문제의 원인은 끊임없이 이어지던 전쟁에서 찾아야 한다.

조선을 침략하기 전 200년 동안 일본은 거대한 전쟁터와 다름이 없었다. 일본인 대다수가 전쟁에 얽혀 있었다. 조선이 창조에 힘을 쏟는 사이 일본은 파괴하느라 여념이 없었으며 결국에는 막강한 히데요시

장군이 왕국의 통치자로 군림하면서 분쟁이 사라지자 남아도는 대규모 군대에 임무를 내리거나 해산하거나 둘 중 하나를 선택해야 했다. 군대를 해산하는 방법은 꿈도 꾸지 못했고 병사들에게 할 일을 주려면 해외에서 전쟁을 일으키지 않고는 불가능했다. 그리고 그 결과가 어땠는지는 예상할 수 있다.

일본은 황제가 직접 다스리지 않고 관백關伯(일본 막부의 장군)이라는 관리가 다스린 것으로 알려져 있다. 약 200년 동안 관백의 지위는 원씨 가문이 독차지했다. 히데요시는 이 집안의 가신家臣이었다. 용감하고 지략이 뛰어난 무사였던 히데요시는 장군의 지위에 오른 뒤에 그 자리를 이용해서 관백을 죽이고 스스로 관백이 되었다.

히데요시의 일생일대의 소원은 중국을 공격하는 일이었다. 전에도 함대를 이끌고 중국 절강성을 침략했다가 실패한 적이 있었다. 이번에는 마음을 바꾸어 조선을 거점으로 확보하고 명나라를 정복할 계획을 세웠다. 그는 먼저 '오랜 세월 동안 일본에서는 조선에 사신을 보냈는데 조선은 답례를 하지 않았다.'는 주장을 내세웠다.

일본이 사신을 보내달라고 요청하다　이런 정책에 따라 1587년에는 일본인 사신 야스히로가 조선에 들어와 일본에 사신을 보내라고 강력히 요구하는 모욕적인 서신을 전했다. 이에 조선은 일본으로 가는 뱃길이 길고 조선에는 바다를 잘 아는 사람이 없으니 일본의 요구를 받아들이기 어렵다며 정중하게 거절의 뜻을 밝혔다. 야스히로는 선조가 보낸 서신을 전한 뒤 곧바로 처형당했다.

1588년이 시작될 무렵 조선 변방에서 전쟁이 일어나자 이일 장군이 소규모 병력을 이끌고 꽁꽁 언 두만강을 건너 진도족을 정벌했다. 이일은 진도족 정벌에 성공한 뒤 병졸 2천 명을 이끌고 네 갈래로 나누어 두만강을 건너서 밤을 틈타 시준족을 치고 가옥 200호를 불태우고 300명을 죽였다.

같은 해 봄에 일본에서 두 번째로 사신이 왔다. 사신으로 온 세 사람은 요시토시와 다이라노 츠기노부, 그리고 승려 겐소였다. 그중 요시토시가 대장이었다. 조선 문헌에 기록된 요시토시는 가장 젊지만 천박하고 포악해서 다른 두 사신도 그 앞에 나설 때는 반드시 무릎을 꿇어야 했고, 감히 얼굴을 똑바로 쳐다보지도 못했다고 한다. 요시토시 일행은 현재 한양의 일본인 거주 지역인 동평관 근처에 자리 잡고 다시 한 번 선조에게 일본에 사신을 보내라고 요구하면서 여러 달을 머물며 요구가 관철되기를 기다렸다. 이전 사신처럼 소득 없이 돌아가서 처형당할까 봐 두려웠던 것이다.

마침내 선조는 사신을 일본에 보내기로 했지만 한 가지 단서를 달았다. 조선인 사화동이라는 자가 일본으로 도망친 뒤 일본에 머물다가 왜구 무리를 이끌고 조선의 남해안에 출몰하며 노략질을 일삼는다면서 이들 조선인 무리를 넘겨달라고 요구했던 것이다. 일본 사신은 이 요구를 기꺼이 받아들이고 다이라노를 일본으로 보내 조선의 요구를 들어주라고 전했다.

그러나 이듬해인 1589년 7월이 돼서야 사화동과 왜적 셋이 조선으로 호송되어 죄 값을 치렀다. 이때 일본에서는 다음과 같은 내용의 서신을 함께 보냈다. '일본은 이 자들이 한 짓에 책임이 없다. 모두 조선인 사화동이 저지른 짓이다. 이들을 조선에 보내니 조선의 뜻대로 처형해도 좋다.' 죄인들은 서대문 밖에서 참수형을 당했다. 이 일로 선조는 경계심을 늦추고 요시토시를 대궐로 불러들여 건강한 말을 선물로 내렸다. 요시토시는 답례로 앵무새와 조총을 선물했는데 이것이 조선에 처음 들어온 조총이었다.

정여립의 모반   1589년 말에는 전라도의 정여립이 주축이 된 모반 사건이 발각됐다. 정여립은 황해도에서 뜻을 같이하는 이들과 도모하여 동시에 일어나 왕조를 전복할 계획을 세웠다. 황해도 구월산 어느 승려는 조구라는 인물이 백성들 사이에 섞여 열심히 돌아다니며 이름을 적고 여러 통의 편지를 보내는 등 의심스런 행동을 하는 것을 알아챘다. 승려는 조구를 의심하고 안악 군수에게 조구를 잘 감시하라고 말했다. 안악 군수는 조구를 잡아들여 심문했다. 이로써 모반 계획이 널리 진행되고 있었다는 사실이 만천하에 드러났다.

이 소식을 전해들은 선조는 비밀리에 대신들을 불러 "정여립이란 자가 누구인가?"라고 물었다. 그러자 정여립이 누구인지는 모르지만 정승 말로는 훌륭한 학자로서 타의 모범이 되는 인물이라고 한다고 고했다. 선조는 정여립 모반 사건을 밀고하는 편지를 바닥에 내던지며 "이 편지를 읽고 그 자가 어떤 자인지 똑똑히 알아보라."고 호통을 쳤다.

주동자 정여립은 모반 계획이 발각된 사실을 알고 아들을 데리고 전라도 진안으로 달아났지만 관군의 추격을 받아 포위당했다. 정여립은 그 자리에서 스스로 목숨을 끊었다. 아들과 조카는 한양으로 끌려가 처형당했다. 조카는 고문을 받던 중에 정승과 다른 중신들도 비밀리에 역모에 가담한 사실을 털어놓았다.

정승은 정여립을 좋은 사람이라고 두둔해온 터라 이 말은 사실로 받아들여졌다. 그래서 정승과 다른 대신 둘도 처형당했다. 그러나 믿을 만한 사료에 따르면 정승과 함께 처형된 대신도 역모에 가담하지 않았던 게 분명하며, 다만 붕당정치의 반목과 시기심에 따라 일어난 애석한 사건이었다. 조선의 취약성이 그대로 드러나는 대목이다.

한국에서는 중요한 사건이 일어나기 전에는 반드시 어떤 식으로든 조짐이 나타난다고 믿는다. 1589년에는 조헌이라는 사람이 금산의 사

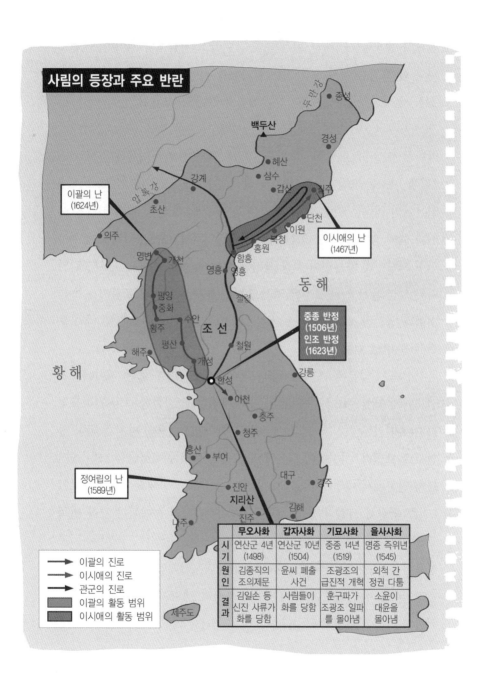

사림의 등장과 주요 반란

	무오사화	갑자사화	기묘사화	을사사화
시기	연산군 4년 (1498)	연산군 10년 (1504)	중종 14년 (1519)	명종 즉위년 (1545)
원인	김종직의 조의제문	윤씨 폐출 사건	조광조의 급진적 개혁	외척 간 정권 다툼
결과	김일손 등 신진 사류가 화를 당함	사림들이 화를 당함	훈구파가 조광조 일파를 몰아냄	소윤이 대윤을 몰아냄

찰에 들어가서 밥상을 받고는 "나와 함께 밥을 먹는 사람은 몇 년 후에 반드시 죽게 된다. 왜가 20만 대군을 이끌고 쳐들어올 것이다. 여기서 나와 함께 밥을 먹지 않는 자는 살아남을 것이다."라고 말했다. 그러자 오직 세 사람만 용기를 내어 숟가락을 들었다고 한다.

히데요시, "명나라로 들어갈 길을 열어라" 이듬해인 1590년 3월에 선조는 황윤길, 김성일, 허성 세 사람을 일본에 사신으로 보내 일본과의 약속을 지켰다. 세 사람은 한양에서 1년 동안 기다린 일본 사신과 함께 길을 나섰다. 조선 사절단 대장인 황윤길은 유약하고 우유부단한 사람이라 일본인이 그를 불러도 감히 입을 열지 못했다. 사절단의 다른 사신 둘은 일본 조정에 가서도 이런 행동을 보이면 조롱거리가 될 것이라 생각하고 황윤길을 일깨워 거침없이 말하도록 독려했으나 아무런 소용이 없었다.

　사절단은 일본에 1년을 머물다 돌아왔다. 돌아올 때는 다이라노가 선조에게 전할 중요한 편지를 들고 동행했는데, 황윤길은 동래에 도착하자마자 일본이 전쟁을 일으킬 게 분명하다는 내용의 편지를 급히 한양으로 보냈다. 사절단이 한양에 도착하자 선조는 사절단을 모두 불러들여 일본에서 어떻게 지냈냐고 물었다. 선조가 "히데요시를 만나보았느냐? 어떻게 생겼더냐?"고 묻자 황윤길은 "그의 눈에는 섬광이 번뜩였습니다. 무시무시한 사람입니다."라고 대답한 반면에, 김성일은 "무시무시하기는커녕 쥐의 눈을 하고 있습니다."고 대답했다.

　다이라노가 전해준 편지에는 히데요시의 생각이 그대로 드러났다. 편지의 내용은 아래와 같았다.

　일본은 모두 여섯 개의 왕국으로 이루어져 있다. 모두가 황제에게서 벗어나려고 반란을 일으켰지만 지난 4년 동안 내가 그들을 물리쳐 항복을 받아냈고 멀리 흩어진 섬들까지 내 손에 들어왔다. 내 어머니가 나를 잉태했을 때 꿈속에서 한 줄기 빛이 가슴에 들어왔다고 했다. 내가 태어나자 어느 점쟁이는 내가 어른이 되면 해가 비추는 땅이 모두 내 것이 되고 내 이름이 세상에 널리 알려질 것이라고 예언했다.

나는 싸웠다 하면 반드시 정복하고 전쟁을 시작하면 반드시 승리한다. 사람이 백 년을 살지 못한다는데 내가 이 좁은 섬나라에 들어앉아 몸을 사릴 이유가 무엇이냐? 여기서 나가 명나라로 들어가서 내법을 전할 것이다. 중간에 조선 땅을 지나가야겠으니 이번 전쟁에서 일본 편에 서려면 이웃으로서 필요한 노력을 보여줘라. 나는 삼국에 내 이름을 널리 알릴 작정이다.

황윤길, "부모의 나라를 배신할 수 없다"　　일본 사신을 환영하는 잔치에서 다이라노와 함께 조선에 다시 온 승려 겐소가 황윤길에게 이렇게 속삭였다. "히데요시가 명나라를 치려는 이유는 명나라가 일본 사신을 받아주지 않았기 때문입니다. 조선이 명나라로 가는 길만 내주면 일본은 그 이상 아무것도 요구하지 않을 것입니다. 지원군을 보낼 필요도 없습니다."

이에 황윤길은 "불가하오. 조선에게 명나라는 부모의 나라요. 침략군에게 길을 내줘서 부모의 나라를 배신할 순 없소."라고 반박했다. 그러자 겐소는 황윤길의 반박에 대응하여 다른 관점으로 주장을 펼쳤다.

"그 옛날에 몽골 오랑캐가 일본에 쳐들어올 때 고려가 길을 내준 적이 있었지요. 이번에는 일본이 보복하려 하니 길을 내주시지요." 이는 반박할 가치도 없는 터무니없는 주장이라 대화가 갑자기 중단됐고 일본 사절단은 곧장 일본으로 돌아갔다.

다이라노는 부산으로 내려오는 길에 나이든 대구 부사를 모욕하며 이렇게 물었다. "나는 십년 동안 전쟁을 치르느라 수염이 하얗게 세었소. 그런데 댁은 무슨 일로 그리 늙으셨소?" 또 조선의 창을 달라고 하고는 "조선의 창은 너무 깁니다."라고 했는데 이는 겁쟁이들만 긴 창을 쓴다는 뜻이었다. 무희들에게 귤 바구니를 던져놓고 무희들이 귤을 집으려고 다투는 꼴을 보고는 이렇게 비아냥거렸다. "나라가 망할 징조로세. 도대체 너희에겐 예절이란 게 없구나."

선조, "명과 조선은 부모와 자식의 관계다" 다이라노는 일본으로 돌아가 조선이 히데요시에게 보내는 답장을 전했다. 선조는 답장에 이렇게 썼다.

두 나라 사이에 두 차례나 서신이 오갔으니 문제는 충분히 논의됐다. 일본이 명나라를 치는데 조선이 동참해야 할 이유가 무엇이냐? 조선은 처음부터 법과 정의를 따라왔다. 천하가 모두 명나라 땅이다. 일본이 명나라에 사신을 보내고 싶다고 하는데 조선은 얼마나 더하겠는가. 조선이 평온할 때는 명나라가 기뻐했고 조선이 도탄에 빠지면 명나라가 도와줬다. 명나라와 조선은 부모와 자식의 관계다. 이는 일본도 익히 알고 있을 터이다. 어찌 황제와 부모를 모두 버리고 일본에 동참하겠는가?

분명 내 말을 듣고 화를 낼 테지만, 이는 너희가 아직 명나라 황실에 들어가도록 허락받지 못해서다. 황제에게 대적하여 침략할 계획을 세우지 말라. 황제의 주권을 받아들이지 않는 이유가 무엇이냐? 참으로 이해가 가지 않는구나.

한편 명나라 황제는 조선과 일본이 동맹을 맺는다는 소문을 듣고 사신을 보내 소문의 진상을 알아보았으며 조선은 사실을 있는 그대로 알렸다. 조정에서는 일본이 반드시 침략해올 것이므로 침략에 대비해 1년 내내 전쟁 준비에 힘써야 한다는 데 합의했다.

　경상도, 전라도, 충청도에는 각각 김수, 이광, 윤선각이라는 유능한 지방관 세 사람이 파견됐다. 이들은 성심을 다해 성을 보수하고 무기를 쌓아두어 백성들의 원성을 샀다. 어떤 이는 선조에게 아직 무명의 장군인 이순신이 세상에서 가장 훌륭한 장군이니 조선의 모든 수군을 그에게 맡기라고 주장했다.

처절한
패배

침략의 닻을 올리다　　조선 왕조
가 세워진 지 200년 되던 1592년에
조선은 일본의 침략을 받아 초토화될
처지에 놓였다. 조선에서는 이 해를 임진년壬辰年이라 하며 조선 사람
들은 '임진'이라는 말만 들어도 어린 시절부터 들어온 두려움과 고통의
이야기를 떠올린다. 임진왜란은 일본을 향한 한국인의 태도를 결정지
은 엄청난 사건이었다. 선조는 이 해 봄이 오기 전에 쓸 수 있는 무기를
모두 조사하고 신립 장군을 강원도와 함경도 병마절도사兵馬節度使로
삼고 이일 장군을 남도의 무용대장武勇大將으로 삼았다.

3월에는 대신들이 조선 왕조를 건국한 태조의 묘에서 제사를 지냈
다. 전설에 따르면 일본군이 쳐들어오기 전에 사나흘 동안 태조의 묘에
서 통곡 소리가 들렸다고 한다.

히데요시는 일본 각지에서 막강한 대군을 구성하여 이키섬에서 원정
군을 사열했다. 모두 서른여섯 명의 장군이 전체 병력을 이끌었고 총사
령관은 히데요시였다.

정규군은 16만 명, 호위병만 8만 명　　일본군의 수에 관해서는 한
국 사료와 일본 사료가 동일하니 비교적 정확한 수치인 것으로 보인다.

한국 사료에는 정규군이 16만 명이고, 히데요시를 보필하던 호위병만 해도 8만 명이며 중무장을 한 기병이 1,500명이었다고 적혀 있다. 다만 일부 믿을 만한 문헌에 기록된 예비병 6만 명에 관해서는 언급하지 않았다. 이로써 이들 예비병은 주력 부대와 함께 오지 않았고 기다렸다가 나중에 지원병으로 투입된 것으로 추정할 수 있다. 가장 신빙성있는 일본 사료에는 전체 병력이 25만 명이었다고 적혀 있는 반면, 한국 사료에는 241,500명이었다고 적혀 있다. 두 가지 수치가 거의 차이가 없지만 일본에서는 주력 부대를 15만 명으로 잡고 히데요시의 호위병을 10만 명으로 잡았다. 그러나 이 정도 오차는 중요하지 않다.

군 장비를 살펴보면 일본군 병사에게는 전투용 도끼 5천 자루, 장검 10만 자루, 창 10만 자루, 단검 10만 자루, 단도 50만 자루, 조총 긴 것과 작은 것 30만 자루가 주어졌고 전군에 말 5만 필이 공급됐다.

이처럼 엄청난 대군을 한반도 해안으로 실어나른 함대는 3천~4천 척으로 구성됐다. 여기서 당시 쓰인 배의 수용 인원을 추정할 수 있다. 간단한 산수를 적용해보면 배 한 척으로 병졸 60명을 실어나를 수 있었던 것으로 보인다. 갑판이 없는 배였을 테고 있다 하더라도 한쪽에만 갑판을 댔을 것이며, 길이는 12~15미터, 너비는 3미터 정도였을 것이다.

일본 사료에 따르면 이키섬에 정박한 함대 전체가 한꺼번에 일제히 닻을 올린 것이 아니었다. 일본 장군 가토가 부대 하나를 이끌고 나머지 함대를 간신히 따돌리고 밤을 틈타 출항했으며, 가토와 맞수였던 고니시 장군은 역풍이 불어온 바람에 며칠 더 기다려야 했다.

불교 신자 가토와 천주교 신자 고니시 가토와 고니시 두 사람은 전쟁 초반에 두각을 나타낸 인물이라 간단히 설명하고 넘어갈 필요가 있다. 가토는 노령의 장군이며 다년간 히데요시 옆에서 전투를 치렀다. 더불어 독실한 불교 신자이자 구체제를 신봉하던 인물이었다.

반면에 고니시는 젊고 영리한 장군으로 그토록 높은 지위에 오른 이유는 오랫동안 충성을 다해서가 아니라 군사작전에 비범한 재능을 발휘했기 때문이었다. 고니시는 1584년에 포르투갈 선교사에게 세례를 받은 뒤 천주교로 개종했다. 고니시는 관백이던 히데요시의 총애를 받았던 듯하다.

한국 사료에는 히데요시가 일본군 총사령관이었다는 기록이 있다. 이 문제에 관해서 신빙성 있는 자료로 볼 수 있는 일본 사료에는 가토와 고니시가 총사령관 역할을 나누어 맡았던 것으로 기록돼 있다. 그러나 백전노장이라 군대에서 장군들 사이에 일어나는 자연스런 반목과 갈등을 잘 알고 있던 히데요시가 두 사람이 지독하게 대립하여 조선 공격에서도 의견이 상치할 것을 알면서도 두 사람에게 군 통수권을 나눠 맡겼을 리가 없다. 따라서 한국 사료의 기록이 좀 더 정확한 것으로 보이며, 명목상의 지휘권은 히데요시가 맡았지만 실제 작전은 가토와 고니시 두 사람이 지휘했다고 추정하는 편이 옳을 것이다.

송상헌, "충은 효보다 우선합니다" 1592년 4월 13일 아침, 바다에 안개가 짙게 깔려 있어서 거대한 함대가 해협을 건너오는 모습이 보이지 않았다. 공교롭게도 그날 부산수군절도사는 항구에 조금 떨어진 녹섬에서 사냥을 하고 있었다. 그는 일본군 함대를 처음으로 발견하고는 급히 성으로 돌아와 최악의 상황에 맞설 대책을 마련했다. 얼마 후 일본군이 육지에 정박해 성을 공격하면서 가공할 만한 화력을 퍼부었다. 조선군은 화살이 다 떨어질 때까지 싸우다가 장렬히 죽음을 맞이했으며 달아나는 자가 한 명도 없었다고 한다.

일본이 조총으로 얻은 이점은 이루 형용할 수 없을 만큼 컸다. 조선인들은 조총을 처음 본 터라 화약 자체의 파괴력뿐 아니라 미지의 전쟁 무기에 대한 공포가 더해서 그들이 느낀 두려움은 실로 상상하기 어려울 정도였다. 이들의 관계는 정도는 약하지만 스페인 정복자 코르테스와 멕시코인의 관계와 다름없었다. 일본에게 조선은 겁쟁이로 비춰졌고 역사에도 그렇게 기록되어 있다. 하지만 사실 활과 화살을 들고 총으로 훈련한 무리와 맞서 싸운 사람들을 겁쟁이라고 치부하기는 어렵다.

일본군은 지체하지 않고 만을 따라 오래된 도시 동래로 들어갔다. 동래에는 지금도 고대의 성이 남아서 관광객의 이목을 끌며 보는 이의 상상력을 자극한다.

동래 부사 송상헌은 급히 동래 백성들과 남아 있는 병사들을 모았다. 경상좌병사 이각이 북쪽에서 내려오고 있었다. 이각은 부산성이 함락된 소식을 전해 듣고는 급히 진군을 멈추고 이렇게 말했다. "나는 경상좌병사라서 전투 중에 목숨을 잃으면 안 되기 때문에 한 발 떨어져서 명령을 내리겠다." 그러고는 포위 공격을 당하던 동래성에서 10킬로미터 정도 떨어진 송산에 진을 쳤다.

다음날 일본은 동래성을 완벽하게 포위하고 성에 돌진할 준비를 마쳤다. 대범한 장군이던 동래 부사는 성문에서 가장 높은 곳에 자리를 잡고 조선의 전통에 따라 큰 북을 울리며 병졸들에게 싸우라고 독려했다. 장장 8시간의 전투 끝에 적병은 관군의 시체를 넘어 성안으로 돌진해 들어왔다.

패배를 확인한 동래 부사는 관복을 꺼내 입고 위층 성문 앞에 앉았다. 일본군은 성안으로 밀고 들어오면서 가차 없이 그의 옷자락을 잡아 그들 앞에 고개를 숙이게 하려 했지만 오히려 발길질을 당하고 바닥에 나동그라졌다. 동래 부사는 곧바로 적병의 칼에 쓰러졌다. 그는 적이

들이닥치기 직전에 손가락을 깨물어 피를 내어 다 마를 때까지 부채에 이런 글을 남겼다.

'신하가 임금에게 다하는 의무는 아들이 아비에게 다하는 의무보다 우선합니다. 그리하여 신은 여기서 전하를 다시 뵙지 못하고 죽습니다.' 믿을 만한 종복에게 편지를 건네며 아버지에게 전해달라고 부탁했다. 그리고 절친한 친구 신여고에게 "자네는 여기 남아서 죽어서는 안 되네. 당장 달아나게."라고 말했다.

그러자 신여고는 "자네와 즐거운 시절을 함께했으니 자네와 함께 고통을 받겠네."라고 대답했다. 그리하여 두 사람은 함께 죽었다. 송상헌의 용감한 행동에 탄복한 적장은 시신을 정성껏 장례 지내주고 무덤 위에 '충신忠臣'이라고 직접 적은 나무비를 세워줬다. 조선의 신하로서는 이보다 더 명예로운 비문이 없을 것이다. 전설에는 송상헌의 이야기를 미화하여 그로부터 2년 동안 송상헌이 최후를 맞이한 성문 위에서 밤마다 붉은 빛이 반짝였다고 한다.

달아나기에 바쁜 장군들 조심성이 많은 이각과 그와 함께 있던 박홍은 동래성이 함락됐다는 소식을 듣고 급히 달아났고 이들이 이끌던 병사들도 모두 달아났다. 기록에서 보면 당시 조선에서 비겁한 모습을 보인 사람들은 주로 장군이나 관리였음을 알 수 있다. 대부분의 경우 장군이 버티면 병사들은 장군 옆에 끝까지 남아 있었다.

일본군이 북쪽으로 이동하는 사이 각 지방 부사들은 사방으로 흩어져 달아났다. 이 지방 관찰사 김수는 동래성 함락 소식을 듣고 병사들을 모두 이끌고 동래성으로 향했다. 그러나 도중에 일본군의 기세가 대단하다는 소문을 듣고 결심이 흔들려서 일본군과 맞닥뜨리기도 전에 서남쪽으로 방향을 틀어 지나가는 길에 각 지방 부사들에게 일본군의 기세를 경고했다. 그리하여 이 지방 사람들이 모두 달아났다고 전해진다.

일본군이 영산에 도착했을 때 도시는 이미 텅 비어 있었다. 일본군은 개미처럼 작원 고개를 넘어 평야를 가득 메웠다. 밀양 부사 박진은 식량과 무기를 불태우고 산속으로 들어갔다. 김해 부사 서예원은 함께 가지 않았다. 그는 성안에 남아서 일본군에 맞서 싸웠다. 일본군은 성안으로 진입하지 못하다가 부근의 너른 보리밭에서 보리를 베서 묶어 성벽에 쌓아 그 보릿단을 밟고 올라갔다. 서예원은 끝까지 버티다가 최후의 순간에 성을 버리고 달아났다. 용궁 현감 우복룡은 자기 본분을 지키며 부하 장수들을 불러모아 이각의 밑으로 들어갔다.

앞서 언급했듯이 당시 이각이 어디에 있었는지는 명확하지 않다. 저녁 식사를 위해 공격을 멈춘 사이 하양성을 빠져나온 병사 200명이 관찰사 김수의 군대에 합류하러 가는 길이었다. 용궁 현감 우복룡은 자존심이 센 사람이라 이 병사들이 자기 앞을 지나가면서 말에서 내리지 않았다고 몹시 분개했다. 그가 누구인지 알아보지 못해서 벌어진 일인데도 그는 병사들을 모조리 잡아 처형한 후 관찰사에게는 산적 200명을 괴멸시켰다고 편지로 알렸다. 덕분에 높은 자리로 승진하기까지 했다.

한편 경상좌병사 이각은 일본군을 만날까 봐 두려워하며 수시로 진영을 바꾸었다. 이리저리 도망치는 데 이력이 난 이각의 병사들은 돌멩이를 넣어 쏘는 총을 만들어 일본군과 얼추 비슷한 처지에서 맞서 싸울 수 있다고 믿었다.

외롭게 적진을 향하는 이일 일본군이 조선 땅에 들어온 지 나흘 만인 17일이 되자 전쟁이 시작됐다는 놀라운 소식이 한양까지 전해졌다. 한양은 대혼란에 빠졌다. 조정 대신들은 급히 대궐로 들어가 나라를 지킬 방책을 논의했다. 특히 이일은 전투 현장에서 가장 돋보이는 무신이었다. 군에서 서열은 세 번째였지만 첫 번째와 두 번째 서열은 항상 임금 옆을 지켜야 했다. 따라서 이일이 조선의 전군을 총괄하는 총사령관 격이었다. 한반도 남부에서 한양으로 들어가는 큰 길은 세 개였고 일본군은 그중 하나를 택했던 듯하다. 한양으로 통하는 가장 빠른 길은 유명한 조령 고개를 넘어 산맥을 타고 들어가는 가운데 길이다. 동쪽으로 난 길은 죽령 고개를 가로지르는 길이고, 나머지 하나는 서쪽으로 난 길로 충청도 한가운데를 지나는 길이다.

선조는 세 개의 길을 막기 위해 이일에게 가운데 길을 따라 내려가 전략적 요충지인 조령에 진을 쳐서 일본군의 진군을 차단하라고 명했다. 이곳은 변기 장군이 지켰다. 동쪽 길은 유극량에게 맡겼으며, 변응성을 남부 지방의 주요 도시인 경주 부사로 삼았다. 모두가 당장 부임지로 내려갔다. 그날이 끝날 무렵에는 부산이 적의 손에 넘어갔다는 소식이 전해졌다. 누군가 부산성 옆 언덕에 올라가 일본군이 붉은 깃발을 흔들며 부산성 안으로 돌진하는 모습을 보았다는 것이다.

이들 장군은 급히 출발하라는 명령을 받기는 했지만 사실 병력이 주어진 것은 아니었다. 당시 군대 명부를 보면 군대가 서류상으로만 존재했고 대다수는 '병가病暇'이거나 '상중喪中'이었다. 이일 장군이 소집할 수 있는 병력은 고작 300명에 불과했다. 그나마도 한 번에 모두 소집할 수 있는 것이 아니라서 이 불행한 장군은 왕의 명령을 따르기 위해 300명 남짓의 병사들이 곧 따라올 것이라고 믿으며 홀로 출발해야 했다. 조선의 총사령관 격인 장군이 혼자 출발하여 막강한 대군을 맞이하러 떠나는 모습은 슬프다기보다는 오히려 우스꽝스러워 보인다. 물론 내려가는 길에 병사들을 모을 생각이었지만 군대라 부를 만한 수준에 미치지 못했던 것으로 보인다.

특권을 부여받은 신립　영의정 유성룡은 비변사備邊司로 임명되어 맹렬한 기세로 쳐들어오는 일본군에 맞서 싸울 막강한 군대를 꾸리는 임무를 맡았다. 신립은 부도체찰사에 임명됐다. 신립은 선조의 전폭적인 신임을 얻었던 듯하다. 선조는 신립에게 빛나는 검을 내주고 남쪽으로 내려보내면서 충성을 다하지 않는 자라면 그것이 이일 장군이라 해도 반드시 죽이라고 명했다.

신립에게 독자적으로 무용대장 이일의 목을 잘라도 된다는 특별한 권한을 부여했으니 선조가 저지른 또 하나의 중대한 실수였다. 군대에서 가장 큰 혼란을 야기하는 요소는 바로 명령 체계의 혼란이라는 점을 여실이 보여주는 사건이었다. 신립이 왕을 독대하고 돌계단을 내려오는 중에 관모가 떨어졌다. 관모가 떨어지는 것은 실패할 징조이기 때문에 사람들은 이를 나쁜 징조라고 여겼다. 신립은 남쪽으로 80리도 채 못가서 용인에서 멈췄다.

앞에서 일본에 사신으로 가면서 겁 많은 황윤길에게 비겁하게 처신하지 말라고 충고했던 김성일이란 인물이 있었다. 김성일은 경상도 서부 지방에서 경상도 초유사招諭使에 임명됐다. 김성일이 곧바로 부임지로 출발하여 며칠 안에 진주에 도착할 즈음 일본군이 가까이 접근해오고 있었다. 김성일을 호위하던 병사들은 겁을 집어먹고 흩어지려 했지만 김성일은 제 한목숨을 부지하려고 뒤로 물러서지 않았다. 그는 말에서 내려 그 자리에 지켜섰는데 주위에는 부하 대장 하나와 병졸 열 명 남짓이 전부였다.

일본군은 전쟁터에서 상대편을 위협하기 위해 무시무시한 탈을 쓰는 풍습이 있었다. 당시에도 일본군이 크고 무시무시한 탈을 쓴 건장한 사내의 뒤를 따라 진군했다. 김성일을 지키던 부하 대장이 활시위를 당겼고 화살이 탈에 가서 꽂히자 탈을 쓴 일본군이 바닥에 쓰러졌다. 그를 따르던 무리는 막강한 군대가 지척에 있지 않고서는 그렇게 대범하게 활을 쏠 수 없다고 판단하고 급히 퇴각했다.

그 후 이 대범한 부하 장군이 어떻게 되었는지에 관해서는 알려진 바가 없다. 이 지방 지방관들은 남쪽 지방보다는 훨씬 유능하게 방어에 힘썼던 듯하다. 여기서는 서로 전령을 보내면서 주둔지를 지키라고 독려하고 일본군의 진격을 저지하기 위해 무엇을 도와줄지 서로 제안하기도 했다.

이일, 조령 고개 차단의 기회를 놓치다   이즈음 이일은 막강한 병력을 소집하고 조령 고개를 넘어 적의 길목에 놓인 성주라는 곳에 주둔했다. 조선군의 화력을 점검하는 데는 오랜 시간이 걸리지 않았다. 일본군이 접근한다는 소문을 듣자마자 곧바로 방향을 돌려 고개 너머로 달아나버렸던 것이다. 이것만으로도 최악의 행동인데, 그 다음에 이일이 한 행동은 반역 행위에 가까웠다.

이일은 소수의 병력으로 수천 명의 대군을 막을 수 있는 요지인 조령 고개를 차단할 시도조차 하지 않았다. 큰 공을 세울 수 있는 절호의 기회였는 데도 시도조차 하지 않음으로써 장군으로서의 능력뿐 아니라 애국적 충정까지도 의심받게 되었다.

집결지에 병사들만 있었고 장군은 없었다   한편 남부 지방에서도 이일의 처신 못지않게 비난받을 만한 사건이 일어났다. 관찰사 김수는 적군을 만나지 않으려고 옆으로 비켜나 있으면서 각 지방 부사들에게 편지를 보내 대구에 집결하여 한양에서 내려오는 관군을 기다리라고 명했다. 각 지방 부사들은 김수의 명령에 따라 약속된 장소에 수많은 병력을 이끌고 집결했다. 그러나 하루 이틀이 지나도 장군이라고는 한 명도 나타나지 않았다.

일본군은 북쪽으로 밀고 올라오면서 곧 대구로 쳐들어올 태세였다. 상황이 이렇다보니 각 지방 병력이 대구를 버리고 자기 지역으로 돌아간 것은 놀랄 일이 아니었다. 실패의 원인이 병사들이 아니라 바로 장군이나 관리들에게 있다는 것을 보여주는 여러 가지 사례 중 하나였다. 사실 조선의 병사들은 늘 장군이 이끄는 대로 따라갈 준비가 돼 있었다.

겁쟁이 이일의 명령이 먹히지 않다　　이일이 잔뜩 겁을 집어먹고 조령 고개를 방어할 임무를 내팽개치고 이동하려 하자 병졸들은 지휘관 자격이 없을 뿐 아니라 겁쟁이이기까지 한 이일의 명령에 따르지 않으려 했다. 결국 이일은 병졸 하나 거느리지 않고 상주로 들어가 오도가도 못하는 처지가 되었다.

그는 상주 부사 권길이 지휘하는 병력의 일부를 떼어 받으려 했다. 그러나 상주에 병력이 남아 있지 않은 것을 알고는 몹시 분개하며 상주 부사의 목을 베려 하다가 당장 병력을 모아오라는 조건으로 풀어주었다. 권길은 백방으로 뛰어다니며 병력을 모으려고 해봤지만 백성들 대부분이 농부라서 무기를 들어본 적이 있거나 전투에 관해 조금이라도 지식이 있는 사람을 찾기가 어려웠다. 그런데도 목숨을 잃지 않기 위해 900명 정도의 병력을 모았다.

이일, 일본군 접근 보고까지 무시하다　　이 중대한 때 개령에서 급파한 전령이 찾아와 일본군이 다가오고 있으며 거의 근접해 있다는 소식을 전해왔다. 그 소식을 들은 이일은 이렇게 호통을 쳤다.

"믿을 수 없다. 날 내쫓아 이곳에서 병졸을 징집하지 못하게 하려는 수작이야. 저 자의 목을 베라." 그리하여 전령의 목이 달아났다. 그날 밤 일본군이 몇 킬로미터 떨어진 창천리에 진을 쳤지만 이일 장군은 정찰병을 내보내지 않았기 때문에 그 사실을 까맣게 몰랐다.

다음날 아침 일본군 정찰병이 건너편 강둑에서 주위를 살피는 모습이 눈에 띄었다. 조선군 병사들도 그 모습을 보았지만 일본군이 쳐들어온다고 보고했다가 목이 달아난 광경을 목격한 터라 섣불리 장군한테 알리지 못했다. 결국 이일은 총성이 울린 뒤에야 적이 지척에 와 있다는 사실을 깨달았다.

이일은 급히 달려나가 성벽에 방어진을 쳤다. 잠시 후 마을 곳곳에서 연기가 피어올랐다. 이일은 부하 몇을 보내 무슨 일인지 알아보게 했다. 이들은 일본군에 붙잡혀 처형당했다. 이일은 그 소식을 전해 듣고 크게 놀랐고 일본군이 두 줄로 서서 순식간에 성을 에워싸는 모습을 보고 극도의 불안에 사로잡혔다.

할 일은 한 가지밖에 없었다. 말에서 내려 아직 포위되지 않은 길을 따라 도망치는 것이었다. 적이 바짝 추격해오자 이일은 말과 짐을 버리고 산을 타고 넘어서 가까스로 일본군을 따돌렸다. 그는 하루쯤 지나 문경에 도착해서 일본군에 패했음을 알리는 편지를 한양에 보냈다. 그러고는 신립 장군이 충주에 있다는 말을 듣고 급히 충주로 가서 신립의 부대에 합류했다.

신립, 탄금대에 배수진을 치다 신립은 충주에 도착한 뒤 8천 명을 소집한다는 목표로 열심히 병졸들을 모았다. 전략적 요충지인 조령 고개로 곧 들어갈 생각이었지만 이미 그곳에서 전투가 벌어졌고 이일이 패했다는 소식을 듣고는 비교적 안전한 충주로 물러났다. 신립의 부하 중에 김여물이라는 사람이 "산세가 험해서 우리에게 유리한 조령 고개 같은 곳이 아니면 적을 물리칠 수 없습니다."라고 간언을 올렸다. 그러자 신립은 "아니다. 저들은 보병이고 우리는 기병이다. 다시 한 번 평지에서 맞붙으면 철퇴를 휘두르며 위력적으로 공격할 수 있다."라고 답했다.

부하 장군 중에 하나가 일본군이 벌써 조령 고개를 넘었다고 보고하자 그날 밤 신립은 몰래 진영을 빠져나와 그 보고가 사실인지 알아보려고 먼 길을 떠났다. 그리고 다시 돌아와서는 일본이 조령 고개를 넘었다고 보고한 부하를 처형하라고 명했다. 이처럼 한밤중에 직접 다녀올 정도의 대범한 행동을 보면 신립이 얼마나 용감하고 충직한 인물이었는지 알 수 있다.

이리저리 도망만 다니던 이일이 신립의 부대에 합류한 뒤 며칠 후 일본군이 접근해왔다. 병사들이 마음껏 철퇴를 휘두를 수 있도록 일본군을 평지로 끌어내는 작전을 수행하기 위해 가장 적합한 장소를 물색했다.

사방이 높은 산으로 둘러싸인 원형극장 같은 모양의 너른 평지를 골랐다. 탄금대라는 곳으로 반대편에는 활시위처럼 생긴 강이 흐르고 있었다. 이 평원으로 들어가는 길은 산악 지대에서 강둑으로 내려가는 샛길 두 곳뿐이었다. 이 같은 죽음의 함정에 들어간 신립은 전체 병력을 정렬시키고 일본군이 들어오기를 기다렸다. 일본군이 신립의 부대를 만나 쾌재를 불렀을 것임은 두말할 나위가 없다. 이제 신립의 부대만 뚫으면 곧장 한양으로 들어갈 수 있었기 때문이다.

신립은 죽고, 겁쟁이 이일은 달아나다   일본군은 막강한 부대를 보내 평야 양쪽에서 샛길을 막고 본대는 산을 기어올라 마치 하늘에서 떨어지는 것처럼 맹렬한 기세로 달려 내려갔다. 산을 타고 내달리던 일본군의 창과 칼이 불꽃처럼 번쩍이는 사이 소총 부대의 함성이 무시무시하게 울려퍼졌다. 그 순간 조선군 병사들은 앞다투어 달아났다. 조선의 병사들은 두 갈래 샛길로 달아나려 했지만 그곳은 이미 일본군이 가로막고 있었다. 그야말로 '악마의 무리와 깊고 푸른 강' 사이에 발이 묶인 셈이었다.

한편에는 무시무시한 탈을 쓴 일본군이 버티고 있고, 다른 한편에는 깊은 강이 도도히 흐르고 있었다. 병사들은 모두 강 쪽으로 밀려나거나 무자비한 일본군의 칼에 쓰러졌다. 신립은 용감히 맞서 싸우다가 적병 열일곱 명을 죽이고 쓰러졌다. 조선군은 극히 일부만 살아서 강을 건넜고 안타깝게도 그중에는 겁쟁이 이일 장군도 끼어 있었다.

선조,
한양을 버리다

탄금대의 비보를 전하다 한편
한양에서는 신립 장군이 승전보를 전
해주기를 학수고대했다. 일본에서 온
왜구 무리에 대한 두려움이 입에서 입으로 전해졌다. 왕부터 말단 관리
까지 모두가 자기네와 무시무시한 왜구 사이에는 신립 장군 혼자서 버
티고 있다는 사실을 잘 알고 있었다. 어느 날 아침 벌거벗은 병사 하나
가 남대문으로 달려 들어왔다. 전쟁터에서 빠져나온 기색이 역력한 그
병사가 남대문을 통해 들어오자 수백 명이 몰려들어 여기저기서 전쟁
에 관한 소식을 묻는 목소리가 터져나왔다. 병사는 이렇게 울부짖었다.

"저는 신립 장군을 따르던 병졸입니다. 어제 그분이 왜구의 손에 숨
을 거두셨다는 소식을 전하러 왔습니다. 저는 목숨을 걸고 도망쳐나와
어제의 전투가 우리의 유일한 희망이었다는 사실을 알리러 왔습니다."
사람들은 두려움에 떨며 어찌할 줄을 몰랐다. 이 불행한 소식이 입에서
입으로 전해졌고 통곡 소리가 거리를 가득 메웠다.

'이제 어디로 가나' 그날은 4월의 마지막 날이었다. 그날 밤 왕
은 적병이 언제 대궐 안으로 쳐들어올지 몰라 거처를 대궐 안 은밀한
장소로 옮겼다. 지금은 '고궁'이라고 부르는 곳에 모든 대신과 관리들

이 모여 대규모 회의를 열었다. 단 하나의 회의 주제는 '어디로 가야 하느냐?'는 문제였다. 영의정 이산해가 "왕실을 평양으로 옮기자."고 제안하자 훗날 임진왜란에서 혁혁한 공을 세우게 되는 이항복은 "평양으로 옮기는 것만이 능사가 아닙니다. 명나라에 사신을 보내 지원을 요청해야 합니다."라고 주장했다.

반면에 김귀영과 다른 대신들은 "아닙니다. 전하는 이곳에 남아서 도성을 지켜야 합니다."라고 주장했다. 선조는 대신들의 의견을 듣고 한양에 남아 도성을 지켜야 한다는 중론에 따랐다.

"위대한 조상님들의 위패를 모셔둔 종묘가 이곳에 있다. 내 어찌 이곳을 떠나겠는가? 즉시 병력을 성벽에 배치하라."

그러나 바로 이 점이 문제였다. 이산해가 평양으로 옮기자고 주장한 데는 분명한 이유가 있었다. 다시 말해서 수도 한양에는 3만 개나 되는 흉벽이 있고 흉벽마다 총안銃眼(몸을 숨긴 채로 총을 쏘기 위하여 성벽이나 보루 따위에 뚫어놓은 구멍—옮긴이)이 있었는데 한양에 남은 병력은 총 7천 명밖에 되지 않았던 것이다. 성벽을 지키는 데 필요한 병력의 10분의 1도 못 되는 인원이었다.

병력이 부족한 이유는 전쟁이 일어나지 않는 평화 시절이 오랫동안 지속되어 나라에서 군역 대신 돈을 받는 것이 관행으로 굳어진 탓이었다. 그 결과 가난한 최하층민만 군대에 들어가서 군대가 제대로 운영되지 않았다. 이처럼 잘못된 관행으로 인해 관리들이 타락해갔고 백성들 사이에도 용기나 충성심이 함양되지 않았다. 자고로 백성들이란 나라에서 올바르게 이끌어줘야 충실히 의무를 이행하기 마련이다.

줄을 잇는 피난 행렬   설상가상으로 그날 밤 백성들이 대거 도성을 빠져나갔다. 지위 고하를 막론하고 부자든 가난하든 남녀노소 모두

가 떼를 지어 안전한 피난처를 찾아 도성을 빠져나갔다. 성문을 지키던 병졸도 문을 활짝 열어둔 채 달아났다. 종지기도 달아나서 종로에 매달린 큰 종도 그날 밤엔 울리지 않았다. 또 많은 백성이 대궐로 도망쳐 들어온 탓에 대궐 안은 남녀노소와 마소와 온갖 물건들이 뒤섞여 그야말로 아비규환이 따로 없었다. 사방에서 통곡하고 소리 지르고 울어대는 통에 더욱 혼란스러웠다. 선조는 이런 아비규환을 다스릴 방도를 찾지 못한 채 환관 둘과 함께 밀실에 들어가 넋 놓고 있을 뿐이었다.

무법자들이 도망가는 반라의 궁녀들을 취하다 한편 백성들 중에는 혼란을 틈타 이익을 챙기려는 무법자들도 있었다. 그날 밤 대궐은 사악한 무법자들이 판을 치는 통에 궁녀들은 반라의 몸으로 소리를 지르며 이 방 저 방 도망쳤다.

왕족들이 모두 몰려와 선조가 머물던 밀실 문 앞에서 눈물을 흘리며 자기네를 버리고 떠나지 말아달라고 간청했다. 대궐에서는 도성 안의 짚신을 보이는 대로 다 가져오라는 명을 내렸다. 그러자 대신들은 잔뜩 쌓아놓은 짚신을 보고 선조에게 이렇게 간청했다.

"짚신이 쌓여 있으면 도성을 버리고 도망갈 채비를 하는 것처럼 보입니다. 짚신 더미를 태우고 성문을 닫아 백성들이 도성을 버리고 도망치지 못하게 막아야 합니다."

그러나 선조는 대신들의 간청을 받아들이기 어려웠을 것이다. 그즈음 선조는 피난 가는 것만이 유일한 살길이라고 믿었으며 짚신을 가져오라고 명한 사람도 바로 선조 자신이었기 때문이다.

선조, 도성을 빠져나가다 영의정 유성룡은 이렇게 주장했다. "왕자님 두 분은 안전한 피신처로 모시고 각지의 관찰사에게 최대한 빨리 병사를 소집해 보내달라고 합시다." 꽤나 시의적절한 의견이었다. 왕비에게 아들이 없어 후궁에게서 난 선조의 장남은 함경도로 떠났고 순화군은 강원도로 몸을 피했다.

밤이 되자 선조는 도성을 지키는 것이 무의미한 일이라는 것을 깨닫고 종묘를 지키는 수문장에게 사람을 보내 조상님의 위패를 평양으로 보내라는 명을 내렸다. 서둘러 떠날 채비를 마친 선조 일행은 동이 트자마자 말에 올라타 신문新門으로 빠져나갔고 조정 대신들과 공포에 질린 백성들이 그 뒤를 따라나섰다. 임금이 떠나면 도성이 혼란에 빠져들게 되리라는 사실을 모두가 잘 알았다.

이항복, 왕비를 데리고 한양을 떠나다 왕비가 탈출할 때는 한밤중에 이항복이 호롱불을 들고 성문으로 안내했다. 왕비는 이항복의 이름을 묻고는 "고맙구나. 자네한테 폐를 끼쳐 미안하네."라고 말했다.

이항복은 일본군이 도성에 들어올 것이라고 확신하고 며칠 동안 집 안에 들어앉아 음식을 입에 대지 않았고 전해진다. 위기의 순간이 지나간 다음에야 자리에서 일어나 음식을 찾았다. 이항복은 간단히 요기를 한 다음 먼 길 떠날 채비를 하고 대궐로 향했다. 애첩이 쫓아오며 집에 남은 자기는 뭘 해야 하냐고 묻자 아무런 답이 없었다. 애첩이 옷자락을 붙잡자 이항복은 칼을 뽑아서 옷자락을 잘라냈다. 이항복은 먼저 대궐로 들어가야 한다고 판단했다. 앞에서 보았듯이 대궐에 들어가서 왕비를 돌보았다. 대궐 문 앞에 가마를 대령해서 왕비를 데리고 북쪽으로 이동하던 왕실의 행렬에 합류했다.

한양에 남은 백성들이 봉기를 일으키다 선조 일행이 영은문을 지날 즈음 동녘이 밝아왔고 도성 안 곳곳에는 불길이 타오르고 있었다.

성안의 백성들은 자제력을 잃고 나라의 곡물 저장고와 기록보관실을 약탈했다. 기록보관실에는 공노비의 노비문서가 보관돼 있었다. 조선 시대 노비는 부동산처럼 증명서가 딸린 재산이었고 노비문서는 장예원 掌隸院에 보관돼 있었다.

조선 중기에는 사실상 하류계급 자체가 없었다. 조선 사회는 상류층 과 상류층에 딸린 종복으로 이루어졌다. 여러 지역에서 명목상 농노제 를 표방했지만 사실 조선 사회에서는 하층민 모두가 소수의 양반계급 에 종속된 노비였다. 주인은 자유롭게 노비를 팔 수 있고 노비가 죽으 면 장례를 치러줄 의무도 있었다. 폭동을 일으켜 기록보관소를 불태운 주인공이 바로 노비들이었다. 노비문서를 없애서 자유의 몸이 되려던 것이었다. 사노비의 노비문서는 다른 건물에 보관되어 있었다. 왕실이 떠난 뒤 이 건물 역시 노비들의 표적이 되었다. 곡식과 옷감과 돈이 보 관된 왕실 소유의 창고도 화염에 휩싸였다. 대궐 안에 있던 왕의 개인 저장고도 불탔다.

유성룡, "조선 땅을 벗어나서는 아니 되옵니다" 경복궁과 창덕궁, 창경궁이 모두 불길에 휩싸였다. 왕과 왕실 일행에게는 가슴 아픈 장면이었지만 도성이 점차 폐허로 변해가는 모습을 지켜보며 슬 퍼할 겨를이 없었다. 일본군이 언제 남쪽 언덕을 넘어 들이닥칠지 모를 일이었기 때문이다. 왕실 일행은 북쪽으로 발걸음을 재촉했다. 고양의 석다리 앞에 도착하자 무서운 기세로 비가 퍼부었고 벽제역에 도착할 즈음에는 일행 모두가 물을 뚝뚝 흘릴 정도로 흠뻑 젖어 있었다.

이때까지 대열이 잘 유지되긴 했지만 개중에는 왕실의 행렬에서 이 탈하려는 무리가 있었다. 물론 대열을 유지하려는 사람들이 더 많았지 만 그런 사람들조차도 그렇지 않은 무리 때문에 기가 꺾여 포기하고 말았다. 이때부터 왕실의 행렬이 눈에 띄게 줄었다. 선조는 말에서 내려 주막집에 들어가 주저앉아 채찍을 내리치며 울기 시작했다.

선조가 대신들을 향해 "왜 이렇게 서둘러야 하느냐?"라고 묻자, 이항복이 "의주에 가서도 안전하지 않으면 명나라로 들어가서 황제에게 도움을 요청해야 합니다."라고 대답했다. 선조는 이 말에 반색을 하며 "그래 그렇게 하자꾸나."라고 대답했다.

그러나 유성룡이 반대하며 이렇게 주장했다. "아니 되옵니다. 전하께서 조선 땅을 떠나면 조선의 국운도 그 길로 끝나게 됩니다. 함경도에 병사들이 명령을 기다리고 있고 강원도에서도 병사들이 대기하고 있습니다. 그러니 조선 땅을 떠나자는 말을 할 이유가 없습니다." 그리고는 이항복을 날카롭게 꾸짖자 이항복은 자기가 성급했다면서 머리를 조아렸다.

왕실의 행렬은 잠시 쉬었다가 일본군이 뒤쫓아올까 봐 다시 발길을 재촉했고, 혜음령을 지날 즈음에는 다시 억수같이 비가 쏟아졌다. 왕실의 여인들은 작고 연약한 말을 타고 있어서 속도가 늦춰질 수밖에 없었다. 여인들은 말안장에 앉아 두 손으로 얼굴을 감싸쥐고 큰소리로 울었다. 날이 저물 무렵 임진강에 도착한 일행은 더할 나위 없이 초라한 몰골이었다. 말은 무릎까지 진창이 튀었고 지친 기색이 역력했다. 모두가 굶어죽을 지경이었다. 칠흑같이 어두운 밤이 되자 일행이 하나둘씩 흩어지기 시작했다. 왕실의 피난길은 가망이 없어 보였다.

그러나 혈기왕성한 이항복은 상황의 위중함을 깨달았다. 그리하여 행렬을 멈추고 말에서 내려 각고의 노력을 기울여 다시 한 번 일행을 독려했다. 사위가 너무 어두워서 배를 타고 강을 건널 엄두를 내지 못하고 있는데 누군가 강가의 절벽 위에 서 있는 집에 불을 질러 어둠을 밝히자는 기발한 의견을 냈다. 어렵사리 밝힌 빛의 도움으로 비에 흠뻑 젖어 한층 더 처량한 몰골인 왕실 일행이 간신히 강을 건넜고 강을 건넌 뒤로는 일본군이 쫓아오면 어떻게 하냐는 불안감은 크게 줄었다.

선조가 사탕 물로 허기를 달래다　이제는 사람이든 가축이든 음식과 휴식이 절실히 필요했다. 평생을 대궐에서 편안하게 유유자적하는 것밖에는 해본 일이 없던 왕실 사람들에게는 빗속에서 50킬로미터나 되는 진창길을 쉬지도 먹지도 못하고 이동한 것은 끔찍한 고통이었다. 자정 무렵에 파주 동파역에 도착하자 파주 목사 허진과 장단 부사 구효연이 임금과 여러 대신에게 올릴 음식을 푸짐하게 장만했다.

그러나 임금과 대신들이 들어와 앉기도 전에 하루 종일 아무것도 먹지 못한 마부와 하급 관리들이 부엌으로 뛰어 들어가 자기네 것으로 마련된 음식을 다 먹어치우고 임금에게 올릴 음식까지 먹어치우기 시작했다. 이들을 막아보려 했지만 그만둘 기미가 보이지 않았다. 그리하여 임금과 대신들은 굶주려야 했다. 왕은 차 한 잔을 청했지만 차조차도 남아 있지 않았다. 일행을 따르던 하인 하나가 상투 속에 감춰둔 사탕 하나가 있었다. 하인이 사탕을 따뜻한 물에 타서 올린 것이 그날 밤 임금의 허기를 달랜 음식의 전부였다.

송도에서 밤을 지새다　날이 밝아 다시 길을 떠나려고 보니 실망스럽게도 하급 관리들이 진영을 이탈해서 곤경에 빠진 왕실을 버리고 달아났다. 그러나 이처럼 절망스런 처지에 관해 논의하던 중에 황해도 관찰사와 서흥 목사가 병졸 200명과 말 50~60필을 끌고 나타났다. 북쪽으로 향하는 임금을 호위하러온 것이 분명했는데, 꼭 알맞은 때 나타난 것이었다. 이들은 보리 몇 말을 들고 와서 허기진 사람들에게 나눠줬다. 가능한 빨리 출발해서 정오 무렵에는 송도에서 40리 떨어진 조현찬에 도착해 음식을 푸짐하게 먹었다. 관찰사가 음식을 마련해놓으라는 명을 내렸던 것이다. 그날 5월 2일 밤 송도로 들어갔다.

고려가 몰락하고 정확히 200년 만에 왕실이 다시 송도로 돌아왔던 것이다. 왕실 일행은 송도에 들어가서야 처음으로 안심하고 숨을 돌렸다. 주변에 호위병이 지키면서 일본군이 접근해오면 미리 알려줄 것이기 때문이었다. 송도의 왕궁에서 하루 동안 쉬다 가기로 했다.

선조는 왕궁 밖으로 나와 남문 위층에 앉아서 사람들을 불러모아 이렇게 말했다. "왜군이 우리 목전에 와 있다. 뭐든지 하고 싶은 말이 있으면 해 보거라." 사람들은 주저하지 않고 "이 전쟁은 정승 이산해와 김공량(후궁의 오빠) 때문에 일어난 일입니다."라고 말했다. 백성들은 두 인물에게 몹시 화가 나 있었다. 그러고는 "좌의정 정철을 다시 불러들이셔야 합니다."라고 요구했다. 정철은 당파 싸움으로 쫓겨난 인물이었다. 선조는 정철을 불러들이라는 제안을 기꺼이 받아들이면서 일행을 만족시킬 방법이 생겨서 다행이라고 여긴 듯했다.

왜군의 세 갈래 길   바로 그날 5월 3일에 일본군이 한양에 들어왔다. 그러면 잠시 시선을 돌려 일본군이 한양으로 향하는 과정을 살펴보자. 한반도 지도를 들여다보면 부산에서 한양으로 올라오는 길이 세 갈래가 나 있다. 하나는 가운데로 난 길로 양산, 밀양, 청도, 대구를 지나 낙동강 계곡을 따라 올라가다가 조령 고개를 넘는다. 일본군 고니시가 이끄는 부대가 이 길을 따라 두 배나 빠른 속도로 한반도를 가로질러 북상했다. 이일 장군은 고니시의 부대가 올라오기 전에 달아났던 것이다.

두 번째 길은 좌병영인 울산, 경주, 용진, 신녕, 군위, 비온, 문경을 지나가는 길이다. 가토가 이끄는 부대는 이 두 번째 길을 따라가다가 조령 고개 아래서 고니시의 부대와 합류하여 함께 조령 고개를 넘었다.

앞서 살펴보았듯이 두 부대가 합세하여 탄금대에서 신립의 부대를 삼면으로 포위하여 대학살을 감행했던 것이다. 탄금대 전투 이후 두 부대는 다시 나뉘어서 서로 다른 길을 택해 한양으로 향했다. 고니시는 죽산, 용인을 지나는 가운데 길을 따라 한강을 건너 남대문으로 들어갔다. 가토는 동쪽으로 난 길을 따라 여주와 양근을 지나 70리 상류의 양진에서 한강을 건넜다.

그러나 구라다와 다른 장군들이 이끄는 세 번째 부대는 처음부터 서쪽 길을 택했다. 이들은 김해와 우도를 지나고 경상도를 떠나 전라도로 넘어갔다. 그런 다음 추풍령 고개를 넘어 충청도로 들어가서 용동과 충주를 거쳐 가운데 길을 따라 한양으로 들어갔다.

부대마다 서로 다른 길을 택한 이유는 말 먹일 풀을 구해야 하는 탓도 있지만, 한편으로는 가토와 고니시 사이의 알력 때문이기도 했다. 두 장군은 서로 앞다퉈 먼저 한양에 들어가려고 경쟁했다.

한양까지 막는 사람이 없었다　세 개의 대부대가 한양까지 올라가는 길에 앞을 가로막는 세력은 전혀 없었다. 조선은 전쟁을 치를 준비가 되어 있지 않았다. 그 이유는 병력이 부족해서가 아니라 유능한 지휘관이 부족해서였다. 일본군의 단 한 번의 예리한 공격에도 조선은 완전히 마비됐다.

일본군은 깃발을 나부끼며 3천 리가 넘는 지역에 퍼져나갔고, 20~30리 간격으로 요새를 만들어 야밤에 서로에게 연락하는 거점으로 삼았다. 그때까지 조선이 시도한 유일한 공격으로는 원호가 한강의 나룻배를 모두 없애서 양진에서 한강을 건너려던 가토의 부대를 저지하거나 지연시킨 것뿐이었다. 그렇다고 해서 일본군의 진군이 오랫동안 지연된 것은 아니었다. 가토의 부대는 근처 언덕에서 나무를 구해 뗏목을 만들었고 고니시의 부대가 먼저 한양을 점령할까 봐 서둘러 강을 건넜다.

김명원 장군, 임진강으로 퇴각하다　5월 4일, 고니시의 부대가 맹렬한 기세로 한양 건너편 한강변 강둑으로 밀고 들어왔다. 한강은 부교浮橋나 나룻배가 마련되지 않은 군대에게는 넘기 힘든 장벽이었다. 실제로 일본군은 한강에 가로막혀 꽤 긴 시간을 지체했던 것으로 보인다. 일본군 병사는 상대를 위협하기 위해 무시무시하게 분장을 했다.

헤아릴 수 없을 만큼 많은 일본군이 건너편 강둑에 모습을 드러내자 한강 수비를 맡았던 김명원 장군은 아군과 섬뜩한 모습의 적군 사이에 흐르는 한강의 역할이 매우 중요하다는 사실을 깨달았다. 그리하여 한강 수비에 총력을 기울이다가 결국에는 병사들을 이끌고 임진강으로 퇴각했다.

임진강은 일본군과 임금 사이에 놓인 두 번째 천혜의 장벽이었다. 언뜻 김명원이 겁을 집어먹고 도망친 것처럼 보일 수 있다. 그러나 강 저편에서 아우성치며 강을 건너려고 달려드는 수만의 적군을 겨우 몇 백 명으로 저지해야 하는 처지의 김명원으로서는 퇴각하지 않을 수 없었을 것이다. 그는 퇴각하기 전에 군장비가 적의 손에 넘어가지 않도록 모두 파기했다.

수도 방어를 맡은 이양원, 싸우지도 못하고 퇴각하다　선조는 한양을 떠나기 전에 이양원 장군에게 수도를 방어할 책무를 맡겼다. 그러나 이양원은 김명원이 한강을 버리고 퇴각했다는 소식을 접한 뒤 임금에게 명령을 받았다 해도 소규모 병력으로는 도성을 지킬 수 없다는 판단을 내리고 곧바로 퇴각하여 북쪽의 양주로 이동했다.

고니시, 무혈입성하다　그리하여 일본군이 한강을 건너 한양 사대문 안으로 밀고 들어왔을 때는 수도를 방어하는 군대도 없고 백성들도 반쯤은 빠져나간 뒤라 승리의 영광이 많이 퇴색하고 말았다.

고니시의 부대가 한양을 함락한 지 채 몇 시간도 안 돼서 가토의 부대가 한양 동쪽으로 들어와서는 자기네가 한발 늦었다는 사실을 알고 억울해 하며 분통을 터트렸다고 한다. 그래도 목표물에 도달하기 오래 전에 먹잇감이 달아나고 없었다는 소식을 듣고는 위안을 얻었을지 모를 일이다.

일본군 최고사령관 히데요시는 종묘에 진을 쳤다. 물론 왕가의 위패는 왕실에서 가져가고 없었지만 한국인에게는 매우 불경스런 행위로 비춰졌다. 그래서인지 일본군이 한양을 함락한 첫날 밤에 도성이 화염에 휩싸인 채 알 수 없는 이유로 몇 분에 한 명꼴로 적병이 죽어나갔다는 기이한 이야기가 전해진다. 나중에 일본군이 중국에서 사신이 오면 머물던 장소이자 지금은 제국의 제단이 있는 장소인 남별궁南別宮으로 이동한 데는 이런 이유가 있었다고 한다.

도성 안의 새로운 질서　여러 날이 지나지 않아 백성들은 일본군이 들이닥쳐도 모두가 죽는 것은 아니라는 사실을 알고 하나둘씩 도성 안에 있던 자기 집으로 돌아갔다. 가게를 다시 열었고 생업에 지장을 주지 않는 한 일본군이 와 있어도 개의치 않았다. 게다가 새로운 질서에 재빨리 적응하며 일본군과 거래를 해서 이익을 보기도 했다. 일본군은 수도 경비를 철저히 관리하여 통행증 없이는 아무도 도성에 드나들지 못하게 했다.

일본군은 도성의 식량이 바닥이 나자 인근 마을로 나가 기부라는 명목으로 식량을 강탈했다. 조선인 중에는 일본군에게 전리품을 얻을 수 있는 장소를 가르쳐주며 일본군 앞잡이 노릇을 하던 사람도 나타났다. 충직한 백성 중에서 일본군을 암살할 계획을 세우는 무리도 있었는데 이들은 밀고당해 끔찍한 고문을 받은 뒤 화형에 처해졌다. 당시 수많은 사람이 살상되어 죽은 시체의 뼈만 추려내도 큰 산 하나를 이루었다고 전해진다.

선조, 평양성으로 가다 김명원은 한강을 버리고 임진강으로 올라가자마자 송도에 머물던 선조에게 편지를 보내 일본군이 한강에 도착해서 자기는 임진강으로 후퇴했으며 한양이 적에게 함락됐다는 소식을 알렸다. 선조는 퇴각만이 유일한 방법이었다는 사실을 잘 알았기에 김명원을 질책하지 않았다. 대신 김명원에게 사람을 보내 급히 경기도와 황해도 일대에서 병력을 모아 임진강을 굳게 지키라는 명령을 내렸다. 그리고 신각 장군을 보내 임진강 사수 작전을 지원하라고 명했다.

선조의 명령이 떨어지기가 무섭게 왕가는 서둘러 피난길에 오를 채비를 하고 급히 북쪽으로 출발하여 한밤중에 금천에 있는 금교라는 마을에 도착했다. 여기서 왕의 호위병들은 야영을 했다. 그런데 송도에서 급히 출발하느라 위패를 빠트리고 온 사실이 드러났다. 왕족 한 사람이 송도로 돌아가 위패를 찾아 돌아왔다.

5월 7일, 왕실 일행은 대동강을 건너 평양성으로 들어갔다. 평양에는 음식이 풍부할 뿐 아니라 온갖 사치품도 많았다. 평양에 들어가서야 선조는 피난길에 오른 후 처음으로 맘 편히 쉴 수 있었다. 평안도 관찰사 송언신이 호위병 3천 명을 이끌고 마중 나와 왕가의 행렬을 인도했다.

유흥, 3천 병사로 한양을 탈환하라는 명령을 받다 이틀 뒤 전령 하나가 빠른 속도로 달려오는 모습이 보였다. 전령은 재빨리 강을 건너 어전에 나아가 "한양을 지키던 이양원이 달아나고 한양이 왜적의 손에 넘어갔습니다."라고 전했다. 선조는 호통을 치며 "통탄할 노릇이다. 한양을 되찾는 데 꾸준히 애쓸 만한 사람을 보내야 한다."고 말했다.

그리하여 유홍 장군에게 이처럼 어렵고 위험한 임무를 맡겼다. 병력 3천을 이끌고 가서 적의 진군을 저지하고 가능하다면 한양을 탈환하라는 명령이었다. 유홍은 마지못해 명령을 받들었다. 그러나 황급히 피난길에 올라 고생고생해서 평양까지 왔는데 병력 3천을 이끌고 돌아가 피에 굶주린 오랑캐 무리와 대적하라는 명령은 나라를 위하는 충정만으로는 감당이 안 되는 일이었다.

선조, 유홍 대신 한응인을 보내다 결국 유홍은 이러지도 저러지도 못한 채 집안에 틀어박혀 있었다. 하루가 지나고 이틀이 지나도 출발하지 않았다. 선조는 유홍을 불러 "병사들을 이끌고 한양으로 출발해야 하는 자가 왜 이렇게 시간만 보내고 있느냐?"라고 물었다. 그러자 유홍은 "끓는 물에 다리를 뎄습니다. 제게 맡긴 임무를 거둬주시기 바랍니다."라고 대답했다.

그러자 대신 중에서 이한국이 유홍을 꾸짖었다. "전하께 막중한 임무를 받고서 어찌 몸을 사립니까? 당장 출전하길 두려워하다니 비겁하시군요. 무희가 부루퉁해서 춤추고 노래하지 않으려는 것과 다름이 없습니다. 용감하지 않는 것만이 아니라 영특하지도 않소이다. 다리를 뎄다느니 하는 핑계로 전하를 속일 수 있을 거라 생각합니까?"

선조는 이처럼 합당한 책망을 듣고 쩔쩔매고 있던 유홍을 향해 한참을 껄껄하고 웃더니 마침내 이렇게 말했다. "대담한 유홍 장군이 못 가겠다고 하니 대신 한응인을 보내겠다."

이튿날 한응인 장군은 북쪽 국경 수비대에서 병사 5천 명을 차출하여 남쪽으로 내려와 제때 송도와 한양 사이에 흐르는 임진강 유역에 도착했다. 임진강은 어떤 대가를 치르고서라도 반드시 지켜야 할 전략적 요충지였다. 북쪽으로 황해도와 평안도 이북으로 들어가는 관문이기 때문이었다.

임금과 조정이 비교적 안전한 지역으로 피신한 뒤에는 허술한 틈을 노려 적진으로 진격하려는 시도가 있었다. 왕실이 한양에서 탈출하던 날 밤에 용감하게 왕비를 데리고 대궐을 빠져나왔던 이항복이 병조판서로 임명됐다. 일부 관리를 처벌하라는 송도 백성들의 요구를 논의하기 위한 회의가 소집됐다. 이산해를 귀양 보내자는 쪽으로 결론이 났지만 선조는 애첩의 아버지인 이산해를 차마 벌하지 못했다.

한양을 내줘서 결과적으로 시간을 벌었다 일본군은 사기가 높고 선진적인 무기와 장비를 갖추었으며, 강인한 정신으로 무장하여 조선을 압도적으로 눌렀다. 조선은 큰 혼란에 빠진 채로 처음 몇 주 동안은 장군을 보내는 것은 고사하고 군사를 일으켜 적과 맞서 싸우기가 불가능할 정도였다. 병사들과 지휘관이 서로를 믿지 못하는 듯했다.

시간이 흘러 한양을 점령한 이후 일본군의 맹렬한 기세도 한풀 꺾였다. 왕과 백성들에게 한양이 점령당한 일은 통탄할 만했지만 현실적으로 따져보면 한양을 빼앗긴 덕에 왕이 국경을 넘지 않아도 됐고 또 그 덕분에 명나라의 북경도 안전했던 것이다. 일본군은 줄곧 맹렬한 기세로 부산에서 한양까지 진격해왔다. 만약 한양에서 멈추지 않았더라면 곧장 압록강을 넘어 거침없이 휩쓸면서 북경의 대문을 두드렸을지도 모를 일이었다.

나태한 명나라 사람들은 히데요시가 400년 전 쿠빌라이 칸의 오만한 태도를 되갚아주려고 온 줄 깨닫지 못한 채 공격당했을 것이다. 일본군이 한양에 멈춰선 덕분에 조선은 전열을 가다듬고 반격을 꾀할 준비를 할 수 있었다. 조선 사람들은 일본군이 처음 들어왔을 때는 얼굴을 무섭게 칠한 도깨비 같다고 두려워했다. 그러나 일본군도 자기네처럼 살이 붙고 피가 흐르는 사람이라는 사실을 알게 되면서 처음에 가졌던 두려움도 점차 사라졌고, 두 나라 병사들 사이의 전투력 차이도 크게 줄어들었다.

이전에 일본군이 가진 유일한 이점은 전투력이 월등하다는 것이었다. 반면에 인구가 조밀한 적국에서 보급로가 끊겨 전적으로 약탈에 의지해 군량을 확보해야 하는 어려움이 있었다. 이런 상황에서 일본군의 처지는 점점 악화됐고, 반대로 조선의 강점이 부각되기 시작했다.

조선은 전투 중에 병력을 모두 잃는다 해도 수백만 명을 다시 보충할 수 있었지만 일본은 병력을 잃으면 회복할 길이 없었던 것이다. 일본군을 다시 바다 건너 쫓아내고 승리할 수 있었던 주된 원인은 군수품과 지원병을 신속히 지원받지 못하도록 보급로를 차단한 데 있었다.

밀고 밀리는
전장

조선의 첫 승리자, 신각이 처형당하다　치열한 당쟁은 조선이 안고 있던 치명적인 약점이었다. 당시 조선에서는 유능한 인재가 나타나기가 무섭게 수백 명이나 되는 정적들의 시기와 질투의 대상이 되었으며 그를 깎아내리고 욕보이기 위해 온갖 권모술수가 횡행했다. 이런 상황을 단적으로 보여주는 사건이 일어났다.

신각은 김명원과 힘을 합쳐 한강 방어에 힘썼는데 김명원이 방어 시설을 버리고 퇴각하자 신각 역시 물러나는 수밖에 달리 도리가 없었다. 신각은 일단 물러나긴 했지만 곧바로 경기도 일대의 병사들을 모으기 시작하면서 함경도에서 파견한 군대와 힘을 합쳤다.

일본군은 한양을 점령한 동안 인근 마을로 떼를 지어 몰려가 약탈을 일삼았다. 그중 일부가 산을 넘어 가평과 춘천까지 내려갔는데, 양주에서 신각이 이끄는 부대와 맞닥뜨렸다. 치열한 전투가 벌어졌고 일본군은 압도적인 수적 우위를 점하고도 크게 패하여 병졸 60명을 잃었다.

이 일이 있은 뒤부터 소규모 전투가 끊이지 않았다. 덕분에 일본군은 조선군을 대규모 전투로 끌어내지 못한 채 서서히 힘을 잃었다. 더군다나 일본군은 약탈 행위로만 군량을 조달하던 처지였다.

경기도 일대에 신각 장군에 대한 칭송이 자자해지자 백성들은 조선이 아직 완전히 패하지는 않았다고 믿기 시작했다. 그런데 평양에서 전령이 내려와 반역자 신각을 즉시 처단하라는 왕명이 적힌 편지와 칼을 전해주었다. 그 이유는 다음과 같았다.

김명원은 한강 수비를 포기하고 달아난 후 비겁자라는 오명을 덮기 위해 절체절명의 순간에 신각이 배반했다고 왕에게 보고했다. 유홍도 신각이 강력한 경쟁자로 생각하던 터에 김명원의 모함에 힘을 실어주며 신각을 처형해야 한다고 주장했다. 선조는 다른 정보를 받지 못한 데다 유능한 장군 두 사람이 강력히 주장한 탓에 신각을 처형하라는 명을 내렸다.

그러나 그날이 저물기 전에 신각이 이끄는 군대가 일본군과 싸워 승리했다는 소식이 들어왔다. '반역자'라고 모함당한 장군이 일본군에 대적하여 적병 60명을 죽였다는 소식이 전해졌던 것이다. 선조는 깊이 후회하며 서둘러 전령을 보내 신각을 처형하지 말라는 명을 내렸다. 처형 명령을 들고 간 첫 번째 전령이 떠난 지 1시간 후에 출발한 두 번째 전령은 충신 신각이 왕이 보낸 칼에 맞아 죽은 뒤에 도착했다.

두 번째 전령이 신각을 모함한 무리에게 돈을 받고 걸음을 늦췄을지 누가 알겠는가? 그런 기록이 남아 있지는 않지만 의구심이 일지 않을 수 없다. 백성들은 처음으로 승리를 거둔 장군이 곧바로 처형당하는 기가 막힌 광경을 두려움과 분노의 눈길로 지켜보았다.

전라도 관찰사 이광의 10만 대군이 무너지다 그러나 한편에서는 일본군이 동래성에 들이닥치기도 전에 달아난 이각 장군을 위해 정의의 칼이 준비돼 있었다. 이각은 임진강에 모습을 드러내면서 비난받을 염려가 없다고 판단했지만 그의 착각이었다. 이각은 비겁한 장군이라는 오명을 쓰고 처형당했다.

　일본군은 한양에 입성해 환락을 누리고, 왕은 평양에서 휴식을 취하며, 조선의 장군들은 임진강에 대규모 군대를 집결시켜놓고 일본군의 진격을 막으려고 애쓰는 사이, 이제 방향을 돌려 남쪽에서는 무슨 일이 일어났는지 알아보자. 전라도와 충청도 지방이 평화로웠을 것이라고 생각해서는 안 된다.

　구로다의 부대는 동래성을 떠난 직후 맹렬한 기세로 서쪽으로 진격하여 전라도 북서쪽을 통해 충청도를 가로질러 한양으로 올라왔다. 전라도 관찰사 이광은 병력 8천 명을 모집하여 급히 충청도 공주로 올라갔다. 공주에서 임금이 한양을 버리고 피난길에 올랐다는 소식을 듣자 싸울 의지를 잃고 방향을 돌려 다시 남쪽으로 향했다. 그러나 도중에 백광언을 만나 심한 질책을 들었다. 임금이 북쪽으로 피난을 떠났으면 아낌없이 지원해줘야 하지 않겠냐는 것이 백광언의 주장이었다.

　이광은 자기가 경솔했다면서 사죄하고 다시 방향을 돌려 공주로 돌아가서 충청도와 경상도에서 온 부대와 합류했다. 공주에는 충청도 방어사 이옥과 전라도 방어사 곽영도 와 있었다. 각 지방의 관찰사와 방어사가 모두 와 있었다. 관찰사 세 사람과 방어사 두 사람이 공주에 모여 병력을 결집시켰던 것이다. 이때 조선군의 전체 병력이 10만 명이었다고 기록되어 있는 것이 보통이지만 그 절반 정도로 보는 편이 옳을 것이다. 이렇게 모인 조선군은 의협심에 불타 깃발을 휘날렸으며 인근 지역 백성들까지 무기를 들고 막강한 관군에 합류했다.

　이광은 일본군이 북두문산에 진을 친 것을 알고 즉시 공격을 감행하려 했지만 부하 장군이 "한양에 거의 다 왔는데 그렇게 적은 병력을 치자고 방향을 돌릴 필요가 없습니다. 계속 밀고 올라가서 임진강 방어진에 힘을 보태야 합니다."라고 만류했다.

앞서 이광을 꾸짖었던 백광언도 "왜군이 있는 곳까지 가는 동안에는 길이 좁고 수풀이 빽빽하게 우거져 있습니다. 각별히 조심해야 합니다."라고 만류했다. 이광은 재차 책망을 당하자 분을 참지 못하고 백광언을 붙잡아 곤장을 때렸다. 용기를 내서 충언을 올렸는데 오히려 벌을 받았다고 생각했지만 백광언은 무기를 집어들고 언덕을 올라가 일본군을 공격했다. 수많은 병사들이 그의 뒤를 따르는 바람에 대대적인 전투가 벌어졌다. 아침부터 점심까지 전투가 이어졌지만, 산속 깊이 숨어 있던 일본군을 끌어내기가 여간 어려운 일이 아니었다. 관군이 서서히 밀리기 시작했고 일본군이 덤불과 풀숲에 진을 친 관군을 덮쳐 수많은 관군 병졸을 살해했다. 백광언을 비롯한 뛰어난 장군 몇이 여기서 전사했지만 이광이 이끄는 본진은 한양에서 80리밖에 떨어지지 않은 수원의 광교산까지 무사히 이동했다.

긴 하루가 시작될 것이라고 예감한 이광은 이른 새벽부터 병사들에게 아침을 먹였다. 아니나 다를까 동이 트자마자 일본군이 싸움을 걸어오기 시작했다. 대범한 병졸들이 방어선에서 뛰어나와 무기를 휘두르며 관군을 자극하면서 싸움을 걸어왔다. 그러자 충청도에서 온 신익 장군이 병사를 이끌고 적과 맞붙었다. 얼마 지나지 않아 일본군이 우세한 것이 드러났다. 몹시 당황한 관군은 늑대에 쫓기는 양처럼 달아났다. 한 시간 정도 지나자 임금을 지원하겠다고 나선 막대한 병력의 관군은 사방으로 흩어졌다. 이들은 나중에 임진강 방어선에 다시 나타났던 것으로 보인다.

임진왜란의 전환점, 옥포해전 이때 남쪽 지방에서는 관군에게 크나큰 귀감이 되고 일본군을 한반도에서 축출하는 계기가 되는 사건이 일어났다. 약 6만의 지원병을 실은 일본군 함대가 경상도 해안의 가

덕도에 들어왔다. 당시 경상도 해안은 수군절도사 원균이 맡아서 통제했다. 막대한 함대가 들어오는 모습을 지켜본 원균은 가슴이 철렁 내려앉았지만 별다른 내색을 하지 않고 황급히 배를 몰아 해안선을 따라 달아날 준비를 했다.

그런데 다행히 어느 부하 장군이 "아직 희망을 버리지 말고 전라도 수군절도사 이순신 장군에게 지원을 요청하십시오."라고 조언했다. 전령이 급파되어 이순신에게 서한을 전했다. 그러나 이순신의 부하가 "안 됩니다. 원균 장군은 경상도를 지키고 우리는 전라도 해안을 지켜야 합니다. 우리가 가서 도와줘야 하는 까닭이 무엇입니까?"라며 반대했다. 그러나 이순신은 "경상도나 전라도나 다 전하의 땅이 아니더냐? 어찌 지원해달라는 요청을 거절한단 말이냐?"라며 꾸짖었다.

그리하여 급히 함선 80척을 띄워서 한산도로 들어가 원균의 부대와 합류했다. 두 장군이 이끄는 수군이 함께 출항하여 적선이 정박해 있던 옥포로 향했다. 이순신은 적선을 발견하고 곧장 적에게 달려갔고 곧이어 교전이 일어났다.

조선의 수군은 뒤에서 부는 바람을 이용해서 적선에 불화살을 쏘았고 그중 스물여섯 척에 불이 붙었다. 바다는 온통 난파선 잔해와 아우성대는 적병으로 뒤덮였다고 전해진다. 남아 있던 적선이 일제히 방향을 돌려 달아나려 했지만 이순신이 추격하여 침몰시키고 흩어놓는 바람에 단 한 척도 무사히 달아나지 못했다. 옥포해전은 위대한 장군 이순신이 거둔 첫 번째 승리였으며, 조선의 병사들은 지휘관이 잘만 이끌면 결코 비겁한 사람들이 아니라는 사실을 보여주는 또 하나의 예였다. 이 전투 결과 조선에 들어와 있던 일본군은 보급로가 차단되고 지원병을 공급받지 못해서 큰 타격을 입었다. 옥포해전을 임진왜란의 결정적 승리로 볼 수 있다.

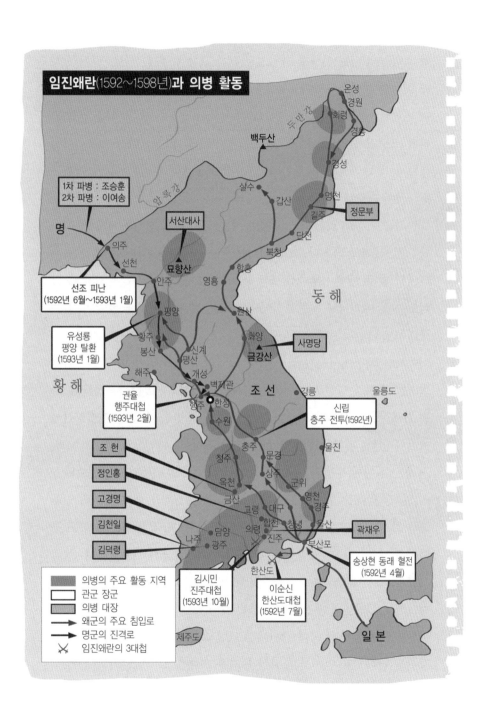

임진왜란(1592~1598년)과 의병 활동

두만강

온성
경원
회령
경흥

백두산

1차 파병 : 조승훈
2차 파병 : 이여송

압록강

명

의주
선천

서산대사

묘향산

선조 피난
(1592년 6월~1593년 1월)

안주

영흥

평양

유성룡
평양 탈환
(1593년 1월)

황주

봉산

해주

신계
평산

개성

벽제관

권율
행주대첩
(1593년 2월)

행주

한성

수원

조 헌

정인홍

고경명

김천일

김덕령

청주

옥천

금산

나주

담양

광주

살수

갑산

길주

단천

북청

함흥

원산

화양

금강산

조 선

충주

문경

상주

군위

고령

대구

의령

합천

진주

함양

창녕

영천

경주

울산

부산포

실수

명천

길주

경성

정문부

동 해

사명당

강릉

울릉도

신립
충주 전투(1592년)

울진

곽재우

송상현 동래 혈전
(1592년 4월)

김시민
진주대첩
(1593년 10월)

한산도

이순신
한산도대첩
(1592년 7월)

일 본

황 해

제주도

의병의 주요 활동 지역
관군 장군
의병 대장
왜군의 주요 침입로
명군의 진격로
임진왜란의 3대첩

1884년까지 거북선이 고성에 보존돼 있었다   일본군은 짧지만 피비린내 나는 전투를 마치고 간간이 고향에 돌아가 쉬는 전투 방식에 익숙한 사람들이었다. 그런데 조선에 들어온 일본군은 고향과 완전히 연락이 끊긴 채 낯선 타향에 오랜 시간 머물러야 했다. 비록 연일 승리를 거두긴 했지만 병사들 사이에 불만의 목소리가 터져나오기 시작했으며, 불만의 감정이 다른 요인과 결합돼 결국엔 일본으로 돌아가는 병사들이 속출했다.

전하는 기록에 따르면 그 무렵에 이순신은 관복을 입은 사람이 나타나 "왜놈들이 몰려온다."고 소리치는 꿈을 꾸었다고 한다. 이순신은 자리에서 벌떡 일어나 함대를 조직하고 사천까지 달려가 적의 대군과 맞닥뜨렸다. 여기서도 옥포해전에서와 같은 전술을 써서 적선 열세 척을 불태우고 나머지는 쫓아냈다.

이처럼 해전에서 승승장구할 수 있었던 주된 요인은 이순신이 직접 발명한 특이한 함선 덕분이었다. 거북이를 닮았다고 해서 귀선龜船 혹은 거북선이라 불리던 배였다. 거북이를 본떠 만든 배라는 데는 의심의 여지가 없다. 거북선의 가장 큰 특징은 거북이 등짝 모양의 철판이 달린 둥근 갑판이 수병과 노잡이들을 완벽하게 보호해주었다는 점이다.

거북선 앞에는 무서운 표정의 용머리 장식이 달려 있고 쩍 벌린 입을 통해 화살과 화포를 쏠 수 있는 구조였다. 뒤에도 같은 용도의 화포 구멍이 하나 나 있고, 양옆에도 여섯 개씩 화포 구멍이 나 있었다. 둥근 갑판 위에는 뱃머리에서 고물까지 내려가는 좁다란 길이 하나 나 있고, 가운데에도 양옆의 뱃전을 연결하는 길이 하나 있었다. 갑판 나머지 부분은 쇠못을 꽂아서 적이 갑판에 오르면 쇠못에 찔리고 마는 구조였다. 갑판을 철판으로 덮어서 불화살 공격을 받아도 끄떡없었기 때문에 수병들이 안전하게 공격에 임할 수 있었다.

현대식 전함이 백여 년 전의 목재 전함과 맞붙는 격이었다. 뿐만 아니라 거북선은 속도도 빨라서 다른 배를 모두 따라잡을 수 있었다. 적선보다 두 배로 강력한 전함이라 적선은 도망쳐봤자 소용이 없었다. 거북선은 달아나는 적선을 따라잡아 하나씩 격퇴할 수 있었기 때문에 전투 대열을 지어 맞붙는 것보다 도주가 시작된 뒤에 출발해서 따라잡는 방식이 더 유리했다.

이처럼 놀라운 성능을 가진 거북선은 현재 경상도 해안의 고성이라는 마을에 뼈대만 남은 채 서 있다. 1884년에 미국 해군의 후크(Geo. C. Foulk) 대위가 이곳에서 거북선을 발견했다고 전해진다(고성에서의 거북선 발굴이 철저히 이뤄져야 하지 않을까.—편집자 주). 이곳 사람들은 매년 함대를 진수하고 항구로 항해하여 이순신 장군과 거북선을 기리는 축제를 연다.

신이 만든 배, 거북선 사천해전에서 일본군은 자기네 배를 쫓아와 하나둘씩 침몰시키는 거북선을 몹시 두려워한 나머지, 발을 동동 구르며 거북선은 사람이 만든 배가 아니라고 소리를 질렀다. 실제로도 철판으로 덮은 전함은 300년 후에나 나왔기 때문에 거북선을 그 당시 사람이 만든 배라고는 보기 어려웠다. 사천해전에서 이순신은 어깨에 부상을 입고도 전혀 내색하지 않았다. 마지막까지 진두지휘하다가 마지막 순간에 상처가 깊어 쓰러지면서 어깨를 열어 보이며 탄환을 빼라고 명령했다.

이순신은 연이어 화려한 승리를 거두기 시작했지만, 도중에 멈추면 질시에 눈이 먼 정적들의 모함으로 목이 달아날까 봐 두려워 곧장 당항으로 밀고 내려가 적의 함대를 만났다.

거대한 삼층 왜선 위에는 비단 휘장을 두르고 황금 머리 장식을 단

적장이 앉아 있었다. 이순신은 거북선을 이끌고 대담하게 거대한 왜선에 바짝 다가가서 뛰어난 저격병을 불러 비단 휘장을 두른 적장을 향해 화살을 쏘게 했다. 화살이 똑바로 날아가 적장의 목을 관통했다. 적장이 쓰러지자 일본군 함대는 일제히 방향을 돌려 급히 달아나려 하다가 언제나처럼 격퇴당하고 말았다.

이튿날 벽항에 정박해 있던 이순신은 정찰선을 띄워 보내 적선의 위치를 알아냈다. 적선이 발견되면 총포를 쏘아 신호를 보내도록 했다. 잠시 후 바다 저편에서 신호음이 들렸다. 이순신의 함대가 '통발' 모양을 이루며 두 개의 긴 대열로 전진하는데 잠시 후 수평선 너머 파도가 굽이치는 저편에 적선 스물여섯 척이 모습을 드러냈다 사라졌다 했다. 일본군 함대가 가까워지자 이순신의 함대는 두 개의 긴 대열로 적의 함대를 에워쌌다. 이순신은 여기서도 적선을 모두 불태우고 적병 200명의 머리를 전리품으로 획득했다.

이순신의 명성이 남부 지방 일대에 퍼져나갔고 그의 업적에 대한 칭찬이 자자했다. 병사들은 이순신이 어디로 가든 따라다닐 태세였고 전혀 두려워하지 않았다. 이순신이 바다에서 혁혁한 공을 세웠다는 소식이 선조의 귀까지 들어가서 선조가 이순신에게 높은 관직을 수여했지만 조정에 있던 모사꾼들이 잠자코 있을 리가 없었다.

영원산성 언덕 전체가 왜군 시체로 덮이다 5월이 되자 일본군은 북동쪽 지방에서 적극적인 공격을 재개했다. 강원도에 막강한 관군이 파견되어 곧바로 일본군의 공격을 제압했다. 원주 목사 김제갑은 되는대로 병사를 모아 무기와 탄약을 지급하고 철통 수비를 자랑하는 영원산성으로 들어갔다.

영원산성은 조선 팔도에서 가장 튼튼한 천혜의 요새였다. 삼면이 깎아지른 듯한 절벽으로 둘러싸여 있고, 좁은 바닷가에는 극히 소수의 사람들만 들어갈 수 있었다. 영원산성으로 들어간 김제갑은 군량미를 충분히 확보하고 우물을 팠다. 성벽 꼭대기에 돌을 쌓아두고 성벽을 타고 올라오려는 적병에게 던지도록 했다. 일본군은 영원산성이 막강한 천혜의 요새라는 사실을 알아채고 김제갑에게 저항하지 말고 항복하라고 종용했다.

가파른 언덕을 올라 성벽을 넘어 편지 한 통이 도착했다. 편지에는 이렇게 적혀 있었다. '너희는 끝났다. 성안에서 두 달을 버틴다 해도 반드시 함락당할 것이다. 당장 나와서 항복하라.'

답장 대신에 적군 앞에 전령의 잘린 머리가 굴러떨어졌다. 이튿날 공격이 개시됐다. 성을 포위하던 일본군이 떼를 지어 언덕을 기어올랐다. 한국의 문헌에 따르면 산 전체가 온통 일본군으로 뒤덮였을 정도였다고 한다. 그러나 겨우 5천 명의 병력이 일본군을 몰아내는 데는 전혀 어려움이 없었다.

그날 밤 조선군은 그날의 전투에 지치기도 했고 적군이 한밤중에 가파른 언덕을 기어 올라오리라고 예상하지 못한 탓에 수비에 신경 쓰지 않았다. 이른 새벽 동이 트기도 전에 소수의 적군이 가파른 언덕을 기어올라 성벽 바로 밑까지 다가왔다. 돌 몇 개를 치우자 작은 구멍이 뚫렸고 적군이 성안으로 진입했다. 이들은 무서운 함성을 지르며 조선군 진영으로 돌진하여 아직 잠이 덜 깬 채 공포에 질린 관군을 살육했다. 성문이 열리고 1시간 만에 승패가 결정됐다. 김제갑은 항복하길 거부하고 결국 처형당했다.

천혜의 임진강 방어선　　이제 모든 관심이 임진강 방어선에 쏟아졌고, 임금과 조선의 모든 백성은 임진강에서 적의 진격을 저지해주기를 간절히 바랐다. 관군이 속속 모여들며 임진강 북안에 주둔했다. 이곳은 한양에서 평양으로 가는 길목에 있는, 나룻배로 건너는 지점이었다. 많은 병력이 강을 건너기 쉬운 곳이라는 점에서 전략적으로 매우 중요한 지점이었다.

이곳 수비를 지휘한 인물은 일본군이 들어오자 곧바로 한강 수비를 포기하고 퇴각한 김명원 장군이었다. 모든 면에서 관군이 유리했다. 일본군이 배를 타야 하는 남쪽 강둑은 높은 절벽으로 되어 있어서 몇 군데 좁은 도랑만을 이용할 수 있었기 때문에 한 번에 몇 백 명 정도씩 나누어 강가로 내려와 강을 건너야 했다. 반면에 반대편 강둑은 너른 모래밭이 길게 뻗어 있는 곳이라 수비 병력을 넓게 포진시킬 수 있어서 적병을 태운 배는 관군이 쏜 수천 발의 화살받이가 되기 십상이었다.

강 건너편에는 조선군이 정렬해 있고 물살은 빠르고 배는커녕 배로 쓸 만한 것이 전혀 없다는 것을 파악한 일본군은 더 이상 앞으로 나갈 길이 막혔다는 사실을 처음으로 깨달았다. 그때까지는 조선군과 한 시간 가량 맞붙은 것이 전투의 전부였는데, 이제는 정말로 심각한 저항에 부딪혔던 것이다.

일본군의 위장 퇴각 양측의 군대는 열흘 동안 임진강을 사이에 두고 대치했다. 열흘 동안 적군이 꼼짝도 하지 못하는 모습을 본 관군은 환호성을 올렸다. 사기가 충만하고 자신감이 붙었다. 적군이 더 이상 올라오지 못한 이유가 강이 가로막고 있던 탓이지, 자기네가 잘해서가 아니라는 사실을 잊은 모양이었다. 더욱이 조만간 일본군이 관군 스스로 자멸하도록 만들 계획을 짜고 있다는 사실을 간파하지 못했다.

다음날 아침 동이 트면서 일본군은 이리저리 뛰어다니고 꾸러미를 옮기면서 모종의 작전을 수행했다. 무슨 작전인지는 오래지 않아 드러났다. 일본군이 더 이상 진군을 멈추고 한양으로 퇴각하기로 결정했던 것이다. 진을 치고 있던 곳을 태우는지 연기와 화염이 올라오고 일본군 전체가 남쪽으로 이동하는 모습이 보였다.

조선군이 그동안 얼마나 괴로웠을지 상상하려면 그들이 겪었을 치욕스런 굴욕감과 산더미처럼 쌓인 아군의 시체와 무자비한 침략군의 손에 빼앗긴 재산과 집과 친척과 가족들을 떠올려야 한다. 이제 관군은 적에게 쫓기는 입장이 아니라 쫓아내야 할 입장에 섰다.

관군은 달아나는 적의 뒤를 쫓아 패잔병을 죽이고, 조선에서 흔히 일본 사람을 부르는 말로 '왜놈'들의 목숨을 위협하고, 마침내 부산까지 밀고 내려가 바다 건너 고향땅으로 쫓아낼 차례였다. 조선 사람이라면 누구나 이렇게 하고 싶은 마음이 굴뚝같았을 테고 복수하고 싶은 마음을 억누르지 못했을 것이다.

지휘권을 무력화한 당쟁　그런데 이 시점에서 조선 특유의 치명적인 취약성이 전면에 드러난다. 앞에서도 살펴보았듯이 조선군이 일본군을 몰아내지 못하는 근본 원인은 당쟁이 기승을 부린 탓이었다. 적군을 대파한 바로 그날 질시에 눈이 먼 정적의 모함으로 처형당한 신각의 사례는 앞에서 살펴보았다. 이번에도 비슷한 일이 일어났다. 명목상 임진강 방어진의 총사령관인 김명원은 실제로 임진강 방어진을 온전히 진두지휘했다고 보기 어려웠다.

이곳에 주둔한 장군마다 제각각 군대를 지휘하며 남보다 두각을 나타내서 왕의 총애를 얻으려고 안간힘을 썼던 것이다. 당시는 왕의 신임만 얻으면 영원히 부와 명예를 거머쥘 수 있었다. 관군에게는 최고 사령관도 없고 공통의 작전도 없었으며, 서로 간의 시기심과 의심밖에 없었다.

젊은 신길 장군과 노장군 유극량의 어이없는 만용 젊은 장군인 신길은 전쟁에 관해 아는 바가 없었지만 적군이 진지를 철수했다고 확신하고 당장 강을 건너 적을 추격하려 했다. 그러나 다들 어리석은 작전이라고 판단하고 병졸들까지도 "주의 깊게 살펴서 적군이 정말로 달아났는지 확인해야 합니다."라고 목소리를 높였다. 젊은 장군은 대답 대신 몇 사람의 목을 벴다. 신길이 얼마나 엄격한 인물이었는지 보여주는 대목이다.

그때 유극량 장군이 신길을 타이르며 관군이 강을 건너게 하려는 유인책일지 모른다고 경고했지만 혈기왕성한 젊은 장군은 노장군을 향해 칼을 뽑아들고 겁쟁이라고 비난했다. 누구도 참기 힘든 치욕스런 말을 들은 노장군은 이렇게 반박했다.

"내가 겁쟁이라고? 나는 오직 전하를 위해 충성을 다할 뿐이다. 허나 내가 먼저 강을 건너 적의 함정으로 걸어들어 가겠다. 내가 쓰러지는 모습을 보면 내 말이 옳았다는 것을 알게 될 것이다."

그러고는 병사들을 배에 태워 바람을 살피라는 주의도 내리지 않은 채, 그리고 치졸한 용맹을 증명하느라 진정 전하를 위하는 길을 잊은 채 강을 건너 절벽을 타고 올라갔다. 신길은 유극량의 뒤를 따르는 수밖에 없었다. 강 반대편 절벽에 올라보니 과연 노장군의 주장이 옳았다.

얼마 떨어지지 않은 곳에서 벌거벗은 일본군 대여섯 명이 숲 언저리에서 춤을 추고 있었다. 관군이 다가가 공격을 감행하자 숲 속에 숨어 있던 일본군이 쏟아져 내려와 순식간에 관군을 에워쌌다. 노장군은 용맹인지 어리석음인지를 증명한 뒤 자리에 앉아 "내가 죽을 때가 왔다."고 말했다. 그러고는 그 자리에서 죽었다.

협력하지 못한 조선군 당시 조선은 용맹하지 않은 것도 아니요,

귀족계급이 사치에 물든 것도 아니었다. 하지만 오직 다른 사람과 협력하는 이가 아무도 없는 풍조가 만연한 것이 문제였다. 전쟁이 일어난 와중에도 개인의 영달 외에는 아무런 관심이 없었다. 다른 사람이 성공하면 억울해하고 실패하면 기뻐하는 이가 대부분이었다.

유극량이 죽자 관군은 일본군과 임진강 사이에 덩그러니 서서 싸우다가 신길을 잃었다. 급히 강가로 돌아가보니 배 몇 척이 떠내려갔고, 나머지 배마저도 한꺼번에 많은 병사들이 올라타는 바람에 그대로 가라앉고 말았다. 병사 수백 명이 강물 속에 가라앉고 살아남은 병사들은 일본군의 칼에 쓰러졌다.

아직 끝나지 않았지만 장군들부터 먼저 도망치다 하지만 아직 완전히 끝난 것은 아니었다. 조금만 기지를 발휘하고 주의를 기울이면 그날 일본군에게 완패를 당하지 않을 수 있었다. 일본군 측에 배가 몇 척 남아 있긴 했지만 강 건너편에 주둔한 대규모 조선 관군과 맞설 정도는 아니었다. 그런데 이때 조선은 엄청난 실수를 저지르고 말았다. 조선의 장군들은 북쪽 강둑에 서서 아군이 끔찍하게 살육당하는 모습을 보고는 임진강을 지켜낼 가능성을 가늠해보지도 않고 곧바로 말에 올라타 달아나버렸던 것이다.

단순히 비겁한 것만의 문제가 아니었다. 사려 깊지 못하고 부주의했으며, 제 목이 달아나는 것보다 병력을 잃는 문제를 고민한 장군이 한 사람만이라도 있었더라도 일본군이 임진강을 건널 가능성은 훨씬 적었을 것이다. 장군들이 달아나는 모습을 본 병사들은 "장군님네가 도망친다."며 빈정대듯 소리를 지르면서 그 뒤를 따랐다. 병사들로서는 그렇게 하지 않을 이유가 없었다.

일본군은 전략이 성공을 거두어 조선군의 임진강 방어진이 와해되는 모습을 지켜보면서 곧바로 강을 건넜다. 한국 문헌에 따르면 이때 강을 건넌 일본군의 수가 25만 명 정도였다고 한다.

가토와 고니시의 경쟁　한국 문헌에는 일본군을 이끌던 가토와 고니시 사이의 경쟁 관계에 관해서는 거의 언급되지 않지만, 일본 문헌에는 중요하게 언급되는 내용이다.

두 장군이 오랫동안 함께 진군하기란 불가능했다. 두 사람은 갈등이 심해 한양까지도 서로 다른 길을 택해 진군했으며 이제 다시 갈라서야 했다. 결국 일본군이 패배하고 쫓겨난 것도 두 사람의 갈등에 원인이 있었다.

두 사람이 서로 협력하기만 했어도 일본군의 전력을 훼손할 적을 만나지 않고 곧장 북경까지 진격했을지도 모를 일이었다. 두 사람이 갈라서 조선 전역으로 흩어지는 바람에 전력이 분산되고 명나라를 정벌하겠다는 히데요시의 야망도 퇴색하고 말았다. 각자 진출 경로를 택하는 문제를 운에 맡겼고 결국 행운은 젊은 장군 고니시에게 돌아갔다. 고니시는 곧장 북쪽으로 진격하는 방법을 선택해서 가는 곳마다 승리를 거두었다. 가토는 북동쪽 함경도 지역을 습격하는 데 만족해야 했다. 나머지 한 장군인 구로다는 부대를 이끌고 황해도 서쪽 지방으로 들어갔다. 이상은 모두 5월에 일어난 일이었다.

혼비백산한 평양의 선조　선조가 임진강 방어선의 책임을 맡기고 평양에 안전하게 머무르고 있던 동안 전령이 급히 달려와 임진강의 방어선이 무너지고 적군이 무서운 속도로 달려오고 있다고 전했다. 평양은 큰 혼란에 빠져 두려움에 떨었다. 그야말로 대경실색할 상황이었다. 이일 장군은 헤진 짚신을 신고 하급 관리 행색으로 전쟁터를 빠져나와 왕을 찾아왔다. 선조는 이일에게 평양성 옆을 지나는 대동강 여울목을 지키라는 임무를 맡겼다.

한편 여주에서는 한강을 오가는 배를 감독하던 원호 장군이 의미 있는 승리를 거두었다. 원호는 강원도로 불려갔다가 때마침 여주에 매복해서 일본군을 급습하고 뒤쫓아 50명 정도를 살상했다. 이때부터 일본인이 여주 배를 꺼리기 시작했다고 전해진다.

선조, 의주로
피난하다

**선조가 함흥으로 이동하기로 결
정하다**　1592년 6월 2일 선조는 대
규모 어전회의를 소집하여 평양에 계
속 머무를지 북쪽으로 더 올라갈지에 관한 의견을 들었다. 어느 대신이
"평양을 지킬 병력을 남겨놓고 전하께서는 북쪽으로 피난길에 오르셔
야 할 듯합니다."라는 의견을 내놓자, 다른 대신이 "평양은 천혜의 요새
입니다. 병력도 1만 명이나 되고 식량도 충분합니다. 전하께서 평양에
서 한 발짝이라도 나가신다면 조선이 몰락할 것은 불 보듯 뻔합니다."
라며 반대하고 나섰다.

　한편에서는 "이미 나라의 절반을 잃었습니다. 이제는 평양과 함경도
만이 조선 땅입니다. 함경도는 병력이 막강하고 식량이 풍부하니 전하
께서 함경도로 올라가는 것이 좋겠습니다."라는 의견을 내는 이도 있었
다. 모든 대신이 이 의견에 찬성했지만 윤두수만은 예외였다. 윤두수는
이런 주장을 펼쳤다.

　　안 됩니다. 그리할 수는 없습니다. 왜군도 필시 함경도로 들어갈 것
입니다. 함흥은 평양만큼 방어하기가 수월하지 않습니다. 전하께서
평양을 떠나면 세 가지 일을 해야 합니다. 우선 평안도 영변으로 올라

가 호위병을 소집해야 합니다. 영변을 지키지 못하면 국경 지대의 의
주로 올라가 급히 명나라의 도움을 요청해야 합니다. 필요하다면 압
록강을 따라 조선 땅인 강계까지 올라갈 수 있습니다. 상황이 최악으
로 치달으면 국경 너머 명나라로 건너가 관전보로 피난해야 합니다.
물론 그 전에 강계에서 족히 두 달은 머무를 수 있습니다. 함흥 땅은
제가 잘 압니다. 함흥성 성벽은 넓기는 하지만 높지 않아서 사방에서
적의 공격을 받을 위험이 있습니다. 게다가 여기서 물러나 북쪽으로
올라가면 오랑캐 땅밖에 나오지 않습니다. 그러니 전하께서는 이곳
평양에 머무르셔야 합니다.

하지만 모든 대신이 한목소리로 왕이 함흥으로 옮겨야 한다고 주장
했다.

불안에 휩싸인 명 조정　　그즈음 왕이 함흥으로 옮긴다는 소문이
요동까지 퍼져나갔다.

국경 너머 명나라까지 전해진 소문의 내용은 이랬다. 선조가 평양으
로 도망쳤다고는 하지만 사실은 명나라를 속이려는 수작일 뿐이며, 일
본과 조선이 함께 명나라를 치겠다는 협정을 맺은 상태이고 선조가 더
북쪽으로 피난하려는 이유는 일본군이 압록강에 도착할 때까지 명나라
로부터 의심을 사지 않기 위해서라는 것이었다.

명나라 조정은 큰 불안에 휩싸였고 황제는 소문의 진상을 조사하라
고 요동에 주둔하던 인세덕 장군을 보냈다. 그는 곧장 평양으로 출발하
여 선조에게 알현을 청했다. 선조를 만나 정확한 조선의 상황을 알아보
고 급히 북경으로 가서 황제에게 상황을 보고했다.

왜군 선봉대, 대동강 맞은편에 도착하다 6월 8일에 일본군 선봉대가 평양을 가로질러 흐르는 대동강 남쪽 강둑에 도착했지만, 강을 건너기 위한 배가 없었다. 그리하여 대동강 강둑에 진을 치고 본대가 도착할 때까지 기다렸다. 노직은 선조로부터 선왕의 위패를 모셔오라는 명을 받고 북쪽으로 출발했다. 이 소식을 들은 백성들은 크게 분개했다. 선조의 명령은 곧 평양을 일본군에 넘겨준다는 뜻이자, 이는 곧 백성들이 도탄에 빠지게 된다는 뜻이기 때문이었다.

그리하여 백성들은 죽창과 돌멩이로 무장하고 위패를 성 밖으로 모셔가는 무리를 공격해 쓰러뜨리고 대장인 노직에게 욕설을 퍼부었다. 백성들은 이렇게 소리쳤다. "태평 시대에 너희 관리들이 나랏돈을 빼돌리느라 혈안이 돼 있어서 오늘과 같은 전란이 일어났다. 우리한테는 도시를 지키라고 명하고 적군이 다가오니 도망쳐버리는구나." 이 말을 듣고 더욱 화가 난 백성들은 옷을 벗어던지고 도성에서 빠져나가려는 자는 누구든 때려죽일 기세로 아우성쳤다.

한편 노인과 아이들은 도시를 지켜달라며 기도를 올렸다. "우리 모두 성을 지키려고 여기 남아 있습니다. 임금이 성을 떠난다면 우리를 살육자의 손에 넘기겠다는 뜻입니다." 백성들은 끈질긴 요구 끝에 대궐 안뜰까지 들이닥쳐 임금에게 성을 떠나지 않겠다는 약속을 받아냈다.

유성룡은 궐 밖으로 나와 백성들 앞에 서서 어느 노인을 가리키며 이렇게 물었다. "너는 성을 지키고 전하와 너희가 안전하기를 바란다고 했다. 그런데 어찌 네 본분을 잊고 불경스럽게 전하가 계시는 대궐 안까지 쳐들어와 혼란을 일으키느냐?" 백성들은 이 말을 듣고 왕이 떠나지 않을 것이라 믿고 각자 집으로 돌아갔다.

이덕형과 고니시의 담판 그날 밤 일본군이 조선 사람 하나를 붙잡아 왕에게 보내는 편지 한 통을 들려서 강 건너로 보냈다. 편지에는 '이덕형을 만나 담판을 짓고 싶소.'라고 적혀 있었다. 합당한 요구인 듯 보여서 이덕형이 작은 나룻배를 타고 강 중간까지 나아가 고니시를 만났다.

고니시는 단도직입적으로 이렇게 말했다. "지금까지 이 소동이 일어난 것은 일본 사신이 북경으로 가는 안전한 길을 조선이 내주지 않은 탓이오. 지금이라도 명나라로 가는 길을 열어주면 전쟁은 끝날 것이오."

그러자 이덕형이 이렇게 대답했다. "일본군이 조선을 떠나 일본으로 돌아간다면 이 문제를 협의할 용의가 있지만, 일본군이 조선 땅에 머무르는 한 절대 요구를 들어줄 수 없소."

그러자 고니시는 이렇게 말했다. "우리는 조선을 해칠 생각이 없소. 전부터 이 같은 협상을 벌이고 싶었지만 오늘까지 기회가 없었던 것이오." 그러나 조선 측의 답변은 오직 하나, 당장 방향을 돌려 일본으로 돌아가라는 요구뿐이었다.

그러자 고니시는 화를 참지 못하고 "일본의 무사들은 오직 앞으로만 나간다. 결코 뒤로 물러서는 법이 없다."라고 소리쳤다. 그리하여 담판이 결렬되고 각자 자기 쪽 강둑으로 돌아갔다.

선조, 영변으로 향하다 이튿날 선조는 평양을 빠져나가 영변으로 향했다. 윤두수, 김명원, 이원익이 평양에 남아 적의 진입을 막았다. 일본군은 대동강 옆에 진을 치고 기다렸다. 임진강처럼 '무슨 일이 일어나길' 기다렸던 것이다. 이번에는 임진강에서만큼 오래 기다릴 필요가 없었다. 기백과 능력이 남부럽지 않았던 김명원과 윤두수가 정예군을 이끌고 밤을 틈타 평양에서 얼마 떨어지지 않은 능라도 요새로 건너가서 적을 습격할 계획을 세웠던 것이다.

한 치 앞도 내다보기 힘들고 군사력의 차이가 월등한 상황에서 감행한 이 작전을 통해 장군들뿐만 아니라 일반 병사들의 높은 기백을 엿볼 수 있다. 비록 작전이 처참한 실패로 돌아가긴 했지만, 그것에 대해 장군들의 잘못된 판단을 탓할 수는 있어도 그들의 기백을 탓할 수는 없는 것이다.

야심한 밤에 강을 건너는 작전은 어렵고 느린 작전이라 예상보다 시간이 많이 걸렸다. 그래서 이들 용맹한 정예군이 적진에 들어갔을 때는 이미 동이 튼 뒤였다. 사지로 내몰린 셈이었다. 퇴각하는 수밖에 달리 방법이 없었지만 퇴각 자체가 치명적인 잘못이었다. 퇴각하는 와중에 적에게 위치가 발각되었던 것이다. 결국 시간을 잘못 계산한 탓에 임진강에서처럼 패배를 자초하고 말았다.

왜군, 평양에 눌러앉아 결정적 기회를 놓치다 상황은 일본군에 유리하게 돌아갔다. 일본군은 배불리 아침 식사를 한 뒤 화살을 어깨에 메고 여울목으로 향했다. 무리지어 여울목을 건너서 화살을 채 열두 발도 쏘지 않고도 관군을 몰아냈다.

두 장군은 자기네도 어쩔 수 없는 일이라는 듯이 대동강으로 난 성문을 열고 백성들에게 목숨을 부지하려면 어서 달아나라고 명했다. 병사들도 풍월수라는 연못에 무기를 버리고 보통문으로 달아났다. 일본군은 도망치는 관군을 뒤쫓지 않고 조용히 평양을 함락하고 평양에 눌러앉았다.

여기서도 일본군은 엄청난 실수를 저지르고 말았던 것이다. 일본의 유일한 목적은 전력을 다해 밀고 올라가 명나라로 들어가는 것이었다. 이번에도 일본군이 평양에 머무르는 사이 관군은 일본에 대적할 병력을 모을 수 있었고, 그 사이에 일본군의 전력은 나날이 줄어들었다.

선조가 의주로 향하다 선조는 북천에 머무르는 동안 평양이 함락됐다는 소식을 듣고 급히 의주로 도망치면서 최악의 상황이 닥치면 국경을 넘어 명나라로 들어가겠다고 말했다. 그리고 이런 말까지 덧붙였다. "전에도 말했듯이 조선 땅을 떠나는 순간 나는 왕권을 포기하게 된다. 세자를 최홍원 장군에게 맡길 테니 최홍원은 세자를 모시고 강원도 이천으로 가서 병사를 모아 성을 지켜라."

세자가 어명을 받들어 강원도로 떠난 사이 선조는 북쪽으로 간산까지 올라갔다. 선조는 한밤중에 간산에 도착했다. 불빛 하나 없이 칠흑같이 어두운 밤에 폭우마저 쏟아졌다. 왕실의 행렬은 이미 스무 명 남짓으로 줄어 있었다. 명나라군이 압록강을 건너온다는 보고가 있어서 선조는 간산에 머물면서 명나라 군대를 기다렸다. 유성룡은 이 도시 저 도시 뛰어다니며 조선을 도와주러 올 명나라 지원군에게 제공할 식량을 모으려 했다. 하지만 유성룡이 분발하여 돌아다닐수록 백성들은 봉기를 일으켜 유성룡이 모은 식량을 약탈했다.

며칠이 지난 뒤에도 명나라 지원군이 들어오지 않자 선조는 이덕형을 명나라에 사신으로 보내 황제에게 지원군을 보내달라고 간청하려고 생각했다. 선조는 대신 몇 사람을 모아 어전회의를 열고 이렇게 말했다. "피치 못할 상황이 되면 과인은 압록강을 건너 명나라 땅으로 들어갈 것이다. 너희 중 누가 날 따르겠는가?" 한동안 침묵이 흐르다가 앞서 왕비를 도성에서 꺼내준 이항복이 나서서 "소신이 따르겠습니다."고 밝혔다. 이 사건의 배경에는 선조가 평양을 떠날 때 대신들은 나라를 버리고 적당한 때가 오면 왕을 폐하기로 결의한 일이 있었다.

유성룡은 백방으로 뛰어다닌 끝에 군량미를 끌어모아 정주로 옮기고 그곳으로 들어가 보니 백성들이 무기를 들고 왕실의 곡물 창고 앞에 모여 있었다. 유성룡은 백성들을 꾸짖어 해산시키면서 주동자 여덟 명을 붙잡아 그 자리에서 목을 벴다. 그러고는 곽산과 귀성에서 군량미를 더 끌어모아서 명나라 군대가 오면 제공할 수 있도록 준비해두었다.

성대업이 왕비를 왕에게 데려다주다   앞서 선조는 함경도로 들어가기로 마음을 먹었다가 더 물러나면 여러 가지 문제가 생길지 모른다는 만류에 마지막 순간에 마음을 바꿨다. 이번에도 의주로 이동하자는 압력을 받고는 "그래, 그래야겠지만 함경도로 보낸 왕비는 어쩐란 말이냐?"고 반문했다. 그러자 용맹스런 운산 군수 성대업이 "제가 가서 모셔오겠습니다."라고 자청하고는 왕비를 찾으러 함경도로 출발했다.

   문헌에는 운산 군수가 왕비를 찾아 박천으로 모셔왔다는 기록만 남아 있다. 이 짧은 기록만으로도 운산 군수가 매우 의로운 인물이었음을 알 수 있다. 당시에도 특히 여름철에 한반도 북부 지방을 이동하는 것은 여간 어려운 일이 아니었기 때문이다. 운산 군수는 적에게 붙잡혔을지도 모를 왕비를 찾아나섰을 뿐 아니라 온 나라가 일본군 손에 넘어간 사이 이미 명나라로 달아났을 수도 있는 왕에게 다시 데려다줬다. 여기서 운산 군수의 충정이 얼마나 컸는지 엿볼 수 있다. 운산 군수 성대업은 용감하고 기백이 넘치며 능력이 뛰어난 인물이자 애국 충정이 깊은 인물이었다.

가토가 함경도로 밀고 들어가다   일본군은 평양성을 함락한 뒤 한동안 성안에 머물렀다. 그러면 이번에는 동쪽 함경도로 들어가는 길을 택한 가토는 어떻게 되었는지 뒤를 쫓아보자.

   가토는 속도를 내며 한반도 동쪽 원산으로 진군했다. 이곳은 큰 길이 닦인 지방이 아니라 길을 찾기가 어려워서 조선 사람을 붙잡아 길잡이로 이용했다. 함경도 동쪽 곡산에 도착한 가토의 군대는 노리현을 넘어

원산에서 그리 멀지 않은 곳의 한양-원산 길에 접어들었다.

함경도는 한극성이라는 조방장이 지켰다. 한극성이 급히 출정하여 일본군에 맞서 싸우다 하종의 곡물 창고에서 치열한 전투가 벌어졌다. 처음에는 일본군이 패하는 듯하다가 나중에는 곡물 창고로 들어가 쌀 가마니로 방책을 쌓고 병력이 네 배나 되는 관군을 와해시켰다.

일본군을 몰아내지 못한 관군은 일단 후퇴하여 일본군 앞뒤 통로를 막아 적을 포위하기로 했다. 일본군은 관군의 작전을 눈치채고 어둠이 내리면 대담하게 포위를 풀고 빠져나가야 한다고 판단했다. 그리하여 어둠 속에서 산을 타고 기어올라 통로를 차지한 관군을 완전히 에워쌌다. 아침이 되자 짙은 안개가 내렸고 관군은 위험을 감지했다. 일본군은 관군을 포위하고 있다가 급습하여 순식간에 관군을 쫓아냈다. 비가 내리자 길이 진창길로 변했다.

이처럼 지리멸렬한 전투에 익숙하지 않은 관군은 도중에 급속도로 지쳐서 쫓아오던 일본군의 칼에 하나둘씩 쓰러져갔다. 한극성은 경성으로 달아났다가 일본군에 붙잡혔다. 백성들의 미움을 받던 경성 목사는 산속으로 달아나 숨어 있었는데 백성들이 끌고 내려오는 바람에 본연의 임무를 다해야 했다. 이홍 장군도 북쪽으로 갑산까지 달아났다가 백성들에게 붙잡혀 참수당했다.

북쪽 지방 장군들은 한편으로는 일본군을 막고, 다른 한편으로는 백성들과 맞서 싸우느라 이중으로 어려운 처지에 놓였다. 북쪽 지방 백성들은 본래 남쪽 지방보다 단호한 사람들이었고 비겁한 장군들에게 내리는 형벌 또한 무시무시했다.

두 왕자를 일본군에게 넘겨준 아전이 대가를 치르다 한편 북동 지방으로 피신했던 왕자 둘은 북쪽으로 달아나다가 두만강 유역

회령이라는 국경 마을에서 멈췄다. 결과적으로 이것은 치명적인 판단이었다. 이 마을을 다스리던 국경인이라는 아전이 일본군에게 돈을 받았는지, 아니면 저 혼자 겁을 집어먹어서 그랬는지는 몰라도 스스로 나서서 일본군의 앞잡이 노릇을 했던 것이다.

회령의 아전은 임해군과 순화군 두 왕자를 붙잡아 일본군 진영에 넘겨주었다. 보상이 결코 작지 않았다. 일본군은 조선을 배신하며 왕자 둘을 넘겨준 국경인을 지방관 자리에 앉히고 공식 직위를 내렸다. 그러자 얼마 지나지 않아 국경인은 나라를 배신한 대가를 치르게 되었다. 회령 수비를 맡은 정문부라는 충성스런 장군이 국경인을 잡아들일 작전을 세웠다. 그러나 어떤 이유에서인지 작전이 미리 새나간 바람에 국경인은 사람을 보내 정문부를 붙잡아 바로 이튿날 처형하려 했다.

그러나 그날 밤 신세준이라는 충신이 병사를 모아 무기를 내주며 이렇게 연설했다. "우리 회령 지방은 국경인이라는 역적 때문에 나라에 불충을 저질렀다. 어서 잘못을 바로잡지 않으면 언젠가 우리 모두 벌받을 날이 올 것이다. 내 말에 찬동하지 않는 자는 지금 당장 칼을 뽑아 나를 죽여라." 이 말을 들은 병사들 중 하나가 "장군님 뜻에 따르겠습니다."라고 말했다. 신세준이 이끄는 군대는 급히 출격하여 국경인의 거처로 쳐들어가서 국경인을 때려죽였다. 일본군은 이 일의 주동자가 정문부라는 사실을 알고 정문부를 찾아내려 했지만 그가 여러 지역의 사가를 옮겨다니며 숨어지내는 바람에 결국 찾아내지 못했다.

경성 유생 지달원은 군대를 조직해서 일본군을 공격하려 했지만 장군이 아닌 탓에 별다른 성과를 거두지는 못했다. 그래서 그는 정문부를 찾아내 장군으로 삼았다. 고작 200명밖에 병졸들을 모으지 못하긴 했지만 정성과 경원 인근 지역에서 병사를 모았고 경성에 본부를 두었다.

일본군이 연암성에서 쓴맛을 보다 일본군이 조선 팔도를 유린하는 사이 조선 땅에는 온갖 사건들이 일어났다. 역사상 전례 없는 사건과 잔인하고 치욕스런 장면을 새삼 들춰내지 않는 편이 나을지도 모르지만 조선이 어떻게 해서 침략자 일본의 발아래 유린됐는지를 이해하려면 반드시 짚고 넘어가야 할 부분이다.

왕실이 한양을 버리고 피난길에 오를 당시 이조참의 이정암은 연암성으로 들어갔다. 연암 목사는 이미 달아나고 없었고 나가마사가 이끄는 일본군 3천 명이 성에 접근하던 와중에 백성들은 이정암에게 연암성 수비 책임을 맡겼다. 이정암은 백성들의 뜻을 받아들이고 이렇게 말했다. "일본군이 우리를 노리고 있다. 목숨을 내걸고 싸워야 한다. 살려는 자는 지금 도망쳐라. 나머지는 여기 남아서 함께 죽으리라." 그러자 백성들은 한목소리로 "저희가 어찌 장군 혼자 죽게 내버려두겠습니까?"라고 외쳤다.

다음날 일본군이 연암성을 포위했다가 성안으로 밀고 들어오려던 순간에 끓는 물이 머리에 쏟아졌다. 일본군은 일단 뒤로 물러났다가 그날 밤에 다시 공격했다. 이번에는 불붙은 건초더미가 날아왔다. 그리고 다시 한 번 공격했을 때는 머리 위에 널찍한 나무판을 이고 관군의 공격에 대비했지만 이번에는 관군이 큰 돌덩이를 던지자 이를 막아낼 재간이 없었다. 전투는 사흘간 지속됐고 결국 일본군은 전사한 동료의 시신을 불태우고 물러났다.

신출귀몰한 홍의장군 곽재우 7월에 왕은 북쪽으로 의주까지 올라갔다. 그러면 여기서 남쪽으로 시선을 돌려 남쪽 지방에서 일본군의 거센 공격을 막아낸 충성스런 노력을 살펴보자. 전라도에는 가족을 지키기 위해 무기를 드는 사람들이 있었을 뿐 관군이 모두 북쪽으로 차출된 바람에 나라에서 이 지방을 위해 해준 일이 없었다.

전라도에서는 고경명과 김천일, 경상도에서는 곽재우와 정인홍이 의견을 나누며 의병을 일으킬 방법을 강구했다. 모두 한때 관군에 몸담았던 사람들이라 전쟁에 관해 어느 정도 지식을 갖추고 있었다. 혈기왕성한 장년이던 곽재우가 대장직을 맡았다. 곽재우는 비밀리에 시골 백성들을 모아 이렇게 연설했다. "조선 팔도를 일본군이 휩쓸고 있어 우리도 곧 그들의 손에 죽게 될 것이다. 정진을 굳게 지키면 일본군이 강을 건너지 못하게 막을 수 있을 것이다." 의병장 곽재우는 전 재산을 팔아 마련한 자금으로 5천 명에 이르는 의병을 무장시켰다.

일본군은 이 지역으로 쳐들어오려고 시도하다가 강을 따라 늘어선 사기충천한 의병을 만나 강을 건너지 못했다. 조선에서 곽재우는 용맹한 의병장으로 유명한 인물이었다. 곽재우는 불타는 듯한 붉은 도포를 입었다고 해서 '홍의장군紅衣將軍'이라 불렸다.

곽재우는 의병을 이끌고 동에 번쩍 서에 번쩍하며 근거지를 바꾸는 독특한 능력을 갖추었다. 이처럼 신출귀몰하는 능력으로 인해 신비한 힘으로 공간 이동을 할 수 있다는 소문까지 돌았다. 곽재우의 행적을 살펴보면 왜 이런 소문이 돌았는지 알 수 있었다.

일본군은 곽재우가 가까이 오면 겁부터 집어먹기 시작했다. 곽재우가 가까이 있다는 소식이 들리거나 붉은 도포 자락이 나부끼는 모습이 보이면 그 즉시 줄행랑을 칠 정도였다. 곽재우는 의병대 한가운데에서 사방으로 첩자를 보내 적의 동태를 살폈다. 일본군이 진을 치려 할 때면 한밤중에 의병 한 사람이 횃불 다섯 개를 단 구조물을 들고 이동하면서 일본군으로 하여금 수많은 조선군에 둘러싸인 것처럼 착각하게 만들었다. 의병대가 선보인 가장 뛰어난 전술은 산마루에서 매복하여 소규모 적군을 소탕하는 일이었다. 여러 가지 함정을 설치해놓고 적군을 끌어들여 정신을 못 차릴 정도로 공격을 퍼부은 결과, 마침내 의령, 삼가, 합천 등지에서 일본군을 몰아내고 평화를 되찾았다.

불경죄로 몰린 곽재우, 의병을 해산하고 은둔하다 하지만 곽재우라는 유능한 의병장도 이각의 경우처럼 오랫동안 꾸준히 능력을 발휘하지 못했다. 앞서 일본군이 동래성을 함락하고 북쪽으로 진군할 당시 경상도 관찰사이던 김수가 일본군에 맞서지도 않고 서쪽으로 달아난 일이 있었다. 곽재우는 김수가 비겁하게 달아났다는 소식을 듣고 분통을 터트렸다. 김수를 왜적보다 더 고약한 비겁자로 생각했다. 곽재우는 김수에게 처형당해 마땅한 일곱 가지 이유를 적어 보냈다.

이에 김수는 '너는 누구냐? 너야 말로 도적이 아니더냐?'라고 답장을 보냈고, 왕에게도 편지를 써서 곽재우를 불경죄로 몰아붙였다. 한편 불경죄로 몰린 곽재우도 왕에게 편지를 보냈다. '김수 장군은 본연의 임무를 내팽개치고 달아났습니다. 소신이 그 일로 김수 장군을 비난하자 소신을 도적이라고 몰아붙였습니다. 소신은 '왜놈'들을 수도 없이 죽이기는 했어도, 소신이 만약 도적질을 해왔다면 이참에 창을 버리고 물러나겠습니다.'

곽재우는 이 편지를 왕에게 보내고는 의병대를 해산하고 경상도 비파산으로 숨어들어 솔잎만 먹으며 은둔 생활을 시작했다. 문헌에는 이렇게 적혀 있다. 그 후로 함경도와 전라도 관리직을 제안 받았으나 모두 사양하고 은둔 생활을 지속했다. 망우당忘憂堂이라는 호를 짓고 고결한 인물로 자리매김했다. 이번에도 왕은 방종하고 비겁한 신하 때문에 유능한 장군을 잃은 셈이었다. 곽재우는 자존심에 상처를 입은 채 나라와 임금, 백성과 명예 등 모든 것을 버렸다.

고 경 명, 관 군 과 합 세 하 다　전라도 장흥에는 고경명이라는 의병장이 나왔다. 고경명은 선조가 피난길에 올라 평양으로 향했다는 소식을 듣고 유팽로와 합세하여 대규모 의병대를 이끌고 담양으로 향했다. 고경명은 각지에 격문을 돌려 의병 6천 명을 끌어모았고 연산을 거점으로 삼았다. 이 소식을 들은 선조는 고경명에게 공로를 치하하는 편지를 보내 나라와 백성을 위해 혼신의 힘을 다하라고 격려했다. 곽영 장군이 북쪽에서 관군을 이끌고 내려와 고경명의 의병대와 힘을 합쳤다.

일본군이 금산으로 들어갔다는 소식을 들은 관군과 의병대는 방향을 금산으로 돌렸는데 금산에 다다를 즈음에 관군의 수는 800명으로 크게 줄어 있었다. 관군의 수가 급격히 준 이유는 문헌에 기록돼 있지 않다. 나머지 병사들이 달아났는지 아니면 소규모 병력만으로 충분히 공격을 감행할 수 있어서였는지는 몰라도 관군으로서는 치명적인 실수가 아닐 수 없었다.

일본군은 조선군의 수가 적은 것을 보고 지체 없이 출격하여 곽영이 이끄는 관군을 순식간에 물리쳤다. 이 광경을 지켜본 다른 부대도 일제히 달아났지만 부하 장수들의 간곡한 부탁에도 불구하고 고경명은 달아나지 않았다. 부하 장수들에게는 달아나라고 하면서 자기는 남아 죽음을 맞이하겠다고 말했다.

그러자 부하들 모두가 꿋꿋이 맞서며 끝까지 싸우다 하나둘씩 쓰러져갔다. 고경명의 아들 고종후는 아버지가 전쟁터에서 목숨을 잃었다는 소식을 듣고 불같이 화를 내며 남쪽 지방에서 '복수를 감행하는 의병'이라는 이름의 의병을 일으켰다.

성 주 에 서 왜 병 을 격 퇴 한 의 병 장 정 인 홍　경상도 현평의 정인홍은 의병장으로서 혁혁한 공을 세운 인물이었다. 정인홍은 김면, 박송,

곽준, 곽일, 손인갑과 힘을 합쳤다. 이들은 의병대를 조직해 일본군을 무계에서 쫓아내고 군장비를 불태웠다. 일본군이 초계로 달아났다는 소문을 듣고 그 앞에 강이 가로막고 있는 것을 알고 적군을 추격했다. 일본군은 강에 도착했지만 강을 건널 배가 없었다. 한참 동안 얕은 물을 찾아헤매다가 마침내 여울목 하나를 발견하고 강을 건너기 시작했는데 뒤를 쫓던 의병대가 모습을 드러냈다.

여울목은 사람이 건너기 적합한 곳이 아니었다. 사람이 디디면 빠져버리는 부드러운 모래가 강바닥을 덮고 있었던 것이다. 잠시 후 말과 사람이 강 한가운데서 허우적거렸다. 여울목의 바닥이 어떤지 잘 알던 정인홍의 의병대는 함정에 빠져 허우적대는 적군을 덮쳐 수백 명을 소탕했다. 간신히 빠져나온 일본군은 성주로 달아났지만 그곳을 지키던 정인홍의 부하가 일본군 천여 명을 뒤쫓았다. 더 이상 달아날 곳이 없어진 일본군은 뒤돌아서서 반격하여 의병대와 맞붙었다.

일본군 무리 중에 거대한 군마에 올라탄 덩치 큰 장정 하나가 칼을 휘두르며 큰소리로 진두지휘했다. 적장은 남달리 큰 체격에 무시무시한 금빛 탈까지 썼지만 의병대는 그를 두려워하지 않았다. 적장이 탄 말의 다리를 공격하자 잠시 후 적장이 바닥에 나동그라졌다가 순식간에 학살됐다.

그러자 나머지 일본군은 다시 방향을 돌려 달아나기 시작했다. 성주와 고령을 호령하던 일본군이 나타나 의병대의 추격을 가로막았지만 정인홍이 이끄는 의병대가 매복해 있다가 급습하면서 적을 혼란에 빠트려 벌고개까지 뒤쫓았다. 이 전투에서 일본군은 짐과 무기와 여분의 옷가지를 버리고 달아났다. 정인홍의 의병대는 10킬로미터 정도까지 쫓아갔다가 돌아왔다.

김천일, "죽게 되더라도 앞으로만 나가겠다" 마지막으로 전라도 나주의 김천일이라는 의병장을 꼽을 수 있다. 김천일은 선조가 도읍을 버리고 피난길에 올랐다는 소식을 듣고 주저앉아 울다가 불현듯 벌떡 일어나더니 "이렇게 주저앉아 한탄하느니 전하를 위해 싸우는 편이 낫다."고 소리쳤다. 김천일은 송제민, 양산도와 뜻을 보아 임금을 구하자는 목적으로 의병대를 조직했다. 김천일은 작전을 개시하기 전에 말과 소를 죽여 모든 의병 대원에게 그 피를 마시게 해서 충성 서약을 받아냈다. 김천일은 의병대를 향해 이렇게 연설했다.

"물론 우리 모두 죽게 될 것이다. 살아서 돌아올 가망은 없다. 하지만 우리는 앞으로만 나갈 것이다. 결코 물러서지 않을 것이다. 너희 중에 충성을 바치는 것보다 살아남는 데 뜻이 있는 자는 지금 돌아가라."

김천일의 의병대는 충청도 독산을 근거지로 삼았다. 일본군 진영에서 보낸 조선인 첩자가 독산으로 돌아와서 정보를 캐내려 하다가 발각되어 처형당했다.

일본군은 독산에서 멀지 않은 금령에 진을 쳤다. 달빛 하나 없는 칠흑같이 어두운 밤에 김천일의 의병대가 불시에 들이닥쳐 일본군 진영을 포위하고, 약속된 신호가 울리자 아무것도 모른 채 잠들어 있던 적군에게 눈사태처럼 달려들었다. 의병대의 칼끝을 벗어난 일본군은 달아나려고 발버둥을 쳤다.

7월에는 수천 명이나 되는 의병대가 양화도 아래에서 한강을 건너 임금을 호위하던 관군에 합류하려 했다가 중간에 방향을 돌려 강화도로 들어가 진을 쳤다. 선조는 김천일의 공로를 듣고 매우 기뻐하며 '창의사倡義使'라는 관직을 내렸다.

사실 임진왜란 동안 일본군은 조선 땅을 제멋대로 돌아다니며 하고 싶은 대로 유린했다. 따라서 의병대가 승리한 몇 가지 사례를 보고 조선이 일본군을 무찔렀다고 생각해서는 안 된다. 그런데도 이와 같은 내용을 소개하는 이유는 조선이 비겁하게 굴복한 것이 아니며, 기꺼이 재산과 목숨을 버리고 가족과 왕을 위해 최선을 다해 맞서 싸울 만큼 강인하고 용감하며 충성스러웠다는 사실을 보여주기 위함이다. 물론 의병대 수준이었고 일본군 본진에 비하면 지극히 미미한 수준이라 일본군을 물리치지는 못했다. 하지만 일각에서 서술하듯이 조선이 그렇게 무기력하기만 한 민족은 아니었다. 조선 최악의 약점은 전쟁에 대비하지 못했다는 점이다. 전쟁 준비가 부족하고 당쟁이 기승을 부린 탓에 한동안 일본군이 한반도를 마음껏 유린할 수 있었던 것이다.

전세가
역전되다

**명나라에서 지원군을 끌어오려고
시도하다**　명나라의 지원군이 조선
에 들어오기 전에 조선이 기울인 노
력에 관한 이야기는 흥미진진하다. 명나라는 최대한 늑장을 부리다가
마침내 조선에 지원군을 보내주기로 결정했다. 명나라가 조선을 도우
려했던 이유는 일본군이 압록강을 건너 요동반도의 곡창지대를 유린하
기 전에 미리 차단해야 했기 때문이다.

선조는 임진왜란이 일어나기 전에 북경에 사신을 보내 황제에게 일
본군이 침략할 것이 확실하다고 전했고 사신은 그 후 계속 북경에 남아
있었다. 북쪽으로 피난길에 오른 선조는 민몽룡과 이덕형을 명나라에
사신으로 보내 지원군을 보내달라고 재차 요청했다. 민몽룡과 이덕형
이 시급한 사안을 들고 북경에 도착하자 북경 황실에서 대규모 조정회
의가 열렸다.

일부 힘 있는 장군들은 "우리가 저런 오랑캐를 도와줄 필요가 없습
니다. 조선 혼자 힘으로 싸우게 내버려둡시다."라고 주장했다. 중국이
전통적으로 한반도에서 일어나는 일에 책임지는 정책은, 특히 그 책임
이 희생을 동반할 때는 몇 백 년 전에나 통용되던 고리타분한 정책으로
전락한 듯했다. 한편에서는 "안 됩니다. 당장 지원군을 보내서 일본이

명나라 땅으로 넘어오지 못하게 막아야 합니다."라고 주장했다.

　그러나 석성이라는 장군은 "명나라는 반드시 조선의 요청에 따라 지원군을 보내줘야 합니다. 당장 2천 명을 보내고 지원군 유지 비용으로 2백만 냥을 내야 합니다."라고 주장했다. 결국에는 낙상지 장군이 소규모 병력을 이끌고 동쪽으로 이동해 압록강 유역에 진을 쳤고, 조선에 그 이상의 지원을 해주지는 않았다.

조선 노비와 결혼한 명의 석성, "나라도 출병하겠소"　7월에 선조는 다시 한 번 북경에 사신을 보내 지원군을 보내달라고 요구했지만 이번에도 지원을 약속받지 못했다. 그러자 선조는 믿을 만한 신하인 정곤수를 불러 북경으로 보내며 "나라의 운명이 네 손에 달렸다. 북경에 가서 온갖 노력을 아끼지 말고 황제로부터 지원해주겠다는 약속을 받아내라."고 주문했다.

　이처럼 막중한 임무를 받아든 정곤수는 급히 북경으로 들어가 병참부 마당에 앉아서 이레 동안 통곡하며 눈물로 호소했다. 명나라 대신 중 누구도 정곤수의 읍소에 귀 기울이지 않았지만 오직 병부상서 석성만이 귀담아 들어줬다. 석성은 동료 대신들의 무심한 태도에 분개한 나머지 병부상서로서 북경에 남아 병부를 책임져야 함에도 불구하고 분연히 떨쳐일어나 "그대들 중 누구도 조선을 도우러 가지 않는다면 나라도 가겠소."라고 선포했다.

　석성이 조선에 관심을 갖는 데는 나름의 이유가 있었다. 몇 해 전에 어느 조선인 상인이 북경에 머물다가 여관에서 아름다운 노비 처자를 만나서 노비가 된 사연을 듣게 되었다. 그 처자는 원래 양반집 여식인데 감옥에 갇힌 아버지를 꺼내주기 위해 노비로 팔려왔다고 했다. 그 상인은 처자가 아비를 위해 한 명예로운 희생에 감복하여 가진 돈을 모두 털어 처자를 사서 자유의 몸으로 풀어주었다. 세월이 흐른 뒤 그 처자는 석성의 아내가 되었고 그 뒤로 석성은 조선을 열렬히 좋아하며 곤경에 처한 조선을 도와주기로 했던 것이다.

이때 선조는 요동 현령에게 편지를 보내 '일본군이 평양까지 밀고 올라왔습니다. 우리가 압록강을 건너 요동성으로 피신해야 할지 모릅니다.'라고 밝혔다. 요동 현령이 급히 황제에게 이를 보고하자 황제는 '조선의 왕이 요동에 들어가면 좋은 집을 내주고, 명나라 창고에서 음식도 내주며, 매일 은 넉 냥과 돼지, 양, 국수, 쌀을 내주어라. 호위병 100명과 궁녀 스무 명을 주어 시중들게 하라.'는 답을 보냈다.

권율과 황진, 이치에서 대승을 거두다 이제는 임진왜란 때 일본군을 물리친 주된 원인 중 하나인 명나라 지원군이 등장한다. 그러나 이 부분을 설명하기 전에 다시 한 번 한반도 남쪽으로 시선을 돌려 일본군을 몰아내는 데 명나라 지원군보다 훨씬 더 중요한 역할을 한 사건을 살펴보자.

우선 전라도 일대에서 활개를 치던 일본군 본진을 쳐서 큰 승리를 거둔 사건이 일어났다. 일본군은 전라도 이치에 들어갔다가 동복 현감 황진의 맹렬한 공격을 받고 물러나 웅치를 넘어 전주로 들어갔다. 나주 판관 이복남과 전주 의병장 황박은 대규모 의병대를 이끌고 매복해 있다가 일본군을 쫓아냈는데, 이튿날 다시 맹렬한 기세로 공격해오는 일본군에 밀려 달아나야 했다. 조선군을 물리치고 의기양양하던 일본군은 다시 이치로 돌아가 지난번 패배를 설욕하기로 했다.

권율과 황진은 제때에 이 소식을 듣고 고갯마루에 진을 쳤다. 일본군은 필사적으로 공격을 감행하여 엉금엉금 기다시피해서 가파른 언덕을 오르며 조총을 쏘았다. 온종일 전투가 지속됐고 결과는 일본군의 대패였다. 일본군의 시체가 산더미처럼 쌓였고 땅바닥이 온통 핏빛으로 물들었다고 전해진다. 이 전투는 육지에서 벌어진 전투에서 조선이 일본을 무찌른 가장 큰 전투 중 하나였다. 일본군은 수많은 사상자를 내고 계곡으로 퇴각하여 두 개의 커다란 시체 더미를 도랑에 묻고 나무로 대충 만든 위패를 세워주었다. 이들은 바로 일본군이 평양에 주둔하면서 명나라를 치기 전에 기다리던 지원군이었던 것으로 보인다.

한산 바다여, 붉게 물들어라 그러나 이보다 훨씬 중요한 사건이 더 남쪽에서 일어났다. 여기서는 이순신 장군이 훌륭한 전함 '거북선'을 몰고 일본군 함대를 지키고 있었다.

7월이 되자 이순신의 방어 작전이 빛을 발하기 시작했다. 동쪽 수평선에 방대한 일본군 함대가 명나라를 치기 위해 원정길에 오른 수십만 지원군을 싣고 접근해왔다.

이순신과 부하 장수 이억기는 전라도 남쪽 해안 섬들 사이의 견내량이라는 곳에서 막강한 일본군을 맞이했다. 일본군은 한반도 남서쪽 해안을 둘러서 서해안을 따라 평양까지 올라갈 요량이었다. 지략이 뛰어난 이순신은 먼저 도망치는 것처럼 위장하고 일본군 함대가 쫓아오게 하면서 관군의 전열을 흐트러뜨렸다. 그러다 한산도에 이르자 갑자기 거북선을 돌려 바짝 뒤쫓아오던 적선을 들이받은 뒤 다른 왜선을 하나둘씩 침몰시켰다. 거북선은 적선이 쏜 화포에 끄떡도 하지 않았다. 이순신이 탄 거북선이 적선의 전열을 와해시키면 뒤따라오던 관군의 함대가 나머지 작전을 마무리하는 식이었다.

그날 하루 동안 일본군 함선 일흔한 척이 바다에 가라앉았고 바다가 온통 붉게 물들었다. 그러나 얼마 지나지 않아 일본군 지원 함대가 한산도 안골포에 나타났고 이번에도 이순신이 나서야 했다. 당장 공격이 개시됐고 일본군 함대는 이전 함대와 마찬가지로 이순신에게 꼼짝없이 당했다. 일본군은 철갑을 두른 거북선을 물리치는 것이 불가능하다고 판단하고 배를 육지에 대고 달아났다.

청사에 빛나는 한국의 '살라미스 해전' 이날 적선 마흔여덟 척이 더 불탔다. 이날 전투에서 살아남은 적선 몇 척은 동쪽으로 방향을 돌려 일본으로 돌아갔다. 그리하여 세계에서 가장 치열한 해전 중 하나가 막을 내렸다. 한국의 살라미스 해전(제3차 페르시아 전쟁 중인 기원전 480년 9월 23일, 아테네 함대를 주력으로 한 그리스 연합 해군이 살라미스 해협에서 우세한 페르시아 해군을 괴멸시킨 해전―옮긴이)이라 일컬을 만하다.

바다는 일본군의 무덤이 되었다. 이날 전투에서 명나라를 치겠다며 기세등등하던 일본군의 사기가 한풀 꺾였다. 그 후로도 오랫동안 전쟁이 지속됐지만 이후의 전투는 히데요시의 실망감을 누그러뜨리기 위한 싸움으로 전락했다. 히데요시의 정복욕이 채워지지 않은 만큼 그로 인한 실망감도 컸던 것이다.

선조는 남쪽 해안에서 올라오는 승전보를 전해 듣고 이순신에게 온갖 명예와 선물을 내려보냈으며 이순신의 승리를 달가워하지 않는 이들에게까지 칭찬을 아끼지 말라고 강요했다. 고니시는 일본에서 지원군이 오고 있다는 소식을 듣고 잔뜩 흥분해서 선조에게 '수십만 대군이 몰려오고 있다. 이제 어디로 도망갈 테냐?'라는 내용의 편지를 보냈다. 그러나 이 편지가 선조의 손에 들어가기도 전에 남해안에서 지원군을 실은 함대가 크게 패했다는 소식이 전해졌다. 조선 침략의 성공 여부는 평양에 주둔하던 일본군에 지원군이 공급되는 데 있었는데, 이순신이 지원군 함대를 격파하는 바람에 침략군의 마지막 희망이 사라졌던 것이다.

평양성에 들어간 조승훈, 사냥꾼 앞의 토끼가 되다 명나라는 조선이 승기를 잡기 시작하자 그제야 분주히 움직이며 조승훈 장군에게 병력 5천 명을 맡겨 압록강 건너 조선으로 들여보냈다. 조승훈이란 사람은 허풍이 센 데 비해 일본군에 관해 아는 바가 전혀 없는 인물이었다. 그는 "이제 내가 왔으니 왜놈들은 대적하지 못하리라."고 큰소리쳤다. 남쪽으로 가산까지 내려간 조승훈은 일본군이 평양에서 달아났는지 물었다가 일본군이 꿈쩍도 하지 않았다는 대답을 듣고 "하늘이 날 위해 놈들을 묶어두셨구나."라고 큰소리쳤다.

조선군 장군 두 사람이 조승훈을 찾아가 지금은 장마철이라 길이 진창길로 변해서 군대가 이동하기 어려우니 좀 더 수월하게 이동할 수 있을 때를 기다렸다 작전을 개시해야 성공을 거둘 수 있다고 조언했다. 그러자 조승훈은 껄껄 웃으면서 "나는 병사 3천 명만으로도 10만 몽골 대군을 무찌른 전적이 있는 사람이다. 내게 왜놈들 따위는 모기나 개미만도 못하다."고 큰소리쳤다.

그리하여 조승훈의 군대는 진창길을 걸어 8월 19일에 평양성 앞에 당도했다. 그런데 평양성 성문이 활짝 열려 있는 게 아닌가! 명나라군은 곧장 도성을 가로질러 관아로 들어가 조총을 쏘면서 일본군에게 모습을 드러내라고 큰소리쳤다. 그러나 일본군은 그림자도 보이지 않았다. 명나라군 전원이 평양성 안으로 들어가 거리를 메우자 집집마다 숨어 있던 일본군이 갑자기 쏟아져 나와 공격을 감행했다.

명나라 병사들은 삼삼오오 흩어지며 사냥꾼에게 몰리는 토끼처럼 쓰러졌다. 명나라군 선봉장이던 사유가 죽고 큰소리만 쳐대던 조승훈은 말을 잡아타고 평양을 벗어나 달아났으며, 평양성을 겨우 빠져나온 명나라 병졸들이 그 뒤를 따랐다. 비가 내리기 시작했고 길은 진창길로 변했다. 일본군이 뒤를 추격하면서 살해한 명나라 병사의 시체가 길에

즐비했다.

평양에 들어간 명나라 병사 5천 명 중에서 2천 명만 살아서 도망쳤다. 조승훈은 200리를 달리다가 안주에서 멈췄다. 비가 억수같이 쏟아지고 진창길로 변해서 반격을 가하기에는 매우 불리한 상황이었고 게다가 선봉장 사유마저 전사해서 할 수 있는 것이 아무것도 없었다. 결국 조승훈은 퇴각 명령을 내렸다.

조선은 이런 조승훈을 비웃을 뿐이었다. 대단한 기세의 명나라 장수가 이런 진창길로 100킬로미터를 돌아가는 것은 이만저만한 패배가 아니었던 것이다. 기세등등하던 조승훈은 요동으로 돌아가 황제에게 벌을 받을까 봐 두려워하며 '우리가 일본군을 격파했지만 조선이 우리한테 등을 돌리는 바람에 퇴각할 수밖에 없었다.'고 보고했다. 그러나 명나라 장군 양사흔이 조선에 파견되어 진상을 조사하자 진실이 밝혀졌다.

사명대사 유정, "조선의 보물은 가토 그대의 머리다" 가마솥처럼 펄펄 끓는 전쟁의 포화 속에서 새로운 움직임이 부각됐다. 조선 팔도의 불교 승려가 독자적으로 의병을 일으켰던 것이다. '서산대사'로 유명한 승려 휴정은 학식이 풍부한 데다 천부적 재능이 뛰어난 인물이었다. 수천 명에 이르는 휴정의 제자들은 조선 각지로 흩어져 있었다. 휴정은 제자 2천 명을 소집하여 의주에 머물던 왕 앞에 나아가 "저희는 한갓 백성일 뿐이지만 모두 전하의 신하입니다. 저희 승병대 2천 명은 전하를 위해 목숨을 내놓겠습니다."고 말했다.

선조는 휴정의 충정 어린 말에 크게 감복하여 휴정을 승병장으로 임명하고 법흥사에 진을 치라고 지시했다. 휴정은 법흥사에 진을 치고 팔도의 모든 사찰에 격서를 보냈다. 전라도에는 승병 최영이 있었고 금강산에는 사명대사 유정이 있었다. 모두 1천 명이 넘는 승병이 평양성에서 동쪽으로 몇 킬로미터 떨어진 곳에 집결했다. 승병대는 실전에 임할 뜻은 없었고, 첩자 노릇이나 물자를 조달하는 임무를 담당하며 전쟁에서 쓸모 있는 역할을 해내는 것이 목표였다. 교전이 일어나면 병사들 뒤에서 함성을 올리며 응원했다.

사명대사 유정은 승복을 벗어던지고 일본군 장군을 만나기 위해 평양으로 향했다. 유정은 일본군을 이끌던 가토에게 안내되었다. 가토는 함경도를 돌아서 다시 평양의 일본군 본진에 합류한 터였다. 유정은 번쩍이는 총칼에 둘러싸이고도 전혀 굴하지 않고 여유를 잃지 않았다.

가토는 유정에게 인사를 건네고 "조선에서 가장 진귀한 보물이 무엇입니까?"라고 물었다. 그러자 유정은 조금도 망설이지 않고 "그대의 머리요."라고 답했다. 유정의 재치 있는 답변을 듣고 가토는 한참을 껄껄대며 웃었다.

김응서가 기생의 도움으로 적장의 목을 베다 그밖에도 조선 각지에서 충정에 불타 의병이 일어났다. 전라도 화순에서는 최경회가 의병을 일으켜 날아가는 매를 그린 깃발을 들었다. 충청도에서는 유명한 유생 조헌이 의병을 일으켜 활약했다. 그러나 그 지방 관찰사는 치졸한 시기심에 사로잡혀 의병대에 가담한 백성들의 부모를 옥에 가두고 의병을 그만두게 했다.

평안도 관찰사 이원익과 평안도 병마절도사 이빈이 평양에서 서쪽으로 60리 떨어진 순안에 진을 쳤다. 또 김응서와 박명현은 병사 1만 명을 거느리고 평양 서쪽에 진을 쳤다. 김옥주는 수군을 이끌고 대동강 여울목에 진을 쳤다. 이들 군대가 동시에 일본군을 공격하여 적의 패잔병까지 일제히 소탕했다. 그러다 일본군이 갑자기 평양성에서 쏟아져

나오자 뿔뿔이 흩어졌다.

다시 각자의 진영으로 집결한 뒤 확인해보니 김응서 장군의 부대가 나타나지 않았다. 김응서의 부대는 성벽 가까이 접근해 있다가 일본군이 갑자기 쏟아져나온 바람에 미처 퇴각하지 못했던 것이다. 그러나 날이 어두웠기 때문에 다행히 일본군에 붙잡히지는 않았다.

그날 밤 김응서가 겪은 흥미로운 모험담이 전해진다. 평양에 주둔하던 일본군 장군 하나가 아름다운 무희를 보고 함께 밤을 보내자고 요구했다. 무희는 적장에게 오라버니에게 전갈을 보낼 사람을 찾으러 성벽 쪽으로 가게 해달라고 부탁했다. 적장의 허락을 받아낸 무희는 급히 성벽으로 가서 낮은 목소리로 "오라버니 어디 계세요?"라고 불렀다. 앞서 언급했듯이 성벽 가까이까지 가 있던 김응서가 "게 뉘시오?"라고 대꾸하자, 무희는 "적장에게서 도망칠 수 있게 도와주시겠어요?"라고 애원했다. 김응서는 당장 도와주겠다고 대답하고 목숨을 걸고 성벽을 넘어 무희를 따라 적장이 머물던 방에 찾아갔다.

들리는 말에 따르면 적장은 무서운 사람이며 항상 눈을 크게 뜨고 양손에 장검을 들고 탁자 앞에 꼿꼿이 앉은 채 잠을 잤다. 적장의 낯빛은 불붙은 듯 붉었다. 무희의 안내를 받은 김응서는 살금살금 적장에게 다가가 단칼에 목을 벴다.

그런데 적장은 목이 떨어져나간 뒤에도 벌떡 일어나 무서운 기세로 칼을 휘둘러 방 안의 기둥 하나를 찔렀다. 김응서는 옷자락으로 얼굴을 가린 채 무희를 데리고 도망쳐 나왔다. 그러다 문득 자기가 몹시 위험한 처지에 놓인 것을 깨달았다. 무희를 데리고 다녔다가는 일본군의 눈을 피해 달아나지 못할까 봐 불현듯 무희에게 용서를 구하고 무희의 목을 내리쳤다. 그렇게 혼자 가뿐한 몸이 되어 무사히 평양성을 빠져나왔다.

조헌과 7백 의병, 일본군을 무찌르고 산화하다　이쯤에서 잠시 전라도에서 일본군을 격퇴한 마지막 전투를 살펴보자. 조헌은 승병 영규와 힘을 합쳐 일본군이 점령한 청주성을 탈환했다. 이들은 청주성 서문으로 다가가 돌을 던지고 화살을 쏘며 돌진했다. 순식간에 성안으로 밀고 들어가 일본군을 살육할 기세였는데, 때마침 천둥이 치고 폭우가 쏟아지면서 갑자기 사위가 어두워졌다. 그날 밤 일본군은 죽은 시체를 태우고 북문으로 빠져나갔고 이튿날 도성에 들어온 조헌은 성을 탈환하긴 했지만 일본군을 잡아들이진 못했다.

조헌은 임금이 피난해 있던 곳까지 밀고 올라갈 생각으로 충청도 온양까지 올라갔다. 그러나 일본의 대군이 전라도 여산에 집결해 있다는 소식을 듣고 방향을 돌려 여산으로 향했다. 조헌은 전라도 방어를 책임지던 권율과 편지를 주고받으며 각자의 방향에서 일본군을 동시에 공격하기로 약속했다.

그러나 조헌이 병력 700명을 이끌고 일본군 진영에 도착했을 때 권율의 부대는 어디에도 보이지 않았다. 일본군은 조헌의 보잘것없는 병력을 보고 비웃으며 곧장 공격을 감행했지만 오히려 일본군이 밀려나고 말았다. 하지만 결국 조헌의 부대는 화살도 동이 나고 날도 저물고, 피로에 찌들고 굶주림에 시달렸다. 그런데도 조헌은 물러날 기색 없이 병사들을 다그쳤다. 조헌이 남은 병사를 이끌고 물러났다고 해도 일본군의 전사한 병사 수가 더 많았기 때문에 여전히 조헌의 승리였을 것이다. 그러나 확고부동한 조헌은 한 발짝도 물러서지 않았다.

그리고 일본군이 마지막 일격을 가했다. 부하들은 그만 후퇴하자고 재촉했지만 조헌의 군은 결심을 돌리지 못했다. 결국엔 무기마저 모두 빼앗긴 채 맨주먹으로 싸우며 제자리를 지키다가 쓰러지고 말았다. 일본군의 희생자가 조선군보다 많았기에 비록 일본군이 승리를 거두긴 했지만 완전한 승리는 아니었다. 일본군 생존자는 전사자를 불태우는 데만도 꼬박 나흘이나 걸렸다. 시체를 다 태운 다음에는 진영을 버리고 남쪽으로 향했다. 일본군은 이 퇴각 이후 다시는 잃어버린 진영을 되찾지 못했다. 이는 이순신이 일본군 보급로를 차단한 뒤 조선 각지에서 상황이 어떻게 전개되고 있었는지를 보여주는 단적인 예다.

심유경이 겐소와 담판하다　　이번에는 치열한 격전이 벌어지던 북쪽으로 시선을 돌려보자. 9월에는 이때부터 문헌에 이름이 자주 거론되는 명나라 장군 심유경이 찾아와 조선의 상황을 조사했다. 이즈음 명나라는 자국의 이익을 챙기려고 혈안이 되어서 명나라 대군을 파견할 만한 상황인지 미리 파악하려던 참이었다. 심유경은 압록강을 건너 안주를 지나 순안까지 내려왔다. 순안에 머물면서 평양에 주둔하던 일본군에게 이런 내용의 전갈을 보냈다.

'나는 황제의 명을 받들어 조선이 일본에게 수모를 당하는 이유가 무엇인지 알아보려고 왔다. 너희가 조선을 짓밟는 이유가 무엇이냐?'

일본 장수 고니시는 곧바로 답장을 보내 평양성에서 북쪽으로 10리 떨어진 강복산에서 만나 담판을 짓자고 제안했다. 심유경은 이 제안을 받아들여 수행원 세 사람을 데리고 약속 장소로 떠날 채비를 마쳤다. 고니시는 구로다와 겐소의 부대와 합류하여 대규모로 군대와 무기를 집결시켰다.

심유경은 말을 밖에 매어두고 홀로 적진 한가운데로 들어갔다. 그리고 일본군 앞에서 이렇게 말했다.

"나는 명나라 백만 대군을 이끌고 와서 압록강 건너편에 주둔해두었다. 너, 겐소는 승려다. 어찌 승려의 몸으로 살상과 파괴를 일삼느냐?"

그러자 겐소가 이렇게 답했다. "일본은 오랫동안 명나라와 교류가 없었다. 우리는 명나라에 보내는 사신이 안전하게 지나갈 수 있는 길을 내달라고 조선에 부탁했다가 거절당했다. 그래서 이렇게 쳐들어와 무력을 쓸 수밖에 없었다. 명나라가 우리를 비난하는 이유가 무엇이냐?"

이에 심유경은 이렇게 답했다. "명나라에 와서 황제께 예를 갖추고 싶다면 문제될 것이 없다. 지금 당장이라고 방법을 찾아볼 수 있다."

고니시는 아무 말 없이 우호의 뜻으로 심유경에게 칼을 건네주었고 잠시 의견을 나눈 뒤에 심유경이 북경에 가서 일본이 명나라의 조공국이 되길 원한다는 뜻을 전하는 방향으로 결론이 났다.

심유경이 북경에 가서 황제의 답변을 듣고 돌아오기까지 50일간의 말미를 주고 그동안은 휴전하기로 결정했다. 평양성에서 10리 떨어진 지점에 휴전선을 그리고 일본이 넘어오지 않으면 조선도 그 선을 넘지 않기로 했다. 심유경은 일본의 온갖 호의를 받고 명나라로 출발했으며 얼마 동안은 일본군의 호위를 받기까지 했다.

일본군은 약속을 지키며 한 차례도 휴전선을 넘어오지 않았다. 그러나 약속한 50일이 지나도 심유경은 돌아오지 않았다. 그리하여 12월에는 '일본의 말이 압록강 물을 마시게 하겠다.'고 조선에 통보했다.

심대의 한양 탈환 계획이 누설되다　휴전이 약속된 50일 동안 한반도의 다른 지역에서는 무슨 일이 일어났을까? 충청도 지방 병사인 조웅은 뛰어난 능력을 갖춘 사람이었다. 조웅은 병사 500명을 이끌고 그를 몰아내려고 혈안이 돼 있던 일본군을 무찔렀다. 안개가 짙게 내려서 제 손도 보이지 않던 어느 날, 일본군은 무서운 장수로 악명 높은 조웅이 한길에 나와 있다는 정보를 입수했다. 일본군은 재빨리 조웅의 뒤를 밟아 등 뒤에서 활을 쏠 기회를 잡았다. 조웅은 말에서 떨어졌다가 다시 일어나 달아났다. 그러나 곧바로 붙잡혀 먼저 양손이 잘리고 살해당했다.

당시 경기도 관찰사로 심대라는 사람이었다. 심대는 한양에서 북쪽으로 200리 떨어진 삭녕으로 숨어 들어갔다. 심대는 이곳에서 대규모 병력을 끌어모아 일본군이 점령한 한양을 되찾겠다는 야심찬 계획을 세웠다. 그렇게 하려면 약속된 시간에 나타나 공격을 도와줄 지원군이 필요했다. 배반자가 있었는지, 아니면 다른 이유에선지 일본군은 심대의 계획을 알아채고 막강한 군대를 삭녕에 보내 심대를 붙잡아 처형했다.

김시민, 성문 위에서 피리를 부르게 하다 한편 경상도에서는 김시민 장군이 진주성을 지켰다. 진주성은 막강한 일본군에 포위당해 있었다. 성안에는 고작 3천 명이 지키고 있을 뿐이었다. 성안에서는 일본군이 성벽 가까이 다가올 때까지 단 한 발도 쏘지 말라는 엄명이 떨어졌다. 1만 명이나 되는 막강한 병력을 자랑하던 일본군은 세 개 부대로 나뉘어 진주성에 접근했다. 그중 1천 명은 조총을 들었다. 조총 소리에 귀가 얼얼했는 데도 진주성은 마치 버려진 성처럼 조용했다. 사람 그림자 하나 얼씬거리지 않았다.

이튿날 일본군은 맹렬한 공격을 감행했다. 이번에는 조총을 버리고 불화살을 쏘았다. 얼마 지나지 않아서 성 외곽의 집들이 불에 타 잿더미로 변했다. 김시민 장군은 남문 위로 올라가 앉아 피리 연주를 들었다. 조선군 병력이 많아서 걱정거리가 없는 것처럼 태연하게 보이기 위해서였다. 그러자 일본군은 바짝 긴장했다. 공세를 펼 때도 신중을 기했다. 일본군은 대나무와 소나무를 잘라서 폭이 2미터가 넘고 길이가 성벽 높이인 사다리를 만들었다.

또 짚단을 머리에 이고 위에서 날아오는 돌멩이를 막았다. 성안의 관군도 신중을 기하기는 마찬가지였다. 짚단 속에 작은 화약 주머니를 묶어서 공격해오는 일본군에게 던졌다. 돌멩이를 쌓아두고 뜨거운 물동이도 준비했다. 야밤에 공격이 감행될 경우를 대비해 못을 잔뜩 박은 널빤지도 준비했다. 이는 현명한 계획이었다.

바로 그날 밤에 일본군이 공격을 개시했던 것이다. 일본군은 한동안 맹렬한 기세로 공격해 들어왔지만 관군이 던진 널빤지 못에 찔려 절뚝거리는 병사도 많았고 화약 주머니가 달린 짚단에 맞아 불이 붙은 병사도 많아서 결국에는 산더미처럼 쌓인 전우의 시체를 뒤로 하고 후퇴해야 했다. 일본군은 병력의 반 이상을 잃고 급히 퇴각했다.

동양에서 최초로 사용된 이양손의 포탄　9월에 경상도의 박진 장군이 병력 1만 명을 이끌고 일본군에 넘어간 경주성을 탈환하러 출격했다. 이 싸움에서 박진은 탄환의 일종인 비격진천뢰飛擊震天雷를 퍼부었다고 한다.

비격진천뢰는 종청동鐘靑銅(구리와 주석의 합금 ― 옮긴이)으로 만든 30~40센티미터 구경의 포로 발사하는 포탄이다. 비격진천뢰를 쏘는 포의 길이는 약 2.5미터였다. 문헌에는 비격진천뢰가 40보까지 날아갈 수 있었다고 기록돼 있다. 이는 사정거리가 40보인 포탄이 있었다는 뜻인 듯하다. 또 비격진천뢰는 성벽 너머까지 날아갈 수 있었고 일본군이 탄환을 구경하러 몰려들자 굉음을 내며 터져서 스무 명 이상이 그 자리에서 목숨을 잃었다고 한다.

일본군은 공포에 질려서 불길한 미신에 사로잡혀 급히 경주성 포위를 풀고 철수했다. 비격진천뢰를 만든 이양손은 끝내 제작 원리를 밝히지 않았다고 한다. 이양손이 화포와 탄환을 처음 만든 사람이라고 볼 수 있다. 포신과 구경의 비율, 포탄을 쏠 때 당시 쓰이던 질 낮은 화약을 싣고 날아가는 거리와 포탄의 폭발력을 보면, 이양손의 화포가 전

세계까지는 아니라도 동양에서 최초로 사용된 포탄이었음을 알 수 있다. 이런 화포 중 하나가 지금도 남한산성 창고에 남아 있다고 한다.

일본군을 떨게 한 팔도 의병들　임진왜란 당시 조선 각지에서 백성들이 일어나 일본군에 맞서 싸웠다. 의병장들의 면면을 살펴보면 의병 활동이 얼마나 널리 퍼져 있었는지 알 수 있다. 전라도에서는 김천일, 고경명, 최경회가 일어났고, 경상도에는 곽재우, 권응수, 김면, 정인홍이 일어났으며, 충청도에는 조헌, 영규(승려), 김홍민, 이산겸, 조덕공, 조응, 이봉이 일어났고, 경기도에는 우성전, 정숙하, 최흘, 이노, 이산희, 남온경, 김탁, 유대진, 이질, 홍계남, 왕옥이 일어났으며, 함경도에서는 정남부, 고경민이 일어났고, 평안도에서는 조호익과 승려 유정이 의병장으로 싸웠다.

　50명 내지 100명으로 이루어진 소규모 의병이 온 나라에서 일어났으며 다들 제각각 적군과 맞섰다. 조선군은 어쩌면 각자 흩어져서 싸우는 편이 나았을지 모른다. 그래야 서로 간에 질시와 적개심을 막아 국사를 그르치지 않을 수 있었기 때문이다.

　북평사北評事였던 정문부는 매년 함경도 지방에서 일어나는 사안을 조사하고, 매년 10월에 회령의 국경 지방에서 열리는 연례행사를 감독하는 임무를 맡았다. 정문부는 회령으로 가는 길에 일본군에 붙잡혀 포로가 되었지만 밤중에 탈출하여 용성 무당집에 숨어들었다. 닷새 동안 도망쳐서 경성에 도착했고 경성에서는 의병을 일으킬 만큼 큰돈을 내놓은 부유한 애국지사 이봉수의 집에서 유생 최배천과 지달원을 만났다. 백성들이 기꺼이 의병대에 동참하여 총 1만 명이 모였고 무기나 기술에 관계없이 모두 전장에 투입됐다. 이들은 일본군에 함락된 길주를 포위하고 치열한 전투를 벌인 끝에 크게 승리했다. 여기서 일본군 600

명이 전사했다. 며칠 후에 벌어진 전투에서도 일본군 60명 이상이 목숨을 잃었고 의병대의 승리로 돌아갔다.

조선 팔도 여기저기서 비슷한 광경이 펼쳐졌다. 시간이 흐를수록 일본군의 전력이 떨어졌다. 조선은 여기서 십여 명, 저기서 스무 명, 또 저쪽에서 백여 명씩 의병을 일으켜 일본군을 격파하기 시작했다. 결국에는 평양에 주둔하던 얼마 안 되는 병력이 조선에 남은 일본군의 전부가 되었다.

전라도 관찰사 권율은 전라도 방어사에게 "자네가 이현에 남아서 지켜주면 내가 병력 2만을 이끌고 한양까지 올라가겠네."라고 제안했다. 그리하여 권율은 수원까지 올라갔다. 일본군은 권율을 전장으로 끌어내서 맞붙으려 했지만 권율은 평지에서의 전투를 피하고 유격전을 벌이며 일본군 패잔병을 소탕했다. 이로써 그때까지 막혔던 북쪽으로 가는 길을 뚫는 중요한 임무를 완수했다. 그리하여 이때부터 남부 지방의 전령이 자유롭게 지나다니며 멀리 북쪽으로 피난 가 있던 선조에게 소식을 전할 수 있게 되었다.